池田さなえ

皇室財産の政治史

明治二〇年代の御料地「処分」と宮中・府中

人文書院

皇室財産の政治史　目次

第二部　明治二〇年代の御料地「処分」

凡例

一、史料の引用に際しては、原則として旧字・異体字は常用漢字に統一し、読みやすさを考慮して適宜句読点を補った。
一、欠字は一字アキ、平出・台頭は二字アキとした。
一、割注は原文と改行箇所が異なる場合、原文の改行箇所を「／」で示した。
一、引用中への注記は〔　〕によって示した。また、中略部分は「……」と表記した。
一、年代表記は元号を用いる。章の初出年代のみ西暦併記とする。
一、人物の敬称は原則として省略する。
一、史料として使用した雑誌・新聞の刊行年は元号表記とする。
一、新聞記事のルビは原則として再現していない。傍点は適宜再現した。
一、人物の経歴については、特に言及のない場合、『官報』によることとする。
一、註釈に関して

1. 一次史料の史料名については、原則としてその史料の原題を、原題がない場合は筆者が作成した題を亀甲括弧内に記し、書簡・照会等の場合は「○年○月○日付○○宛○○書簡／照会書」等と括弧をつけずに表記した。使用した史料が複数点にわたるなど、一点に特定しがたい場合には、所蔵機関が公表している目録記載の標題を典拠とした。

2. 以下の史料については、頻出のため次のように略記する。

•伊藤隆・坂野潤治編「岩村通俊関係文書（一）／（二）／（三）」（『史学雑誌』七八－一一／七八－一二／七九－一、一九六九年～一九七〇年）→「岩村文書（一）～（三）」

•伊藤博文関係文書研究会編『伊藤博文関係文書』第一巻～第九巻（塙書房、一九七三年～一九八一年）→『伊藤文書』一～九

•国立国会図書館憲政資料室所蔵「井上馨関係文書　書簡の部／書類の部」→「井上文書　書簡／書類」資料番号

•国立国会図書館憲政資料室所蔵「品川弥二郎関係文書（その1）書簡の部／書類の部」→「品川文書（1）書簡」、「同書類」。いずれも直後に資料番号を続ける。

・国立国会図書館憲政資料室寄託「杉孫七郎関係文書」→「杉文書」資料番号
・国立国会図書館憲政資料室所蔵「吉井友実関係文書」→「吉井文書」資料番号
・尚友倶楽部品川弥二郎関係文書編纂委員会編『品川弥二郎関係文書』（一、二、三、四、五、六、七、八、山川出版社、それぞれ一九九三年、一九九四年、一九九五年、一九九八年、一九九九年、二〇〇三年、二〇〇九年、二〇一七年、二〇一七年）→『品川文書』一～八
・尚友倶楽部山縣有朋関係文書編纂委員会編『山縣有朋関係文書』一、二、三（山川出版社、それぞれ二〇〇四年、二〇〇六年、二〇〇七年）→『山縣文書』一～三
・帝室林野局編刊『帝室林野局五十年史』（一九三九年）→『帝林』
・日本大学大学史編纂室編『山田伯爵家文書　一／二／三／五』（巻一・二・三・四／巻五・六・七・八／巻九・一〇・一一・一二／巻一七・一八・一九・二〇、日本大学、それぞれ一九九一年、一九九一年、一九九一年、一九九二年）→『山田文書』一／二／三／五
・松方峰雄ほか編『松方正義関係文書』第六巻、第八巻（大東文化大学東洋研究所、一九八五年、一九八七年）→『松方文書』六、八
・『岩倉具視関係文書：岩倉公旧蹟保存会対岳文庫所蔵』（北泉社マイクロフィルム）→『岩倉文書　対』史料番号
・『東京日日新聞』→『東日』
・『東京朝日新聞』→『東朝』
・『大阪朝日新聞』→『大朝』
・『中央新聞』→『中央』

3．「書簡／書翰」の表記は、「書簡」に統一した。

一、本書で使用する公文書、私文書の史料論的性格については西川誠「カガミの成立―近代決裁・回議文書成立考―」（『日本歴史』六二八、二〇〇〇年）、佐々木隆「近代私文書論序説―署名表現にみる政治的関係―」（同右）を、宮内庁書陵部宮内公文書館所蔵の御料局作成公文書については小林延人「宮内公文書館の佐渡鉱山関係史料から見る宮内省決裁」（小風秀雅編集・発行『受託研究「近代の佐渡金銀山の歴史的価値に関する研究」二〇一三年度調査報告書』二〇一四年）を参照した。

皇室財産の政治史——明治二〇年代の御料地「処分」と宮中・府中

兎ニ角ニ、上奏済ミ、今日拝顔の運びト、別紙土方大臣ゟ申来り候上ハ、取リ返シノ出来ヌ事、やじハ謹テ念仏庵中ニテ、　皇室御料之仕事を念仏唱ひツ、拝見仕、十八年農商務ヲ去リシ時ノ宿志を遂け度（ソレハ農工商の故人、即チ有効ノ幽霊ト、殖産上ノ談論シテ、病を養ひ、コノ世ヲ過ゴス決心ナリ）[1]候

明治二四（一八九一）年六月一日に内務大臣に任命された品川弥二郎は、当時在職中であった御料局長の職に留まることができなくなったことを不服として、翌日内相の辞表を提出するとともに那須塩原の別邸に遁走した。右は、そのときに同郷の友人であり彼の理解者の一人である山縣有朋に宛てた置き手紙の一節である。

品川の起こしたこの椿事は、御料局長と内相との兼務ができないことを不服としたためだと説明されてきた[2]。しかし品川は同じ書簡の中で、「岩村〔通俊〕ヲ内務大臣トシ、やじヲ御料局長ノ位置ニ御渡シ被下候事、出来レバ皇室ノ為メ尽スベシ、其他ハやじが蟲ガ折合不申、やじト雖も如何ともスルヿ能ハズ」[3]とまで述べていた。これは内相と御料局長との兼任を引き出すための交渉戦術だと見なすことも可能だろうが、右に引いた一節にはそれだけでは十分に理解できない文言が並ぶ。

「十八年農商務ヲ去リシ時ノ宿志」「ソレハ農工商の故人、即チ有効ノ幽霊ト、殖産上ノ談論シテ、病を養ひ、コノ世ヲ過ゴス決心ナリ」とは何を意味するのか。このことが「皇室御料之仕事」とどのような関係があるのか。

このような疑問に対する答えが明らかになったとき、右の書簡の一節は、品川が関わった明治二〇年代の御料地経営のあり方を象徴的に示すものであることが理解されるであろう。それは、内相拝命という栄転を振り払って遁走するという狂気的な行動に品川を駆り立てた何かを見つける鍵にもなっている。本書は、右の一見奇妙な一節を糸口として、近代日本の皇室財産について叙述したものである。

この本を上梓するまでに私を支えてくれた全ての人に、そしてこの本のアイデアを私にくれた品川や岩村、このほか多くの明治を生きた人びとに、この書を捧げる。

（1）明治（二四）年六月二日付山縣有朋宛品川弥二郎書簡（『松方文書』八、三一〇～三一一頁）。
（2）佐々木隆『藩閥政府と立憲政治』（吉川弘文館、一九九二年）一五一～一五二頁、前田亮介『全国政治の始動―帝国議会開設後の明治国家―』（東京大学出版会、二〇一六年）二七頁。
（3）前掲明治（二四）年六月二日付山縣有朋宛品川弥二郎書簡。

序章

明治立憲制創設と皇室財産の形成

本書は、皇室財産の中でも議会開設直前に設定された膨大な不動産である「御料地」に着目し、その政治史的意義を解明することを通じて、明治立憲制創設後の宮中と府中との実態的関係を考えるものである。

およそ君主制をとる国家であるならば、国家を維持するために必要とされる費用のほかに、大なり小なり君主の「家」を存続させるために特別に設けられた財産を有する。しかし、その規模や形態、用途やそれらを定めた法制度などにより、その君主制国家の様相は大きく異なる。(1)特に近代国家では、前近代的な家産制国家とは異なり、国民の合意とそれに基づく課税を基礎として成り立つことから、国家の活動にかかる費用と君主の活動との明確な分離が課題となってくる。近代日本の皇室もまた、このような課題と無縁ではなかった。

近代日本の皇室財産は、前近代までの天皇家からの遺産(2)に加えて、新たに設定された多種多様な財産から成る点に特徴があった。そしてその新たに設定された皇室財産の大部分は、明治立憲制の創設に伴って産み出されたものであった。近代における皇室財産の形成は、明治立憲制の創設を機に大きく分けて二つの経路からなされた。以下、その二つの経路を概観してみよう。

幕末に政治的に浮上した天皇(3)は、幕藩制国家を倒し近代国家として西洋列強と対峙していくことを選んだ明治日本において、その困難な事業を進めていく上でのシンボルとして、そして国内の様々な諸勢力が結集する核として形作

表序-1-①：慶応3年～明治5年における皇室・宮内省関係費

	第一期（慶応3年12月～明治元年12月）	第二期（明治2年1月～同年9月）	第三期（明治2年10月～同3年9月）	第四期（明治3年10月～同4年9月）	第五期（明治4年10月～同5年12月）
(A) 宮内省費・皇室費（円）	350,248	396,624	582,203	524,272	912,753
(B) 歳出合計（円）	30,505,085	20,785,839	20,107,672	19,235,158	57,730,024
(A)/(B)×100（%）	1.15	1.91	2.90	2.73	1.58

註1：表序-1-①・②ともに明治財政史編纂会編『明治財政史』第三巻（丸善株式会社、1904年）より作成。
註2：第五期までは予算制度未整備であり、決算のデータしか残っていない。また、第六期以降は会計年度が1月～12月となる。
註3：(A)/(B)×100（%）は小数第三位を四捨五入した。
註4：明治6年から皇族費の常給額が改定（増加）され、明治9年からは帝室費（御手許御用度費）・皇族費（各宮家・二位局賄料）と宮内省費との区別が設けられることから、それ以前・それ以降とは同一の表で処理することが難しい。そのため表序-1では、明治初年の皇室・宮内省関係費としてひとまず明治5年までを①表とし、明治6～8年までは特に表を分けて概観することとした（川田敬一『近代日本の国家形成と皇室財産』〈原書房、2001年〉148～149頁）。
註5：第一期は「御即位諸費」、「大宮御所造営費」も含めている。第二期は「大宮御所造営費」も含めている。第三期・第四期は「恭明宮造営費」を含めている。「恭明宮」とは、天皇や皇族の位牌を保管するために明治4年から6年に存在した施設である。
註6：「山陵造営」費は神社費と一括されている年もあり、単独で取り出すことができないため、(A)には組み入れていない。

られていった[4]。しかし、シンボルとしての政治的・社会的重要性が、そのまま限りある財源を配分する上での優先順位に結びつくわけではなかった。維新後の皇室諸活動にかかる財源は毎年国庫から支給されていた[5]が、政情は依然として不安定で、近代国家創出上の他の課題――「富国」や「強兵」、政治機構や公共的分野の整備など――の財源すら十分とはいえない中、皇室諸活動にかかる費用は連年不足がちになっていた[6]（表序-1-①、②）。明治一〇年代には毎年のように宮内省から定額費の増額を求める上申がなされていたが、西南戦争後の財政赤字が深刻化する明治政府にあって、宮内省の要求は斥けられることが多かった[7]。

このような状況の中、明治一〇（一八七七）年前後より主に宮中内部から、国庫に頼らない自律的な皇室財産を創出する必要が唱えられるようになったが、当初はあまり大きなムーブメントにはならなかった[8]。実際にこのような意見が具体的政策課題となるのは、立憲制創設の動きが本格化した明治一四年以降のことである。明治一四年の政変で九年後の国会開設が決まると、皇室諸活動のための財産が国庫

表序-1-②：明治６年～８年の宮内省費

	宮内省費（円）			(B)決算歳出合計(円)	(A)/(B)×100（%）
	予算	(A)決算	差引		
第六期（明治６年１月～同年12月）	643,552	678,204	−34,652	62,678,600	1.08
第七期（明治７年１月～同年12月）	742,578	775,035	−32,457	82,269,528	0.94
第八期（明治８年１月～同年６月）	416,990	443,836	−26,846	86,321,077	0.51

註：(A)/(B)×100（%）は、小数第三位を四捨五入した。

から支給されている現状のままでは、皇室財産を議会に左右されてしまうという事態が現実的な課題として当局者に認識されるようになる。(9) この翌年から、国庫に頼らない自律的な皇室の財源を確立すべきだという議論が、単なる個人の意見表明というに止まらず、政府の正式な意思決定機関において、具体的な政策実施を見据えた議論として展開される。(10)

国庫から分離された皇室財産創設は、このように立憲制創設に伴う議会という下からの圧力への対応として議論されていた一方で、「宮中」という上からの圧力への対抗策の一環として形作られていった側面もあった。明治一〇年前後に維新の功労者たちが相次いで没して以降は、伊藤博文を首班とする集団指導体制(11)がとられるようになるが、大久保利通や木戸孝允らに比べて宮中への影響力を十分確立していなかった伊藤を中心とする政権に対し、宮中は政治的主体として活性化し始めた。立憲制創設を最大の課題とする中で、伊藤は宮中の政治的介入によりスムーズな政権運営が阻害され、君主の政治的意思をも宮中に左右されることの問題を強く認識するようになる。(12)

このような政治課題を背負ったまま欧州の立憲制度調査に赴いた伊藤は、そこで日本のとるべき国家体制を見出し、宮中と府中との関係をめぐる問題への解決策をも摑んだ。伊藤が見出した国家体制のモデルとは、君主・行政・立法の三要素の均衡のうえに、自律的な行政部が国家活動の中心となる「行政国家」であり、そこでは天皇や宮中は行政部から自立したものとして制度化される必要があった。(13) 以後伊藤はこのようないわゆる「宮中・府中の別」原則に従って、内閣制度を創設して宮内省を内閣の構成員から外し、宮中が政治的意思決定に介入できないような制度的枷を嵌めた。

伊藤は、宮中を政治的意思決定過程から排除すると同時に、宮中への積極的介入により影響力を増大させた。伊藤は、自らの政治指導への支持層を創出するとともに宮中への影響力を増大するために新華族創設・公卿華族への名誉供与・伊藤系の人物の宮内省への登用などの政策を実行したが、それらは大きな財源を必要とするものであった。伊藤はそのための資金源として、国庫から自律した皇室財産創設を進めたのである(14)。このように、政府から自律した皇室財産創設は、立憲制創設を契機として、議会の創設、宮中の掌握という二方面の要請から実現した。近代皇室のあり方を考える上で、この点は最低限押さえておかねばならない事実である。

「宮中・府中の別」

形成過程が以上のようなものであったことは、創設の段階から皇室財産の性格を政府に従属的なものとした。伊藤が導入した「宮中・府中の別」原則は、あくまで「宮中の府中に対する」介入を否定するものであり、「府中の宮中に対する」介入を規制するものではなかった。議会の影響外には隔離された皇室財産だが、政府の影響からも自律することまでは想定されていなかったのである。その結果、宮中はますます政府の政治資源としての重要性を増してゆく。これ以降実際に立憲制が運用される中で、宮中・府中関係は府中（政府）の著しい優位のもとに展開する。特に、皇室財産の政治利用は、伊藤が立憲制創設のために行った功臣や旧公卿への下賜などに止まらず様々な目的でなされるようになる。

明治二三年三月二四日、第一次山縣内閣期に首相の山縣有朋が内閣貯蓄金二五〇万円を皇室に上納し、それが東宮御所建築費として宮内省内蔵寮《くらりょう》で管理されることとなった(15)。この利子年額一二万五千円は、このとき内閣機密金として首相に下付された。この慣例を受けて次の第一次松方内閣では、首相の松方正義が第二回衆議院議員選挙の選挙対策費としてさらに増額して五〇万円の内閣機密金下付を内蔵寮に願い出た(16)。選対費の不足分は閣僚らの私借により調達されたようだが、選挙後にはこの労を慰す目的から松方首相に天皇から御手許金一〇万円が下付されている(17)。これが選対費の立替分に充てられたことは容易に想像がつく。以後歴代の内閣では、この内閣機密金を新聞社・通信社などへの補助金や政党対策などに使用してきた(18)。

また第三次伊藤・第二次山縣・第四次伊藤・第一次桂内閣期には、山縣有朋が自派の田中光顕宮内大臣とその部下である渡辺千秋内蔵頭を通じて東宮御所新築費の流用などで機密金を自由に使用することができるようになっていた(19)。内閣機密金はもとは政府の貯蓄であったものだが、内閣制度創設後に会計制度も政府から分離した宮内省の管理下に入った資金は、制度上は政府の随意の使用ができない。しかし、毎年の下賜は慣行化し、政治的危機に際しては慣行を超えた拠出が可能であった。また宮中官僚を配下に組み入れることで、その拠出も比較的自由にできるようになっていた。議会の予算議定権・法律制定権の及ばない政治資金源であった内閣機密金は、それゆえに議会に諮りがたい秘密の政治的用途に用いられるようになっていたのである。

「宮中・府中の別」は本来の語義的には宮中・府中がともに互いの政策領域において自律的に意思決定しうることを意味するはずであるが、現実には右に見るように府中はしばしば宮中の領域に侵出し、皇室財産を政治的に利用していた。制度上皇室財産が政府から分離したことは、実態として皇室財産が政治資金として利用されることを何ら妨げるものではなかった。立憲制の創設とともに生み出された皇室財産は、立憲制運用の中で生じた政府の課題に応じる形で存続していったのである。

このような事態に対し、「宮中・府中の別」原則は、おそらく制度設計者の伊藤でさえも当初想定していなかったであろう解釈がなされるようになっていった。右のような政府の宮中への介入に、宮中側も唯々諾々と従っていたわけではなかったのである。以下は、先述の第一次松方内閣における皇室財産の政治利用に対して危機感を募らせた侍従職幹事の岩倉具定が伊藤博文に宛てた書簡の一節である。

竊かに聞くに政府は帝室費中或部分の支出を請求し撰挙等の運動費に供せんとすと。固より堂々たる内閣諸員のなす処迂生の如き無学菲才のもの敢て喙を容るゝの要なしと雖とも、此事たる実に深重熟慮すへきの件ならすや。如何となれは、縦令陛下は直接御関係不被為在も、帝室費の中を以て甲の政党を援助し幸に勝を議会に制するも、乙、丙党の怨望は蓋し一層甚しきを加ふへし。或は其結局遂に怨みを陛下に帰し奉るものなきを保し難し。抑帝室は徹頭徹尾雲外にあつて地上の空気にふれす、所謂不偏不党の地位に置かされは将来如何なる禍害を生するも不可知。……苟も帝室費の中を以而政府の運動費となすに至つては極めて不可なり。謹て避くへきの事と確信す。[20]

このように、宮中の中には、宮中の政治利用に何ら躊躇のない藩閥政府指導者らの姿勢に不満の声が燻っており、その主張を正当化する根拠として「帝室は徹頭徹尾雲外にあつて地上の空気にふれす、所謂不偏不党」という論理を持ち出している。これは、「宮中・府中の別」の原則的理解に基づくものであるとみることができる。

また、次に掲げる史料にも、宮中側の独特の自意識が表れている。第一議会での議会の攻勢による予算削減の結果、明治二四年度は各省で行政整理が進められていることを受けて、宮内省においても方針を一定する必要から宮内大臣が省中の各寮局長等を官房に召集し通達した内容である。これを品川弥二郎御料局長の下で御料局主事を務めていた佐々木陽太郎が品川に伝えた書簡によると、宮内大臣は「抑も立憲制度施行以来は職制其他諸般の事、皇室と政府とは全く相分離したるを以て、官吏を遇する上に於ても自ら殊別あるを要す。乃ち当省は官吏の沙汰を容易に決行し罷免其者をして皇室恩遇の薄きを感せしむるか如きは甚た不可なり。故に仮令政府各省に於ては此際大に官吏を沙汰するも、当省は各員をして平常と異なる事なく、其職務に安心従事せしむるの方針を採らさる可からすと思惟し、此事聖上、皇后両陛下に奏上し、両陛下嘉納あらせられたるに付、此旨諸君に於ても篤く御心得ありたし」[21]と述べたという。宮相はこのように通達することで、立憲制創設以降の宮中は府中から自律した領域であるという観念を省中下僚らに周知徹底させ、政府の行政整理が宮内省の人件費管理に何ら影響を及ぼすものでないことを宣言した。

このように、「宮中・府中の別」は、立憲制の創設時には宮中を政治的に戒めるために府中側からもたらされた理念であったが、立憲制が運用される中で逆に戒められる側の宮中が率先して自戒を強め、逆に府中からの政治的影響を排除するための論理として認識されるようになっていくのである。[22]彼らの主張は、天皇の神聖性や不可侵性といった憲法の大原則にも合致するものであり、天皇の権威に関わる問題でもあった点において、何人も首肯せざるを得ない正当性を持っていた。そして、このような明治立憲制を成り立たせる原則的理念と、明治立憲制運用に伴う現実的課題への対応との搗ち合う地点に在ったのが、皇室財産だったのである。

皇室財産の政治史

そもそも、皇室財産から宮中・府中関係を考えることは、「天皇制」国家論[23]や法制史における伝統的な問題関心であった。それはより厳密にいえば、宮中の一要素であり場合によってはそれと同義にも解される「皇室」と、府中をも包含する「国家」との制度的・観念的関係性を考えるものであった。しからばなにゆえ右のような問題を政治史上の問題として捉え直す必要があるのか。ここではそれを説明しようと思う。

伝統的な「天皇制」国家論や法制史研究において皇室財産の性格が論じられる場合、法制度や制度設計者・言論人の意見書などから皇室と国家との関係が導き出される。そしてそこでは、皇室と国家とは曖昧で截然と区別できないという観念が存在したことが明らかにされてきた[24]。それは、天皇・皇室の公私の曖昧さという見地からも補強されてきた[25]。

法制度の変遷は、皇室と国家との関係がいかに認識され、それがいかに変遷してきたかを動かざる事実として明確に跡付ける。意見書などの公的・準公的な言説は、法制度外にある理念や認識から法制度の分析を補完する。これまでの研究が、この両面から穿鑿されてきたことには十分な理由があった。

これに対し、近年は政治史において、実際に立憲政治が始まる中で具体的に皇室と国家の「曖昧さ」がどのような形で現れ、あるいはどのような問題となっていたかが明らかにされるようになってきた。政治史においては、「宮中・府中の別」という理念を出発点に、宮中・府中の実際の政治過程における関係性を解明することに焦点が当てられた。

そもそも、明治立憲制創設後の宮中・府中関係はきわめて政治史的なテーマである。立憲制創設後の宮中・府中関係が政治史において問題とされるのは、その後に展開される議会政治において、宮中もまた無視すべからざるアクターであった可能性が考えられるからである。坂本一登氏は立憲制創設までの過程を伊藤による「宮中の制度化」として理解し、その中で「宮中・府中の別」が確立してゆくと説明したが[26]、これに対し佐々木隆氏は次のような指摘を行っている。

坂本氏の研究は留保を附しながらも、基本的には天皇の実際政治からの分断の成功という結論を急いだ嫌いがある。殊に議論が議会開設前で終っているため、伊藤が構想したとされる「宮中の制度化」の機能の検証が不十分という欠点がある。(27)

佐々木氏はこのような問題意識から、初期議会期を中心に具体的・実証的に伊藤の「宮中の制度化」の限界を明らかにした。(28)

そして政治史において明治立憲制創設後の宮中・府中関係を考える際にしばしば分析対象とされてきたのが、皇室財産であった。これまでみてきたような皇室財産の政治利用の実態を明らかにしてきたのは、明治政治史研究の重要な成果である。そして本書もまた、皇室財産は宮中・府中関係を考える素材として、「天皇制」国家論や法制史はもちろんのこと、政治史においてこそ検討されるべき対象であるとする立場に立っている。

問題は、これまでの明治政治史において皇室財産の制度的・機構的特質を踏まえた上での議論がなされてこなかったように思われることである。

政治史において初期議会期と呼ばれる時期の皇室財産は、会計区分でみると大きく三種類に分けられる。一つ目は、「皇室費」。これは、国庫から毎年度定額支給される天皇家の歳費であり、天皇家の日常の生活・様々な活動に供される。会計区分上は、明治二二年から大正三年までは常用部会計と呼ばれた。

二つ目は、「御資《ぎょし》」。これは株券や有価証券、公債などの動産や債券である。いわば天皇家の貯蓄であり、不時の支出に充てられる。会計区分の名称では御資部会計という。以上二つの会計は宮内省内の内蔵寮が管理していた（図序参照）。既に述べたように、国庫から毎年の皇室歳費を支給する仕組みは明治初年から成立していたが、御資の蓄積もほぼ同時になされていた。孝明天皇の遺産は御資部財本として年々増殖し、これに加えて明治六年頃からは公債証書や株券が編入されるようになった。(29)

三つ目は、「御料地」。これは、不動産である。御料地は、その用途によって皇居・離宮・御用邸など皇室直接の所用に供する「第一類御料地」と、山林・農地・鉱山など収益事業用の「第二類御料地」とに区分されていた。(30) このう

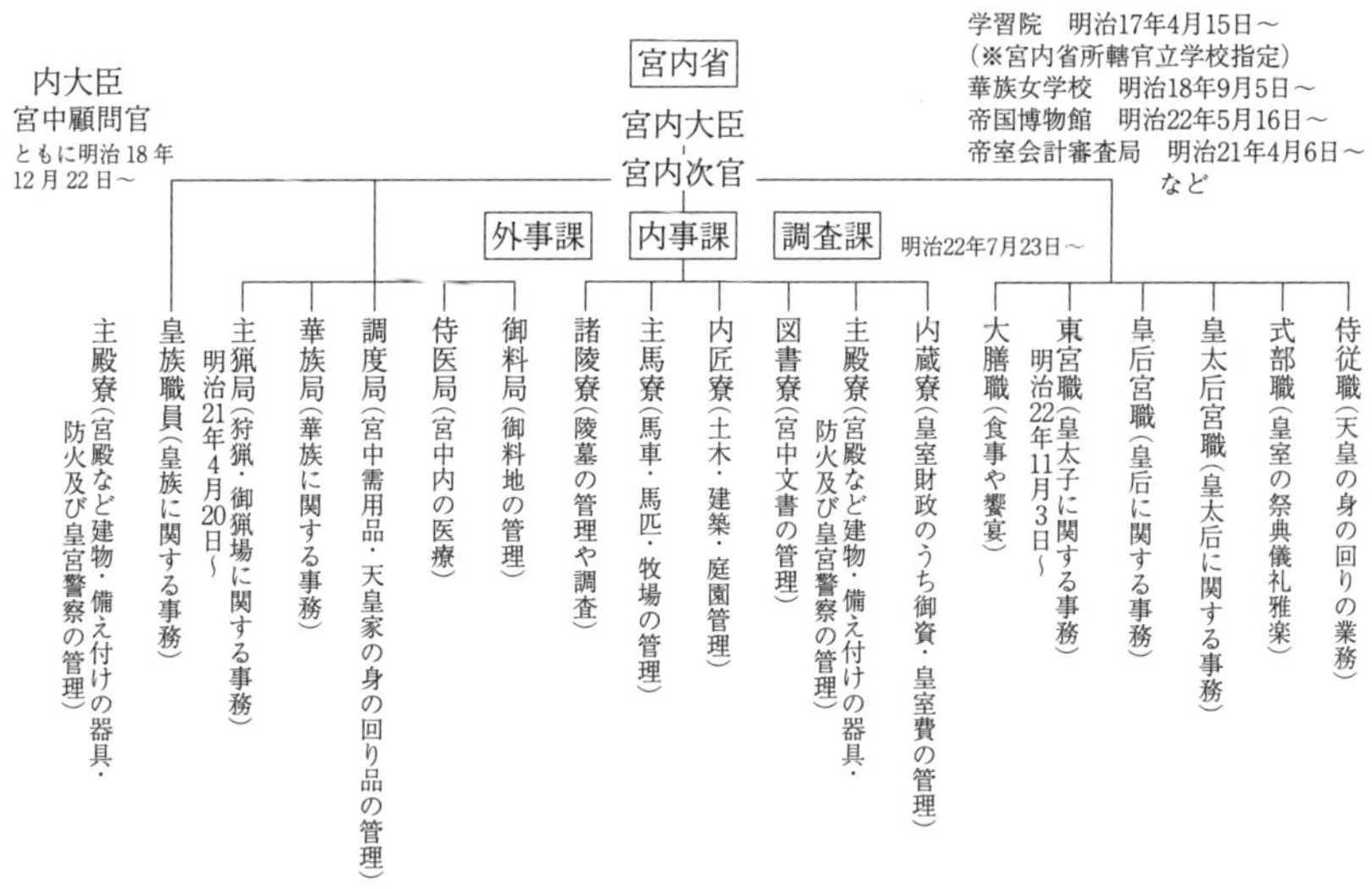

図序：明治20年代の「宮中」

註：茶谷誠一『宮中からみる日本近代史』（ちくま新書、2012年）28頁の表の構成を参照しつつ、『官報』、戦前期官僚制研究会編・秦郁彦著『戦前期官僚制の制度・組織・人事』（東京大学出版会、1981年）682～683、733～735頁をもとに明治20年代の官制・部局間関係に鑑みて作成。年月日の記載のないものは、全て明治19年2月4日「宮内省官制」に規定のものである。「外局」「内局」の区別は実務上は存在する（明治21年3月9日制定「帝室会計法」では、「省外ニ在ル各部局」の記述が見え、これが実際上の「外局」に当たると考えられる）が、規程上明示されるのは皇室令以後であるため、図には明記していない。

ち「第一類御料地」の主要なものは、明治初年に幕府や諸藩から引き継がれた。[31] これに対し、「第二類御料地」は主に明治一八年一二月の御料局設置後、特に二二年から二三年にかけて集中的に編入された。[32] 会計区分は、明治二一年三月九日制定の「帝室会計法」では「御料産部」、二四年三月二四日制定の「皇室会計法」では「御料部」会計と称された。[33]

ちなみに、「御料地」と呼ばれるものの中にも、管理機構・会計区分を異にする二種類があった。一つは、「御料牧場」[34]である。これは主馬寮により管理されており、[35] 馬・牛・羊などを飼育し、牧畜業やそれに付随する農業などを行っていた。御料牧場は特別会計であった。[36] これに対し、牧場以外の御料地、すなわち山林や原野、鉱山といった不動産は御料局によって管理され、[37] それぞれに適した事業を行っていた。

以上の皇室財産のうち、政治史において着目されてきたのはもっぱら「御資」のごく一部であった。[38] つまり、これまでの研究で明らかにされてきた政治利用される皇室財産とは、皇室財産全体の氷山の一角でしかない。しかも、内閣機密金という、その原資が政府と密接な関係をもつ資金にほぼ集中している。厖大かつ多種多様に存在した御料地が、政治的にいかなる存在であったのかについてはほとんど明らかにされていない。

これは奇妙なことである。なぜなら、御料地に関しては、明治一〇年代にその設定を求めて朝野で多くの議論がなされたことがこれまでにも指摘されてきたが[39]、その中では、特に政府において議会開設を視野に入れて明治二三年までに御料地の設定を完了させることにこだわったことが明らかにされてきたからである。それほど政府において急ぎ必要とされたにもかかわらず、設定後の御料地が政府にとっていかなる役割を果たしたのかについては全く関心が払われてこなかった。

もちろん、これまでにも創設後の御料地が検討されることは皆無ではなかったが、御料地はその形態上の特徴から、もっぱら林業史や産業史、技術史や経営史などにおける関心の対象であった[40]。そこでは、「皇室財産」としての御料地ではなく、官林・官有地・官有財産の一形態としてそれらと同一の観点から分析されてきた。林政史研究者の西尾隆氏は「御料林は経営学的な関心は引いても、国有林ほど行政学的な関心は引かない[41]」と言うが、行政学に止まらず政治史や法制史においてもほとんど顧みられることがなかった。

御料地が政治史において等閑視されてきた理由については、次のようにも考えられるだろう。すなわち、御料地は結局のところその収入が吸い上げられて「御資」になり政治利用されるから、皇室財産の政治利用を考えるには、「御資」について検討すれば足るというようにである[42]。しかし、仮にこのように考えるとき、既に前提の中にある一点が見落とされていることに注意を促したい。すなわち、そこでは御料地の政治史的意義が、その収入を政治資金として利用することのほかには想定されていないのである。

皇室財産の政治史的意義は、その政治資金としての利用にのみ止まるものではないと考えるべきである。そしてそれは、行政を考える上でも決して無視すべき問題ではないとも考える。このように主張するのは、皇室財産の中でも特に御料地が、その収益の利用という側面においてではなく、次の二つの側面において内閣及び行政（「府中」）と極めて密接な関係にあったと考えられるからである。その一つの観点とは、御料地を預かる御料局という部局自体の活動や特権・人材という側面であり、もう一つは、御料地が単なる財源ではなく不動産の形をとって存在する「モノ」でもあるという側面である。以下、順にみていこう。

まずは、御料地を預かる御料局長というポスト自体の活動や特権という側面から見ていきたい。次頁の表序-2-①~④は、牧場以外の御料地を扱う部局であった御料局と、御資・皇室費を扱う部局である内蔵寮の長次官、御料局に関しては地方管理部局の長を一覧にしたものである。これをみると、草創期の御料局所管御料地は御資や皇室費と同様に政府出身官僚によって支えられていて、長官には藩閥指導者や大臣経験者が就いていたことがわかる。人員の面からみる限り、御資や皇室費も御料地も政府と密接な関係にあったという点では大差がなかったと考えられる。御料局所管御料地は山林・農地・鉱山など、政府が農商務省などにおいて管理・運営していた不動産を扱っていたから、創業後しばらくは政府から人員を供給せざるをえなかったと考えると当然でもあろう。

しかし、宮内省を預かる宮内大臣としてはなるべく政府からの入省は避けたい考えであったようである。前掲(一八頁)した明治二四年の土方宮相から宮内省各寮局長への通達の中で、土方はこのようにも述べていた。

従来当省に奉職する官吏は自身の行為上不都合なき限りは容易に罷免を行はさると同時に、仕途の門戸を厳にし、各寮局中偶ま増員又は補欠を要する事あるも、成る可く当省中に於て彼是兼任せしむる等の手段に止め、万一他省より転任又は新に採用せしめさるを得さるときは、其人物は精撰に精撰を加へたる后採用する事にいたし度(43)

宮相はこのような理想を掲げていたが、表序-2-①~④を見る限り、宮内省の中でも皇室財産管理部局である内蔵寮・御料局はいずれも、例外的な特殊領域だったことがわかる。

それにも関わらず、政治史において御料地が等閑視されてきたことの一つの要因としては、藩閥指導者として御料局長となった品川弥二郎に関する評価の問題があると考えられる。品川の御料局長就任については、政治史においてもこれまで何度か言及されてきた。伊藤之雄氏は品川を「山県系官僚」とした上で、その御料局長就任については

表序-2-①：明治20年代の御料局長（官）※

就任年月日	人名	これ以前の主な経歴
明治18年12月23日～21年3月8日	肥田濱五郎	横須賀造船所長、海軍主船頭
明治21年3月8日～同10月11日	堤正誼	宮内大書記官、内匠頭
明治21年10月21日～22年4月28日(卒)	肥田濱五郎	前掲
明治22年4月29日～同5月13日	山本清十(代理)	内務省御用掛、農商務省権少書記官
明治22年5月13日～24年6月1日	品川弥二郎	農商務大輔、宮中顧問官
明治24年6月2日～37年6月24日	岩村通俊	北海道庁長官、農商務大臣

註：『帝林』201頁、『官報』、『職員録』（内閣官報局、明治年）より作成。

※：明治18年12月23日内閣達第73号では「御料局長官」、明治22年7月23日宮内省官制（宮内省達第10号）からは「御料局長」と改称される。

表序-2-②：明治20年代の御料局各支庁長略歴

職	人名	これ以前の主な経歴
佐渡支庁長	渡辺渡	大蔵省鉱山技師
生野支庁長※1	朝倉盛明	大蔵省生野鉱山局事務長
静岡支庁長※1	桑名茂三郎	内務省山林局・農商務省山林局在勤
木曽支庁長※2	小寺成蔵	農商務省山林局在勤
札幌支庁長※3	山内徳三郎	開拓使御用掛、開拓使大書記官

註：『帝林』223～225頁、及び第三章～五章掲載の詳細な経歴より作成。

※1：明治26年4月まで。

※2：明治24年12月まで。

※3：明治27年6月まで。

表序-2-③：明治20年代の内蔵頭

就任年月日	人名	これ以前の主な経歴
明治17年4月21日～25年4月13日	杉孫七郎	宮内大丞、宮内少輔、宮内大輔
明治25年4月14日～同年10月20日	芳川顕正	東京府知事、内務次官、文部大臣
明治25年10月20日～28年10月9日	白根専一	内務省大書記官、愛知県知事、内務次官
明治28年10月9日～43年4月1日	渡辺千秋	鹿児島県知事、北海道庁長官、京都府知事

註：井尻常吉編『歴代顕官録』（原書房、1967年）41頁、『官報』、宮内庁編『明治天皇紀』第八（吉川弘文館、1973年）134・911頁、同第十二（同、1975年）378頁より作成。

表序-2-④：明治20年代の内蔵助

就任年月日	人名	これ以前の主な経歴
明治20年5月3日～明治30年3月24日	飯田巽	大蔵少書記官

註：『官報』、『公文録』より作成。

「大臣に就任したりしてまもなく宮中のポストを去っており……山県系官僚が宮中に一定の基盤を築いていたとは考えられない」[44]としている。佐々木隆氏は、品川が御料地設置やその運営に執着したことを指摘し、第一次山縣内閣で内閣機密金が皇室財産に編入され、新聞操縦や謀略、議会対策などに用いられたこととの関連性を示唆した[45]。佐々木氏は品川を「元勲級指導者への上昇を模索する子爵級実力者」[46]と位置づけ、あくまでその行動原理を元勲級指導者への政治的上昇に求めている。

確かに、伊藤氏が指摘するように品川の御料局長在任期間は短く、この間に品川がなしえたことは史料的にも見えにくい。しかし、在任期間と影響力の多寡は必ずしも比例しない。また、影響力の多寡にかかわらず、御料局というポストに品川が進出したことの意味を軽視すべきではないと考える。もちろん、品川のような藩閥「一・五世代」の「子爵級実力者」は、特定の省庁に拠って政治的実力を高めていくほかなかったという佐々木氏の指摘は一般にあてはまるだろうが、品川に関する限りこの一般的理解で説くことが難しい問題があった。

藩閥指導者であれ「山県系官僚」であれ、これまでの政治史では概ね品川を執政部としての政府の側から理解していた。しかし、品川を理解する上で見過ごすことができないのは、殖産興業（政策）指導者としてのキャリアである。すなわち、品川は明治二四年に内務大臣に拝命されるまでは、行政部に軸足を置く官僚だったのである。このベースを、「ジェネラリスト品川」を形作る上での一つの踏み台に過ぎなかったと理解するのか、「専門性」に裏付けられた官僚政治家としての品川の個性の重要な側面であったと理解するのかでは、品川の政治的行動の評価が全く異なってくる。

冒頭で触れたように、品川は明治二四年に内務大臣拝命という大きな政治的上昇のチャンスを得たにもかかわらず、それを捨てて、御料局長の椅子に留まることに固執して逃走するという椿事を起した。このことは、品川の行動原理を藩閥政府内での政治的地位上昇のみに求める限り十分に説明することが難しい。御料局という特定の分野で十分政治的実力を示してきたからこそ内相を拝命したのである。品川の行動原理が政治的上昇のみにあるのであれば、迷わず内相拝命を受諾するはずである。しかし、品川はそれを選ばなかった。この事実を考えるとき、品川がそれほどまでに固執する御料局長という地位に、元勲級指導者として政治の中枢に上り詰めることとは別の何らかの政治的魅力・意義があった可能性が検討されなければならないだろう。そしてそれは、これまでほとんど検討されてこなかった品川の官僚としての活動の中に答えがあるのではないだろうか。

これに関し、西尾隆氏が次のように本書と同様の見解を示している。

御料局長へのこのような執着の内に、単なる官職・利得を超えた品川の林業に対する特別のかかわりあいを看取することができる。またそうでなければ極めて専断的な人事で悪評高い品川が、「大日本山林会の功労者」であり「我国初期の林政樹立の上に功績の最も多い人」として紹介されていることを理解しえない(47)。

品川が林政においてなそうとしたことと、品川の御料局への執着との関係については、西尾氏は右の推論を示すに止まっている。しかし、品川の執着は林政のみに限られたものだったのだろうか。先に触れた通り、御料地には山林のみならず鉱山も農地もあった。品川がそれらをどのように位置づけ、そしてそれが品川の政治資源としてきたものや政治構想とどのような関係をもっていたのかが、なお考察されなければならない。

次に、御料局の活動や特権という側面について考えていきたい。表序-2-①~④でも明らかなように、御料局を支えた支庁長クラスの官僚たちは、皆政府において産業行政に携わってきた技術官僚たちであった。技師以下にまで目を向ければさらに多くの政府出身技術者たちの存在が見えてくる(表序-3)。木曾・静岡両支庁及び度会・諸方両事務所の政府出身技術官僚たちの主な経歴は、大林区署長、同署員、監守、地方官吏、郡役所吏員などであり、概して前勤務地の所在支庁・事務所に配属された(48)。また、佐渡・生野両支庁では、大蔵省の鉱山事務所のみならず、同省造幣局、印刷局、農商務省分析課などから採用される者もあった。

このように、御料局は政府出身の技術官僚なしには成り立たない部局であった。そのことに着目すれば、御料局の政治史的意義は、御料局長や次官である主事、地方の支庁長といったポストの政治史的意義に止まらず、さらに広範に波及するものであった可能性がある。

本書で検討する技術官僚とは、明治二二年宮内省官制によるところの「理事」及びそれ以下の職務[49]において、専門的・近代科学的素養・技術が必要な職を奉ずる官僚を指す[50]。政府において技術官僚は、明治初年から産業近代化・軍事技術の革新・公共的設備の整備などの国策のために、工部省・内務省・農商務省などにおいて雇用されていた[51]。技術官僚は、政府においては「特定の政治勢力と結びつかず、比較的中立的な立場でひたすら事業推進を図[52]」り、「他の

表序-3：明治23年12月時点における御料局技師以下技術官僚経歴調

<table>
<tr><th rowspan="2"></th><th colspan="4">技師</th><th colspan="4">技手</th><th colspan="4">技手補</th><th colspan="4">属</th></tr>
<tr><th>総数</th><th>政府出身</th><th>国内教育機関卒業</th><th>不明</th><th>総数</th><th>政府出身</th><th>国内教育機関卒業</th><th>不明</th><th>総数</th><th>政府出身</th><th>国内教育機関卒業</th><th>不明</th><th>総数</th><th>政府出身</th><th>国内教育機関卒業</th><th>不明</th></tr>
<tr><td>佐渡支庁</td><td>8</td><td>8</td><td>0</td><td>0</td><td>4</td><td>4</td><td>0</td><td>0</td><td>—</td><td>—</td><td>—</td><td>—</td><td>5</td><td>5</td><td>0</td><td>0</td></tr>
<tr><td>生野支庁</td><td>6</td><td>5</td><td>1</td><td>0</td><td>—</td><td>—</td><td>—</td><td>—</td><td>—</td><td>—</td><td>—</td><td>—</td><td>3</td><td>1</td><td>0</td><td>2</td></tr>
<tr><td>木曾支庁</td><td>—</td><td>—</td><td>—</td><td>—</td><td>1</td><td>1</td><td>0</td><td>0</td><td>22</td><td>22</td><td>—</td><td>0</td><td>24</td><td>24</td><td>0</td><td>0</td></tr>
<tr><td>静岡支庁</td><td>—</td><td>—</td><td>—</td><td>—</td><td>—</td><td>—</td><td>—</td><td>—</td><td>42</td><td>40</td><td>—</td><td>2</td><td>10</td><td>10</td><td>0</td><td>0</td></tr>
<tr><td>札幌支庁</td><td>—</td><td>—</td><td>—</td><td>—</td><td>19</td><td>18</td><td>1</td><td>0</td><td>17</td><td>17</td><td>—</td><td>0</td><td>20</td><td>20</td><td>0</td><td>0</td></tr>
<tr><td>度会事務所</td><td>—</td><td>—</td><td>—</td><td>—</td><td>—</td><td>—</td><td>—</td><td>—</td><td>2</td><td>2</td><td>0</td><td>0</td><td>1</td><td>1</td><td>0</td><td>0</td></tr>
<tr><td>諸県事務所</td><td colspan="16">1</td></tr>
</table>

註1：国立公文書館所蔵「職員録・明治二十三年十二月・職員録（内閣各省）」（職 A00733100）をもとに、同所蔵「職員録・明治二十年五、十月・職員録改（北海道）」（職 A00602100）、「職員録・明治二十年十一月・職員録（内閣各省）」（職 A00601100）、「職員録・明治二十一年四、十月・職員録調（北海道）」（職 A00649100）、「職員録・明治二十一年十二月・職員録（内閣各省）改」（職 A00647100）、「職員録・明治二十二年十二月・職員録（内閣各省）」（職 A00695100）、「官報」、彦根正三『改正官員録　甲ノ部』（博公書院、明治21年7月、同明治22年5月、明治（24）年3月30日付品川弥二郎宛種田邁書簡（『品川文書』8、535～538頁）、宮内庁書陵部宮内公文書館所蔵「進退録1　明治22年」～「同　6」（大臣官房秘書課、20825-1～6）、同所蔵「進退録1　明治23年」～「同　5」（同上、20826-1～5）と照合し作成。

註2：札幌支庁の「政府出身」技術官僚の中には、北海道庁との兼務の者を含む。

註3：「政府出身」には地方庁勤務の経歴も含む。

註4：諸県事務所には農商務省山林局林務官と兼任の福田武太郎のみが配置されている。

分野の進展をあまり考慮せず、自らの目的達成のみを目指[53]」すあり方や、「業績主義[54]」といった独特の行動様式・理念を有していたことが明らかにされてきている。また、一般に技術官僚たちは政治的には表に出てこない存在であると考えられがちである。しかし、このような独特の行動様式と理念を有する技術官僚らは、宮内省内の御料局にあっても同様の行動様式・理念を示したのだろうか。それとも宮内省に入るということは彼らにも何らかの意識変革をもたらすものであったのだろうか。

ここで考慮しなければならないのは、彼らは御料地管理の当局者と政府とをつなぐ存在であったということである。したがって、宮中・府中を越境する彼らの意識の中に、宮中と府中がどのように腑分けされているのかを見ることで、これまで見過ごされてきた御料地の政治的意義を解明することができると考えられる。しかも、彼らを登用し、御料地管理の現場の要職に置いて監督する品川には、彼らの立場に対する責任があるから、技術官僚らにとっての御料地の意義は品川にとっての御料地の意義とも一部において重なると考えられる。

次に、御料地が収入を生み出す財源であると同時に、特定の地域の中に確乎として存在する「モノ」でもあったという側面から考えていく。このような観点は、政治史においては管見の限り全く問題とされてこなかったのだが、以下の理由において政府による宮中の政治利用をより多面的に理解するために重要であると考える。

御料地は皇室財産の一種ではあるが、九重深くに秘匿され、政府からも人びとからも遠く隔絶されて存在していたわけではない。御料地は、山林であれ農地であれ鉱山であれ土地として存在する以上、官有地や民有地と物理的に接している。したがって、御料地の編入や払下げ、測量や実況見分の際には、御料局官僚はその周囲の土地や住民を管轄する内務省や農商務省、さらには地方庁との折衝が必要になる。

また、それが収益事業用の土地である以上、その産物の売買や雇用等契約関係において、常に民間の私人や官業、御料地が所在する地域の地方官などと関わらざるを得ない。住民とのトラブルなどが起こった際は言うまでもない。官有地や地方官などはもちろん、民有地や民人は、政府の所管に属す。このような性格をもつ御料地は、官有地や官業を取り巻く政治的変動にも、民有地や民間の私人を取り巻く社会的変動にも無関係ではいられない。

さらに、御料地が山林や農地、鉱山などの「モノ」であることは、官民有の山林や鉱山、農地などに関わる行政事務を担当している政府行政機関との共管競合事務を発生させる。その結果、それぞれの実務者レベルで見ると、宮中と府中はかなりの程度日常的で密接な交流が必要となる。このことは、林業史や法社会学などの諸研究においても明らかにされてきたところでもあった(55)。

このような点に着目すると、御料地においては極めて日常的なレベルで政府行政の下位に位置する実務官僚たちとの「政治」が発生していたと考えられる。実務官僚たちの「政治」は、それが下位のレベルで解決できない場合は、より上位に裁決が求められ、廻り回って閣僚級指導者たちや宮内省の幹部クラスまでも巻き込むものとなる。このようになったとき、もはやそれは宮中と府中の政治問題であり、単なる地味で些細な局地的事象として放置しておくことはできない。このように、御料地は単なる財源ではなく「モノ」として見た場合、これまで検討されてこなかった性質の政治性が浮かび上がってくる。

以上のように、御料地という存在は、宮中の領域である宮内省と府中の領域であるところの内閣・各省との織りなす関係が、藩閥指導者と宮内省幹部との接触やそれによる政治資金供与に止まらず、もっと広範囲かつ多様な局面にわたっていた可能性を内包している。したがって、御料地を中心に検討を進めることで、これまで政治史の中で指摘されてきた皇室財産の政治利用の実態やその意義を改めて考え直す必要が生じてくる。そのことは、とりもなおさず明治立憲制創設後の宮中・府中関係を新たな視角から捉え直すことにもつながるだろう。

本書はこのような観点から、皇室財産、特に御料地の政治史的意義を明らかにすることを第一の目的とする。これをもとに、明治立憲制創設後の宮中・府中関係を考える政治史研究の一潮流に対して一石を投じてみようというのが第二の目的である。

ここまでの説明からも明らかなように、本書は従来の政治史の文脈において捉えられてきたような「宮中・府中」

関係を考察するものではない。従来の政治史では、立憲政治の中での宮中の動きを政治機構・政治過程から位置づけることに関心があった。これに対し本書は、立憲政治が開始される中で、「宮中・府中」の関係がどのように捉えられていたかという認識面の解明により力点を置くものである。しかし本書は思想家や言論人などによる公表された言説ではなく、これまでの政治史において分析対象とされてきた、具体的な政治機構・政治過程の中からそれを導き出そうとするものであり、分析手法としてはあくまで従来の政治史が構築してきたものに基づいている。本書の試みが多少なりとも独自性をもっているとすれば、それは具体的な政治機構・政治過程の中で見えてくる言説や人びとの行動から、その背後にある認識を読み取ろうとする点にあるだろう。

それは、より具体的に言えば、御料地が周囲の人やモノ、土地と織りなす関係を明らかにし、それが品川や技術官僚たちにとっていかなる意義を持つものであったのかを検討することで、宮中・府中関係についての認識を探ろうということである。ちなみに本書では、御料地と周囲の人やモノ、土地との「関係」という場合、単なる人的交流に止まらず、人的系譜、権限の及ぶ範囲（制度とも関わる）、活動内容の類似性などなるべく広く捉えている。このように理解することで、宮中・府中関係についての認識が現れる局面を、これまでの研究がその視界に収めることのできなかった範囲まで見通すことができると考えるからである。

明治二〇年代の御料地「処分」

では、御料局長というポストの特権や御料局全体としての活動、そして「モノ」としての御料地をめぐって宮中・府中関係が見えてくる具体的事例としては何が適切であろうか。本書では、御料地「処分」をもってその答えとする。

御料地をも含む皇室財産は明治二三年の議会開設までに急速に設定が進められたが、これをもって皇室財産の形成が完了するわけではなかった。これ以降株券や有価証券などの御資は増殖する一方、御料地は段階的に「処分」されてゆく。ここで、御料地の「処分」というのは当時の用法で、売却（「払下げ」）・譲渡（「下渡し」）・交換などによって御料地籍からその土地・不動産が除籍されることをいう。御料地「処分」により御料地形態のラインナップに変化が

表序-4：御料局所管御料地の「処分」と変遷

年代	①明治20年代	②明治30年代〜大正７年	③大正７年〜昭和期	④WWⅡ後
形態	山林・原野・鉱山・牧場など多種多様	山林・農地（＋M39〜少許の養魚場） 経営合理化の時代	山林一元化へ向かう 更なる合理化	—
規模	山林原野約357万町歩（未実測）＋鉱山、牧場	山林は半分程度に縮減＋農地＋中禅寺湖・蘆ノ湖	山林約130万町歩まで漸次縮減＋中禅寺湖（＋未処分の農地）	
「処分」概要	御料鉱山払下げ、北海道御料林除却等	不要存御料地処分が進む（山林）	不要存御料地処分が進む（山林）、農地処分が進む	全御料地の国有化
「処分」の特徴	個別的、大規模	計画的、全国的	計画的、全国的	財産税物納として

註：『帝林』第二・五・六章、黒田久太『天皇家の財産』（三一書房、1966年）32・50・140頁をもとに作成。

生じると、「モノ」としての御料地が総体として政治の領域に及ぼす機能も大きく異なると考えられる。多種多様な不動産をもつ皇室と、現在のように生活・執務のための土地と建物のみを所有し、事業を行う不動産を持たない皇室とでは、その政治的な意味合いが全く異なることは一般論としても納得できるであろう。また、「処分」は御料地規模の縮小をもたらすものであるから、御料地運営上の大きな転換である。このような大きな転換は、それがいかなる主体によっていかなる意図のもとになされていたのかを明らかにすることができれば、御料地の広い意味での政治史的意義や、宮中・府中の力関係を見極めるための一つの重要なメルクマールとなるだろう。

ところで、御料地「処分」はどのように展開したのか、まずは近現代を通して概観してみたい。表序－４は、御料局所管の御料地運営に関して、その形態や規模の変化を指標として時期区分したものである。これを見ると、戦前の御料地はその形態・規模の面から大きく分けて三つの時期に分けられることがわかる。そのそれぞれの時期を画するのが、御料地「処分」である。

第一の時期は、明治二〇年代である。編入当初の御料地は、山林・原野・鉱山など多種多様な形態が存在したが、二〇年代後半から鉱山の払下げや牧場・御苑の移管等によりその形態は山林・原野に二元化し、北海道御料林除却などにより大幅に面積を減らす。この時期の御料地「処分」の特徴は、後の時代と比較して計画的な「処分」方針に基づくものではなく、個別の御料地において経営不振や下付要求などの個々の事由が発生し、それに都度対応する形で処分がなされており、しかもその一件あたりの「処分」規模は後の時代と比較してきわめて大規模であるということである。

第二の時期は、明治三〇年代以降、大正七年までにあたる。この時期は、第一次・第二次不要存御料地処分が断行され、山林面積が大幅に削減される。明治二〇年代における「処分」とこの時期の「処分」との大きな違いは、その計画性にある。三〇年代以降の「処分」は、予め実測を遂げ、不要存御料地を選定した上で規則を設けて計画的に実行された。

不要存御料地「処分」の準備自体は明治二〇年代から行われていた。不要存御料地の確定も兼ねた実況調査（明治二五年一一月二四日「御料地実況調査心得」、同年一二月二七日「本局直轄府県委託御料地実況調査心得」）、境界踏査（明治二六年一月「御料地境界踏査内規」）、測量（明治二七年五月「御料地測量規程」）などの準備が重ねられ、三〇年までに名古屋・静岡支庁・渡会事務所管内における調査を終了すると、三一年一月三一日宮内省告示第一号により「御料地特売規程」を発した。これにより、名古屋・静岡両支庁、渡会・東京両事務所管内の御料地特売を実行した。これが、第一次不要存御料地処分である(56)。またこれに加えて、山林原野官民有区分に対する民有下戻し請願に対する処分（明治三一年五月「御料地民有引戻願取扱手続」、同三三年五月二四日「御料地及立木竹下付規定」を根拠とする）や、社寺上地林の払下げ（明治三三年一一月五日「社寺上地御料林野特売規程」を根拠とする）も並行して進められた。第二次不要存御料地処分は、明治四一年一二月二八日「御料地払下規程」、同四二年二月「小町歩不要存御料地代価調査手続」(57)及び同年五月「価格査定内規」に基づくものであり、大正一五年頃まで継続する(58)。もちろん、この時期にも三重県所在御料地や宮崎県所在諸県《もろかた》御料地の処分のように、個別的「処分」は見られるが、計画的な不要存御料地が断行されたという点は二〇年代にはなかった特徴である。

この時期には、小規模ながら御料地の追加編入も見られる。その中でも特異な位置にあるのが、明治三九年に開始される鱒《ます》の養殖事業のための二つの湖である(59)。この養殖漁業の開始をどう位置付けるかはきわめて難しい問題だが、これは御料地「処分」や編入の中では比較的小規模な部類に属し、同時期の大勢としてはやはり計画的「処分」を特徴とすると考えるべきであろう。

第三段階は、大正七年から第二次大戦後の全面的消滅に至るまでの時期である(60)。この時期は、第二段階に引き続き不要存御料地処分が行われ山林が漸次整理されていく一方で、第三次御料地処分で農地を排する方向に舵を切るという大きな特徴があった(61)。農地の処分は計画的なものであったが、計画通りに全ての農地の「処分」が終わらないうちに終戦を迎え、御料地は全て国に物納されることとなる(62)。

この中でも、特に議会政治開始後の六年間に第一段階の御料地「処分」が行われていることが確認できる。そして、特にこの時期の御料地「処分」と、創業期御料地技術官僚の交代の時期が重なっていることに着目したい。同様に、この時期品川から岩村通俊へと御料局長の交代も起っている。このことに着目すれば、こうした変化には何らかの相関関係があるのではないかという疑問が当然生じるだろう。そこで本書では、第一段階、すなわち明治二〇年代の御料地「処分」を射程とし、「モノ」としての御料地の変化と創業期メンバーの交代との相関関係に留意しながら明治立憲制創設後（特に議会政治開始後）の宮中・府中関係を明らかにすることを目指す。

ところが、表序-4に示した御料地の第一段階において御料地で何がなされていたのかはほとんど明らかにされていない。したがって、現時点ではまだ御料地から明治二〇年代における宮中・府中関係を直接論じられる段階にはない。そこでまず、明治二〇年代に「処分」される御料地についての個別具体的検討を行う必要がある。

ところで、明治二〇年代に「処分」された御料地を全て把握することは可能なのだろうか。先に示したように、明治二〇年代の御料地「処分」は、個別的で大規模であるという特徴があった。御料地に限らず、個別事例検討から帰納的に論じようとする場合の困難は、事例の選択の妥当性と一般化可能性が担保しがたいことにある。しかし、明治二〇年代の御料地「処分」を横断的に把握する場合、このような問題は実質的に度外視してよいだろう。なぜならば、この時期の大規模で個別的な御料地「処分」は数が限られており、それゆえ本書でその全てを検討することができるからである。

具体的には、御料地の山林・原野二元化の方向を決定づけたという点で最も重要な明治二九年の御料鉱山の払下げ、及び一度になされた御料林「処分」としては史上最大規模の北海道御料林の除却の二つが存在したのであるが、これらはそれぞれ第三章、第五章で検討する。しかし、これだけで同時期の御料地「処分」を語るのは不十分である。御料地の主力と目され期待されていた本州中部には、北海道とは植生の異なる優良山林が広がっていた。このような本州中部の御料林においては「処分」が検討されることがなかったのか、なかったとすればなぜなのかについても検討しなければ、御料地の生産手段と地域の面での偏りは避けられない。したがって、本州の御料林についての個別の「処分」についても検討する必要がある（第四章）。これらは、現実的にはその一例を代表として選択するしかないのだが、その中でも本書では静岡支庁管下の御料林に関する事例を選んだ。これにより、生産手段の面では鉱業・林業・拓殖という、当時の御料局で行いえたすべての事業について検討することができるし、地域の面では北海道・本州中部・佐渡・生野と、後述する直轄御料地[63]の所在地を万遍なく検討することができる。

ちなみに、本書では主馬寮所管の御料牧場を対象としていない。その理由は、御料牧場は明治立憲制の創設以前から存在していたという点で、立憲制創設を機に創設された御料局所管御料地とは性質の異なる部分があり、両者は別個に検討する必要があると考えたためである。しかし、御料牧場もまた困難な経営状況にあり、明治二〇年代は常に「処分」の圧力にさらされていたという点では「処分」された御料地と同様であり、本書と共通の問題構造も確認できる。一方で、御料牧場の場合は主馬寮の経営努力により成績が回復するように、御料局所管の「処分」された御料地とは大きく異なる点もある。このように、御料牧場は本書の検討を補完するとともに、重要な比較対象ともなる重要な素材であるとも考えられるので、稿を改めて論じることとする。

各章の構成

本書は、二部構成となっている。本書の主要な課題である、明治二〇年代に「処分」される／「処分」が計画される御料地を個別に検討する本書の核となる部分を第二部とし、第二部を理解する上で必要な前提を第一部に置く。第一部を構成する二つの章はいわば第二部の論証の参考資料というべきものでもあり、本書の要点を簡捷に理解されたい場合には第二部から先に読んでいただき、必要に応じて第一部を参照していただくことをお勧めする。

本書の核である第二部では、明治二〇年代の御料地「処分」をめぐって見えてくる御料地の政治史的意義を明らかにするが、その際の根拠として本書が重視するのは、御料地に関わる人びとの御料地認識であることは既に示した通りである。結論を先取りすることになるが、この認識はこれまでの研究で示されてきた御料地認識とは大きく異なるものとなる。新しい御料地認識を提示し検討する際には、その御料地認識がこれまでに想定されてきた御料地認識とどのような関係で存在し、定着してきたのか、それらの中にはどのような宮中・府中認識が見えるか、そしてそれらの認識の全体性といった諸点に言及しなければならないだろう。この意味において御料地設定に至るまでの御料地認識の全体性を可能な限り再現し、後に第二部で新しく提示することとなる御料地認識を考えていくための見取り図を用意しておくことは、本書にとって必要な作業となる。第一部は、この作業のために置かれる。すなわち、明治二〇年代の御料地に特徴的な認識が形成された条件を考えるためのセクションである。

第一章では、御料地設定前に広く見られた「皇室財産設定論」を検討対象とする。「皇室財産設定論」は、御料地の形成を論じる際に先行研究で必ず用いられてきたものである。第一章は、こうした言説を広く収集し、それらを内在的に検討することで、御料地設定前（明治一〇年代後半から二〇年代初頭にかけて）に存在した御料地認識の全体性を可能な限り明らかにし、第二部で示すことになる御料地認識が形成された条件を探るものである。

第二章では、明治二〇年代に特徴的な御料地認識を考えるための分析対象となる品川弥二郎に焦点を当てる。先に述べたように、品川は御料局というポスト、そして御料地という場に一見して奇妙ともいえるほどの執着を見せていた。その執着の意味を考えることが、御料局というポストや御料地という場のもつ政治史的意義を考えることにつながるというのが本書の視角の一つである。そこで第二章では、品川が御料局や御料地に独特の執着を示すようになった原因を彼の殖産興業（政策）指導者としての経歴の中に求める。つまり第二章は、後に明治二〇年代の御料地に深く関わることになる品川の御料局や御料地を眺める視線から、明治二〇年代の御料地認識の形成条件を探ろうとするものである。
以上の準備を整えた上で、あるいは必要に応じてこれらを参照しながら、本書の核となる第二部の検討に入っていく。第二部は第三章~第五章と補論から成る。第三章では、御料鉱山について、明治二二年の編入から同二九年の払下げに至るまでの過程を明らかにする中で、その間における品川や技術官僚らと御料鉱山との関わり方を考える。また、彼らの比較対象として、その対立者として現れてきた政府の他指導者たち(伊藤博文や松方正義など)、宮内省幹部などに注目し、その意識と行動についても詳細に検討する。本章では、右に示した人びとの意識と行動を読み解くことで、立憲制が運用される明治二〇年代の日本において御料鉱山がいかなる政治的役割を担っていたのかを明らかにする。

第三章の直後に補論を置く。補論では、第三章で明らかにするような御料地経営を可能とした法制度的条件が明らかにされる。それは具体的には、明治二一年制定の「帝室会計法」と二四年制定の「皇室会計法」である。補論では、前者の後者への改定過程を分析し、第三章をより深く理解するための補助線とする。

第四章では、実際に「処分」された事例ではなく、「処分」が計画されていた事例を、その前提としての日常的な事業運営の実態と併せて検討する。分析対象は、静岡支庁管下の御料林である。静岡支庁は、本州中部の静岡県・長野県の一部(上下伊那・諏訪郡)・山梨・神奈川県下の御料林を管理する御料局の地方部局である。特に、本章で検討する事例の中心となるのは、製糸業の最先進地域であった長野県の御料林である。ここでは、政府の製糸業政策を軸として、品川や技術官僚の意識と行動とを読み解くことで、御料林の政治史的意義について論じることとなる。本章で検討する事例は、ほとんどが日常的事業の範囲内の出来事である。また、法制度的にも実際にも政府は介入することはできない。しかし、それゆえにこそ政府出身の品川や、官業において薫陶を受けてきた技術官僚らの存在が、御料林と政府との接点として重要な意味をもって現れてくると考えられる。

第五章は、北海道御料林除却一件を事例とする。北海道御料林は、拓殖の対象地とされていた官有地の中から約二〇〇万町歩という広大な面積を編入して誕生したものであった。しかし、明治二七年にその約三分の二というこれまた広大な面積が北海道庁に下付される。この間の交渉は宮内省―御料局と内務省・農商務省―北海道庁との間で行われる。すなわち、同一件は、宮中・府中がそれぞれの利害を代表して交渉のテーブルにつくとき、どのような力学で問題は解決に向かうのかを見る上で格好の事例といえる。ここにおいてもまた、技術官僚の意識と行動が重要な導きの糸となるだろう。

第二部の各章は必ずしも時系列通りに配列されているわけではない。様々な事例、様々な御料地を行きつ戻りつする中で、明治二〇年代という時代を、短期間ながらも深く掘り下げていこうというのが、本書の狙いである。また、御料地の「処分」に主要な関心がある以上、実際に「処分」された御料鉱山、北海道御料林を先にまとめて論じるのが順当なところであるが、本書では御料鉱山に関する章の後に本州所在御料林の「処分」計画に関する章を配置している。これには本書の行論上の便宜によるところである。第四章で検討することとなる本州所在御料林の「処分」計画については、論証上主要な史料が御料鉱山の「処分」ときわめて密接な関係をもっていたため、第三章の御料鉱山についての論証の後に配置することが適切と考えたためである。

本書で分析対象とする技術官僚の呼称と範囲についても一言しておかねばならない。技術官僚は、戦前においては官によって技師・技手・属など様々な区分があったが、先行研究ではこれらを包括する概念として様々な用語を用いてきた(64)。柏原宏紀氏は、技術官僚を「理系知識、技術、現場での諸工事や製造事業などを通して得られる経験知といった専門性を持って、政策立案・決定・実施に関わる幹部クラスの官僚(65)」と定義している。「経験知」のようなものまでその条件としているところに、明治零年代を分析対象とする同氏の研究の特徴が表れている。本書が対象とする明治二〇年代の御料地においても、技術官僚らに占める学士官僚の割合はまだ高くない。以上のことを踏まえ、本書では官による呼称の違いや、学士官僚かそれ以前の専門的官僚であるかを超えた共通性を重視して、柏原氏の定義に則って「技術官僚」の語を用いることとする。

なお、御料地の全国的分布については、編入や「処分」のため時期により変動が大きいこと、また明治二〇年代には、局地的な一筆図や絵図面のようなものしか存在しない地域も多いことから、地図に示すことが困難である。実測に基づいた全国的分布を示す地図が編成されるのは、早くとも第一次不要存御料地処分を見据えた明治二〇年代末であると考えられる。しかし、管理区域によっては、ある特定の時期の御料地図を示すことは可能である。これについては各章で個別に示し、参考に供したい。

（1）　家産制国家として王室と国家の未分離だった英国王室財産について酒井重喜「前期スチュアート朝における王領地改革」（『熊本学園大学経済論集』二一‐一・二、二〇一一年）、同「17世紀イギリスにおける王領地改革と恩顧制度」（『熊本学園大学経済論集』二二‐一・二、二〇一五年）、広大な王有鉱山の存在したスペインについて五十嵐一成「16世紀末から17世紀初めのカスティーリャ王室財政と王国コルテス、而してメスタ協議会問題」（『経済と経営』三一‐一・二、二〇〇〇年）、タイ王室財産については田坂敏雄「タイ王室財産管理局と土地開発」（大阪市立大学『季刊経済研究』二一‐一、一九九八年）。君塚直隆『立憲君主制の現在　日本人は「象徴天皇」を維持できるか』（新潮社、二〇一八年）にも英国やタイ、ブルネイの王室財産について言及されている。

（2）　維新後に継承された皇室財産は、孝明天皇の遺産一〇万円程度であったとされ、これは米に換算すると二、三万石、黒田久太氏がこれを明らかにした時点での価値で約三、四億円であった（黒田久太『天皇家の財産』〈三一書房、一九六六年〉一四～一五頁）。近世までの皇室財産（このような呼称自体きわめて近代的である。前近代においては、禁裏や仙洞など各御所の財政運営は独立して行われていた。これらを総称するものとして「朝廷」財政という表現がなされる）に関しては、佐藤雄介『近世の朝廷財政と江戸幕府』（東京大学出版会、二〇一六年）を参照。

（3）　宮地正人『天皇制の政治史的研究』（校倉書房、一九八一年）、藤田覚『幕末の天皇』（講談社、文庫版二〇一三年）、安丸良夫『近代天皇像の形成』（岩波書店、文庫版二〇一三年、現代文庫版初版は二〇〇七年）。なお、「討論　天皇制における近世と近代」（鈴木正幸編『近代の天皇』吉川弘文館、一九九三年）の中で小路田泰直氏は、天皇の浮上自体は一八世紀の半ばから「尊皇論」のような形で現れていたと指摘している（同右、二一一～二一二頁）。

（4）　維新後の政府諸事業については、鈴木淳『維新の構想と展開』（講談社、学術文庫版二〇一五年。学術文庫版初版は二〇一〇年）、その中での近代的天皇の形成については、伊藤之雄『明治天皇―むら雲を吹く秋風にはれそめて―』（ミネルヴァ書房、二〇〇六年）、笠原英彦『明治天皇―苦悩する「理想的君主」―』（中央公論新社、二〇〇六年）、ドナルド・キーン著、角地幸男訳『明治天皇（一）～（四）』（新潮社、二〇〇七年、文庫版）、西川誠『明治天皇の大日本帝国』（講談社、二〇一一年、学術文庫版は二〇一八年）。

(5) 前掲黒田久太『天皇家の財産』第1章。川田敬一『近代日本の国家形成と皇室財産』(原書房、二〇〇一年)によると、会計処理上の微修正はあったものの、明治一九年まで皇室の主たる財源は一貫して国庫からの交付金であったことがわかる(一四八～一四九頁)。

(6) 慶應三年一二月から明治五年一二月までは皇室・宮内省に関する費目は、概ね「皇室諸費」、あるいは「宮内省費」として一括処理されていた。この時期は、歳出合計が連年増加しているため、皇室・宮内省費の全体に占める割合は一～二%台にとどまっているが、その額自体は毎年著しく増加している(表序-1-①)。予算制度が整備された明治六年度から八年度の宮内省費はいずれも約三万円の赤字決算であった(表序-1-②)。「宮内省費」では全ての支出を賄いきれなかったため、明治八年度(明治八年七月～同九年六月)からは「帝室費・皇族費」が宮内省費から分離した新たな予算費目として立てられ、全体として予算も増額されている。

(7) たとえば明治一五年五月九日には、宮内卿徳大寺実則が宮内省定額を四万五千円とする増額要求について大蔵卿松方正義に相談したが、松方は「貳万五千円ヨリ相嵩候而ハ他省ヘノ差響ニも相成」として却下した。徳大寺は、百方節約に努めるが、なお翌日御用掛に登用されることになっていた辻維岳の年俸を宮内省定額外から拠出することで対処できないかと岩倉具視に相談している(明治一五年五月九日付岩倉具視宛徳大寺実則書簡〈『岩倉文書　対』R27-17-57(34)〉、明治一五年五月一五日付岩倉具視宛松方正義書簡〈『岩倉文書　対』R27-17-57(43)〉、「東京府士族辻維岳御用掛被命ノ件」〈国立公文書館所蔵「公文録・明治十五年・第二百十二巻・官吏進退(宮内省)」請求番号:公０３４２０１００〉)。このほかにも、「公文録」には宮内省の増額要求とそれに対する政府の却下の指令が毎年のように残されていて、明治一〇年代の宮内省の厳しい懐事情がうかがえる。

(8) 『帝林』一頁、前掲黒田久太『天皇家の財産』第2章1、鈴木正幸「皇室財産論考(上)」(『新しい歴史学のために』二〇〇、一九九〇年)一～二頁、前掲川田敬一『近代日本の国家形成と皇室財産』四一～四四頁。

(9) 『帝林』一～三頁、前掲黒田久太『天皇家の財産』第2章2、前掲鈴木正幸「皇室財産論考(上)」、前掲川田敬一『近代日本の国家形成と皇室財産』四四～四九頁。

(10) 拙稿「「皇室財産設定論」再考」(『ヒストリア』二七一、二〇一八年)。

(11) 「伊藤博文を首班とする集団指導体制」という語は前掲笠原英彦『明治天皇』第五章「伊藤首班の集団指導体制」より。

(12) 坂本一登『伊藤博文と明治国家形成―「宮中」の制度化と立憲制の導入―』(吉川弘文館、一九九二年、初版は一九九一年〈のち講談社学術文庫より二〇一二年刊行〉)。

(13) 前掲坂本一登『伊藤博文と明治国家形成』第二章、同「伊藤博文と「行政国家」の発見―明治十四年政変と憲法調査をめぐって―」(沼田哲編『明治天皇と政治家群像―近代国家形成の推進者たち―』吉川弘文館、二〇〇二年)、瀧井一博『ドイツ国家学と明治国制―シュタイン国家学の軌跡―』(ミネルヴァ書房、二〇一二年、初版は一九九九年)、同『文明史のなかの明治憲法』(講談社、二〇〇三年）第二章、同「伊藤博文と立憲国家の形成―ドイツ型立憲主義の受容と超克―」（伊藤之雄・川田稔編著『二〇世紀日本の天皇と君主制　国際比較の観点から　一八六七～一九四七』吉川弘文館、二〇〇四年）、同『伊藤博文　知の政治家』（中央公論新社、二〇一〇年）第二章、堀口修編著『明治立憲君主制とシュタイン講義―天皇、政府、議会をめぐる論議』（慈学社出版、二〇〇七年）第一章第二節。

(14) 前掲坂本一登『伊藤博文と明治国家形成』一三〇～一三六頁。

(15) 伊藤之雄「山県系官僚閥と天皇・元老・宮中―近代君主制の日英比較―」（『法学論叢』一四〇－一・二、一九九六年）七三頁。

(16) 同右、及び前掲佐々木隆『藩閥政府と立憲政治』第一章第五節、同「明治天皇と立憲政治」（福地惇・佐々木隆編『明治日本の政治家群像』吉川弘文館、一九九三年）一－3。

(17) 前掲佐々木隆「明治天皇と立憲政治」三一七頁、末木孝典「明治二十五年・選挙干渉事件と立憲政治―系統的指令説と暴発説をめぐって―」（『近代日本研究』〈慶應義塾福沢研究センター〉三二、二〇一五年）一一二～一一四頁（のち同『選挙干渉と立憲政治』〈慶應義塾大学出版会、二〇一八年〉に載録）。

(18) 佐々木隆『伊藤博文の情報戦略　藩閥政治家たちの攻防』（中央公論新社、一九九九年）第三章二。

(19) 前掲伊藤之雄「山県系官僚閥と天皇・元老・宮中」第一章二。この知見は、同『昭和天皇と立憲君主制の崩壊』（名古屋大学出版会、二〇〇五年）一九～二〇頁でも示されている。

(20) 明治（二五）年一月一〇日付伊藤博文宛岩倉具定書簡（『伊藤文書』三、四九頁）。

(21) 明治（二四）年四月一日付品川弥二郎宛佐々木陽太郎書簡（『品川文書』四、三九頁）。

(22) 本文で紹介した事例のほか、荒船俊太郎氏は明治立憲制下で内大臣兼侍従長を長らく務めた徳大寺実則が「宮中・府中の別」原則の徹底に努めた事例を検討している（荒船俊太郎「三条実美没後の徳大寺実則―「聖旨の伝達者」像の再検討」〈安在邦夫・真辺将之・荒船俊太郎編『明治期の天皇と宮廷』梓出版社、二〇一六年〉）。

(23) そもそも「天皇制」国家論は、「天皇制」を日本固有の君主制として、その特殊性を批判的に検討するマルクス主義史学の問題関心から発展したものである。特に、日本の伝統的な天皇観と近代的統治論との関係から近代「天皇制」の特徴を考えた鈴木正幸氏の一連の研究（前掲鈴木正幸「皇室財産論考（上）」、同「同（下）」〈『新しい歴史学のために』二〇一、一九九〇年〉、同前掲『近代の天皇』〈編著〉、同『皇室制度』〈岩波書店、一九九三年〉、同編著『王と公』〈柏書房、一九九八年〉、同『国民国家と天皇制』〈校倉書房、二〇〇〇年〉）は、現在に至るまで皇室財産を論じる際には必ず言及される一つの到達点といえる。しかし、「天皇制」国家論自体は、天皇・皇室をめぐる研究史の一時期の潮流に過ぎない。天皇・皇室研究は、「天皇制」から「天皇像」へと対象が移り、近年では天皇個人やそれを取り巻く皇室・皇族・宮中の実態解明が進んでいるとされる（成田龍一「精神構造としての天皇制・再考」日本大学人文科学研究所総合研究プロジェクト「「ジャンル」の記憶とその転換をめぐる研究―東アジアの言語・文化・表現史を中心に―」例会「「歴史／物語」を歴史化する―神話・文学を入り口に」（於日本大学文理学部、二〇一七年七月二五日）レジュメ）。天皇個人に関する研究としては、原武史『大正天皇』（朝日新聞社、二〇〇〇年）、ハーバード・ビックス著、岡部牧夫・川島高峰訳『昭和天皇』上・下（講談社、二〇〇五年、単行本は二〇〇二年初版）、前掲伊藤之雄『明治天皇』、同『昭和天皇伝』（文芸春秋、二〇一一年）、前掲笠原英彦『明治天皇』、前掲ドナルド・キーン著『明治天皇（一）～（四）』、古川隆久『昭和天皇―「理想の君主」の孤独』（中央公論新社、二〇一一年）、坂本一登「明治天皇の形成」（明治維新史学会編『講座　明治維新4　近代国家の形成』有志舎、二〇一二年）。宮中研究では、早くは渡辺昭夫「侍補制度と「天皇親政」運動」（『歴史学研究』二五二、一九六一年）、同「天皇制国家形成途上における「天皇親政」の思想と運動―日本的「立憲主義」との関連において―」（『歴史学研究』二五四、一九六一年）、野崎昭雄「侍補制度と政局の動き」（『東海大学紀要　文学部』一七、一九七二年）、西川誠「明治一〇年代前半の佐佐木高行グループ」（『日本歴史』四八四、一九八八年）、笠原英彦『天皇親政―佐々木高行日記にみる明治政府と宮廷―』（中央公論社、一九九五年）などが明治一〇年代の侍補グループや、その後の元「侍補グループ」の一員、佐佐木高行の中正党における活動実態を解明し、明治一〇年代における宮中勢力のプレゼンスを浮き彫りにした。

(24)　このような観点から皇室財産をも含む皇室制度を検討したものとしては、前掲鈴木正幸氏の一連の研究（註23）のほか、前掲川田敬一『近代日本の国家形成と皇室財産』、瀧井一博「明治後期の国制改革―明治四〇年体制と有賀長雄―」（伊藤之雄・川田稔編著『20世紀日本と東アジアの形成―1867～2006―』（ミネルヴァ書房、二〇〇七年）、山田亮介「近代皇室の私的財産に関する一考察―皇室財政制度の実態と変遷―」（『日本大学大学院　法学研究年報』三六、二〇〇六年）、同「皇室財産の公私とその問題点」（『憲法研究』四二、二〇一〇年）。特に、近年では国分航士氏が制度と政治過程の両面から、明治後期～大正期に皇室と国家との関係確定が進められていった過程を明らかにしていること（国分航士「大正六年の請願令制定と明治立憲制の再編」（『史学雑誌』一一四-九、二〇一〇年）、同「明治立憲制と「宮中」―明治四〇年の公式令制定と大礼使官制問題―」（『史学雑誌』一二四-九、二〇一五年）、同「大正期皇室制度改革と「会議」―帝室制度審議会と「栄典」の再定置」（御厨貴編著『天皇の近代―明治150年・平成30年』千倉書房、二〇一八年））、加藤祐介氏が明治期から大正期にかけての皇室財産への課税問題から同様の指摘をしていること（加藤祐介「皇室財産課税問題の展開―1890～1920年―」（『歴史学研究』九六一、二〇一七年））を特筆しておきたい。

(25)　皇室の公私に関しては、さしあたって前掲川田敬一・山田亮介両氏の諸研究のほか、安永寿延『日本における「公」と「私」』（日本経済新聞社、一九七六年）、溝口雄三『公私』（三省堂、一九九六年）、前掲鈴木正幸『王と公』第七章、佐々木毅・金泰昌編『国家と人間と公共性（公共哲学5）』（東京大学出版会、二〇〇二年）、特に戦後の象徴天皇制に関するものでは、森暢平『天皇家の財布』（新潮社、二〇〇三年）を挙げておきたい。御料地の公私に関しては上記以外に、誤った解釈もあると思われるので、別の機会に論じることとしたい。

(26) 前掲坂本一登『伊藤博文と明治国家形成』。
(27) 前掲佐々木隆「明治天皇と立憲政治」三〇八頁。
(28) 前掲佐々木隆『藩閥政府と立憲政治』、「明治天皇と立憲政治」、『伊藤博文の情報戦略』。
(29) 前掲黒田久太『天皇家の財産』一五～一六頁。
(30) 『帝林』一三二～一三五頁。宮内庁書陵部宮内公文書館所蔵「御料地編入沿革概略其他　明治21～23年」(識別番号61614)では、「十九年二月廿六日ニ至リ御料局ノ管理トナリタル各御用地ノ称呼ヲ改メテ某御料地ト称スル「トナリ」とあるから、明治一八年に御料局が設置された時点で皇室所有であった土地については、まだ「御料地」の名称は公式には成立していなかったことがわかる。「第一類御料地」である皇居については河西秀哉『皇居の近現代史―開かれた皇室像の誕生』(吉川弘文館、二〇一五年)、御用邸については澤村修治『天皇のリゾート　御用邸をめぐる近代史』(図書新聞、二〇一四年)。
(31) 『帝林』第二章第二節。
(32) ただし、それ以前にも若干の耕牧地等はあった(『帝林』三～四頁)。
(33) 以上の説明は、前掲黒田久太『天皇家の財産』第3章4、前掲川田敬一『近代日本の国家形成と皇室財産』第四章による。拙稿「戦前の皇室財産―天皇家の三つの「財布」」(森暢平・河西秀哉編著『皇后四代の歴史　昭憲皇太后から美智子皇后まで』吉川弘文館、二〇一八年)でも概説している。
(34) 御料牧場は、現在も残る御料地であるが、現在は皇室の保養地に付随し、その日常的食事や宮中晩餐、内外賓客接伴のための食糧などを生産することに目的が限定されている(宮内庁ＨＰ　http://www.kunaicho.go.jp/about/shisetsu/others/bokujo-enkaku.html：二〇一九年一月現在)。これに対して、戦前の御料牧場はおよそ畜産・農業改良や馬政にわたる役割を負うものであった(『帝林』第六章第八節、下総御料牧場編刊『下総御料牧場沿革誌』〈一八九四年〉、新冠御料牧場編刊『新冠御料牧場沿革誌』〈一八九六年〉、外山御料牧場編刊『外山御料牧場沿革誌』〈一九〇四年〉)。
(35) 御料牧場も編入当初の一時期は御料局の所管であった(下総御料牧場は一八年に農商務省から御料局に移管。岩瀬御料地・渋谷御料地・新冠御料牧場はそれぞれ明治一五年、一四年、一六年に宮内省所管となっていたが、一八年御料局設置とともに同局主管となる)。しかし下総・新冠両御料牧場・渋谷御料地は明治二一年一〇月に主馬寮に移管となり、岩瀬御料地は二三年七月に福島県に委託されることとなった(以上、『帝林』八一三～八二六頁、前掲川田敬一『近代日本の国家形成と皇室財産』一九七頁)。このうち新冠御料牧場はその後昭和三年一月一日に再度御料局後身の帝室林野局に移管となった(『帝林』八一五頁)が、本書で扱う時期においては概ね主馬寮所管である。
(36) 明治二二年度までは宮内省費の中で処理されていたが、明治二三年度から特別会計となる(前掲川田敬一『近代日本の国家形成と皇室財産』二九七頁)。

(37) 御料局は明治四一年一月一日に帝室林野管理局、大正一三年四月には帝室林野局と改称される（『帝林』六、八頁）。

(38) 藩閥政府指導者が利用してきた内閣機密金は、明治二三年に皇室財産に収められ、三一年まで御資部の管理であった（前掲黒田久太『天皇家の財産』三六頁、前掲伊藤之雄「山県系官僚閥と天皇・元老・宮中」七三～七四頁）。三一年八月一〇日には同資金を御資部から常用部に移すことが裁可されている（前掲伊藤之雄「山県系官僚閥と天皇・元老・宮中」七四頁）。明治後期を対象とした政治史研究では、議会で皇室費増額を決議した事例が検討されてきたように、ごくまれに「皇室費」が検討の俎上に上ることもあった（櫻井良樹「宗秩寮の創設と日露戦後の貴族院」『日本史研究』三四七、一九九一年）。

(39) このような議論は「皇室財産設定論」と呼ばれた。「皇室財産設定論」については、本書第一章で詳述。

(40) 御料林に関しては、萩野敏雄『御料林経営の研究―その創成と消滅―』（日本林業調査会、二〇〇六年）、筒井迪夫『日本林政史研究序説』（東京大学出版会、一九七九年、初版は一九七八年）、林業発達史調査会編刊『日本林業発達史　上巻』（一九六〇年）第一編第一章第二節、北條浩『入会の法社会学　上』（御茶の水書房、二〇〇〇年）第三部、御料鉱山については、小林正彬「佐渡・生野両鉱山、大阪製煉所の払下げ」「同（補遺）」（『経済系』一〇四・一〇五、一九七五年）、同『日本の工業化と官業払下げ』（東洋経済新報社、一九八二年、初版は一九七七年）、大澤覚「佐渡・生野鉱山の一括払い下げについての覚書―「処分理由書」と「三技師の意見書」を中心に―」（『法政大学大学院紀要』一五、一九八五年）、高村直助「官営鉱山と貨幣原料」（鈴木淳編『工部省とその時代』山川出版社、二〇〇二年）、内藤隆夫「明治期佐渡鉱山の製錬部門における技術導入」（北海道大学『経済学研究』六二―三、二〇一三年）、同「近代佐渡鉱山史「貧鉱化への対応」の視点から」（小風秀雅編集・発行『受託研究「近代の佐渡金銀山の歴史的価値に関する研究」二〇一四年度調査報告書』二〇一五年）、小林延人「開港から明治初期にかけての金流出と佐渡鉱山の位置」（小風秀雅編集・発行『受託研究「近代の佐渡金銀山の歴史的価値に関する研究」二〇一〇年度調査報告書』二〇一一年）、同「宮内省御料局財政と佐渡鉱山」（小風秀雅編集・発行『受託研究「近代の佐渡金銀山の歴史的価値に関する研究」二〇一一年度調査報告書』二〇一二年）、同「宮内公文書館の佐渡鉱山関係史料から見る宮内省決裁」（小風秀雅編集・発行『受託研究「近代の佐渡金銀山の歴史的価値に関する研究」二〇一三年度調査報告書』二〇一四年）、同「外貨・外資排除の日本経済と佐渡鉱山の経済史的・経営史的意義」（前掲『受託研究「近代の佐渡金銀山の歴史的価値に関する研究」二〇一四年度調査報告書』）、神山恒雄「官営期の佐渡鉱山」（同右）などがある。このほか、熱海の御料温泉に言及したものとして、高柳友彦「温泉地における源泉利用―戦前期熱海温泉を事例に―」（『歴史と経済』一九一、二〇〇六年）、その後宮内省所管となる新宿試験場について國雄行「内務省勧農局の政策展開―内藤新宿試験場と三田育種場　1877～1881年―」（首都大学東京人文科学研究科『人文学報』五一二―九〈歴史学編第四四号〉、二〇一六年）がある。

(41) 西尾隆「報告1　国有林の神話と組織―行政史の視点から―」（『林業経済研究』一一六、一九八九年）五一頁。

(42) ちなみに、明治二〇年代に関する限りではあるが、御料地収入が「御資」として吸い上げられて政治利用に供されると考えるならば、事実認識において誤っている。明治二〇年代の皇室会計を規定していた「帝室会計法」及び「皇室会計法」によると、御料地収入は御料地運営の経費にのみ充てられていたことがわかる（「帝室会計法」第二条・第三条、「皇室会計法」第十四条・第二八条〈両法令の出典については本書補論を参照〉）。

(43) 前掲明治（二四）年四月一日付品川弥二郎宛佐々木陽太郎書簡。

(44) 前掲伊藤之雄「山県系官僚閥と天皇・元老・宮中」六四頁。

(45) 前掲佐々木隆『藩閥政府と立憲政治』第一章第五節。

(46) 同右、一六五頁。

(47) 西尾隆『日本森林行政史の研究―環境保全の源流―』（東京大学出版会、一九八八年）六七頁。

(48) 官林を受領する際、御料局では「従事スル所ノ林務官幷林務官補以下ノ者ハ孰レモ随伴シテ当省へ御採用相成ラサルヲ得サル事」として、政府所管時代の勤務地に引き続き雇用する方針をとっていたことがわかる（宮内庁書陵部宮内公文書館所蔵「御料局例規録1　明治22年」〈識別番号5782-1〉）。

(49) ここで、明治官僚制の中での御料局技術官僚の特殊な地位について触れておく。技術官僚は、試験任用の制度化後も、試験で一律に規定することになじまないとして、政府において例外扱いされていた。明治二〇年制定の「文官試験試補及見習規則」においては、教官・技術官や特別の学術技芸を要する者について、試験法が定められるまで経歴により資格がある者を無試験で文官試験局長官の詮衡により任用できると定められた。その後も、詮衡任用の範囲は主に専門性の高い分野で維持され、広がっていく（鈴木淳「官僚制と軍隊」〈『岩波講座　日本歴史　第15巻　近現代1』、岩波書店、二〇一四年〉二二九～二三二頁、日本公務員制度史研究会編『官吏・公務員制度の変遷』〈第一法規出版株式会社、一九八九年〉五五～五六、六三～六五、七三頁）。これに対し、明治一八年内閣制成立とともに府中の外に置かれた宮内省では独自の官制が定められる。御料局設置に伴い、同局では勅任官の長官一名の下に主事、属官を置くことが規定された（『帝林』一〇～一一頁）。その後一九年二月四日に宮内省官制が制定されるが、技術官僚の制度が定められたのは二〇年一〇月二一日であった（同右、一一～一二頁）。二一年九月二九日には技手補の制を規定し、二二年二月二八日には理事を置いた。特に理事は、官林・官有山林原野などの御料地編入が進められることを見越し、地方管理部局としての支庁設置の前提の上に、支庁長に補する官として置かれたものであった（同右、一二頁）。二二年七月二三日の官制改正により各官の身分・待遇がより明確化された（同右、一二～一四頁）。同官制によれば、奏任・判任官の人事は宮内大臣権限で行うとはいえ、一般宮内官は試験を経て採用されることになっていた（同右、一四頁）。しかし、技術官僚のみは特例で試験を不要としていた。政府におけると同様に特殊な技能が求められる技術官僚については、事務官と同じ試験ではその能力が計りがたかったためと考えられる。

(50) ちなみに、政府における技術官僚の身分については、明治一九年の「技術官官等俸給令」（勅令第三八号）、その後二二年六月の同令改正（勅令第一〇七号）、及び二四年七月に新たに規定された「技術官俸給令」（勅令第八四号）によって定められていた。「技術官俸給令」では、技術官とは勅任の「技監」、奏任の「技師」、判任の「技手」の種別があった（前掲『官吏・公務員制度の変遷』五一～五二頁）。

(51) 官僚の専門性を論じた研究は、法制官僚に関して山室信一『法制官僚の時代―国家の設計と知の歴程―』（木鐸社、二〇〇五年、初版は一九八四年）、文部官僚について、鄭賢珠「近代日本の文部省人事構造―明治中後期における「教育畠」の形成―」（『史林』八八－三、二〇〇五年）、松谷昇蔵「官僚任用制度展開期における文部省―文部官僚と専門性―」（『史学雑誌』一二六－一、二〇一七年）などがある。しかし、より本書と関連が深いと考えられるのは、岩内亮一「技術者の育成」（宮本又次・中川敬一郎監修・間宏編『日本の企業と社会』〈日本経済新聞社、一九七七年〉）、内田星美「初期留学技術者と欧米の工学教育機関」（東京経済大学『人文自然科学論集』七一、一九八五年）、今津健治『近代日本の技術的条件』（柳原書店、一九八九年）、藤田由紀子『公務員制度と専門性―技術系行政官の日英比較』（専修大学出版局、二〇〇八年）、大淀昇一『技術官僚の政治参画　日本の科学技術行政の幕開き』（中央公論社、一九九七年）、若月剛史『戦前日本の政党内閣と官僚制』（東京大学出版会、二〇一四年）、沢井実『帝国日本の技術者たち』（吉川弘文館、二〇一五年）、柿原泰「工部省の技術者養成―電信の事例を中心として」（前掲鈴木淳編『工部省とその時代』）、柏原宏紀『工部省の研究―明治初年の技術官僚と殖産興業政策』（慶應義塾大学出版会、二〇〇九年）、同『明治の技術官僚近代日本をつくった長州五傑』（中央公論新社、二〇一八年）、中村尚史『日本鉄道業の形成―1869～1894年―』（日本経済評論社、一九九八年）第一章第三節、第二章第三節1、第三章第三節、同「鉄道技術者集団の形成と工部大学校」（前掲鈴木淳編『工部省とその時代』）、鈴木淳「横須賀造船所初期の技術官制度」（『市史研究横須賀』一〇、二〇一一年）、同前掲「官僚制と軍隊」、山本伸幸「テクノクラートと森林管理―近現代日本林政の一基層―」（『林業経済研究』六二－一、二〇一六年）など、自然科学・工学系の技術官僚に関する研究である。

(52) 前掲柏原宏紀『工部省の研究』一六六頁。

(53) 同右、三〇〇頁。

(54) 三谷太一郎『日本政党政治の形成―原敬の政治指導の展開―』（東京大学出版会、一九六七年）一四頁。

(55) 前掲萩野敏雄『御料林経営の研究』、前掲北條浩『入会の法社会学　上』。このほか、松澤裕作氏は富士山南麓御料地を事例として御料局と静岡県庁との関係に言及している（松澤裕作「官有地・御料地と無断開墾問題―富士山南麓の場合―」〈『三田学会雑誌』一〇九－一、二〇一六年〉）。

(56) 以上の記述は『帝林』第五・六章による。

(57) 同右。

(58) 三重県所在御料地は明治二四年以降断続的に「処分」され、宮崎県所在諸県御料地は宮崎県に払い下げられ明治三五年六月に廃止となった（『帝林』三二五～三二六、三二八頁）。

(59) 日光中禅寺湖と箱根蘆ノ湖における養魚事業は、明治一三年頃から政府及び漁業組合によって行われていたが、その後濫獲が進み魚が減少してきた。特に中禅寺湖では、明治三五年の洪水で魚が濁水とともに華厳の滝から流出してしまったという。湖畔に別荘を所有する各国公使はこの状況を憂い、養魚事業を直営し、特に鱒の繁殖を図るよう政府に懇請するに至った。そこで「其の筋」から「外交団御優遇」のため養魚事業を直営するよう御料局に命があり、四〇年一月に御料局内に日光・箱根養魚場を設け養魚事業を開始することになった（『帝林』第六章第九節）。このように、二つの湖は外交上の要請から編入されたものであるという特徴をもっていた。

(60) 山林一本化には例外もあり、処分は段階的になされていたため、終戦まで農地は残っていた（前掲黒田久太『天皇家の財産』一四〇頁、戸田慎太郎『天皇制の経済的基礎分析』〈三一書房、一九四七年〉七六頁）。

(61) 第三次不要存御料地処分は御料農地処分である。これは大正七年一二月「不要存御料地処分令」、同令施行規則、八年四月「不要存御料地払下代価調査手続」、一四年三月二八日「御料林野存廃区分要綱」に基づくものである。それ以降も何度かの小規模な不要存御料地処分を継続した（『帝林』第五章）。この時期の御料農地処分に関しては、加藤祐介「大正デモクラシー状況への皇室の対応―御料地争議における天皇制イデオロギーの噴出―」（『歴史学研究』九二七、二〇一五年）。

(62) 前掲黒田久太『天皇家の財産』第七章、北山冨久二郎「皇室財政の変遷」（『学習院大学政経学部研究年報（Ⅰ）』一、一九五三年）第三章、前掲萩野敏雄『御料林経営の研究』第四章、木村晴吉『御料林出身・林野ＯＢの回顧と直言』（日本林業調査会、二〇〇七年、非売品）九七～一〇二頁。

(63) 直轄御料地については、第二部序論で詳述。

(64) 多くは「技術者」「技術官僚」の語を用いるが、山本伸幸氏は林業技術者官僚の分析において「テクノクラート」の語を用いている（前掲山本伸幸「テクノクラートと森林管理」）。

(65) 前掲柏原宏紀『明治の技術官僚』七頁。

第一部　明治二〇年代の御料地認識形成条件

序論（第一部）

明治政府は、なにゆえ御料地を必要としたのか。この問いは、ほんの半世紀ほど前まではきわめて政治的な意味をもつ問いであった。そもそも、御料地が皇室を経済的に支えるための財産であるということを自明とする立場においては、このような問いを立てること自体が皇室の不当な利用の存在を許容するものであり、認められないことになる。戦前においては、基本的にこの自明の前提に則って、「純忠至誠の発露」(1)により御料地の設定が求められたと説明されてきた。

これに対し、マルクス主義の影響を強く受けた戦後歴史学においては、御料地も含めた皇室財産は「天皇制の（直接的）物質的基礎」として逆に批判的に検討される対象であった。戸田慎太郎氏は、皇室財産を皇室の政治権力を支える経済的基礎と見なし、「一旦絶対主義維新政府が官有地として受けつぎ、更に自由民権運動に対する防衛の見地からこれを皇室所有に再編成したもの」(2)とした上で、それらは「私人としての天皇の私的消費」(3)に充てられるのみならず、「天皇制的国家権力「全般」のうちでも、最も中心的な頭部権力部分（天皇、重臣、軍閥、宮内官僚）に対する直接的経済的基礎を構成するもの」(4)と説明した。そしてそれは具体的には、「直接数千名の寄生的宮内官僚……を養ひ、尨大な政治的儀礼（観兵式、四大節、観桜会等）に消費され、元老、大臣、軍閥、官僚に対する功労金、御下賜金として、消費され、旧堂上華族保護資金、其の他として、即ち、一切の直接、間接の、天皇制国家権力の政治的寄生的支出に消費されてゐる」(5)とした。戦後歴史学の諸研究は基本的にこれと同様の観点に立ち、御料地が国民の利益と相反する「半封建的」で「反民主的」なものであるとの前提に立って議論が進められた。

「講座派」に属さない研究者においても、右のような同時期の研究潮流の影響を受けずにはいられなかった。黒田久太氏は、皇室財産の役割について「在野の勢力の抬頭に対抗して、在朝者の権力を維持する手段であり得たから(6)」であると説明している。明治一四（一八八一）年に九年後の議会開設が約束されると、政党によって皇室財産を左右されることが現実的な問題として浮上し、そのような事態を防ぐために政府の指導者らにより皇室財産の設定が叫ばれたことを認めた上で、御料地も含めた皇室財産は「かかる情勢に対処して、皇室及び在官者の権威権力保持のために防衛的手段を準備せんとしたもの(7)」だというのである。

このように、戦後歴史学やその研究潮流の中で産み出された諸研究においては、御料地は皇室を支えるのみならず、政府の用に供するという使命も帯びていたと考えられるようになってきた。これは、政府と皇室・宮内省とを一体のものとして、それらを包含する「天皇制国家」を批判的に見る戦後歴史学の問題関心を反映するものであったといえる。

しかし、戦後歴史学の諸研究は、彼らが実際に見聞きした昭和戦前期のある一時期のみの事象から近現代を通貫する御料地の特徴を導き出そうとしているという問題があった。「天皇制国家」の糾弾という目的が先行し、実証面をそれに従属させる姿勢への反省もあり、その後このような問題は様々な領域の研究において克服されている(8)。御料地をも含む皇室財産に関しても、その後さまざまな方面から実証的により深化した研究が相次ぐ(9)。しかし、それらは概して御料地設定前の議論に多くの紙幅を割くものの、その後の御料地運営の実態との関連はほとんど考察の対象外とされ、御料地が実際に担ってきた役割についてはほとんど検討されることなく現在に至っている。それゆえ、現在の天皇・皇室研究においては御料地を皇室財政基盤を強化するための「純忠至誠の発露」によって設定されたものなのか、それとも「頭部権力部分（天皇、重臣、軍閥、宮内官僚）に対する直接的経済的基礎を構成するもの」として設定されたのかという問いに対する明確な答えは示されていない。

もちろん、序章で見たように、政治史において異なる関心からではあるが、この課題に答えるような皇室財産に関する記述が現れていることは注目すべきであろう。皇室財産は、立憲制確立後には政府によって政治的に利用される対象となっていた。しかしそれは、もはや戦後歴史学に見られたような「天皇制国家」の批判という観点ではなく、十分な史料の検討から実証的に導き出された結論をもって、明治立憲制国家の機能を考えるものであった。だが、序章でも述べたように、全ての皇室財産が同様の目的で設定・運営されていたのかはまだ十分明らかでないのみならず、設定前の議論を詳細に明らかにしてきた諸研究の流れとの関連も考察されてこなかった。

御料地認識に関する限りで研究史を整理すると、概ね以上のようになるだろう。本書はこの流れの中で、御料地の政治史的意義を様々な御料地認識の中から探っていくものでもある。そのためにここではまず次の二つの方向から、本書を通ずる重要な着眼点を示そうと思う。その着眼点は、一つには御料地自体に関する議論の中から（第一章）、二つには後に明治二〇年代に入って御料地に大きな影響を与えた政治指導者の思想形成過程から（第二章）迫っていくなかで示される。実際に御料地がどのような役割を担い、あるいは担うべきだと考えられていたかを検討する前に、そのような認識が設定前の段階においてどの程度用意されていたのか、設定後の御料地をどのように規定していたのかを示す。ここには、検討対象の面においても、これまでの天皇制や天皇・皇室研究と政治史研究がそれぞれ個別の関心から検討してきた対象を同じ関心のもとに統合するという狙いがある。戦前の評価や戦後歴史学への実証的批判を目指しながらも、それらが実験的に示して見せた御料地の役割への関心を受け継ぎつつ、本書なりの視点を提示したい。

(1)『帝林』一頁。
(2) 前掲戸田慎太郎『天皇制の経済的基礎分析』八七頁。
(3) 同右、七二頁。
(4) 同右、七〇頁。
(5) 同右、七二頁。

（6）前掲黒田久太『天皇家の財産』二二五頁。
（7）同右、二六頁。
（8）本書序章で挙げた政治史の諸研究は、豊富な一次史料の丹念な分析から、政治過程を克明に描き出すことで戦後歴史学に挑戦し、それに成功したといえるだろう。また、異なる観点からではあるが、古川隆久『皇紀・万博・オリンピック―皇室ブランドと経済発展』（中央公論社、一九九八年）、ケネス・ルオフ著、木村剛久訳『紀元二千六百年―消費と観光のナショナリズム』（朝日新聞出版、二〇一〇年）、右田裕規「祝祭の経済的効用にかかわる知の形成：大正・昭和初期」（『やまぐち地域社会研究』一〇、二〇一二年）、同「近代民衆世界における祝祭日のサボタージュ」（『時間学研究』五、二〇一二年）、同「日本近代の民衆経験に見る〈祝祭商品〉の同時代的意義の再考」（『社会経済史学』七九‐一、二〇一三年）、同「大正・昭和初期の祝祭記念商品の都市購買者像」（『史学雑誌』一二六‐九、二〇一七年）、平山昇『鉄道が変えた社寺参詣　初詣は鉄道とともに生まれ育った』（交通新聞社、二〇一二年）、同『初詣の社会史　鉄道が生んだ娯楽とナショナリズム』（東京大学出版会、二〇一五年）などは、皇室の祝祭や皇室関連商品などをめぐる大衆の消費行動や経済活動の中に天皇・皇室への「統合」の要素を見出していった。これらはいずれも、天皇・皇室が国家と一体になって強力な「天皇制国家」として統合されていた有様ではなく、国民の側が不純な動機も含めた様々な関心から主体的に天皇・皇室に統合されてゆく姿を示した点で、戦後歴史学を克服するものであったということができる。
（9）前掲黒田久太『天皇家の財産』、前掲鈴木正幸「皇室財産論考（上）」、同「同（下）」、同前掲『近代の天皇』、同前掲『皇室制度』、同前掲『王と公』、同前掲『国民国家と天皇制』、前掲川田敬一『近代日本の国家形成と皇室財産』など。

第一章　「皇室財産設定論」に見る御料地認識

はじめに

立憲政治開始に先立ち、国庫から分離された皇室財産は、一般に皇室の財政基盤を鞏固《きようこ》にするために設けられたと説明される。[1]先行研究で皇室財産設定・運営の目的が論じられる際には、まだ皇室が自律的な財源を持たなかった明治一〇年代に朝野で盛んになされた議論から説き起こされるのが常であった。この議論は、国庫に頼らない皇室独自の財源を設ける是非について論じるものであり、後世の研究では「皇室財産設定論」（以下、「設定論」）と呼ばれる。皇室財産の「設定」とは、官有財産から皇室財産を分離することをいう。[2]「設定論」は、皇室財産として特に御料地の設定を説くものが多かった。先行研究ではこれら「設定論」から、明治一四年政変後を契機として議会対策の観点からの「設定論」が増えることが示され、御料地設定・運営の目的や役割については、皇室の財政基盤を強固にするためという目的が自明のものとされ、特に問われることがなかった。

しかし、論証を一部先取りすることになるが、本書第二部では御料地設定は「皇室財政基盤強化」を図るという統一的な方針に基づいて計画的になされたのではなく、かなりの程度状況対応的で、御料地により区々であり、様々な政治的思惑に基づいてなされていたことが明らかにされる。御料局設置（明治一八（一八八五）年一二月）後の明治二二年から二三年にかけてなされた御料地史上最も大規模でまとまった官林・官有山林原野・官有鉱山の編入においてすらこのような状況であったのだから、それ以外の幾例かの小規模で散発的な御料地編入に関してはよりいっそうこの傾向は強かった。

たとえば、明治一二年五月に内務省所管の新宿試験場が宮内省に移管されることとなるが、これには経営の悪化と政府の勧業政策の転換を理由とする実質的廃止を穏便に進めるという政府の意図があったことが明らかにされている。(3)また、同じく内務省所管であり、その後農商務省所管となる富岡製糸所は、規模が広大に過ぎることや、民間でも製糸業がある程度発展していたことなどから払下げが検討されるも、払受希望者が現れないまま官営として存続していたところ、二三年一〇月二九日の閣議で御料地編入の計画が持ち上がったことが明らかにされている。(4)このように、御料局設置前はいうに及ばず設置後においても、宮内省は政府の不採算部門の引受先として位置づけられていたことがわかる。このような御料地設定計画は、およそ「皇室財政基盤強化」のためのものとは程遠いことがわかるだろう。

そもそも、個々の「設定論」の内容や実際になされた御料地設定という政策との関係すら十分に吟味されず、御料地の使途や役割を論じることはできないと考え、筆者はまず旧稿で後者の課題に取り組んだ。その結果、これまでの研究で紹介・未紹介の「設定論」を網羅・分類し、御料地設定に関する通説的な理解に次のような説明を対置した。

①「設定論」は、明治一四年政変後に自然発生的に叢生したのではなく、むしろ特に一五年の地所名称区別改正を議する閣議・参事院部会・同総会に付するために参議・参事院議官・宮中勢力などから出された機構的背景をもつものであり、そこでは②主に宮中勢力の反対により地所名称区別改正という方向で御料地を設定することが困難であることが明らかとなった。しかし③皇室の経済基盤を強化するための財源の必要性自体は宮中においても概ね認められていた。④その後伊藤博文の欧州調査中に国内で皇室制度も含む国体・政体調査を主導した岩倉具視は、多様な「設定論」を収集するも、具体的な制度設計まで持ち込めず無念のうちに死し、その後この業を継いだ帰朝後の伊藤の手により御料地設定が成し遂げられるが、それは⑤かつての経験(②)から地所名称区別改正という方法をとるのではなく、まず内閣制度改革によって宮内省を内閣から外すことにより、機構的に「宮中・府中の別」を実現して可能としたものであった。このように、「設定論」と実際の御料地設定という具体的な政策との間には断絶があったこと、そ

して議会対策以外にも宮中対策という重要な誘因があったということが、旧稿で示した骨子であった[5]。

ところが旧稿には大きな問題点があった。旧稿で検討対象とした先行研究は、主に皇室・国家論を展開する鈴木正幸氏に代表される諸研究であり[6]、その関心の所在こそ異なるとはいえ「設定論」をより精緻かつ内在的・政治史的に検討した奥田晴樹氏の諸研究に言及していなかった。これは全く筆者の落ち度であり、本章では奥田氏の示した知見を踏まえたうえで、旧稿とは異なる視点から本論である第二部につながる前提として「設定論」を検討しなければならないと考える。

検討に入る前に、まず奥田氏の議論と筆者の旧稿で示した知見とを対比し、筆者が何を見落としていて、何を残すべきなのかを確認しておきたい。

奥田氏の議論の骨子は、地租改正事業の終了をもって土地所有の法理論的構築が完成したわけではないというところにある。そのことを示すために、氏は明治一五年から一六年にかけてなされた「設定論」に端を発する土地制度論議を検討した。筆者は旧稿で先行研究の「設定論」の描き方について、「様々な「設定論」が列挙されるものの、それらの質的な差異や相互の関係、全体性などは問題とされず、様々な意見があったが結局明治一八（一八八五）年に御料局が設置され、二二年から大面積の官林・官有地などが御料地として編入されるというように、平板な描き方がなされることが多かった[7]」と指摘した。確かに奥田氏は、御料地設定という実際に行われた政策と「設定論」との関係こそ明らかにしていないものの、土地制度論の観点から膨大な「設定論」をこれまでのどの皇室論よりも論旨明快に整理していた（旧稿の問題点1）。

また、旧稿では右の問題意識から、「「設定論」を政策決定との距離から位置づけ整理し直す必要があるだろう[8]」との課題を設定していたが、奥田氏は既に「設定論」について「法理的吟味や政治史的背景分析はかならずしも十分とは言えないように思われる[9]」との課題を示し、「設定論」の展開をめぐる詳細な政治過程を明らかにした（旧稿の問題点2）。

さらに、筆者が旧稿で示した知見の①に関しても、既に奥田氏において皇室財産論議が地種法制の問題として始まったとして指摘されていた[10]（旧稿の問題点3）。そして細かい点であるが、明治一五年以降の「設定論」の存在について、筆者は岩倉具視の内規取調局・国史編纂局の調査と関わっていたことや、「設定論」の収集には香川敬三が関わっていたことなどを示したが、奥田氏もまた「設定論」に関する説明ではないにせよ、「岩倉は、編纂局の発足を念頭において、関係資料の収集を香川に指示している」[11]と指摘していた（旧稿の問題点4）。

　しかしながら、旧稿に多少なりとも意義があるとすれば、（1）奥田氏が推論の形で示した岩倉のもとでの香川の資料収集について、特に「設定論」に関して宮内公文書館の史料残存状況から裏付けたこと、（2）「設定論」が地種法制論議から始まったという奥田氏が先駆的に示した知見について、奥田氏とは異なりその後の御料地設定との関連から意味づけたこと、そして（3）明治一七年以降の「設定論」にも検討を加えたことにあるだろう。

　「設定論」に関する奥田氏の大きな貢献と、わずかながら拙稿がそれに補足しえた事柄とをまとめれば概ね以上の通りである。そのうえで、皇室財産、特に御料地の政治史的意義を考える本書の目的に立ち返って考えてみると、なお明らかにされるべき課題が残されている。奥田氏の関心はあくまで土地制度の法理的解釈の問題にあったから、「設定論」を対象としつつもそこから皇室財産がいかなる目的で使用されるべきだとされたかという使途や役割の議論（それはすなわち皇室のあるべき活動の範囲に関する議論）を展開する方向には進まなかったのも致し方のないことと思われる。これはむしろ皇室論や国家論を考える諸研究に課せられた問題であったが、これまで十分に議論されてきたとはいえない。筆者も旧稿では、御料地設定と「設定論」との関係を考えることに力点を置いたため、この点にはあまり踏み込めなかった。

　そこで本章では、「設定論」を特にその内容に着目し、御料地設定前において御料地に求められた使途・役割を明らかにする[12]。そのために、本章の分析視角を以下のように定めることとする。本章では、御料地に求められた使途・役割を「設定論」の中から析出するために、御料地設定・運用の目的に関する記述に着目して「設定論」を読み解いていく。官有地から特に分離された御料地が、それまで官有地運営の目的とされてきた事柄とどのように区別されていくのか。あるいはまた、それまで官有地（官有財産）に関わってきた人びとは御料地においてどのように関わっていくのか。御料地設定・運用の目的に着目するのは、このような点から当時の御料地が果たすべきとされた政治史的意義や、ひいては宮中・府中関係に対する認識の一端が見えてくると考えるからである。

もちろん、「設定論」が世の中にどれほど存在していたかを正確に知ることは難しいから、「設定論」の全体性を明らかにすることはほぼ不可能であるが、必要な作業を踏んだ上で可能な限り多くの史料を採取することで、「設定論」の全体性に近づくことはできよう。もちろん、この作業はこれからも絶えず重ねてゆく必要がある。

また、このようにして明らかにされるのは、あくまで「設定論」を提起した人びとの御料地認識に限られる。「設定論」に表出されない御料地認識もその背後に無数に存在していた。そのような御料地認識については、第二部で実際の運営の中から明らかにしていくこととなるが、これらの御料地認識を相互に比較検討するためにも、まずは表出された御料地認識の世界を概観しておく必要があるだろう。

第一節　「皇室財産設定論」の分類

次頁以降の表1－1は、旧稿に掲げた表を若干増補改訂し、その末尾に「設定すべき皇室財産の目的」欄を追加したものである。旧稿の説明とも重複するところがあるが、本章を始めるにあたっても改めて表の説明をしておきたい。

表1－1は、これまでの研究で検討・紹介されてきた「設定論」に加え、筆者が新たに収集・検討した「設定論」をまとめたものである。「設定論」の収集にあたっては、明治一〇年代～二二年の政治指導者のもとに残された書類や書簡、及び建白書受付を担った左院旧蔵の書類を対象とした。ここでは、意見書の形態をとるもののみならず、皇室財産設定に関する意見を表明しているものであれば、書簡など他形式の文書もまた「設定論」と見なしている。配列は時系列によるものとし、最初の大面積御料地編入が始まる明治二二年までとしている。網掛けしたものは、先行研究で紹介・検討されてきたものを表す。表1－2は、網掛けをした各「設定論」が、それぞれどの先行研究において言及されてきたかを一覧にしたものである。併せて参照されたい。また、表1－1の「設定すべき皇室財産の目的」

表 1-1：「皇室財産設定論」

番号	作成年月日	「設定」への立場	提出者	提出先	標　題	出典・所収史料情報	設定すべき皇室財産の形態	設定すべき皇室財産の目的	備　考
①	明治9年7月24日	○	木戸孝允	岩倉具視、井上馨、伊藤博文		『木戸文書』7、55～58頁	—	皇室の品位を保つため、慈恵・教育振興のため	
②	明治9年9月	○	元老院議官横山由清		国憲按載スル所ノ皇帝所有ノ不動産及ヒ歳入ノ事ニ就テ予定スル所ノ意見案	『立法資料・明治典範（上）』258～259頁	官有財産（不動産）	皇室独立・皇族分家の資本	
③	明治9年10月	○	元老院議官横山由清		国憲按ニ依テ旧制ヲ改革スヘキ宮内省ノ事務章程	『立法資料・明治典範（上）』260～261頁	不動産／「歳入」	皇室の歳入不足を補うため、皇族分家のため／自用の支出、外交、慈恵恩典	
④	明治11年3月5日	×	元田永孚		帝室ノ所有地ヲ定ムル得失ノ議	「元田文書」R5-106-8	—	—	
⑤	明治12年11月14日	○	福沢重香	宮内卿徳大寺実則	帝室財産之儀ニ付建議	『明治建白書集成』第5巻、548～552頁	土地（可耕地）、山林、鉱山	皇室諸活動のため（特に慈恵）	
⑥	明治12年12月	○	宮内卿徳大寺実則		全国官有山林幷ニ官有地ノ幾分ヲ帝室財産ニ編入シ帝室歳供ヲ定ムルヿヲ請フ	「御財産設置ニ関スル廟議民論資料」	官有山林・官有地	—	要約のみ
⑦	明治12年12月	○	山縣有朋	〔三条実美〕	国会開設に関する建議	『山縣有朋意見書』83～89頁	〔土地〕	—	
⑧	明治13年5月	○	参議大隈重信		経済政策ノ変更ニ就テ	『大隈関係文書』4、112～125頁	官有山林	慈恵恩典・学術芸術奨励、皇族の家計補助	
⑨	明治13年10月8日	×	高知県士族山川良水		上（国体変遷ノ儀）	『明治建白書集成』第6巻187～189頁	—	—	
⑩	明治14年9月	○	右大臣岩倉具視		皇室財産ヲ確定スルノ議	「帝室御基本書類　上」	官有財産（山林、鉄道及諸製造所など）	軍事費・国政費の支弁（管理は政府が行う）	青木貞三筆記

⑪	明治14年11月	○	参議井上馨			「帝室御基本書類　下」	「皇室費」、動産・公債証書、官林・開拓地	「萬世一系皇統皇位ノ尊崇ニ因リ天祐ヲ保有シ主権ヲ完受ス可キ為メ」	
⑫	明治15年1月15日	○	〔ロシア公使〕柳原前光	岩倉具視	〔書簡〕	「帝室御基本書類　上」	未開墾の地、景勝地、皇室に縁故のある土地の山林	皇室諸活動	
⑬	明治15年1月21日	○	柳原前光	佐佐木高行	〔書簡〕	『保古飛呂比十一』13～21頁	未開墾地、景勝地、皇室に縁故のある土地・山林	―	工場・鉱山は株所有
⑭	明治15年1月	○	農商務権大書記官若山儀一		制権秘策	「御財産設置ニ関スル廟議民論資料」、「帝室御基本書類　下」	官有土地、山林、船渠、工場、鉱山など	国防、国土保全、功臣・官員への下賜・俸給	
⑮	明治15年1月	○	農商務権大書記官若山儀一		制権秘策　副按	「帝室御基本書類　下」	官有土地、山林、鉱山など	国防、国土保全、功臣・官員への下賜・俸給	
⑯	明治15年2月	○	参議伊藤博文		地所々有権区別ノ議	「三条家文書」39-34、「帝室御基本書類　上」	官有地・官有山林	「皇室尊栄ノ萬一ヲ賛襄スル」	
⑰	明治15年2月	○	右大臣岩倉具視	閣議	具視皇室財産ニ関シ意見書ヲ閣議ニ提出スル事	「御財産設定ニ関スル建議書」	官有財産（山林、鉄道及諸製造所など）	軍事費・国政費の支弁（管理は政府が行う）	⑩とほぼ同文、『黒田』巻末に翻刻所収、年代は『黒田』に拠る
⑱	明治15年4月1日	○	農商務少輔品川弥二郎	左大臣熾仁親王	帝室財産ヲ定ムルノ議	「品川文書(1)書類」R45-875、「帝室御基本書類　下」	山林	皇室の日常生活のため（管理は引き続き政府で行う）	
⑲	明治15年4月	○	〔農商務権大書記官〕若山儀一		帝室費ヲ人臣ニテ定ムルノ不可及ヒ帝室財産ヲ定ムルノ意見	「御財産設置ニ関スル廟議民論資料」、「帝室御基本書類　下」	土地、政府の歳入	―	
⑳	明治15年5月1日	○	農商務卿西郷従道	左大臣熾仁親王	帝室財産ヲ定ムルノ議	「品川文書(1)書類」R45-875、「帝室御基本書類　下」	山林	皇室の日常生活のため（管理は引き続き政府で行う）	⑱の修正稿ヵ
㉑	明治15年5月	○	福沢諭吉		帝室論	『諭吉全集』第5巻、261～292頁	土地（山林）	慈恵恩典・学術・芸術奨励	

㉒	明治15年5月	○	〔ロシア公使〕柳原前光	三条実美、岩倉具視	帝領ノ議	「御財産設置ニ関スル廟議民論資料」、「帝室御基本書類　上」	山林・原野・城地・名所旧跡・景勝地・河海、砿坑、家屋製造所など	「帝室御冨栄」、模範、士族授産	
㉓	明治15年6月11日	○	参事院議官福羽美静	太政大臣三条実美	帝室財産ヲ定メ及其管理法ヲ設クルノ議	「三条家文書」資料番号39-31、「憲政資料室収集文書」R3-1139-64、「帝室御基本書類　下」、『明治建白書集成』第6巻848～852頁	官有地・官有山林	皇室の家政、皇族への贈与、儀礼、対外交際、慈恵恩典	
㉔	明治15年6月17日	○	香川敬三	右大臣岩倉具視	帝室財産ヲ定ムルノ建議中大主意	「御財産設置ニ関スル廟議民論資料」、「帝室御基本書類　下」	国庫歳入、官有山林原野	—	⑭、㉒に対する意見
㉕	明治15年6月	○	香川敬三	〔右大臣岩倉具視〕	柳原前光帝領議抜抄香川敬三折衷意見共一通	「御財産設置ニ関スル廟議民論資料」、「帝室御基本書類　下」	山林原野、歴代天皇の縁故の地・山林	—	
㉖	明治15年7月8日	△	元田永孚	〔右大臣〕岩倉具視	愚案私議	「御財産設置ニ関スル廟議民論資料」、「帝室御基本書類　下」	—	—	王土論の名分を明確化すること
㉗	明治15年7月10日	○			参事院議案並其決議書二通	「帝室御基本書類　上」	土地(官有地)	慈恵恩典、学術技芸奨励	附　井上毅の反対論
㉘	明治15年9月10日	△	元田永孚	岩倉具視	愚見	『元田永孚関係文書』81～84頁	—	—	王土論の名分を明確化すること
㉙	明治15年9月19日	○	参事院議官安場保和	太政大臣三条実美	皇室御財産ヲ定ムルノ建議	『明治建白書集成』第6巻、919～920頁	山林原野	勧業、教育、養老	
㉚	明治15年9月	○	参議山縣有朋		○直隷御料地ノ儀ニ付山縣参議意見　附大森鍾一外一名意見／○大森鍾一等ノ意見ヲ駁スルノ議　山縣参議	「三条家文書」39-33	土地(官有地)／—	—	
㉛	明治15年9月	○	大鳥居次郎	岩倉具視	建議	「帝室御基本書類　上」	海辺の土地	士族授産	

㉜	明治15年9月	△	佐佐木高行	三大臣		『保古飛呂比 十 一』325～326頁	—	—	
㉝	明治15年10月6日	○	福羽美静	三条実美、岩倉具視	書簡	「三条家文書」166-3	土地	—	
㉞	明治15年10月27日	△	〔井上毅・ロエスレル〕		宮内之事(41)帝室財産質議	「憲政資料室収集文書」R2-1139-41、「元田文書」R5-106-10	「帝室費」「帝室財産」「帝室私有財産」	—	國學院大學図書館所蔵「梧陰文庫」（マイクロフィルム）C-16 に同文有
㉟	明治15年10月	△	佐佐木高行	岩倉具視		「帝室御基本書類　上」	—	—	『保古飛呂比 十 一』368～370頁に全文有
㊱	〔明治15年11月20日〕	△	〔井上毅〕		宮内之事(42)帝室財産答議	「憲政資料室収集文書」資料番号 R2-1139-42、「元田文書」R5-106-11	「帝室費」「帝室財産」	—	『井上毅伝 史料篇第一』318～320頁所収の「帝室財産意見案」（「梧陰文庫」B-105）と同文
㊲	明治15年12月1日	×	伊地知正治		伊地知一等出仕口演筆記	『立法資料・明治典範（上）』301～303頁	—	—	
㊳	明治15年12月3日	×	宮城県士族菊池虎太郎ほか2名	太政大臣三条実美	建白書	『明治建白書集成』第6巻969～972頁	—	—	
㊴	〔明治15年〕	△	〔井上毅〕		宮内之事(43)帝室財産ニ関スル意見	「憲政資料室収集文書」資料番号 R2-1139-43、「元田文書」R5-106-12	官有地の入額	—	『井上毅伝 史料篇第一』320～322頁所収の「皇室財産意見案」（「梧陰文庫」B-104）と同文
㊵	明治15年〔7月〕	○	岩倉具視			「帝室御基本書類　上」	全国土	皇室諸活動・国政全般の支弁	若山儀一の筆記
㊶	明治16年1月7日	×	樋口真彦ほか一名	太政大臣三条実美	意見書	『明治建白書集成』第7巻7～9頁	—	—	
㊷	明治(16)年2月1日	○	中井弘	伊藤博文	〔書簡〕	『伊藤文書』6、273～277頁	「土地と金」	慈恵恩典	

㊸	明治16年3月9日	×	樋口真彦ほか四名		地所区分ノ義	「帝室御基本書類　下」、『明治建白書集成』第7巻、75～80頁	—	—	
㊹	明治16年7月	△	元田永孚		土地所有改称私議	「元田文書」R8-109-17	—	—	王土論の名分を明確化すること
㊺	明治17年7月	○	中村弥六	右大臣岩倉具視（※1）	帝室御有ノ財産ヲ今日ニ制定スル可キノ意見書	「御財産設定ニ関スル建議書」、『復刻版林業回顧録』（大日本山林会、2014年）117～132頁	山林	「内外百般ノ費用ヲ支弁」、産業奨励	
㊻	明治17年11月18日	○	大蔵卿松方正義	太政大臣	帝室財産設備ノ議	「松方伯財政論策集」535～536頁	日本銀行株、横浜正金銀行株	恵恤奨励	『黒田』235～236頁にも所収
㊼	明治17年	○	楫取素彦	宮内卿伊藤博文		「御財産設定ニ関スル建議書」	官民有不定地・荒蕪地・共有秣場	皇室外交、皇室の日用、恩恤、産業奨励	
㊽	明治19年1月13日	○	鍋島直彬	宮内大臣伊藤博文	〔書簡〕	『伊藤文書』6、306～307頁	〔土地〕	慈恵恩典	
㊾	明治20年2月	○	御料局長官肥田濱五郎	宮内大臣伊藤博文	肥田濱五郎建白書草稿	「憲政資料室収集文書」1403	鉄道、土地	民力で経営の難しいものを経営する	㊶の草稿、「詳明書」を除く
㊿	明治20年2月	△	井上毅		皇室典憲意見	『井上毅傳史料篇第一』503～516頁	国庫、儲蓄、官有地	—（管理は政府が行う）	
51	明治20年3月	○	御料局長官肥田濱五郎	宮内大臣伊藤博文	置局後初代長官ノ意見	『山田文書』5、300～309頁、「御料局長官肥田浜五郎建言書写　明治20年」	官林・鉄道公債	—	
52	明治20年6月15日	○	モッセ	井上毅	不動産ノ所有権ニ関スル意見	『近代日本法政史料集』1、151～155頁	国家、またはその他の無形人、天然人の所有に帰せざる不動産	—	
53	明治20年9月	○	御料局長官肥田濱五郎	宮内大臣伊藤博文（※2）	御財産ノ儀ニ付上請書	「御料局長官肥田浜五郎建言書写　明治20年」	鉄道銀行等株券	—	『山田文書』5、309～317頁のうち、「毛利家撫育方組織ニ付藩主直書付写」を除いたもの

㊹	明治20年9月	○	御料局長官肥田濱五郎	内閣総理大臣伊藤博文、宮内大臣土方久元（※２）	臨時置局ノ上官有地処分ノ建言	「御料局長官肥田浜五郎建言書写　明治20年」、『伊藤博文文書　第一〇〇巻』7〜44 頁、『明治建白書集成』第８巻、428〜432頁、「三条家文書」45-27	官有地第一、二、四種、道路、堤防、溝渠、池沢、湖沼、河海、官設鉄道敷地などの公共の土地以外の官有地中大面積のもの	—	
㊺	明治20年12月29日	△	井上毅	松方正義		『松方文書』6、310〜317頁	帝室費	勧業	井上が同日伊藤首相に提出した「舌代書」中の一部抜粋。「舌代書」は、憲法制定後の国政方針についての意見書である
㊻	明治21年４月６日	○	松方正義	閣議	佐渡生野両鉱山官行継続之件	類00384100	佐渡・生野両鉱山	正貨増殖	
㊼		○		〔伊藤博文〕	御料地選定ニ関スル議	『秘帝三』239〜247頁	皇室の歴史上重要な意味を持つ土地	国民道徳上・国民統合	

註：出典は一部略称を用いている。刊行史料は、『木戸文書』７：木戸公伝記編纂所編『木戸孝允文書』第七巻（日本史籍協会、1971年)、『立法資料・明治典範（上)』：小林宏・島善高編『日本立法資料全集16　明治皇室典範（上)』（信山社出版、1996年)、『明治建白書集成』は第５・６・７・８巻がそれぞれ（色川大吉・我部政男監修、茂木陽一・鶴巻孝雄編、筑摩書房、1996年)、（色川大吉・我部政男監修、鶴巻孝雄編、筑摩書房、1987年)、（色川大吉・我部政男監修、大日方純夫編、筑摩書房、1997年)、（色川大吉・我部政男監修、大日方純夫・安在邦夫編、筑摩書房、1999年)、『山縣有朋意見書』：大山梓編『山縣有朋意見書』（原書房、1966年)、『大隈関係文書』４：日本史籍協会編『大隈重信関係文書』四（東京大学出版会、1984年)、『保古飛呂比　十一』：東京大学史料編纂所編、東京大学出版会、1979年、『黒田』：黒田久太『天皇家の財産』（三一書房、1966年)、『諭吉全集』第５巻：慶應義塾『福沢諭吉全集』第５巻（岩波書店、1959年)、『元田永孚関係文書』：沼田哲・元田竹彦編、山川出版社、1985年、『井上毅傳　史料篇第一』：（井上毅傳記編纂委員会編、國學院大學図書館、1966年)、『伊藤文書』６：伊藤博文関係文書研究会編『伊藤博文関係文書』第６巻（塙書房、1978年)、「松方伯財政論策集」：大内兵衛・土屋喬雄編『明治前期財政経済史料集成』第１巻（明治文献資料刊行会、1962年)、『山田文書』５：日本大学史編纂室編刊『山田伯爵家文書　五』1992年、『近代日本法政史料集』１：國學院大學日本文化研究所編『近代日本法制史料集　第一』（國學院大學、1979年)、『伊藤博文文書　第一〇〇巻』：伊藤博文文書研究会監修、檜山幸夫総編集『伊藤博文文書　第一〇〇巻　秘書類纂　財政二』（ゆまに書房、二〇一四年)、『松方文書』６：松方峰雄ほか編『松方正義関係文書』第６巻（大東文化大学東洋研究所、1985年)、『秘帝三』：伊藤博文文書研究会監修・檜山幸夫総編集『伊藤博文文書　第八六巻　秘書類纂　帝室三』（ゆまに書房、2013年)。国立国会図書館憲政資料室所蔵史料は、「憲政資料室収集文書」、「三条家文書」、「品川文書（１）書類」：「品川弥二郎関係文書（その１）書類の部」、「元田文書」：「元田永孚関係文書」、いずれも直後に資料番号を記す。国立公文書館所蔵「公文類聚」は「類＋請求記号」と記す。宮内庁書陵部宮内公文書館は、「御財産設置ニ関スル廟議民論資料」（識別番号61874)、「御財産設定ニ関スル建議書」（「御財産設定に関する建議書　明治17〜大正14年」識別番号61740)、「帝室御基本書類上」「同下」（識別番号35907、35908)、「御料局長官肥田浜五郎建言書写　明治20年」（識別番号61738)。本文註釈の略称もこの通りとする。

※１　岩倉は明治16年７月20日に死去しているが、原本ママとしている。

※２　宮内大臣は明治20年９月17日に伊藤から土方に交代しているので、㊸を㊹より時系列的に早いものと推定した。

表 1-2：先行研究で取り上げられてきた「皇室財産設定論」

作成年月日	論者	標題	出典
明治９年７月	木戸孝允		黒田、鈴木-①、奥田、川田
明治９年	横山由清	国憲按載スル所ノ皇帝所有ノ不動産及ビ歳入ニ就テ予定スル所ノ意見案	川田
明治９年	横山由清	国憲案ニ依テ旧制ヲ改革スベキ宮内省事務章程	川田
明治11年２月15日	宮内大書記官香川敬三		鈴木-①、奥田、川田
明治11年３月５日	岩倉具視	儀制調査局開設建議	鈴木-①、奥田
明治11年３月５日	侍補元田永孚		鈴木-①、奥田、川田
明治11年	井上毅	奉議局取調不可挙行意見	川田
明治12年12月	宮内卿徳大寺実則		『帝林』１頁、黒田、鈴木-①、奥田、川田
明治12年12月	参議山縣有朋		鈴木-①、奥田、川田
明治13年５月	大隈重信	経済政策ノ変更ニ就テ	鈴木-①、奥田、川田
明治13年10月	高知県士族山川良水		鈴木-①
明治14年９月	右大臣岩倉具視	皇室財産を確定するの議	『帝林』１頁、黒田
明治14年11月	参議井上馨/毅	帝俸及帝産を定むべきの説	『帝林』２頁、黒田、鈴木-①
明治14年11月	伊藤博文	皇有国有民有の土地を区別すべきの説	黒田、川田
明治15年	井上毅	皇室財産意見案	鈴木-①、川田
明治15年１月	農商務権大書記官若山儀一	制権秘策	『帝林』２頁、黒田
明治15年１月	柳原前光	佐佐木高行宛書簡	川田
明治15年２月	参議伊藤博文		鈴木-①、奥田、川田
明治15年２月	岩倉具視		『帝林』1-2頁、黒田、鈴木-①、奥田、川田
明治15年５月	内務卿山田顕義		鈴木-①、川田
明治15年５月	農商務卿西郷従道		鈴木-①、川田
明治15年５月	魯国駐箚公使柳原前光	帝領の議	『帝林』２頁、黒田、川田
明治15年５月（※１）	福沢諭吉	帝室論	『帝林』２頁、黒田、鈴木-②、奥田
明治15年６月11日	参事院議官福羽美静	帝室財産を定め及び其管理法を設くるの議	『帝林』２頁、黒田、鈴木-①、奥田、川田
明治15年６月17日	香川敬三		川田
明治15年７月	岩倉具視	意見書（※２）	鈴木-①、奥田
明治15年７月８日	侍講元田永孚	皇有地設定の建議	『帝林』２頁、黒田、奥田
明治15年７月10日	井上毅（馨）		鈴木-①、奥田、川田
明治15年９月１日	元田永孚	岩倉具視宛書簡（付「愚見」	鈴木-①、奥田

明治15年9月19日	参事院議官安場保和	皇室御財産ヲ定ムルノ建議	鈴木-①、奥田、川田
明治15年9月	佐佐木高行	三大臣宛建議	奥田
明治15年9月	参議山縣有朋	直隷御料設置ノ儀ニ付意見書	奥田、川田
明治15年10月6日	福羽美静	三条実美宛書簡	奥田
明治15年10月	参議佐佐木高行		鈴木-①、奥田、川田
明治15年11月20日	井上毅		鈴木-①、奥田、川田
明治15年12月	宮城県士族菊池虎太郎他2名	建白書	鈴木-①、奥田
明治16年3月15日	ロエスレル	ドミニオム、エミネンス	奥田
明治16年4月	井上毅	土地所有考	鈴木-①、奥田
明治16年	中村弥六	帝室御有の財産を今日に制定すべき意見書	『帝林』3頁、黒田
明治17年11月8日	大蔵大臣松方正義	皇室財産設定の急務に関する建議	黒田、鈴木-①、川田
明治17年	元老院議官楫取素彦		『帝林』3頁
明治20年6月15日	モッセ	井上毅宛答議	奥田
明治20年	井上毅	皇室典憲ニ付疑題乞裁定件々	鈴木-①

註：出典は略称を用いている。『帝林』は『帝室林野局五十年史』を、「黒田」は黒田久太『天皇家の財産』（三一書房、1966年)、「鈴木-①、②」はそれぞれ鈴木正幸「皇室財産論考（上)」、「同（下)」(『新しい歴史学のために』200・201号、1990年)、「奥田」は奥田晴樹『地租改正と地方制度』(山川出版社、1993年)、「川田」は川田敬一『近代日本の国家形成と皇室財産』(原書房、2001年）である。

※1：『帝林』では5月と推定している。

※2：若干の異同はあるが、表1-1の㊵とほぼ同文である。

欄は、当該「設定論」で御料地設定・運営の目的として示されている部分を摘出し要約したものである。詳細は後段で検討する。「設定論」中には必ずしも御料地設定の目的が記されているわけではないから、御料地設定自体に賛成の立場であってもこの欄が空欄のものもある。なお、原文全文（写）が確認できないものや、皇室財産設定への反対論以外で設定すべき御料地の形態・目的ともに不明のものは組み入れていない。これはあくまで現時点で筆者が確認しえた「設定論」を整理したものにすぎないので、今後の調査により新たな「設定論」が発見されれば、その都度更新していく必要があることは断っておきたい。

本章では、このうち「皇室財産設定の目的」が明記されているものに的を絞り、御料地設定前の政府に存在した御料地の役割についての認識を検討する。以下に「設定論」の分類について叙述する際には、括弧内に丸囲み数字で表1－1中の該当する

「設定論」を指示する。一つの「設定論」には、御料地の目的について複数のものを記していることもあるので、括弧内の数字は重複することもある。本文中の註釈では、表1－1で使用した略称を用いることとする。

さて、表1－1にまとめた五七点の「設定論」のうち、皇室財産設定の目的を明記しているものは三〇点と半数近くを占める。これらの「設定論」に着目すると、皇室財産の目的としては大きく分けて三つに分けられる。一つ目は、漠然と皇室（皇族）の維持・存続やその諸活動を支えること、及び皇室の品位を保つこと（①・②・③・⑤・⑧・⑪・⑫・⑯・⑱・⑳・㉒・㉓・㊵・㊼の一四点）であり、二つ目は、皇室の活動の中でも慈恵恩典・教育文化奨励（①・③・⑤・⑧・⑭・⑮・㉑・㉓・㉗・㉙・㊷・㊻・㊼・㊽の一四点）、三つ目の目的は、士族授産、軍事、殖産興業、正貨増殖、民業の模範など想定されている活動は種々雑多であるが、およそ国家行政全般の代替・補完を求めるものと総括できるもの（⑩・⑭・⑮・⑰・㉒・㉙・㉛・㊵・㊺・㊼・55・56・(㊾)の一二点（一三点））である。ここで括弧内に入れた番号は、本文に各グループに近い目的が掲げられているものの、本文全体の趣旨からはどのグループにも明確に組み入れがたいものを意味する。同様の理由で、どのグループにも組み入れがたく、かつ各グループに類似の表現もないものはひとまずどこにも組み入れずに置いている。これらの一部については後に詳しく検討する。

以上の三つのグループのうち、さらに「設定すべき皇室財産の形態」を土地・不動産としているものに絞れば、第一グループは②・③・⑤・⑧・⑪・⑫・⑯・⑱・⑳・㉒・㉓・㊵・㊼（一三点）、第二グループは⑤・⑧・⑭・⑮・㉑・㉓・㉗・㉙・㊷・㊼・㊽（一一点）、第三グループは⑩・⑭・⑮・⑰・㉒・㉙・㉛・㊵・㊺・㊼・56・(㊾)（一一点（一二点））というように、「設定論」の大部分を占めていることがわかる。

これら三つのグループの「設定論」が想定している御料地を、それぞれ便宜上「皇室のための御料地」、「慈恵恩典・教育文化奨励のための御料地」、「政府のための御料地」と換言し、第二節ではこのグループごとに個別の「設定論」の記述を検討する。具体的には、御料地の目的に関する記述を摘出して各グループの傾向を考察する。その際、個々の「設定論」の政治史的背景についてはひとまず捨象し、その記述の傾向を概観することに焦点を絞って叙述する。そして、第三節でそれぞれの記述の傾向についてその政治史的意義を検討する中で、御料地設定前に見られた御料地認識の構造について考察していく。

第二節　設定すべき皇室財産の目的

1　「皇室のため」の御料地

一つ目の、皇室（皇族）の維持・存続や諸活動を支えるという目的は、現在御料地設定・運営の目的として最も一般的で自明の理解とされている。[13]「設定論」の中では、漠然と「皇室諸活動を支える」というように示してあるものや、より漠然と「皇室の基礎を鞏固にする」などの表現が用いられているものなど、記述の具体性には幅があるが、皇室財産の目的として皇室そのものの存続や品位の保持、及び漠然とした活動全般を想定していると見なされるものを全てここに含めた。このことは、第二、第三のグループが皇室の存続に止まらず、その活動をより具体化する、あるいは皇室の諸活動の外（もしくは皇室諸活動を拡大解釈する形で）にその目的を求めていたことと明確な対照をなしている。具体的に見ていこう。

⑪で井上馨は、皇室財産を「第一種　皇室常費乃チ（宮内定額）」、「第二種　皇室準備金」、「第三種　皇室不動産」、「第四種　皇室支族費」に区分し、それぞれの性質について説明を付した。ここには、皇室費（皇族費）・御資・御料地という、後に実際に形成されることとなる皇室財産の三区分につながる発想が見えている。これらの皇室財産の目的について井上は、次のように述べる。

凡国家ノ憲法ヲ制定シ帝室ヲ回護セントスルニハ先ツ帝室ノ財産ヲ区画分置シ是ヲ以テ永世威福ノ基礎ヲ表セズンバアラズ。……〇帝室ノ財産　萬世一系皇統皇位ノ尊崇ニ因リ天祐ヲ保有シ主権ヲ完受ス可キ為メ左ノ四種ノ財産ハ是ヲ一国ノ中ニ於テ区分シ覆載悠久ト相比シテ違乘ス可カラザルモノナリ〔傍線部引用者：以下同〕[14]

ここで井上は、これら四種の皇室財産を設けることの理由を傍線部で明示している。[15]財政に深い関心を有し、また後に町村基本財産強化のための官有林野払下構想を掲げて同時に御料地設定にも着手する井上馨の言として、これをどこまで文字通りに捉えてよいかという問題はあるが、政治史的背景を捨象して言説の表面に現れている部分のみに着目すれば、純粋に皇室諸活動を支えることが目的として掲げられていることに、ここでは留意しておきたい。

次に、⑱農商務少輔品川弥二郎「帝室財産ヲ定ムルノ議」を検討する。品川は、皇室財産を官有財産から分割する方法として、「在来ノ官有山林ヲ以テ　帝室財産ト定メ、地所名称区別ノ規則ニ　帝室地ノ一種ヲ設ケ其憲法ヲ制定シ、自余物件ハ挙ケテ之レヲ政府ニ分賦[16]」することを求めている。ここからは、品川は地所名称区別改正により御料地設定を図ろうとする伊藤・山縣らの方針を支持していたことがわかる。その上で品川は、「帝室内廷ノ用度ハ該地ノ収入額ヲ以テ之レニ充テ、全ク国庫収入ト其経済ヲ異ニスルニ在リ。此ノ如クニシテ初メテ　内廷永遠ノ基礎鞏固ナリト謂フ可シ[17]」と、御料地収入を「帝室内廷ノ用度」に充てることを説いている。

このほか、第一区分の「設定論」に表れている「目的」に関する部分の記述を摘出してみると、以下の通りになる。

②元老院議官横山由清「国憲按載スル所ノ皇室所有ノ不動産及ヒ歳入ノ事ニ就テ予定スル所ノ意見案」

従前官有ノ財産中ヨリ其適応ノ部分ヲ割テ之ヲ帝室ノ所有物ト定メ、以テ永久世伝ノ方法ヲ設ケ、帝室独立皇族分家ノ資本トセハ子孫繁栄財産殷富萬世一系ノ基礎マスマスニ堅固ナルヘシ[18]

③同右「国憲按ニ依テ旧制ヲ改革スヘキ宮内省ノ事務章程」

帝室ニ世伝私有スル所ノ不動産ヲ管理シ、其所得ヲ以テ皇帝皇后諸皇族ノ歳入ノ私費ノ不足ヲ補ヒ、剰余アレハ更ニ私有ノ不動産ヲ買得シ、或ハ其買得シタル不動産ヲ以テ新ニ皇族ヲ分家ス[19]

⑤福沢重香「帝室財産之儀ニ付建議」

各国ノ帝王概シテ不動産ヲ有セサルハナシ。其土地及ヒ資産ヨリ生スル所ノ利潤ヲ蓄積シテ王室一般ノ需要ニ充テ併セテ内外交渉ノ資ヲ賛ク……内以テ万歳国土ニ臨ミ給ヒ、外以テ各国ノ帝王等ト御親睦在ラセラル、ノ諸費ヲ支弁シ給フ[20]

⑧参議大隈重信「経済政策ノ変更ニ就テ」

宮内ノ用度中御領ノ収入ニ係ルモノハ……皇族諸宮ノ用度等ニ活用セント欲スル[21]

⑫岩倉具視宛柳原前光書簡

大ニ未墾ノ地ヲ以テ先帝領トナシ置キ、然後之ヲ華士族等ニ借与シ、何年間無税トシテ息ヲ示シ、徐々収税ノ法ヲ設ク。是一面ハ帝徳ヲ施シ、次キニハ後来ノ御冨栄ヲ図ル也(22)

⑯伊藤博文「地所々有権区別ノ議」

自今更ニ土地ノ所有権ヲ大別シテ三種トナシ、第一ヲ皇有地トシ、第二ヲ国有地トシ、第三ヲ民有地トナシ……以テ皇室尊栄ノ万一ヲ賛襄スルニ足ル(23)

⑳農商務卿西郷従道「帝室財産ヲ定ムルノ議」：⑱とほぼ同文のため省略する。(24)

㉒柳原前光「帝領ノ議」

今新タニ帝領ヲ定ルニ方リ、之ヲ選ムノ目的甚重事ト存候。……尤帝室御冨栄ヲ図ルノ為ナレトモ、是ヲ主ニスルト客ニスルトハ大ニ異同有之。前光愚考スル処ハ務メテ民ト関係スルノ弊ヲ避ケ、第一帝位ニ関係アル土地ヲ選ミ、至当間然ナキヲ表シ、第二ニ御冨栄ノ謀ニ及ハントス(25)

㉓福羽美静「帝室財産ヲ定メ及其管理法ヲ設クルノ議」

皇帝皇后諸皇族ノ歳入ノ私費ノ不足ヲ補ヒ、剰余アレハ更ニ私有ノ不動産ヲ購得シ、其不動産ヲ以贈遺売与或ハ新ニ皇族ヲ分家スルヲ得ルト雖𪜈、在位間ニ贈与或ハ分家セサルトキハ、其不動産ヲ世伝財産中ニ加入スヘシ(26)

㊵岩倉具視

従来ノ官有地ハ……之ヲ官地ト改メ、其種類ニ随ツテ○官○禁○御等ノ名ヲ冠シ……其中ニ就キ、直ニ　禁裡ノ御用ニ供スヘキ者ト経国施政ノ用ニ充ツヘキ者ト将来人民ニ貸与スヘキ者トヲ速ニ撰択区分シ、現制ニ仍リ各担該ノ官吏ヲシテ之ヲ管理セシムベシ(27)

㊼楫取素彦

方今　天皇陛下内外ノ交際ヨリシテ皇城離宮、皇族ノ宮弟及ヒ園囿庭地、瓦斯ナリ、電話ナリ、其他、祭祀恩恤、社寺ノ寄附、興業ノ奨励等、国庫支弁ノ名義ニ牴触スル者、毎々御手許金ヲ以テ支出アリ……官民有不定地

及ヒ共有秣場等ヲ区処シテ、皇宮所属ノ名称ヲ判然タラシメ……ハ、年ヲ追ヒ、巨額ノ料金ヲ実収スル、必然ニ之レアリ(28)

以上のように、これらの「設定論」では皇室財産設定・運営の目的として、皇室の「尊栄」「品位」「帝位」「禁裏ノ御用」「内廷永遠ノ基礎」などその表現は様々であるが、いずれも皇室財産を用いて行うべき皇室の活動についての記述があまり具体的に示されず、漠然と皇室そのものの家政維持、繁栄、存続などを挙げていることがわかる。

ところで、以上に掲げた「設定論」の中には、以下に示す第二、第三の目的を同時に掲げるものも少なくない(⑤・⑧・㉒・㉓・㊵・㊼)。このような「設定論」においては、「皇室の尊栄のため」や「皇室諸活動のため」という漠然とした目的と、後に示すより具体的な目的とは並列的に掲げられていたり、あるいは前者が後者の大前提あるいは建前として示されていたりする場合が多い。この点も含め、次項以降で第二、第三の目的について検討していこう。

2　慈恵恩典・教育文化奨励のための御料地

次に、二つ目の目的である「慈恵恩典・教育文化奨励」を掲げる「設定論」を見ていきたい。ここで「慈恵恩典・教育文化奨励」とまとめたものは、「設定論」本文中では論者により様々な表現で用いられるが、本章では概ね次のような内容をもつものをここに含めることとする。

慈恵：老幼貧者ら社会的弱者に対する社会政策的活動

恩典：孝子節婦や国家への功労者など国家的・社会的に価値あるとされる活動を行ってきた者に対する表章

教育文化奨励：教育・文化的諸事業・団体への金品等の下賜を伴う奨励、あるいは親臨・代臨による奨励

このような役割は、その規模や位置づけは時代により変化するものの現在まで一貫して皇室によって担われてきた役割であり、一般的に君主一族を権威や慈悲の源泉たらしむる行為と考えられている(29)。「設定論」を見ると、この時期においてもこれらの活動を皇室財産設定・運用の主要な目的と考える論者は少なくなかったことがうかがえる。

ここでは、㉓の福羽美静「帝室財産ヲ定メ及其管理法ヲ設クルノ議」の一節を見てみたい。福羽は、多くの「設定

論」同様に明治二三年の国会開設までに皇室財産を設定しなければ「人心ノ変易或ハ言フヘカラサルノ議ニ及ハンモ忖度シ難(30)」いと危機感を示し、そのための財産としては皇室諸活動を補う「歳入(31)」だけではなく、「官有地官有山林等ニ就キ其最モ善良ナルモノヲ撰ミ官有地／ハ膏腴／ノ地ヲ撰ミ官有山林ハ樹木／繁茂運搬至便ノ箇所ヲ取ル之レヲ　帝室ノ私産」とすることが必要だとする。このように福羽は、国庫から分離された皇室財産として、官林・官有地の所有を説いていた。

福羽はさらにこの「私産」を「世伝財産」と「購得財産」とに分ける。その目的について見てみると、前者については明記されていないが、後者の「購得財産」については前項（六九頁）の引用部分がこれにあたる。このように、福羽は御料地の一部を天皇・皇族の私費の不足補塡、分家の際の資本等に充てるという目的を想定していた。この点においては、福羽の「設定論」は第一グループに組み入れることができるのだが、これに止まらず、「私産」の剰余について「貧院病院博物館書籍館或ハ劇場等ヲ興スヲ得ヘシ(32)」ともいう点で、第二グループの特徴も併せ持っていた。

同様の目的は、㊷の中井弘の書簡にも見える。中井は伊藤宛の書簡の中で次のように語っている。

> 皇室の財産は土地と金とを合せて三、四百万位とし、其一部を維新の功臣に恩賜し給ひ彼等の子分、親族、縁者を養はしめ、其恩義を厚くし其品行を端正ならしむへし……皇上自ら政事主任と謀り功臣幾人なるを予め定め其所蔵の金を恩賜し給はゝ、其多少は其人の子弟の多少によりて給与之方法敢て之を知るに由なく、唯其功労と多少とは政事主任の判決により之を評価するの親友と謀るへし。是内閣諸公一和同心して此礼典を起し、此方法を独英白等の政府に取り、断然之を行ふの得策たるを信す(33)

ここでは「慈恵」に類する記述はないが、功臣への褒章という「恩典」の役割が求められている。

このほか、同グループ内の「設定論」に表れている「目的」に関する部分の記述を摘出してみると、以下の通りになる。

⑤福沢重香「帝室財産之儀ニ付建議」

> 我　帝室必ス資産ヲ増殖シ給ヒ実位実力以テ政府ト供ニ永遠ニ斯ノ民ヲ撫シ仁慈ノ普キヲ天下ニ知ラシメ余沢以テ海外各国ニ及シ給ヒ天地ト供ニ国体ヲ維持シ給フニ非ラスシテ何ソヤ(34)

⑧参議大隈重信「経済政策ノ変更ニ付テ」

宮内ノ用度中御領ノ収入ニ係ルモノハ……学士工人ノ芸能奨励ノ特典無告奇特者ノ恩賜……ニ活用セント欲スル(35)

⑭農商務権大書記官若山儀一《のりかず》「制権秘策」

土地ハ……徐々ニ官有地ヲ開墾セハ現在熟田ノ面積ヨリ一倍強半ノ地ヲ得ヘキカ。此中ニテ大約一百万町ヲ撰ヒ王室ノ資本解下ニ出ツヲ用ヒテ大約十年間ニ之ヲ開墾シ田圃又ハ牧場トシ之ヲ永世帝領ノ地ト定メ皇上ト雖モ売却賜与スル〡ヲ得ス……維新前後ヨリノ功臣幷ニ現任奏任以上ノ官員ノ退休禄トシ、其勲功又ハ位階ニ応シ反歩ヲ割合セテ永久之ヲ貸与シ、王室ヘハ其地代ヲ収ム可シ(36)

⑮農商務権大書記官若山儀一「制権秘策　副按」

先皇領ノ地ヨリ例ヲ出シテ全国ノ小作人ヲ救フノ目的モアル……功臣ハ賞典禄ヲ受ケサル者、官員ハ一等官ヨリ七等官マテ現任非役ニ拘ラス明治元年ヨリ満五年間続勤ノ者及ヒ其人已ニ死シタルトキハ其妻或ハ子ニ貸賜ハル事(37)

㉑福沢諭吉「帝室論」

鰥寡孤独を憐れみ、孝子節婦を賞する……人情の世界に於ては最も緊要なる事にして、一国の風俗に影響を及ぼすこと最も大なるものなれども、道理の中に局促する政府に於ては、決して之に着手するを得ず。政府の庫中に在る一銭の金も一粒の米も、其出處は国会に議定したる租税にして、粒々銭々皆是れ国民の膏血なるぞ、焉ぞ此膏血を絞て他の口腹を養ふの理あらんやなど〻論じ来るときは、道理の世界に於て之に答るの辞ある可らず。去迚国民全体の情に訴るときは、無告を憐れみ孝悌を賞す、誰か之を拒む者あらんや。之を拒まざるのみならず、其挙を聞見して心に悦の感を生じ、共に之を助けんとする者こそ多からん。然るに其国民の名代たる国会議員の政府は、道理の府なるが故に情を尽すを得ざるなり。……左れば此際に当て、日本国中、誰かよく此人情の世界を支配して徳義の風俗を維持す可きや。唯帝室あるのみ。……人事を御するに必要なるものは勧懲賞罰にして、其勧賞の必要なるは懲罰の必要なるに異ならず。然るに国会の政府に於てはよく懲罰を行ふ可しと雖ども、勧賞の法は甚だ難くして之を行ふこと甚だ稀なり。……数百年来賞罰共に専制の政府より出るの法にして、民間公共の部局に於て人を勧賞するが如きは曾て聞見したることもなきものが、俄に国会の政府に変じて規則の内に局促し、よく懲らして勧ること能はず、よく罰して賞すること能はず、数を以て計へ時を以て測り、規矩縄墨を以て社会の秩序を整理せんとしたらば、人民は恰も畳なき室に坐するが如く、空気なき地球に住居するが如くにして、道理の中に窒塞することある可し。今この人民の窒塞を救ふて国中に温暖の空気を流通せしめ、世海の情波を平にして民を篤きに帰せしむるものは、唯帝室あるのみ。学術技芸の奨励も亦た専ら帝室に依頼して国に益すること多かる可し。……我輩の大に冀望する所は、帝室に於て盛に学校を起し、之を帝室の学校と云はずして私立の資格を附与し、全国の学士を撰て其事に当らしめ、我日本の学術をして政治の外に独立せしむるの一事に在り。文化漸く進て国民皆文の貴きを知るに至らば、民間富豪の有志にて学術のために金を捐る者をも生ず可しと雖ども、今日の民情尚未だ此段に進まず、之を如何ともす可らざれば、唯帝室に依頼して先例を示すの一法あるのみ。(38)

(27)参事院議案並其決議書二通

欧州諸帝国ノ制度ヲ考ルニ、概ネ政府ノ外ニ於テ殊ニ帝家ニ属スル土地財産アリ。……帝王ハ之ヲ以テ不時特別ノ恩典ヲ施シ、以テ人民ノ教育ヲ奨励シ、以テ道徳ヲ涵養シ、法律ノ外ニ超然優裕上ハ以テ皇基ヲ萬世ニ鞏固ナラシメ下ハ以テ帝徳ヲ億兆ニ被及セシムルモノアリ。宜ク此例ニ倣ヒ速ニ御有地ヲ確定シ、以テ将来立法部ニ箝制セラレス、帝徳ヲシテ永ク億兆ニ被及セシムヘシ(39)

(29)安場保和「皇室御財産ヲ定ムルノ建議」(後掲：七八～七九頁)

(47)楫取素彦(前掲、六九～七〇頁)

(48)明治一九年一月一三日付伊藤博文宛鍋島直彬書簡

此度御料局抔被設候は必す深き御旨趣も有之候事と奉存候。何卒帝室には十分之御歳入有之、一般人民に対し慈善恩恵之事等の如きは総て帝室より出て候様相成度切望候(40)

以上のように、このグループの「設定論」では、皇室財産を使って行われる活動をより具体的に列挙している点に特徴があった。しかしながらここに、目的の具体性という点では右の諸「設定論」と同程度であるものの、当時皇室において行われていた活動とは全く異なるもののために皇室財産の設定を説く「設定論」も少なくなかった。次にこれについて検討していきたい。

3　政府のための御料地

ここでは、政府の様々な行政活動を御料地により行うことを掲げる「設定論」を検討する。第一、第二の目的はこれまでの研究でも指摘されてきたが、ここから見ていく目的は、皇室財産を検討するこれまでの研究ではほとんど言及されてこなかった。したがって本章においてほとんど初めて提示することになるものなので、その論理構成なども含めてなるべく丁寧に検討していきたい。

まず、岩倉具視の⑩（⑰）「皇室財産ヲ確定スルノ議」を確認する。岩倉は、従来「王土論」の立場から国庫と分離した御料地の設定に批判的であったとされてきた(41)。しかし、岩倉は「王土論」の名分を正しささえすれば、皇室が土地をもつことを絶対的に拒否するものでもなかった。その論理はこうである。日本の土地は全て「王土」ゆえに、現在の官有地も民有地も全て御料地である。したがって、御料地で得られる収益もまた国家の行政上の目的で使用されるべきであるというものであった。

今夫レ調済官林ノ数四百八十一萬八千町余……之ニ北海道未調ノ官林ヲ合セハ其額民有ニ過クヘシ。乃チ之ヲ一括シテ皇室ノ財産トシ、一タヒ宮内省へ引上ケ、更ニ内務省ニ致シ、皇室領トシテ之ヲ管轄セシメ、其歳入ハ従前ノ如ク大蔵省ノ国庫ニ収納シテ政府維持ノ費途ニ支出シ……農商務省ヲシテ其利益ノ蕃殖ヲ図ラシム(42)

右のように、岩倉は御料地から得られる収益で以て国家行政全般を支弁すべきだと考えていた。これは、それまで皇室が担ってきた活動の外にその役割を拡大するものであるという点で、これまでに見たどのグループの「設定論」とも異なっている。

第三グループの中には、この岩倉の「設定論」のように、皇室の活動を国家行政の領域にまで拡大する目的で御料地設定を説くものを分類した。しかし、それらは岩倉のように御料地の収入で国家行政を支弁することを求めるものばかりではなく、御料地そのものの運営によって国家行政を代替・補完しようとするものも少なくなかった。

そのような「設定論」として、まず柳原前光の議論を見ていきたい。柳原は㉒「帝領ノ議」の中で「帝領トハ土地山林砿坑ハ勿論家屋製造所等ノ類迄モ含蓄シ、帝室所属ノ私産ヲ概称シ左ノ件々愚見可申上候(43)」というように、実に様々な種類の御料地の設定を説いた。ちなみにここで柳原が説く「土地山林砿坑」「家屋製造所」は全てその後実際に御料地として設定・運営されている（後述）。その上で柳原は、「今新タニ帝領ヲ定ルニ方リ、之ヲ選ムノ目的甚重事ト存候(44)」とし、その目的を次のように述べている。

尤帝室御冨栄ヲ図ルノ為ナレ圧是ヲ主ニスルト客ニスルトハ大ニ異同有之。前光愚考スル處ハ務メテ民ト関係スルノ弊ヲ避ケ第一帝位ニ関係アル土地ヲ選ミ至当間然ナキヲ表シ、第二ニ御冨栄ノ謀ニ及ハントス……一　御冨栄ノ点ヲ図ル上ニ於テハ山林郊野金銀石炭壙池沼城郭名区等ニ就テ然ルヘキ場所御選定可然存候。但専ラ御冨栄ノ点ニノミ偏向スヘカラス。如何トナレハ山ハ木曽、金ハ佐渡、銀ハ幾野〔マヽ〕、石炭ハ三池、石狩ナルヘケレ圧、如是ノミニ傾ケハ廉ヲ破ル故善悪相混淆候方却テ可然奉存候。……一　帝領ヲ被定候上ハ之ヲ保護殖産スルヿニ徐々著手相成度、然ルニ之ヲ為スハ利ヲ求ムルノ点ニ非スシテ却テ国利ヲ誘導スル為メ一般人民ノ儀表トナリ籍テ仁徳ヲ施スノ一助トセントス。……一　前光ノ論スル處ハ帝室ノ為ニ利ヲ急カス、只目今ハ着手ヲ徐々トシ、儀表トナリ、籍テ人民ノ先導ヲナシ仁澤ヲ布カントス(45)

このように柳原は、皇室財産は皇室の経済基盤であることは認めながらも、利益を求めることはあくまで「客」であるべきで、それを「主」としてはいけないと考えていた。柳原は、収益を上げるための御料地であっても、「主」とすべきは「一般人民ノ儀表トナリ籍テ仁徳ヲ施スノ一助」とすることであるという。「儀表」とは「模範」を意味する。このような考えは、柳原の⑫、⑬においても見られる。

民間産業の模範は、明治初年以来工部省・内務省・農商務省などにおいて担われていた殖産興業政策の一つの課題であった(46)。皇室においても民間産業の模範としての役割を担ってきた事例はいくつかあった。たとえば皇居では、皇后・皇太后による親蚕が行われたが、これは錦絵などに表象されることで民間への模範を示す狙いがあったことが知られてきた(47)。しかし、この時期設定が目指された大面積の御料地においてそのような役割が想定されてきたことはこれまでほとんど知られてこなかった。

そして、このこと以上に注目すべき点は、柳原が御料地から上がる収益ではなく、御料地という「モノ」自体の運営に意味を見出している点である。これは、今までに見てきた第一・第二グループの「設定論」とは全く異なる視点である。第一・第二グループでは、皇室の存続であれ慈恵恩典であれ、いずれも御料地経営によってもたらされる収益で行う活動を想定していた。これに対し、柳原は御料地を運営するという行為を通じて民間に模範を示す役割を重視している。

そしてこれは、同じ第三グループの「設定論」でありながら、先に見た岩倉の「設定論」とも異なる視点であった。奥田晴樹氏は、岩倉の「設定論」について「明治国家が租税国家たることを忌避し、それを家産国家に近づけようとしている(48)」ものだと指摘している。柳原も岩倉と同じく御料地で国家行政上の活動を担うことを求めているが、それは御料地収入での「支弁」ではなく、御料地そのものでの「代替・補完」であったという点で、「家産国家」を想定したものではなかった。

同様の視点は、㉛の大鳥居次郎(49)による「建議」からも見出すことができる。

大ニ事業ヲ起シ、彼失産生計ニ迷フ士族ヲシテ其産ニ就カシム、当今ノ最大急務トス。次郎明治十年以来熊本県ニ在テ海辺新地々主定ノ事ニ従事シ故ヲ以テ少シク築造之事ヲ研究シ、海辺巡回スル毎ニ現今海面数百町歩ノ干潟アリテ海底ノ本地田面ヨリ高キ〡数尺ニ及ヒ、堤塘一タヒ風潮ヲ遮断スルヲ得ハ、数千町歩ノ直チニ良田トナルヘキヲ信認シ忘レント欲シテ忘ル、能ハス。近頃仄カニ聞、皇室財産調査ノ挙アリト。嗚呼此挙ヲシテ海辺開築ニ移サハ一策両得毫モ其害ヲ見ス。殿下誠心不抜ノ士ヲ撰擢シ、不撓不屈開築ノ事ヲ担当セシメ、彼失産生計ニ迷フ士族ヲ駆テ之ヲ鼓舞シ、之ニ従事セシメハ数千町ノ堤防ヲ築造スル、何ノ難〡カコレアラン。然而成業ノ後チ其労力ノ多寡ニ応シ其地ヲ割与シ永小作ノ證ヲ下附シ　皇室ハ之カ徳米ヲ徴収セラレナハ上ハ数百万円ノ財産ヲ有セラレ年々数十万円ノ御歳入トナリ下ハ去就定マラサル士族モ生計ニ安スルノ恩旨ニ感シ忽チ確固不抜ト男児トナリ著実以テ国体ヲ堅固ニシ以テ　皇室ヲ翼戴シ彼ノ犯上恑激ノ徒ノ滅絶ヲ是謀亦難トセス(50)

このように、大鳥居は自身が熊本で士族授産のための堤防開築に携わった経験から、士族授産として堤防開築・干拓を行い、できた「海辺新地」を御料地とすべく想定している。このように、大鳥居もまた士族授産という政府の主管事業を皇室において担わせようとしていた。しかも、それは御料地という「モノ」自体で成し遂げられる目的であった点において、柳原と同様の視点であった。そして、以下の数例の「設定論」をみると、このような立場が明治一〇年代において決して特殊な立場ではなかったことがより一層理解されるだろう。

次にみていくのは、⑭若山儀一による「制権秘策」である。若山は「従来官有ニ属スル土地、山林、船渠、工場、鉱山等ヲ撰ミ之ヲ王室ノ財産トスヘシ」と、様々な種類の官有地を御料地とすべきだと主張する点では柳原の「設定論」と同一の視点に立っている。その上で、物件によってそれぞれ目的を措定する。

まず「工場幷ニ鉱山」については「方今官有ノ工場ハ孰レカ利多キヤ知ルヘカラサレ𪜈、中ニハ節省ノ仕法ニヨリテ得失ヲ償フテ猶余リアルモアルヘシ。ソヲ撰フヲ得策トス」「今之ヲ立ルハ莫大ノ入費ヲ要スルヿナルヘケレト後日ニハ又莫大ノ利ヲ得ヘシ」「又鉱山ハ石炭、銅、鉄、金、銀ヲ出ス者若干ヲ以テ王室ノ有トスヘシ。是モ亦利多キモノ、之ヲ撰フヘシ」(51)というように、収益を目的として運営すべきだとする立場を明確にしていた。ただ、収益を増加させることの目的はこの項では示されていない。

前項で確認したように、若山は、「土地」すなわち可耕地については功臣や官員の俸給・賞与に充てるべきだとし、二つ目に区分した「目的」も想定していた。しかし、若山は御料地の目的をそれのみに止めなかった。若山は「樹林」に関して次のように述べる。

一　樹林ハ国家財源ノ一ナレトモ薪炭類ニ供スル者ノ外利ヲ近キニ見ルハ甚タ少ナシ。殊ニ船艦用材ニ供スル者ノ如キハ百年ノ久キヲ期セサルヘカラス。又水源涵養ニ供スル者ハ幼木ノ逐生マテ老木ヲ伐採スヘカラサレハ、孰レモ利ハ極メテ薄キモノナリ。然ルヲ今此二種ノ樹林ヲ王室ノ御有トセントイフ者一ハ政略ニ出テ一ハ経済ニ出ルナリ。凡ソ　皇国ノ如キ環海ノ地ヲ守ルハ船艦ヲ第一トスルハ論ヲ待タス。然ルニ其用ニ供スル樹林ヲ人民ノ有トスルトキハ、一時ノ利ニ晦マサルレハ、何ノ思慮モナク伐採スル者ナリ。因テ之ヲ禁林トシ伺ヲ経サレハ伐採ヲ得サラシメハ是船艦構造ノ権ヲ王室ニ掌占スルナリ。水源涵養ノ林モ漫ニ之ヲ伐レハ旱魃ヲ惹起シ、或ハ土砂ノ崩潰ヲ来ス者ナリ。サレハ注意シテ之ヲ保護スルハ国家ノ経済ニ於テ至急ノ務メトス。……今右二種ノ禁林ヲ設クルモ小利ヲ営ムニ非ス。国家ノ大計ニ出ル(52)

若山はこのように、林業はすぐに収益が見込める事業ではないとしつつも、一つには軍事上の観点から造船に必要な木材を常に供給できるように官林を御料地としておくことが望ましいとし、二つには国土保安上の観点から水源涵養・土砂扞止などのための森林を保存するために御料地とすべきだと主張する。

「船渠（ドック）」を皇室財産とすべきだと主張するのは若山に特有の議論で、実際その後船渠が御料地となったことはないが、その目的とするところは右に通ずる。若山は「私立ノ造船場ハ費用ヲ省キ贏利ヲ多クセンカ為ニ皆脆弱航洋ニ適セサル者ヲ造ルカ故ニ大ニ国家ノ経済ニ損アリ。且人命ヲ傷フノ患多シ」とする。しかし、皇室財産とすれば「利ヲ得ルヲ主トセス」、「事アルニ臨ンテ皇命ノ儘ニナルノミナラス、経済ニモ仁術ニモ適スル〡ナリ」という利点があるという。利益を求めることを主としないという点では柳原の意見に近い。

このように、若山の「設定論」もまた、御料地そのものの運営を通じて国防や国土保全といった、本来は国家行政の課題であるべき国家的、あるいは公益的な活動を行うことが求められているという特徴があった。若山は、⑮でさらに具体的に運用の方法を論じているが、主張するところは⑭と同一である。

このほか、第三グループの「設定論」の該当箇所は以下の通りである。

㉙参事院議官安場保和「皇室御財産ヲ定ムルノ建議」

今ニシテ山林原野ノ内人民需用ノ切ナラスシテ緊要ノ部分ヲ選択セラレ皇室ノ御財産ト確定シ山林原野ヲ開拓樹殖シ以テ皇家特別ノ費途ニ予備シ玉ヒ勧業教育養老等ノ事法律外ヲ以恩恵ヲ施サル、コトアラハ一ツハ皇室ノ御為トナリ一ツハ土地ヲ拓キ物産ヲ繁殖シ教育ヲ厚スル等ノ道ニ於テ一挙シテ両全ヲ得皇家万世ノ計是ヨリ良且善

ナルハナシト思考致候[53]

ここでもまた「土地ヲ拓キ物産ヲ繁殖シ教育ヲ厚スル」ことによって「勧業」の役割を担うことが求められている[54]。

㊺中村弥六「帝室御有ノ財産ヲ今日ニ制定ス可キノ意見書」

帝室ノ費ニシテ将来内外百般ノ費用ヲ支弁シ益々誘導ノ実ヲ挙ゲ奨励ノ効ヲ奏シ尊栄愈崇ク恩澤愈深カランコトヲ欲セバ之ヲ国庫ノ外ニ求メザル可カラズ。之ヲ求メバ則チ如何。某ノ所見ヲ以テスレハ、各帝王国ノ例ニ倣ヒ帝室御有ノ財産ヲ制定……スルニ在リ。……然ラハ則チ如何ナル物ヲ以テ御有ニ充ツ可キ歟。……森林ニ如クモノハ有ラザルサリ[55]。

㊼楫取素彦（前掲、六九～七〇頁）

(56)松方正義「佐渡生野両鉱山官行継続之件」

佐渡生野両鉱山ハ海内屈指ノ良鉱ニシテ、殊ニハ多年ノ経験ト技術ノ進歩ニヨリ将来逐年産出増加致スヘキ見込モ有之、而シテ其産出物ハ金銀ナルヲ以テ、炭礦トハ全ク其性質ヲ異ニシ、毫モ民業ヲ障害スルノ虞アルコトナク、実ニ国庫準備金増殖上最モ緊要欠クヘカラサル事業ニ付、官業ニ据置キ尚ホ将来ニ於テハ専ハラ事業ノ拡張ヲ計画シ益々其産額ヲ増加セシムヘキ見込ニ有之候。抑モ鉱山ノ事業ナルモノハ数十年ヲ期シ之カ計画ヲナスヘキモノナレハ、三池炭礦払下ノ為メ自然佐渡生野両鉱山局ニ影響シ、何時払下ノ発令アルモ測ルヘカラストノ感想ヲ懐抱セシムルカ如キハ、該鉱山ノ経済上損害尠カラサルノミナラス、事業拡張ノ目的ヲ達シ能ハサルヲ以テ、佐渡生野両鉱山ハ官行（帝室財産ノ儀ハ格別）ニ据置キ何様ノ事情アルモ決シテ払下ヲナサヽル様予メ確定致シ置度[56]

ここで松方は、正貨原料確保という大蔵省行政の課題解決の一策として佐渡・生野両鉱山を御料地とすることを求めている（第三章で詳述）。

このほか、㊵岩倉具視「設定論」は六九頁引用部分が該当するのでここでは省略する。

以上のように、このグループにまとめた「設定論」は、士族授産、殖産興業、国防などその具体的使途は多種多様なものが掲げられていたが、いずれも御料地という皇室財産で、それまで政府が国庫から支出し担ってきた行政活動を代替・補完、あるいは支弁することを求めているという点で共通する。これは、それまで皇室においてほとんど、あるいは全く行われてこなかった活動を皇室に新たに担わせることであるから、皇室の活動範囲を大きく拡げるものであった。したがってそのための財源が潤沢に求められた。そしてこれらの目的は、第一、第二のグループで掲げられていた目的と比べてほとんど知られてこなかったが、その数の上では決して少数派とはいえないものであった。

以上のように、「設定論」を、そこで説かれている皇室財産設定・運営の目的により三つに区分し、そのそれぞれについて該当部分を摘出してその特徴を概観した。次節では、これら三つの目的の表れ方に、各「設定論」の年代や論者による傾向はあるのか、あるとすればそれはどのように説明できるのかを考えていきたい。

第三節　「皇室財産設定論」の傾向とその政治史的背景

ここではまず前節で区分し概観した各「設定論」の作成年代に着目する。第一に「皇室のための御料地」を求めるものは、②・③明治九年、⑤一二年、⑧一三年、⑪一四年、⑫・⑯・⑱・⑳・㉒・㉓・㊵が一五年（一月から七月）、㊼が一七年というように、ほぼ明治一〇年代前半に集中していることがわかる。一五年のものが「設定論」自体の大半を占めることから、この年のものが多くなることは当然ともいえようが、明治一〇年代後半から二〇年代初頭にかけてのものがほとんど見られないことは着目すべき特徴である。

第二に「慈恵恩典・教育文化奨励のための御料地」を求めるものは、⑤が一二年、⑧は一三年、⑭・⑮・㉑・㉓・㉗・㉙が一五年、㊷が一六年、㊼が一七年、㊽が一九年である。これを見ると、「皇室のための御料地」を説く「設定論」に比べて明治一〇年代全体に広く分布していることがわかる。

第三に、「政府のための御料地」を説く「設定論」を見ていきたい。⑩は明治一四年、⑭・⑮は一五年一月、⑰は一五年二月、㉒は一五年五月、㉙・㉛は一五年九月、㊵は一五年推定七月、㊺・㊼は一七年、56は二一年というように、明治一〇年代後半から二〇年代初頭に集中している。

以上のように、漠然と「皇室のための御料地」を説くものが明治一〇年代前半に集中しているのに対して、皇室財産設定・運用の目的をより具体化した「慈恵恩典・教育文化奨励」「政府のための」御料地を説く「設定論」は明治一〇年代後半から二〇年代初頭にまで及び、この両グループは時期の面ではあまり大差が見いだせない。このことの意味を考えるために、奥田氏が明らかにし、筆者も一部補足的に示した「設定論」の展開をめぐる政治過程を次に整理しておきたい。

明治一五年二月、参議伊藤博文は「地所名称区別」(明治七年一一月制定、太政官第一二〇号布告)を改正し、官有地の中から特に宮内省管理の土地のみを「御有地」として区別すべきことを提起した。これは閣議において認められ、その後この問題は三月一四日に渡欧する伊藤の後を受けて参事院議長となった山縣有朋に託された。山縣は閣議決定を受けて三月中に「御有地布告案」を作成し、翌月にはこの布告を受けて設定すべき「御有地」の調査機関として「皇有地取調局」設置を建議した。「御有地布告案」は参事院の内務・財務両部会を経て七月一〇日の総会に付されるも、総会では井上毅を中心とする反対多数により否決される。

以上の経緯に照らして考えると、右にみたような「設定論」の年代による御料地の目的に関する記述の傾向は、明治一五年に閣議・参事院で「御有地布告案」が審議されて以降の御料地に関する議論の深まりの結果を反映していると考えられる。維新後初めて機構的に皇室財産の設定について議論されたのが一五年の内閣・参事院での「地所名称区別」改正に関する議であったから[57]、おそらくそれ以前の議論では皇室財産の必要は認識されていても具体的な設定・運用の目的までには十分に考察が及ばない場合が多かったものと思われる。あるいはこのような議論が珍しかった段階においては、皇室財産の設定を提起すること自体が重要であり、具体的な形態や目的の議論は後に委ねられていたのかもしれない。また、一五年時点においてもまだ十分議論が深められていない段階では、まずは「御有地布告案」自体に対する肯定・否定を示すことに論点が集中し、設定後の目的に関してはあまり力点が置かれなかったものと考えられる。

年代に関して言えることは以上であるが、これに各論者の傾向を併せてより深く考察していきたい。まず「皇室のための御料地」を説く「設定論」では、②・③が元老院議官、⑤が非職ながら大隈系と思われる人物[58]、⑧が大隈、⑪が井上馨、⑯が伊藤、⑱・⑳が品川弥二郎、㊵が岩倉で⑫・㉒が政治的思想は岩倉と近いが後に伊藤とも協力して皇室典範起草にあたる柳原、㉓は参事院議官の福羽美静、㊼は楫取素彦であり、やや長州系が目立つ。

次に、「慈恵恩典・教育文化奨励のための御料地」を説くものについて見てみると、㉑は在野の人物、⑤・⑧は大隈及び大隈系、⑭・⑮は岩倉系の若山儀一[59]、㉓は参事院議官の福羽、㉙は同じく参事院議官で宮中勢力や岩倉とも近い安場保和[60]、㉗は参事院（すなわち政府の合意事項）、㊷は藩閥指導者に近い中井弘、㊼は楫取素彦、㊽は旧侍補で宮中勢力にも近い鍋島直彬というように、やや岩倉系・宮中勢力が多いように見られるが、あまり有意な差とはいいがたい。

最後に、「政府のための御料地」を説くものについて見ると、⑩・⑰・㊵は岩倉、㉒は岩倉とも近い柳原前光、⑭・⑮は岩倉系の若山儀一、㉙は安場保和、㉛は下級官員、㊺は藩閥的背景の薄い中村弥六、㊼は長州系で楫取、㊿は藩閥系で松方というように、岩倉か彼に近い人物が圧倒的であることがわかる。

以上を小括すれば、「設定論」は、明治一五年を境として、慈恵恩典・教育文化奨励やそれまで政府で行われてきた諸活動など、皇室の担う活動が具体的に構想されるようになり、そのために皇室財産の設定が目指された。慈恵恩典や教育文化奨励が朝野の別、政治的立場を問わず比較的広く共有される目的であったのに対し、それまで政府が担ってきた活動を皇室において担わせようとする立場は、岩倉具視や彼に近い勢力に顕著であった。これに対し、藩閥系の中でも特に長州系の指導者らは、明治一〇年代前半に漠然とした目的で「皇室のための御料地」の設定を求める傾向があったということができるだろう。

それでは、「設定論」の分布やその論者、内容に右のような傾向があることはどのように理解できるだろうか。まず、明治一〇年代前半に藩閥（長州）系が中心となって漠然とした御料地の目的を説く「設定論」が見られることについては、次のように考えられる。それは、明治一五年二月の閣議に地所名称区別の改正で「御有地」設定を提起したのが伊藤や山縣などであり、長州系指導者らがそれを支持していたことの反映であると考えられる。

次に、一五年から一六年にかけての「設定論」が、岩倉を中心とする勢力によって「政府のための御料地」が説かれる傾向があったことの意味を、岩倉や彼に近い勢力が「設定論」を展開していた明治一五年以降の政治的課題から考えていく。

岩倉の「設定論」が国制全体の見直し論と絡めて展開されていたことは夙に指摘されている[61]。岩倉は、国制に関する課題の中でも、憲法編成・国の秩序を定めること・国家の基礎を定めることの三点を特に重視していたとされる。ここで、本章の関心において最も注目すべきは二つ目の課題である。なぜならば、この課題を解決するために岩倉が重要と考えた施策が士族授産であり、そのために岩倉はこの時期士族授産事業を農商務省から宮内省に移管することを説いていたからである。

落合弘樹氏は、岩倉による士族授産の「宮内省主務論」の存在を明らかにした[62]。以下、落合氏の所論により「宮内省主務論」の展開について確認する。岩倉は、明治一五年一月「士族教育授産之議」を発表し、士族授産を従来の農商務省による勧業貸付ではなく天皇からの恩賜とし、宮内省でその事務を取り扱うことを求めていた。具体的には、宮内省中に「勧業局」を置き、士族授産事務を移管し、資本金として一五〇万円を一〇年間にわたって宮内省に提供するよう政府に求めていた[63]。これは、当時在野で勢力を増しつつあった民権派に対抗するため、授産事業によって士族・豪農をまとめて掌握するという思惑に出たものであったとされている[64]。これには参議の伊藤博文、山田顕義、松方正義も同意見であり宮中勢力も同意していたが、山縣有朋や井上馨が強く反対していた。その結果、「宮内省主務論」は採用されずに終わっている。

しかし、士族授産の必要性については内閣でも異論はなかったので、折衷的措置として農商務省に授産金八〇万円が設けられることとなった。処理方法としては、農商務省定額五〇万円を三〇万円増加することにし、これを全て士族授産に充てることとした[65]。だがこれすらも、翌年の岩倉の死により実行されずに終わっている。

このような状況を踏まえた上で「設定論」を見返してみると、岩倉の「設定論」には、士族授産「宮内省主務論」に通じる宮中・府中認識が見られることに気付くだろう。岩倉は、宮内省においてこそ行政上の課題解決が担われるべきだと考えていた。岩倉の政治構想は従来指摘されてきたように、「皇室＝国家」と考える立場、「王土論」、そして

「家産制国家」を求める立場を特徴とする。このような立場の帰結として、右の宮中・府中認識は自然に導き出せる。

さて、ここで第三グループの論者たちの中に岩倉のもとで士族授産事業に携わっていた者がいることに注目したい。⑭・⑮の論者である若山儀一は、岩倉の推挙で一五年九月に士族授産制度調査委員に選任されている(66)。また、㉙の論者である安場保和は、一五年春から夏にかけて参事院議官として地方巡察に派遣されている(67)。安場は巡察後の復命書で、士族に銀行を通じて授産金を貸与することを提起した。その中で、岩倉と同じく士族授産事業を農商務省から宮内省に移すことを主張し、そのための資本金として皇室費増額を説いていた(68)。奥田晴樹氏は、同時期政治的に棚上げされた格好の元老院・参事院議官たちの中から、士族授産問題において岩倉を担いで政府内に足場を築こうとする勢力があったことを明らかにしている(69)。このような指摘を踏まえれば、安場や、元老院・参事院議官ではないものの藩閥の後ろ盾を持たない若山などもまた、このような意図をもって岩倉に接近したのだと考えられる。彼らは、士族授産事業に関する構想や、それを支える御料地「設定論」によって自らを売り込んだと思われる。

もちろん、筆者が旧稿で指摘したように、彼らと岩倉の「設定論」は完全に同じ見解を示しているわけではなかった(70)が、皇室・宮内省で政府の行政の一部または全部を担うために御料地を設けるべきだとする大枠の立場は共有されていたことがわかる。岩倉もまた、具体的な形態や目的についてはあらゆる可能性を容認する姿勢を示していたから、安場や若山らの独特で多様な見解もまた岩倉のもとに門戸が開かれていた。

このような背景を踏まえると、㉛の大鳥居次郎の「設定論」もまた、御料地で士族授産を担うことを主張している点で岩倉の主張と合致する。また、「設定論」の二つ目のグループにおいて唱えられていた「教育」もまた、士族授産策の筆頭に置かれていた(71)ことを考えれば、右の背景と深い関係を有するといえるだろう。そしてこうした「設定論」は岩倉のもと一つに取りまとめられることを踏まえれば、岩倉は政治的立場の如何を問わず自らの士族授産「宮内省主務論」に通じる考えを示す意見にはなるべく広くアンテナを張っていたことがうかがえる。

岩倉死後においても、士族授産を御料地で担わせようとする意見は消えなかった(72)。㊼の楫取素彦の議論は、荒蕪不毛地を御料地として開拓することで土地の有効活用を図ることを説くものであった。官有荒蕪地の開墾は、当初から政府の士族授産政策の基本方針であったことを考えれば、楫取においてもまた士族授産が想定されていた可能性がある。[73]「牧民官」としての経歴をもつ楫取であってみれば、全くありえないことではなかっただろう。もちろん、この時期は士族授産の位置づけも治安対策から社会政策的なものに変化していたから、[74]楫取の提起の意図は安場や若山が「設定論」を提起したそれとは異なるであろうことは付言しておかねばならないが、国家の政治的課題を御料地を使って解決しようという発想は共通している。

以上のように、明治一五年から一六年の「設定論」には、議会開設に伴い政党に皇室財産問題を議論される可能性への漠然とした危惧に止まらず、当時最大の政治課題の一つであった民権運動への対抗策としての士族授産という視点が背景にあったと考えねばならないだろう。すなわち、来るべき議会開設に向けて、政府はその施策に協力する「良民」の育成を目指したわけだが、そのためには旧幕藩制社会で支配階層であった士族や経済力と徳望のある豪農の糾合が急務であった。そしてそのために、士族授産やそれをも含めた勧業・教育政策が大きな国家的課題とされた。この点では当時の政府において異論を唱える者はなかったが、その方法において独特であったのが岩倉の士族授産「宮内省主務論」であった。

岩倉は、長期的には御料地を創設し、その収益で国政全般の経費を支弁することを目論んでいたが、そのための制度設計には慎重な議論と時間を要する。そのため、まずは目下最大の政治課題として岩倉が憂慮していた士族授産問題を解決するために、士族授産「宮内省主務論」を提起したのだと考えられる。すなわち、士族授産「宮内省主務論」は、「設定論」の政策課題別特化版であったと考えるべきであろう。そして、当時政治的に傍流に置かれた人びとは、それぞれ鬱屈した思いから政治的浮上を賭けて岩倉の議論に便乗し、岩倉のもとに「設定論」を提起した。彼らは、士族授産のみならずありとあらゆる国家行政上の活動を宮内省において担う可能性を排除しない岩倉の認識のために糾合され、それぞれ勧業や教育、民業の模範などの行政活動を宮内省で担うことを提起し、そのための御料地設定を説いた。

旧稿では、「設定論」の出典の大半が岩倉のまとめた「帝室御基本書類」上下巻であることを示し、同書所収の「設定論」が岩倉の皇室制度設計のための参考書類であったことを示した[75]。本章で検討したように、これらは主に士族授産という当時の具体的政治課題の一つとも密接に関わるものであったことから、改めて同書所収の「設定論」は岩倉が自らの国家構想を具体化・補強するために集めたものであることが納得できよう。しかし、岩倉の士族授産「宮内省主務論」は右に述べたように閣議では採択されなかった。

明治一五〜一六年に特徴的な岩倉系統の「設定論」は、岩倉の死とともに葬り去られ、伊藤の帰朝後は彼のもとに、政策実施を見据え御料地の形態・目的のみならず設定の方法まで具体化した「設定論」が提起される[76]。

ところが、岩倉が「設定論」で示した主張の一部は、その後も残り続けた。藩閥指導者の一人、松方正義は岩倉の士族授産「宮内省主務論」に対して、当時深刻度を増しつつあった日清間の緊張や、緊縮財政を維持する観点から反対していたが[77]、その松方もまた政府の行政的課題解決のために御料地設定を唱える点では岩倉と共通していた。先に引用した㊻「佐渡生野両鉱山官行継続之件」の中で松方は、官営佐渡・生野両鉱山を御料地にすべきとする理由として、正貨原料確保という大蔵省の行政的課題を挙げていた[78]。

このことを、「設定論」の大半を占める明治一五〜一六年の意見書のほとんどが、「支弁」か「代替・補完」の相違はあるものの、宮内省において政府の行政活動の一部または全部を担うべきだとする考えを示していたことと併せて考えれば、御料地を政府の行政上の課題解決に資するものと位置付ける認識は、政治的立場や個別の政策に対する態度の相違に関わらずある程度共有され、それ自体が非難の対象となるものではなかったということができるだろう。これが、御料地設定前の政府部内における御料地認識であり、宮中・府中認識であった。そしてこのような認識は、「設定論」のみならず、設定された御料地のその後の運用の中でも度々現れ、明治二〇年代の御料地運営を特徴づけるものとなってゆく。

おわりに

本章の検討を終えて、「設定論」にはその提起された時期によって論者や御料地に求められた使途や役割に特徴があったことが明らかになった。明治一五年までは、御料地設定という問題提起自体が新規のものであり、その問題をいかに政策課題に乗せるかに力点が置かれ、具体的目的が示されないことが多かった。しかし、明治一五年二月の閣議と同年七月の参事院部会・総会での「御有地布告案」の審議を境として議論が深まり、徐々に御料地の目的を具体化する「設定論」が現れるようになった。その中で具体的目的として挙げられたものは、主に「慈恵恩典・教育文化奨励」と「行政の支弁・代替・補完」であった。前者は、それまでにも皇室が担ってきた実績があり、皇室の活動としてその必要性が比較的広く認められていた。これに対し、後者はそれまで主に政府の行政的活動としてなされてきたもの（国防・勧業・士族授産など）であり、皇室の活動を拡大するものといえた。また、前者と後者とではもう一つ重要な違いがあった。前者は、御料地を設定し、その収入で支弁される活動であったのに対して、後者は岩倉が御料地の収入でそれらの活動費を支弁すべきだとしていたほかは、御料地そのものの運営によって担うことを求めていた。

そして、後者の行政の支弁・代替・補完を担う「政府のための御料地」を説く「設定論」は、士族授産という当時の大きな政治課題の一つと密接な関わりを有していたことも一つの大きな特徴であった。伊藤渡欧後の政府で一つの政治的求心力を発揮していた岩倉は、士族授産「宮内省主務論」を唱えていたが、これは宮内省で国家行政を担うべきだとする宮中・府中認識に立つ点で、彼の「設定論」の政策課題別特化版であった。そして彼の「宮内省主務論」に共鳴した政府内傍流の人びとが政治的上昇を求めて岩倉に接近し、岩倉のもとで「設定論」を唱える機会を得たことで、その「設定論」は現在知られるようになった。教育、勧業なども士族授産の手段として議論されていた当時の情勢を考えれば、このような宮中・府中認識はさらに多くの「設定論」の背景にあったと考えられる。

しかし明治一六年七月に岩倉が死して後は、旧稿で明らかにしたように伊藤のもと御料地設定はいったん棚上げにされ、政治的条件を整えた後に、今度は「地所名称区別」の改正という方法ではなく内閣制度の創設・御料局の設置を先にすることで機構面で「宮中・府中の別」が実現され、御料地設置が可能となる。これ以降の「設定論」には、岩倉の特徴的議論であった、御料地により国家行政全般を支弁すべきとするものは現れなくなるが、岩倉のもとに緩やかに一致が見られた、御料地による行政の代替・補完という考えは残った。「設定論」を提起する主体やその政治的背景は全く異なるにもかかわらず、伊藤主導下の御料地設定過程においてもなお、御料地において行政活動を代替・補完させようとする宮中・府中認識は生きていたのである。

ここで本章を終えるにあたって、第二部につながるもう一つの視点として品川弥二郎の「設定論」について二、三指摘しておきたい。表1－1にも掲げたように、品川もまた明治一五年に「設定論」を提起していた。本章では、「設定論」を三つに区分した際、品川のそれは第一のグループ、すなわち「皇室のための御料地」を漠然と唱えるグループに分類した。この品川の「設定論」は、第二部で見えてくる品川の御料地に対する向き合い方とは全く異なる態度を示しているので、ここに確認しておきたい。

品川は明治一四年一二月九日、岩倉の士族授産「宮内省主務論」について、内務省時代から士族授産に携わってきた者として内閣から意見を求められた。そこで品川は、山縣と同様これに反対の意見を述べた。その理由として品川は、貸付でなく下賜とすることで士族の依頼心を生み自力を妨げること、授産の成績を地方官が監督するとしても限度があること、一五〇万円という金額では一人当たりの下賜金額はきわめて少額になりその効果が見込めないことなどを挙げた。そしてその対案として、恩賜にするとしても貯蓄銀行を設立して恩賜金を預け置き、士族起業者への貸付資本、有志者への義済資本、貯蓄金返済予備金などに支出すべきだとした(79)。これは品川独特の報徳主義思想(80)に根差した、民間の相互扶助と士族の自助努力に期待する姿勢であることが見て取れる。このように品川は独自の思想、政策構想から、国家の行政的課題を宮内省に担わせることに否定的な立場をとっていた。

品川は、その翌年農商務少輔の立場で「設定論」を提起した。これは後に、大輔西郷従道の名で閣議に提出される。品川はこの中で、まず古代の国制から説き起こし、明治維新を成し遂げたことまでの記述に多くの紙幅を費やす。その上で、「是ニ於テ最モ忽ニスベカラサルノ大計アリ。曰財産ヲ分ケ以テ君上一家ニ備フル、則　帝室ノ所有、邦国財政ニ充ツル、則政府ノ所有トヲ分割確定セサルヘカラス」(81)と皇室財産の設定を説く。その上で、「或ハ曰ン、我神州ハ君主ノ開基シ玉フ所ニシテ、萬国無比ノ帝国ナリ。貢贄賦税ノ如キ、官有物件ノ如キ、皆ナ固ヨリ　帝室ノ財産タレハ　朝廷一切ノ用度モ亦皆ナ　帝室財産ヲ以テ弁給セラレ　君上一家ヨリ之レヲ謂テ　帝室ト曰ヒ、裁政上ヨリ之レヲ謂テ政府ト曰フモ、事ニ由テ只其名ヲ異ニスルノミ。何ンゾ政体ノ変更ニ依リ彼是財産ヲ分割スルヲ要セン哉」(82)と、「王土論」に一応の理解を示した上で、「国会一タヒ興ルニ及テハ萬世ノ下此賜ヲ換ヘ得ヘカラサルハ論ヲ俟タス。果シテ然ル時ハ自然　帝室固有ノ財産挙ケテ之レヲ政府ノ所属ニ帰スルニ至ラン」(83)として、国庫から分離された皇室財産の必要性を説く。ここまでは、これまで知られてきた、政党による皇室財産問題への介入を危惧し、議会開設前の御料地設定を説く「プラグマティク」(84)な「設定論」と同一の主張であるといえる。

　注目すべきは、その後の部分である。本章第二節でも引用したが、ここで着眼点を変えて再度見てみたい。

　而シテ其分割スルノ法ハ在来ノ官有山林ヲ以テ　帝室財産ト定メ地所名称区別ノ規則ニ　帝室地ノ一種ヲ設ケ其憲法ヲ制定シ、自余物件ハ挙ケテ之レヲ政府ニ分賦シ、　帝室内廷ノ用度ハ該地ノ収入額ヲ以テ之レニ充テ、全ク国庫収入ト其経済ヲ異ニスルニ在リ。此ノ如クニシテ初メテ内廷永遠ノ基礎鞏固ナリト謂フ可シ(85)

品川はここで「帝室内廷ノ用度」にあてるために御料地の設定を求めているが、あくまで「全ク国庫収入ト其経済ヲ異ニスル」べきことを説いている。これは、前年の品川の立場と併せて考えれば、国家的課題解決のための行政活動と皇室財産とを完全に分離させようとするものであったといえるだろう。

　しかしこれは、第二部で見ていくこととなる、御料局長となって以降の品川の態度とは全く異なる。御料局長となって以降の品川は逆に御料地において政府行政までをも代替・補完することを画策しているからである。品川におけるこの転換を用意したものは何であったか。この問題を考えるためにも、第二部の検討の前にいま一つの前提を確認しておかねばならないだろう。

（1）『帝林』一～三頁。皇室財産を扱った戦後の諸研究には、前掲黒田久太『天皇家の財産』、前掲鈴木正幸「皇室財産論考（上）」、同「同（下）」、同前掲『近代の天皇』、同前掲『皇室制度』、同前掲『王と公』、同前掲『国民国家と天皇制』、前掲川田敬一『近代日本の国家形成と皇室財産』などがある。
（2）前掲川田敬一『近代日本の国家形成と皇室財産』四一頁。本書では、皇室財産の「設定」に加えて、ほぼ同義の用語として「編入」「移管」を用いているが、以下のような基準で使い分けている。「設定」は、具体的な物件が決まっていない段階で漠然と皇室財産を設ける意味で使用するが、「編入」「移管」という場合、具体的な物件を選定し、それを政府から宮内省へと所管替えする場面に使用する。「編入」は「移管」に比べて宮内省側に視点を据えている。
（3）前掲國雄行「内務省勧農局の政策展開」。
（4）前掲小林正彬『日本の工業化と官業払下げ』第一〇章。この計画は閣議で認められず、結局実現しなかった。
（5）前掲拙稿「「皇室財産設定論」再考」。
（6）奥田晴樹『地租改正と地方制度』（山川出版社、一九九三年）、同『明治国家と近代的土地所有』（同成社、二〇〇七年）。
（7）前掲拙稿「「皇室財産設定論」再考」一九〇頁。
（8）同右、一九一頁。
（9）前掲奥田晴樹『地租改正と地方制度』三四四頁。
（10）奥田氏は、「地券発行＝土地私有権法認が全国土＝「王土」の図式を崩壊させたとの前提に立ち、そこから皇室財産の創設が必要であるとの木戸（孝允）の見解が、自由民権運動の圧力による立憲政体の創設が現実味を帯びてくる中で復活し、具体的に展開されたもの」であり、「皇室財産論議は、その初発の段階から、地券発行＝土地所有をめぐる議論と表裏をなす形ではじめられていた」（同右、三五七頁）と指摘している。
（11）同右、四六二頁。
（12）したがって、本章では「設定論」のうち、御料地設定に批判的な反「設定論」については取り扱わない。反「設定論」については註1の鈴木正幸、川田敬一両氏の諸研究、及び前掲奥田晴樹『地租改正と地方制度』、前掲拙稿「「皇室財産設定論」再考」で詳述している。
（13）註1の戦後の諸研究を参照。
（14）「帝室御基本書類　下」。
（15）御厨貴『明治国家形成と地方経営―1881～1890年―』（東京大学出版会、一九八〇年）第二章第二節。本書第四章第一節でも詳述。
（16）「品川文書（1）書類」R45-875、「帝室御基本書類　下」。

(17) 同右。
(18)『立法資料・明治典範(上)』二五八頁。
(19) 同右、二六〇頁。
(20)『明治建白書集成』第五巻、五四九頁。
(21)『大隈関係文書』四、一二二頁。
(22) 明治一五年一月二一日付佐佐木高行宛柳原前光書簡(「帝室御基本書類 上」)。
(23)「三条家文書」39-34。
(24) ⑱が⑳の原案であり、両方とも品川の起草によるものであることについては、前掲拙稿「「皇室財産設定論」再考」で詳述している。
(25)「御財産設置ニ関スル廟議民論資料」、前掲「帝室御基本書類 上」。
(26)「三条家文書」39-31。
(27) 前掲「帝室御基本書類 上」。
(28)「御財産設定ニ関スル建議書」。
(29)「慈恵」「教育文化奨励」は明治期には比較的権威的・恩恵的な性格をもち、前者が主に皇后の役割として行われるのに対し、後者は天皇・皇后ともに担い手となり行幸啓や「御買上」などによってその役目を果たしたとされる。第一次大戦後の世界的王室危機に際しては人心の結合のために特に皇室が「社会的君主」として行うべき活動と見なされるようになり、さらに戦時期には天皇を中心として戦争遂行に国民を統合しようとする目的で官民でいっそう強調されるようになることが明らかにされてきた。戦後になると、憲法上の規定はないが「象徴」としてのつとめを果たすために必要な行為として、特に明仁天皇・美智子皇后によって拡充された。以上は坂本一登「新しい皇室像を求めて―大正後期の親王と宮中」(近代日本研究会編『年報・近代日本研究・20 宮中・皇室と政治』山川出版社、一九九八年)、岩井克己「平成流とは何か―宮中行事の定量的・定性的分析の一試み―」(同右)、前掲鈴木正幸『国民国家と天皇制』、森暢平『天皇家の財布』(新潮社、二〇〇三年)、片野真佐子『皇后の近代』(講談社、二〇〇三年)、山本雅人『天皇陛下の全仕事』(講談社、二〇〇九年)、原武史『皇后考』(講談社、二〇一五年)、河西秀哉『明仁天皇と戦後日本』(洋泉社、二〇一六年)、冨永望「柔らかな「統合」の形―公的行為の拡大と弱者へのまなざし」(吉田裕・瀬畑源・河西秀哉編著『平成の天皇制とは何か―制度と個人のはざまで』岩波書店、二〇一七年)、真辺美佐「近代化のなかでの皇后」(前掲森暢平・河西秀哉編『皇后四代の歴史』)、井上亮「発信する「国民の皇后」」(同右)、河西秀哉『近代天皇制から象徴天皇制へ』(吉田書店、二〇一八年)第一章、第二章、補論、一二九〜一三八頁、遠藤興一『天皇制慈恵主義の成立』(学文社、二〇一〇年)を参照した。また、「恩典」に関しては、前近代からの伝統をもつ「位階」と近代国家になって以降に設けられた「勲等」「爵位」という国家の栄典制度（藤井譲治「明治国家における位階について」〈『人文學報』六七、一九九〇年〉、西川誠「明治期の位階制度」〈『日本歴史』五七七、一九九六年〉）に付随して、有位有爵者のみならず勲功者らに皇室からの「恩賜」が様々な形で与えられた（川田敬一「近代皇室の社会的役割に関する基礎的研究―宮内公文書館所蔵『恩賜録』を中心として―」〈『日本学研究』一七、二〇一四年〉。このほか『明治天皇紀』にも様々な恩賜・下賜の事例が見られる）。

(30)「三条家文書」39－31。

(31) 同右。

(32) 同右。

(33) 明治（一六）年二月一日付伊藤博文宛中井弘書簡（『伊藤文書』六、二七五頁）。

(34) 前掲『明治建白書集成』第五巻、五四九頁。

(35) 前掲『大隈関係文書』四、一二二頁。

(36) 前掲「御財産設置ニ関スル廟議民論資料」、前掲「帝室御基本書類　下」。

(37) 前掲「帝室御基本書類　下」。

(38)『諭吉全集』第五巻、二七九～二八二頁。

(39) 前掲「帝室御基本書類　上」。

(40)『伊藤文書』六、三〇六頁。

(41) 前掲黒田久太『天皇家の財産』、前掲鈴木正幸「皇室財産論考（上）」、「同（下）」、同前掲『近代の天皇』、同前掲『皇室制度』、同前掲『王と公』、同前掲『国民国家と天皇制』、前掲川田敬一『近代日本の国家形成と皇室財産』。

(42) 岩倉具視「皇室財産ヲ確定スルノ議」（前掲「帝室御基本書類　上」）。

(43) 前掲「御財産設置ニ関スル廟議民論資料」、前掲「帝室御基本書類　上」。

(44) 同右。

(45) 同右。

(46) 前掲小林正彬『日本の工業化と官業払下げ』第1章第一節。

(47) 山崎明子『近代日本の「手芸」とジェンダー』（世織書房、二〇〇五年）第2章、前掲真辺美佐「近代化のなかでの皇后」。

(48) 前掲奥田晴樹『地租改正と地方制度』三六二頁。

(49) 大鳥居次郎は、「設定論」提出時内務四等属（地理局勤務）。後に同省二等属に昇進し、山梨県警部長、福岡県収税長などを歴任（国立公文書館所蔵「職員録・明治十五年一、九月・職員録（内務省）改」〈請求番号：職Ａ００３０９１００〉、『官報』、及び『東朝』明治一六年九月三〇日「雑報」欄）。

(50) 前掲「帝室御基本書類　上」。
(51) 若山儀一「制憲秘策」（前掲「御財産設置ニ関スル廟議民論資料」、前掲「帝室御基本書類　上」）。
(52) 同右。
(53) 『明治建白書集成』第六巻、九二〇頁。
(54) ㊺の明治二〇年一二月二九日付松方正義宛井上毅書簡では、設定すべき皇室財産の形態こそ土地や不動産ではないものの、「帝室費ヲ三百萬円ト定メラレ、其内三分ノ一ヲ以テ十年間勧業費ノ扶助トシテ下附セラルヘシ」というように、帝室費によって勧業の役割を果たすことが想定されていた。
(55) 「御財産設定ニ関スル建議書」。
(56) 類00384100。
(57) 前掲奥田晴樹『地租改正と地方制度』第三編第一章。
(58) 福沢重香は愛知県士族で兵庫県、陸軍省勤務経験有（石堂彰彦「1870年代における大新聞投書者の属性分析―職業・世代の変遷を中心として」『成蹊大学文学部紀要』五〇、二〇一五年）、明治一九年一二月一七日付大隈重信宛福沢重香書簡からは大隈の知遇を得て久しいことがうかがえる（早稲田大学図書館所蔵「大隈重信文書」請求記号：イ14B4995）。
(59) 若山が岩倉系の人物であることについては、前掲拙稿「「皇室財産設定論」再考」を参照。若山儀一の経歴については旧稿でも示したところであるが、ここにも掲げておく。若山儀一は天保一一年、江戸に生まれる。緒方洪庵に学び、明治元年には開成所の教授となる。明治四年には岩倉使節に随行し、その後も欧米に留まって財政問題の研究を続ける。岩倉の知遇を得たのはこのときである。七年三月に帰朝したのち、民部省租税助などを歴任し、一〇年一時官を辞し生命保険事業を手掛けるが、一四年以降再任官し、太政官兼農商務省権大書記官となる。明治一六年四月には宮内省御用掛兼務となるが、これは国史編纂局の編修委員となるためである。一七年一月には参事院議官補となり、一八年一二月非職、二四年九月二日に五二歳で没する（三浦周行「我国に於ける生命保険業の首唱と其先駆（一）―若山儀一氏と日東保生会社―」『経済論叢』二九‐四、一九二九年）。
(60) 前掲中村尚史『日本鉄道業の形成』二二六〜二二八頁。
(61) 前掲奥田晴樹『地租改正と地方制度』第三編第一章。
(62) 落合弘樹『明治国家と士族』（吉川弘文館、二〇〇一年）四、七。
(63) 士族授産のための授産金貸与は、議会開設直前まで農商務省の主管事務であった（前掲落合弘樹『明治国家と士族』二八七頁）。
(64) 同右、二九一頁。
(65) 同右、二九二〜二九三頁。筆者は前掲拙稿「「皇室財産設定論」再考」にて「一五年度は士族授産のために帝室費を八〇万円増加することになっていた」（二〇〇頁）としていたが、これは農商務省費の誤りである。

(66) 前掲落合弘樹『明治国家と士族』二八八〜二八九頁。
(67) 同右、二九〇頁。
(68) 安場は参事院での「御有地布告案」審議時のメンバーの一人でもあった（前掲奥田晴樹『地租改正と地方制度』三七四頁）。
(69) 同右、三九六〜三九七頁。
(70) 前掲拙稿「「皇室財産設定論」再考」二〇三〜二〇四頁。
(71) 前掲落合弘樹『明治国家と士族』二九七頁。具体的には国において官費教育や変則中学への公的助成がなされていたこと、明治一八年以降は学校制度再編によって縮小されるも、旧藩主や有力者による藩レベルでの育英事業は継続していたことなどが挙げられる（菅原亮芳「明治期民間育英奨学事業史の一断面―旧藩系主体の団体を中心として―」〈『地方教育史研究』一四、一九九三年〉、永添祥多『長州閥の教育戦略―近代日本の進学教育の黎明―』〈九州大学出版会、二〇〇六年〉、内山一幸『明治期の旧藩主家と社会―華士族と地方の近代化―』〈吉川弘文館、二〇一五年〉第三部）。
(72) 「御財産設定ニ関スル建議書」。
(73) 前掲落合弘樹『明治国家と士族』二〇二頁。
(74) 同右、七‐2。
(75) 前掲拙稿「「皇室財産設定論」再考」。
(76) 同右。
(77) 前掲落合弘樹『明治国家と士族』二九四頁。
(78) 同「設定論」については、後に本書第三章で詳述する。
(79) 以上、前掲落合弘樹『明治国家と士族』四‐3、五‐2。
(80) 伝田功『近代日本経済思想の研究―日本の近代化と地方指導者層―』（未来社、一九六二年）。
(81) 「帝室財産ヲ定ムルノ議」。
(82) 同右。
(83) 同右。
(84) 前掲鈴木正幸「皇室財産論考（上）」での用法である。
(85) 「帝室財産ヲ定ムルノ議」。

第二章　品川弥二郎と明治一七、八年の「宿志」

はじめに

明治一八（一八八五）年九月二五日。この日、農商務大輔の品川弥二郎にドイツ公使転任の命が下される。この人事は実質上左遷に等しいものであり、前田正名とともにかつて農商務省で「殖産興業グループ」を形成していた高橋是清、武井守正らはその後、品川の政府への復帰を求めて様々に運動した[1]。しかし、品川はあまり政界復帰に乗り気でなかった[2]。明治二一年五月九日付の高橋宛品川書簡には、「昨日之開〔ママ〕議ニも出席セネバ老台其外之諸兄定メシ御不満千萬と存候得共、世の中ニ頭ヲ出して飛歩行クヿハドウゾ御ゆるしを願ひタし。外面ハ健康ニ渡し候様相見候得共内部ハ真ニ少しも快くハ覚へ不申、諸兄ニ対し何か感激スル談話をせし後ハ自ら消下〔ママ〕の悪しきものと見へ、何とナク気分悪しく[3]」と外出を渋っており、高橋に対する申し訳なさも吐露していることが見える。

ここで注目すべきは、品川が枢密院も含め、おそらくは政府での活動全般を避ける方便として「明治一八年」の何らかの失敗を挙げていることである。品川は後段で、「此際世の中ニ出候時ハ、十八年の体ニ復スルハ必定ナリ。何卒諸兄の御厚意ニ背き候得ども当年中ハやじガ随意ニ養生御免ヲ願ひタシ[4]〔傍線引用者〕」と言う。

品川は類似の表現を別のところでも用いている。しかしこちらは先の書簡とは意味合いを異にする。本書の冒頭で示した、内相拝命を蹴って遁走した際の置手紙がそれである。そこで品川は、御料局長留任という自身の望みが容れられなかった場合、「やじハ謹テ念仏庵中ニテ、　皇室御料之仕事を念仏唱ひツ、拝見仕、十八年農商務ヲ去リシ時ノ宿志を遂け度（ソレハ農工商の故人、即チ有効ノ幽霊ト、殖産上ノ談論シテ、病を養ひ、コノ世ヲ過ゴス決心ナリ）」(5)と言い残して東京を去った。「念仏庵」とは、品川の別荘の名称であるが、殖産興業に尽した故人を弔うためのものという意味があった。(6)品川にとって、農商務省を離れ、御料局も離れんとする明治二四年に至ってもなお、明治一八年に農商務省を離れたことの遺恨が深く、その後も「農工商」の発展、殖産興業のゆくえが彼の大きな関心事であった。

後者の書簡では、より積極的に「十八年農商務ヲ去リシ時ノ宿志を遂け」たいという意思が確認でき、三年も経てば品川の精神状態もやや上向きに回復してきていたことがうかがえる。ただ、ここでは「十八年農商務ヲ去リシ時ノ宿志を遂け」るということは、内相就任というおそらくは人生最大の栄転のチャンスよりも重要な意味をもつことであり、内相の命を断る理由として使われている。

実は、このような表現は品川のみならず、品川のもとに集う「殖産興業グループ」の官僚前田正名もしばしば用いるものであった。前田は、明治二〇年九月一三日付の書簡で、盟友の高橋是清に対し、「十七八年比必死おもひ出尚今日ニ到リ昼夜忘れ不能」、「三四日前御荷物より農商工業誌之草按差出し、十七八年をおもひ起し心胆相悩ミ、今日まで心持あしく相暮し居候」「独立之計画ハ致居（免職後の事也）候得共、望ミハ十七八年の素志を貫キ度心ニ有之候(7)」と心情を漏らしていた。

これほどまでに品川や前田らを呪縛し続けた明治一七、八年の農商務省時代とは、如何なるものであったのか。そこで品川は何をなそうとし、そしてなしえなかったのか。本章では、後に第二部において個別の具体的な御料地事業から宮中と府中との関係を政治史的に明らかにしていくが、その重要な前提条件として右の問題についてやや詳細に検討する。

本章の研究史上の意義を補足しておきたい。品川に関しては、これまで政治史において藩閥指導者としての経歴に関心が集められてきた。その一方で、戦前ではむしろ殖産興業政策(8)を専門とする政治指導者とみなされていたと思われ(9)、この評価は戦後の農業史や林業史など各種産業史において引き継がれた(10)。しかしこうした産業史における評価が、これまで政治史においてなされてきた品川の評価とどのような関係にあるのかは、彼の共同運輸事件における関わりを論じた一連の研究[11]が部分的に明らかにしている以外は、ほとんど問題にされてこなかった。藩閥の利害を共有する政治指導者であると同時に、殖産興業政策指導者でもあった品川弥二郎という人物の性格を、一政策に限らず総合的に検討したものは極めて少ない。

このことは、後に品川が御料局に入ってからの活動を理解する上で大きな障害となる。品川という政治指導者がいかなるものを政治資源としていたのかという点は、御料局における活動を政治史的に位置づけるためにも確認しておかねばならない問題である。そのためには、御料局入りまでの品川の殖産興業政策指導者としての活動や、御料局長退任以降の内務大臣や良民政党指導の経験の位置づけやそれら相互の関係性を確定することが不可欠である。

本章で品川の内務・農商務省時代の活動、特に明治一七、八年の「宿志」に着目することには、右のような研究史上の課題を克服し、後に個別の御料地について検討を行うための前提を提示する意味がある。品川がキャリアを形成する上で、明治一七、八年の「宿志」が大きな駆動力になると同時に、足枷にもなっていたことが示されるだろう。

第一節　明治一七、八年の挑戦と挫折

後に御料局長となる品川弥二郎は、決してそれ以前から宮中に関係の深い官歴を辿ってきたわけではなかった。明治政府において品川は、殖産興業政策官僚としての適性を発揮していく。品川の明治初年の欧州行は、初めは普仏戦争の視察、後に留学、及び外交官としての出仕のためであったが、勤務地ドイツで彼を魅了したのはかの国の軍事力や政体などではなく、林政や産業制度であった[12]。品川の官歴が帰朝後は殖産興業政策の方向にシフトしていくのも無理のないことであった。明治九年四月一日には内務大丞、一三年二月二八日には内務少輔、三月四日には同勧農局長、翌五日には山林局長心得を兼任する。内務卿松方正義のもとで士族授産事業に携ってきたことは、前章で触れた通りである。一四年に農商務省が新設されると少輔となり、一五年六月一三日には同省大輔に昇任する。このほか、大日

本農会・大日本山林会・大日本水産会の三会幹事長となり、絵画共進会や繭糸・織物・陶磁器共進会などの創設にも尽力するなど、民間産業奨励にも大きな働きをなしてきた[13]。

ちなみに、この時期の内務省山林局、及び農商務省山林局の職員録を繰ってみると、品川の下僚には後に御料局に入り御料林技術官僚となる山本清十、種田邁《おいたつとむ》、桑名茂三郎、小寺成蔵などの名前が見える。また、山林局以外の部局に目を転じると、後に御料鉱山の技術官僚となる和田維四郎や、吉田市十郎の名も見える。品川が御料局長に就任する以前に御料局入りした者もあるが、内務省・農商務省時代からこうした技術官僚らとの関係を築いていたことが、御料局長就任後にスムーズに局務を遂行する人員を配置できた要因であったことが推察できる。

さて、以上の品川の経歴の中でも、本章で問題とする「明治一七、八年」と直接の関わりをもつのは、農商務省での働きであった[14]。明治一四年四月七日、農商務省が創設される[15]と、品川はその事実上の次官にあたる少輔となった。本節では、品川の農商務省時代の活動を先行研究の豊富な成果に依拠しながら事実関係に的を絞って叙述し、明治一七、八年に何が起こっていたのかを確認する。

品川の活動は、農商務省設置後しばらくは十分保障されていなかった。品川は少輔ではあるが無任所であり、これは大隈重信―河野敏鎌農商務卿ラインで掌握された省内で棚上げされた形であった[16]。品川が内務省山林局長時代から信任していた宮島信吉が山林局長に置かれたことで辛うじて保たれるかに見えた林政の継続も、その後の「大隈派」の主要ポスト進出により危うくなる。河野は「大隈派」と目されていた中野武営[17]や牟田口元学[18]を山林局長に推し、品川に近い宮島をその下に置く相談を品川に度々持ち掛けていた[19]。結局七月二日、品川が懸念していた牟田口の山林局長就任が決まる。

ここに明治一四年政変[20]が起こる。農商務省もその影響を受け大幅な人事異動があり、「大隈派」は一掃されることとなる[21]。一〇月一二日、大隈参議は三条太政大臣・岩倉右大臣に辞表を提出した[22]。農商務省では、河野が二〇日に免官となり[23]、山林局でも牟田口や中野武営らがともに下野する。こうして品川は、山林局長に自派の武井守正[24]を据えることをもって、ほぼ完全に山林局運営を掌握するに至ったのであった。

ところで、農商務省創設は研究史上長らく殖産興業政策の縮小的転換であったと説明されてきた。具体的には、政府・府県が官営諸場を設置して事業を自ら行ったり、民間に直接資金を貸与したりといった「直接的勧業」から、民間の企業心を刺激して物産を改良させ事業を興起させたり、公・民・組合立等の中小伝習場や試験場などに教師・指導員を派遣したり、法令・規則等によって経済環境を整備したり、あるいは資金をワンクッション置いた形で貸し付けていったりといった「間接的勧業」への転換[25]がそのように評価されてきた。官営事業に関してみると、工部省では殖産興業と政府需用への対応が目的とされ、内務省では農工商三部門の勧奨、特に農業に重点を置いた勧奨が目指されていたのに対し、農商務省は払下げまでの一時的な管理、あるいは残務処理機関とされてきた[26]。

　農商務省創設を決定づけたのは、明治一三年一一月二五日の伊藤・大隈両参議による建議であった。同建議では、農商務省の目的として「稍々奨励保護ノ区域ヲ踰越シテ自ラ事業ヲ興起シ若クハ資金ヲ貸与シテ直ニ農商ノ営業ニ干渉シ僅々数名ノ農商ヲ庇保シ其成績ヲ以テ他ノ模範ト為スニ因リ、其間識ラス知ラス一般ノ農商ト利益ヲ競争スルノ嫌避スヘキ状態アルヲ免カレス[27]」という状況を一変し、「農商管理ノ事務、即チ博ク奨励保護ニ関スル法制ヲ按シ、一定ノ規則ニ依リテ公平不偏洽ネク農商ヲ誘導[28]」することを掲げていた。

　そもそも、殖産興業政策見直しの動き自体は、既に大久保没後から進行していた。大久保内務卿に始まり大隈が受け継いだ、官営事業や産業融資など多額の財政支出を伴う勧業政策は、大蔵省を勧業政策と切り離し単なる出納局としたい伊藤博文により見直しが企図されていた[29]。

　しかし、農商務省創設には単なる殖産興業政策の縮小的転換に止まらない性格もあった。上山和雄氏の指摘によれば、農商務省所管三局（農務・工務・商務）の主要業務は①資金貸与・補助金、②官営事業の運営・処理、③技術指導・伝習・試験、④法令・規則等の編纂であった[30]。このうち、「間接的勧業」にあたるのは③・④であるが、「直接的勧業」にあたる①・②も継続されていたことがわかる。上山氏によれば、①資金貸与・補助金は、士族授産という政治的・社会政策的意味をもつもの、「万国対峙」のための海運助成に関しては縮小されつつも維持され、②に関しては太政官の払下げ方針に対して農商務省ができる限り抵抗していたという[31]。そして、③・④の「間接的勧業」においても、実業者の「自奮ノ気象」を作り出し、殖産興業の主体として彼らを定置していくために強力に干渉を行っていたことや、上から画一的な政策を施そうとしていたこともまた明らかにされた。[32] それはもはや単なる「間接的勧業」ではなく、「直接的勧業」の性格をも併せ持つ積極的「間接的勧業」ともいうべきものであった。

品川のもとでこのような政策を推進したグループは、「殖産興業グループ」[33] あるいは「前田グループ」[34] と称される。「前田グループ」の名は、その政策の中心にあり省内を牽引した前田正名に由来する。前田が農商務省で全身全霊を賭けて取り組んだのは地方在来産業調査事業であり、それに基づく「興業意見」策定であった。前田の「興業意見」は強烈な産業保護主義に彩られ、農工商の活動に政府が積極的に介入する必要性を説くものであった。[35] そしてその具体策・中軸をなすものが「興業銀行」構想であった。

前田の「興業意見」は、同時期の政府による殖産興業政策の縮小的転換路線に対する危機意識に発するものであった。小林正彬氏は政府の殖産興業資金の頒布先を（1）士族授産、（2）一般殖産、（3）特権商人に分けてその頒布状況を調べたが、[36] それによると（2）一般殖産は最も少額で、ほかの二分類とは比較にならないほどであったことが明らかにされた。地方財政はより深刻で、一四年の農商務省達によって府県営の授産場は廃止され、これと軌を一にするように府県宛土木費廃止、府県費二五〇万円節減、全国の工業試験所廃止などの政策が断行された。また、一一年七月の地方税規則により「協議費」が誕生すると、府県は勧業費を区町村に肩代わりさせるようになる。これに対し、区町村は勧業費負担の余力を残していなかったから、地方財政においても殖産興業政策は期待しえないものであった。[37]

前田はこのような状況を積極的殖産興業政策により打開すべく、明治一七年から鋭意「興業意見」策定に取り組んでゆく。そのために強烈な精神主義を掲げ、人員削減・経費削減などの省内改革とそれを埋めるための長時間労働によって府県在来産業調査とそれに基づく「興業意見」作成を進めた。[38] 前田の方針に共感を示し陰に陽に協力したのは省内の武井守正、高橋是清、宮島信吉、杉山栄蔵らであり、彼らが後に「殖産興業グループ」などと称されることとなる一群であった。そして彼らの活動に理解を示し、全面的に後援しフリーハンドを与えていたのが大輔となった品川であった[39]。

しかし、このような苦心の賜物である「興業意見」は、参事院での大蔵省とのやり取りの中で大きく修正を余儀なくされる[40]。また、前田の精神主義的な改革は、それに共感を示す「殖産興業グループ」らにとっては歓迎されるべきものであったのに対して、それ以外の省員からは反発も少なくなかった。大蔵省との対立は、「興業意見」の理想を挫折させ[41]、農商務省内部からの反発は「殖産興業グループ」を敗北に追い込んだ[42]。三月一日、前田は省内を去ることとなる。

一方、品川自らもまた「直接的勧業」に取り組んでいた。品川が政変後第一に着手したのは、海運助成であった。具体的には、共同運輸会社（以下、共同運輸）[43]の新設と保護である。

共同運輸設立は、明治一四年以降に強まっていた三菱の海運独占に対する同業他社（特に三井系）からの批判という経済的背景[44]、政変後在野で勢力を増しつつあった大隈―改進党の糧道と目されていた三菱に打撃を与えるという政治的背景[45]、及び有事の際に自由に徴用できる船舶を確保しておきたい海軍側の意向という軍事的背景から政策実現に至ったとされている[46]。そのことは同社の設立事情を見ても頷ける。共同運輸は、三井系の東京風帆船会社[47]・越中風帆船会社[48]・北海道運輸会社[49]などを合併して設立された[50]。同社の設立に際しては品川は山田内務卿、松方大蔵卿の協力を仰ぎ、彼らもまた協力的であった[51]。品川は同社の社長選任に際して海軍卿の川村純義の協力も得[52]ながら設立準備を進めていった。

政府からは同社の設立に際して、資本金三〇〇万円のうち一三〇万円を援助するなどの特典を与えることとなった[53]。また、一五年一二月二七日の農商務省達により、農商務省所有船舶一二艘が下付された[54]。しかしその後一〇月九日の発起人物代会議にて資本金はさらに六〇〇万円に増額決定され、一九日には発起人物代から政府の下付金も二倍の二六〇万円に増額するよう請願がなされた[55]。結局これも認められ、一六年一月一日に同社は開業することとなった[56]。

共同運輸設立を最初に画策したのは井上であると言われている[57]。財界の反三菱勢力の中心となっていた三井と関係の深い井上であることを考えれば、井上には共同運輸設立を画策する十分な動機があった。しかし海運業保護に関する行政上の主管部局は農商務省駅逓局であったから、西郷や品川の協力も必要であった。そして両者もこれに乗り気であった。

井上の画策に始まる共同運輸であったが、その設立に際しては品川が実働部隊として獅子奮迅の働きを見せた。品川は一五年から一六年にかけて、三菱の契約違反に関する調査、「命令書」改正につき三菱との交渉、それまで三菱と結んでいた諸契約や同社に貸与していた金員に関する経緯や金額の調査、株主募集のための全国遊説、共同運輸に参加する各社の調整、明治一五年八月一一日に発令された「徴発令」[58]に伴う「命令書」改正の調査・準備などに明け暮れ、多忙な日々を送っていた[59]。

しかし、明治一七年から一八年にかけて、品川は共同運輸問題で徐々に劣勢に立たされていくこととなる。三菱は共同運輸設立前からデフレの影響を受けて経営が悪化していたが、それ以上に三菱に競争を仕掛けた共同運輸側の損害が大きかった[60]。共同運輸は軍用に転用できる堅牢な新型船を購入したが、それらは燃費が悪く輸送コストがかかり商用としては非効率であった[61]。また、競争に伴う収入減などにより同社の経営は悪化の一途を辿った[62]。配当金充当のために度重なる貸付を上申する品川に対する政府内の風当たりは強くなっていた[63]。共同運輸はもはや三菱と合併する以外には経営を立て直す方策が残されていなかったため、政府内部でも両者の合併に向けた準備が始められる。一八年七月九日には農商務卿から、一一日には共同運輸社長から合併の内申書が提出される[64]。設立に際しては最初期から中心となって動いていた井上も事態のこれ以上の悪化を防ぐため、円満な収拾を最優先して合併準備や品川の説得を進めた[65]。両社合意のうえ九月二九日に日本郵船が発足し、一〇月一日から営業が開始される[66]。

合併話と同時に政府部内では品川を退任させる手筈が整えられていた[67]。明治一八年九月二五日、品川は表向きには病気療養を名目としてドイツ公使に転任する。先述したように、その後省内の「殖産興業グループ」が続々と排除されるのも、品川の転任が引き金となっていた[68]。

以上が、明治一七、八年における品川や「殖産興業グループ」の挑戦と挫折の概要である。これがいかに彼らの「宿志」となってその後の彼らを縛っていたかは、これ以降の経過の中で確認しなければならない。

第二節　明治一七、八年の「宿志」

品川にとって明治一七、八年の農商務省での出来事――自らの肝入りの海運助成と自らの支える「殖産興業グループ」の構想のいずれも実現せず、失意のうちに職を去るしかなかったこと――は品川にとって後に至るまで大きな遺恨となって残ったものと思われる。本章冒頭に掲げたように、品川は、明治一七、八年の轍を踏むことへの恐れから政界復帰を拒んでいた。また逆に、明治二四年の内相就任に際しては、それを拒む理由として、「十八年農商務ヲ去リシ時ノ宿志を遂け[69]」たいという意思を示していた。特に、本書冒頭で示した二四年六月二日付の書簡からは、品川の遺恨が共同運輸問題のみにあるのではないことが確認できる。品川は、「十八年農商務ヲ去リシ時ノ宿志」について、「ソレハ農工商の故人、即チ有効ノ幽霊ト、殖産上ノ談論シテ、病を養ひ、コノ世ヲ過ゴス決心ナリ[70]」と説明を加えている。これを見ると、彼の「宿志」はあくまで「農工商」全般の「殖産」にあったと考えられる。少なくとも品川の自己認識における限りでは、自身の理想とする農工商業全般の発展を支えることが「宿志」であったのであり、それが果たせなかった責任も強く感じていたのである。

明治一八年にドイツに放逐されたかに見えた品川だが、決して失意のうちに沈み無為に過ごしていたわけではなかった。品川は、しぶとく「宿志」実現のために持てる限りの資源を利用して、再浮上のための布石を打っていた。

品川に林業への転向とドイツ留学を勧められた志賀泰山の回顧によれば、彼がドイツに留学して半年ほどたった明治一九年四月に、品川がドイツ公使として赴任してきたという[71]。同年秋、志賀はターラントの高等山林学校に品川を案内し、当時の山林学の泰斗ユーダイヒ校長に親交の労を取り、加えて林業・林政・教育制度などの巡視の機会を与えた[72]。その後品川は、エーベルスワルデ山林学校の見学や、オーストリアの貴族シュワルツェンベルヒ所有の大山林視察も行い、ここで資産家による世襲財産林経営の必要を感じるに至ったという。志賀はその後も余暇をみてはベルリンに赴き、品川と林業について語り合った。

帰国後品川と志賀はともに資産家や在官者に世襲財産林の経営を勧誘し、尾張の諸戸清六や静岡の金原明善のような篤志家、三井家や住友家などの資産家、伊達家のような華族においてそれを実現させた(73)。また、在官者では山縣有朋に対して説得を行った。山縣は、栃木県那須野に一千町歩ほどの山林を所有していたが自然のまま放置されていた。これに対し、志賀に命じてその施業計画を調製させたのが品川であった(74)。

また、品川は一九年から二二年にかけてフランス・ドイツに留学していた福羽逸人の存独中のよき相談相手となり、福羽の見識や技能を評価したとされる(75)。後に御料局長となった品川は、農商務省で思うような活躍ができず煩悶していた福羽を御料局技師として登用した。

このように、品川は農商務省を離れてもなお、林業や林政・農政への関心を失っていなかった。品川のこのような行動は、藩閥政府指導者として政治の中枢への再浮上をかけたものというよりは、特に殖産興業政策を中心とするかつて農商務省で行われていた行政への再挑戦を望むものであったとみるべきだろう。もちろん佐々木隆氏が指摘するように、藩閥第一世代よりやや出世が遅れた品川のような一・五世代は、特定の省に基盤を置くことが出世への近道であったという観察も一般論としては妥当だが(76)、右の経緯を見る限り、品川が産業行政を離れて単なる出世のみを望んでいたとは考えにくい。

「明治一七、八年」後の品川は農商務省にこだわらず、様々な場で殖産興業を実践していくが、かつての「殖産興業グループ」は品川の農商務省への復帰を望んだ。品川のドイツ公使転任直前の明治一八年九月、政府において不穏な空気を察知した前田正名は、後援者である品川を失うことを恐れ、様々な方面から品川を支援し転任を阻止しようとする。品川転任の情報を得た前田は、九月一一日に参議の山田顕義に書簡を送り、次のように迫った。

頃ロ聞ク、諸公深ク品川農商務大輔ノ宿痾ヲ憂ヘサセラレ、外国公使トナシテ其治療ヲ取ラシメントセラル、ト、諸公カ国家ノ為メニ重臣ヲ愛重セラル、ノ誠意実ニ感泣ニ堪ヘス、然レトモ正名ヲ以テ之ヲ見レハ、品川氏ノ為メニ計ル、宜ク此ノ如クナル可ラス……曩ニ共同運輸会社ヲ設立セントスルヤ、勧誘ノ労ヲ取リタルモノハ品川大輔ナリ、之ニ応シタルモノハ品川大輔ノ説ヲ賛成シタルニ由ル、然ルニ今ヤ該社三菱ト合併ノ議アリ、事殆ント決セントス、此際ニ於テ俄然此転任ヲ聞カバ、人皆運輸会社ニ関シテ品川大輔ノ計画宜キヲ得サリシニヨリ、其局面ヲ避ケタルモノトシ、惜ラ英傑聲名ヲ墜サシメ、死ニ勝ルノ汚評ヲ蒙ラシメンモ計ル可ラス、然ルトキハ政府モ亦、処置其当ヲ失ヘリトノ世評ヲ免レサラントス……諸公尚品川氏ノ為メ、且ハ政府ノ為ニ再応賢慮ヲ尽サセラレン事、正名切望ニ堪ヘサルナリ(77)

このように前田は、品川の公使転任を阻止すべく参議筋に陳情していたことがわかる。また、明治二〇年六月、ドイツから品川が帰国するや、品川を担ぎ出して農商務行政を再編しようとする動きがあったが、その動きの中心にも前田がいた(78)。

自身が肝煎りとなって行った共同運輸の創設・維持に比べて、前田ら「殖産興業グループ」による「興業意見」通過には積極的な働きをしなかったとされる品川だが、もし真に品川が前田らの動きに無関心で何もなさなかったならば、彼らが後にこのように諸方面から熱心に品川の復帰を求めて運動するであろうか。これらの事例は、品川が農商務省で行った治績が、表面的な個々の政策のみならず、「殖産興業グループ」の精神的支柱という無形の支援でもあったことを如実に示すものといえよう。

一方で、前田の官界復帰の背後には品川の力添えがあった。明治一九年二月一二日付の松方宛の書簡の中で、品川は「前田書記官身上之事ニ付ては、昨冬来、不一方御世話被成下候由、奉感銘候、何卒、乍此上、御見捨なく御愛顧之程、やじる奉願置候(79)」と述べている。「昨冬」とは、明治一八年末のことであるから、品川のドイツ公使転任が決まった後のことを指す。ここからは、品川は転任後もなお前田の処遇について松方に種々協力を求めていたことがわかる(80)。

また、二一年六月二九日、前田は山梨県知事に任命されるが、その後二二年二月二二日には農商務省工務局長、五月一七日には農務局長と着実に農商務省内で出世の階段を上り続ける。その背後にはいつも品川の存在があった(81)。二〇年夏頃には、品川は伊藤博文、井上馨、山縣有朋ら長派政治家のみならず土佐出身の土方久元、松方や西郷従道や黒田清隆、三島通庸ら薩派の政治家に対しても(82)、武井・前田の農商務省復職について打診している。二二年には、かつての「殖産興業グループ」の一員であった高橋是清に対し、一月二七日に電報及び書簡で工務局長就任に向けて前田を説得するよう依頼していた。[83]

前田は農商務省復帰後すぐに、農相井上馨に対してかつての「宿志」である在来産業調査を再開したいとの希望を伝えていた。[84] しかしこれが容れられなかったためか、前田は辞表を提出していたようである。[85] 鳥取県知事の職にあった武井守正は五月六日に東京へ郵送で「前田本官ノ維持方悃願」[86] していたが、翌日杉山栄蔵・宮島信吉・高橋是清らかつての「殖産興業グループ」の同志らからの書簡で、前田が辞表を取り下げ「弥興業意見ヲ実施スル」[87] との報に接し、「思ハズ知ラズ俄然ト飛上リ、拍手雀躍セシニ自ラ驚キ、次ノ間ニアル書記官ハ何事ならんと愕然飛来リ其所以ンヲ問ハレテ甚答弁ニ苦シメリ」[88] というほど喜んだ。

ここで武井がいう「弥興業意見ヲ実施スル」というのは、前田が農務局長就任後に実施した「農工商臨時調査」のことを指すと思われる。武井が「興業意見ヲ実施」との表現を用いていることからもわかるように、「農工商臨時調査」は「殖産興業グループ」らにとっては、明治一七、八年の「興業意見」の再挑戦と受け止められていたのであった。そして前田の辞意を押しとどめ、かつての「宿志」の実行に向かわせたのはほかでもない品川であった。武井は杉山らに「庵主〔「念仏庵主」の意で品川のことを指す〕ヨリ郵書到来、不敢取披覧セシニ、前田辞表止メタ安神セヨトアリ……庵主ニモ御苦労ヲ掛ケテ御気ノ毒、御序ノ節宜敷御詫ト御礼トヲ願上候」[89] と報告していることからそれはうかがえる。前田らとの明治一七、八年の「宿志」を共有する品川が、逸りがちな前田を諭し、今度こそ着実な在来産業調査とそれに基づく保護・勧奨の実施を求めたものと解釈できる。[90] その後前田は実際に「農工商臨時調査」に従事し、今度は大蔵省とも良好な関係を保ちながら着実に調査を進めていった。

二二年一二月二四日、岩村通俊が農商務大臣になると、岩村は前田を次官に推した。[91] この人事について、祖田修氏は前田が岩村の知遇を得たものと評価しているが、上山和雄氏は、岩村農商務大臣の方針はその前任の井上農商務大臣期の方針を継承し、同業者組織や法律規則の編纂等を中心とする間接的勧業に止めようとするものであり、前田らの構想していたような厖大な奨励事業を実施しようとする意志は有していなかったとする。[92] 前田が岩村大臣の下で昇進し、明治一七、八年のような調査事業を推進することができたのは、上山氏によると岩村が病気がちであったためであるという[93]。第二部で詳述するが、この岩村通俊は、後に御料地運営をめぐって拡張方針をとる品川に対し、緊縮方針をもって対峙することになる人物である。扱う部局は違っても、山林・鉱山・農地など管理する物件において農商務省と連続性のある御料地において、緊縮方針をとり品川と対立することになる人物が、農商務省では品川一派の前田を信任し、彼らの拡張主義的勧業政策を容認していたことに注意を促しておきたい。

前田の次官就任については、品川が反対していたことはよく知られている。このことについて、御厨貴氏は「特に一八年の場合以上に、今回の対立は前田派＝薩派、井上派＝長派というように明確に薩長対立を意味するものであったから、第一に当時の政界における薩長関係のむずかしさ、第二に自身は長派でありながら薩派の前田の力を買っている品川自身の立場のむずかしさから、品川は前田人事に反対したものと思われる[94]」と評価している。この評価には、前田を出身地のみで「薩派」と見做してよいかという問題もあるが、品川の立ち位置については少々補足が必要である。

岩村は藩閥指導者間に根回しなどをしないまま事を決するところがあったようで、この突然の申出に山縣は困惑した[95]。山縣がこのとき前田に就任を思いとどまるよう諭したのは、省内の折合を考慮したのみならず[96]、山縣・井上馨で白根専一を農商務次官に起用しようとの企てがあったためであると考えられる[97]。しかしこの企ては岩村によって潰え、前田は松方に相談してから決めたいと言い出す始末であったので、「勝手に可致[98]」と言い捨てて別れたという。おそらく品川は山縣に語った通り、「省中折合方」を考慮して前田登用を止めに回ったものと思われる[99]。

品川自身の言によれば、「前田一身ノ為メニハ、今暫らく黙視して時を待ツ方、可然[100]」と考えて次官昇任に消極的であった。しかしそれは前田を見限ったためというよりは、文字通り「前田一身ノ為メ」を考えて時機の到来を待つようにとの意図があったものと思われる。なぜなら、候補者数人の中から岩村が前田を推したことを知った後は一転して前田昇任を山縣に内願しているからである[101]。品川は松方に宛てた書簡の追而書で、次のような助言を前田に伝えるよう依頼していた。

尚又、前田へ御序之節奏任、頭脳ハ東京湾ニ押シ流サズテハ、農工商の実務ノ世話ハできぬと御忠告之程、奉願上候。(102)

これは、とかく頭脳が先行しがちな前田に対しての、品川からの「農工商の実務ノ世話」をする上での戒めの辞であったと考えられる。明治一七、八年の失敗を経た品川は、その失敗からようやく立ち直り、御料局長に就任した矢先であった。(103)それを踏まえた上でこの松方宛書簡を読むと、前田にも、「宿志」である「農工商の実務ノ世話」を今度こそ失敗なく着実に実行するためには慎重にならねばならないと諭す品川の意図が見えてくる。「狂気同様の男なれば折々流石のやじも困り候事起り申候(104)」と言いつつも、「草鞋掛けの罪を前田一人に負するは気毒なり(105)」として前田に対する溺愛を隠さなかった品川であってみれば、前田の次官昇任に消極的だったのも彼の立場を慮ってのことと察せられる。品川の意図を察してか、前田もかつて品川農商務大輔の下で「興業意見」を作成していたときのような極端な精神論に基づく長時間労働などを下僚に強要することはなくなったようである。(106)

ところが、二三年四月二〇日、岩村農相は博覧会に天皇を先導中発作で倒れた。(107)かねてより自身の望みを聞かず白根ではなく前田を次官に起用したことへの遺恨が募る山縣が、一月二〇日頃の宴席上での岩村の「腰ノ屈メ様ナドノ余リ見苦シカリシ(108)」に苛立ち、酔いに乗じて「君ハ国体ヲ辱メルゾ、君ハ卑屈ダゾ(109)」などと痛罵して以来、岩村は「双眼モ狂人ノ目ノ如クニツリ付ケ居(110)」るほどに「脳病(111)」を病んでいた中で、心労がたたったのかもしれない。五月一日、岩村は辞任し、後任大臣に陸奥宗光が就くと前田の運命は一転する。陸奥の入閣は、日本で初めての議会に臨む藩閥政府が、政党対策のために陸奥を求めたためとされている。(112)陸奥は紀州出身で藩閥との情実関係も薄く、自由党土佐派とのつながりも深かった。前田一派は陸奥とその秘書官の原敬、古沢滋らとの折合が悪くなり、陸奥らによる前田追放工作が激しくなると、省内の混乱の収拾をつけることを求められた品川が皮肉なことに長年信任してきた前田辞任の手引きをせざるをえなくなってしまう。岩村の卒倒と同じ日に品川が井上に宛てた書簡では、「前田正名ハ辞職シテ民間ニテ尽シ度との事。コレハ多年之宿志故、無理ニやじが此上彼是ト申事も出来ず、御承知之人物、トテも他人の云フ〻ヲ聞ク男でもなし(113)」と、前田が自発的に辞意を表明したように記されているが、実際には陸奥の依頼を受けての品川自身の説得によるものであった(114)。

明治二三年五月三一日、前田は農商務次官を辞任し、以後は長らく在野で自ら産業に従事したり、地方産業振興運動を行うこととなる(115)。前田と同時に杉山栄藏、宮島信吉、樋田魯一らかつての「殖産興業グループ」の局長級官僚らも追放された(116)。

しかし、品川は前田を辞職させる説得者としての役目を嬉々として引き受けたわけではなかった。品川がその後も前田の復職を目指して尽力していたことがわかる書簡がいくつか残っていることは、自身が幕引きをしてしまった責任を品川が感じていたことの表れであると思われる。品川は、「〔農商務〕次官〔候補者〕三四名顕レ出候處、花房ニ札が落チルとの新聞(117)」によって情報を入手し、六月六日に薩派で宮内次官の吉井友実に対し、花房義質の後任として前田を帝室会計審査局長にできないかと持ち掛けている。

伝聞スレバ、花房氏農商務の次官ニ転任スルトノ由頻リナリ。コノ事真ナレバ、前田正名ト交代ノ都合ニハ参リ不申候ヤ。前田も元老院ニテ廃止スル人物ニ無之、家計上誠ニ困難ノ〡モ有之候間、花房転任と極リ候上ハ是非とも其後任ニ前田ヲ入レル事御配意被下度奉願候(118)

また、この旨は同日松方にも伝えられ、松方にも同様に前田の帝室会計審査局長就任について掛け合っていたことがわかる(119)。ここで注意しておきたいのは、品川が前田辞任の幕引きをしたのも、その復帰のための運動をしたのも、彼が御料局長に就任して以降のことであるということである。品川は宮中に入ってもなお前田への責任を果たし続けようとしていたのである。

さらに後のことだが、品川は御料局長退任後の明治二五年初頭、静岡県の千頭山内の民有林買上げ請願について松方正義に相談している。千頭山には広大な千頭御料林が存在していた（後述図4-3：二九四頁）。品川は同御料林に隣接する民有林を編入すれば御料林経営上も利が多いとして、買上げ実現に協力すべく松方に話を持ち掛けていた(120)。直接御料局に相談しなかったのは、これが農商務省時代から自身と密接な関係のある前田正名の請願にかかるものであり、同山が前田と、同じく農商務省時代からの「殖産興業グループ」として親密な関係にあった武井守正(121)の共同所有であったため、「やじより彼是申すは何か悪しき感じを御料局員に起させ可申[122]」と考えたためであった。

この前田・武井所有山林の買上げは、品川が「前田の困難も日一日と切迫と相成候故に不得止御病床へこの書状を投じ申候[123]」というように、前田の家計上の困難を救う目的があった。そのことは、九鬼隆一が伊藤に宛てた書簡でより直截的に明言しているところからも明らかであろう。九鬼は、「何とか少し御助け被成置被下度は前田正名之事[124]」と言い、次のように語っていた。

同人所有地静岡千頭山之義は帝室之御山と表裏相合し候而行く〳〵は御山之為にも合併を要し候地形之由。其辺の事は岩村も能く存知居候様に御座候。岩村へは十分頼込有之何とか相叶ふ事に御座候はゞ、右を帝室に付し奉り、前田私計之急を救ひ候方法何如様に而も相叶候はゞ同人の為無上之幸に御座候[125]

この時期前田は高橋是清らとともに着手したペルーのカラワクラ銀山開発で大失敗し、莫大な借金を抱えていた[126]。また、福島県の安積農場の開墾も全く手がつけられないまま年期切れとなったり、上州の天沼・戸倉鉱山開発にも失敗したりと[127]、様々な事業に着手しては失敗を重ねることとなる。しかし、在野で産業組織化のための全国行脚も計画しており、そのための資金が必要であった。これらはいずれも在野で殖産興業の一翼を担おうとするものであり、前田にとっては明治一七、八年の「宿志」実現の一環であったと考えられる。このように考えれば、品川がこの時期前田・武井所有の山林を御料局に買い上げてもらおうと試みたことは、御料局を利用して前田の家計のみならず、前田の在野での産業組織化運動を間接的に支援しようとしていたためであることは明白である。品川の明治一七、八年の「宿志」がいかに根の深いものであったかがうかがい知れよう。品川は、御料局長となってはその地位を、退任後はその経歴を利用し、前田に対する責任を最後まで果たそうとしていた。品川が御料局当局者ではなく松方を介して事の相談に及んだのは、そのことに対する若干の後ろめたさもあったためであろう。

ちなみに、品川の注意にも関わらず、松方は「前田正名山林に付品川大臣より別紙之通頼来候間、其儘入貴覧候[128]」と、岩村に品川からの前掲書簡を転送していた。その上で、「何分可相成事に御座候はゞ、可然様御依頼申上候[129]」と、買上げの依頼をした。しかし、方々からの請願もむなしく、前田山林買上げのことは実現しなかったようである[130]。

ペルーでの銀山開発や安積開拓、産業奨励を唱えた全国行脚などは、前田にとっての明治一七、八年の「宿志」を遂げる手段であった。そして、それと表裏をなすように行われていた品川による前田の官界復帰工作や、前田・武井所有林の御料局買い上げ工作などは、彼らの家計の困窮を救い、かつての幕引きの責任をとろうとするものであったと考えられる。と同時に、明治一七、八年の「宿志」を共有する者としての使命を感じたためかもしれない。

品川と「殖産興業グループ」との昵懇の間柄は、政府内部でも広く知られていたものと思われる。後に内務大臣となった品川が二五年三月に同職を辞する際、次官の白根専一は「七宝之額面は献退不致候得共、本省高等官之閣下に対する真情は農商務に譲らず候」(131)と送別の辞を贈った。このことは、白根のような農商務省とは無関係のキャリアを歩んできた人物においても、品川に対して「真情」を抱いてきた農商務省界隈の一群の存在が周知されてきたことを示す。

品川が御料局長退任後も殖産興業の「宿志」を決して忘れ去ることができなかったことは、右のいくつかの事例のみならずその後の品川のあらゆる活動の中からも見て取ることができる。本書で何度も示してきたように、品川は「農工商」の殖産の「宿志」を遂げることを内相拝命辞退の理由として挙げていた。しかし、この時渋る品川を内相就任に動かす決め手となったのは、信用組合制度を確立するためには内相に就くしかないとの平田東助の説得であったと言われている(132)。この証言は奥谷松治による『品川弥二郎伝』及び『伯爵平田東助伝』の記述であり、これを直接裏付ける一次史料は確認できなかったが、実際その後品川は内相時代にドイツにおける信用組合制度を平田とともに調査し、議会に信用組合法案を提出している(133)。信用組合が、中小産業家を保護し、その持続的な発展を支えるものであることに鑑みれば、品川が最終的に内相拝命を受諾する決定打となったのは、内務省でも自身の「宿志」である「殖産」を行うことが可能であるという確信であったと推察できる。

品川は貴族院特別委員会で信用組合法案提出理由に関して行った演説の中で、次のように語っている。

国民中ノ〔ママ〕……全国ノ国民中十中ノ七八ハ小地主即チ小農又小商人又小サイ職工〔ママ〕……工業ニ従事シテ居リマス有様デゴザリマス、サウシテ此小農小商小工業者ハ実ニ国民生産者ノ要部ヲ占メテ居リマスルモノデ国家ノ土台トナッテ居リマスルモノト考ヘマス、然ルニ皆様御承知ノ通リ此要部ナル中産以下ノ人民ハ次第ニ其生産力ノ衰ヘマス傾ガゴザイマシテ甚ダ歎ハシイ事実デゴザリマス、……中産以下ノ人民ガ其産ヲ破リ又其業ヲ失フ〔ママ〕……失ヒマスコトガ此勢デ止ミマセザッタナラバ人民自治ノ精神ハ全ク消エ失セテ〔ママ〕……自治制度ヲ設ケタル趣旨モ廃レ国権ノ伸張モ国力ノ発達モ如何デアラウカト存ジマス、[134]

ここで述べているように、品川は中小農工商の成長が自治の確立につながり、それがひいては国権の伸張や国益の増進につながるのだと考えていた。

　中小農工商の財力拡充を自治の確立という価値に結び付けているところは、地方自治を担う内務省から本来農商務省の所管と考えられていた信用組合法案を提出する意義を説明するための修辞という面も少なからずあったと思われる。信用組合法案に対する反対を展開したのはほかでもない農商務省であったが、それは信用組合論そのものに対する反対ではなく、本来農商務省の所管であるべき法案が内務省より出されたことに対するセクショナリズムからの反論であったことは、当時反対を展開した農商務官僚らも証言しているところであった。[135]

　このように、内務省から同法案を出すのは少々無理があったが、そのような無理を通してでも品川がこれを同省から提出したのは、同法案の実現こそ品川が内務大臣就任を引き受ける最大の条件であり、そうでもしなければ品川が内務を引き受けようとしなかったということを裏付けていると考えられる。実際、その後品川が内務省を離れて後の明治三〇年二月に提出された産業組合法案、及び三三年二月提出、翌年三月七日に公布された産業組合法はいずれも農商務省が作成したものであり、品川もその成立を望み、死の間際まで見守っていた。[136]このことは、品川の真意が内務や農商務といったセクショナリズム的利害にあったのではなく、あくまで中小農工商の成長を支えることにあったことを如実に示している。

　また、内相辞任後、品川は国民協会創設に参画するが、ここでも「宿志」が大きく働いていたと思われる。国民協会は国権派のイメージが強い[137]が、民力発達・産業奨励も中心的課題として掲げられており、「実業派」の勢力も無視しえない位置を占めていた。そもそも、国民協会創立の際に示された政策の基本方針は産業振興を大きな柱の一つとするものであった[138]。農商務省時代の上官である西郷従道を会頭に戴いていたことも、明治一七、八年の農商務省を想起させ象徴的である。国民協会はあくまで倶楽部であり、後には別に政社を設ける計画が浮上し、国民政社として実現するが、政社設置の目的の一つは「実業教育の発達拡張を目的とし、政社の力の及ばざる所を補ひ両々相提携して益々其の主義目的を達せんこと」を図ることであった[139]。実業発展のためには、実業家に向かって教育を為すだけでは十全ではなく、中央に向かってそのための政策要求をしていく政社が必要になる。国民協会と国民政社は、車の両輪となって実業発展という大目的を成し遂げようとしたものであった。このように見ると、品川にとって国民協会の創立は、議会から産業振興を行うためのものでもあったと考えられる[140]。

これに加え、品川は第二議会で信用組合法案が未成立に終わった後も、平田とともに各地方の老農らと会談を重ね、指導・遊説をしたり、信用組合に関する洋書の翻訳を配布し宣伝したりと、在野でも信用組合実現を目指して運動を続けていた[141]。また、品川は断続的に各地の「老農」や中小実業家らと交流を重ねるなど、地方の農業・在来産業指導に関心を持ち続けてもいた[142]。

以上のように見ると、「興業意見」における挫折が前田正名の「失敗と失意の後半生[143]」を決定的に方向付けたとされるように、明治一七、八年の農商務省での経験は、品川の後半生をも決定づける大きな出来事だったと考えられる。注目したいのは、これ以前の品川は、前章で見たように士族授産や国力強化などのための国策的産業政策はあくまで政府(農商務省)で果たすべきだと考えていたが、明治一七、八年の経験を境としてそれらを農商務省以外の様々な場で分任させるようになるということである。その意味で、明治一七、八年の経験とは、品川にとって国家的課題・行政との向き合い方を変える転機だったといえるだろう。

品川は、ドイツからの帰国後すぐ在野での産業指導やかつて農商務省で品川のもとに集った「殖産興業グループ」の官界復帰に奔走した。その姿勢は御料局長就任後も変わらなかった。また、御料局長退任後は内相、国民協会創設・指導へとひた走る。これらは従来一貫した政策構想のもとに捉えられてこなかったが、いずれも明治一七、八年に成し遂げられなかった、あるいは着手すらできなかった「宿志」を舞台を変えて追い続けた結果であったと本書では考える。このように位置づけてみると品川の後半生もまた、前田らの官界復帰は実現するもののその後の定着には失敗し、内相としても不本意のまま職を辞することとなり、また国民協会でも満足な産業政策の実現ができないままに終わった[144]りと、やはり「失敗と失意の後半生」であったのかもしれない。そして、農商務大輔と内務大臣の間に「一時的に」就任したように見える御料局長としての活動もまた、同じ位相において捉えるべき重要な事例なのであるが、そのことを第二部で論じる前に、品川の政治史的位置をより多角的に考察するために、これまで政治史において着目されてきた品川の藩閥指導者としての活動にも目を向けておきたい。

第三節 「互撫に生れた因縁因果」——藩閥指導者品川弥二郎の虚像と実像

ここまでは品川の殖産興業（政策）指導者としての側面に焦点を当てて論じてきた。しかし、これは品川の見過ごされてきた側面を明るみに出すものではあっても、これまで数多なされてきた藩閥指導者としての品川の評価を否定するものではない。御料局長時代の品川の動きをより正確に理解するために、本節では品川の藩閥指導者としての像も合わせて可能な限り正確に結んでみたい。

品川は明治二二年五月一三日に御料局長に任命されるが、これ以降御料局問題のみに専念していたわけではなかった。前節でみたように、品川が翌年に農商務省内の混乱収拾を図り前田を辞任に導いたのも、その後前田の復職を求めて奔走しているのも、全て品川が御料局長になって以降の出来事であった。品川は宮中官僚となってもなお、政府の、特に農商務行政の動向に関心を示し続け、自身の政治的信念を実現すべくあらゆる手を尽していたのである。

しかし御料局長としての品川が介入していた政府部内の問題は、農商務行政のみに止まらなかった。藩閥指導者たちは品川を純粋な殖産興業指導者にも宮中官僚にも止めてはおかなかったし、品川自身も彼らの期待に応えるべく積極的に尽力した。

品川は、黒田内閣末期の条約改正問題をめぐる紛糾の中、外遊帰りの山縣をいち早く改正交渉反対の陣営に引き入れる重要な役回りを演じ、それに成功している。[145]その後周囲の期待を一身に背負って誕生した第一次山縣内閣において、二三年一一月に日本初の議会が開かれるが、同年末に議会で商法施行延期が決議されたことに憤慨した法相山田顕義が辞表を提出して引き籠るという一幕があった。[146]起草の段階から長く同法案に携わってきたという自負のある山田の憤りは凄まじかったが、その山田を強引にも説得し、一時休養・大木高任枢密院議長の法相兼任の線で解決に導いた一人に品川がいた。さらに、最初の議会を辛くも乗り切った山縣が辞意を表明し、後任首相の選定が始まると、品川は山縣の意向を受けて伊藤の引き出し・西郷の説得などに奔走した。[147]

このように、品川は御料局長就任後も政府内の紛糾解決の重要な局面において暗躍した。しかも、品川は長州出身でありながら、自身が後に「西郷其外薩摩連中ニ向ツテハ他人之得云ヌ事もやじハ十分ニ談ジラル、身」[148]と語ったように薩派とも隔てなく交流することのできる稀有な人材であった。このような唯一無二のネットワークと周旋力のある品川を藩閥指導者らがいつまでも御料局長の席に止めておくはずがなかった。二二年の暮、第一次山縣内閣の閣僚選考が行われていた頃、[149]末松謙澄は伊藤に対し、「外務、農商務丈之留交迭に止るべし」[150]との観測を伝えている。その中で末松は「内務の方は山縣か品川を何とか云ひ居りたれとも同人引受ざるへし」[151]というように、山縣首相が御料局長就任後一年も経ていない品川を内相に推していたことを報じている。このことは、山縣の品川及び御料局長というポストに対する認識をうかがわせるものとして興味深い。

山縣としては、品川は政界の紛糾解決には欠かせない周旋家であり、宮中であれ政府であれとりあえず中央の適当なところに配置することが重要であったと考えられる。中央に置いてさえいれば、いつでも閣内に呼び戻すことができる。そのための場所としては、必ずしも御料局である必要はなかったのであろう。その証拠に、右に示したような御料局長時代の政治的周旋は、必ずしも宮中の、しかも御料局というポストになくても可能な行為であった。山縣から見れば御料局はあくまで腰掛であり、品川が本来居るべき場所ではないと考えていたのかもしれない。

同様のことは大津事件後の第一次松方内閣改造の際にも確認できる。松方は伊藤に対して新しい閣僚案を開陳する中で、「陸奥外務に被任候は丶、農商務大臣えは品川御採用之都合にて誠に可然」[152]と伝えていた。松方もまた御料局に在る品川を宮中に止めておくことはせず、閣僚として政府に復帰させようと考えていたことがわかる。

そのことは、藩閥指導者らから品川に宛てられた書簡の宛名からも推察できる。品川が御料局長の職に在った明治二二年五月一三日から二四年六月一日までに山縣から品川に送られた書簡のうち封筒が残っているものに着目すると、その宛名の肩書はいずれも「宮中顧問官」であった(153)。「御料局長」と書いたものはただの一通もない。ちなみにどちらも勅任なので、宮中顧問官の方が御料局長より格上というわけではない。つまりこのことは、山縣が御料局長時代の品川を、あくまで「宮中顧問官」として認識していたことを意味する。

品川自身はこのことをどのように認識していたのであろうか。

品川は、しばしば自身のことを「互撫《ゴム》」と表現した。管見の限りその初出はおそらく明治二三年末、山田辞職問題で品川が奔走していた頃の書簡である。

　二十四日夕刻ゟ夜六字ニハ終ニ互撫もスリキレ……(154)

これは、辞表を出して引籠っていた山田を遺留し、当分の間大木枢密院議長に法相を兼任させる線で説得していた品川が、なかなか首を縦に振らない山田の説得に精根尽き果てた状態を比喩的に表現したものである。山田は一度は承諾し、大木に一時的に法相を兼任させる旨の内申書を提出したが、その後翻意しこれを覆そうとしたことから、品川は再び山田を説得に赴かねばならなかった(155)。この時品川は「明朝ハ山縣ニ行き又々互撫《ゴム》ニナラネばナラヌ(156)」と記したうえで、「互撫に生れた／因縁因果／ソコデ寒念／佛庵主(157)」との戯歌を弄している。

「寒念」は「観念」と虚しい（寒い）思いをかけたものと思われ、次の「佛庵主」とつなげて「念仏庵主」となる。その後段では、「去年十二月二十四日山縣条公ニ代リ当職ヲ奉ジ、一昨年十二月二十三日は保安条例発布、今年十二月廿四日ハ互撫ガスリキレ漸ニシテ火事ヲ大木戸デ消シ留メタリ(158)」と昨年来の行きがかりを諧謔的に表現している。「互撫ガスリキレ」とは品川が周旋するも力尽きたこと、「火事ヲ大木戸デ消シ留メタリ」とは、品川の我慢も限界に達し、ゴムが擦り切れて引火するほどになったが大木の力で一件が落着したということを指している(159)。

品川はその後もこの表現を好んで用いるようになる。第一次山縣内閣末期、山縣の後任首班選定問題で品川が諸方を周旋していた頃、山縣に宛てた書簡の中で次のような一節がある。

御待遠之御情実恐察に堪へ不申候得とも、役者揃はぬ時は芝居もできず、舞台之廻る時になく而は互撫の用もなし(160)

品川はここで、政界を一つの「芝居」「舞台」に、山縣や伊藤などの藩閥指導者らを「役者」に見立て、彼らが動き出さなければ「互撫」としての自分の出番もないと表現している。この表現からは、品川がいう「互撫」とは舞台を円滑に回す部品としてのゴムを指していたことがわかる。すなわち、品川は政界を裏から（下から）支え、潤滑に回していく地味だが重要な役回りを自認していたのである。

同様の表現は日清戦争中の書簡にも確認できる。戦時の諸情勢について井上馨に報告する書簡の中では「広しまニテもやじの互武《ゴム》も入用なしと慥ニ見認メ候間、やじハ帰京仕候」(161)と、大本営では人と人とを柔軟に繋いでいく得意の戦法も役に立つ場面がないことを悟って虚しく帰京したことを表現している。

このように、品川は政界の「互撫」として、強烈な個性をもち割拠する藩閥指導者たちの間を周旋し、衝撃を吸収して紛擾を柔らかく収拾していく裏方としての役割を自覚し、そのような役割に自負を抱いてもいた。しかし同時に前節までで見てきたように、農商務行政にも目配りを欠かさなかったことからは、明治一七、八年の「宿志」実現もまた品川の行動を支える重要な個人的動機であったことも疑いえない。

このような品川の二面性を藩閥指導者らがどこまで理解していたかはわからない。確かに、品川が政府に復帰する際の受け入れ先として藩閥指導者らの念頭にあったのが内務省や農商務省であったことは、品川の殖産興業（政策）指導者としての経歴が評価された結果であるといえるだろう(162)。しかしそれは必ずしも、殖産興業政策に対する品川の構想全てが政府内部で受け入れられていたことを意味しない。産業行政に強く薩長を問わず藩閥指導者の間で信頼関係もあり、さらには藩閥政府を幾度となく助けてきた政治的実績もあった品川は、閣僚選定の際に内相、あるいは農相に充てる人材として極めて便利であった。藩閥指導者らにとって品川を内相や農相に配置することに、それ以上の意味があったとは考えにくい。品川の「宿志」がいつも中途半端なままに終わったのは、この両者の思惑の微妙なズレに由来するのではないかと思われる。

そもそも、殖産興業政策自体が負わされた政治的使命とその優先順位との間にはいつも比例関係が成り立つわけではなかった。明治初年、岩倉使節団が欧米視察から帰国して後は、「富国論」（工業化推進のためのイデオロギー）に、政策面でも「強兵」や「民力休養」よりも高い位置が与えられるようになった。その後明治一三年頃からは、中央主導での殖産興業政策は徐々に後退していった。[163] 明治一〇年代後半には、自由民権運動に共鳴して反政府化しつつある地方の豪農・商工業者に対し、政府の側から彼らにとって興味ある、かつ意義のある課題を提示することが喫緊の課題であった。その課題が、「万国対峙」のための「殖産興業」であった。[164] 議会開設後にも、「民党」の民力休養要求への対案としての「積極政策」が打ち出されたが、その内実は産業部門やそれを支える公共部門に予算をつけることであった。[165] このように、殖産興業政策はいつも民権運動や政党の伸張に対抗すべく、政府が地方実業家や豪農らの支援を調達するための「魅力的」対案であった。

そしてこのような目的において「殖産興業」の推進を図り、来るべき議会開設に備え、藩閥政府を支えることこそが、品川に特有の立憲政治構想であったと思われる。藩閥政府の「瓦撫」として政府を下支えすると同時に「殖産興業」の実現を「宿志」とする品川の、一見すると二面的にも見える態度は、彼に特有の立憲政治に臨む態度であると理解すれば一点に像を結ぶ。憲法や議会制度など中央の立憲制度を次々と創設する伊藤博文と、地方から立憲政治を支える人材を育成すべく地方自治制を整えようとする山縣有朋との立憲政治構想を、井上馨が地方の財政基盤強化によって有機的に媒介しようとしたように、[166] 品川は中央での周旋と同時に「殖産興業」の夢に地方人士を糾合することによって伊藤と山縣の両構想をつなごうとしたと考えられるのである。

しかしその政策としての重要性は、その目的が「藩閥政府の維持」にある限りにおいて認められるのであって、あくまで他の諸政策と同列の一つに過ぎず、必ず優先されなければならないものとは考えられなかった。[167] それにもかかわらず、「殖産興業」や「富国」というスローガン自体は常にそのイデオロギー的意味を失わなかったためにこうしたスローガンを奉じる者たちに夢を与え続けた。政府における殖産興業政策のこのような歴史的性格が、品川の政府の中での扱いにも反映されているように見受けられる。

おわりに

品川弥二郎の殖産興業（政策）指導者としての経歴は、林業史・農業史・産業史などにおいて個別に検討され、それらを統合する視点は示されてこなかった。しかし、それらを通貫する一つの国家構想として見通すと、広がりを持ったスケールの大きなヴィジョンが見えてくる。殖産興業政策指導者としての品川を軽視することは、殖産興業政策の横と縦への大きな広がりを見落とすことになる。

明治一七、八年の苦い経験は、殖産興業によって藩閥政府を助けるという構想の実現が政府（農商務省）でいつまでも追求できるわけではないということを品川に強く自覚させ、彼の目を政府（農商務省）以外の様々な可能性に向けさせる。明治一七、八年の「宿志」があったからこそ、品川はドイツで失意のうちに無為に日を送ることはなかったし、その後御料局長に就任する明治二二年までの間にも在野で様々な有力者に殖産の必要性を説き、あるいは「殖産興業グループ」の官界復帰に力を尽すなど精力的に動き続けることができた。また、御料局長退任後も内相、国民協会副会頭として自らの置かれた立場で可能な限りの殖産の実現を図った。このような活動に従事している限り品川は多忙であり、確かに明治一七、八年の「宿志」は品川を生かしていた。

しかし、「宿志」へのこだわりは、彼が助けようとした藩閥政府の利害と完全に一致するわけではなかった。品川は自身がサポートし続けた官僚たちを最後まで守りきることができなかったし、その罪滅ぼしとしてなされた様々な試みもことごとく失敗した。内務省、国民協会でも殖産を本旨としながらも、それ以外の様々な活動や事情に妨げられ、実現できずに終わった。

それでも品川は、かつての「殖産興業グループ」や実業家など、殖産に従事する人びとを見捨てることはできなかった。品川の政治家人生は、明治一七、八年の殖産の「宿志」に翻弄された人生でもあった。そのことは、第二部の検討を経てより深く理解されるであろう。

（1）祖田修『前田正名』（吉川弘文館、一九九五年）一三一〜一三二頁、高橋是清著、上塚司編『高橋是清自伝（上）』（中央公論新社、二〇〇四年、初版は一九七六年）二七六〜二七九頁。

（2）前掲『高橋是清自伝（上）』二七九頁。

（3）明治（二一）年五月九日付高橋是清宛品川弥二郎書簡（首都大学東京図書館所蔵「高橋是清関係文書」目録番号Ⅰ-1-2-34）。筆者はこれを、特に明治二一年のものと推定する。書中で「昨日之開議ニも出席セネバ老台其外之諸兄定メシ御不満千萬と存候得共」（同右）とあることに注目したい。品川は明治二一年四月に枢密顧問官に就任しているが、その後の枢密院での憲法・皇室典範制定に関する会議は全て欠席している（『枢密院会議議事録　第一』〈東京大学出版会、一九八四年〉）。件の書簡の日付である、五月九日の「昨日」にあたる五月八日にも午前中に皇室典範会議が開かれているが、当然のことながら品川の出席はなかったことがその根拠である。

（4）前掲明治（二一）年五月九日付高橋是清宛品川弥二郎書簡。

（5）前掲明治（二四）年六月二日付山縣有朋宛品川弥二郎書簡。

（6）大日本農会編刊『大日本農会百年史』（一九八〇年）四六〇頁。

（7）明治（二〇）年九月一三日付高橋是清宛前田正名書簡（前掲「高橋是清関係文書」目録番号Ⅰ-1-2-50）。年代比定は上山和雄「前田正名と農商務省」（『日本歴史』三四三、一九七六年）に依った。

（8）「殖産興業」という用語については、小岩信竹氏の詳しい解説がある（小岩信竹「政策用語としての「殖産興業」について―「殖産興業」研究史への一視角―」〈『社会経済史学』三七-二、一九七一年〉）。それによると、一般的には明治期における工部省・内務省・農商務省の諸政策を包括するスローガンとして理解されているが、「殖産興業」が議論の中で登場するのは明治一四年から一〇年代後半に至る時期であり、明治一二年から一三年頃は用語の形成期、二〇年代以降は用語は定着・一般化し、広く用いられるようになってくるという。その意味内容も、地租改正前は撫育・救済など「安民策」であったのに対し、以後は勧業政策に限定されてくるという。また、特定の主体による特定の政策のみを指すものではなく、人々のスローガン的な産業上の到達目標でもあったこと、政策の目的としての意味合いもあり、政策自体を指すときは「殖産興業政策」ということが多いことなども示された。本書では、このような意味内容の変化と用語形成の事情を踏まえつつ、明治一四年以降の用語の定着とともに形成された、同時期の明治政府の産業経済政策を包括するスローガンであり、かつ人々の産業上の到達目標との意味内容で「殖産興業」の語を使用する。品川が直接産業政策に携わったのは、まさにこの時期であり、「殖産興業」という用語形成の時期と重なるため、品川の考える産業政策＝「殖産興業政策」と称して問題ないと考えられる。これに対し、明治一四年以前に行われてきた、主に内務省における産業育成・保護などの政策は「勧業政策」と表記することとする。

(9) 戦前の品川の伝記は、村田峯次郎『品川子爵伝』（大日本図書、一九一〇年）と、奥谷松治『品川弥二郎伝』（高陽書房、一九四〇年）の二種類が存在する。前者は、明治四三年、品川の一〇周忌に際して上梓された。品川の事蹟全般を万遍なく網羅するという意図が見られるが、編年的記述の後段に「政論」、「教育の振興」、「産業の振興」の項目が特に設けられていることを見れば、産業振興が品川の特筆すべき活動の一つと見做されていたことがうかがえる。また、後者の奥谷書に至っては、産業政策により大きな力点が置かれている。特に、内相として信用組合法案成立に向けて尽力した経緯を重点的に記述している点が特徴である。奥谷は、農村厚生を掲げる運動家であり、昭和五年東京協同社に入り消費組合運動に従事することや、戦後生活協同組合を起すこと（Japan Knowledge Lib 版『日本人名大辞典』「奥谷松治」の項を参照）を踏まえれば、同書刊行当時品川が協同組合制度確立の祖と認識されていたことがうかがえる。

(10) 林業史では、小沢今朝芳『ドイツ森林経営史』（日本林業調査会、一九六八年）、萩野敏雄『官林・官有林野の研究—その国有林前史と30年—』（日本林業調査会、二〇〇八年）、長池敏弘「桜井勉の生涯とその事蹟（一）」「同（二）」「同（三）」「同（4・完）」「同（補遺）」（『林業経済』二七‐一、二、三、六、一〇、一九七四年）、農業史では、勝部眞人『明治農政と技術革新』（吉川弘文館、二〇〇二年）、農政と関連して、信用組合法案における品川の役割を論じたものとして、渋谷隆一「わが国における信用組合思想の導入とその立法過程—明治二四年の信用組合法案を中心に—」（『社会経済史学』三八‐四、一九七二年）、同「産業組合法の制定とその意義」（『駒沢大学経済学論集』七‐二、一九七五年）、中原准一「信用組合法案の社会的性格—形成期日本資本主義との関連で—」（『北海道大学農経論叢』三〇、一九七四年）、川野重任「産業組合制度の日本への移植—明治日本における制度入植の問題—」（『東海大学政治経済学部紀要』一一、一九七九年）、前掲祖田修『前田正名』。共同運輸事件との関係では、日本郵船株式会社編刊『日本郵船株式会社五十年史』（一九三五年）一八〜五七頁、佐々木誠治『日本海運競争史序説』（海事研究会、一九五四年）、加地照義「共同運輸会社の設立—反三菱汽船勢力の結集—」（『海運経済研究』八、一九七四年）、梅村又次「松方デフレ下の勧業政策」（梅村又次、中村隆英編『松方財政と殖産興業政策』東京大学出版会、一九八三年）、井上洋一郎「共同運輸会社の経営」（『彦根論叢』二三四・二三五、一九八五年）、八木慶和「「明治一四年政変」と日本銀行—共同運輸会社貸出をめぐって—」（『社会経済史学』五三‐五、一九八七年）、日本経営史研究所編『日本郵船株式会社百年史』（日本郵船株式会社、一九八八年）二一〜三一頁、小風秀雅『帝国主義下の日本海運—国際競争と対外自立—』（山川出版社、一九九五年）第四章。

(11) 共同運輸事件については、同右。

(12) 前掲『品川子爵伝』三八二〜三八三頁、前掲『品川弥二郎伝』一〇三〜一一〇頁。品川のドイツ赴任以降のドイツ学との関わりについては、森川潤『明治期のドイツ留学生―ドイツ大学日本人学籍登録者の研究―』（雄松堂出版、二〇〇八年）を参照した。

(13) 以上の品川の経歴は、前掲村田峯次郎『品川子爵伝』年譜、及び前掲『大日本農会百年史』を参照。

(14) 本章では詳述しないが、この時期の農商務省林政については前掲『日本林業発達史 上巻』六七～六八頁、萩野敏雄『日本近代林政の基礎構造―明治構築期の実証的研究―』（日本林業調査会、一九八四年）一二七～一二九頁、同前掲『官林・官有林野の研究』一三三～一四三頁に詳しい。

(15) 「農商務省ヲ置キ職制章程ヲ定メ内務大蔵両省中諸局ノ管理ヲ改ム・二条」（国立公文書館所蔵「太政類典・第五編・明治十四年・第二巻・官制・文官職制一」請求番号：太00777100）。

(16) 安藤哲『大久保利通と民業奨励』（御茶の水書房、一九九九年）一三四頁。

(17) 当時、農商務権少書記官。河野に秘書のように重用されていた。河野に直接極秘として託された書類を、河野不在時に品川に見せなかったことから品川と衝突した（齋藤伸郎「「明治十四年の政変」時退官者の基礎的研究」（『国士舘史学』一四、二〇一〇年）五六～五七頁）。

(18) 当時、農商務大書記官。弘化元年一二月二六日、肥前国に生まれる。維新後官吏となり、明治一三年、地方官会議事務を行っていた際に、議長の河野と関係が生じたと考えられている。同年河野の後を追うように文部省大書記官、一四年にはまた河野が長を務める農商務省に入り大書記官となり、同山林局長を歴任する。河野の側近的存在であったとされる。農商務行政の専門家以外で農商務省入りした最初の人物とされる。明治一四年の政変後に退官すると、一五年河野らとともに修身社を結成、法律事務に携わりながら立憲改進党創設に参加、党の要職を担う。のち、実業界に転じ、明治一八年壬午銀行頭取、二四年東京馬車鉄道社長、二八年小田原馬車鉄道取締役、三九年東京鉄道社長、四〇年日清生命保険取締役、四三年朝鮮瓦斯電気取締役などを務めた。大正五年、朝鮮軽便鉄道社長、貴族院議員に勅選、同九年一月一三日に没する（『国史大辞典』「牟田口元学」の項、及び前掲齋藤伸郎「「明治十四年の政変」時退官者の基礎的研究」五六～五七頁）。

(19) 明治（一四）年六月二三日付伊藤博文宛品川弥二郎書簡（『伊藤文書』五、二三七～二三八頁）、明治（一四）年六月二八日付伊藤博文宛品川弥二郎書簡（『伊藤文書』五、二三八頁）、「明治十四年　懐中日記」（「品川文書（1）書類」R75-1581）。

(20) 本書では「明治一四年の政変」を、齋藤伸郎氏の定義「明治十四年十月十一日から十二日にかけて行われた国会開設の勅諭・開拓使官有物払下取消・大隈退官とそれから年末までに行われた政府組織改編・退官を含む人事異動」として叙述する（前掲齋藤伸郎「「明治十四年の政変」時退官者の基礎的研究」五二頁）。

(21) 公文書を中心に膨大な数の伝記や書簡などを博捜し、明治一四年政変時の退官者について分析した齋藤伸郎氏は、政変による退官は、政府として統一の意思や基準があったわけではなく、各省の事情により主に「次官級の者が個別の基準で省としての統一性形成のために諭旨免職を進めたもの」（同右、七一頁）であったという。そして、「「大隈一派の勢力が政府から追われた」のではなく、多少の勢力に過ぎなかった大隈一派が政変により政府から切り離された者たちと合同し在野を定位置とした「拡大大隈一派（立憲改進党とそのシンパ）」に成長した」（同右）と評価する。しかし、農商務省に関する限りでは、齋藤氏も示しているように、勅奏任官七名、判任官五名、計一二名、うち九名が政変関連者という退官者を生じており、その内実を調べる限りでも、「大隈一派を追放した」という色彩は他省に比して強いものであると言えるだろう。

(22) 前掲「明治十四年　懐中日記」明治一四年一〇月一二日条。

(23) 同右、明治一四年一〇月二〇日条。

(24) 武井は明治一四年四月一八日から農商務省に勤務する。その後一一月一日に山林局長となり、山林共進会幹事、農商工上等会議員などを歴任し、品川の下で林政の基礎を整える（戸澤芳樹編『男爵武井守正翁傳』武井守正翁伝記編纂所、一九四〇年）。

(25) 上山和雄「農商務省の設立とその政策展開」『社会経済史学』四一－三、一九七五年、四八～五一頁。

(26) 前掲小林正彬『日本の工業化と官業払下げ』第一章、第四章。

(27) 前掲「農商務省ヲ置キ職制章程ヲ定メ内務大蔵両省中諸局ノ管理ヲ改ム・二条」。

(28) 同右。

(29) 梅村又次「創業期財政政策の発展―井上・大隈・松方―」、同前掲「松方デフレ下の勧業政策」（ともに前掲梅村又次、中村隆英編『松方財政と殖産興業政策』）、前掲安藤哲『大久保利通と民業奨励』第二編、前掲上山和雄「農商務省の設立とその政策展開」四九頁。

(30) 前掲上山和雄「農商務省の設立とその政策展開」五六～五八頁。

(31) 同右。

(32) 同右、六五頁。

(33) 前掲祖田修『前田正名』での用語。

(34) 前掲上山和雄「前田正名と農商務省」での用語。

(35) 有泉貞夫『明治政治史の基礎過程』（吉川弘文館、一九八〇年）補論。

(36) 前掲小林正彬『日本の工業化と官業払下げ』第二章第一節二。

(37) 以上、同右。

(38) 前掲『高橋是清自伝（上）』一九三～一九四頁、前掲御厨貴『明治国家形成と地方経営』第一章第三節一。

(39) 前掲梅村又次「松方デフレ下の勧業政策」、前掲祖田修『前田正名』、前掲有泉貞夫『明治政治史の基礎過程』、前掲御厨貴『明治国家形成と地方経営』。もちろん、特にこの頃の品川については、次に見る共同運輸問題で憔悴していたため、梅村又次氏が「彼なりに一応の努力はしたのであろう。しかし、品川が果して前田の産業振興政策構想の円滑な実現のために全力投球したかとなるとはなはだ疑わしい」（前掲梅村又次「松方デフレ下の勧業政策」二五四頁）と指摘しているように、過大評価はできない点は付言しておかなければならないだろう。しかしそれでも、品川がこのような「殖産興業グループ」の動きにフリーハンドを与え自由な政策立案を認めていたことは一つの「助力」の形であるといえよう。「興業意見」をめぐって大蔵省と対立していた一八年に、農商務卿の西郷が松方と何らかの合意を得、それをもとに前田・高橋らの省内の動きに警戒を示していたことが判明した折には、高橋の進退を賭けて「興業意見」を奉じようとする姿勢に「誠に感に堪えない」と感じ入り、病を押して省議に出席し、西郷に対する「殖産興業グループ」らの談判を後方から見守る品川の姿があった（前掲『高橋是清自伝（上）』二〇一頁、前掲祖田修『前田正名』一一五～一一八頁）。

(40) 前掲梅村又次「松方デフレ下の勧業政策」、前掲祖田修『前田正名』一〇〇～一二一頁、前掲有泉貞夫『明治政治史の基礎過程』補論、前掲御厨貴『明治国家形成と地方経営』七一～七六、八九～一〇一頁、前掲上山和雄「前田正名と農商務省」。

(41) 同右。

(42) 前掲上山和雄「前田正名と農商務省」、前掲御厨貴『明治国家形成と地方経営』八九～一〇一頁。

(43) 共同運輸とは、明治一六年一月に設立され、一八年九月まで存続した半官半民の海運会社である。共同運輸の設立から解散までの経緯についての研究は、註10の諸研究を参照。

(44) 前掲『日本郵船株式会社五十年史』一三頁、前掲『日本郵船株式会社百年史』一三頁、前掲佐々木誠治『日本海運競争史序説』一九一～一九二頁、前掲加地照義「共同運輸会社の設立」二～八、一一頁、前掲小風秀雅『帝国主義下の日本海運』一八〇～一八一頁。

(45) 前掲佐々木誠治『日本海運競争史序説』一八八～一九一頁、前掲八木慶和「『明治一四年政変』と日本銀行」三一～三三頁、前掲加地照義「共同運輸会社の設立」一六～一九頁。

(46) 前掲井上洋一郎「共同運輸会社の経営」一七七頁、前掲加地照義「共同運輸会社の設立」一九頁、前掲小風秀雅『帝国主義下の日本海運』一八一頁、大石直樹「三菱と共同運輸会社の競争過程―日本郵船会社の設立をめぐって―」（『三菱史料館論集』九、二〇〇八）三四～三九、四八～五三頁。

(47) 東京風帆船会社は明治一三年秋に井上馨・渋沢栄一・益田孝らにより設立されたことからもわかるように三井系の海運業者であった。これに、伏木の藤井能三、新潟の鍵富三作、伊勢の諸戸清六など地方の豪商や廻船業者が加わり、明治一四年一月二四日に東京府に開業届を提出した（前掲『日本郵船株式会社百年史』一三頁、服部一馬「日本郵船会社の成立」（『経済と貿易』八五、一九六四年）一頁、前掲佐々木誠治『日本海運競争史序説』一九三頁、前掲加地照義「共同運輸会社の設立」一一～一二頁、一五頁、前掲井上洋一郎「共同運輸会社の経営」一七六～一七七頁、前掲小風秀雅『帝国主義下の日本海運』一八〇頁）。

(48) 越中風帆船会社は明治一四年東京風帆船会社の設立発起人の一人、伏木の富豪（米問屋）藤井能三が北陸の北前船主らとともにに設立したものである。伏木を拠点として、東京・大阪・下関・北海道の各港間を航行していた（前掲『日本郵船株式会社百年史』二三頁、前掲佐々木誠治『日本海運競争史序説』一九三頁、前掲加地照義「共同運輸会社の設立」一四頁、前掲井上洋一郎「共同運輸会社の経営」一七六～一七七頁）。また政府内では大蔵卿の松方も「過日御咄仕置候越後新潟之北洋運送会社員斎藤なる者并大橋と申仁同行に而拝謁致願度との事候間、罷出候は丶御逢取、越後者之事情且此節創立之会社加入之事共委曲御聞取可被下候」（明治（一五）年六月二八日付品川弥二郎宛松方正義書簡〈『品川文書』七、八六頁〉）と、品川に対して新潟県下の海運業者についての情報をもたらしていた。

(49) 北海道運輸会社は明治一五年三月函館に設立された。薩摩出身の元開拓使理事官堀基が杉浦嘉七、常野正義、園田実徳らと謀り、函館の豪商たち（広瀬宰平に近い）の協力を得て三菱の北海道・内地間における海運独占に対抗する目的で設立された。旧開拓使附属船の貸下げを受け、北海道物産の内地向け輸送に従事していた（前掲『日本郵船株式会社百年史』二三頁、前掲佐々木誠治『日本海運競争史序説』一九三頁、前掲加地照義「共同運輸会社の設立」一五頁、前掲井上洋一郎「共同運輸会社の経営」一七六～一七七頁、前掲小風秀雅『帝国主義下の日本海運』一八〇～一八一頁）。

(50) 前掲小風秀雅『帝国主義下の日本海運』一七九～一八〇頁。

(51) このほか大倉喜八郎、川崎正蔵、雨宮敬次郎なども創立発起人に名を連ねていた（前掲服部一馬「日本郵船会社の成立」一二頁）。

(52) 明治（一五）年七月二四日付品川弥二郎宛川村純義書簡（『品川文書』三、二四五頁）。

(53) 「共同運輸会社御達書、御命令書、定款、創立規約」（「品川文書（1）書類」R52‐1086）。先行研究では、前掲『日本郵船株式会社五十年史』二四頁、前掲『日本郵船株式会社百年史』二四頁、前掲服部一馬「日本郵船会社の成立」二頁、前掲井上洋一郎「共同運輸会社の経営」一七八頁、前掲小風秀雅『帝国主義下の日本海運』一八一頁。明治（一五）年（一一）月付伊藤博文宛井上馨書簡（『伊藤文書』一、一七四～一七五頁）、前掲明治（一五）年（九）月六日付伊藤博文宛中井弘書簡（『伊藤文書』六、二五九～二六〇頁）などから、同社への資金援助にあたっては井上・品川らが奔走していたことがわかる。

(54) 前掲「共同運輸会社御達書、御命令書、定款、創立規約」。

(55) 前掲『日本郵船株式会社百年史』三八頁、前掲加地照義「共同運輸会社の設立」二〇頁、前掲井上洋一郎「共同運輸会社の経営」一七八頁、前掲八木慶和「「明治一四年政変」と日本銀行」四〇頁、前掲小風秀雅『帝国主義下の日本海運』一八一頁。

(56) 前掲『日本郵船株式会社五十年史』四一頁、前掲『日本郵船株式会社百年史』二四頁、前掲加地照義「共同運輸会社の設立」二一頁、前掲井上洋一郎「共同運輸会社の経営」一七八頁、前掲八木慶和「「明治一四年政変」と日本銀行」一七三頁、前掲八木慶和「「明治一四年政変」と日本銀行」一三二頁、前掲小風秀雅『帝国主義下の日本海運』一八二頁。

(57) 前掲『日本郵船株式会社五十年史』二三頁、前掲井上洋一郎「共同運輸会社の経営」一七三頁、前掲八木慶和「「明治一四年政変』と日本銀行」三二頁。

(58)「徴発令制定ノ件」(「公文録・明治十五年・第百七巻・明治十五年八月・陸軍省」請求番号：公03315100)。

(59)「三菱会社一件書類(一)」、「同(二)」、「同(三)」(「品川文書(1)書類」R52‐1084‐1、2、3)、前掲小風秀雅『帝国主義下の日本海運』一八二頁。

(60)前掲大石直樹「三菱と共同運輸会社の競争過程」、関口かをり・武田晴人「郵便汽船三菱会社と共同運輸会社の「競争」実態について」(『三菱史料館論集』一一、二〇一〇年)。

(61)前掲大石直樹「三菱と共同運輸会社の競争過程」四九〜五四頁。

(62)同右、四八〜六四頁。

(63)八木慶和「「明治一四年政変」と日本銀行」四〇〜四七頁、前掲小風秀雅『帝国主義下の日本海運』一八七〜一八八頁、前掲大石直樹「三菱と共同運輸会社の競争過程」五三〜五五、六四〜六六頁。

(64)前掲大石直樹「三菱と共同運輸会社の競争過程」七四頁。

(65)明治(一八)年八月二〇日付伊藤博文宛井上馨書簡(『伊藤文書』一、一九二〜一九三頁)、明治(一八)年八月二一日付伊藤博文宛井上馨書簡(同右、一九三頁)、明治(一八)年八月二七日付伊藤博文宛井上馨書簡(同右、一九三頁)。

(66)前掲『日本郵船株式会社百年史』二七〜三一頁。

(67)前掲明治(一八)年八月二〇日付伊藤博文宛井上馨書簡では、品川の転任について品川の上官である農商務卿西郷従道と井上が会談していたことがわかる。そこでは両者の間で「品川事病気に付洋行為致候方可然」ということが決まり、伊藤や山縣にも相談すべきことが合意された。前掲明治(一八)年八月二七日付伊藤博文宛井上馨書簡では、「三菱、協《ママ》同会社合併」の状況とともに、品川の「ソクセツソール」(後任)についての話や、退任を勧告された際の品川の「返答振」についても話題となっている。品川の転任は、直接的には伊藤から勧告された(明治(一八)年一〇月五日付品川弥二郎宛伊藤博文書簡〈『品川文書』八、四四八頁〉)。

(68)前掲祖田修『前田正名』一二一頁、及び前掲梅村又次「松方デフレ下の勧業政策」二五九頁。

(69)本章註5参照。

(70)同右。

(71)志賀のドイツ留学は明治一八年一〇月から二一年一〇月までの期間であった(日本林業技術協会編刊『林業先人伝』一九六二年、九〇頁)。

(72)前掲『林業先人伝』八九〜九〇、一二五〜一二六頁。ユーダイヒに会った品川は、「感動のあまり無意識に多く喫煙され、急に気分が悪くなり昏倒」するほど上機嫌であったという(同右、九二頁)。

(73) 同右、一〇七頁。
(74) 同右、一二二～一二三頁。
(75) 辻岡健志「福羽逸人と新宿御苑―鴨場、小園芸場から庭園改修へ―」（(公財) 新宿未来創造財団、新宿歴史博物館、宮内庁宮内公文書館編『新宿歴史博物館開館三十周年記念特別展 新宿御苑 皇室庭園の時代』（(公財) 新宿未来創造財団・新宿歴史博物館、二〇一八年）一〇五～一〇六頁）。
(76) 前掲佐々木隆『藩閥政府と立憲政治』一六五頁。
(77) 明治一八年九月一一日付山田顕義宛前田正名書簡（『山田文書』一、六二一～六四頁）。
(78) 前掲祖田修『前田正名』一三一頁。
(79) 明治（一九）年二月一二日付松方正義宛品川弥二郎書簡（『松方文書』八、三一三頁）。
(80) 品川は明治一八年九月二四日にドイツ駐在特命全権公使の辞令を受けたが、健康がすぐれなかったためすぐには赴任せず、翌年三月まで出発を延期し静養していた（前掲『品川弥二郎伝』二〇二頁）。
(81) 明治（二〇）年（八）月付伊藤博文宛品川弥二郎書簡（『伊藤文書』五、二四三頁）。
(82) 明治（二〇）年九月二〇日付伊藤博文宛品川弥二郎書簡（『伊藤文書』五、二四三～二四四頁）。前掲御厨貴『明治国家形成と地方経営』二三三頁でも引用有。
(83) （明治二二年）一月二七日付高橋是清宛品川弥二郎発電報（前掲「高橋是清関係文書」Ⅰ-1-2-29）、明治二二年一月二七日付高橋是清宛品川弥二郎書簡（前掲「高橋是清関係文書」Ⅰ-1-2-30）。
(84) 前掲祖田修『前田正名』一三五～一三六頁、前掲御厨貴『明治国家形成と地方経営』二三二頁。
(85) 明治（二二）年五月七日付杉山栄蔵・宮島信吉・高橋是清宛武井守正書簡（前掲「高橋是清関係文書」Ⅰ-1-2-36）。この書簡の年代推定の根拠は、一つには「本省（農商務省）下ス所ノ主旨ヲ受ケテ我ハ県地ニ施シ府県ノ手本トセン。ヤレヤ諸君奮発セヨ。前田僕山陰ニアリ、実地ノ成否ハ僕ノ任トセン」と農商務省と呼応して山陰で県勧業行政に努めるという意思の表れている部分、及び「昨日ハ僕モ元老院へ転任ノ請願シテ帰京スヘクヤト実ニ快々楽マサリシニ今日ハ鳥取ニ腰ヲ据ヘヤリ気ニ相成候」という部分である。武井が鳥取県知事であったのは明治二一年一〇月一九日から二四年四月九日の間（前掲戸澤芳樹『男爵武井守正翁傳』一九八頁）であるから、まずはこの間に限定される。そして、二つ目の根拠は「弥興業意見ヲ実施スルトハ喜ハシキ限リナリ」という部分である。「興業意見ヲ実施」というのは、後に本文でも触れるが、この間の出来事でいうと、前田正名が農商務省に復帰後「農工商臨時調査」を開始したことを指すと思われる。前田がこれに着手したのは二二年六月一七日のこと（前掲祖田修『前田正名』一三五～一三六、三〇四頁）であるから、その直前に書かれたと思われる右書簡の年代を二二年と推定した。
(86) 前掲明治（二二）年五月七日付杉山栄蔵・宮島信吉・高橋是清宛武井守正書簡。

(87) 同右。
(88) 同右。
(89) 同右。
(90) 前掲御厨貴『明治国家形成と地方経営』二三四〜二三五頁。
(91) 明治二三年一月二一日付井上馨宛品川弥二郎書簡（「井上文書　書簡」515-1）、明治（二三）年一月一一日付品川弥二郎宛山縣有朋書簡（『品川文書』八、三六〜三七頁）。
(92) 前掲祖田修『前田正名』一三五頁、前掲上山和雄「前田正名と農商務省」七八頁。
(93) 前掲上山和雄「前田正名と農商務省」七九頁。
(94) 前掲御厨貴『明治国家形成と地方経営』二三四頁。
(95) 「卒然之申立如何にも難解」（前掲明治（二三）年一月一一日付品川弥二郎宛山縣有朋書簡）。この後閣議でも岩村が前田を推す事情を開陳したが、その間にもしばしば言を左右していたようで、山縣は「何分意見之屢変更するには実に驚入候」との感慨を洩らしている（明治（二三）年一月一五日付品川弥二郎宛山縣有朋書簡〈『品川文書』八、三八頁〉）。この時の印象は、後に御料局で岩村の下で信頼を獲得する林業技術官僚の江崎政忠も回顧している（本書第三章、第四章参照）。藩閥指導者の後ろ楯を持たない政治家が、全くの独断で省内人事を決断することの難しさを感じさせる一例である。
(96) 前掲明治（二三）年一月一一日付品川弥二郎宛山縣有朋書簡。
(97) 佐々木隆「内務省時代の白根専一――「山県系」形成の起点――」（伊藤隆編『山県有朋と近代日本』吉川弘文館、二〇〇八年）七七頁。
(98) 前掲明治（二三）年一月一一日付品川弥二郎宛山縣有朋書簡。
(99) 同右。
(100) 明治二三年一月一八日付松方正義宛品川弥二郎書簡（『松方文書』八、三一六〜三一七頁）。前掲御厨貴『明治国家形成と地方経営』二三四頁でも一部引用有。
(101) 同右、及び前掲明治二三年一月二一日付井上馨宛品川弥二郎書簡。
(102) 前掲明治二三年一月一八日付松方正義宛品川弥二郎書簡。
(103) 品川の御料局長就任については、第二部序論参照。
(104) 前掲明治（二〇）年（八）月付伊藤博文宛品川弥二郎書簡。前掲御厨貴『明治国家形成と地方経営』二三二頁でも一部引用有。
(105) 同右。
(106) 明治二三年二月一日付井上馨宛古沢滋書簡では、「前田も得意ニテ日々勉強シテ岩村之宅ニ通ひ居申候。併シ存外ニ夜業ハ遣リ不申候。是丈ハ先ツ〳〵小生等之大幸ニ御座候」と記されている（「井上文書　書簡」259－1）。
(107) 前掲祖田修『前田正名』一四六～一四七頁。
(108) 明治二三年二月一五日付井上馨宛古沢滋書簡（「井上文書　書簡」260－2）。
(109) 同右。
(110) 同右。
(111) 同右。
(112) 前掲祖田修『前田正名』一四七頁、前掲御厨貴『明治国家形成と地方経営』二四三頁。
(113) 明治二三年四月二〇日付井上馨宛品川弥二郎書簡（「井上文書　書簡」515－5）。
(114) 明治二三年五月二六日付陸奥宗光宛品川弥二郎書簡（国立国会図書館憲政資料室所蔵「陸奥宗光関係文書　書簡の部」30－1）。
(115) 前掲祖田修『前田正名』第七～第九。
(116) 前掲明治二三年四月二〇日付井上馨宛品川弥二郎書簡、前掲祖田修『前田正名』一四九頁。
(117) 明治（二三）年六月六日付松方正義宛品川弥二郎書簡（『松方文書』八、三〇九～三一〇頁）。
(118) 明治（二三）年六月六日付吉井友実宛品川弥二郎書簡（「吉井文書　書簡」R3－87－1）。
(119) 前掲明治（二三）年六月六日付松方正義宛品川弥二郎書簡。
(120) 本章第一節参照。
(121) 同右。
(122) 明治（二五）年二月一日付松方正義宛品川弥二郎書簡（「岩村文書（二）」七三～七四頁）。
(123) 同右。
(124) 明治（二四）年一一月九日付伊藤博文宛九鬼隆一書簡（『伊藤文書』四、三六五頁）。
(125) 同右。
(126) 前掲祖田修『前田正名』一五一～一五三頁、前掲『高橋是清自伝（上）』〔一〇〕、五味篤著、馬場勉編『銀嶺のアンデス─高橋是清のペルー銀山投資の足跡─』（アンドレス・デル・カスティージョ協会、二〇〇一四年）。この事業には前田・高橋のほか、かつての農商務省「殖産興業グループ」であった武井守正や宮島信吉、御料局主馬頭の藤波言忠らも出資・参加していた。
(127) 前掲『高橋是清自伝（上）』二六〇～二六二頁。
(128) 明治（二五）年二月一三日付岩村通俊宛松方正義書簡（「岩村文書（三）」八五頁）。同書中判読不明とされた箇所は東京大学社会科学研究所にてマイクロフィルムを確認のうえ翻刻した。

(129) 同右。
(130) 明治(二五)年三月二四日付岩村通俊宛杉孫七郎書簡(「岩村文書(二)」七七頁)。どのような理由で中止になったかは判断しがたいが、品川側の何らかの事情で中止のやむなきに至ったものと思われる。
(131) 明治二五年三月一八日付品川弥二郎宛白根専一書簡(『品川文書』四、二九二頁)。
(132) 前掲奥谷松治『品川弥二郎伝』二五九〜二六〇頁、加藤房蔵『平田東助伝』(平田伯伝記編纂事務所、一九二七年)七三頁。信用組合法案については註10参照。
(133) 明治二五年一一月二八日、政府委員より第二議会に提出(前掲『品川弥二郎伝』二六二〜二七二頁)。
(134) 『貴族院議事速記録　第二回』(貴族院事務局、一八九二年)二八頁。
(135) 前掲奥谷松治『品川弥二郎伝』二七五〜二七六頁。
(136) 同右、三三三頁。
(137) 米谷尚子「現行条約励行をめぐる国民協会の実業派と国権派—初期議会の対外硬派に関する一考察—」『史学雑誌』八六-七、一九七七年。近年では、国民協会の「国権派」イメージは大きく見直され、内部が一枚岩ではなかったことが明らかにされている(前掲前田亮介『全国政治の始動』、伊藤陽平「自—国連合路線の展開と政友会の成立」〈『日本歴史』八三五、二〇一七年〉)。伊藤陽平氏は、拙稿「品川弥二郎と御料地—長野県下の御料林をめぐる諸問題を中心に—」(『信濃』六七-七、二〇一五年)を引きつつ、品川が国民協会内で実業派と政策的に近い存在であったとしている。
(138) 明治二五年六月二二日の国民協会創立準備委員会で示された政策の基本方針は、「勤倹着実、内政改良(登記法改正・山林改革・北海道改革・教育改良)、政費節減・民力発達・冗員淘汰・国家枢要の事業を進んで助成すること(軍艦建造・製鋼所建設・治水・鉄道敷設・港湾整備・電信敷設・測量推進)、条約改正、言論・集会の自由の漸進的実現」(前掲佐々木隆『藩閥政府と立憲政治』二六九頁)であった。一見総花的だが、創立準備委員会の席上発表されたという性格上、広く多くの会員に訴えるためには当然であろう。むしろそれよりも、勤倹着実、政費節減といった抽象的な目標に比して、「内政改良」と「国家枢要の事業の助成」の内容がきわめて具体的であることに注目すべきであろう。協会の力点の所在をうかがわせるからである。
(139) 明治二五年一〇月一七日付『朝野新聞』。この時期の『朝野新聞』は国民協会の機関紙的存在であったとされている(前掲佐々木隆『藩閥政府と立憲政治』二九二頁)。
(140) 品川の内務大臣、国民協会副会頭としての殖産に対する関わりについては、右に示した伝記や諸研究のほかには検討されたものがないため、一次史料をさらに渉猟して本格的に検討する必要があるが、本書の目的からやや逸れるので、改めて別稿を立てて論じることとしたい。
(141) 前掲『品川弥二郎伝』三一一〜三三四頁。この点に関するより詳細な検討は今後の課題としたい。

(142) 農業史では、明治一四年以降、ちょうど品川が殖産興業政策の当局者となって以降の農政は、それ以前の大規模で性急な欧米直輸入型が失敗し、在来農法重視・老農や地主の力の活用へと転換したという見方が強かったが、近年ではこの見方は否定されている。岩倉使節団が欧米文明と接触した明治零年代に、既に欧米農法との比較から日本の農法は技術的には何ら遜色ないばかりか、いくつかの点では優れてさえいることを見出したことがわかってきた（伴野泰弘「明治農法形成における一問題―「稲作論争」前後における塩水選と林遠里法の共生―」〈『農業史研究』二三、一九九〇年〉、前掲安藤哲『大久保利通と民業奨励』、前掲勝部眞人『明治農政と技術革新』）。歴代の農政担当者は、在来農法を活かしつつ、より一層の増収・合理化につとめ、日本の風土に合った農業の強靭化を図ることに頭脳を結集した。そして、この農政理念は大久保利通の「民業」奨励政策に結実し、そののち松方正義・品川弥二郎に引き継がれたとする（前掲安藤哲『大久保利通と民業奨励』第一章第四節・第二編、前掲勝部眞人『明治農政と技術革新』二〇頁）。『品川文書』中にも地域の農業従事者や関係者、中小実業家からの書簡が多く収められているが、このことからも、品川の活動のすそ野の広がりや息の長さがうかがえる。例を挙げれば、遠州の報徳思想実践家である岡田良一郎（『品川文書』二、三二三～三二六頁）を始めとし、箕康志書簡（『品川文書』三、九～一一頁）、片岡政次書簡（同三九～四九頁）、神野金之助書簡（同一七八～一七九頁）、川島甚兵衛書簡（同二二六～二二八頁）、川村伝策書簡（同二五二～二五三頁）、萱野平右衛門（同二五九～二六〇頁）、金原明善（同三二三～三二五頁）、佐野理八書簡（『品川文書』四、一六四～一七七頁）、棚橋五郎書簡（『品川文書』五、一二六～一二八頁）、田原美助（同一五五～一五九頁）、豊永長吉書簡（同二二八～二三四頁）、人見寧書簡（『品川文書』六、六五～六八頁）、本間源三郎書簡（同三八五～三八六頁）、武藤五三書簡（『品川文書』七、一七五頁）、村上要信書簡（同一七六～一七七頁）、百田恒右衛門書簡（同二五三～二五五頁）、矢板武書簡（同二六五～二七一頁）、矢板平五郎書簡（同二七二～二七六頁）、などがある。品川と老農たちとの関わりについては、前掲伝田功『近代日本経済思想の研究』第二部第一章、海野福寿・加藤隆編『殖産興業と報徳運動』（東洋経済新報社、一九七八年）でも論じられている。

(143) 前掲有泉貞夫『明治政治史の基礎過程』一九四頁。

(144) 品川による国民協会指導が満足のいく成果を挙げられなかったことについては、前掲佐々木隆『藩閥政府と立憲政治』、前掲前田亮介『全国政治の始動』第三章。

(145) この間の経緯については、前掲佐々木隆『伊藤博文の情報戦略』第二章一、小宮一夫『条約改正と国内政治』（吉川弘文館、二〇〇一年）二。

(146) 同一件の経緯については、前掲佐々木隆『藩閥政府と立憲政治』第二章第五節に詳しい。

(147) 前掲佐々木隆『藩閥政府と立憲政治』第三章第一節一。

(148) 明治二五年月不明一三日付佐々友房宛品川弥二郎書簡（熊本県立図書館所蔵、国立国会図書館憲政資料室寄託「佐々友房関係文書」資料番号56－5）。

(149) 前掲佐々木隆『藩閥政府と立憲政治』四九頁。
(150) 明治（二二）年（一二）月一五日付伊藤博文宛末松謙澄書簡（『伊藤文書』五、四〇一頁）。
(151) 同右。
(152) 明治（二四）年五月二六日付伊藤博文宛松方正義書簡（『伊藤文書』七、一三六頁）。
(153) 『品川文書』八、二八～五九頁。
(154) 明治二三年一二月二八日付井上馨宛品川弥二郎書簡（「井上文書　書簡」５１４－２）。
(155) 明治二三年一二月二五日付大木喬任・品川弥二郎・周布公平・平田東助宛山田顕義書簡（『山田文書』三、三六～三七頁）、明治二三年一二月付井上馨宛品川弥二郎書簡（「井上文書　書簡」５１４－３）、大木の臨時法相兼任については『官報』明治二三年一二月二六日。
(156) 前掲明治二三年一二月付井上馨宛品川弥二郎書簡。
(157) 同右。
(158) 同右。
(159) 年代不明書簡であるが、「本城ハコノ巻（「兵法ノ秘書」）ニ在リ。コレヲ攻撃スルニハやじの互撫《ゴム》の炎ガ出て破壊スルノミ歟と存候。……火の出ル事を承知シツ、互撫ヲスルモ智恵のなき事と存候」（年代不明六月一一日付井上馨宛品川弥二郎書簡（「井上文書　書簡」５１２－４））との表現も見える。「互撫」は擦り切れた末に発火する。状況はわからないが、政界の潤滑材として周旋することに疲れた末に爆発してしまう、そのような品川の追いつめられた感情が読み取れる。
(160) 明治（二四）年（四）月二七日付山縣有朋宛品川弥二郎書簡（『山縣文書』二、一九八～二〇〇頁）。
(161) 明治二八年二月三日付井上馨宛品川弥二郎書簡（「井上文書　書簡」５２１－３）。
(162) 内務省は本来産業政策を管轄するところではなかったが、土木・地方行政を所管することから、産業行政とも密接な関係を持っていた。
(163) 坂野潤治「「富国」論の政治史的考察」（前掲『松方財政と殖産興業政策』）三九～四五頁。
(164) 前掲上山和雄「農商務省の設立とその政策展開」六五頁。
(165) これは坂野潤治『明治憲法体制の確立』（東京大学出版会、一九七〇年）において先駆的に示されてきた知見である。
(166) 前掲御厨貴『明治国家形成と地方経営』一六四頁。
(167) 前掲坂野潤治「「富国」論の政治史的考察」。

第二部　明治二〇年代の御料地「処分」

序論（第二部）

明治二二（一八八九）年四月二七日、御料局長官の肥田濱五郎は、生野御料鉱山を視察するために午前六時の一番汽車に乗り出発した。途中藤枝駅にて用を足すため下車していたが、戻った頃には既に汽車は動き始めていた。急いで飛び乗ったところ、汽車の勢いに振り落とされ落下、そのまま汽車に曳かれて即死した。午後一時半のことだった。一説には、肥田は脚が悪く、急いで汽車に飛び乗ることができなかったためとも[1]、持病の頻尿のため用便においても綿密に計画を立てていたため汽車に乗り遅れて曳かれるようなことはありえないが、時折「脳病」にて卒倒することがあったため、汽車に飛び乗った瞬間発作で倒れたのではないかともいわれている[2]。

肥田の死の翌々日（二九日）、急きょ主事補の山本清十が御料局長官の臨時代行を務めることとなった[3]（表序−2−①）。しかし、これはあくまで臨時の措置であり、御料局長官の人選は別に行われていた。山本が御料局長官代理を拝命したのと同じ日、宮内大臣土方久元は品川弥二郎に書面で「同局は為帝室御財産上実に大事之場処に御坐候間、右後任は賢台へ被仰付度御内意に御坐候処、爾来御病気之事故如何可有御坐候哉[4]」と打診しており、天皇の内意も得ていたことがわかる。また「可相成は御請に相成り御奉命相成候は丶、於本官にも幸甚に御坐候[5]」とあるように土方自身も積極的であったことが伺える[6]。

しかしこれまでの検討でも明らかな通り、特に宮中と深い関係を有していたわけでもない品川の名前がここにきて急に浮上したように見えるのはなぜであろうか。実は、品川は既に明治二〇年頃から三条実美にその素質を買われており、宮相向きだとさえ思われていた。三条は伊藤に宛てた書簡の中で、伊藤の後任の「宮内大臣人撰之義[7]」について相談をもちかけており、「小生は偏に御宥赦奉願度候間不悪御諒察被下度候[8]」と自身の任命は固辞した上で、「不得止は吉井、品川之両名之中に御撰択可然歟に存候[9]」と、宮内次官の吉井と並んで品川を推している。このように、品川の素質は早くから宮中内部でも評価されていたことがわかる。

しかし、品川が宮中の中でも特に御料局長官というポストに抜擢されたことには、それ以上に重要な理由があったと思われる。明治一八年に宮内省内に御料局が設置され、大面積の山林、原野、鉱山が御料局に移管された。これらの不動産を管理するには技術官僚が必要であり、そうした官僚の選定・管理には、農商務省・内務省・工部省などにおいて山林・拓殖・鉱工業行政に携わった人物が求められた[10]。そのような経歴をもち、かつ政府においても宮中においても受け入れられる人物ということで、品川に白羽の矢が立ったと考えられる。

さて、御料局長官就任の打診を受けた品川は、しばらく躊躇するところがあったようである。五月六日には松方への書簡で「山林ノ仕事、分合売買等ノヿゟシテ大体の基礎ヲ固メ候ニハ病骨ニテハ如何哉と掛念仕候末、今夕迄も吉井殿へハ確答不申候[11]」と伝えているように、品川は迷っていた。五月七日に杉山栄蔵・宮島信吉・高橋是清に宛てて武井守正が送った書簡でも、「庵主身上ノ事困却中ト極内々ノ噺アリ。僕モ是ハ何トモ難申返答ニ苦ミ申候[12]」とあるから、品川が御料局長就任への迷いを周囲に吐露していたことがわかる。

しかし、品川は御料局長官の仕事に少なからぬ魅力を感じてもいたようで、「一方ゟ考候得バ、山林ノ事ハ小子兼テ熱心ノヿニも有之、後来之利益も不少ものニ付、　帝室ノ為メ病骨の砕くる迄奉仕致度ハ心中飛び立ツ如ク相考申候[13]」とも述べていた。かつて農商務省で着手した山林管理、そして在野でも行っていた林業奨励については、自身も「熱心」なところがあり、それを行うことで「帝室ノ為メ」にもなるのであれば、品川にとって願ってもないことなのであった。このように、御料局長官就任という可能性が目前に迫ってくるに及んで、品川の中で年来の殖産興業の「宿志」と御料地経営との関係が徐々にリンクされるようになっていったことが見て取れる。

しかし、即答するにはまだ迷いがあったようで、「吉井殿へ対シテハ、何トモ御返辞ノ致シ様も無之、実ニ自身デ自身之進退ニ迷ひコレガ病身の為メカと二三日前ゟ感動力を弥増し、益可否の決ニ困リ申候[14]」とその苦しい心中を吐露している。「伊藤ニ一応内談致シ度とハ存候得共、コレも出ル方ニ賛成家ナラント高輪ニ行ク気ニナラズ、井上は是非出ヨとノ論ナリ[15]」と品川が言うように、井上は明確に品川の御料局長官就任を支持しており、伊藤もおそらく同意見であったと思われる。品川は、「代々木の松風ノミ聞きて一生ヲ送ル心底ハ萬々無之候得共、唯々病骨ヲ快復して帝室ノ為メ今一度微力ヲ出し度ノ外他念無之[16]」と就任への含みも残しながら、「誠ニ申上兼候得共、明後日マデ否之御返辞可申上と存候間、吉井殿へも自然其中御逢も候ハヽ、可然御伝意奉願候[17]」と返答を待ってもらうよう伝えている。

その「明後日」になって、吉井のもとに品川から次のような返答があった。

皇室之一大事件ヲ担任スル否之義ハ病骨之身容易ニ御請仕候事も出来ヌ故土方大臣へも御断申上候次第ニて今日迄御無音之段不悪御海恕可被下候。今朝参堂仕候ハ別事に非らず皇室の為松杉檜ヲ植テ一生ヲ終ルと決心仕候故御答礼旁拝話を得度存候處御参内後故紙筆ヲ借拝（ママ）コノ書相認メ申候[18]

これは、御料局長官就任の明確な意思表示であった。また、「百年の仕事ニ松ヲ植ユル事故五年ヤ十年ニ目ヲ驚カス仕事ハ出来ズ、世間ノ誹謗其外苦情ハ百端ナルベシ。其節ニやじエ非免（ママ）之御内諭アリテも容易ニ御請ハ不仕候間此段今より申上置候[19]」とも言い、自身の御料局運営には誹謗や苦情、さらには「非免」（罷免）もあることと予見しているかのようであった。これは、当時においては御料局長官の仕事をそれだけ重大に受け止めているという程度の決意表明にしか見なされなかったであろうが、その後の実際の経緯[20]を知れば、まるで予言のような不気味さを持って迫ってくる。

しかしこれは決して予言ではなく、品川の中に成し遂げたい御料地運営の壮大なヴィジョンが既にあったことを示唆するものであった。そのヴィジョンは誹謗や苦情、そして「非免」の命を受けるかもしれない極めて大胆なものであったと考えられる。それゆえ職を奉じる上で予めその宣言をしておかねばならなかったのであり、後に「非免」を申し付けられても甘受するつもりはないとの一種の誓約をなしておく必要があったのである。そしてそれは、より誓約として確実な形式が必要だった。それが、天皇・皇后の御前での御料局への終身奉職の決意表明であった[21]。この事実は、後に彼が「非免」ではなく逆に内相に「栄転」する際の出来事を理解するための重要な伏線となっている。

さて、第二章で見てきたように品川は当時の藩閥政府の危機を何度も裏面から救ってきた。このことが、仮に政府への復帰のためのアピールであるとするならば、右のように天皇・皇后の御前で宮中への終身奉職を誓うことは天皇・皇后に対する背信行為になる。あるいは政府の職と宮中の職とを兼務できると考えたのかもしれない。しかしそうであったとしても、品川の御料局事業にかける熱意が強烈であったことは少なくとも確認できる。品川は、御料局長官拝命の翌日、伊藤に「皇室の為めに松を植ゆるにはやじが適任と自信し広言[22]」していたことを語っている。品川は既に伊藤に御料局長官の自薦までしていたのである。

ここで、以上の経緯の中で特に強調しておきたいのは、品川の御料局長官就任は政府の側ではなく宮中の側の要請に基づいていたということである。それは品川を宮中向きだとする認識や、おそらくは殖産興業（政策）指導者としての経歴が評価された結果であったと考えられる。そして品川自身も、藩閥政府の一員としての「政界の瓦撫《ゴム》」となる役割を自認しつつも、「百年の仕事」を行う覚悟で御料局入りしたのであった。

第二部では、明治二〇年代に「処分」された、あるいは「処分」が計画された御料地の個別的検討を行うことで、これまで見えてこなかった同時期の宮中・府中関係の一側面を明らかにする。個々の御料地の編入過程は以下の各章で検討するとして、まずは本論に入る前に以下の各章全体に関わる前提として、御料地を扱う部局として宮内省内に設置された御料局の管理機構や人員について確認しておきたい。

明治一八年一二月二三日、御料地を管理する部局として宮内省内に御料局が設置された。二二年二月、御料局本局に理事の官が置かれる[23]。これは、四月に置かれる佐渡・生野・木曽・岩瀬各支庁において支庁長の職に補するための官であった[24]。七月二三日には宮内省官制改定に伴い、御料局の管理機構は以下のように改められた。

御料局長　一人　勅任　局務ヲ総理シ局員ヲ監督ス

御料局主事　三人　奏任　局務ヲ掌理ス
御料局理事　四人　奏任　支庁長ニ任ス。其職制ハ別ニ之ヲ定ム
御料局属　判任
御料局技師　十二人　奏任
御料局技手　判任
御料局技手補　判任六等以下
御料局監守　准判任六等以下(25)

その後、幾たびかの管理機構・官制の改定があり、御料地の大規模編入が一段落した明治二三年末時点での官制・管理機構は次頁の図二序の通りとなった。第二部で扱う具体的事例は、全てこの体制を基礎に進行する。

しかし、この管理機構についての『帝室林野局五十年史』の記述には、やや説明の不十分な点がある。それは、支庁と事務所の違いである。支庁・事務所はともに御料局直轄の御料地を管轄する地方管理機構である。『帝林』では、「支庁を置く程の必要のない地方には本局直轄の事務所を開設(26)」したと説明される。この「支庁を置く程の必要のない」とはどういうことなのか。

それを考えるために、当時置かれていた事務所を確認しておきたい。既に述べた二二年四月開設の四支庁のうち、岩瀬支庁は二二年八月一五日に「規模の小さい岩瀬支庁の名称を変更した(27)」として、岩瀬事務所と改称している。つまり、支庁と事務所との区別は、規模の大小が一つの指標であったことがわかる。そして、事務所とは、「支庁を置く程の必要のない」小規模御料地を管理する部局であったということになろう。

しかし、規模の大小とはきわめて相対的な基準であり、支庁と事務所の区別としては曖昧模糊として捉えどころがない。ところが、二三年七月三一日に岩瀬事務所が廃止されて(28)以降の事務所は、規模の大小以外に支庁にはない特徴を帯びることとなる。岩瀬事務所廃止後は、「事務所」の名を冠する地方管理機構は、二三年一月一六日設置の諸県事務所と同年六月一六日設置の渡会事務所のみとなる。(29)諸県事務所は、宮崎県諸県郡所在の御料地を管理する部局であ

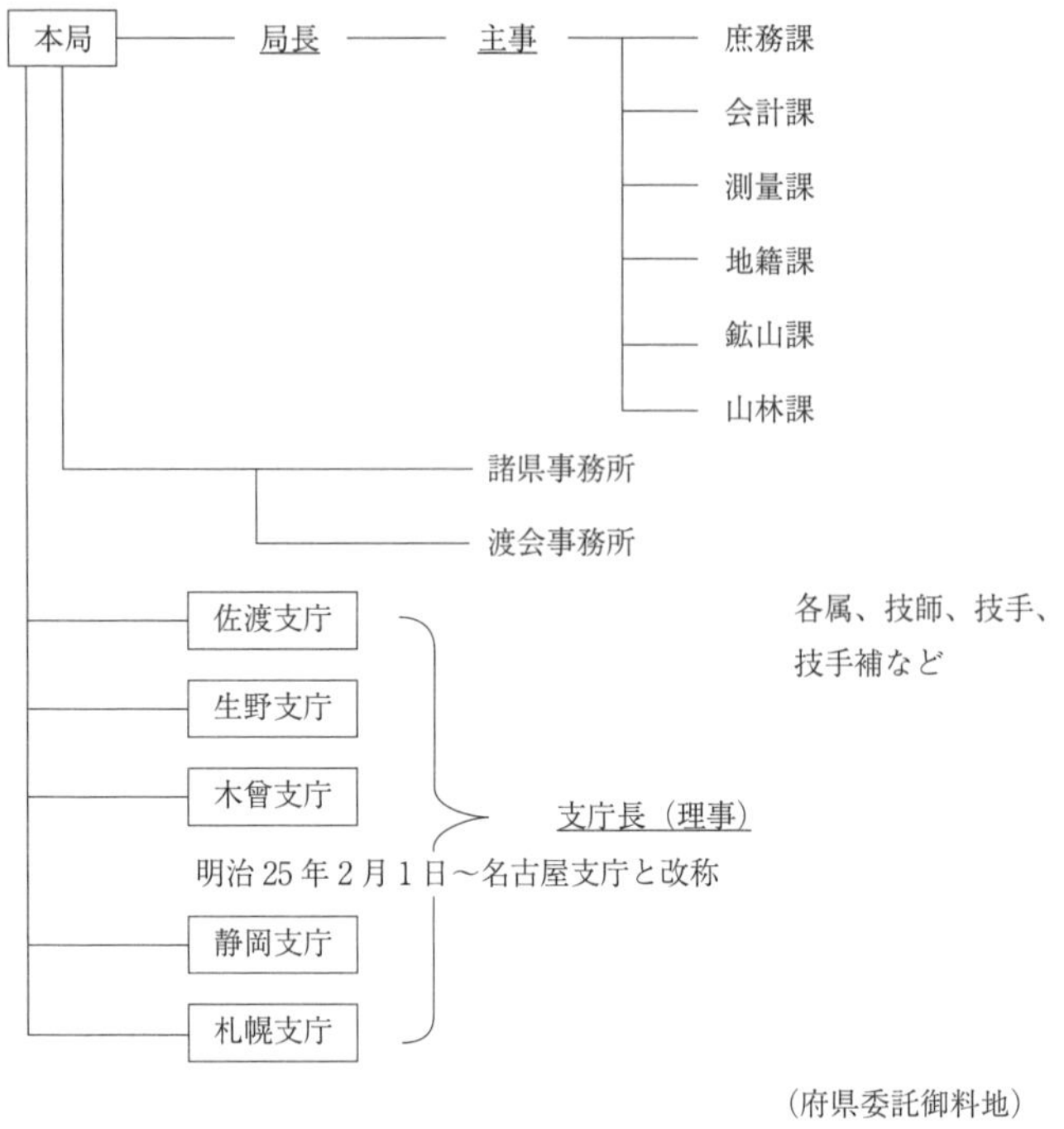

図二序：明治22年７月23日～29年の御料地管理機構と官制

註　『帝室林野局五十年史』第一章第二・三節より作成

り、渡会事務所は三重県伊勢・志摩御料地を管理する部局である。両者とも、本州中部や北海道の御料地からは懸隔しており、面積も比較的小さい。

　だが何より、両事務所のうち前者には天孫降臨の地とされる高千穂の峰を含んでおり、後者は皇室の祖神を祀る伊勢神宮に近接するという皇室の神話上重要な地に置かれているという特徴を有していた。こうした地が他の御料地と懸隔するにも関わらず編入された経緯や、そこに事務所が置かれた経緯[30]については、本書の論点とは多少離れるので、ここでは暫定的に、御料地設定にはイデオロギー的側面もあったと指摘するに止めておく。

　御料局が管理する御料地としては、この他に図二序の最後段に示した府県に委託管理されていた御料地もあった。この府県委託御料地もまた、これまでの研究では十分その成立の経緯が説明されてこなかった。『帝室林野局五十年史』では、支庁・事務所管内以外の御料地で「地方的の事情あるものの管理経営は之を所在府県知事に委託した」[31]と説明している。具体的には、東北・関東所在の御料地がこれにあたる。二〇年六月二二日、御料局長官は、群馬・福島・宮城・山形・岩手・秋田・青森各県知事に対し、次いで九月二四日には千葉・茨城両県知事に対し、かつて調査していた一〇〇町歩以上の官有地反別・箇所・略図等を差し出すよう照会した。そして差し出された調書をもとに、協議のまとまったものから順次御料地に編入していった。二一年には長野・静岡・神奈川・愛知各県知事に対して、二二年には山梨・岐阜・埼玉各県知事に対しても同様の照会をし、御料地編入を進めた[32]。

当時東北・関東諸県下の官有原野では、地元民の入会関係が複雑であったこと、政府が殖産興業政策のため予約開墾（開墾・牧畜等の目的で官有地上で起業する者には、事業成功の後きわめて低廉な価格で同地を払下げる契約で開墾年限を定め、その期間は無償で土地の使用を許す制度）を進め、開墾が盛んであったことなどがその背景にあった。それゆえ、「御料局長は御料地編入後に於ても秣場、放牧場、開墾等は従前の慣例に依り処理すべく、又一部に植林をなし其の他は慣行の通り処分すべき旨を知事に言明する所があつた。御料地編入の直後、東北諸県所在原野の管理を地方庁に委託したのは蓋し是等の事情に依るのである」[33]という。宮内省が全ての御料地を直轄にせず、このような府県委託御料地を併存させるに至ったのは、東北・関東諸県の知事との往復の中で右のような慣行の存在が確認されたためであった。

このように、明治二二年から二三年の御料地大規模編入の結果、本局直轄・府県委託の二種類の御料地を抱え、本局直轄御料地に関しては本局―支庁・事務所という管理機構を備えた御料局の体制が出来上がった。以下の各章で見ていく事例は、全てこの体制下の出来事である。

次に、御料局の人員構成に関してみておこう。二二年五月一三日に御料局長官に就任した品川は、早速本局人事に取り掛かった。品川就任まで御料局長官代理を務めた山本清十は、その後も御料局主事となって本局事務を支えた。明治一九年二月四日から二二年七月二二日までの宮内省官制では主事は一人と規定されていたが、七月二三日の官制改革で、主事は三人に増員された(34)。ちなみにこのときの官制改革以降、「御料局長官」は「御料局長」と改められる。

品川は、八月一九日付の吉井宮内次官あての書簡で、「本局主事欠員云々(35)」について次のように意見を表明していた。品川は、「山本〔清十〕ハ山林之事務専務之男、吉田〔市十郎〕ハ鉱山之事務の男、他ニ欠員とてハ無之、今壱人入レ度ハ山林学者ナレ共、制規上入レル事モ出来ず、当分入用も無之候(36)」として、望むらくは主事に「山林学者」を入れたいと考えていたようである。山本は農商務省時代からの林務官ではあるが、林学を高等教育機関で専門的に習得した「山林学者」ではなかった。吉田市十郎は、後述するように、大蔵省から御料局に佐渡・生野鉱山が移管されたことを受けて、御料局御用掛として大蔵省から出向していた鉱業行政の技術官僚であった。したがって主事の経歴はないが、実質的に主事に準ずる役割を求められていたものと思われる。また、「制規上」とは、山林学を習得した人物を一人採用したいが、経歴上の権衡を考えると奏任官である主事に任ずべき適当な人材が得られないという意に解すべきであろう。

品川にとっては必ずしも理想的な人材ではなかったかもしれないが、それでも山本は豊富な経験から創業期の御料局には欠かせない人物であった。しかし翌二三年二月に入り、山本はあることで品川の気を損ね、揉めた末に御料局を出てしまった。その経緯について、元御料局員の志和地栄介は、第四回林業回顧座談会の席上で、同じく御料局に技師として務めていた江崎政忠に「山本清十さんが品川さんに苛められたのは、江崎君の来る前だらう(37)」と尋ねている。すると、江崎は自身の就職前の出来事だが、「斯んな御料地の編入の仕方はないと云つて、スッカリ変へたのを山本がグヅ〳〵言つて、品川さんに叱られた(38)」と答えている。江崎は、御料地編入をめぐって揉めたと伝聞していたようだ。しかし事情を知る志和地は次のように訂正する。

品川さんが誰からか狆の造り物を貰つた。それを官邸で、どうだよく出来て居るだらう、と見せられた。今日は之を　皇后陛下に献上する積りだと病気を押して出て来られた。さうして献上した所が非常な御満足で、大変喜んで帰られた。そこへ山本さんが予算書を持つて来て、予算上の悪いと思ふ点に付て意見を述べた。すると品川さんは、初めての予算のことだから、各支庁長から出た通りにせよと云ふことを予ねて言ふて置いたではないか。

いや、それでも調べて見るとどうも杜撰です。あなたは山林の事は御承知ですか〔品川の言葉〕、知つて居ります〔山本〕。鉱山の事はどうですか〔品川〕、存じません〔山本〕、知らん者がどうして予算の修正が出来ますか〔品川〕と言はれた。山本さんはそれに負けずに又言はれた。よく覚えて居るが、床を靴で二三遍蹴られた。それが最後で、それからは山本さんは出勤しなかつた。[39]

タイミングが悪かったとしか言いようがなく災難であるが、山本はこうして品川と訣別し、帝室会計審査局に転任となった。この経緯からは、品川の短気で激しやすい性格が見て取れる。そのことは本人も自覚し、気に病んでもいたが、以下の各章で明らかにする御料地運営をめぐる対立にも、品川のこの性格が災いした部分が少なからずあった。

山本転任をめぐる事情は、品川も井上馨に漏らしていた。

過ル五日、今年ハジメテ宮内省へ出頭、局中ニテグズ〳〵シタ仕事ヤラ議論アル故ニ、主事山本清十ヲ叱リ付ケ候処、腹ヲ立テ杉内蔵頭の心配も清十聴カズ、終ニ花房〔義質帝室会計審査局長〕の配下ニ放逐転任シタリ[40]

書簡中杉内蔵頭の心配とあるが、この一件については内蔵頭の杉孫七郎も気を揉んでいたようで、山本の転任が決まった後の二月一八日には次のように語っている。

山本清十之義大臣之厚意にて非職にも不相成、同人之大幸に有之、自今御料局と内蔵寮とは互に気脈を通し帝室経済之前途之目的を相立度奉存候。是迄経済会議は山本担任にて列席、意見も承候。全く御同意之事と心得候へ共、転任に付ては無益に帰候。老台時々御出勤相成候へば無此上好都合候へ共……[41]

この書簡を見ると、山本が非職にならず帝室会計審査官への転任に落ち着いた背景には、土方宮相の計らいがあったことがわかる。しかし杉は、山本がこれまで病により欠勤しがちであった品川に代わって皇室経済会議に出席していた経緯があることは品川も同意のはずとして、今後の皇室経済のために品川に時々でも出勤するよう求めている。

品川の病気は季節性のものであったかもしれないが、前年秋の黒田内閣末期から第一次山縣内閣発足までの政府における働きを想起すると、温度差を感じてしまうかもしれない。これを見る限りでは、品川の本意はやはり政府での活躍にあり、御料局は単なる腰掛にすぎなかったと思われても仕方がない。しかし、品川は決して御料局運営をおろそかにしていたわけではなかった。それはこの後の各章で追々明らかにしていくが、まずは山本転任後の主事の選定に、品川の御料地運営に対する将来にわたる構想の一端が垣間見られるので、そのことを確認したい。

山本転任後、品川は主事に姉小路公義を採用した。品川は、井上に宛てた書簡の中で次のように小言交じりに語った。

> 後任ニハ姉小路伯ヲ兼務（青木へ談ジタル上）二、三年仕込ンダレバ、帝室ノ好役人ニナルト存候。鉱山も山林も独乙学の技師追々ト入リ来リ候間、将来ノ為メ門閥旁、姉小路ヲ入レ置タリ。植樹家ニも中〳〵容易ニハナラレ不申候(42)

姉小路公義は安政六年四月四日に万里小路博房の子として生まれ、姉小路公知の養嗣子となった人物である。明治五年九月一四日から一〇年以上ドイツに留学し、一八年二月二〇日からは外務書記生としてドイツ公使館に勤務した。二一年二月二八日には帰国し、外務大臣秘書官などを務めるも、その後も公使館書記官としてベルリン、イタリア、アメリカなどで勤務した(43)。外交官との兼務で御料局主事が可能なものか、「青木へ談ジタル上」でなければならなかったが、品川は二、三年仕込んで「帝室ノ好役人」にするつもりであったようだ。姉小路を選んだのは、御料地の中核をなす鉱山、山林とも、その事業経営には当時最先端とされたドイツ学の学識が必要であり、技術官僚にはドイツ学を修得した人物が採用されることを見越して、斯学に理解のある人物が必要であったことと、「門閥」の観点からも宮内省に相応しいことが理由であったようだ。品川は杉に対しても同様の書簡を送っている(44)。

かような期待を寄せられ、姉小路は二月に辞令を受け、外務大臣秘書官のまま御料局主事を兼任することとなった(45)。翌月にはもう一人主事として佐々木陽太郎が任命された(46)。品川は、二月一九日に内蔵頭の杉孫七郎に送った書簡の中で、「会計ノ事ハ確カナルモノ主事ニ置ク積リ。山本〔清十〕とも度々人物談ジ置タルヿアリ(47)」と語っていた。佐々木は兵庫県収税長などを務めた経歴(48)から、「会計が出来る」という条件はある程度満たしていると思われたのだろう。彼が品川と同郷人(49)で、もともと親しい付き合いがあった(50)ことも多少は品川の判断に影響したかもしれない。

山本との訣別は不慮の出来事だったかもしれないが、これをきっかけとして品川は自身の思い描く将来の御料地経営に必要な人材を新たに主事として配置することができた。こうして本局の体制を整えた上で、品川は各支庁の経営に本格的に乗り出すこととなるのであった。

（1）土屋重朗『近代日本造船事始―肥田浜五郎の生涯』（新人物往来社、一九七五年）二七〇～二七二頁。肥田濱五郎は、天保九年伊豆国賀茂郡に生まれ、蘭学を修得して安政三年より幕府に仕え長崎で海軍蒸気機関技術を学ぶ。安政六年には咸臨丸の機関士となり渡米、維新後は明治政府に奉職、工部省で造船・製作の局にあたり、横須賀造船所に勤務。また岩倉使節団にも加わる。岩倉具視の懐刀と言われ、理財の才を買われただけあり、第十五銀行の創立、日本鉄道会社の創設にも重要な役割を果たしている。その後、明治一五年海軍総監、一八年御料局長官などを歴任。皇室財政の一角を担う御料局長官に任ぜられたのは、宮内省御用掛時代に熱海の吸気館の設立運営、そのための用地買収、箱根離宮の造営などに功績があったためと言われる。当時は温泉が呼吸器病に効くと信じられていたので、熱海の温泉を呼吸器病の療養に利用したらどうかと考え、政府はこのことを内務省衛生局長長与専斎と宮内省御用掛の肥田に計画させたのであった（熱海離宮と吸気館については前掲高柳友彦「温泉地における源泉利用」）。以上の経歴は、前掲『近代日本造船事始』、前掲鈴木淳「横須賀造船所初期の技術官制度」四、九頁を参照。

（2）「肥田御料局長官枉死の推想」（『東日』明治二二年五月一日）。

（3）肥田の不幸な死については、このほかに寺尾辰之助編『明治林業逸史　続編』（大日本山林会、一九三一年）七五～七六頁に、第二回林業回顧座談会（昭和五年一〇月四日）の記録として、志和地栄介が当時御料局木曽支庁に在職していた時の回顧が残っている。そこでは、長官の到着が遅れていることへの当時の御料局支庁員たちの心配や、その事故死を聞いた時の衝撃までもが生々しく記されている。また、宮内庁書陵部宮内公文書館所蔵「重要雑録　明治22年」（御料局、識別番号13117）には、肥田の事故死についての警察・医師の検死書類や、当日の御料局本局との電報など詳細な記録が残っている。

（4）『帝林』二〇一頁。

（5）明治（二二）年四月二九日付品川弥二郎宛土方久元書簡（『品川文書』六、五一頁）。

（6）同右。

（7）明治（二〇）年七月二三日付伊藤博文宛三条実美書簡（『伊藤文書』五、一五五頁）。

（8）同右。

（9）同右。ただし、「乍併吉井之上に品川を抜擢相成事御都合如何可有之哉」と、その用い方には神経を使うことも付記していた。

（10）実際、歴代御料局長（官）を概観してみると、いずれも政府において何らかの産業政策に関わっていた経歴をもつ。肥田濱五郎は海軍蒸気機関の技術官僚出身であり、銀行経営など理財にも優れていた。山本清十は、第二章にも登場した林務官の経歴を持つ人物である。また、品川の後を見ても、岩村通俊は初代北海道庁長官や農商務大臣を歴任しており、その後任である渡辺千秋も北海道庁長官として拓殖行政を担ってきた経歴をもつ。

(11) 明治（二二）年五月六日付松方正義宛品川弥二郎書簡（「吉井文書」R3―87―3）。

(12) 前掲明治（二二）年五月七日付杉山栄蔵・宮島信吉・高橋是清宛武井守正書簡。武井は品川を「大臣候補者タル人ニシテ一小部分ニ従事ハ面白カラス」と考え、「好トハ難言」と考えていた（同右）。

(13) 前掲明治（二二）年五月六日付松方正義宛品川弥二郎書簡。

(14) 同右。

(15) 同右。

(16) 同右。

(17) 同右。

(18) 明治（二二）年五月八日付吉井友実宛品川弥二郎書簡（佛教大学近代書簡研究会編『宮津市立前尾記念文庫所蔵元勲・近代諸家書簡集成』〈思文閣出版、二〇〇四年〉二七〇～二七三頁）。右は、所収史料集では明治二一年のものと推定されている。ここでこの書簡に関し、史料集の年代推定の誤りについて指摘しておきたい。

　同史料集では、この書簡中に見える「皇室の為松杉檜ヲ植テ一生ヲ終ルと決心」「皇室の為メ植樹家ニナルト決心」（同右、二七二頁）という部分を、「品川がよく用いる諷喩の類い」（同右、二七四頁【解説】）とし、憲法や皇室典範の草案審議に加わることを意味しているとして、二一年五月八日付のものとしている。つまりこの書簡の「皇室の為」という部分を枢密顧問官としての活動についての表現だと解釈したものと思われる。しかし実際品川が枢密顧問官に就任したのは二一年四月のことであり、それから一か月も経ってこのような内容の書簡を送っていることになる。仮にそれが不自然でないとしても、品川は二一年五月八日から六月一五日の皇室典範草案審議には全て欠席している（前掲『枢密院会議議事録　第一』一～一四〇頁）。特に吉井宛書簡の日付である五月八日の審議にも欠席していることには注目すべきだろう（同右、一五五～三九五頁）。また、品川は六月一八日から七月一五日の憲法草案審議においてもすべて欠席している。

　以上の事情を勘案すると、「皇室の為」というとき、枢密院よりもむしろ宮内省において御料局長官というポストに就任した事情を考慮に入れるべきではないだろうか。御料局長官と考えると、「松杉檜を植える」の部分も「御料林を経営する」ということの比喩として意味も通るが、枢密顧問官と考えるとこの部分は意味が通らない。

　またこの史料が、品川が御料局長官就任の決意を表したものとして二二年五月八日付だと考えると、本文でも述べたように既に四月末より打診をされていたということと、実際に御料局長官に就任したのが五月一三日であることから、時期の面でも自然である。さらに付け加えると、以下でも述べるように、同様の表現は品川の御料局長官就任について書かれた他の史料にも頻出する。

この時期品川は、御料局長官就任にあたって御料事業に百年計画といった長期的視野で臨む構えを示し、天皇・皇后の御前で表明した（後述）。つまり、前出の吉井宛書簡にて「百年の仕事」というのは、御料局事業のことだと解釈できる。したがって、冒頭で挙げた吉井宛品川書簡の作成年月日は明治二二年五月八日である。

この「皇室のため松杉檜を植える」という表現は確かに「品川がよく用いる諷喩の類い」である。しかしこの比喩が御料局長官就任を意味すると考えられてこなかった一つの理由は、この表現が使われた他の史料に誤りがあることによると思われる。

この表現が使われた他の史料としては、『伊藤文書』五に入った明治（二二）年五月一四日付伊藤博文宛品川書簡（『伊藤文書』五、二四九頁）があるが、これには最終段落に「○法制局長昨日奉命仕候。」という一つ書きがある。その段落では、「陛下に謁見将来の事ども委しく申上置候間御含み置可被下候。老台御創設の事に付何かと御意見も有之事と存候。何づれ参堂御伺仕度存候。皇室の為めに松を植ゆるにはやじが適任と自信し広言の段御笑察々々々」とある。

しかし、明治二二年五月一四日段階で法制局長官であるのは井上毅であり、この前日に誰かが新たに任命された形跡はない。同段落で述べられている「皇室の為めに松を植ゆる」が御料局長官に就任することだと考えれば、実際の御料局長官拝命は五月一三日であり、時期的にも「昨日奉命」としてつじつまがあう。また、「老台御創設」という部分に関しても、星原大輔氏の論文の中で、伊藤が御料局創設に深く関わっていたことが指摘されている（星原大輔「御料局と長州藩撫育方―明治皇室財産の一考察―」（『ソシオサイエンス』一一、二〇〇五年））。さらに、「奉命」の際に「陛下に謁見将来の事どもを委しく申上置候」という内容も、明治二四年六月二日に山縣に伝えた「御料事業ニ付テハ全力を尽シ、百年ノ計図ヲ為シ候心得ニテ、一昨年拝顔之節も、　陛下ニ何も打明け、心事申上候」（前掲明治二四年六月二日付山縣有朋宛品川弥二郎書簡）という内容と一致する。このように考えると、ここでいう「法制局長」は「御料局長」の翻刻ミスであると考えられる。これは字形の面からも裏付けられる。

以上より、本書では上記の二史料を以下のように訂正して使用する。明治二一年五月八日付吉井友実宛品川弥二郎書簡→明治二二年五月八日付吉井友実宛品川弥二郎書簡、明治二二年五月一四日付伊藤博文宛品川弥二郎書簡中「法制局長昨日奉命」→「御料局長昨日奉命」。

ちなみに、前掲吉井宛品川書簡中にある「宮内大丞土方久元」という表現についても一言しておきたい。当時既に内閣制度創設後であり「大丞」という官名はなく、実際土方久元は二〇年九月一六日から明治三一年二月八日まで「宮内大臣」の職にある。したがってこれは「宮内大臣」の翻刻ミスであろう。この点に関しては宮津市立前尾記念文庫にて原史料にあたり、字形の点からも右の推定が裏付けられることを確認した。

しかし以上のような所収史料集の翻刻ミスも年代推定の誤りも、より根本的には品川の御料局長（官）時代の実績がほとんど着目されてこなかったことにより誘発されたと考えられる。本書は全体を通してこのような品川の御料局長（官）時代の低評価を見直すことにもなるだろう。

(19)前掲明治(二二)年五月八日付吉井友実宛品川弥二郎書簡。
(20)第三・四・五章、及び補論参照。
(21)昭和五年一二月一二日に開催された第四回林業回顧座談会では、志和地栄介が次のように回顧している。「肥田さんが死んだ時、後継者は品川さんと云ふことになつて居つたのを辞退になつた。それを 陛下が、特にお前でなくちやいかんと仰せられ、皇后陛下も仰せられた。そんな事があつたから、内務大臣になつても御料局長官は動かんものと信じて居られた。さう云ふ事を僕は聞いたことがある」。これに対して、江崎政忠も「それは僕も聞いた」と言っていることから、御料局官僚の中ではよく知られた話であったことがわかる(前掲『明治林業逸史 続編』二〇五頁)。また、後になって、品川が二四年六月一日の内務大臣拝命を辞退して、那須の別荘に逃亡する際山縣に宛てた書簡でも、同様の回顧があったことは第三章で詳述する。明治二三年二月一九日付杉孫七郎宛品川書簡でも、品川は「終身奉職之御盟ハ昨春局長奉命之節両陛下ニ申上置候事故ニ容易ニ辞表ハ出シ不申候」と記している(「杉文書」40‐9)。
(22)前掲明治二二年五月一四日付伊藤博文宛品川弥二郎書簡。
(23)『帝林』四頁。
(24)同右。
(25)同右、一一二～一一三頁。
(26)同右、四頁。
(27)同右、七三頁。
(28)同右、六三頁。
(29)同右、五九～六一頁。
(30)古川隆久氏によると、維新後は建国神話や皇紀については、教育現場でもあまり大きく取り上げられてこなかったが、明治二二年の大日本帝国憲法発布以降、こうした状況は変化するという。憲法で建国神話をその理念的支柱として採用して以降、これと軌を一にするように、二三年には神武天皇を祀る橿原神宮が創建され、同年教育勅語を渙発し、皇祖皇宗を敬う国家理念が明らかにされた(古川隆久「近代日本における建国神話の社会史」〈『歴史学研究』九五八、二〇一七年〉)。古川氏は、この一連の動きは幕末に勢いをもった後期水戸学の思想の系譜を継ぎ、「藩閥政府が決めた国家目的の実現にのみ発揮される国のあり方を正当化するために建国神話が利用された」ものであると指摘している(同右、二九頁)。この指摘にしたがえば、二三年の伊勢・宮崎県下御料地の設定はきわめて象徴的な出来事であるといえるだろう。それぞれ皇祖(天照大神)・皇宗(神武天皇以降の歴代天皇)を象徴する御料地ということになるから、その後の経緯はどうあれ、その設定自体は古川氏が指摘するような、建国神話の国家中枢における復権ともいえる一連の動きの中で捉えるべきであろう。ちなみに、二二年の憲法発布時に明治天皇が発した勅語によると、

「皇祖」は天照大神と神武天皇、「皇宗」は神武天皇以降の歴代天皇を指していたが、それ以後は「皇祖」を天照大神、「皇宗」を神武天皇以下諸天皇の意味で用いられるようになったという（同右、二八頁）。

(31)『帝林』四頁。

(32) この御料原野編入の過程は、宮内庁書陵部宮内公文書館所蔵「地籍録8　明治22年」（識別番号56044‐7）に御料局と府県知事との往復書簡が残っており、詳細に辿ることができる。『帝林』の記述はこれら公文書に基づくものであるため、概要に関しては正確な記述になっている。

(33)『帝林』二八七頁。

(34)『帝林』一二頁。

(35) 明治（二二）年八月一九日付吉井友実宛品川弥二郎書簡（神奈川県立公文書館所蔵「山口コレクション」資料ID：2199400438）。

(36) 同右。

(37) 前掲『明治林業逸史　続編』二〇六頁。

(38) 同右。

(39) 同右。

(40)（明治二三）年二月一六日付井上馨宛品川弥二郎書簡（「井上文書　書簡」515‐2）。

(41) 明治（二三）年二月一八日付品川弥二郎宛杉孫七郎書簡（『品川文書』四、三七二頁）。

(42) 前掲（明治二三）年二月一六日付井上馨宛品川弥二郎書簡。

(43) 姉小路の経歴については、刑部芳則『三条実美　孤独の宰相とその一族』（吉川弘文館、二〇一六年）一九九～二〇〇頁を参考にした。

(44)「姉小路伯ハ唯々鉱山山林とも将来独乙学の技師ガ両事業ともメルヿハ明々白々ト存候故ニ、本局へ独乙学ノ十分アルモノト存候。青木も談じ候訳けなり」（前掲明治（二三）年二月一九日付杉孫七郎宛品川弥二郎書簡）。

(45)『帝林』二〇五頁。

(46) 同右。

(47) 前掲明治（二三）年二月一九日付杉孫七郎宛品川弥二郎書簡。

(48)『品川文書』四、二一一頁。

(49) 同右。

(50) 明治（二一）年三月八日付品川弥二郎宛佐々木陽太郎書簡（『品川文書』四、二一一～二一二頁）では、両者は御料局入り以前から贈答・訪問・食事をともにするなど、私的な交流があったことがわかる。

第三章　御料鉱山の払下げ――御料地と鉱工業政策・財政政策

はじめに

本章では、明治二〇年代に「処分」された御料地に関する具体的事例の一つとして、佐渡・生野両鉱山とその付属施設（「御料鉱山」）を検討する。

これまで御料鉱山払下げに関する研究は、経済史・経営史・技術史においてなされてきた。小林正彬氏は、日本における資本主義形成を考えるうえで重要な事例である官業払下げの一つとして、御料鉱山払下げを分析した(1)。高村直助氏は、官営時代からの佐渡・生野両鉱山について、その政府における貨幣原料としての意義や、「ただ同然の払下げ」と言われる三池・佐渡・生野三鉱山の払下げについて、実際には最終的に国庫にどのような影響を及ぼしたのかを検討した(2)。小林延人氏は御料局時代の佐渡・生野両鉱山の経営状況を分析し(3)、技術的側面からは御料地となった佐渡・生野両鉱山が当時日本でも随一の規模と技術力を誇った非鉄金属鉱山であったことから、その採鉱・製錬工程の技術革新のあり方を分析した研究もなされてきた(4)。

このように、御料鉱山に関しては、主にその経済史・経営史・技術史上の意義に着目して研究が進められてきた。したがって、そこでは「佐渡鉱山」、「生野鉱山」というように個々の鉱山を対象に分析され、その所管の如何（官営であるか皇室財産であるか）によって生じる性格の差異が問われることはほとんどなかった。

そのような研究状況の中で、ひとり大澤覚氏は、御料鉱山の払下げが御料地を山林に一本化していく契機となったとして、その皇室財産史上の意義を指摘した。[5] 大澤氏は、「皇室財産の研究といえば、通常、木曽や北海道を中心とした御料林経営が中心とされるのが普通である」[6]という現状を踏まえた上で、「御料林経営がこのようなものとして印象づけられ、位置づけられるのは、御料鉱山経営や御料農地経営の規模が小さかったからというだけでなく、これらが様々な事情により縮小や廃業へと向かったことそのものにも理由が求められる」[7]とし、「御料林経営に先立って、御料鉱山経営や御料農地経営が、なぜ、どのように廃業され、縮小されるに至ったかを明らかにしておくことが、御料林経営を明らかにする上でも、重要であろう」[8]と指摘している。

このような大澤氏の問題提起は筆者も全く同意するところであり、同氏の成果は御料鉱山の皇室財産としての意義に着目した数少ない先行研究の一つとしてきわめて重要であると考える。しかしながらその結論については、筆者は大澤氏とはやや見解を異にする。

大澤氏は、御料鉱山払下げの原因を生野鉱山と同鉱山附属大阪製錬所を維持するために必要な多額の追加資金に加え、佐渡で明治二七、八年頃から鉱物の窃盗などの「乱れた経営」[9]が露呈し、そのために会計審査が入り、自殺者や技師の辞職をも招き、御料鉱山の「権威を傷つけてしまった」[10]こととしている。

この大澤氏の評価は、御料鉱山払下げの理由に関するこれまでの評価の問題点克服を目指してなされたものであった。御料鉱山払下げの原因に関しては、公には経営状況の悪化であるとされていたことは、これまでの研究においても指摘されているところであり、それは疑う余地もない事実であるが、その公的発表には疑わしい点がいくつかあった。たとえば、宮内省は払下げ理由の一つとして計画通りに収益が上がらないことを挙げているのに対し、御料鉱山経営に従事した技術官僚らの意見書では、年度・作業部局ごとにみると収支が相償わない例もあるが、編入からの七年間、作業部局全体を通してみると決して薄利ではなかったことを証明している。小林正彬氏もこの矛盾を指摘しているが、その真相を追求するまでには至っていない。[11]

近年の研究では小林延人氏が、御料鉱山期に佐渡が所期の収益をあげなかったとされているのは、営業利益以上に設備投資を行っていたからであることを明らかにしている[12]。しかし、問題関心の所在にもよるが、そのような経営がなぜ可能であったのかについては十分明らかにされず、その政治史的意義についても全く考慮されてこなかった。

大澤氏の結論はその間隙をつなぐ政治的背景を明らかにしようとした点で、研究史上重要な意義をもつといえる。しかし、佐渡で起こった窃盗は大澤氏がいうように「乱れた経営」によるものとはいえないし、窃盗が「乱れた経営」を招いたわけでもなく、自殺者や技師の辞職と窃盗事件・「乱れた経営」とを因果関係で結びつけることには実証面で問題が多い[13]。そしてそれらがどのように御料鉱山の「権威を傷つけてしまった」のかに関しても十分な説明がなされていない。

大澤氏は、御料鉱山が皇室財産に及ぼした負の影響を指摘しているのであり、それはあくまで山林経営に収斂する御料地のあり方を終着点として原因究明を行おうとする問題関心がある以上当然の見方であるともいえよう。しかし、山林以外の御料地の問題点を後の御料林経営から見て考察する視角では、「処分」に至るまでの時期にそれらの御料地が果たしていた役割を見落としてしまうことになる。御料地の山林一本化への一階梯として御料鉱山払下げを捉える見方はよいとしても、御料地の山林一本化を起点として御料鉱山の「何が問題であったか」という視点ではなく、御料鉱山の編入から払下げまでの間に起っていたことを丁寧に検討し直す必要があるだろう。そのためには、大澤氏やこれまでの経済史・経営史・技術史研究が着目してこなかったような史料をも使用する必要がある。そして、それらの多様な史料をもとに、本書の目的に沿って御料鉱山が藩閥指導者や政府出身官僚らにとっていかなる政治的意義を有していたのかを考察することが求められる。

本章では、右のような関心に基づき、まず第一節で御料鉱山の編入過程と、その編入、及び創業期の御料鉱山経営の実態とその政治史的意義を、主に技術官僚に視点を据えて明らかにする。ついで第二節では、御料鉱山の政治史的位置について、御料局長の品川弥二郎や藩閥指導者、宮内省幹部などの言説から明らかにしたのち、御料鉱山経営の大きな画期となった品川御料局長の転任・岩村通俊御料局長の就任について、その各方面への波及効果を論じる。第三節では、御料鉱山払下げに至る過程について、これまでの研究で着目されてこなかった経緯を明らかにしつつ論じることとする。以上の検討を踏まえた上で、最後に御料鉱山が藩閥指導者や政府出身官僚らにとっていかなる政治的意義を有していたのかを考察する。

第一節　御料鉱山事業の開始

1　佐渡・生野両鉱山の官営継続

明治政府は、倒幕・廃藩の過程で旧幕府・諸藩所有の鉱山や諸工場を接収した。これら鉱山・諸工場は、一般には殖産興業政策の重要な柱の一つとして、まずは工部省において民業の模範、及び政府の需用に応じることを目的として経営された。しかし、金・銀・銅を生産する鉱山のみは特に財政を預かる大蔵省の意向もあり、早くから新貨幣の原料確保・準備金増殖もまた重要な目的の一つとされていた[14]。

井上財政期や大隈財政期においては、外債や直輸出による正貨蓄積策が打ち出されることが特徴であったが[15]、準備金正貨増殖のため金銀増産もまた重視されていた[16]。大幅な歳出削減を迫られた井上財政期においてすら金属鉱山が特別扱いをされていたことは特筆すべきであろう[17]。松方財政期には外債による正貨蓄積は見直されるようになるが[18]、正貨確保の努力は一貫して続けられていた。松方財政期の財政政策課題は、兌換制度の創設・維持を前提に緊縮財政方針のもとで軍事力・経済力を構築することであり[19]、そのために何より必要なのは正貨蓄積であったからである。

より具体的に見ていけば、兌換制度確立前の明治一四（一八八一）年から一八年までの時期においては、正貨蓄積策の中心は海外荷為替取組、及び公債政策であり、銀兌換制度が確立する明治一八～一九年以降は、海外荷為替取組・経費削減に加えて産業育成による輸出の拡大策もとられるようになった[20]。このように、兌換制度開始後においても、正貨蓄積は政府にとってより一層切実な課題であったが、その正貨獲得策の中心は金銀増産ではなかった。

しかし、国内の金銀産出量は「少ない」とはいえ「ある」以上、金銀増収も可能な限り目指していくという多正面作戦がとられた。高村直助氏は、松方財政期の「正貨増殖が、主として海外荷為替制度による海外金銀購収の結果もたらされたものであることはしばしば強調されており、それはそのとおりであろう」[21]としつつも、国産金銀、特に官営鉱山の産出金銀はこの間何の役割も果たさなかったわけではなかったことも明らかにしている。明治八年から一三年までは商品貿易入超の結果金銀が流出、紙幣インフレによる金不足により地金収入が減った一方で、官営鉱山金銀産出量は伸び、官営での金銀鋳造継続の重要な条件となった[22]。また、明治一四年から一七年の間においては、国内金銀山産出金銀からなる正貨は準備金正貨増加額の一九パーセント近く（うち官営は八・四パーセント）を占めていたのであり、「多いとまではいえないが、正貨増殖の重要な脇役[23]」であり、無視できない存在であった[24]。準備金の一割から二割を占め、しかも「必ず政府に領収できる[25]」官営金銀山は、手放すには惜しい物件であった。加えて、技術水準が低位な明治前半期の段階では、技術革新が起こり、増産が実現する可能性は十分にあった。

このように、明治政府成立当初から、官営鉱山の中でも金銀山のみは特別な役割・使命を与えられていた。他の金属鉱山や炭鉱はどちらかといえば産業政策の範疇であり、増産し輸出増加につなげることで正貨を間接的に国庫に還元することが求められていたのに対し、金銀山は直接正貨原料が確保できることから、純粋な財源としてみなされていたのである。

一方で、工部省の行っていた官営模範事業に目を向ければ、直接多額の国庫支出を伴うものであることから、西南戦争後のインフレや貿易赤字、紙幣下落、財政赤字の重なる厳しい国家財政の許すところではなくなり、早くも明治一〇年代初頭には見直しを迫られることとなった。明治一三年一一月五日には「工場払下概則」が制定され、以後官営事業は順次民間へ払い下げられる[26]。

「工場払下概則」は、当初鉱山への適用は定めていなかったが、明治一五年末から佐佐木高行工部卿主導のもと、工部省において官営鉱山まで払下げ対象として検討され始め、その計画は赤字鉱山に止まらず一部の優良鉱山にまで及んだ[27]。しかし、大蔵省はこの動きに対し急ぎ待ったをかけた。大蔵卿の松方正義は、官鉱中最優良成績を収め、貨幣原料を直接・間接に得ることができる佐渡・生野・三池・阿仁の四鉱山は特に、当時深刻な財政難に見舞われていた政府において引き続き必要と強く主張した。その結果、四鉱山は引き続き官業として継続されることとなった[28]。一八年一二月に工部省が廃止されると、三鉱山は一時農商務省の所管となったが[29]、一九年一月からは大蔵省管轄となる[30]。大蔵省は、明治初年以来の目的をいよいよ自省で本格的に遂げるべく、金銀増産を重要な使命として運営に乗り出した。それは、創業時には収益性を度外視しても増産を可能とするための設備拡張・更新を行うことを目指したものであった[31]。

この意義は、佐渡・生野両鉱山の御料局編入の理由としても強調された。官営継続とされた三鉱山[32]のうち三池は二一年に払い下げられたが[33]、佐渡・生野両鉱山はその後も官業を維持すべきとする議論が大蔵省から強く出され、政府部内で共有されていった。二一年四月六日、大蔵大臣松方正義は「佐渡生野両鉱山官行継続之件」を閣議に提出した[34]。松方はその中で、三池は炭鉱であり商業的性格が強いため官業継続は不穏当とされ民業に移管することとなったが、佐渡・生野は金銀山のため民業との競合がほとんどないことや、直接正貨原料が獲得でき紙幣交換のための国庫準備金増殖の観点から最も緊要であるなどの理由から官業据え置きを求めた。この意見は、同月二五日に閣議で採択される[35]。

松方は右の「佐渡生野両鉱山官行継続之件」の中で、「佐渡生野両鉱山ハ官行（帝室財産ノ義ハ格別）ニ据置キ何様ノ事情アルモ決シテ払下ヲナサヽル様予メ確定致シ置度[36]」と述べている。特に、割註の部分に着目すれば、松方が官業継続の最も望ましい形として皇室財産編入を位置づけていたことがわかる[37]。この当時はまだ、売買不可能な世伝御料と売買可能な普通御料の区別はなかったが[38]、「何様ノ事情アルモ決シテ払下ヲナサヽル」ための措置として提起していることから、皇室財産になると「格別」容易に売買ができなくなると考えられていたことがわかる。

ここで注目すべきは、両鉱山の皇室財産編入が国庫準備金増殖という国家的課題の解決策として提起されていることである。松方―大蔵省は、皇室の財源という観点からではなく、明確に大蔵省行政上の必要から佐渡・生野両鉱山の御料地編入を求めていたということを意味するからである[39]。政府の財政を預る松方において、皇室財産は政府の財政上の課題を政府以上に確実に解決することのできる存在であるという認識が、何の矛盾もなく論の前提に敷かれていたのである。

このように考える松方においては、会計制度上の宮中・府中の分離と、皇室・政府財源の実際の使途における一体は無矛盾的に並立しうるものであったということができる。そしてこの認識は、松方の請議を容れた政府においても問題視されるようなものではなかったと考えられる。そしてそれは、来るべき議会開設よりも、閣内の官営鉱山払下げ推進勢力を意識して提起されたものであったことにも着目したい。御料鉱山は、閣内の問題を解決するために生み出されたものであった。

2　佐渡・生野両鉱山の皇室財産編入

両鉱山の官営継続が認められた半年後の明治二一年九月二七日には、宮内大臣土方久元から松方蔵相のもとに両鉱山の皇室財産編入について照会があった[40]。このことからは、それまでにも両省間で何らかの折衝が行われていたと考えられる。一〇月二五日、松方は両鉱山の皇室財産編入を閣議に申請した[41]。この申請は一二月二五日に認められ、翌年四月一日両鉱山は宮内省に引き渡された[42]。

この両鉱山編入については高村直助氏が、編入に際して大蔵省は宮内省に対し多額の未償還興業費、営業資本金、二一年度分興業費「繰替貸」まで、すなわち償還を要する金額は全て負担することに合意していたことを明らかにしている[43]。高村氏はその理由を、三池鉱山払下げにより生じた資金的余裕が政府にあったからだとしている。鉱山は創業に多額の資金を必要とする。松方は、御料局移管後もスムーズに事業に取り掛かることができるよう、大蔵省において両鉱山の移管時点における負担分を一手に引き受けたのである。

しかし、「官営」であるに違いはないとはいえ、会計制度上も分離されている以上、御料鉱山産出金銀はこれまで通り政府造幣局にスムーズに納入できたのだろうか。そこで次に、御料鉱山産出金銀の国庫納入の仕組みについて確認する。

官営鉱山で産出された貴金属は、大蔵省造幣局に上納・販売されていた。これは、明治六年四月の大蔵・工部両省大輔間の約定に基づく[44]。御料鉱山となっても、大蔵省所管時と同様に大阪造幣局で貨幣に鋳造のうえ日本銀行に払い下げられていた[45]。

より具体的に見ていこう。宮内省移管前の二二年三月、大蔵大臣の照会により、御料鉱山より産出の金銀地金の処分に関しては、これを日本銀行に払い下げることに約定された[46]。四月には、両鉱山産出の金銀塊は政府所管時と同様、大阪造幣局に輸送して製錬のうえ金銀貨に鋳造すると定められた。五月に至ると、日銀と御料局との協定がなされ、両鉱山産出金銀塊は貨幣に鋳造のうえ、御料局より日銀大阪支店に引き渡し、その代金は、金貨は引き渡し当日の相場で、銀貨一円は一円として計算し、代価は兌換銀行券をもって東京または大阪で便宜受領することと定められた。六月には同時に金貨は前週の平均相場をもって次週間内はいつでも引き渡し可能となった。

このように、大蔵省は政府所管時とほぼ同様の手続きで、造幣局・日銀を通じて両鉱山産出金銀を正貨へと変換することができた。こうして、両鉱山の経営という重荷を降ろした政府は、従来通りの安定的な正貨領収を約束された状態で、議会政治の時代に臨むのであった。

3 御料鉱山事業と技術官僚

両鉱山の皇室財産編入に際しては、引き続き大蔵省に委託経営させるべきだという議論があったようである[47]。これは宮内省が鉱業経営に経験がなく、人員の面でもすぐに事業を実施できる体制にはなかったためだと考えられる。この議論は結局実現に至らなかったが、鉱山経営には専門の技術者を要する以上、宮内省にとってはその確保が大きな課題であった。

その課題を克服したのは、御料局長（二二年七月二三日までは「御料局長官」）の品川弥二郎であった。明治二二年四月一日、御料鉱山の管理機構として、御料局内に佐渡・生野両支庁が設けられるが、品川は佐渡支庁長に大蔵省鉱山局所管時代に四等技師として佐渡の事業拡張に携わった渡辺渡（明治二二年三月三一日入局）を、生野支庁長に同じく大蔵省所管時代に生野鉱山局長を務めた朝倉盛明（同年同月同日入局：朝倉については後述）を登用した。渡辺は当時鉱業で日本が模範と仰いでいたドイツで学んだ後、冶金学専門で帝国大学工科大学教授となった人物である。また、二三年には生野支庁の技術長として大島道太郎が任命される（二月二二日）が、彼もまたドイツ留学の経験を有し、冶金学の専門技術者として民間鉱山を中心に活躍していた人物である。渡辺・大島、及びその後本章の行論上重要とな

表 3-1：御料鉱山技術官僚の主な経歴

氏名	生没年（場所）	学歴・留学歴	御料局入局以前の主な官歴	御料局退職後の官・職歴	民間での主な職歴
大島道太郎	万延元. 6. 19（盛岡）～大正10. 10. 11（漢口）	大学南校（明3. 8～） 東京大学理学部採鉱冶金学科修了（明10. 4） ドイツフライベルク鉱山大学（明11. 4～14. 12）		製鉄所技監（明29. 6） 製鉄所工務部長（明32） 東京帝国大学工科大学教授（明41. 2） 漢冶萍公司最高顧問（大3. 2）	八森鉱山にオーガスチン収銀法製錬所建設指導（明16. 7～17. 8） 小真木鉱山キス式製錬所創設指導、白根鉱山ピルツ式溶鉱炉創設（明17. 8～）
中沢岩太	安政5. 3. 29（福井）～昭18. 10. 12（京都）	大学南校（明5. 1～） 東京大学理学部化学科卒（明12. 7. 11） ドイツベルリン大学（明16. 9. 20～20. 3. 2）	帝国大学工科大学教授（明20. 3. 17） 大蔵省印刷局抄紙製薬課嘱託（明20. 11. 14～3. 1）	京都帝国大学理工科大学長（明30. 6. 28） 京都帝国大学名誉教授（明40. 3. 30）	大阪セメント会社製造力検定嘱託（明24. 7. 8）
渡辺渡	安政4. 7. 27（長崎）～大正8. 6. 27（東京）	大学南校（明4. 3～） 東京大学採鉱冶金学科（明10. 9～12. 2） ドイツフライベルク鉱山大学（明15. 10～18. 3）	東京大学理学部准助教（明12. 2） 帝国大学工科大学教授（明19. 3～26. 9. 9） 農商務省鉱山局技師（明19. 7） 大蔵省鉱山局四等技師・佐渡赴任（明20. 6）	東京帝国大学工科大学教授（明29. 7. 1） 農商務省鉱山局長（明30. 11～32. 5） 東京帝国大学工科大学学長（明35. 12） 東京帝国大学工科大学名誉教授（大8. 2）	日本鉱業会理事（明19. 1） 日本鉱業会副会長（明32. 2） 日本鉱業会会長（明40. 2）
和田維四郎	安政3. 3. 17（小浜）～大正9. 12. 20（東京）	大学南校（明3. 10～） ドイツベルリン大学に留学、鉱物学・地質調査事業調査（明17. 2～18. 7）	開成学校助教（明8. 7） 東京大学助教（金石学・地質学）（明10. 8） 内務省御用掛、内務省地理局地質課（明11. 5） 農商務省地質調査所長（明15. 2～26. 3） 東京大学理学部教授（鉱物学）（明18. 10～24. 7） 農商務省鉱山局長（明22. 9～26. 3）	製鉄所長官（明30. 10～35. 8. 18） 貴族院議員（大6. 12）	日本鉱業会理事（明19. 1） 東京地学協会幹事（明25. 12） 日本鉱業会副会長（明28. 2） 鉱山懇話会常務委員（明40. 5）

註1：葉賀七三男「大島道太郎　生野鉱山鉱業改良意見書　解説」（日本鉱業史料集刊行委員会編『生野鉱山鉱業改良意見書等』白亜書房、1981年）、同「解説」（日本鉱業史料集刊行委員会編『渡辺渡　独乙国紀行等』白亜書房、1983年）、大島信蔵編刊『大島高任行実』（1938年）1010～1011頁、佐々木享「和田維四郎小伝（上）（中）（下）」（『三井金属修史論叢』第4・5・6号、1970～71年）、同「渡辺渡と佐渡鉱山」（『専修自然科学紀要』50、1972年）、同「渡辺渡の生涯と日本鉱業会」（『日本鉱業会誌』1037、1974年）、小浜市立図書館編刊『和田維四郎』（1980年（若狭人物叢書　8））略年譜、宮内庁書陵部宮内公文書館所蔵「進退録2　明治28年」（大臣官房秘書課、20833-2）、同所蔵「進退録1　明治23年」（同、20826-1）、『官報』、神田礼治「日本鉱業会の創立より今日まで」（『日本鉱業会誌』597、1935年）、京都大学大学文書館所蔵「紀元二千六百年祝典関係書類綴」（01A00049）、秦郁彦編『日本近現代人物履歴事典』（東京大学出版会、2013年、初版は2002年）、『東京朝日新聞』より作成。

註2：経歴欄の年月日は、史料により判明するもののみ示した。官職の在任期間について、辞職年月日を併記していないものは、史料により判明しないもののほか、所属官省（名）の変更による身分の異動、同官省内での昇進があるもの、及び死亡時まで継続して在職していたものである。

ってくる御料鉱山技術官僚となる人物の経歴については表3－1を参照していただきたい。

このように、品川は御料鉱山を任せる技術官僚として、官営鉱山における経験や、当時の日本で最先端の学識・技術を重視したと考えられる。また、経営に際しては従前の通り諸規則・慣例は大蔵省所管時代のものに拠ることとされたようである。[48]御料鉱山は、その創業にあたって人的にも規則の面でも政府時代との連続性を担保しなければならなかったことがわかる。

ともかくも、品川はこうして創業期の御料鉱山を管理する体制を整えた。品川は自身に求められた役割を、まずはしっかりと果たしたのである。

さて、それでは御料局所管となったことで、両鉱山の経営目的は変化したのだろうか。第一節でみたように、工部省は殖産興業政策の府として、同省所管の鉱山に全国鉱業の模範としての役割を付与した。[49]これに対し、大蔵省時代は第一に両鉱山を「官有財産中ノ一財源」[50]とすることが目指された。そのために同省でとられた方針は、大規模な設備改良・拡張であった。[51]これに対し、御料鉱山は何より皇室財産として半永久的に維持することを心掛けなければならないというのが一般的な理解であった。技術官僚らもそのことを十分認識していたが、[52]彼らの御料鉱山運営を見てみると、官業時代の運営方針や目的を放棄したわけではなかったことがわかる。

運営方針に関してみると、御料鉱山は収益を度外視しても改良・拡張を進めるという点において、大蔵省時代の方針をそのまま踏襲していた。品川は、五月一七日佐渡・生野両支庁に対し、「鉱業上の諸事は従前の通り細大総べて支庁に委任し本局より瑣細の干渉は一切せざる旨」[53]を示達したので、御料鉱山事業において支庁の裁量はかなり広く認められることとなった。これを受けて両支庁では、各々の裁量のもと改良・拡張が進められた。

佐渡では渡辺が採鉱・製錬両面において、当時の最先端の機械設備を民間に先んじて導入し、技術革新を進めた。[54]まず、二二年に、字間ノ山にて搗鉱製錬所[55]の建設に着手した。これは、カリフォルニア式の製錬法によるもので、日本では当時佐渡の新事業であった。[56]同時に、従来から行われていた混汞製錬[57]・沈澱製錬[58]を併用した。これらは、貧鉱を活かして生産性を高める製錬技術の革新であり、[59]当時日本国内では御料鉱山以外では実施するところがなかった。

また、採鉱工程に関しても、富鉱帯の開発・再開発のために改良・拡張を進め、二二年末には高任坑の二番坑道の掘削が始められた。二三年三月にはユニバーサル・マイニングポンプが導入され、鉱山掘削を困難としていた排水処理の問題を技術的に克服した。さらに、二五年には大間港築港が完成し、産物運搬の便も格段に改善された。また、佐渡では技術者養成のために二三年一月に佐渡鉱山学校を開設したり、熟練の工手・職工育成のための学校も設けたりするなど、鉱業教育にも熱心に取り組んだ。(60)

維新後佐渡に比べ産出量の面で劣位であった生野では、佐渡にもまして改良・拡張政策がとられた。朝倉支庁長は鉱山技術者というよりは鉱業行政の専門官僚として支庁事務を総理したのに対し、(61)その下で働く技術長の大島道太郎は技術面から実際の事業計画を一任されていた。大島は二三年八月、「生野鉱山鉱業改良意見書」を朝倉支庁長に提出した。(62)生野では維新後採鉱が容易な上層部は掘り尽されており、遺鉱がほとんどなかったが、大島は同意見書の中で、下底の方には豊富に鉱物が存在しているとし、採鉱技術の改良により収益を拡大することが十分可能であるという認識に基づき、採鉱の技術革新を説いた。(63)また、製錬に関しては「製煉及淘汰法ノ改良ハ殆ンド其全体ヲ変更セザルベカラザルノ必用ヲ感ゼリ」(64)として、ほぼ全ての改良が目指された。二四年八月に生野支庁附属として大阪製錬所を設置すると、(65)大島はその設計担当技師となった。(66)このように、御料鉱山において積極的な改良・拡張が行われていたことは、御料鉱山の経営分析からも裏付けられる。(67)

一方、運営の目的に関してみると、皇室財産の増殖や半永久的運営という目的は後景化し、工部省所管事業の目的と同様の考えが前面に押し出されるようになった。まず民間に対する模範事業としての意義が強調された。この点に関しては、工部省時代の運営理念が依然として脈々と受け継がれていたといえるだろう。渡辺は明治三九年に『日本鉱業会誌』に発表した論説の中で「近来何事モ頻リニ官業タラントスルノ傾向アルハ予輩ノ最モ左袒セザル所」(68)と回顧しているように、基本的には民間鉱業の自由な発展を理想としていたが、後段で「独リ二三ノ鉱山ノミハ宮内省ノ直轄トナリ、二十九年迄之レヲ経営シ以テ模範ヲ国民ニ示シタリ」(69)とも評価している。

右の論説のように、技術官僚らは『日本鉱業会誌』上に多くの論説を投稿している。同誌上では彼らの記事だけでなく、ほぼ毎号にわたって御料局所管鉱山・工場の景況や、そこで実践されている最新技術の紹介がなされている。また一般鉱業家や佐渡鉱山学生が御料局の技術官僚に質問したり、意見の交換や論戦を繰り広げたりする場でもあった。これらのことからも、同誌上において、御料鉱山が日本の鉱工業における模範的存在たらんとしたことがうかがえる。

しかし、技術官僚らが御料鉱山に期待したのは、このような模範としての役割に止まらなかった。かつて工部省や内務省で行われていた殖産興業政策のもう一つの大きな目的は、叢生し始めた民間の産業に対し、それらが独力で厳しい競走場裡に生きていけるようになるまで政府の保護を与えることでもあった。このような目的が、御料鉱山においても唱えられていた。渡辺は二四年より佐渡支庁で、製錬設備を持たない民間の中小鉱山から鉱石を購入し、一手に製錬を行う買鉱製錬事業を開始した(70)。渡辺は、これに先立つ二三年一二月一五日品川局長に対し買鉱製錬の開始を建議しているが、その中で御料鉱山で買鉱製錬を行う意義について次のように述べている。

近来民業鉱山ヨリ当庁ニ対シ、鉱石ノ買上ヲ申出ル者漸ク増加ノ有様ニ候処、右ハ従来資本ニ乏シキ鉱山ニ在テハ製煉器械ノ全備セザルガ為メ製煉上良鉱ニアラザルヨリハ所得其失ヲ償ハズ。然レ圧其鉱石ヲ他ニ売却スルハ法ノ許サヽル処ニシテ已ムヲ得ズ空シク廃業ニ属スルノ姿ナリシト雖モ、今ヤ法規ノ改正ニ依テ鉱石ノ販売自由ヲ得タルト、小鉱区ヲ有スル鉱業者ニ在テハ製煉ノ煩ヲ省クハ究メテ便益ナルトノ原因ヨリシテ、趨勢茲ニ至レルモノト存候。就而ハ此際相当ノ方法ヲ設ケ以テ広ク其要求ニ応シ候時ハ、民業鉱山ニ便益ヲ与フルハ勿論、当庁ニ於テハ別表比較之通、収益ヲ見ルノミナラズ、製煉上間接ニ得ル利益モ又不尠、則事業伸暢ノ一端ニ候間、購買手続キ別紙之通相定メ、速ニ実施候様仕度(71)

明治六年に施行された「日本坑法」では、製錬所は必ず鉱山に付置すべきものとされた。しかし、渡辺の右の言をみると、実際には資金力により製錬所を併設できない民間鉱山も多かったものと思われる。これに対し、二三年「鉱業条例」施行への移行措置として「日本坑法」が改正され、鉱業人の製錬兼営義務条項が削除されると、買鉱製錬に法的な根拠が与えられた(72)。佐渡での買鉱製錬の開始は渡辺の右の言に見る通り、この法制度的条件の整備を一つの動機とするものであったが、渡辺はこれに加えてもう一つ重要な動機があったことを語っている。それは、資金力に乏しく製錬所を併設できない民間の鉱業家に製錬の便益を供与することであった。

渡辺のこの認識は、二〇年近く経った後にも変化していなかった。渡辺は前掲三九年発表の論説で「予輩ハ鉱業ノ官営ヲ排斥スト雖モ（中略）大規模ノ官設中央精煉所ノ創立ヲ望マズンバアラズ」「之ヲ創設スルニハ先ヅ政府ニ於テ之ヲ経営シ中央精煉所ノ如何ナルモノナル乎ヲ国民ニ示教シ併セテ国家ノ必要ニ応ジ、適当ノ時機ニ於テ之レヲ民業ニ移スノ方法ニ出ヅルヲ最モ良策ナリトス、是レ予輩ガ前ニ鉱業官営ヲ排斥シタルニ拘ハラズ、該事業ノ端緒ハ之レヲ政府ニ於テ営ムノ可ナルヲ謂フ所以ナリ(73)」と官設「中央製煉所」の必要性とその意義を強調している。その中で、「我国ニ於テモ明治二十三年予輩モ亦佐渡ノ御料鉱山ニ於テ中央精煉所ノ業ヲ開始シテ各地ノ鉱山ヨリ種々ノ鉱石ヲ購入シテ共同精煉ノ術ヲ施シテ鉱業者ノ利便ヲ図リタリキ(74)」と、自身の御料鉱山での経験を評価している。

二四年四月七日に、渡辺・大島が連名で提出した大阪製錬所設立の上申にも同様の認識が見られる。彼らは大阪製錬所の意義について、含金銀鉛・含銀（金）銅・「丹礬《たんばん》」（誤用。正しくは「胆礬」。硫酸銅の意）などの製造を一カ所にまとめて佐渡との「競争」を避け経済性を高めることができること（後述）、既存の工場を利用できること、硫酸需要地や港、大阪造幣局への輸送の便がよいこと、そして「民業諸鉱山ヨリ大坂《ママ》ニ輸送シ来ル所ノ含銀鉛ヲモ一種ノ新法ニ依テ製煉スル時ハ、鉛中ニ残留スル金銀ヲ収ムルノ利益アリ。之レ啻ニ両支庁ノ得益ノミナラズ民業鉱山ニ与フル利益モ又究メテ多カルベシ(75)」という点を挙げている。

このように、技術官僚らは御料鉱山に、「中央製煉所」として未熟な段階の民間鉱業の発達を助けるという役割をも期待していたことがわかる。この点は、当時民間の鉱業界にも広く宣伝され、また認められてもいたようである。『日本鉱業会誌』は、佐渡支庁の買鉱精錬について、「我邦小鉱山に便利を与ふること少なからざるべし(76)」と評価した。また、大阪製錬所については次のようにその意義を強調した。

僅少なる産出ある民有鉱山に於ては寧ろ箇々別々に製煉所を設けざるの勝れるに如ざるべし……且つ亦た世人の大に喜ぶべきは、当今迄で地金特に銅にして此の内に含有する金銀を分ること日本旧式にては難事にして……此

一時を以ても大阪製煉所は唯だ営利主義のみならざるを覚るに足るべし[77]

また、後の記事になるが、御料鉱山の払下げが広告された後の明治二九年五月一三日に『大阪朝日新聞』紙上にて「某鉱山家」が、「民有諸鉱山に於る鉱物の製煉法は多く簡易なるものに止まり完全の機械を備へざるを以て鉱業家のため鉱物の精煉を託すべき大阪製煉所の如きものなかるべからず……元来大阪製煉所は御料鉱山事業に伴随して起れるものなりと雖も之が為民間鉱業家の利便と余沢とを被ぶるもの甚だ多し[78]」と語っていた。技術官僚らの意図は、民間鉱業家においても十分理解されていたことがわかる。

日本の金銀山は幕藩制期に既に富鉱帯が掘り尽くされ、新たに鉱脈を求めて探鉱・掘進を続けるか、貧鉱中に含まれる金銀を抽出するかの二つの方法で改良を加えなければ収益を上げつつ存続することは望めなかった。前者は民間でも明治の比較的早くから着手されていたが、後者は民間では依然として不充分な段階であった[79]。貧鉱処理には製錬技術の進歩が必須となるから、大規模経営の方が有利となる。しかし明治三〇年代までは、まだ鉱山の大経営の広りは限定的であった[80]中で、御料鉱山は貧鉱処理を実践できる国内でも数少ない恵まれた大規模経営体だったのである。技術官僚らは御料鉱山において、貧鉱や鉱滓の中にごく微量含まれる金銀を分離し、その純度を限りなく一〇〇%に近づけることに心血を注いだ[81]。この製錬技術が奏功すれば、旧来の方法では廃棄されていた貧鉱や鉱滓を有効活用することができ、御料局だけでなく民間の中小鉱山の増収も期待でき、日本の鉱業発達に大きく貢献すると考えられたためである。佐渡・生野両鉱山の貧鉱化傾向と、それへの対処が御料局時代に集中的に行われたことは、既に技術史においても指摘されてきた[82]ことであるが、そのことのもつ民間鉱業に対する役割については、これまでほとんど考察されてこなかった。

さらに、このような「中央製煉所」としての御料鉱山にはもう一つの役割が期待されていた。渡辺は、二四年二月一四日に大阪製錬所での銅の電気分析開始を求めて品川にあてた書簡[83]の中で、次のような当時の銅況を報じている。当時、銅価の下落に伴って胆礬価格が低落し、銀貨騰貴により胆礬輸出が途絶したことも相俟って滞荷が増加し、佐渡では国内における一年分の需要を満たすほどの在荷があったという。渡辺はこのまま輸出の途が開けなかった場合、胆礬製造は見合わせなければならないと見る。従来御料鉱山では含金銀銅から胆礬を製造し、そこから胆礬と混淆金銀に分離したのち後者のみさらに製錬し、前者は染物などの工芸用、電池製造、木材の防腐剤として、また医薬としての需要に供するため民間に販売し収益を補っていた(84)。したがって、これまでの製錬法では金銀を製造する工程で副産物として胆礬ができてしまう。しかしこれを市場に放出し続ければ、さらなる胆礬価格の低落を招くため一時胆礬製造を中止しなければならないが、そうすれば銅中に含有する金銀を十分に抽収できなくなってしまうというのである。したがって、一日も早く電気分解により金銀と銅とを分離できる設備が求められるとし、大阪製錬所の新設を求めていた。

このような中で、辛うじて「銅ハ相場ニて売行有之(85)」という状況であったが、「金銀を抽収セすニ売候ハアマリ馬鹿々敷到底生等の心経が許し不申候ニ付、一日モ急ニ電気分析法を実施致の外無之ト存候(86)」と述べている。ここで渡辺は、銅から金銀を抽出せずに売却することを、「心経が許」さないと表現しているが、このことは、単に一学者としての使命感や生理的な嫌悪感に止まらず、国家大での課題でもあった。そのことは、先の大阪製錬所の新設を求める渡辺・大島両技術官僚の上申書を見るとより明らかになる。

> 民業諸鉱山ヨリ大坂《ママ》へ輸漕スル処ノ銅ハ不充分ナル方法ニ依リ分銅スルヲ以テ猶多少ノ金銀ヲ残留スルモ其儘素銅トシテ外国へ輸出スルニ至レリ。之レ空シク貴重ナル金銀ヲ放棄スルノ姿ニシテ甚ダ遺憾ノ至リニ付、右素銅ハ当工場へ一時買上、金銀ヲ採収スルノ後、夫々販売ニ付スベシ(87)

これまで御料鉱山産出の含金銀銅は、先に渡辺が述べていたように、御料鉱山内で銅と金銀とを分離してそれぞれ利用していた。しかし右にみるように、民間諸鉱山産出の銅はこの分離が不十分なまま海外に輸出されていた。渡辺・大島はこのような状況で金銀が海外に流出することを防ぐために大阪製錬所が必要だと説く(88)。このように、「中央製煉所」として大阪製錬所で民間諸鉱山から銅鉱を買い取り製錬することには、海外への金銀の流出を防ぐ目的もあったことがわかる。

日本で産出された銅はそのほとんどが輸出向けであり、日本の商品輸出の中でも四～七%を占め、生糸、綿糸に次ぐ重要輸出品目の一つであっただけに[89]、その銅中に相当量の金銀が残存していることは国家にとって大きな損害であった。また、銅の品位が悪いことは、日本産銅価格が低廉に抑えられる最大の原因ともなる。

このようにみると、御料鉱山における製錬事業は、小林正彬氏が言うように「宮内省の高率な利潤追求の一環でもあった[90]」というだけでは説明がつかない。技術官僚らは、御料鉱山における製錬事業を通じて、工部省時代になされていたような民間鉱業に対する模範や保護の論理を強く打ち出していたのみならず、銅輸出に伴う金銀の海外流出を防ぐという大蔵省の（したがって政府の）財政政策への貢献にもつながる意義を強調していた。

以上のように、技術官僚らは実際に御料鉱山を運営する中で、民間鉱業に技術的な模範を示すことや、民間鉱業の保護といった、かつて政府の殖産興業政策において行われていたような役割や、金銀の海外流出防止という大蔵省財政を助ける役割を担わなければならないと考えるようになり、実際にそのような役割を付与していった。

技術官僚らの認識は、彼らが自覚的であったか否かにかかわらず、皇室財産で政府の行政活動を代替・補完するものであった。このことは、御料鉱山編入前の松方に見られた宮中・府中認識とも共通する。民間鉱業の模範は、かつて政府において実際に行われていたが政策的に後退していた。中央製錬所としての民間中小鉱山の保護や、金銀の海外への流出阻止は、鉱業奨励や正貨確保という本来は政府が行政的に解決すべき課題であった。したがって、これらは特に皇室財産でなさねばならない必然性はなかった。それにもかかわらず、御料鉱山運営の方法・目的においては、宮中と府中は混然として区別されずに語られた。

もちろんそれらは、同時に皇室の財産を増殖し、永続させるという目的を満たすものでなければならなかったが、この目的は事業の中で後景化し、新規事業案出のたびごとに皇室に対する意義ではなく民間鉱業や国益に対する意義が繰り返し強調された。

御料鉱山技術官僚らは、もともと概ね官業否定論者であった。先に示した通り、渡辺は「予輩ハ鉱業ノ官営ヲ排斥ス[91]」と述べていたし、後に御料鉱山の技術官僚となる和田維四郎（後述）もまた、「〔明治〕十八年ノ官山払下ハ我国鉱業進歩ノ一大源因ト認ムベキモノナリ[92]」と、官営鉱山払下げの意義を強調していた。彼らが官営に否定的であったのは、民業発達を妨げるという理由からであった。しかし、彼らは皆うち揃って御料鉱山の意義は認めていた。それは、鉱業全体、あるいは民間鉱山に対する重要な意義があると考えるからであった。技術官僚らにとって御料鉱山は、日本の鉱業発展のために必要な場所であった。しかし、その限りにおいて必要であるにすぎず、彼らの主張の中には、それが皇室財産であるか官営であるかはあまり大きな意味をなしていなかったように見受けられる。

技術官僚らが、自身の行う最新の学識・技術に基づいた実践が全国の鉱業従事者や技術者に対して及ぼす影響について語るその口吻は、どことなく誇らしく揚々としていた。渡辺が十分に製錬を施さないまま銅を市場に出すことに対して示した、「心経が許」さないという生理的な嫌悪感ともとれる表現は、きわめて科学者的であるといえるだろう。[93]このような「科学者」の「心経」からも理想的とされた新事業を次々と認め、彼らに存分の働きを許容したのが品川局長であり、御料鉱山という場であった。彼ら技術官僚が、官営否定論者でありながら一様に御料鉱山を賛じていたのは、天皇の財産を預っているという以上に、このような技術者としての理想的環境に対してであったのではないだろうか。

ここで、技術官僚らの御料鉱山認識は、彼らが語る媒体の性質による部分もあるのではないかという疑問が生じるかもしれない。確かに、『日本鉱業会誌』上の論説は、一般の鉱業家に対して広く意見を述べるという性質があったから、皇室財産としての意義というよりも鉱業発展・経済発展に対する意義が語られやすいのは当然ともいえよう。しかし、彼らが御料鉱山で政府所管時代の鉱工業政策を再演するかのような問題意識を吐露したのは、『日本鉱業会誌』ばかりではなく、公文書や品川宛の書簡などにおいても同様であったことを考えれば、本論で示したような技術官僚らの御料鉱山に対する認識を一般鉱業家のみに向けられたものと見なすことはできない。

実際、技術官僚らが御料局本局、さらには宮内省に対して新規事業計画、事業改良などの承認を得る際にも、「皇室財産強化」という目的を後景化させ、民業保護や正貨流出防止などの目的に傾斜していたことは、次の史料からも裏付けることができる。明治二四年四月一〇日付で御料局内で回覧された「大阪製錬所新設ノ件請議」の末尾には、「佐々木主事ノ付箋」として、佐々木陽太郎主事による附箋が添付されている。[94]そこには、「含金銀銅産出ノ儀ハ両支庁ニ於テ固ヨリ増減アルヲ免レズ、故ニ産出少キ時ハ之レガ補塡ノ為メ不得止民間鉱山ヨリ幾分ノ含金銀銅ヲ購入スルノ必要ヲ生スル次第ニシテ決テ殊更ニ民間ノ銅ヲ購入スルノ目的ニアラズ」とある。これは、技術官僚らの作成した上申書が、買鉱製錬を事業の主体であるかのように強調するものであり、御料鉱山の附属製錬所として、両鉱山の産出不足を補うという副次的な位置づけを逸脱するもののように理解されかねないものであったことを示す。

技術官僚らの訴える買鉱（銅）製錬の意義は、御料局本局としては、仮にその事情は理解できたとしても建前上許容できない点があったようである。佐々木主事としては、大臣・次官にも回覧・説明せねばならない立場上、御料鉱山はあくまで皇室財産強化のためのものであるという原則を逸脱することは避けなければならなかった。そのため、佐渡・生野の両支庁に対し、民間鉱山からの買鉱製錬は認めるがあくまで両鉱山の産出不足を補うことが目的で、買鉱製錬それ自体を目的とするものではないと示しておかなければならなかった。

皇室財産は皇室の財政基盤であることは何人も認めるところであったとしても、以上のような実態を見ると、御料鉱山の創業当初は、それをどのように運営するかは極めて曖昧であり、それぞれの合意に基づきながらある程度は自由に表明されたと思われる。この合意という部分がきわめて重要であり、御料鉱山においては特に収入の増殖に役立つ限りにおいてかろうじて保たれていたように思われる。しかし、ひとたびその収入の増加が見込めなくなると、この危うい均衡のもとに保たれていた合意も崩れてしまう。次節以降では、このことについて検討する。

第二節　御料鉱山事業の方針転換

1　品川御料局長の御料鉱山拡張策と「民業の妨」論

後述するように、明治二九年には御料鉱山は三菱合資会社に払い下げられるが、払下げ後の三菱において技術革新がほとんどなされなかったのに対し、御料局時代は技術革新が顕著に見られたという。これは、前節でみたような技術官僚らによる御料鉱山の改良・拡張方針に基づくものであった。このような技術官僚らによる近代佐渡・生野鉱山史上まれにみる技術革新を可能としたのは、彼らの働きもさることながら[95]、品川御料局長の支えと積極的な働きがあったためでもある。品川は御料鉱山事業を技術官僚らに一任すると同時に、自らも局長としての権能と自身の政治資源を活用することでより一層の事業拡張を図った。そのことがわかる事例が、明治二三年の細倉鉱山・王子製造所編入工作である。

品川は二三年二月初頭から宮城県所在の細倉鉱山（以下、「細倉」）と東京府北豊島郡王子村所在の王子製造所（以下「王子」）に目をつけ、皇室財産編入を諸方に諮っていた。品川は、二月三日付の松方宛の書簡でまず「今朝ハ、細倉鉱山ヲ御料局へ御買入レ一件ニ付、御賛成を得度為メ、御官舎へ罷出候処、未タ御帰舎無之との事ニ付、吉井殿へ立寄リ、委細依願致シ[96]」と報告している。

王子は大蔵省印刷局抄紙部製薬課所管の薬品製造工場であり[97]、細倉は民間で開発が進められていた全国有数の鉛鉱山で、大島道太郎も生野に採用されるまで勤務していた[98]。王子については佐渡支庁長渡辺渡も熱心に移管を求めており、細倉についても「日本無比の大島、渡邊の両鉱山学士、其外〔農商務省〕鉱山局長和田〔維四郎〕等も保證付の山故、立派ナル御料の御財産と存し[99]」ていた。このように品川は、技術官僚らの保証を根拠に編入の必要を説いていった。

佐渡支庁は金の製錬工程に用いる硫酸を王子に頼っており、王子製硫酸の過半は佐渡支庁が購入していた[100]。細倉は鉛のみならず良質の銀を産出することでも知られており[101]、少量でも高価な銀を採取・抽出すれば十分な収益が見込まれた。以上のことから、細倉・王子編入工作は、御料鉱山における産銀・銀製錬事業の規模をより拡張する目的があったと考えられる。

しかし、細倉の編入にはこれに止まらない政治的意図が隠されていた。二月九日に古沢滋が井上馨に「秘中之秘」として示した内容[102]によれば、細倉はもと二二年一〇月に前島密を社長とし、大隈と関係が深いと考えられていた両潤社[103]に譲渡されることとなっていたという。しかし、その後条約改正交渉をめぐって大隈が遭難したためこの計画は頓挫し、そのままとなっていた。品川はこの話を細倉勤務の経験のある大島から聞き込み、強い危機感を覚え、細倉が両潤社を通じて大隈の政治資源となることを阻止するために御料地編入を企てたという。

このように、品川は御料局長としての地位を利用し、民間の物件を御料地に編入するという手段をもって、藩閥政府を政局上有利にするための補助的役割を自ら任じていたことがわかる。このことは、第二章で確認したような品川に特有の立憲政治構想の中に、御料地・御料局も組み込まれていたことを意味する。御料鉱山はまさに政治資金としてではなく、その「モノ」としての意義、そしてそれらの管理を一手に握る御料局長という地位そのものが品川の政治資源となっていたのである。

以上のような思惑のもと、品川はまず王子について、松方に大胆にも「王子製薬所之事件も、貯蔵品沽、無代御譲渡シノ〆沽甘へ[104]」協力を求めたが、王子・細倉移管には民業の妨げになるという観点からの反対論があった。特に伊藤博文の強い反対により、編入はスムーズに進まなかった。

伊藤が御料鉱山事業に容喙しえたのは、経済協議員として皇室経済会議出席資格を有していたからである。経済協議員とは、二二年三月一一日に「皇室財政に関する諸般の商議に参与せしむ[105]」旨の御沙汰を賜った三条実美・伊藤博文・松方正義の三人であり、二二年八月三日裁可の皇室経済会議規程により「特ニ撰定セラレタル経済協議員[106]」と称され、「皇室財政ヲ維持スル為メ経済ノ基礎方針規矩利害等緊要ノ事件ヲ商議スル[107]」皇室経済会議への参加資格を有していた。藩閥指導者には、経済協議員という形で宮中の意思決定過程に参与することが制度上認められていたのである。

品川がまず松方に協力を依頼したのは、彼が王子を管下に置く大蔵省の長であることに加え、経済協議員でもあったためであると考えられる。しかし同じく経済協議員である伊藤が強く反対していたことから、他の皇室経済会議メンバーでもある宮内省官僚らが編入反対に傾く可能性が生じてきた。そのことは品川が「小田原風ブウ〳〵吹カレてハ、やじハ頓着不仕候得共、「民業之妨」ト申、よき題名有之候間、宮内省中等、種々の議論起リてハ困リ申候[108]」と困惑していたことからうかがえる。そこで品川は松方や井上に王子の件で伊藤の説得を要請し、細倉については渡辺・和田維四郎両技術官僚を使って、民業の妨げにならないこと、確かな収益が見込めることなどを専問的見地から論じ、伊藤を説き伏せようとした。[109] しかし、伊藤は容易に承諾しなかった。

伊藤が細倉編入の政治的意図を察知せず純粋に「民業之妨」論を唱えていたかは疑わしい。なぜなら、伊藤は「民業之妨」と対になるはずの「民業の模範」論を政治的な方便として利用することがあったからである。明治一二年五月に、当時内務省所管の内藤新宿試験場が宮内省に移管され御料地となったが、その際伊藤は、皇室で植物試験を行うことの民業の模範としての意義を強調し、移管を推進したことが國雄行氏により明らかにされている。[110] しかし、國氏はまた、この移管決定は試験場の実質的廃止という方針を穏便に進めるためのワンクッションであったことをも実証している。[111] してみれば、伊藤の真意もその方便を粉飾することにあったと考えるのが自然である。実際、移管後の新宿試験場（新宿御苑）は縮小の一途を辿り、「模範」というべき事業はすぐには実現しなかった[112]ことを見ても、伊藤が積極的に「模範」を実現しようとしていたとは考えにくい。伊藤が試験場移管の際に持ち出した「模範」の論理は、「模範」の実質化を図るべく実際に多額の資金を投入して、民間では行われていない最新の機械や方法を導入・実践し、その方法や成績についても民間に周知させていた御料鉱山技術官僚らの言う「模範」とは全く意味が異なることは明白であろう。伊藤は、時の政治的関心から、民業の「模範」から「民業の妨」まで容易に論を転換させることができた。

もちろん、この事例のみをもって伊藤が品川の細倉編入の意図を察知していたと断定することはできない。しかし、その後の経過のみを述べれば、品川が松方に伊藤の説得を依頼していた二月一一日から一七日の間に、細倉鉱山の編入は宮内省議で否決された。[113] 二月五日、内蔵頭の杉孫七郎は伊藤に対し、「細倉鉱山之義過日御意見承り候処、品川は弥買入候事と致候は、帝室之御利益に可相成と確信之趣に候」[114]と報告していた。杉によると、品川は「鉱山買入之金は御料局所有鉄道株売却、或は抵当を出し五六朱之金借入度」[115]という目算だったようである。これに対し杉は、「此上は内蔵頭容喙致候次第に無之候。何卒帝室前途之為御考置奉希候」[116]と、細倉編入については若干否定的なニュアンスで伊藤に伝えられていた。

品川はそれでもなおも「誠ニ遺憾ニ存候得共、此上ハ何も不申出候、王子硫酸之事ハくれ〳〵も伊藤へ御相談被下候」[117]と王子編入だけでも実現させようと再び松方に協力を求めた。その甲斐もあってか、二月二八日に王子製造所は御料局に編入され[118]、三月には佐渡支庁附属王子硫酸製造所と改称された[119]。所長には、大蔵省印刷局一等技手の隈元清幸が、事業嘱託には、ドイツ留学の後帝大工科大学教授となった冶金学者であり、大蔵省印刷局抄紙製薬課勤務の経歴を持つ中沢岩太が抜擢された[120]。渡辺・大島と同じく、学者としての経歴と大蔵省勤務の経験が採用につながったと考えられる。

しかし品川はなおも、御料鉱山拡張の望みを捨てなかった。翌年四月二一日には海軍大臣樺山資紀より品川宛に、「海軍予備炭田」のことにつき書簡が届いた。そこでは、樺山が「海軍省予備炭田中御意御承服云々委細拝承[121]」とあるように、品川から該炭田の御料地編入のことにつき相談を受けていたと思われる。

海軍予備炭田とは、明治四年に当時の兵部省が工部省より採掘権を取得した、肥前国平戸・唐津の石炭山がもとであり、五年四月に兵部省が陸海軍省に分離すると、海軍省がその権利を継承した。その後海軍軍拡に伴い新式汽罐を装備した軍艦導入により、唐津などの石炭はその燃料に不適であることがわかり、一八年には筑豊に良質炭を求めるようになった[122]。樺山は右炭田中品川が所望した部分について「現今不用之場合に而は無御坐候得ども、該山之炭質は特種之生質に而も無之、依而唯々直轄採掘之見込も無御坐」「右炭田は尋常之炭質に御坐候[123]」と、いたって普通の炭質であるので、海軍省としては直轄管理するほどではないが、「製造所仕用等には至極適当之品質[124]」と、工場で使用するには適当の品質であることから、「帝室御財産には結構之事と被存候[125]」と答えた。また、「目下新原と申特殊之石炭採掘に着手中に有之[126]」という事情からも、「宮内省諸製造所用に御譲渡之儀差支有之間敷と被考候[127]」とも言っている。これを見ると、品川は、御料鉱山付属の諸製造所における燃料用の石炭を供給するために、海軍省の予備炭田を編入しようとしていたことがわかる。「非常之場合には海軍用に被借候御見込は至而都合之至に御座候[128]」とあるから、非常の場合には海軍省にも使用を認めるという条件を出していたこともわかる。しかしその後、経済会議でも海軍予備炭田編入のことが諮られた形跡はない[129]。おそらく、品川がこの後すぐに内相に転任することから、この議論は計画段階で流れたものと思われる。

以上のように、品川は御料鉱山を佐渡・生野のみに限定する考えはなく、その経営に関連の深い鉱山・工場をも編入しようとしていた。そこには、御料局長としての地位を利用して藩閥政府を政局上補助する意図があったことも確認した。しかし、品川の御料鉱山拡張の意図はそれのみに止まるものではなく、御料鉱山内部で全ての燃料・材料を調達できる体制を整えるということでもあったと考えられる。もし品川の思惑が全て実現していたならば、内部で完結する、かつてないほどに計画的で整備された官業体が誕生していただろう。品川はこれを「立派ナル御料の御財産」と夢見ていた。

その一方で、既に編入後一年のこの時期に、宮内省や経済協議員の中には御料鉱山の拡張に慎重な意見が生じ始めていたことも明らかとなった。そしてそのような立場の人物が自説の根拠として用いたのが「民業の妨」論であった。もともと、工部省が官営事業を行っていた時代から、官業は民業との対抗を生じないようにすべきであり、かつ採算を度外視してよいものであるべきだという認識があった[130]。工部省が廃止される数年前から、この二つの理念の両立不可能性が認識され始めていたが、本項で検討した事例でも、もともと存在したこの二つの官業観の対立があったことがわかる。この二つの理念はこの後も常に伏在し、御料鉱山払下げの局面に至って大きく前面に表れ、衝突することとなる。

2　品川御料局長時代の御料局収支

品川らの御料鉱山運営批判に根拠を与えたのは「民業の妨」論だけではなかった。品川らの御料鉱山拡張による御料局財政の悪化もまた、彼らへの風当たりを強くする要因の一つとなっていた。表3-2の1、2は品川が御料局長として一年間御料局事業を総理した明治二三年度の御料局の決算書を表にまとめたものである。御料局事業の収入は全て御料地経営費に充当することができたから[131]、両表を対照すると品川局長時代の御料局のおおよその財政状態を知ることができる。これをみると、品川局長時代の御料局の収支は全体では一七万円余りの黒字ではあるが、御資部よりの移入金[132]が三四万円余と総収入額の半分近くを占めている。つまり、この決算書は、御料部収入だけでは支出を賄

表 3-2：明治23年度御料局決算表

1. 歳入の部		
	歳入（円）	総額に占める割合（%）
本局収入	46,325.253	6.3
御資部より移入金	342,959.575	46.9
土地収入	12,120.883	1.7
山林収入	236,046.910	32.3
鉱山収入	92,658.784	12.7
土地建物払下げ収入	1,780.901	0.2
過年度収入	9.635	0.0
総計	731,901.941	――

（註 1）「明治二十三年度　御料部総出納決算書」（※）（宮内庁書陵部宮内公文書館所蔵「会計予算決算録 2　明治23年」帝室林野局、識別番号5753-2）より作成。

（註 2）歳入は、過誤収入分支出額を差し引いた額である。

（註 3）総額に占める割合は、小数第二位を四捨五入している。

2. 歳出の部		
	歳出（円）	総額に占める割合（%）
本局費	27,761.208	5.0
土地費	16,105.356	2.9
山林費	201,175.889	36.3
鉱山興業費	173,105.627	31.2
株券購入費	15,400.000	2.8
株券払込費	66,187.000	11.9
御料地増設費	54,999.244	9.9
総計	554,734.324	――

（註 1）「明治二十三年度　御料部総出納決算書」（同上）より作成。

（註 2）歳出は、過誤支出分返納額を差し引いた額である。

（註 3）総額に占める割合は、小数第二位を四捨五入している。
※「明治二十三年度　御料部総出納決算書」は、明治26年12月27日に帝室会計審査局による審査を経て、翌27年 1 月11日に宮内大臣による最終的な認可を得た決算書である。

いきれないことを示している。[133]
収入の部で御資部よりの移入金に次いで多いのは、山林収入である。鉱山収入は全体の一三％弱に止まるのに対し、支出は全体の約三一％を占めている。各部門の収支を見るために仮に鉱山収入に鉱山興業費を対応させてみると、約八万円の赤字となってしまう。本局収入に対する本局費、山林収入に対する山林費はいずれも黒字であり、土地収入に対する土地費、土地建物払下げ代に対する新設御料地費の赤字は合わせても五万円強である。

以上のように、御料地収入だけでは品川局長時代の御料局経営は赤字であったこと、その大きな原因は鉱山にあったことがわかる。ただし、これはあくまで本局の作業会計上の分析である。御料鉱山各支庁の経営内部を見てみると営業収支と興業収支の二つの会計から成り立っており、このうち毎年内蔵寮から一定額支給され、必ず償還される興業費ではなく、鉱山収入を収入とし、人件費や備品代など通常の経営に関わる出費を支出とする営業費を見ると、必ずしも不良な成績であるとは言えないものであった[134]。それにもかかわらず、本局から見た作業会計上で鉱山部門の赤字が目立つのは、小林延人氏によれば「経営規模に見合わない額の興業費」[135]が投入されていたためであった。

しかし、技術官僚らはなおも興業費の投入を進めようとしていた。技術官僚らは、このような御料鉱山作業収支の赤字は創業期ゆえの一時的な入用多端によるもので、興業費による初期投資を惜しまなければ御料鉱山の将来性は大いにあるものと主張していたが、その初期投資が完了するまでにはある程度の年月を要するものとされた。渡辺の計画では、佐渡の改良拡張工事は二四年度から三〇年度までかかり、拡張に要した興業費を償還するにはさらに三年が必要であった[136]。大島の生野鉱山改良拡張計画でも、ほぼ同様の見通しが立てられた[137]。品川はこのような改良・拡張政策に理解を示し、その推進に協力したが、宮内省・皇室経済会議での風当りは強くなる一方であった。

品川はこのような厳しい財務状況の中、内蔵寮に対して度々追加資金の要求をしていた。品川は、二一年五月に制定された、「帝室会計法」の施行細則である「御料部会計規則」に規定された、御資部から移入できる金額三〇万円を超えた資金が必要となりそうなことを杉にほのめかし、実際この年の三月と四月に、それぞれ一〇万円の御資部繰替貸を請求している[138]。

もちろん、品川が実際に三〇万円の移入金自体に異議を申し立てたわけではなかった。しかし、品川が示した二四年度予算に対しては、「何カ額外之金ヲ御料局長ガ不絶申出後患ヲ予防之様ニ邪推セられ[139]」と、品川が敏感に感じ取るほどに宮内省内の空気は品川に冷たくなっていたことがうかがえる。

このように多額の予算要求や繰替貸要求をなす品川に対し、杉は二三年末の皇室経済会議後、伊藤に「過日帝室会議に付前途方針御説明一統感服仕候。御料局長も別に不平も無之好都合に有之候[140]」と漏らしている。少なくとも品川が彼らの意見に対する最大の「不平」勢力と見做されていたことはうかがえる。しかし、依然として「廿四年度予算は意外之巨額に可及[141]」という状況であり、「精々取調会議に持出し候覚悟に有之候。断然之御指揮無之ては弐百五十万円にても六かしく候[142]」と、依然として切り詰めが必要である旨が述べられている。杉は、御資部の会計主任でもある皇室財政の中枢を預る内蔵頭として、御料局の拡張方針と品川の「不平」とに頭を悩ましていたものと思われる。そして、その拡張方針の象徴的な存在が、御料鉱山なのであった。

以上のように、品川は御料地事業の著しい赤字にもかかわらず、より一層の鉱山事業拡大を図っていた。もちろん、その背景には技術官僚らによる将来性への見通しがあったからなのだが、宮内省からはこれに対して疑いの目が向けられていた。

技術官僚らが立てた計画が成功したか否かは、彼らが創業完了とした時期を待たずに御料鉱山が払い下げられてしまうことから、永遠に知り得ない。本章ではむしろ、彼らの計画に対する経営的評価ではなく、彼らの計画とそれへの反応に、御料鉱山のあるべき姿に対する相異なる認識の存在を見、ここに注意を促したい。

ここまでの経緯で御料鉱山によって皇室経済を支えるべきことについては争点となっていないことから、両者ともにこの点に関しては異存がなかったものと思われる。争点となっているのは、御料鉱山が何によって皇室を支える財産たりうるかという点であった。技術官僚たちや品川は、御料鉱山はその規模、技術力、内部での完結性、そして民間鉱山や国家に対する意義のいずれの面においても圧倒的な存在たるべきであり、その威容と規模の経済性でもって「立派ナル御料の御財産[143]」たりうると考えていたと思われる。

これに対し、御料鉱山の拡張に一定の歯止めをかけようとし、技術官僚らの計画に疑念を抱く宮内省幹部や皇室経済顧問らは御料鉱山を、ほとんど編入時の体制のままで皇室財産強化に必要十分とされるだけの（この塩梅が極めて難しいのだが）収益を上げる事業体であるべきだと考えていたと思われる。言い換えれば、慎重さと堅実さこそが御料鉱山をして皇室財産たらしむるものとする立場であったと考えられる。

3　岩村御料局長の就任と縮小路線の台頭

このように、御料鉱山事業をめぐって宮内省内部に若干の波風が立ち始めていた頃、国内政治の動向が御料局にも大きな波乱をもたらすことになる。明治二四年五月一一日大津事件が起こり、成立直後の第一次松方内閣は閣僚の大幅な入れ替えを余儀なくされる事態となった。しかし松方は、その人事に苦慮し、なかなか組閣できないでいた。五月二四日に開かれた閣議では、「青木〔外相〕ハ辞職内決」という点が決まったのみで、その後任や他閣僚については容易にまとまらなかった(144)。青木の後任には榎本武揚を入れる案があったようだが閣議は一決せず、陸奥を入れるという案が多数であった(145)。そして外相に横滑りした陸奥の後任内相に品川をという案があったが、品川は「例ノ通リ篤ト熟考ト答へ置キタリ(146)」と生返事をしていたようである。

品川の説得には松方・陸奥の意を受けて山縣が当たっていたが、品川は全く意に介さなかった。その際に提示された条件が、「其〔陸奥農相の〕後任ニハ念仏庵主人ヲ閣内ニ入レテ称名唱へテ農工商実業家ヲ済度シテくれトノ御内意昨夕有之タリ(147)」とあるように、内相となって年来の殖産興業政策への「宿志(148)」を遂げられるという点であったことは注目すべきであろう(149)。品川の殖産興業の「宿志」は、藩閥指導者内でも認められており、彼ら藩閥指導者はこの「宿志」達成をちらつかせて、品川を閣内に引き入れようと考えていたようである。

このような組閣難を乗り越えて、六月一日には閣僚人事が発表される。結局品川は、内務大臣に任命された。同日、土方宮相は品川に対して次のような書簡を送り、内相となっても引き続き何らかの形で御料地事業に関わるようにとの天皇の「御沙汰」を示していた。

今般内務大臣に転任被仰付候処、将来御料局着手の事業鉱山、山林等之条件に付ては不相替精々注意を加へ、意見有之に於ては無伏蔵陳述し、該事業之好結果を奏し候様之御沙汰候間、此段及御通達候也(150)

しかし、品川を失望させたのは、自身の後任御料局長として岩村通俊が既に内定しており、奏聞も済んだ旨、そして伊藤とも相談済であり本日にも拝命となる運びである旨を、翌二日に土方宮相が告げてきたことであった(151)。品川としては、自身が御料局長の命を拝した二二年に、天皇・皇后の御前で「百年ノ計画」の契りをなした(152)こと、またその場には土方も立ち会っていたということを根拠として土方にも念を押し、これによって内相の仕事と御料局事業とは両立できるものと踏んでいたと思われる[153]。

品川は「昨夕辞令書内閣ゟ到達スルや、直ニ土方大臣へ一書ヲ遣シ、御料之処ハコレ迠通、やじ担任仕候心得、シカシ国務大臣ゟ　帝室一局長兼務ト申事ハ出来ヌ所ニ、何トカ御工夫被下度、云々、の意味ニテ、詳カニ申遣候[154]」と述べているように、内相と御料局事業を両立できるような方策を案出するよう土方宮相に申し入れていた。しかし、土方が何らの相談もないままに後任局長を岩村に決定したこと[155]が品川には許せなかった。品川は、内相拝命の翌日辞表を出して那須塩原へ逃亡した[156]。御料局長から内相への転任は、一般には栄転[157]といえるものであった。また、閣内に入れば、御料地を使った政敵の圧迫という回りくどい手段を用いずとも、正面から藩閥の利益のために行動できる。しかし、品川はそのような政治指導者としての「栄転」や利便を自ら蹴ってでも御料局事業に関わり続けることを望んだ[158]。

そうまでしてでも御料局長に止まりたかった理由の一つは、言うまでもなくこれまで示してきたような御料鉱山事業の成就に対する責任感があったからだと考えられる。以下に、本書冒頭で挙げた例の一節を示し、これまでの検討を踏まえた上で再度検討してみたい。

兎ニ角ニ、上奏済ミ、今日拝顔の運びト、別紙土方大臣ゟ申来り候上ハ、取リ返シノ出来ヌ事、やじハ謹テ念仏庵中ニテ、　皇室御料之仕事を念仏唱ひツ、拝見仕、十八年農商務ヲ去リシ時ノ宿志を遂け度（ソレハ農工商の故人、即チ有効ノ幽霊ト、殖産上ノ談論シテ、病を養ひ、コノ世ヲ過ゴス決心ナリ）候[159]

前章で述べたように、「念仏庵」の「念仏」は、「農工商の故人、即チ有効ノ幽霊」、すなわち殖産興業に尽くして亡くなった人々を弔うという目的もあったから、そのかたわらで「皇室御料之仕事を拝見」するということは、品川にとって二つの問題は密接に結びついた重要な関心事だったと考えられる。

この推論をより補強する目的で、次の書簡を確認しておきたい。六月二八日に佐野理八に宛てた書簡の中で、品川は次のように語っている。

二流三流ニ位スルやじガ得意之殖産事業ヲ捨て生キタ屍ヲ踏ミ越ヘテ内務の山ニ登ラネバナラヌ時機ト相成[160]

このように、品川は内相に就任することを「やじガ得意之殖産事業ヲ捨て」ることだと認識していた。第二章では、品川が信用組合法案の策定という条件が内務大臣拝命を受諾する決定打となったという説を示したが、品川自身は依然として内務省を殖産の府とは捉えていなかったことを右の書簡は示している。このことは同時に、品川がそれまで担ってきた御料局事業を「やじガ得意之殖産事業」の一つと見做していたことをも意味する。

品川は明治一四年に松方財政の只中に厳しい緊縮を求められる農商務省を預る立場となったが、彼は可能な限りで緊縮とは真逆の実業家・中小農への直接保護政策を推し進めようとし、結局政治的に敗退する。この明治一七、八年の挫折経験は、その後も「宿志」となって品川を呪縛し続けていたのである。

一般に、「宿志」ともいえる目標を果たす理想の環境を手放さざるをえなくなり、それまでとは異なる種類の環境で生きざるを得なくなった人間は、大まかに分けて二つの行動パターンを示すようになると思われる。一つは、それまでの「宿志」を捨てて新たに与えられた使命に没入するパターン、そしてもう一つは、新たな環境の中にこれまでの環境との繋がりをわずかでも見つけることができれば、そこに意地でもしがみつき、持てる資源で可能な限りそれまでの「宿志」を果たそうとするパターンである。そして、品川の場合、後者であったように思われる。

ここまでに明らかにしたように、技術官僚らは意識的にか無意識的にかはともかくとして、御料鉱山でもって、政府において行われている、あるいはかつて行われていた鉱工業政策を代替・補完しようとする志向性をもっていた。そして品川は、彼らの計画を支援し、ほぼフリーハンドを与えていた。このことは、農商務省時代とは異なる形であるとはいえ、「農工商」の「工」の「殖産」を図る方策である以上、品川の「宿志」を遂げる一つのルートと位置付けられていたと考えることができる。しかし品川は、この「工」の「殖産」に、少し熱中しすぎてしまったのかもしれない。

これまで品川の行動は、概ね佐々木隆氏が第一次松方内閣期の検討から導き出したように、「元勲級指導者の座を窺い得る子爵級実力者としての品川の利益[161]」から理解されてきた。佐々木氏がいうように、「政治家にとって権力を掌握したり権力に接近することは政見実現のための当然の方途[162]」という点は一般に認められるとしても、品川という政治家でありかつ殖産興業（政策）指導者でもある者にとって、殖産興業という「政見」の実現のための方途は「当然」のように「元勲級指導者への上昇」の一途に限られていたわけではなかった。

内相への栄転を蹴ってでも御料局に止まることを求める品川の一見不可解な行動は、権力（政治的地位の上昇という意味における）への志向性のみを前提としては説明できない。むしろ、品川の行動原理は、これまで考えられてきたよりもっとピュアに政策実現を追い求めるものだったのではないかと思われる。もちろん、鉱山の事例のみをもって断言してしまうことはできないが、次章以降で本州・北海道の御料林について検討する中で、この推測は限りなく妥当性をもってくると思われる。

さて、後任御料局長に岩村通俊が就任した直後の六月九日、佐渡の渡辺は品川に一通の書簡を呈した。その中で渡辺は「其後新聞紙上岩村氏御料局長ニ任セラレタルノ報道ニ接シ甚不安意ニ存シ、何レ閣下ゟ何トカ其理由御示シ被下候ヿト日々相待居候[163]」と、岩村新局長就任に対する不安を洩らした。また「何分新聞紙上種々ノ批評アリテ庁員モ充分安意不致模様[164]」というように、庁員も同様の様子であったことがわかる。渡辺は庁員らに百方説諭し安心させていたが、品川に対し「閣下ト新局長トノ関係ハ如何ナル有様ニ候や。内々御洩シ被下度奉願候。其御返報次第ニテハ生等も大ニ覚期スル処ニ候[165]」と懇願した。

実際七日の『新潟新聞』では「岩村氏果して品川子の志を次ぎて其の計画を成就するや。或は云ふ。品川子は御料局長の後任に就て心に平かなる能はず、遂に内務大臣を辞せんとするの決心ありと[166]」と、品川の辞表提出が岩村御料局長への不満からなされたように報道されていた。御料鉱山の地元では岩村が局長に就任することで、品川時代の事業方針が変更されるのではないかという不安が醸成されていたことがうかがえる。

岩村は天保一一年生まれの土佐人であった。次男の林有造、三男の高俊のような個性的な弟を持ちながら、長男通俊は「跡始末役」「尻拭い役[167]」として、萩の乱、佐賀の乱、西南戦争などの内乱の鎮定や、初代北海道庁長官として開拓使官有物払下げ一件後の北海道行政の整備などにより名を挙げてきた。第二章で見たように、農商務省時代は特に品川と対立していたわけでもなかった。しかし御料鉱山の現場では、技術官僚に大きなフリーハンドを与え、自身も御料鉱山の拡張・改良に積極的に奔走するという、品川のこれまでの局長としてのあり方に技術官僚らは大いに満足していたと考えられるから、この時点での技術官僚らは当初岩村の方針如何というよりは、品川の転任自体に危惧を示していたとみるべきだろう。

品川もまた、後任が誰であれ、自身が御料局を離れることに一方ならぬ不安の念を抱いていた。品川は、遁走中の六月三日に那須から生野の大島に宛てた書簡の中で、内相拝命により「何事も水泡ニ相成候勢トナリ、イカニモ老兄幷渡辺ニ対シ気ノ毒ニ堪へず[168]」と無念さをあらわにしている。品川の無念の背景には「大坂ノ事其他トモニやじ退き候上ハ困難ナル事御身の上ニ集リ候半ト夫ノミ御堪難く奉存候[169]」とあるように、自身が去ることで、それまで責任を持って実行させていた改良・拡張路線の継続が困難になるおそれがあった。渡辺が先に示した書簡の中で「生等も大ニ覚期スル処」と言っていたことにも、今までの方針が変更されるのであれば御料局を去る覚悟もあるという含意があったと思われる。

結局品川は、彼の後を追って三日に那須入りした山縣有朋・平田東助による夜を徹した説得の甲斐もあり、五日に帰京し内相の命を受諾することになる。一方で、品川は御料局長の椅子を譲り渡す条件として、岩村に「これ迄之計画は元とより寸分も変更する事はやじは致さぬ覚悟、然るに銘々遣り方は違ふものなれば御気に叶はぬ事も万々可有之候得共、万一細大とも御変更の事は何事も一応の御内談は相受け度奉願候[170]」というように、御料局事業を変更しないこと、万一変更を要する際は事前に相談をすることの二条件を突きつけた。

品川を内相の職務に専念させるためにも、政府は右の条件につき多少の譲歩をせねばならなかった。まず、品川が求めた第一の条件である、従来の事業計画の不変については、一〇日、伊藤は「此際ハ御料局之事業ハ何モ其儘ニナシ措カサルヲ得ス[172]」と岩村に「懇篤談示置[173]」いた[174]。王子・細倉の一件で、品川の御料鉱山拡張方針に批判的であった伊藤であるが、同日朝の御料局主事佐々木陽太郎との談話の時点で既に品川時代の事業は変更しない方針を固めていた。伊藤は、その折品川の様子を気にかけ、佐々木に前日来の行きがかりについて説明を求めた。それに対する佐々木の答えを受けて、伊藤は岩村も居合わせる中で次のように述べた。

何レニモ是迄之事業之事ハ、其儘ニナシ置ク方可然。且其儘ニ置クトモ、必ス是所ニ差支ヲ来シ、彼所ニ見込ノ齟齬ヲ生シ、支庁其他ヨリ中立サルヲ得サル事出来スヘシ。其時ハ品川子爵ト雖モ不得止変更セサルヲ得サルヘシ。故ニ下ヨリ変更ヲ要スル事アル迄ハ、其儘ニナシ措方可然[175]

このように、伊藤は品川の感情に配慮して当分事業方針を変更すべきでないことを伝えながらも、将来的な変更も匂わせた提案をしたのであった[176]。

一方品川の出したもう一つの条件である、御料局事業を変更する際の相談については、既に品川帰京前に政府首脳部・宮内省間で策が練られていた。当初は土方宮相・伊藤・松方・山縣・野村靖らの間で、品川を宮内省御用掛に採用する案が検討されていたが[177]、これは実現しなかった。岩村がこれを一蹴した可能性を示唆する記述も残っている[178]。その後土方宮相が品川の意向を顧みないまま強硬的に事を進めた結果[179]、品川は一〇日に皇室経済顧問に任命される[180]。これにより品川は御料局事業を大きく変更するような事態にも一応の対処はできることとなった[181]。

さて、御料局長の事務引継ぎのため技術官僚らも続々上京していた[182]。佐々木は、六月一五日に引継ぎについて品川に書簡を送っている[183]。それによると、「岩邨局長も本日尊邸え相伺度被申居候処、本日は閣下内閣へ御出頭との事相分り左すれは或は御退閣遅延可相成哉も難計に付、明日可相伺とて午後四時前退局被致候[184]」と、いずれ品川のもとに岩村が事務引継ぎに伺うであろうことが伝えられている。佐々木は、この「御料局事務引継上之事[185]」につき、「先日相伺候節、閣下より一寸御指揮有之候得共、尚ほ篤と相伺候上と卑考仕候に付、岩邨局長へは右件は未た何とも不申陳候間、此段可然御含み置給り度候[186]」と述べている。御料局長の事務引継ぎについて、品川から何らかの指示があったことがわかるが、それは品川の御料地運営方針を変更しないように岩村を導くようなものであった可能性が高い。それに対し、佐々木は品川とさらに調整をしたうえで伝えるべき問題と慎重な判断を下した。

実は、佐々木は品川と新局長岩村との板挟みになって人知れず苦労をしていたようである。そのことは、当時御料局の山林技師であった江崎政忠が「一番困つたのは、品川さんが、山縣さんの子分の佐々木陽太郎、それから品川さんの子分の種田邁、此二人を岩村さんの下に据ゑることにした。……二人は品川さんに入れられて御料局に居つたのだから、品川さんと岩村さんの間に立つて随分弱つて居つた[187]」と回顧していることからも推察できる。

佐々木は第二部序論でみたようにもともと品川と親しい関係にあり、品川の引きで御料局主事となった人物であることは明白であったから、品川の意向も無視できなかったが、一官僚として新しい上官岩村とも良好な関係を築かねばならず、難しい立場に置かれていた。政府において「愛すべき困った上司[188]」品川の下で気苦労の絶えなかった白根専一に対して、宮中における同様のポジションにあったのがこの佐々木陽太郎ではないかと思われる。

さて、ともかくも品川は皇室経済顧問として引き続き御料局事業に関与し続けることが可能とはなったが、技術官僚らの岩村新局長への不信感は消えず、七月に入って間もなく佐渡支庁長の渡辺・生野支庁技師で実質的設計担当者の大島・二四年三月二七日に王子硫酸製造所長となった中沢の三人が品川転任に続く形で辞表を提出した。三人の技術官僚が辞表を提出するに至った経緯は十分明らかではないが、伊藤博文宛杉孫七郎書簡によれば、大蔵省から会計主任として御料局に出向していた御用掛吉田市十郎との談話を発端とし、品川が岩村に「妙な感情を惹起」したことが関係しているようである[189]。

七月八日、就任早々の品川ら経済顧問を招いて皇室経済会議が開かれた。注目すべきはここで技術官僚三人の後任論議ではなく「両鉱山事業継続否哉[190]」が議題となっていたことである。杉も「抑御料局所轄鉱山大事業之儀は此際始末相付候方好機会と考候へ共、容易に口出し不相成[191]」と表明していた。大澤覚氏は、「当局からすれば、鉱山部門を払い下げるということは28年になってもまだ考えていなかった[192]」としているが、既に明治二四年の段階で御料鉱山の廃止(払下げ)も視野に入れた会議がなされていたのである。

御料局山林技師であった江崎政忠は、当時宮内省内に「アンチ品川」ともいうべき雰囲気があったことを後に回顧している[193]。江崎によれば、「一体其当時品川子は其経歴から云ふても、人物技量から云ふても。時の宮内大臣たりし土方久元さんや次官の吉井友実[194]さんなどに較べて、優るとも劣ることはない人であつたから。御料局の仕事はドシ〳〵自分の思ふ様に進行せられて、殆んど大臣も次官も眼中になき有様であつたので。自然宮内省の空気は、アンチ品川に傾いて居たのです[195]」という事情があったようである。

江崎はまた、「品川さんには維新の元勲山縣と云ふ人の後楯があつて、極めて専断的のやり方をするものだから、土方さん初め宮内省では反品川の空気が濃厚[196]」となっていたことをも語っている。その空気は岩村が御料局長となると、一層著しくなったという。江崎によれば、「岩村さんには僕は非常に世話になつたし、今でも偉い人だと思つて居るが、此人は山縣さんと極く仲が悪かつた[197]」という。それゆえ、「品川さんも岩村さんのことは善くは言はない[198]」という関係にあったようである。このような認識の背景には、第二章で見たように、岩村の農商務大臣時代の経緯があったものと思われる。この江崎の回顧に対して、同じく御料局で技師を務めていた志和地栄介が「矢張りさう云ふ関係から岩村さんと悪かつたのだな[199]」と相槌を打っていることから、品川と岩村との確執については、彼らの周辺にいた人物にとって共通の認識であったことがうかがえる。

このように、品川に対して宮内省内では反発が醸成されていたものの、この当時はまだ御料鉱山廃止論は支配的でなかったものとみられる。七月八日の皇室経済会議では、問題の発端であった吉田市十郎の解任が決定されたのみに止まり[200]、技術官僚三人は留任することになった。

しかし、その後も御料鉱山に対しては風当たりが強まる一方であった。岩村が御料局長となってから約一年半の明治二五年一二月二一日、杉孫七郎は品川に宛てた書簡の中で、「生野鉱山経画着手以来金額之違算ニて、三十萬円の損失と申話候[201]」ことを報告している。これに対し杉は、「小生此節ハ何も関係不致、書類一見不致、詳細之事ハ不知[202]」とはいえ、「実ニ浩歎之至[203]」と嘆いている。そして、「十分之方法不相立時ハ弥々何程之御損失ニ至リ可申哉。審議肝要ニ存候[204]」と懸念を示した上で、「老台御在職中之経画と覚居候間、佐々木陽太郎等御呼寄、御聞取被成候ハヽ、御了解可被成と奉存候[205]」と、品川が始めた事業への後始末を強く求めている。

さて、実際就任時に危惧された通り、御料鉱山に対して岩村局長はこれまでの拡張・改良方針から縮小方針に大きく舵を切った。そのことは、以下に引用する二六年一月二九日付の品川宛渡辺書簡により窺い知ることができる。

生野の事ハ、今更彼是不申上候。ハンチントン磨の働きハ数年来佐渡ニて使用罷在候ニ付、之を不知大島ニハ無之候得共、命令的ニ利益予算を減少セシメ、強て理由を製造の上、ハンチントン云々の穽ニ陥り誠ニ気の毒之至ニ御座候。併し生野ハ佐渡山と異ひ、至て新山の事故、他日ニ至リ候ハヽ、本局之御覚も本日とハ正反対ニ相成、其時分ニ佐渡がいじめられぬ様注意が肝要と存候(206)

これをみると、特に大島の拡張方針が岩村の不興を買っていたことがわかる。ここに見える「ハンチントン」「ハンチントン磨」とは、選鉱工程に使われる粉砕機であるハンチントン磨鉱機を指す。佐渡では、御料鉱山となる前の明治二一年六月に完成した淘汰工場で採用された(207)。岩村は大島の拡張予算に対し、「命令的ニ利益予算を減少セシメ」た上で、予想通りに収益が上がらないと無理やり理由を作ってハンチントン磨鉱機に責任転嫁していたというのである。

ハンチントン磨鉱機はその登場以前に広く砕鉱工程に用いられていた搗鉱機に比べ設置が簡便で四分の三の馬力で稼働できたが、小粒の鉱石しか砕けない点、摩耗しやすい点、部品代が高く外国製のものを使用しなければいけない点など難点も多かった(208)。しかし、佐渡では設備に改良を加え、混汞法と併用したり、部品の国産化を研究したりすることなどによってこの弱点は補って余りあるとして使用を継続していた(209)。佐渡での経験を踏まえ生野でも同様の方針がとられたが、岩村は技術官僚らの説明に納得していなかったと思われる。

渡辺はこのような岩村の不満の矛先となっている大島を「誠ニ気の毒之至」と嘆じるも、生野は佐渡と違い比較的新山のため可能性も大いにあるとみており、「他日ニ至リ候ハヽ、本局之御覚も本日とハ正反対ニ相成、其時分ニ佐渡がいじめられぬ様注意が肝要〔傍線部引用者〕」とも述べている。この表現からは、鉱山拡張事業がいかに岩村の不満の種となっていたかがうかがえる。

岩村は、常々下僚に対し、「我々御料林野を御預り致し居る者は、常に皇室御経済と云ふことを忘れてはならぬ。故に腰には、四時算盤を下げて居る心持で居らねばならぬ。如何なることでも、算盤のはじけぬことをしてはならぬ(210)」と戒めていたという。これは御料林に関する証言だが、御料鉱山においても同様の姿勢で臨んだのであろう。

右の渡辺書簡が出された明治二六年以降、局内での岩村の立場はより一層強まり、それに対して技術官僚らは肩身の狭い思いをするようになったと思われる。その背景には、和協の詔勅で内廷費三〇万円の政府への下付を定めたことに対する宮内省内での措置として、この年四月一二日に土方宮内大臣が「本年四月以降皇室一般ノ歳費ヲ省減スヘキ旨会計主管ノ部局ヘ達示ス。仍テ所要部局ニ於テモ各経費節減方一層注意スヘシ[211]」という訓令を発した。岩村は自ら嫌われ者となってでも経費節減を遂行しなければならない使命があったのである。

この時期岩村が局内で指導力を増していった原因としてもう一つ挙げられるのは、品川が完全に宮中の職を失ったことであった。品川は、既に見たように、明治二四年六月一〇日には皇室経済顧問に任命され、御料地経営に関する大まかな計画の決定過程にはかろうじて関与できることとなった。しかし、国民協会副会頭に就任すると、官職を全て辞す必要から二五年七月二五日に皇室経済顧問も辞し[212]、それ以降は御料地経営に関与する職責はなくなった[213]。

しかし、右の渡辺書簡を見ると、品川が完全に御料地問題に関与する職責を失って以降も、技術官僚らから御料局内部の者しか知り得ないような御料鉱山運営に関わる情報が品川の許にもたらされていたことがわかる。宮中・府中は、情報のやり取りというフェーズでみると、全く混沌としていた。

ここで一つ看過すべからざる点がある。品川が内相拝命時に大きな騒ぎを起こしてまで御料局長にこだわり、ようやく手にした皇室経済顧問の職を、国民協会設立時にはあっさりと手放しているように見えることである。しかしこれをもって、品川が御料地及び御料局長に興味を失ったと考えるのは早計である。なぜなら、品川は御料鉱山事業に関わる権限を失ってからも、御料鉱山への関与を止めなかったからである。

先に見たように、佐渡の渡辺は品川に御料鉱山事業の景況を報告し続けていた。詳細は次節で論じるが、御料鉱山払下げ阻止を求めて品川が伊藤に陳情した書簡の中で、品川は、「和田〔維四郎：表3－1参照〕にしても佐渡の渡辺にしても御承知の通最初よりやじの関係有之事に付、事業上の事は少しも秘し不申してやじの処に来り談論致し申候[214]」と明かしていることから、情報提供者は渡辺のみでなかったことが知られる。

また、技術官僚から情報提供を受けるのみならず、品川自身もまた公然と御料鉱山に立ち寄って情報を収集していた。品川は、明治二六年の八月から西日本を巡視した帰路、生野に立ち寄っていた[215]。その後品川は、生野支庁庶務課長の丹野英清から生野の現況について、経営状況や事業の進捗状況など事細かに報告を受けている[216]。同書簡に「偖段々御懸慮被為遊候当鉱業も」[217]とあるように、品川が事前に何らかの形でしばしば情報提供を求めたり、意見を述べたりしていたと思われる。丹野は二七年一一月一三日にも生野の経営状況について品川に書簡を送っている[218]。

おそらく品川は、国民協会副会頭となって御料局の情報が手に入りにくくなると、今度はフットワークの軽い自由な身の上を武器にして、技術官僚や現場の技術者らを利用し、御料鉱山の情報を独自に入手していたものと考えられる。そしてそれに対し、現場の技術者にも品川に一定程度理解を示す者がいて、情報の提供がなされていた。情報は末端から漏れるということに目を付けた戦略であった。品川は、二四年六月に内相拝命を固辞したときの「皇室御料之仕事を念仏唱ひツ、拝見仕、十八年農商務ヲ去リシ時ノ宿志を遂け度（ソレハ農工商の故人、即チ有効ノ幽霊ト、殖産上ノ談論シテ、病を養ひ、コノ世ヲ過ゴス決心）」を念仏庵の外に飛び出して積極的に実践していたのである。

このように、品川は国民協会の指導と並行して引き続き、技術官僚らを通じて、あるいは現場の巡視を通じて御料鉱山事業への監視・意見を行っていた。第二章で示したように、国民協会創設もまた品川にとって明治一七、八年の殖産の「宿志」を議会から実現していく方途であったとするならば、その目的において御料局運営と国民協会指導とは矛盾しない。問題は、それを実現する手段の如何にあったと考えられる。

ここでやはり思い起こされるべきは、第二章で検討した品川の立憲政治構想である。品川は中央にあって藩閥政府の統一を図る「瓦撫《ゴム》」として、そして中央と地方とにまたがって殖産に従事する温和の士を育成することで堅実な立憲政治が維持できるとの考えを抱いていたと思われる。したがって、品川にとっては殖産指導と同様に温和派育成は重要な課題であった。それらの課題は個別に実現されることもあるが、温和派を糾合して議会に臨めば、両者は同時に実現可能となる。この意味で、御料地運営と国民協会とを天秤にかけた場合、後者が選び取られたのだと考えられる。

しかし何度も繰り返すが、品川は御料地事業に対する関心を全く放棄してしまったわけではなかった。品川が遁走するような騒ぎを起こすことなく国民協会指導に邁進できたのは、技術官僚らの情報提供やより身軽になった身の上により、引き続き御料地運営に対して一定の影響力を及ぼすことが可能であるとの判断も働いたためではないかと考えられる。

品川が御料局を離れてもなお御料局に執着し続けていたことは、政府当局者の耳にも届いていた。国民協会は創立当初から、その超然主義との整合性から藩閥政府指導者らに警戒される存在であったが、二五年八月八日成立の第二次伊藤内閣は特に協会に冷淡であった。伊藤内閣と協会との関係は次第に悪化し、二六年三月に会頭西郷従道が、そして五月に幹部曾根荒助が伊藤らによる引き抜き工作によりそれぞれ海相、駐仏公使任命により退会すると、協会は以後政府への対決姿勢へと転じ、野党化していく[219]。そしてこの時、伊藤が品川の御料局長への抜擢までも計画していたことが一〇月四日の「徳大寺実則日記」に示されている。徳大寺もまた「品川弥二郎ニ於而も一身ヲ誤ラサル内、協会ヲ脱シ候様相成度、御料局長ナラハ御請申上へシ[220]」と考えていた。伊藤や徳大寺は、品川を御料局長に据えれば協会との関係を断つことができると考えていたと思われる。この品川切り離し工作は実際には決行されなかったようだが、品川の御料局長への執着は、伊藤内閣において国民協会弱体化の切札として検討されるほどのものであったことがわかる。

以上のように、技術官僚らの立てる計画や御料鉱山の保持をも絶対視しない岩村新局長の登場により、御料鉱山には将来的な「処分」も視野に入れた経費削減が求められるようになったことが明らかになった。この路線変更の延長線上に、二九年の御料鉱山払下げがあったと考えれば符合するが、岩村が二八年に御料鉱山の世伝御料化を上申した[221]ことが事態の理解を難しくしている。世伝御料となれば、売買譲渡は原則的に不可能となるからである[222]。就任当初より鉱山事業の拡張に批判的であり、「処分」も辞さない態度であった岩村が、鉱山を世伝御料化しようと目論んだことや、そのわずか一年後に方針を一八〇度転換するように見える払下げを断行するのはなぜであったか。次節ではまず、岩村局長時代の御料鉱山が直面していた「鉱業条例」適用問題を通して岩村の御料鉱山に対する方針転換の意味を解明するとともに、岩村や彼と立場を同じくする人々の御料鉱山に対する認識を検討し、払下げに向けたラスト・スパートを追っていく。

第三節　御料鉱山世伝御料化計画から御料鉱山払下げへ

1　「鉱業条例」適用問題

民間鉱山に対する日本初の鉱業法制である明治六年制定の「日本坑法」は、民間鉱業の成長に伴って種々の問題点が生じたため、二二年からこれに代わる「鉱業条例」案の編成が始まった。同条例は、当時農商務省鉱山局長であった和田維四郎が原案を作成し(223)、二三年九月二五日に公布された。しかしその実施は二五年六月一日からとされ(224)、それまでは経過法として「日本坑法」を一部改正して実施していた(225)。その間主務省たる農商務省は施行に向けた準備を進めていた(226)。

和田は「鉱業条例」制定の最大の目的を、「日本坑法ノ政府専有主義ヲ廃シ自由鉱業ノ主義ヲ貫行シ鉱業上ノ権利ヲ鞏固ニスルニアリ(227)」とする。鉱業条例は「日本坑法」の政府専有主義を見直し、民間鉱業の資本主義的発展に道を開く法令であった。和田によれば、「日本坑法」には「国庫ノ費ヲ以テ鉱業ヲ為スモノハ此坑法ノ規定ニ依ラズ未ダ法律上官行鉱山ニ対スルノ制裁アラズ(228)」という特徴があった。したがって、政府専有主義を見直すならば、すべての官営鉱山にも「鉱業条例」が適用されなければならないことになる。そしてそれは御料鉱山に対しても例外ではなかった。二五年五月一九日、農商務省は「鉱業条例」施行につき、御料鉱山にも同条例を適用すべき旨を閣議に諮った(229)。

これに対し六月二三日、土方宮相は時の首相松方正義に対し照会書を呈し、強い反対の意を示した。土方は、普通法律は帝国臣民を対象にしたもので、これを皇室に適用させると「帝室ヲ以テ帝国臣民ト為サヽルヘカラサルカ如キ結果ヲ生(230)」じ、国体上不穏当であること、「日本坑法」も御料鉱山には適用されなかったこと、「既ニ国ノ所有ヲ離レテ帝室ノ所有ニ帰シタルモノナル(231)」ことを理由に「鉱業条例」適用に強く反発した。しかし、土方が最も強い反発を示したのは「就中課税ニ関スル条項ノ如キニ至リテハ之ヲ帝室ニ属スル鉱山ニ適用スルコト最モ其当ヲ得ス(232)」と言うように、御料鉱山にも課税義務を認める点であった。土方は「御料ノ土地山林ハ総テ免税ノモノ」であるという点を根拠とし、これを不適当と主張したのであった。

これを受け、二七日農商務大臣河野敏鎌は、閣議に「御料鉱山ノ件(233)」を提出した。河野は、皇室財産全体に対し普通法律を適用するかどうかについては「目下審議中」であるため、その間は御料鉱山も「鉱業条例」の適用を除外されるべきだとして土方宮相の要求を容れるよう請議し、請議の通り八月二日に認められる(234)。

ところが、第二次伊藤内閣に代わるとこの議論が再燃した。第二次伊藤内閣の農相後藤象二郎は一〇月二八日、「官行及御料鉱山ニ鉱業条例ヲ適用スルノ議(235)」を提出し、閣議に諮った。この提議は、「世伝御料ニアラスシテ一時皇室ニ属スル御料鉱山ノ如キ御料林ノ如キ皇室所有会社株券ノ如キハ独リ皇室ニ限リ無税タルヲ得ヘキノ理アルヿナシ」として御料鉱山にも「鉱業条例」を適用すべきとするものであった。

これは、第二次伊藤内閣の総意であったと思われる。なぜなら、首班の伊藤は、明治二三年に枢密院で世伝御料勅定が議されていた当時から、普通御料は課税対象との考えを有しており、「御私料タリ御私産タルニ於テハ立憲制ノ理義ニ依テ普通法律ノ範囲内ニ於テ処分セラル、ノ盛意ヲ示サレ、凡ソ私有ノ財産ハ其所有者ノ何人タリ、其所有権移転ノ如何ニ依テ、之ニ附帯スル権義ニ差違ナカラシムヘシ。即チ世伝御料外ニ属スル財産就中土地ハ丈量地価ヲ付シ、啻ニ地方税郡市町村費ヲ負担スヘキノミナラス、進テ国税ヲモ負担スヘシ(236)」と述べていたからである。さらに、伊藤は鉱山は世伝御料には相応しくないとも考えていたようであり、世伝御料に「精査未済ナル山林収支相償ハサル各地盛衰多キ鉱山等ヲ編入スヘカラス(237)」とも述べていた。「鉱業条例」の御料鉱山への適用は、農商務省の一貫した課題であったが、右のような御料地認識をもつ伊藤が首相となったことで政策的に進展することとなったものと思われる。

さて、先の農相の提議につき、その後宮内・農商務両省間で数回協議するも意見の一致をみなかった(238)。そのため、二六年五月二八日に至り政府は、この対立を収拾すべく「宮内省ヘハ別ニ通牒セ」ず、「御料鉱山ハ世伝御料ニ編入セラレタルモノヲ除ク外、鉱業条例ニ依リ納税ノ義務アルモノトス」との指令案を閣議決定し、六月一七日に発令した(239)。政府見解は、世伝御料以外の皇室財産は民有財産と同じく売買譲渡が自由であり、かつ皇室の尊厳に関わる性質のものでなく全く皇室の「私事ニ属スル」財産なので、国法上の見地からみて民有財産と異ならず、したがって国家に対する負担・義務も国民の所有物と異ならないというものであった。

川田敬一氏は、御料地への課税の必要を唱える議論について、世伝御料外の御料地を「私有地」と見なす論理が背後にあったことを指摘している。(240) 確かに、右でみたような宮内省と政府との議論からも、宮内省・政府ともに、宮中・府中両財政の分離を前提とし、御料鉱山を私有地と考える点では共通していたことがわかる。しかし、その課税に関する解釈はまるで正反対であった。政府は私有地ゆえに民有地と法的な位置づけは異ならないと考え課税すべきとするのに対し、宮内省は、国家と分離された「皇室所有」地ゆえに国家が干渉できない、すなわち課税すべきでないものと考えていた。

川田氏の検討した皇室財産課税問題をさらに精緻に検討した加藤祐介氏は、明治三五年の大蔵省による「地租を課せざる土地に関する法律案」に対する宮内省の反応から「「我国風俗習慣の特色」に鑑みて皇室は国家の一部であり、皇室財産も「国有財産の一部」であるという観念、言い換えれば皇室は「公的」な存在であり、皇室財産も「公的」な財産であって「私的」な財産ではないという観念に基づき、皇室財産への課税を否定する路線(241)」があったことを指摘し、鉱業条例の御料鉱山への適用をめぐる土方の立場もこのようなものとして説明される。

しかし、「鉱業条例」適用問題における土方宮相の反応からは、土方はむしろ「宮中・府中の別」を根拠に課税を拒んでいたと解釈すべきだと考えられる。この二つの論理の微妙な差異は決して無視してはならないように思われる。ここで見たような土方の立場には、明治二〇年代の宮内省における「宮中・府中」認識に特徴的な性格が表れているとみるべきだろう。ちなみに、加藤氏が主に検討した「地租を課せざる土地に関する法律案」に対する宮内省の反応には、明治三一年から土方の後任宮相となった田中光顕と内蔵頭渡辺千秋の立場が反映されていることが示唆されている。(242)

さて、結局六月一七日の指令により、世伝御料ではない御料鉱山は課税対象となった。しかし、このことは裏返せば、御料鉱山を世伝御料として認定しさえすれば、同条例の適用外となることをも意味する。当時世伝御料の鉱山はなかった中で、あえて「世伝御料ニ編入セラレタルモノヲ除ク外」との一節が加えられたことは、宮内省への最低限の譲歩として課税回避の道を残したものと考えられる。とすれば、御料鉱山に縮小方針を求めていた岩村が、二八年に御料鉱山世伝御料化を突然上奏した背景には、御料鉱山の課税による負担増を免れる意図があったと考えれば不自然ではないだろう[243]。

これまで非課税だった御料鉱山が課税対象となることは、さらなる負担の増加を意味し、御料鉱山縮小論者の岩村にとって容認しがたいものであったと考えられる。岩村は、こののち御料鉱山の世伝御料化を目指して実際に鉱区の選定もしていた[244]。しかし、日清戦争中多事の折として世伝御料化が認められなかったため、指定した鉱区は全て「鉱業条例」の適用対象となり、試掘認可を受けなければ営業できなくなる。その試掘にはまた多額の費用を要する。「鉱業条例」では、試掘認可のあった鉱区は一年以内の試掘が義務付けられていたため猶予はなかった。非課税のまま、低コストで御料鉱山を維持していくという方途はほぼ閉ざされてしまった。この後、岩村は一転してこれらを皇室財産から切り離してゆくこととなる。

2　御料鉱山払下げへ

岩村による御料鉱山の皇室財産からの切り離しは、御料鉱山拡張主義の旗頭であった生野支庁技師大島道太郎の免官から始まった。既に一二月初めには、大島は岩村より「予算ハ下手ダ[245]」とされ「当職ニ居ル事六ヶ敷模様[246]」となっていたが、岩村は生野の一二月の収益が予定額に達しなかったことを確認すると、ついに一二月二五日に大島を免官とした[247]。次に、二六日には、陸軍省より譲渡の申出があった[248]佐渡支庁附属王子製造所（明治二五年五月に王子硫酸製造所を改称）を廃止した[249]。

品川は、既に大島の立場が危うくなっていた一二月初めには、「此根元ハ誰ヲ咎メル事モナイ。カヽル大計画ヲシテやじが逃ゲタノガ大罪ナリ[250]」と後悔を強く滲ませながらも、「生野鉱山え此段御申渡し可被下候。并ニ御地技師はじめ一同え大罪人ハやじ故、勘弁して善後策ヲ和田ト談して講ゼヨト御伝言可被下候[251]」と和田を助っ人としての生野再生への期待も含ませていた。しかし、いよいよ大島解任が断行されると、「大嶋《ママ》を放逐して鉱山を持つと申事は実に素人仕事と残念にたまり不申候。予算通りに金がとれぬ予算が少しも引き当てにならぬと申事よりして生野を放逐さられたり」[252]、「生野は予算が違いたるとて実際も学術も人物も第一等の鉱山博士大嶋《ママ》を御放逐になり」[253]と悔しさを吐露した。前節3でみたように、岩村は生野の収益を低く見積もり予算を節減させていた。岩村の「予算通りに金がとれぬ予算が少しも引き当てにならぬ」という不満も、品川の目には技術官僚らを信用しない岩村のやり方に問題があると映っていたのである。

大島解任の直前の一二月二四日には、生野に比べて成績のよかった佐渡のみ独立会計とすることが達せられていた[254]から、御料局予算の制約を受けず比較的自由な経営ができるようになるはずであった。しかし、却ってそのことが残された生野への本局の大胆な改革着手を容易にした側面もあるだろう。

大島解任後、後任選定に苦慮した岩村は、暫定的に鉱業条例作成者でもある和田維四郎を生野支庁長心得とした[255]。品川が「其実やじより内々和田を説諭したる事は岩村殿は御承知なし」[256]と記していることから、この人事には品川の蔭の働きかけがあったことがわかる。和田は、品川が後に「和田にしても佐渡の渡辺にしても御承知の通最初よりやじの関係有之事に付、事業上の事は少しも秘し不申してやじの処に来り談論致し申候」[257]と述べているように、渡辺とともに「品川派」とも呼ぶべき人物であった。渡辺も、先に示した明治二四年度以降の拡張・改良計画を概算の段階から品川に「決シテ他人ニ御示シ被下間敷」[258]と、極密に品川に提示していたが、同案は渡辺が大島と協議して策定したものであることや、末尾に「和田兄ニ限リ御見セ被成候テモよろしく御座候」[259]と記されていることから、渡辺・大島・和田の三人は和田がまだ農商務省在勤の頃から品川の下で一種の仲間意識を形成していたことがうかがえる。品川としては、このように自身に近い和田の採用により、御料鉱山をめぐる状況が多少とも自らの望む方向に傾くことを期待したと思われる。

しかし、岩村は和田に佐渡・生野の調査を数度にわたり行わせ、問題点を明らかにすると、翌年四月八日の秘密会議で御料鉱山として残った三事業部（佐渡・生野両鉱山・大阪製錬所）払下げを内決した[260]。宮内省内を払下げにまとめ上げると、岩村は三〇日の皇室経済会議で三事業部の払下げとその払下げ方法決定に持ち込んだ。[261] このように、岩村は二八年末から二九年初頭にかけてスピーディに払下げ準備を進めていった。

岩村の尽力によってまとめ上げられた宮内省は五月一二日、払下げの理由書を公表した。[262] その要点は、①収益を上げつつ存続していくためには多額の追加資金が必要となること、②収益が予定額に達していないこと、③民業との競争を招くこと、④普通御料である御料鉱山は鉱業条例に準拠して鉱区を開削するには資金が不足すること、⑤それにより鉱区の全てを試掘しなければならなくなるが、鉱区を開放したとしても労働力争奪が生じかねないこと、の五点にまとめられる。①・②・④の経済上の問題は、分量も理由書の大部分を占めており、払下げ理由の骨子であったと考えられる。これに対し、渡辺・和田・中沢の三人の技術官僚は、主にその経済的理由にかかる部分（①・②・④）を逐条批判した意見書を提出した。[263]

まず①・②に対しては、技術官僚らは収益が予定額に達しなかった二二年度、二三年度、二八年度について特にその理由を説明している。二二年度に関しては、予算は大蔵省で立てられ実際の運営は御料局で行われた年である。そもそも御料局と大蔵省とでは運営の目的が異なり、御料局はあくまで鉱業の基礎を鞏固安全にすることを目指しているため、鉱山の半永久的な保持ではなく一時に多額の産出を目指す大蔵省時代に立てられた予算と実収が異なるのは当然であると彼らはいう。実際には、宮内省所管となってからも大蔵省時代同様に改良・拡張は続けられ、貨幣原料の増収も引き続き目指されたことは既に見てきた通りであるが、あくまで技術官僚らの建前上では皇室の利益の永続的保持が掲げられている。

二三年度は米貨暴騰による地元住民の暴動鎮撫と米価・工賃高騰抑制のため、安米払下げ策を実施するという不時の支出があった。二八年度は生野でコレラの流行があり、また日清戦争時に調整した予算であるため、戦後の経営が予想できなかったことが見込額と実収の懸隔の原因であるという。技術官僚らは、このような不測の事態がなかった年においては基本的に収益は予定額に超過していると主張する。

技術官僚らがこのように主張するにも関わらず、岩村や宮内省が御料鉱山は所期の収益を上げていないと責めたてていたことは、小林延人氏のいうように、御料鉱山が営業利益に見合わない額の興業費を費消しているということを意味していた(264)。しかし、技術官僚らはそもそも興業費の存在を必要不可欠のものと考え、それらは計画上においても実績上においても償還可能と信じて疑わなかった。つまり、技術官僚らは営業成績のみから経営の良否を評価していたのである。このように、宮内省の払下げ理由書と技術官僚らの経営評価に際しての着眼点は全く異なっていたため、議論が平行線を辿るのは致し方のないところであった。

払下げ理由の④は原文では「世伝御料外ニ係ル御料鉱山ハ鉱業条例ノ制裁ニ遵ハサルヲ得サルヲ以テ、已ニ選定シタル諸鉱区ハ速ニ之カ試掘ニ着手セサルヘカラスト雖、是ノ如キハ一時ニ鉅費ノ支出ヲ要シ御料部経済ノ能ク堪フル所ニ非サル(265)」とある。この部分は幾分省略が多く、技術官僚らの意見書と対照させて補足する必要がある。技術官僚らは、払下げの「第二ノ理由即チ鉱業条例ノ制裁ニ遵拠スル場合(266)」においても「経済上ノ関係ニ於テハ毫モ憂慮スルコトナカルヘシ(267)」と言い、御料鉱山の将来の収益を試算した上で、課税を考慮しても利益を上げることができると論じる。また未開の鉱区についても、相当の収益ある鉱区を選択し採掘すれば課税による負担も十分補って余りあるとして、「豈悉ク世伝御料ノ準備ニ選定シタル数多ノ鉱区ヲ開掘スルノ必要アランヤ(268)」という。右のように、三人の技術官僚は「鉱業条例」適用により御料鉱山がこうむることとなる負担を論じる際課税負担にも言及している。この意見書が宮内省及び岩村を意識して書かれたことを踏まえると、宮内省・岩村は試掘に伴う多額の興業費のみならず、新開鉱区を含めた課税をも懸念していたことは間違いないだろう。

技術官僚らの意見書では経済的理由にかかる部分のみに反論を示しているので、③・⑤には言及がないが、ここで③について若干付言しておこう。③は、既にみた伊藤の例にもあるように、払下げに正当性を持たせるために用いられた「民業の妨」論である。岩村や宮内省がどの程度当時の民間鉱業の状況に理解があったかは判じがたい。しかし、後に御料鉱山を払い受けることになる三菱のように単独で三事業部全ての払い受けに耐える大資本があった一方で、単独で払い受ける資力のない中小資本も当時は数多く存在していた(269)。また、御料鉱山の果たす模範や中央製錬所としての役割を必要とし、皇室財産としての維持を求める鉱業家も存在していた(270)。このようにみると、「民業の妨」論者も、技術官僚や品川も、当時の民間鉱業の置かれていた現実のそれぞれ異なる一側面を見ていたにすぎない。「民業の妨」をめぐって、両者の主張が平行線をたどる理由はここにあった。

以上を踏まえると、世伝御料化から払下げへという過程は、一定の方針を欠いた岩村の場当たり的な決定であったのではなく、一貫して御料鉱山の経費削減、およびその一環としての課税回避のための決断であったと考えられる。鉱業条例適用除外を求めた宮内省の政府への働きかけが失敗すると、岩村は御料鉱山の世伝御料化によって対処しようとした。この試みが潰えると、二八年末から二九年初頭にかけての時期には、王子硫酸製造所の廃止、大島免職などの諸改革を進める。しかし、これらの計画も所期の目的を達し得ず、もはや方策は払下げしか残されていなかったのである。あるいは、これだけの策を講じても所期の目的を達しえなかったということを強く印象付け、払下げを有利に進めるための下準備だったのかもしれない。

岩村は一貫して御料鉱山の経費削減を求め続けており、技術官僚らのように御料鉱山に皇室の財源以上の意義を見ていたとは考えられない。したがって、御料鉱山保持の必要性も技術官僚ほどには認識していなかったと思われる。公式理由書の経営評価が技術官僚らのそれと全く異なっていたのは、このような御料鉱山観の相違によるところが大きいと考えられる。

3 払下げ決定後の展開

独自の情報ルートから宮内省内の払下げに向けた動きを察知していた品川は、宮内省の機先を制すべく四月中旬から関係者間を奔走していた。表立った行動をすると、かつて御料局長にこだわって一椿事を巻き起こした品川ゆえに、「やじがかゝる事を云ふといつも頑固に御料局之事にいらぬ世話をする不届の奴と宮内省連も思ふ哉ならん(271)」ことや、「やじがやきもちをやいて御料局長之復職でも希望する様に思はるゝ(272)」ことを危惧していた。また、「佐々木陽太郎が一々やじに秘密を洩らす様に思はれ、佐々木が身の上危く相成候(273)」というように、品川と親しい佐々木主事が品川に情報提供をしていることが真っ先に疑われることを懸念してもいた。しかし、「やじが野心ありて此手紙を書くにあらず、帝室の信を失ふ事を傍観に堪へず[274]」と弁明しつつも、単に「何も承知しつヽ今日迄一言も口外不仕[275]」「坐視傍観[276]」していたわけではなかった。

四月一八日には皇室経済顧問で首相の伊藤博文に対し、払下げの阻止を陳情した[277]。品川はその中で、「両鉱山幷大坂《ママ》製煉所を売却と申事は宮内省の議に上らぬ内よりやじは承知し居候。其訳は大嶋技師を生野より放逐し後との始末付かぬ為めに和田維四郎を一時生野に遣し申候。和田にしても佐渡の渡辺にしても御承知の通最初よりやじの関係有之事に付、事業上の事は少しも秘し不申してやじの処に来り談論致し申候[278]」と述べている。これまでの論証を見れば、品川の言は真実であったことがわかるだろう[279]。そして、「宮内省にては秘密々々と申居候得共、新潟県にて佐渡売却の事評判し居、生野には他の会社より御払下けになればとて技師の引つ張りに参り候様の事にて、世間其筋のものは承知致し居り候[280]」と言うが、これもまた第二節3で明らかにしたように、現場の技師らと交流があった品川ならではの調査に基づくかなり正確な情報と思われる。

品川は、「両山とも古来民間にて着手せしことなし[281]」という理由から、「両地の人民は金を（御土産金）遣りさへすれば安穏に済むと申説もあれども、佐渡などは中々左は参るまじ[282]」として払下げは困難であることを訴える。

また品川は、伊藤を動かすために当時の伊藤政権が置かれていた政局上の難題を持ち出した。品川は、「殊に御承知の通越佐会は改進党と国権派と合併し居る今日なれば、万一岩崎（と申事秘密々々）のものとなるも岩崎の困難は元とより政府攻撃宮内省攻撃此人気立つて居る世の中、帝室御財産を岩崎へ御払下げと申事を名にして中々の事を引起し可申候[283]」と伊藤に迫った。

「越佐会」とは、明治二八年新潟新聞主筆志賀重昂の提唱により、改進党系の越佐議政会と国権派とが合同して組織した地方政党である[284]。前年の遼東還付をめぐって、改進派・国権派は手を結び伊藤内閣の一斉攻撃を行い、八月一七日には遼東還付反対懇親会を開く中、新潟でも、対外硬主義者の大団結を起すべしという主張が漸次輿論化していた[285]。そのような中で結成されたのが越佐会であり、同会はさらに立憲革進党・中国進歩党・帝国財政革新会・大手倶楽部とも手を組んで政府批判を展開した[286]。第九議会で政府弾劾上奏案が否決されると、民党大合同の気運が高まり、二九年三月一日、遼東還付問題で手を組んでいた各党が合同し、進歩党を結成した。越佐会もまたこれに従い、五月三一日に解党し、進歩党新潟支部となるが[287]、品川が伊藤に右の書簡を送った時点では未だ越佐会は解党前であった。

品川の述べていたことが全く無根の脅迫というわけでもなかったことは、新聞で「佐渡金山生野銀山及大阪製錬所を或人々に払下るとの説あるや進歩党員中にハ其事実を調査せんとて地方より態々上京せし代議士もある由なるが愈々払下と決したるに付てハ目下秘密に其裏面の事情を調査しつゝあり。調査の結果に依て政府攻撃の材料となす筈なりと[288]」と報じられていたことからも明らかであった。

しかし、払下げに対する進歩党や越佐会の動きと品川の指導する国民協会とはおそらく無関係であったと思われる。この問題に関して品川と国民協会関係者との間に書簡が交わされた形跡はほとんどなく、わずかに佐々友房に対する五月二〇日付の書簡の中で品川が払下げにつき松方の説得を依頼していたことがうかがえるも（後述）、「従前之行掛リ御承知無之故、左程の御感しも無之事と存候得共[289]」と記しているように、おそらく国民協会内部で同一件が問題化されたことはなかったものと推察される。

品川の指導していた国民協会は「国権派」のイメージが強く、伊藤内閣、及びその実質与党である自由党と激しく敵対していたが[290]、既に前章で触れたように、国民協会においては国権派と並んで「実業派」の勢力も無視できないほどに大きかったことが明らかにされている[291]。また、前田亮介氏は、日清戦後は国民協会の内部にも、①日清戦前以来の対外硬連合の維持を図っていく路線と、②対外硬連合からは離脱しつつ、第三党としてキャスティング・ヴォートを握ることを目指す路線、そして③対外硬とは決別しつつも、品川の「洞ヶ峠主義」からも脱却し、より明確に自由党と手を結ぼうとする路線、の三路線に分裂していたことを明らかにした[292]。「洞ヶ峠主義」（日和見、是々非々）が品川の立場であったことを踏まえれば、厳密には四つに分裂していたとも見ることが出来よう。このように、品川は国民協会の指導者でありながら、国権派的な立場とは距離を置いていた。

このように見てくると、先の伊藤宛書簡の中での品川の脅迫めいた文言は、以下のように理解できるだろう。すなわち、進歩党は独自の問題意識から御料鉱山払下げを調査し、伊藤内閣の責任追及を図っていたのであり、そこに品川の関与はないと思われる。品川は、自由党・進歩党のみならず、自身が率いる国民協会の内部の国権派からも一定の距離を置きながら、与党の自由党が進歩党に攻撃されることになれば政権も危ういことを伊藤に忠告し、それにより払下げ阻止へ向けて伊藤を動かそうとしていたのだと考えられる。つまり、あくまで品川の目的は払下げの阻止にあり、政権の転覆などは望んでいなかったと考えてよいと思われる。

しかし、翌日になって伊藤から届いた返書は、品川を失望させるものだった。伊藤は、「佐渡生野鉱山云々御申越之処、小子は何人よりも従前承及候事無之、貴書接受初而承知仕候。土方帰京之上は聞糾可申、近来岩村局長にも面会仕候事無之、都て御料局之事務如何相成候哉耳朶に達候事無之」[293]と、真実かどうかはともかくとして、払下げについては全く知らなかったと言う。そしてあまつさえ、「事情に暗くして之を論議する甚困難に存候故、老兄よりも田中光顕に悉しく御談話相成而は如何。老兄に対し疑念之起る筈も無之」[294]と、払下げ推進派の田中宮内次官[295]に相談するよう助言する始末であった。

そこで品川は、今度は白根専一に対しても、払下げに至る詳細な情報を説明した後、払下げ阻止に向けた尽力を求めたものと思われる[296]。政界でも品川の股肱と恃む人物であり、かつ内蔵頭として皇室財政を預った経験もあったため[297]、今回の問題に対しても何らかの助力をしてくれると見込んだのだろう。品川はおそらく、これを最後の希望とみていたに違いない。なぜなら、皇室経済会議に出席する資格のある者で、御料鉱山払下げ阻止に耳を貸してくれそうな者のうち、在京している者はもはやいなかったからである。

これに対し、白根は渡辺千秋内蔵頭に面会し、技術官僚の考えを問い合わせたところ、「到底帝室に於て稼行は見込不相立趣同人致答候に付、然らは売る外妙策は成程なかるへしと」[298]いうことであった。ただ、白根も渡辺も、「売るも売らさるも岩村にては結局処分する事は無覚束、此際断然更に適任者を任選し、然後篤と詮議し然るへしとの趣旨」[299]を渡辺と話し合ったというから、岩村のやり方に全面的に賛同していたわけではなかったようである。

おそらくは最後の頼みとしていた白根からも、望んだ通りの回答を得られなかった品川は、再度白根を説得すべく書簡を認めた[300]。品川は技術官僚らが「到底帝室に於て稼行は見込不相立趣同人致答候に付、然らは売る外妙策は成程なかるへし」と考えていたという渡辺千秋の情報に反論し、「和田、渡辺などが御払下を賛助などと思つたら御間違なり」[301]と強調した。そして様々な根拠を示して払下げの非を訴えた。しかしこれは、白根のもとには届かなかったと思われる。同書簡欄外には、「明治廿九年四月三十日午後伊藤首相邸に御料局長其外会議候て払下に決定す、尤一般入札競売との事承知す。此手紙反故に致す」[302]との書き込みがある。品川のもとにこの書簡が残っていることから考えると、翌日の皇室経済会議で御料鉱山の払下げが決まったことを知った品川が白根へのさらなる訴えを断念したものと考えられる。

さて、以上の伊藤、白根に対する陳情を見ていくと、品川の宮内省―御料局批判の論法にはいくつかの特色があったことがわかる。品川は、先の伊藤宛書簡の中で、払下げを進める土方・田中・岩村を「鉱山師連の仕事の分らぬ」「素人仕事」「玉の如き土方大臣〔常時宮中という高貴な場所に在って現場の仕事に無知であるというほどの皮肉か〕なれば何事も（鉱山山林等の事）御承知無之」[303]と不満を漏らしていた。品川は、自身の理想とする事業方針に反対する立場の人物に対し、しばしばこうしたプライドを刺激するような強い文言で批判した。御料局長（官）就任当初、事業計画をめぐって主事の山本清十を追い出してしまった時も、「鉱山の事は御承知ですか……知らん者がどうして予算の修正が出来ますか」[304]と山本を詰っていたことは既に見た通りである。こうした強い表現は、品川の御料鉱山に対する向き合い方の表れであった。品川は、御料鉱山事業において技術官僚らの学識・専門的知見を最優先していた。それは、在職中の技術官僚らへの事業一任方針や改良・拡張計画への理解にも明確に表れている。そしてそのような信念に反し、技術官僚らの反対にも関わらず払下げを推し進める岩村らに強い不信感を抱いていたのである。

しかし、品川も御料局長（官）就任当初から技術官僚らに過大な信頼を置きすぎていたところがあったように思われる。品川は、山本清十を詰った時も、「初めての予算のことだから、各支庁長から出た通りにせよと云ふことを予ねて言ふて置いたではないか」[305]と言っていた。予算についても各支庁長に一任し、主事が勝手に修正することを厳しく禁じていたようである。

品川は、御料鉱山の予算や事業計画に関しては、現場の長である支庁長の判断を絶対視した。「生野は予算が違いたるとて実際も学術も人物も第一等の鉱山博士大嶋を御放逐になり〔ママ〕[306]」というような表現からは、技術者であり学者でもある彼ら技術官僚たちへの品川の絶大な信頼感と、御料局こそはそのような一流の技術者・学者を活かす場であるべきだという信念がにじみ出ている。

また、品川の御料鉱山に対する認識にはもう一つの特徴があった。品川が白根に宛てて認めた書簡には、「いくら岩崎でも三井でも住友でも人臣が持つて遣りきれるものではなし、帝室なればこそ五朱以上の確実なる利益はあるなり。やじが野心ありて此手紙を書くにあらず、帝室の信を失ふ事を傍観に堪へす[307]」ともある。皇室だからこそ鉱山は収益を上げることが出来るし、維持することが出来るというのだから、ここではもはや「皇室を維持するための鉱山」ではなく、「鉱山を維持するための皇室」と、その第一義的目的が転倒している。鉱山業は長いスパンで育成しなければならない事業である。しかも佐渡・生野のような優良鉱山は民業で収益を出しつつ維持していくことは難しく、皇室でなければ不可能だというのである。

しかも、品川は鉱山を手放すことは「帝室の信を失ふ」ことだという。言い換えれば品川は、皇室は鉱山を持つことで右のような役割を担い、それが皇室の威信になるという考えを抱いていたのである。純粋に日本人の手で近代技術による模範官営を成功させることは、かつてどの官業もほとんど満足に成し得なかった。したがって、かつての官業すらなしえなかった大きな仕事を成し遂げることが皇室の威信に繋がると品川は考えていたのである。品川は、日本で一、二を争う有力金銀山である佐渡・生野を維持するために、御料鉱山という器を必要としていたのである。

さて品川は、伊藤や白根らと同時に、土方宮相や田中宮内次官に対しても陳情書を送っていた[308]。土方に対しては、「御料鉱山払下の事に付てハやじハ反対の意見を有せり。もし此際払下を断行せらる、に於てハ物議百出して宮内省及び内閣に対し激烈なる攻撃を加ふる事となるべし[309]」と忠告するもので、伊藤宛の書簡と概ね同趣旨であったと思われる。

しかし、実は土方らは、払下げの告示がなされる前から三菱合資会社の岩崎久弥と接触を持っていた。土方の日記では、土方は五月六日に岩崎久弥のもとに赴いていたことがわかるし[310]、品川のもとに届いたと思われる書簡や新聞報道では、早くも五月一日には土方のもとを二度にわたって岩崎が訪問していることがわかる[311]。皇室経済会議で御料鉱山払下げが決定された翌日に早くも岩崎と何らかの協議をしていることから見ると、既に払下げが宮内省議に上る以前から払下げ先として岩崎が候補に挙がっていたと考えられる。

岩崎家は、政府所管時代から生野を狙っていたことが知られている。山崎有恒氏は、長崎造船所払下げを求めて、岩崎弥之助が工部省官僚と個人的関係を結び接近していたことを明らかにしているが、その際岩崎は、このパイプを利用して工部省に生野の払下げも要求していた[312]。この時は生野の払下げには成功しなかったが、岩崎はその後当局者の交代や生野の経営状況などを見つつ雌伏し、時を待っていたものと思われる。宮内省と御料局のトップが同郷土佐の出身者であり払下げにも積極的な土方・田中・岩村という布陣になり、いよいよと動き始めたのだと考えても不思議ではないだろう[313]。

関係者間の個別の説得で経済会議での払下げ決定を阻止することができなかった品川は、以後は新聞を通じた世論誘導を試みることとなった[314]。品川だけでなく技術官僚らもまた、新聞社のインタビューに応じ内部情報を暴露し、時には払下げへの批判的見解を示した[315]。

こうした騒然たる状況に対し、宮内省側はきわめて強硬であった。土方宮相は、払下げを妨害せぬよう関係者間に釘を刺して回った。五月一日には品川に対し、「此事に付ては迂生責任を以断行致候事に而、局外者之異論物議は顧慮するに足らず、甘んして其衝に当り申決心に御座候[316]」と、品川の動きを封じるかのような決意表明をおこなっている。

五月一七日に伊藤に対して送った書簡では、よりあからさまであった。「鉱山払下一条各新聞等種々攻撃を試候得共、少も顧慮不致断然処分之目的有之、若も弱味を見られ候時には弥以面倒に有之、技師等の我儘益増長可致候[317]」として、技術官僚らの新聞紙上での攻撃には全く動じない構えを示した。そして、「万一色々申出候者有之候共御拒絶被成下、小官へ直に申出候様御申聞被成下度候[318]」と、伊藤への陳情ルートを断とうとした。土方は、「閣下初め経済会議員と申とも実は内輪御相談に止[319]」まるとまで言い切ってしまい、「何処迄も本官の責任問題に付、一身を擲ち此衝に当リ申精神に御座候[320]」と、たとえ皇室経済顧問であっても、払下げ決定を覆すことはできないということを強調した。

同様のことは、新聞でも報道されていた。『中央』では、土方が「此事に付ては拙者責任を以て断行すべし。局外者の異論物議は顧慮するに足らず、甘んじて其衝に当る決心なり[321]」「払下一条に就て何処までも責任を負ふ[322]」と語ったと報じている。品川や伊藤に宛てた書簡の内容と酷似していることに気づくだろう。岩村もまた、提出した書類の不備が見つかったことに対して「是れしきの事余が進退を賭すべき価値あるものにあらず。直せと云ふなら直しもしやう[323]」と強硬な姿勢であったことが報じられている。

土方は、従来の政治史では「伊藤派」と見做され[324]、立憲制創設後の宮中において伊藤の指導下で孜々として勤め上げた人物として描かれる。しかし、かつては侍補として宮中から府中の問題に介入し政治的に活性化した経歴をもつ[325]土方と伊藤とは、依然として緊張感の絶えない関係であった[326]。土方はこと宮中内の重要問題に関しては、最終的な意思決定の場面で府中の介入による変更を受けないという確固たる信念を有していたと考えられる。

一方、技術官僚らは品川と同時に当局者に対して直談判をしてもいた。払下げ決定後渡辺とともに岩村のもとを訪れた和田は、「両鉱山ト相川生野トハ数百年来利害ヲ一ニセリ。今宮内省カ鉱山ヲ処分ニ当リ、地方ノ利害ヲ不問ニ措クハ不徳義ナリ。今日之新聞之攻撃ハ根拠ナキモノナレハ、心ニ恥ツル事ナキ已上ハ、毫モ憂フルニ足ラス。然レ共、若シ地方ヨリ八ヶ間敷申立タルトキハ、何言ヲ以テ之ヲ鎮撫セラル、カ。入札者ニ制限ナケレハ何人ニても入札スヘシ。小生共、地方ノ人ニ向テ確実ナル継承者ヲ得ル事ヲ約定シ難キ已上ハ、地方人民ノ鎮撫ハ断シテ引受ケサルヘシ[327]」と大演説を放った。これに対し岩村は、「只力及ハス宜シク直接大臣次官へ告ケヨ[328]」と苦しい立場を見せた。岩村としては、入札者に制限をつけず一般競争入札としたのは、「入札人ニ制限ヲ付セハ、閣下カ不公平ナリト云ハル、ナラント掛念セルカニ察セラレ候[329]」と和田が言うように、岩村も内心では品川の批判を受けることを恐れていたように思われる。ここにきて「方針ノ一定セサル[330]」と言われたように、岩村においても若干決意が揺らいでいる様子がうかがえる。

岩村との談判で埒が明かなかったため、五月一三日午前一〇時頃、渡辺・和田・中沢の技術官僚三人は土方宮相邸を訪れ、宮相と激論するに至った[331]。この日所論を容れられなかったため、一六日に至り提出されたものが、前項で見た宮内省の払下げ理由に対する技術官僚三人の意見書である。

しかしこうした運動の甲斐なく、三事業部の払下げは一九日に裁可となる[332]。二〇日午前八時過ぎ、三人は土方宮相を官邸に訪ね、和田・渡辺は辞表を、三事業部と直接の関係がない中沢は進退伺を提出した[333]。ところがこれらも聞き届けられず、三人は残務処理や払下げ実施に向けた調査のため、払下げ当日まで御料局に奉職することを命じられる[334]。

土方は徹底していた。払下裁可後も渡露中の山縣に対して、大陸から反対派（特に品川か）を助成しないように釘を刺すほどの念の入れようであった。土方は五月二五日付の山縣宛書簡の中で、「経済会議員之御一人に付可及御相談候得共、目下参拾余万金之臨時支出を請求致候より起候事に而来年を待つ事不能[335]」と、山縣不在時に裁決してしまったことの了解を求めている。そして、「御料鉱山払下け一条種々邪推を以流言浮説を出し、或る新紙等殊に毒筆を試候得共、虚は実を滅すること不能、邪は正に勝つ不可[336]」とし、真実は我が方にあると印象付けた。

裁可後、速やかに払下げ方法取調べの命が下り、公売告示案が決定、公売へ向けた準備が着々と進められた[337]。品川は五月一八日、「払下ハ松方伯も賛成ト申声宮中ニ高く聞へ[338]」という噂の真偽を確かめるべく、熊本にある国民協会の佐々友房に対し電報で松方の意向を探るよう依頼していたが、もはや手の施しようがなくなった。

ちなみに松方は、四月三〇日の払下げを決定した皇室経済会議には欠席し、実業大会への出席と墓参などのため九州路に在った。品川が松方への説得を試みたのは、この問題に関して態度を表明しておらず、かつ御料鉱山編入の立役者でもあった松方から事態を打開できる可能性がわずかながら残っていたためであろう。第一節で見たように、両鉱山の御料地編入の推進者であった松方が払下げに賛同するなどとは品川にはどうしても信じられなかったものと思われる。しかしこのことは、品川自身も「従前之行掛リ御承知無之故、左程の御感しも無之事と存候得共[339]」と認めるように佐々の最重要関心ではなかったためか、その後松方方面からの切り崩しが行われた形跡はない。

しかし品川は、敗れてなお報いんとする一矢を持っていた。七月一六日には、「佐渡生野両鉱山及大坂製煉所縦覧承認書交付手続」が省内で承認され、同日官報・新聞に公告する旨が御料局で決済された[340]。その広告に基づいて、縦覧承認証を請求してきた人物・団体を届け出順にみると、住友吉左衛門、田中市太郎、三菱合資会社、亀村可作・鈴木右吉・福島藤七・広瀬坦・坂本銀次郎・本原忠兵衛・阪本平助・小林八郎兵衛・秋月清一郎・泉由次郎・佐渡島伊兵衛・小林季次郎・和井田佐七・大井卜新・大島甚三であった[341]。ここに、住友吉左衛門が真っ先に名乗りを上げていること、その後広瀬坦の名も見えることに注目したい。当然住友は、払下げ最有力候補とされていた三菱に対する一番の対抗馬と目されていた。実はここには、品川の口添えが介在していた。明治二〇年頃から、住友別子銅山支配人の伊庭貞剛と品川との書通が盛んになるが[342]、品川は、伊庭から銅山の景況についてもいろいろと報告を受け、時には意見が求められることもあった。住友に鉱業を進めたのも品川であると言われている[343]。

皇室経済会議での払下げ決定後の五月八日には、住友銀行支配人の田辺貞吉が品川に、「今回御料佐渡、生野両鉱山等御払下に付而は、弊店に於而も篤と取調候上入札なり払下願出候事に相決し候間、蒙御親諭且調査も仕度[344]」と書き送っている。別子の伊庭からは、「彼御払下一件之御懇書に接し御懇情深奉謝候。本店重役共に於ても評議を尽し、不日田辺貞吉出京万々相伺候筈に御座候間、万事御聞取奉願上候[345]」と、住友の重役も払下げについて積極的であることが伝えられている。ここからは、品川が住友に対し、御料鉱山払受けについて何らかの話を持ち掛けていたことは間違いないと思われる。払受けの意思をうかがっていた可能性も否定はできない。品川は、払下げ阻止の陳情・新聞等での側面攻撃を行うと同時に、払下げ阻止は難しいという冷静な観測もあり、そうなれば意地でも三菱にだけは渡すまいとして住友と接触していたものと考えられる。品川にとって、払下げ阻止が不可能になった以上、「三菱への」払下げ阻止が唯一の残された道となったのである。

しかし、その後確定した入札希望者を見てみると、三菱に対する最も有力な対抗馬と目された住友の名はなく、第一出願者は入札人原田愼治、関係人愛藤直武、いずれも三菱合資会社の社員であった[346]。第二出願者は入札人土田政次郎、関係人小林八郎兵衛ほか三名であり、これは東京と大阪の実業者の団体であった[347]。しかし結果的には九月一六日、落札者が三菱合資会社岩崎久弥に決定し、御料鉱山は当初の予定価格一五〇万円を上回る一七三万円で落札された[348]。地元住民へは佐渡・生野に各七万円を下賜することで一応の決着を見たようである[349]。

ところが事はこれで収まったわけではなく、その後も払下げに対する非難の勢いは衰えなかった。雑誌『二十六世紀』が「宮内大臣」等の記事を掲げて土方宮相を攻撃し、それを中央紙の『日本』が転載したことで一大政治問題となった『二十六世紀』事件[350]においても、御料鉱山払下げ一件への非難がみられた。問題となった『二十六世紀』の記事「宮内大臣」では、次のように土方宮相のみならず岩村に対しても個人攻撃がなされたが、その根拠として御料鉱山払下げが挙げられていた。

誠に伯〔土方〕が親善なる所にして社会が記憶せる四五の宮官を挙数せんか／股野琢氏は如何、山崎直胤氏は如何、杉孫七郎氏は如何、渡辺千秋氏は如何、岩村通俊氏は如何……○○○氏は林有造君と共に伯が同貫に属す……伯〔土方〕は侯〔伊藤〕と協議して氏を御料局長に推せり、此撰は侯の主張最も多きに居り、伯も亦与りて力あり、而して近くは御料二鉱山と一精煉所の払下は世人の目のあたり実見せし所なり。[351]

このように、部分的に伏字が使われているものの、内容からみて明らかに岩村のことを指しているとわかるような記述になっていた。岩村が下した御料鉱山払下げの決断は、後世の感覚からすれば、経済上も資本主義発達上も至当と考えられるようになっていた[352]が、同時代の人びとの反発は凄まじいものがあったことがわかる。

おわりに

御料鉱山が三菱に払い下げられ残務処理も終えたのち、技術官僚らはそれぞれの道を歩むこととなる。和田・大島は、官営八幡製鉄所にてそれぞれ製鉄所長官、製鉄所技監に就任し、引き続き「官業」に残ることとなった[353]。渡辺は、一時大学に復職したり、農商務省鉱山局に務めたりしていたが、三二年に品川とも関係が深い住友の鉱業部門における顧問となっている点には着目すべきであろう[354]。伊庭や田中と親しく、住友に対しては個人的な相談のみならず事業や家政の相談にも乗っており、御料鉱山払下げにおいても相談をしていたほどの品川であるから、失業後の技術官僚らの処遇についても何らかの相談をしていたと考えられる。

さて、以下では本章で明らかにしたことを総括しながら、本書の目的に沿って考察したい。御料地一般の編入には、国庫から分離された皇室の強固な経済基盤を確立する目的があったことを否定することは難しい。しかし御料鉱山には、皇室財産編入の時点から既に皇室の経済基盤に止まらない意義が付与されていた。御料鉱山編入の立役者である松方正義は、佐渡・生野両鉱山の皇室財産化によって正貨増殖という政府（特に大蔵省）の要請を満たすことができるという認識を示していた。また、実際に運営が始まると、現場の技術官僚らは御料鉱山事業の拡張・改良を進めていくことで、政府が放棄した模範の役割、あるいは政府が十分なしえていない民間鉱業保護のセンターとしての役割や、銅製錬の技術向上による金銀の海外流出防止の役割を御料鉱山に担わせようとしていた。このように、御料鉱山の編入・運営においては皇室財産を使って政府でかつて行われていた、あるいは現に行われている鉱工業政策や、政府の財政政策を代替・補完するような役割の必要性が公然と語られ、そして実際にそのような役割が担われてもいた。

しかしそれと同時に、品川が御料鉱山管理を一手に担う御料局長としての地位を利用し、政敵の政治資源拡大を阻止しようとしていたように、御料鉱山というカード、そして御料局長という地位は、それを確保することで藩閥政府を側面から支える目的においても利用されていた。

このように、御料鉱山はそこから生み出される収益ではなく、御料鉱山という「モノ」それ自体が、そしてそれを管理する御料局長という地位が、それぞれ行政面、政治面において政府を支える意義を有していた。しかし、このうち行政上の意義に関しては、品川と技術官僚らとでいささか思惑を異にしていたように考えられるので、以下この点に関し若干の考察を加えたい。

技術官僚たちにとっては、政府において鉱山官営放棄の方向性が定まった明治一七年以降、豊富な興業資金を投じて自らの学知や技術を存分に実践できる場は、民間にはない大経営体である御料鉱山がほとんど唯一であったと考えられる。技術官僚らが御料鉱山において果たそうとした、鉱工業の模範や「中央製錬所」としての民間鉱業の保護・勧奨、正貨の増殖といった課題は、本来政府において解決すべきものであったが、政策的に後退していた。明治二〇年代の鉱業行政は鉱業法制整備が中心で、予算も徐々に減らされていた[355]。第一次松方内閣期以降の鉱業行政の焦点は、製鉄所設置に向けた調査であり、非鉄金属鉱業の存在感はますます薄くなっていた。技術官僚らにとって、政府は決して理想的な環境ではなかった。また、輸出産業としての産銅業の側面支援や、それに伴う正貨の流出防止策もまた政府の重要課題ではあったが、直接官営という手段は明治一七年に既に放棄されていた。このような状況の中技術官僚らは御料鉱山に日本の鉱業（非鉄金属）発展に資する公益的機能を果たし、かつ日本の国益に裨益するという意義を見出した。御料鉱山は、政府の中で零れ出た技術官僚たちの理想を受け止める場となっていたのである。

技術官僚らは、当時日本随一の技術者・学者として、日本の鉱業発展に対する強い使命感をもっていた。そして、それを実現できる場所であれば、政府所有であれ皇室財産であれ大きな違いはなかったように思われる。御料鉱山への彼らの執着は、あくまで彼らに特有の利権に関わる問題であったのであり、それゆえ御料鉱山払下げ後は官営八幡製鉄所のような大規模官業に流れる者もいたし、大学における研究の方面に向かう者もいた。御料鉱山技術官僚らは、宮中官僚と呼ぶにはあまりにも「技術者」であり、「学者」でありすぎた。御料鉱山は、技術官僚らにとっては神聖不可侵な皇室の所有物という意味でのアジールではなく、技術者の理想郷という意味でのアジールであったといえるだろう。

一方で、品川もまた技術官僚らに全幅の信頼を置き、彼らにあらゆる方面から可能な限りの自由を与えた。しかしそれは品川にとっては、技術官僚らの意図を実現させることであると同時に、明治一七、八年の「宿志」の実現のための手段であり、究極的には藩閥政府への彼なりの貢献の手段という意味があった。このことは、その後の御料鉱山をめぐる品川と技術官僚らの動きの微妙な差異を説明する。

品川は、御料局長としての権限を利用し、御料鉱山事業を内部で完結させるべく、関連の深い工場・鉱山の編入を進めようとしていたことから、右に示したような技術官僚らの御料鉱山改良・拡張の意図を共有していたと考えられる。しかし、品川はこれに加えて政局上藩閥政府を助ける目的で御料鉱山編入を進めることもあった。そしてそれは、明治一七、八年に自身を失脚させる要因を作った大隈―改進党への私怨もあったかもしれない。

また、品川は内務大臣拝命時にあれほどこだわって勝ち取った皇室経済顧問の地位を国民協会創立の際にあっさりと手放してしまうように見える。品川にとっての御料鉱山が明治一七、八年の「宿志」実現の手段であり、その究極の目的がそれを通じた藩閥政府の補助であった以上、それを実現するうえでより直接的で効率的な手段をほかに見出せばそちらを優先するのは当然であり、右の経緯はこのように説明することができるだろう。もちろん、これ以降も彼が形を変えて御料鉱山事業を監視し、かつ介入しさえしていたことから、彼が御料鉱山を通じた「宿志」実現を完全に放棄したわけではなかったことは断っておかなければならないだろう。

さらに、御料鉱山払下げの際、技術官僚らは最後まで抵抗を続けたが、払下げが裁可されると後は事業のスムーズな継承に孜々として尽力する。これに対し、品川は払下げ決定後は特に「三菱への」払下げ阻止をも目論み、対抗馬として有力視されていた住友への交渉に着手する。このことは、明治一七、八年に自身を政治的に敗退させる原因となり、今また自身らを苦しめている三菱への私怨のほかには説明がつかない。

このように、品川と技術官僚らは微妙に異なる思惑を抱えながらも、大枠のところで共通性をもっていたため、職務上の関係を超えた深い紐帯で結ばれるようになったのだと考えられる。

一方、彼らに対しては批判も少なくなかった。彼らに対する批判は、皇室財政上の観点からなされたものと、「民業の妨」論が主であった。このうち、品川─技術官僚らの改良・拡張主義を決定的に追い込んだのは、財政上の反対論であった。技術官僚・品川による御料鉱山運営は、拡張・改良に伴い多額の興業費を要し、宮内省や経済協議員（のち顧問）伊藤博文らの反感を買い、次第に省内で厳しい立場に置かれることとなる。もちろん、御料鉱山が皇室を支えるものであるという点においてはいずれも異論を挟むところではなかったが、品川や技術官僚たちが御料鉱山はその規模や技術力、内部での完結性、そして民間鉱山や政府に対する意義といった点で圧倒的な存在であるべきとし、その威容や規模の経済性が皇室を支えると考えていたのに対し、宮内省や伊藤らは御料鉱山をして皇室を支える財産たらしむるものは慎重さと堅実さであると考えていたように見られる。

そのような中、品川に代わって御料局長に就任した岩村通俊は、品川や技術官僚らのように鉱山に特別の意味を与えることなく、拡張・改良計画に対して明確に疑念を差し挟むような人物であり、御料鉱山事業は経費削減を求められるようになった。

岩村は、鉱業条例適用により御料鉱山に対する課税義務が生じると、経費削減の必要から課税を避けるべく二八年に御料鉱山を世伝御料化することを試み、それに失敗すると、王子硫酸製造所の廃止、大島技師の免官という一連の改革を断行した。しかし、あらゆる策を講じてもなお所期の目的を達せないと判断した岩村は、二九年ついに究極の経費削減策である払下げを断行するのである。

岩村は、終始御料局財政の健全化を最優先としていた[356]。岩村もまた政府出身ではあり、政府財政に関しては積極主義的な意見を持っていたことが明らかにされてきた[357]が、御料鉱山を使って政局上・行政上の目的を果たそうという意図を有していたわけではなかった。また、払い下げることによって国内経済の発展に寄与するという意義も一般的には考えられるが、それはあくまで結果論であり、岩村の発言からはそこまでの意図は読み取れない。一方払下げにおいて岩村を支持し、岩村以上に強硬な姿勢で臨んだ土方宮相は、御料鉱山への課税阻止の局面では、政府の方針に必ずしも同調しない自律的な姿勢を見せた。御料鉱山払下げでも、政府委員ともいえる皇室経済顧問の介入を押さえて自身の責任問題として強硬に処理していった。制度的には十分行政目的からの利用が可能であった御料鉱山で、それを最終局面で食い止めたのは、土方の自制と岩村の淡々とした宮中財政本位の姿勢であったと考えられる。

御料鉱山払下げへ向かう岩村の事業運営を背後から支えたのは、品川流の御料鉱山拡張方針に否定的な皇室経済顧問の伊藤であった。伊藤は政治家である。彼は政治的に必要であれば、「模範」を掲げて御料地の編入を進めもすれば、「民業の妨」から御料地編入を阻止しもする。その真意を図るには、何が時の政治的必要であったかを見極める必要がある。御料鉱山拡張は、品川や技術官僚らの行政上の構想には合致していたが、それは伊藤の進める国家構想の中ではあまり重要な位置を占めるものではなかったと考えられる。また、伊藤以外の藩閥指導者らが概して御料鉱山の維持に冷淡であったことも、「処分」を大きく進めた要因であったと考えられる。正貨政策上の必要から佐渡・生野両鉱山の御料鉱山編入を推進した松方もまた、その後政府財政を取り巻く環境が変化するなかで、御料鉱山の保持にさほどの意味を見出さなくなったと思われる。

御料鉱山払下げが問題となった明治二九年は、日清戦後経営の只中であり、一方では御料鉱山払い受け能力のある三菱のような民間の大資本が成長しつつあった。御料鉱山も、結果的に三菱に払い下げられて以降経営的に成功することは既に知られている[358]。このような事実から、後の研究は品川らに勝機がなかったものと見なすことが多い。

しかし、御料鉱山払下げが既に見たような世間の注目を引き批判の的となったのも、三菱のような大資本はまだまだ一握りで、鉱業界全体をみると中小資本も多く存在し、官営鉱山・製造所の恩恵も十分現実的な問題として存在していたからだと考えられる。明治二九年五月八日の『東京朝日新聞』社説の次のような意見を最後に掲げておきたい。

今日に至るまで全国第一の大鉱山として殆ど各鉱山の為に模範を示し居たるものを取て忽ち之を一意収益にのみ汲々たるの私人に売却し去り全国の鉱山をして復た模範を取る所なからしむるが如きハ断じて策の得たるものに非ざるなり。近来鉱業の発達せる銅に鉄に之が採掘に従事するもの挙げて数ふ可らず。此際に於て各鉱業者の為に器械其他に就て模範を取る所あらしめ坑夫其他の取締に就て規矩を得る所あらしむるハ真ニ御料鉱山の務に非ずや[359]。

民間では当時このような認識もまだ存在しており、御料鉱山を維持することで民間鉱業を助け、成長させるという構想はあながち技術官僚らの妄想とは言い切れない部分があった。このような、当時の産業段階における民間鉱業家のある種の現実に敏感で、政策課題には上らない彼らの潜在需要を掬い上げようとしたのが御料鉱山技術官僚たちであり、品川だったのである。

(1) 前掲小林正彬「佐渡・生野両鉱山、大阪製煉所の払下げ」、「同(補遺)」、同前掲『日本の鉱業化と官業払下げ』。
(2) 前掲高村直助「官営鉱山と貨幣原料」、同「官業払下げの国庫収支―工部省鉱山の場合―」(高村直助『明治経済史再考』ミネルヴァ書房、二〇〇六年)。
(3) 前掲小林延人「宮内省御料局財政と佐渡鉱山」。
(4) 麓三郎『佐渡金銀山史話』(増補版)(三菱金属鉱業、一九七三年、初版は一九五六年)、鉱山懇話会編『日本鉱業発達史 中巻

（1）』（原書房、一九九三年）、前掲内藤隆夫「明治期佐渡鉱山の製錬部門における技術導入」、同「近代佐渡鉱山史「貧鉱化への対応」の視点から」、同「近代佐渡鉱山の技術進歩―採鉱・製錬部門の代表的技術を例に―」（小風秀雅編刊『受託研究「近代の佐渡金銀山の歴史的価値に関する研究」二〇一〇年度調査報告書』二〇一一年）。

（5）前掲大澤覚「佐渡・生野鉱山の一括払い下げについての覚書」。

（6）同右、一九一頁。

（7）同右。ちなみに、「御料鉱山」とは佐渡・生野と後述する附属工場の所在地を合わせた四か所から構成されるが、決して規模が小さかったとはいえない。

（8）同右。大澤氏はこの宣言ののち、実際に他の形態の御料地についても個別事例検討を重ねている（前掲大澤覚「報告2．御料林研究の一視点」、同「御料地形成過程の一断章」、同「御料地形成過程の一断章（2）」）。

（9）前掲大澤覚「佐渡・生野鉱山の一括払い下げについての覚書」二〇〇頁。

（10）前掲大澤覚「佐渡・生野鉱山の一括払い下げについての覚書」二〇五頁。

（11）前掲小林正彬「佐渡・生野両鉱山、大阪製煉所の払下げ」九〇～九二頁。

（12）前掲小林延人「宮内省御料局財政と佐渡鉱山」。

（13）ちなみに、大澤氏は佐渡の窃盗事件について関係者の証言のみから論及しているが、同事件については宮内庁書陵部宮内公文書館所蔵「重要雑録６　明治29年」（帝室林野局、識別番号１３１４０）中に、警察への被害届や裁判関係書類が残っている。それによると、明治二七年二月頃から佐渡支庁混汞製錬における金銀実収の割合に異状を来していたことが記されている。これは、佐渡支庁混汞製錬所臨時夫井上栄吉が、二七年二月一八日以来数回に分けて製錬器から金銀混合物を窃取し、佐渡相川町の滝沢直博なる者へ売り渡したためであるとし、佐渡支庁長代理御料局属原多次郎が原告となり、損害賠償金二三二円六三銭一厘を請求する事件となった。比較対象として、明治二七年度における佐渡支庁単独での営業利益（＝作業益金：前掲小林延人「宮内省御料局財政と佐渡鉱山」一三頁）を取り上げてみると、件の損額はその約〇・三四％である。このうち、明治三〇年までに返戻された八円八〇銭を差し引いた残額二二三円八三銭一厘で考えると、その割合は若干であるがより小さくなる（宮内庁書陵部宮内公文書館所蔵「決算申報書　明治22～30年度」識別番号２２３２１。ちなみにここで「決算申報書」を使用した理由については、前掲小林延人「宮内公文書館の佐渡鉱山関係史料から見る宮内省決済」参照）。この割合が大きいのか小さいのかの判断は難しいが、もしこの損害が原因で実際に御料鉱山全体の経営が悪化したのであれば払下げの公式理由書に記載されて然るべきであるが、公式理由書には後述するようにこのことへの言及はなく、これをもって「乱れた経営」ということは難しい。実際、明治二八年度の「決算申報書」では、「該損害額ハ資金上ニ於テ敢テ欠額セルモノニ非サルヲ以テ其儘据置処分ヲ結了セリ」（前掲「決算申報書　明治22～30年度」）とあり、また明治二九年一二月二六日の御料局からの注意に対する回答として、元佐渡支庁会計課長残務取扱嘱託の中村勝周は「本件ニ関シ実際完ク損失ナキコト致明瞭候」（前掲「重要雑録6　明治29年」）とまで述べており、御料局財政を傾けるほどの額ではなかったと考えられる。

(14) 前掲高村直助「官営鉱山と貨幣原料」一七七頁。

(15) 神山恒雄『明治経済政策史の研究』（塙書房、一九九五年）第一章第二節1、及び大澤博明「明治前期井上馨の政治構想」（犬塚孝明編『明治国家の政策と思想』吉川弘文館、二〇〇五年）六五頁。

(16) 前掲高村直助「官営鉱山と貨幣原料」一七七頁、神山恒雄「殖産興業政策の展開」（前掲『岩波講座　日本歴史　第15巻　近現代1』九八～一〇一頁）。高村氏によると、工部省時代に金銀を産出した官営鉱山は六あり、佐渡・生野・小坂・島根・大葛・阿仁・院内であったというが、金銀のほとんどは佐渡・生野から産出されていたという（前掲高村直助「官営鉱山と貨幣原料」一七九～一八〇頁）。

(17) 前掲高村直助「官営鉱山と貨幣原料」一七七頁。

(18) 前掲神山恒雄『明治経済政策史の研究』一七頁。

(19) 室山義正『近代日本の軍事と財政』（東京大学出版会、一九八四年）第1・2章、前掲神山恒雄『明治経済政策史の研究』九頁。

(20) 前掲室山義正『近代日本の軍事と財政』第2章第3節、前掲神山恒雄『明治経済政策史の研究』第一章第二・三節。

(21) 前掲高村直助「官営鉱山と貨幣原料」一八四頁。

(22) 同右、一八二～一八三頁。

(23) 同右、一八四頁。

(24) 特に、佐渡産出の金は明治零年代には全国の産出金の一〇～一五％、一〇年代から二〇年代にかけては約二〇～三〇％の比重を占めており、貨幣原料の安定的供給に果たした役割は少なくなかったという（前掲小林延人「開港から明治初期にかけての金流出と佐渡鉱山の位置」）。

(25) 前掲高村直助「官営鉱山と貨幣原料」一八五頁。

(26) 前掲小林正彬『日本の工業化と官業払下げ』一二九～一三〇頁。

(27) 「工場払下概則」の鉱山への適用は一七年七月五日に布告される（前掲小林正彬『日本の工業化と官業払下げ』第五章第二節）が、佐佐木工部卿のもと一五年末から鉱山にまで払下げ対象の拡大が検討され、実際に伺出もなされていた（西川誠「佐佐木高行と工部省」〈前掲鈴木淳編『工部省とその時代』〉二三九～二四九頁）。一七年一〇月三日には概則の撤廃が各省に通知されている。

(28) 前掲小林正彬『日本の工業化と官業払下げ』一三七頁、山崎有恒「官業払い下げをめぐる工部省の政策展開とその波紋—明治初期の官僚と政商—」（『史学雑誌』一〇二-九、一九九三年）一五～二〇頁、前掲西川誠「佐佐木高行と工部省」二四五～二四九頁。鉱山官営継続について、山崎有恒氏は松方が財政主管の立場から赤字鉱山・工場の整理を主張していたが、官鉱中最優良の佐渡・生野・三池のみは正貨原料確保の観点から官営継続を望んだと指摘し、西川誠氏は三鉱山に限らず佐佐木工部卿の鉱山払下げ論は松方にとって意想外であったとしている。
(29) 前掲高村直助「官営鉱山と貨幣原料」一八五頁。
(30) 内閣第一号達(『官報』明治一九年一月六日)。
(31) 前掲高村直助「官営鉱山と貨幣原料」一八五頁。
(32) 一七年時点では阿仁も残されることが決まっていたが、その後技術的失敗により一七年一二月二七日払下げが閣議決定され、一八年三月に払い下げられる。これは佐佐木工部卿の強力な主導のもとに進められたものであった〈前掲小林正彬『日本の工業化と官業払下げ』一三七〜一三九頁、前掲西川誠「佐佐木高行と工部省」二四六頁〉。
(33) 明治二一年四月二一日に「三池鉱山払下規則」が告示され(「大蔵省管理三池鉱山払下規則ヲ示ス」〈国立公文書館所蔵「公文類聚・第十二編・明治二十一年・第四十九巻・民業坑業附三・商事・工事・坑業・雑…」請求番号:類00384100〉)、八月二〇日に払受人が決定する(「大蔵省三池鉱山ヲ東京府平民佐々木八郎ニ払下ヲ許可ス」〈同上〉)。この「佐々木八郎」なる人物は横浜の米輸出外商と関係の深い「無名の通訳」であったが、実は「三井の影武者」であった。入札第三・四位は三井関係者であり、彼らはその後佐々木の保証人となり、結局は三井が払い受けることとなった〈前掲小林正彬『日本の工業化と官業払下げ』三二一〜三二二、三二五頁〉。
(34) 「佐渡生野両鉱山官行継続之件」(「大蔵省所管佐渡生野両鉱山官行継続ヲ確定ス」〈前掲「公文類聚・第十二編・明治二十一年・第四十九巻・民業坑業附三・商事・工事・坑業・雑…」〉)。大島信蔵編刊『大島高任行実』(一九三八年)九二一〜九二三頁にも同文有。
(35) 同右。
(36) 同右。
(37) 前掲神山恒雄「官営期の佐渡鉱山」では、佐渡に関してその官業継続・皇室財産化の背景には、同鉱山が工部省時代に安定した益金を確保し、それを元手にした設備投資により益金がさらに拡大するという好循環があったことを指摘している。
(38) 世伝御料が告示されるのは明治二三年一一月二八日である。世伝御料勅定に関しては、島善高「明治二十三年の世伝御料勅定について」(『早稲田人文自然科学研究』四四、一九九三年)に詳しい。
(39) 以上の直接示された理由に加えて、佐渡・生野両鉱山が最後まで官営に残されたことを考える上で、当時広範に存在した鉱業観に触れなければならないだろう。明治政府の鉱業観を構成する一つの重要な観念は、明治四年二月二七日に制定された太政官布告第一〇〇号「鉱山心得」、及び民間鉱山に対する最初の統一的鉱業法規である明治六年七月二〇日公布の太政官布告第二五九号「日本坑法」において示された、「本国人主義」であった。これは、外国人による巨大経営が出現して利益を壟断するという事態を避けることを目的としたものであった（武田晴人『日本産銅業史』〈東京大学出版会、一九八七年〉五〜一〇頁、高村直助「明治初年の経済政策―鉱山「王有制」をめぐって」〈前掲高村直助『明治経済史再考』〉）。したがって、国内の重要な正貨原料確保の手段である金銀山が外国資本に奪われないようにするための究極の手段として皇室財産として保護しておくという案が考案されたということも一つの推測として成り立つだろう。しかし、この点に関する考察は本書の関心を超えるので、ここではその可能性を指摘しておくに止める。

（40）「生野佐渡ノ両鉱山及器械其外有形ノ儘　帝室へ受領致度候ニ付テハ御差支無之候ハ、引渡方御取計相成度、此段及御照会候也」（「佐渡生野二鉱山ヲ帝室御財産ニ編入ス」〈国立公文書館所蔵「公文類聚・第十二編・明治二十一年・第七巻・宮廷・内廷・宮殿・雑載」請求番号：類00342100〉）。

（41）前掲「佐渡生野二鉱山ヲ帝室御財産ニ編入ス」。前掲『大島高任行実』九三〇〜九三一頁にも同文有。

（42）同右、及び『帝林』八五一頁。

（43）前掲高村直助「官業払下げの国庫収支」一五二〜一五三頁。

（44）前掲高村直助「官営鉱山と貨幣原料」一八〇頁。

（45）前掲高村直助「官業払下げの国庫収支」一五四頁。

（46）以下、同段落の記述は全て『帝林』八五一頁に基づく。

（47）前掲『佐渡金銀山史話』四五五〜四五六頁。

（48）佐渡・生野両鉱山局事務長宛鉱山課長通牒（案）（前掲『大島高任行実』九三一〜九三三頁）。

（49）工部省の官業観については、前掲山崎有恒「官業払い下げをめぐる工部省の政策展開とその波紋」、前掲西川誠「佐佐木高行と工部省」に拠る。

（50）吉田市十郎「三池、佐渡、生野三鉱山工部省ヨリ大蔵省へ移管セラルルニ当リ其経営方針ヲ改革スヘキ意見（明一九・一・九）」（『松方家文書』32R606、ゆまに書房、一九八七年）。山崎有恒氏は、吉田がこの意見書提出後に三鉱山事務取扱官に任命されていることから、この意見書が採用されたものとみている（前掲山崎有恒「官業払い下げをめぐる工部省の政策展開とその波紋」二一〇頁）。

（51）前掲高村直助「官営鉱山と貨幣原料」一八五頁。

（52）明治二九年の御料鉱山払下げに際し、渡辺・中沢岩太・和田維四郎（後述）の三技術官僚が提出した意見書の中では、「御料財産トナリテハ利益ヲ永遠ニ保持スルヲ主眼トシ、敢テ一時ニ多額ノ産出ヲ需メス専ラ鉱業ノ基礎ヲシテ鞏固安全ナラシムルノ計画ヲ為セリ」と述べられている（宮内庁書陵部宮内公文書館所蔵「重要雑録1　明治29年」帝室林野局、識別番号13135）。

（53）『帝林』七三頁。当該示達の原史料は確認できなかったため、やむをえず『帝林』の記述を参照した。

(54) 佐渡の改良・拡張政策に関しては、前掲『佐渡金銀山史話』四五五～四七〇頁、神田礼治「日本鉱業会の創立より今日まで」（『日本鉱業会誌』五九七、昭和一〇年）八一～八三頁、『帝林』八五五頁のほか、前掲註（4）の諸研究を参照。

(55) 搗鉱製錬とは、米搗き機のような構造をした搗鉱器（スタンプ、杵）で鉱石を物理的に破砕しながら、同時に水銀を注入して金銀を汞化させ、アマルガム（合金）を生成・捕集する方法である（前掲内藤隆夫「明治期佐渡鉱山の製錬部門における技術導入」九九頁、同「近代佐渡鉱山史「貧鉱化への対応」の視点から」一〇頁、同前掲「近代佐渡鉱山の技術進歩」三〇頁）。

(56) 前掲『佐渡金銀山史話』四六一～四六二頁。

(57) 混汞製錬とは、金銀が水銀と親和力が強く、アマルガムを生成しやすい性質、またそれを加熱すると水銀が揮発して金銀が残る性質を利用した製錬方法である（前掲内藤隆夫「明治期佐渡鉱山の製錬部門における技術導入」九七頁、「近代佐渡鉱山史「貧鉱化への対応」の視点から」三頁）。前掲の搗鉱製錬も広い意味での混汞製錬の一種である。

(58) 沈澱製錬と呼ばれるものには様々な方式があったが、佐渡で用いられた沈澱製錬法は厳密には「キス法」と呼ばれるものであった。これは、搗鉱製錬・混汞製錬などで出た鉱尾（有用鉱物採取後の低品位の産物）から反射炉での乾燥及び塩化焙焼を経て、金銀を塩化物とした上で次亜硫酸と硫化石灰で処理して溶解・沈殿・濾過の順序で製錬することで、銀を中心に金も採取する方法である。他の製錬法を経た鉱尾から金銀を採集するものであることから、貧鉱を対象とした製錬方法であったといえる（前掲内藤隆夫「明治期佐渡鉱山の製錬部門における技術導入」一〇二頁、同前掲「近代佐渡鉱山史「貧鉱化への対応」の視点から」一二頁、及び同前掲「近代佐渡鉱山の技術進歩」三〇～三一頁）。

(59) 史料では、「製錬」「製煉」「精煉」等の表記が混在しているが、引用外の本文では一貫して「製錬」と表記する。

(60) 以上、前掲『佐渡金銀山史話』四六七～四八三頁、『帝林』八五五頁。

(61) 朝倉盛明は、天保一四年鹿児島に生まれる。田中静州ともいう。医術を学んで長崎に留学、慶應元年から三年の間はフランスに留学した経験をもつ。薩摩藩が招いたフランス人鉱山技術者コワニーとともに生野鉱山に入り、明治二六年まで責任者を務めた（鈴木淳『科学技術政策』（山川出版社、二〇一三年、初版二〇一〇年）一六頁）。

(62) 大島道太郎「生野鉱山鉱業改良意見書」（日本鉱業史料集刊行委員会編『生野鉱山鉱業改良意見書等』白亜書房、一九八一年）。

(63) 同右。具体的には、疎水の開鑿、太盛・金ケ瀬に新竪坑開設、各坑の連絡、採鉱所・選鉱所の新築、レールの新築、運鉱車改良、馬車鉄道の新設、鋼鉄製鑿に交換、採鉱跡の填塞、予備ポンプの設置であった。

(64) 前掲大島道太郎「生野鉱山鉱業改良意見書」三〇頁。

(65) 『帝林』八六〇～八六一頁、宮内庁書陵部宮内公文書館所蔵「御料局例規録1　明治24年」（識別番号5784－1）。

(66) 「叙任辞令」（『官報』明治二四年七月一七日）。なお、大阪製錬所設置に伴って、鉱物授受の手続きも変更された。これまでは、本節2で示したように、両鉱山産出金銀は分析の上大阪造幣局に移送して鋳造されていたが、大阪製錬所設置後両鉱山産出の鉱物・半製品は全て同所に回送されることとなった（明治二四年一二月四日付「佐渡生野両支庁及大阪製煉所鉱物半製品授受手続」〈宮内庁書陵部宮内公文書館所蔵「御料局例規録2　明治27年」識別番号5787－2〉）。

(67) 前掲小林延人「宮内省御料局財政と佐渡鉱山」。

(68) 渡辺渡「鉱業経営ニ就テ」（『日本鉱業会誌』二五二、明治三九年）一〇三頁。

(69) 同右。

(70) 「鉱石購買手続」（『官報』明治二四年一月一〇日）。生野でも佐渡と同様民間からの買鉱精錬を行う志向があった。明治二四年一月二三日、生野支庁長朝倉盛明から御料局長品川弥二郎宛に出された「生野飾磨間馬車鉄道布設ノ義ニ付請議」という書類がある〈宮内庁書陵部宮内公文書館所蔵「重要雑録1　明治24年」帝室林野局、識別番号13123〉。この書類は、明治二四年三月二七日付で御料局が本省に生野飾磨間の馬車鉄道布設を要請したものであるが、これに添付されている「参照」と題した書類中に「生野鉱山製煉法改良后飾磨津支庫ヨリ運搬スベキ物品ノ概量」という部分がある。その中で、「今后当支庁ニ於テモ亦佐渡支庁ノ如ク他山ヨリ鉱石ヲ買入ル、ノ制ヲ設クルニ至ラバ、一日十トンヲ買入ル、ヿヲ得ベク、従テ其製煉上ニ於ケル殆ント三トンノ物品ヲ増加スヘキヲ以テ飾磨ヨリ運搬スベキ物品ノ実量必ス六十トンヲ降ラザルニ至ルベキナリ。故ニ牛車ニ換ユルニ蒸気鉄道ヲ以テセバ其利ハ四万余円ニ止マラザルヤ明カナリ」と、馬車鉄道の敷設速成が、生野における買鉱製錬の開始を前提としたものであったことがわかる。この建議は明治二四年五月一日に「先ツ見合セ」となったが、その後すぐ大阪に製錬所が設置されていることを見れば、買鉱製錬の実現は引き続き講ぜられていたと考えられる。

(71) 「鉱石購買之義ニ付伺」（宮内庁書陵部宮内公文書館所蔵「御料局例規録3　明治23年」識別番号5783－3）。

(72) 前掲武田晴人『日本産銅業史』一〇〇頁。

(73) 前掲渡辺渡「鉱業経営ニ就テ」一〇四頁。

(74) 同右。実際に御料局で買鉱製錬を開始したのは二四年である。後年の述懐という性質上、記憶違いの個所も存在するが、内容に大幅な誤りはない。

(75) 「大坂製煉所新設ノ儀上申」（前掲「御料局例規録1　明治24年」、宮内庁書陵部宮内公文書館所蔵「佐渡・生野両鉱山、大阪製錬所及王子製造所ニ関スル公文写書類綴　明治24～28年」〈帝室林野局、識別番号23446〉）。

(76) 「御料局佐渡支庁鉱石購買手続」（『日本鉱業会誌』七一、明治二四年）三五頁。

(77) 「大坂製煉所」（『日本鉱業会誌』八〇、明治二四年）四二一～四二二頁。

(78) 「御料鉱山の払下」（『大朝』明治二九年五月一三日）。

(79) 明治初期の非鉄金属鉱業の状況については主に前掲『佐渡金銀山史話』を、民間鉱山での近代的採鉱・製錬技術の導入については、前掲武田晴人『日本産銅業史』第2章2・3を参照した。

（80）沢井実・谷本雅之『日本経済史　近世から現代まで』（有斐閣、二〇一六年）一五七頁。
（81）これまで見てきた史料・論文に加えて、渡辺渡「佐渡鉱山沈澱製煉法摘要」（『日本鉱業会誌』一二七、明治二八年）三三九頁にも典型的に見られる。このほかチャールズ・シンガーほか編・田辺振太郎訳編『増補　技術の歴史7　産業革命　上』（筑摩書房、一九七九年）。
（82）前掲内藤隆夫「近代佐渡鉱山史「貧鉱化への対応」の視点から」、同前掲「明治期佐渡鉱山の製錬部門における技術導入」、小林延人「佐渡鉱山の内国勧業博覧会への出品とその技術的評価」（前掲小風秀雅編『佐渡鉱山の歴史的評価に関する歴史学的・史料学的研究』二〇一〇年度調査報告書）。
（83）明治（二四）年二月一四日付品川弥二郎宛渡辺渡書簡（「生野・佐渡鉱山等興業費」〈「品川文書（1）書類」R54－1132〉）。この時期大阪製錬所で銅の電気分析を行うことが計画されていたことについては「大坂製煉所新設ニ係ル得失調書」（前掲「御料局例規録1　明治24年」）。銅の電気分析については、前掲武田晴人『日本産銅業史』九三〜九七頁。
（84）前掲「大坂製煉所新設ノ儀上申」。胆礬は硫酸銅加合物で、原文では「丹礬（パン）」と表記されている。銅中の金銀を抽出する工程で生じるもので、この方法は当時日本でも佐渡を含めた一、二の鉱山でしか用いられていなかったという。胆礬に関しては、中原勝儼「黎明期の化学用語」（『化学と教育』三七－五、一九八九年）四一頁、眞継義一郎「独国ヲーケル胆礬製造略記」（『日本鉱業会誌』七八、明治二四年）三三一頁、同「佐渡鉱山学生君ニ答フ」（同、八一、明治二四年）四四八頁、山田邦彦「金属及其鉱物　第七　銅」（『地質学雑誌』一－九、明治二七年）四六九頁、石川正・小椋末五郎「銅粉の電解製造に就て」（『粉体および粉末冶金』一－一、一九四七年）による。右諸研究は、小林延人氏よりご教示いただいた。ここに謝意を表します。
（85）前掲明治（二四）年二月一四日付品川弥二郎宛渡辺渡書簡。
（86）同右。
（87）前掲「大坂製煉所新設ノ儀上申」。
（88）大阪製錬所の設立を報じた前掲『日本鉱業会誌』の記事でも、「世人の大に喜ぶべきは当今迄で地金特に銅にして此の内に含有する金銀を分るること日本旧式にては難事にして彼の南蛮絞りにて分銀するも仍ほ多少の金銀を含有す。此の物を眞の銅地金の価を以て外国に輸出せる事尠からず」（前掲「大坂製煉所」）として、分離の不十分な金銀の海外流出を防ぐ意義を強調している。
（89）前掲武田晴人『日本産銅業史』六四頁。当該時期においては、銅は電気事業に関連する加工製品の材料として世界的に需要が拡大していた（同右、五九〜六三頁）。
（90）前掲小林正彬「佐渡・生野両鉱山、大阪製煉所の払下げ」八六頁。
（91）前掲渡辺渡「鉱業経営ニ就テ」一〇四頁。
（92）和田維四郎「鉱業ノ進歩」（『日本鉱業会誌』七一、明治二四年）二頁。

(93) 実際渡辺は、このときまだ帝国大学に教授としての籍があり、研究活動も並行しておこなっていた（表3-1参照）。
(94) 「大阪製煉所新設ノ件請議」（前掲「御料局例規録1　明治24年」）。先の渡辺・大島の「大坂製煉所新設ノ儀上申」を御料局内で検討するために、御料局本局で作成された文書である。
(95) 前掲小林延人「宮内省御料局財政と佐渡鉱山」に示されているように、「営業費」と「興業費」という二つの会計を設けて、御資部からの興業費を全て設備投資に向けられるような会計の仕組みを作ったことも、拡張・改良を可能にした一つの要因であり、このような仕組みを考案した技術官僚らの目的が那辺にあったかをうかがわせる。
(96) 明治（二三）年二月三日付松方正義宛品川弥二郎書簡（『松方文書』八、三一九頁）。
(97) 『帝林』八五八頁、『印刷局沿革録・印刷局沿革追録』（龍渓書舎、二〇〇〇年）二五一頁、『お金と切手の博物館ニュース』二四（二〇〇八年）、同三三（二〇一三年）。
(98) 佐藤典正『細倉鉱山史』（三菱金属鉱業株式会社細倉鉱業所、一九六四年）七五頁、宮内庁書陵部宮内公文書館所蔵「進退録1　明治22年」大臣官房秘書課、20826-1）。
(99) 前掲明治（二三）年二月三日付松方正義宛品川弥二郎書簡。
(100) 同右。王子では、紙の漂白・調合・強化に用いる硫酸・曹達・晒粉を製造していた（印刷局編『印刷局五十年略史』〈印刷局、一九二一年〉三三～三七頁、日本印刷学会編『印刷事典』〈大蔵省印刷局、一九五八年〉四五二頁）。
(101) 前掲『細倉鉱山史』七七～七九頁。
(102) 明治（二三）年二月九日付井上馨宛古沢滋書簡（「井上文書　書簡」259-2）。同段落の記述は全てこの史料によるものとする。同史料の該当箇所は左の通りである。

「宮城県下細倉鉱山ノ景況ハ定メテ是迄已ニ御聞ニ入リタル事モ可有之、同鉱山ハ現今杉本正徳ノ借区〔大〕ナルガ、都合ニ依リ昨年十月頃粗々両潤社ニ譲渡スノ相談整ヒ同月十八日ハ即チ該相談ノ決シ候日ニテ杉本ハ外務省官舎ニ候シ、巨熊ノ退朝ヲ待チ居リシニ、爆弾一轟ノ騒ニテ其事破レ、邇来尚ホ其儘ニナリ居ルモノナリ。

頃ロ品川君ハ和田（維四郎）ノ薦ニ依リテ該鉱山管理ノ大島道太郎（技師）ヲ生野鉱山ニ用ヰントシテ因テ此始末ヲ聞キ、別紙大島ノ報告ヲ細看シテ斯ル宝山ノ又々両潤社芋熊雑炊ノ手ニ帰センヿヲ深ク嘆惜セラレ、寧ロ御料局ノ物トナサント欲シ、乃チ和田及ヒ渡辺佐渡鉱山所長ヲ小田原ニ遣ハシテ伊藤伯ニ右ノ始末幷ニ其希図ヲ陳セシメタルニ、伊藤伯ハ単純ニ帝室ガ人民ト錙銖ノ利ヲ争フハ不可トノ高尚ナル論ヲ以テ之ヲ拒マレタル由。品川君云ク「伊藤ガ右ノ如ク高尚論ニテ刎ネ付ケタルハ、巨熊ガ之ニ垂涎シ居ル事情ヲ参酌シタルカハ知ランガ。己レハ巨熊ガ垂涎シ居ル程愈〳〵之ヲ取リ止メ度思フナリ。故ニ君ヨリ井上ニ左ノ如ク急ニ言フテ遣リテ呉レヌカ。

細倉鉱山ノ事ハ御承知ナラン。猶ホ別紙大島ノ報告ニテ御細看下サレヨ。又タ此ノ大島ナル者ハ大島老人（高任）ノ子ニテ、和田、渡辺等モ深ク信用シ居ル技師ナリ。故ニ充分ニ信用シテ可ナリ。和田、渡辺等モ細倉鉱山ノ利益ハ遥ニ佐渡金山ノ上ニ駕スルヿヲ保証セリ。品川ハ此ノ良鉱ノ芋熊ノ手裡ニ帰スルヿヲ深ク惜メリ（此方ヨリハ始終遠慮シテ彼方ヨリハ始終無遠慮）。然レトモ、伊藤ガ右ノ如ク言出シタル上ハ御料局ニ買上ルヿハ迚モ六ヶ敷カル可シト懸念セザル可ラズ」

(103) 松本徳太郎編『日本帝国興業要覧：一名・実業家成績録』（明治二二年）。

(104) 明治（二三）年二月一一日付松方正義宛品川弥二郎書簡（『松方文書』八、三一八頁）。

(105) 宮内庁編『明治天皇紀　第七』（吉川弘文館、一九七二年）二四〇～二四一頁。

(106) 伊藤博文文書研究会監修、檜山幸夫総編集、梶田明宏編集・解題『伊藤博文文書　第八七巻　秘書類纂　帝室四』（ゆまに書房、二〇一三年）九一頁。『松方文書』六、一三三～一三六頁にもほぼ同文が掲載。

(107) 前掲『伊藤博文文書　第八七巻　秘書類纂　帝室四』九一頁。

(108) 明治（二三）年二月一七日付松方正義宛品川弥二郎書簡（『松方文書』八、三一四～三一五頁）。

(109) 前掲明治（二三）年二月一一日付松方正義宛品川弥二郎書簡、前掲（二三）年二月九日付井上馨宛古沢滋書簡。

(110) 前掲國雄行「内務省勧農局の政策展開」七四～七五頁。篠崎佑太「宮内省移管後における新宿御苑の運営」（前掲『新宿歴史博物館三十周年記念特別展　新宿御苑　皇室庭園の時代』）も同様の見解に立っている。

(111) 前掲國雄行「内務省勧農局の政策展開」九〇～九一頁。

(112) 前掲篠崎佑太「宮内省移管後における新宿御苑の運営」。その後新宿御苑で模範の実が挙がっていないことを嘆いた福羽逸人のもとで事業の拡大が図られることについては辻岡健志氏が明らかにしている（前掲辻岡健志「福羽逸人と新宿御苑」）。

(113) 前掲明治（二三）年二月一七日付松方正義宛品川弥二郎書簡。品川は松方に同書簡中で「過日、王子製薬所御譲受ケ之事ニ付てハ、伊藤伯へ御談被下度段、申上置候處、イカヾの御都合ニ哉……御多用中、申上兼候得共、何分之御答へ奉待上候」と催促していることから、松方は品川に伊藤への説得についての報告をしていなかったことがわかる。

(114) 明治（二三）年二月五日付伊藤博文宛杉孫七郎書簡（『伊藤文書』六、六四～六五頁）。

(115) 同右。

(116) 同右。

(117) 前掲明治（二三）年二月一七日付松方正義宛品川弥二郎書簡。

(118) 前掲『印刷局沿革録・印刷局沿革追録』二二頁。

(119) 『帝林』八五五頁。

(120) 宮内庁書陵部宮内公文書館所蔵「進退録１　明治23年」（識別番号２０８２６－１）。後に本章の行論上重要となる中沢の略歴については、表３－１を参照。中沢はその後、二四年三月二七日に王子硫酸製造所長となる（京都大学大学文書館所蔵「紀元二千

六百年祝典関係書類綴」識別番号０１Ａ０００４９）。

(121) 明治（二四）年四月二一日付品川弥二郎宛樺山資紀書簡（『品川文書』三、一七五頁）。

(122) 海軍予備炭田については、隅谷三喜男『日本石炭産業分析』（岩波書店、一九六八年）第2章2、秀村選三「明治中期海軍予備炭田をめぐる一資料　佐賀県杵島郡北方村稗田家文書」（『エネルギー史研究ノート』九、一九七七年）、高村直助「筑豊炭鉱業の台頭」（同編著『企業勃興』ミネルヴァ書房、一九九二年）一五五～一五七頁、東定宣昌「唐津海軍炭坑の設定とその経営」（『（九州大学）経済学研究』五九－三・四合併号、一九九三年）、西尾典子・宮地英敏「御徳炭鉱にみる海軍予備炭田の実態」（『地域社会統合科学』二二－二、二〇一五年）を参考にした。基本的には、稼業が行われる前の、鉱区が指定された段階のものを「海軍予備炭田」、稼業が始まった後は「海軍炭坑（常備炭山）」と呼ぶこととなっていたが、明治中期には、既に稼業後の炭鉱も「海軍予備炭田」とか「海軍予備炭山」などと呼ばれており、厳密な用語の使用は見られなくなっていくという（前掲西尾典子・宮地英敏「御徳炭鉱にみる海軍予備炭田の実態」二七頁）。

(123) 前掲明治（二四）年四月二一日付品川弥二郎宛樺山資紀書簡。

(124) 同右。

(125) 同右。品川が所望した部分は「五徳炭山」（同書簡封筒中品川の書込）であるようだが、これが「御徳炭山」の誤記であるとするならば、同時期において海軍省を悩ませていた御徳の地元住民による海軍予備炭田の民間への開放を求めた請願（前掲西尾典子・宮地英敏「御徳炭鉱にみる海軍予備炭田の実態」三〇頁）に対処するため、同炭田の御料地への編入を認めた可能性がある。もしそうであるならば、これもまた御料地の政治利用の一例となりうるが、後考に待ちたい。

(126) 前掲明治（二四）年四月二一日付品川弥二郎宛樺山資紀書簡。「新原」とは、該予備炭田中の新原採炭所のことであり、明治二二年度より海軍省が採掘に着手していた（「新原採炭所官制ヲ定ム」（国立公文書館所蔵「公文類聚・第十四編・明治二十三年・第二十二巻・兵制四・陸海軍官制三」識別番号：類００４６８１００））。

(127) 前掲明治（二四）年四月二一日付品川弥二郎宛樺山資紀書簡。

(128) 同右。

(129) 明治二四年の「経済会議録　明治24年」（宮内庁書陵部宮内公文書館所蔵、識別番号２１７４１）では、海軍予備炭田編入が議論されたことがわかる書類は残っていない。御料地編入の際には必ず皇室経済会議に諮らなければならなかったわけではないが（明治二一年八月三日制定「皇室経済会議規程」）、第五条で「御料部事業大体ノ計画」を定める際には同会議に付することとなっていたから、この中に残っていないということは、次に省内で処理された可能性を考えねばならない。しかし、管見の限りこれに関連した書類は見出せなかった。また、防衛省防衛研究所所蔵「海軍予備炭山関係書類　完　明治20～29」（国立公文書館アジア歴史資料センターレファレンスコードＣ１１０８０９７５９００）にも御料地編入に関する史料はない。

(130) 前掲西川誠「佐佐木高行と工部省」。
(131) 前掲川田敬一『近代日本の国家形成と皇室財産』一五一〜一五三頁。ただし直ちに歳出に流用することはできなかった。
(132) 本書補論参照。
(133) 筆者は、本章のもととなった既発表論文（「明治二〇年代における皇室財産運営の特徴及びその変容―御料鉱山を素材として」〈『史林』九七‐五、二〇一四年〉）発表後に、小林延人氏が明治二二年度の総出納につき同様の指摘をしていることを知った（前掲小林延人「宮内省御料局財政と佐渡鉱山」）。
(134) 前掲小林延人「宮内省御料局財政と佐渡鉱山」。
(135) 同右、一四頁。
(136) 「佐渡鉱山事業拡張ノ件」（前掲「佐渡・生野両鉱山、大阪製錬所及王子製造所ニ関スル公文写書類綴　明治24〜28年」）。明治二四年五月四日に決済されている。
(137) 「生野鉱山事業改良工事着手ノ件請議」（同右）。生野では二四年度から二八年度で竣工するとされ、興業費の償還は二九年度に完了するものとされた。ちなみに、この生野の改良計画は、股野琢内事課長・三条内大臣の押印ののち、天皇の裁可を得る必要があるとの意見が出たため、上裁が仰がれ、二月一四日に裁可を得た（同右、及び明治（二四）年二月一四日付品川弥二郎宛佐々木陽太郎書簡〈『品川文書』四、三三一〜三三二頁〉）。
(138) 本書補論参照。
(139) 前掲明治（二三）年二月一九日付杉孫七郎宛品川弥二郎書簡。
(140) 明治（二四）年二月二日付伊藤博文宛杉孫七郎書簡（『伊藤文書』六、五二頁）。ここで杉がいう「帝室会議」とは、本書補論で詳述する皇室会計法案審議のための皇室経済会議を指すと思われる。
(141) 同右。
(142) 同右。
(143) 前掲明治（二三）年二月三日付松方正義宛品川弥二郎書簡。
(144) 明治（二四）年五月二五日付大岡育造宛品川弥二郎書簡（「井上文書　書簡」510‐4）。
(145) 同右。
(146) 同右。
(147) 同右。
(148) 本書第二章参照。
(149) 松方首相もまた「農商務大臣えは品川御採用之都合にて誠に可然」と考えていた（前掲明治（二四）年五月二六日付伊藤博文

宛松方正義書簡）。
（150）明治二四年六月一日付品川弥二郎宛土方久元書簡（「岩村文書（三）」七五頁）。
（151）明治二四年六月二日付品川弥二郎宛土方久元書簡（『松方文書』八、三二一頁）。
（152）本書第二部序論参照。
（153）前掲明治（二四）年六月二日付山縣有朋宛品川弥二郎書簡では、「百年之計図ヲ為シ候心得ニテ、一昨年拝顔之節も、陛下ニ何も打明け、心事申上候事ハ、土方大臣傍ニ在リテ委細詳知之事故」に、六月一日に書簡を認めて土方に配慮を求めたのだと言う。
（154）前掲明治（二四）年六月二日付山縣有朋宛品川弥二郎書簡。
（155）同右。
（156）明治（二四）年六月二日付松方正義宛品川弥二郎辞表写（『松方文書』八、三二二頁）、明治（二四）年六月二日付松方正義宛品川弥二郎書簡（同右、三二二～三二三頁）、前掲明治（二四）年六月二日付山縣有朋宛品川弥二郎書簡、明治（二四）年六月三日付品川弥二郎宛佐々木陽太郎書簡（『品川文書』四、三五～三七頁）、前掲『明治林業逸史　続編』二〇四～二〇五頁。
（157）内相転任直後に品川に宛てて送られた書簡のうち、品川との距離が比較的遠く那須への遁走の事実を知らなかったと思われる人びとからの書簡では、概ねこの転任を「栄転」と認識していたことがわかる。たとえば、明治（二四）年六月三日付品川弥二郎宛高梨哲四郎書簡では「此度は御栄転被為遊為国家奉慶賀候」（『品川文書』五、二二三頁）、明治（二四）年六月五日付品川弥二郎宛高畠千畝書簡では「今般御栄進被為遊、為邦家欣賀雀躍之至」（同右、四〇頁）、明治（二四）年六月一一日付品川弥二郎宛谷本富書簡では「過日は御栄任に付彼是御痛心の趣」（同右、一四九頁）、明治（二四）年九月四日付品川弥二郎宛天然滴水書簡では「閣下御栄転に相成」（同右、一八四頁）、明治（二四）年六月三日付品川弥二郎宛中島錫胤書簡では「一昨日は内務大臣に御栄進被蒙仰」（同右、二五八頁）と認められている。
（158）明治二四年六月六日付井上馨宛伊藤博文書簡（「井上文書　書簡」309-4）。でも、「品川内務拝命山縣説諭ノ御料局長官〔ママ〕ヲ兼任セサルヲ不満足ニ而即日辞表を投出シ塩原へ立去リ一同愕然、山縣追躡談合之上御料局御用掛兼任トカ申事ニ而一ト先落着、昨日帰京之趣伝聞、小生は其間に立入り不申候故、細情不存候。普通之人情ヲ以推窮スレハ、内務ノ劇職一官而已既ニ大任ト申ノ外ハ無之候処、殆ト推測力ノ所不及ニ候〔傍線引用者〕」とあることから、同時代の品川に比較的近い位置にいる人物でもその真意は正しく認識されていなかった。
（159）前掲明治（二四）年六月二日付山縣有朋宛品川弥二郎書簡。
（160）明治二四年六月二八日付佐野理八宛品川弥二郎書簡（国立国会図書館憲政資料室所蔵「憲政資料室収集文書」10-1-2）。
（161）前掲佐々木隆『藩閥政府と立憲政治』一六二頁。

(162) 同右、一六九頁。
(163) 明治(二四)年六月九日付品川弥二郎宛渡辺渡書簡(「品川文書(1)書簡」R33-720-6。『品川文書』八、四三二～四三三頁にも載録。翻刻は原史料(マイクロフィルム)に依った。以下、品川弥二郎宛渡辺渡書簡については同様)。
(164) 同右。
(165) 同右。
(166) 「御料局に於ける品川子」(『新潟新聞』明治二四年六月七日)。
(167) 重松一義『明治内乱鎮撫記』(プレス東京、一九七三年)の中で度々使用されている表現である。
(168) 明治二四年六月三日付大島道太郎宛品川弥二郎書簡(釜石市立鉄の歴史館所蔵「大島家文書」E-96)。
(169) 同右。
(170) 前掲明治(二四)年六月三日付品川弥二郎宛佐々木陽太郎書簡、明治(二四)年六月三日付品川弥二郎宛平田東助書簡(『品川文書』六、八八～八九頁)、明治二四年六月四日付伊藤博文宛松方正義書簡(『伊藤文書』七、一三七～一三八頁)、明治二四年六月五日付伊藤博文宛松方正義書簡(『伊藤文書』七、一三八頁)、明治(二四)年六月五日付品川弥二郎宛山縣有朋書簡(『品川文書』八、五九～六〇頁)、明治(二四)年六月六日付伊藤博文宛山縣有朋書簡(『伊藤文書』八、一二六頁)。
(171) 明治(二四)年六月八日付岩村通俊宛品川弥二郎書簡(「岩村文書(二)」七三頁)。品川は同趣旨を山縣にも伝えていたと思われる(前掲明治(二四)年六月五日付伊藤博文宛松方正義書簡)。
(172) 明治(二四)年六月一〇日付品川弥二郎宛佐々木陽太郎書簡(「辞令通達類(十三)」〈「品川文書(1)書類」R77-1597-13〉)。
(173) 同右。
(174) 以上は、杉内蔵頭が伊藤から直接聞いた内容を佐々木主事に伝えたものによる。
(175) 前掲明治(二四)年六月一〇日付品川弥二郎宛佐々木陽太郎書簡。
(176) 前掲拙稿「明治二〇年代における皇室財産運営の特徴及びその変容」では、この部分の発言を佐々木のものと解釈していたが、正しくは間接話法による伊藤の発言である。
(177) 前掲明治(二四)年六月三日付品川弥二郎宛佐々木陽太郎書簡、前掲明治(二四)年六月五日付伊藤博文宛松方正義書簡。
(178) 「大臣局長夢中問答」(「岩村文書(一)」五二～五六頁)。本史料は作成者不明であるが、土方宮相(大臣)と岩村(局長)の対談形式で御料鉱山払下げの顚末を記したものである。他史料と突き合わせると、その記述は一部を除いてほぼ正確といえるが、同史料の確かな性格の解明は後考に待つ。
(179) 明治(二四)年六月五日付伊藤博文宛土方久元書簡(『伊藤文書』六、四五五頁)。同書簡で土方は、「品川内務大臣辞表云々片

付き候時は経済会議員に被加候而は如何」と提案している。土方は後段で、「世間には剛直とか清廉とかを以被憚候様申唱、新紙にも頓に有之候事故、此嫌を避候にも可宜と相考候。実際難被行論は多数に而決候事故気遣無之」「本文之一条本人諾否は不顧含に御座候」とも記している。

(180) 二四年七月の皇室経済会議規定改定により、経済協議員が「特撰皇室経済顧問」と改称された（前掲「経済会議録　明治24年」、前掲『伊藤博文文書　第八七巻　秘書類纂　帝室四』一〇三頁、『帝林』九六九頁）。

(181) 「辞令通達類（十）」（「品川文書（1）書類」R77-1597-10）。同時に山縣・黒田清隆も拝命している（前掲『明治天皇紀　第七』八五九頁）。『明治天皇紀　第七』では拝命を九日としているが、品川の手許に残った辞令書の日付は一〇日となっている。

(182) 明治（二四）年六月一五日付品川弥二郎宛佐々木陽太郎書簡（『品川文書』四、三七～三八頁）。

(183) 同右。

(184) 同右。

(185) 同右。

(186) 同右。

(187) 前掲『明治林業逸史　続編』二〇五頁。これは、昭和五年一二月一二日に開催された第四回「林業回顧座談会」の席上で江崎が語った内容である。

(188) この表現は、前掲佐々木隆「内務省時代の白根専一」一〇四頁によるが、白根専一、佐々木陽太郎など品川の下で働く官僚から見た品川の位置づけを表すには絶妙な表現であると思われる。

(189) 明治（二四）年七月三日付伊藤博文宛杉孫七郎書簡（『伊藤文書』六、五七～五八頁）。

(190) 明治（二四）年七月六日付品川弥二郎宛土方久元書簡（前掲「辞令通達類（十）」）品川筆と思われる端書。

(191) 前掲明治（二四）年七月三日付伊藤博文宛杉孫七郎書簡。前掲「大臣局長夢中問答」五三頁では、岩村の言として御料鉱山払下げを主張していたことが記されている。

(192) 前掲大澤覚「佐渡・生野鉱山の一括払い下げについての覚書」二〇四頁。

(193) 江崎政忠『岩村通俊男の片鱗』（非売品、一九三三年）三頁。同書は、一九三三年一月一六日に大阪大江ビルヂングにて開催された大阪談話会にて江崎が講演した内容をまとめたものである。

(194) 吉井が宮内次官の任に在ったのは明治二四年三月一一日までなので、江崎の回顧はそれまでの状況を語ったものと思われる。

(195) 前掲『岩村通俊男の片鱗』三頁。

(196) 前掲『明治林業逸史　続編』二〇五頁。

(197) 同右、二〇三頁。
(198) 同右、二〇三～二〇四頁。
(199) 同右、二〇四頁。
(200) 前掲「大臣局長夢中問答」五三頁。
(201) 明治二五年一二月二一日付品川弥二郎宛杉孫七郎書簡（「御料局一件」〈「品川文書（1）書類」R44‐864〉）。
(202) 同右。
(203) 同右。
(204) 同右。
(205) 同右。
(206) 明治二六年一月一九日付品川弥二郎宛渡辺渡書簡（「品川文書（1）書簡」R33‐720‐2。『品川文書』八、四三五～四三六頁にも載録されている）。
(207) 前掲『佐渡金銀山史話』四四七頁。
(208) 金子常三郎「ハンチングトン氏離心力転輥式砕鉱磨」（『日本鉱業会誌』五〇、明治二二年）一九八～一九九頁。「磨」は「ウス」と読ませている。
(209) 同右、二〇〇頁。
(210) 前掲『岩村通俊男の片鱗』二七～二八頁。
(211) 宮内庁書陵部宮内公文書館所蔵「御料局例規録3　明治26年」識別番号5786‐3。
(212) 前掲「辞令通達類（十三）」。
(213) 枢密顧問官は明治二五年六月三〇日に既に辞している（同右）。国民協会では在官者の入会が禁じられていた（前掲佐々木隆『藩閥政府と立憲政治』二六九頁）。
(214) 明治二九年四月一八日付伊藤博文宛品川弥二郎書簡（『伊藤文書』五、二五五～二五六頁）。
(215) 明治（二六）年一〇月七日付品川弥二郎宛丹野英清書簡（『品川文書』五、一六五～一六七頁）。この時の西日本旅行については、「明治廿六年懐中日記」（「品川文書（1）書類」R76‐1584）。目的は、主に墓参と各地の実業家・有志者との会合、講演などであった。
(216) 前掲明治（二六）一〇月七日付品川弥二郎宛丹野英清書簡。なお、前掲小林正彬「佐渡・生野両鉱山、大阪製煉所の払下げ（補遺）」では、吉川増太郎氏所蔵「御下賜金ニ係ル顛末概要」を紹介しているが、その中で出てくる「生野鉱山庶務課長円野英清」は丹野のことであると思われる。

(217) 前掲明治（二六）年一〇月七日付品川弥二郎宛丹野英清書簡。

(218) 明治（二七）年一一月一三日付品川弥二郎宛丹野英清書簡（『品川文書』五、一六七～一六八頁）。

(219) 前掲佐々木隆『藩閥政府と立憲政治』第四章第四節、第五章第一節、第六章第一節。

(220) 宮内庁書陵部図書寮文庫所蔵「徳大寺実則日記（27）」函架番号C1・149。

(221) 明治二九年五月一六日付の渡辺・中沢・和田三技術官僚による意見書（後述）中に「曩ニ御料局長ハ鉱山ノ事業鞏固安全ニシテ毫モ顧慮スルニ足ラサルコトヲ確認セラレ、現ニ昨二十八年ニ於テ之レヲ世伝御料ニ編入スヘキ議ヲ経済会議ニ提出セラレタルニアラスヤ」（前掲「重要雑録1　明治29年」）とある。「払下内定の来歴」（『東朝』明治二九年五月一三日）にも同様の内容が報道された。ただし、宮内庁書陵部宮内公文書館所蔵「経済会議録　明治27年～28年」（識別番号21743）や同所蔵「上奏録1　明治28年」（調査課、識別番号8549－1）にはこのときの書類は残されていないことから考えると、審議に入る前に何らかの理由で取り下げられた可能性がある。

(222) 皇室典範第八章第四五条「土地物件ノ世伝御料ト定メタルモノハ分割譲与スルコトヲ得ス」。

(223) 和田維四郎「鉱業法ノ論評」（『日本鉱業会誌』二四一、明治三八年）一六五頁。

(224) 前掲和田維四郎「鉱業ノ進歩」一四頁。

(225) 佐々木亨「和田維四郎小伝（中）―鉱業条例をめぐって―」（『三井金属修史論叢』五、一九七一年）一一一頁。

(226) 前掲佐々木亨「和田維四郎小伝（中）」一〇六～一一一頁。

(227) 和田維四郎「鉱業条例ノ改正ニ就テ」（『日本鉱業会誌』九八、明治二六年）一五五頁。

(228) 和田「鉱業ノ進歩」一二頁。

(229) 「御料鉱山ノ件」（「御料鉱山ハ世伝御料ニ編入セラレタルモノヲ除ク外鉱業条例ニ依リ納税ノ義務アルモノトス」（国立公文書館所蔵「公文類聚・第十七編・明治二十六年・第一巻・皇室・詔勅～雑載、政綱一・帝国議会・行…」請求番号：類00631100））。

(230) （明治二五年六月二三日付土方久元意見書）（前掲「御料鉱山ハ世伝御料ニ編入セラレタルモノヲ除ク外鉱業条例ニ依リ納税ノ義務アルモノトス」）。

(231) 同右。

(232) 同右。

(233) 前掲「御料鉱山ハ世伝御料ニ編入セラレタルモノヲ除ク外鉱業条例ニ依リ納税ノ義務アルモノトス」。

(234) 前掲「御料鉱山ノ件」。

(235) 前掲「御料鉱山ハ世伝御料ニ編入セラレタルモノヲ除ク外鉱業条例ニ依リ納税ノ義務アルモノトス」。

(236) 「世伝御料勅定ノ件（一）」「同（二）」（国立国会図書館憲政資料室所蔵「三条家文書」資料番号39－38、39）。同書類は、明治二三年八月二日、枢密院で配布されたものである。島善高氏は、これを伊藤らの手になるものと実証した（前掲島善高「明治二十三年の世伝御料勅定について」八〜九頁）。
(237) 前掲「世伝御料勅定ノ件（一）」。
(238) （明治二六年五月一八日付閣議書類）（前掲「御料鉱山ハ世伝御料ニ編入セラレタルモノヲ除ク外鉱業条例ニ依リ納税ノ義務アルモノトス」）。
(239) 同右。
(240) 川田敬一「明治期における皇室財産課税論議―「地租ヲ課セザル土地ニ関スル法律案」を中心に―」（金沢工業大学『日本学研究』一五、二〇一二年）。
(241) 前掲加藤祐介「皇室財産課税問題の展開」八頁。
(242) 同右、七頁。
(243) ちなみに、本章のもととなった前掲拙稿「明治二〇年代における皇室財産運営の特徴及びその変容」でも同様の推論を示したが、この旧稿発表後発見した明治二九年五月一二日の『東日』の記事でも、以下の通り本書と同様の推論を示していることがわかったので、参考までに掲げておく。
「一たび鉱業条例の羈束を受くるに於ては其急要ならざる部分に就ても諸般の着手を要し借区税も納めざるべからず。其他各般の費額随て加ふるを致すべし。斯の如くせざる時は、競争者四方より起り、自然採掘其他万般の工費に暴騰を来すの虞あるは瞭然なるを以て岩村局長の意見は永く帝室の財産たらしめんには宜しく世伝御料に編入して大に面目を改むべし。已に尋常帝室財産として巨多の資を投じ、之れに相当するの利益を収めんこと将来見込立ち難しとせば、寧ろ消長常なき鉱山の如きは民業に移して一は帝室財産の安固を図り、二は利益を人民と相競ふ如きの弊害を避くべしといふにありて、決して故なくして世伝御料より一転して払下を主張せるにはあらず」（「御料鉱山払下彙聞」〈『東日』明治二九年五月一二日〉）。
(244) 御料鉱山払下げに際して宮内省が発表した公式理由書、及び技術官僚らが提出した反対意見書（前掲「重要雑録1　明治29年」）。
(245) 明治（二八）年一二月六日付大島道太郎宛品川弥二郎書簡（前掲「大島家文書」E－95）。
(246) 同右。
(247) 『官報』明治二八年一二月二六日。宮内庁書陵部宮内公文書館所蔵「進退録2　明治28年」（大臣官房秘書課、識別番号20833－2）では「慢性脳充血症」のため依願免官となっている。この間の事情は、明治二九年五月一六日の『中央』の記事「御料局長の魂胆」にも詳しく報道されている。後述するように、同紙の記事は品川からのリークが疑われる。この時、同時に主事でありながら朝倉の後の生野支庁長を兼任していた佐々木陽太郎も兼任を解かれ、主事専任となっている（前掲「進退録2　明治28年」）。
(248)「土地建物ノ儀ニ付陸軍省へ通知ノ件」、「製造所払下ノ件」（宮内庁書陵部宮内公文書館所蔵「地籍録2　明治29年」帝室林野局、識別番号5611－2）。
(249)「御料局佐渡支庁附属王子製造所ヲ廃ス」（国立公文書館所蔵「公文類聚・第十九編・明治二十八年・第一巻・皇室・詔勅・内廷・皇族・雑載」請求番号：類00714100）、前掲「地籍録2　明治29年」。製造所のうち一部（硫酸部所属物件）は東京砲兵工廠での火薬製造のため陸軍省へ譲渡され、残り（曹達部所属物件）は日本舎密製造株式会社専務取締役の中野薫六ほか三名へ払下げとなった。
(250)前掲明治（二八）年一二月六日付大島道太郎宛品川弥二郎書簡。
(251)同右。
(252)前掲明治（二九）年四月一八日付伊藤博文宛品川弥二郎書簡。
(253)明治（二九）年四月二九日付白根専一宛品川弥二郎書簡〔案〕（『品川文書』四、二九八～三〇〇頁）。
(254)『帝林』八五五頁。
(255)『帝林』二二五頁。
(256)前掲明治（二九）年四月二九日付白根専一宛品川弥二郎書簡〔案〕。
(257)前掲明治（二九）年四月一八日付伊藤博文宛品川弥二郎書簡。
(258)明治（二三）年一二月二四日付品川弥二郎宛渡辺渡書簡（「品川文書（1）書簡」R33－720－3。『品川文書』八、四二六～四三〇頁にも採録有）。
(259)同右。
(260)「佐渡生野鉱山払下一件」（「品川文書（1）書類」R56－1196）所収封筒表に、品川の筆跡で「両鉱山大坂製煉場払下之内密会議アリシハ廿九、四、八、ノ「ナリ」とある（後掲表4－5参照）。また「払下内定の来歴」（『東朝』明治二九年五月一三日）、及び「御料局長の魂胆」（『中央』明治二九年五月一六日）。
(261)首都大学東京図書館所蔵「土方久元日記」明治二九年四月三〇日条（整理番号C－12）、宮内庁書陵部図書寮文庫所蔵「徳大寺実則日記（29）」（函架番号C1・149）明治二九年四月三〇日条、「両鉱山及製煉所処分ノ件」（前掲「重要雑録1　明治29年」）。諸史料を総合すると、この日の会議は伊藤総理官邸にて行われ、出席者は皇室経済顧問からは伊藤、黒田、杉孫七郎の三名、宮内省からは内大臣の徳大寺、土方宮相、田中次官、岩村御料局長、内蔵頭渡辺千秋、内事課長股野琢、調査課長山崎直胤、帝室会計審査局長花房義質であった。会議は午後二時より七時頃まで続き、御料鉱山三事業部の公売と、予定価格を一〇六万円から二〇〇万円程度とすることが決議された。

皇室経済顧問の山縣と松方は欠席であるが、山縣は同年三月一五日から七月二八日までロシア皇帝ニコライ二世の戴冠式に出席するためこの時期日本を離れており（宮内庁編『明治天皇紀　第九』〈吉川弘文館、一九七三年〉二四頁、三二頁、一〇三頁）、松方は五月五日に実業大会への出席と墓参、及び島津家の財政上の相談に応じるために四月二〇日前後から東京を離れ九州に赴いていた（「松方伯実業大会に臨む（廿八日午後熊本発）」〈『万朝報』明治二九年四月三〇日〉、「松方伯鹿児島行用向」〈『東朝』明治二九年四月二一日〉）。四月二一日には奈良に居り、五月二八日に帰京したと報じられている（「松方伯の帰京」〈『時事新報』明治二九年五月三〇日〉）ので、経済会議には出席できなかった。

ちなみに、杉孫七郎は明治二五年四月一四日に皇室経済顧問に任命されている（宮内庁書陵部図書寮文庫所蔵「皇室財政沿革記」〈函架番号169－427〉所収「皇室財政有責任諸官系統書」）。

(262) 前掲「重要雑録1　明治29年」。『佐渡金銀山史話』四九二〜四九五頁にも全文載録。
(263) 前掲「重要雑録1　明治29年」。『佐渡金銀山史話』四九五〜四九九頁にも全文載録。
(264) 前掲小林延人「宮内省御料局財政と佐渡鉱山」。
(265) 前掲「重要雑録1　明治29年」。『佐渡金銀山史話』では四九四頁。
(266) 前掲「重要雑録1　明治29年」、『佐渡金銀山史話』では四九八頁。
(267) 同右。
(268) 同右。
(269) 大阪では、払い受けを目指して「御料鉱山製煉所払受同盟会」なる中小の鉱業家からなる団体が組織されていて、京都でも同様の団体が結成されていたという（「御料鉱山製煉所払受同盟会」〈『東朝』明治二九年八月四日〉）。また、入札時に次点となったのは「東京大阪の実業家団体の代表者土田某」であった（前掲『佐渡金銀山史話』五〇二頁）。これについては、後述する。
(270) 前掲「御料鉱山の払下」。
(271) 前掲明治二九年四月一八日付伊藤博文宛品川弥二郎書簡。
(272) 前掲明治（二九）年四月二九日付白根専一宛品川弥二郎書簡〔案〕。
(273) 前掲明治二九年四月一八日付伊藤博文宛品川弥二郎書簡。
(274) 前掲明治（二九）年四月二九日付白根専一宛品川弥二郎書簡〔案〕。
(275) 前掲明治二九年四月一八日付伊藤博文宛品川弥二郎書簡。
(276) 前掲明治（二九）年四月二九日付白根専一宛品川弥二郎書簡〔案〕。
(277) 前掲明治二九年四月一八日付伊藤博文宛品川弥二郎書簡。

(278) 同右。
(279) 品川はさらに、「鉱山の事は渡辺渡（佐渡支庁長）を御呼御聞取可被下候は丶明白になるべし。製煉所の事は大学の中沢岩太に御聞取を乞ふ。渡辺にても分らぬ事はなし」と、不明の点は技術官僚に聞くよう伝えていた。
(280) 前掲明治二九年四月一八日付伊藤博文宛品川弥二郎書簡。
(281) 同右。
(282) 同右。
(283) 同右。
(284) 永木千代治『新潟県政党史』（新潟県政党史刊行会、一九六二年。初版は一九三五年）三〇七頁。
(285) 同右、及び志賀冨士男編『志賀重昂全集　第一巻』（志賀重昂全集刊行会、一九二八年）六〇～六一頁。
(286) 前掲『新潟県政党史』三〇八～三〇九頁。
(287) 同右。
(288) 「鉱山払下事情の調査」（『東朝』明治二九年五月六日）。
(289) 明治二九年五月二〇日付佐々友房宛品川弥二郎書簡（前掲「佐々友房関係文書」資料番号56－23）。
(290) 前掲佐々木隆『藩閥政府と立憲政治』第五、六章。
(291) 前掲米谷尚子「現行条約励行をめぐる国民協会の実業派と国権派」、前掲伊藤陽平「自－国連合路線の展開と政友会の成立」。
(292) 前掲前田亮介『全国政治の始動』第三章第三節（i）。
(293) 明治（二九）年四月一九日付品川弥二郎宛伊藤博文書簡（『品川文書』一、四〇七頁～四〇八頁）。
(294) 同右。
(295) 田中光顕宮内次官は、五月一三日、上京していた佐渡人民総代に対し、「払下の事確定して動かす可らず。今日の場合拙者在職する限りは必らず決行す。坑夫其他激昂する者あらば地方官に告げ其鎮静を乞へ。若し肯かずんば国法炳として存す。……斯る事には教唆者あるを常とす。教唆者の言決して聞く可らず」と伝えたことが報じられている（「宮内次官の大気炎」〈『中央』明治二九年五月一四日〉）。ここには、かつて不穏な国内政治情勢の中で憲法を発布するにあたって、府下の治安維持を担う警視総監として難局を乗り切った田中の面目躍如たるものがある。田中の経歴については、熊澤一衛『青山余影』（青山書院、一九二四年）、澤本健三編『伯爵田中青山』（田中伯伝記刊行会、一九二九年）を参照した。
『中央』によると、「田中次官が昨年生野銀山を巡視し来りし際までは既定の施設を進行するの得策たることを明言し払下げなんどとは思ひも寄らざる有様なりしは確なる事実」（「田中次官の為めに惜む」〈『中央』明治二九年五月一六日〉）であり、「次官は昨年始めて生野銀山を実見し『流石は品川能くやつたり此事業はドコまでもやり遂げねばならぬ』と激賞し同坐せる岩村局長には聊か耳觸となるをも顧みざりし人」(「生野総代と宮内長次官」〈『中央』明治二九年五月一四日〉)であったが、「今や極端なる払下説に同ずるのみならず其中堅となり発企人たる岩村御料局長よりも熱心なるが如く想像さるゝ」とその立ち位置が変化したことが報じられている(前掲「田中次官の為めに惜む」)。こうした田中の変化は、田中が宮中入りして岩村との関係を築く中ですぐに形成されたものと思われる。田中が宮内次官に就任して(明治二八年七月)数ヶ月後の明治(二八)年一〇月一九日付岩村通俊宛田中光顕書簡(「岩村文書(二)」八七頁)では、白根専一が後任内蔵頭の渡辺千秋に対して、佐渡の明延探鉱事業につき引継ぎを行ったことが伝えられている。その中で田中は、「此上は老兄より渡辺へ十分に御熟話相成候様」と千秋に岩村から十分注意すべきことを求めている。それは、「飯田(巽)は多分異論可有之」というように、内蔵寮内部に探鉱事業に対する疑義が存在していたことであったと思われる。これについては、「白根も渡辺も相考居申候。大臣も亦大賛成と申訳には有之間敷」と、白根にも千秋にも考えがあり、大臣も大賛成ではなかったことが記されている。田中は、「御骨折之厚薄により成否は相極り可申奉存候」と、岩村が骨折って懇切に「熟話」することで千秋も理解するようになるだろうと述べている。このように、田中も次官就任後まもなく御料鉱山の新事業について疑問を持つようになっていたことがわかる。そして、懇切な「熟話」によって考えを同じくする仲間を増やしていったものと思われる。

(296) 明治(二九)年四月二九日付品川弥二郎宛白根専一書簡(『品川文書』四、二九八頁)。
(297) 白根は、明治二五年一〇月二〇日から、二八年一〇月九日までの間内蔵頭の職に在る(宮内庁編『明治天皇紀　第八』〈吉川弘文館、一九七三年〉一三四頁、九一一頁)。
(298) 前掲明治(二九)年四月二九日付品川弥二郎宛白根専一書簡。
(299) 同右。
(300) 前掲明治(二九)年四月二九日付白根専一宛品川弥二郎書簡〔案〕。
(301) 同右。
(302) 同右。
(303) 前掲明治(二九)年四月一八日付伊藤博文宛品川弥二郎書簡。
(304) 第二部序論参照。
(305) 同右。
(306) 前掲明治(二九)年四月二九日付白根専一宛品川弥二郎書簡〔案〕。
(307) 同右。
(308) 同右、及び前掲「佐渡生野鉱山払下一件」所収封筒表には、品川の筆跡で「四月廿七日朝鉱山一件問質書土方へ遣ス」「伊藤、田中へ書通」とある。

(309) 「品川子爵と土方大臣」（『読売新聞』明治二九年五月二三日）。

(310) 前掲「土方久元日記」明治二九年五月六日条。

(311) 明治二九年五月一日付「従二位公」宛書簡（前掲「佐渡生野鉱山払下一件」）。『中央』でも、「五月一日は経済会議に於て払下に決したる翌日なり。此日土方宮内大臣邸に岩崎弥之助氏在りて終日相談ずる所あり」と報じられている（「土方伯と岩崎」〈『中央』明治二九年五月一四日〉）。これは右書簡の示す内容と同一であること、右書簡は品川のもとに残った極密の情報であったことを踏まえると、品川が情報提供した可能性が高い。『大阪毎日新聞』でも同内容が報じられている（「土方伯岩崎氏と終日談ずる處あり」〈『大阪毎日新聞』明治二九年五月一六日〉）。

(312) 前掲山崎有恒「官業払い下げをめぐる工部省の政策展開とその波紋」九～一一頁。

(313) 岩村と岩崎家は私的にも親しい関係にあったことは、「岩村通俊関係文書」中の岩村―岩崎弥太郎・弥之助間の書通の数を見てもうかがえる。しかし、私的な親しさのみで払下げができるわけではない。払い受け可能な資力・技術力を持っているかどうかを審査しなければならないし、一応は正当な競争入札として決められていたことは断っておかねばならないだろう。

(314) 品川と関係の深い『中央』が最も激烈な払下げ反対キャンペーンを張っていたのみならず、他紙にもインタビューに応じて談話を提供していた（「再び御料鉱山及び製煉所の払下に就て」〈『中外商業新報』明治二九年五月七日〉）。

(315) 「御料鉱山払下反対論」（『東朝』明治二九年五月七日）、「金銀山払下怪聞」（『中央』明治二九年五月九日）、「御料局技師の意向」（『中央』明治二九年五月一〇日）、「御料鉱山改善経営の顚末（一）～（三）」（『中外商業新報』明治二九年五月一〇日、一二日、一四日）、「佐渡金山」（『大朝』明治二九年五月一四日～一七日）、「和田技師の御料鉱山談」（『東朝』明治二九年五月一四日）、「御料鉱山払下問題と和田氏」（『日本』明治二九年五月一六日）。

(316) 明治（二九）年五月一日付品川弥二郎宛土方久元書簡（『品川文書』六、五九～六〇頁）。

(317) 明治（二九）年五月一七日付伊藤博文宛土方久元書簡（『伊藤文書』六、四七〇頁）。

(318) 同右。

(319) 同右。

(320) 同右。

(321) 「宮内大臣と御料局長」（『中央』明治二九年五月一四日）。

(322) 「宮内大臣の責任」（『中央』明治二九年五月二一日）。五月一〇日『東日』、五月一六日『大毎』等でも、同内容の記事が掲載されている（「当局者の決心」〈『東日』明治二九年五月一〇日〉、「御料鉱山払下事件」〈『大毎』明治二九年五月一六日〉、「土方大臣、岩村局長」〈『大朝』明治二九年五月一二日〉）。

(323) 前掲「宮内大臣と御料局長」。

(324) 前掲佐々木隆『伊藤博文の情報戦略』五五、六三、六五、六七頁。
(325) 本書序章註23前掲渡辺昭夫・野崎昭雄・笠原英彦・西川誠諸氏の研究より。
(326) 土方を伊藤の幕僚とする佐々木氏であるが、同時に土方が宮中の密偵を使って密かに伊藤側の動向を探っていたことも指摘している（前掲佐々木隆『伊藤博文の情報戦略』二二一～二二四頁）。本章での検討と総合すれば、おそらく土方は完全に伊藤の統制下にあったのではなく、腹中に一物を抱えながら宮中の重要な意思決定の権限のみは死守すべく行動していたと考えるべきであろう。
(327) 明治（二九）年五月五日付品川弥二郎宛和田維四郎書簡（「品川文書（1）書簡」R32-706-8。『品川文書』八、三一六～三一七頁にも載録。翻刻は原史料（マイクロフィルム）に拠った）。
(328) 同右。
(329) 同右。
(330) 同右。
(331) 「三技師宮内大臣を叩く」「土方伯邸の激論」（『中央』明治二九年五月一四・一五日）、「三技師の激論と決心」（『東朝』明治二九年五月一六日）。
(332) 前掲「重要雑録1　明治29年」。
(333) 「和田渡辺二技師の辞表と中沢技師の進退伺」（『東朝』明治二九年五月二二日）。中沢は王子の処分後しばらくは残務処理のために御料局技師として奉職していた。
(334) 「御料鉱山製錬所払下の御裁可」（『時事新報』明治二九年五月二二日）、及び宮内庁書陵部宮内公文書館所蔵「重要雑録1　明治29年」～「同7」（識別番号13135～13141）。
(335) 明治（二九）年五月二五日付山縣有朋宛土方久元書簡（『山縣文書』三、一〇〇～一〇一頁）。「参拾余万金之臨時支出」とは、経済会議での払下げ決定前の二九年二月に渡辺・和田・中沢によってなされた生野・大阪の両部局調査の復命で、両部局を永遠に維持し、相当の純益を得るためには、既に着手している太盛山・金ケ瀬山間の疎水工事竣工、水力発電工場・選鉱所設置・流通資本の増額等で、新たに三六万余円を投入しなければならないということが判明したことを指すと思われる（「御料鉱山払下に就て」〈『東日』明治二九年五月八日〉、「御料鉱山の払下に就て」〈『東日』明治二九年五月一〇日〉）。
(336) 前掲明治（二九）年五月二五日付山縣有朋宛土方久元書簡。
(337) 前掲「重要雑録1　明治29年」。
(338) 前掲明治二九年五月二〇日付佐々友房宛品川弥二郎書簡。
(339) 同右。

(340)「佐渡生野両鉱山及大坂製煉所縦覧承認書交付手続ノ義ニ付伺」、「両鉱山及大坂製煉所縦覧之件ニ付官報新聞ニ広告ノ件」(前掲「重要雑録1　明治29年」)。
(341)「両鉱山及製煉所縦覧承認証請求人一覧表」(前掲「重要雑録1　明治29年」)。
(342)『品川文書』二、六七～八五頁。住友史料館編・朝尾直弘監修『住友の歴史』下巻(思文閣出版、二〇一四年)一九七～一九八、二〇四～二〇五頁)からも両者の関係の一端がうかがえる。瀬岡誠氏は、品川と伊庭が「心契の友」という関係にあったこと、両者を結びつけたものが禅による自己鍛錬と報徳思想であったこと、両者が明治二六年から二七年にかけて住友を存亡の危機に陥れた別子銅山の煙害問題と大島供清らによる広瀬宰平追放運動をめぐって交流を深めていったことを明らかにしている(瀬岡誠「伊庭貞剛の社会的基盤—品川弥二郎を中心にして—」『大阪学院大学国際学論集』一三-二、二〇〇二年)。
(343)本書第四章参照。
(344)明治(二九)年五月八日付品川弥二郎宛田辺貞吉書簡(『品川文書』五、一二九頁)。刊本では消印から明治二八年と推定されているが、国立国会図書館憲政資料室所蔵マイクロフィルムの消印は不鮮明で判読困難であった。また、内容から考えて御料鉱山払下げ決定後のことであるのは明白であり、かつ入札前ということで、本書では明治二九年と推定した。
(345)明治(二九)年五月一四日付品川弥二郎宛伊庭貞剛書簡(『品川文書』二、七八～七九頁)。
(346)前掲「重要雑録1　明治29年」。
(347)同右、及び前掲『佐渡金銀山史話』五〇二頁。
(348)「佐渡生野両鉱山及大坂製煉所払下入札執行落札者決定ニ付報告」(前掲「重要雑録1　明治29年」)、三菱社誌刊行会編『三菱社誌　十九』(東京大学出版会、一九八一年)一二〇頁、前掲『佐渡金銀山史話』五〇二頁、『帝林』八五四頁。
(349)「佐渡生野両鉱山払下ニ付該鉱山附近人民ヘ金円下賜ノ義伺」(宮内庁書陵部宮内公文書館所蔵「重要雑録2　明治29年」識別番号13136)。このことは、前掲小林正彬「佐渡・生野両鉱山・大阪製煉所の払下げ(補遺)」でも、地元住民側の記した史料により明らかにされていた。
(350)『二十六世紀』事件に関しては、野村治一良『米寿閑話』(非売品、一九六三年)、佐々木隆「『二十六世紀』事件と藩閥」(『新聞学評論』三六、一九八七年)を参照した。『米寿閑話』には、今日容易に入手できなくなった雑誌『二十六世紀』の問題となった記事「宮内大臣」(『二十六世紀』明治二九年一〇月二五日)全文、「読『宮内大臣』」(抄)(『東日』明治二九年一一月一一日)、「読『宮内大臣』」(抄)(『日本』明治二九年一一月一二日)が掲げられている(前掲『米寿閑話』一七九～二〇五頁)。
(351)前掲『米寿閑話』一八七～一八八頁。
(352)御料局に在勤していた和田国次郎は、後年御料鉱山払下げについて次のように語っている。「御料事業が今日の進歩発達を来たしたのは、実に岩村局長時代に其の基礎が築かれたものであると謂ふも決して過言ではあるまいと信ずるのである。殊に佐渡生野両鉱山の処分に際し有力者間に反対論が喧しかつたにも拘らず、之が編入の趣旨と御料財産の性質とに鑑み断乎として民間の有力なる資産家に払下げられたのは実に卓見であつたと謂はざるを得ないのである」（和田国次郎『明治大正御料事業誌』〈大日本山林会、一九三五年〉六六頁）。

(353) 佐々木亨「和田維四郎小伝（下）」（『三井金属修史論叢』六、一九七一年）九五、九七頁。両者はここでも協力して、製鉄所の規模拡大に努めた。御料鉱山時代から製鉄所時代にかけての両者の関係については、長島修『官営八幡製鉄所論―国家資本の経営史―』（日本経済評論社、二〇一二年）二七〇〜二七一頁に言及がある。

(354) 明治三二年七月一日付品川弥二郎宛伊庭貞剛書簡（『品川文書』二、八〇〜八一頁）。

(355) 葉賀七三男「解説」（日本鉱業史料集刊行委員会編『日本鉱業史料集　第十五期　明治篇（前）上　和田維四郎　鉱業条例制定の理由　等』白亜書房、一九九二年）、田中隆三「鉱業行政ニ就テ」（『日本鉱業会誌』二二九、明治三七年）一六〜一七頁、和田維四郎「鉱業ト国ノ経済」（『日本鉱業会誌』一三三、明治二九年）九五頁。

(356) しかしながら、岩村が御料鉱山を経営合理化の観点から縮小しようとしていたならば、なぜ鉱業条例適用が決まった時点で課税負担のみを逃れるにすぎず半永久的にその負担を背負い込むことになる世伝御料化ではなく、一挙に処分するという決断を下さなかったのかという疑問は残る。この点に関しては、土方宮相と岩崎久弥が払下げの皇室経済会議決定前後に密かに接触していたことや、工部省所管時代から岩﨑が生野の払い受けを狙っていたことなどを考えると、三菱という払い受け人の存在が鍵になっているようにも考えられる。つまり、岩村が御料鉱山の世伝御料化を上奏した時点から払下げに向けて一挙に省内をまとめていく時期までの間に、払い受け人が確定しつつあった、すなわち三菱との間に何らかの合意が形成された可能性があるが、これはまだ推測の域を出ない。この推測の当否を確かめるためには、三菱側の史料を探る必要があるが、それは今後の課題としたい。

(357) 前掲室山義正『近代日本の軍事と財政』一七四頁。

(358) 前掲小林正彬「佐渡・生野両鉱山、大阪製煉所の払下げ（補遺）」九〇頁、同前掲『日本の工業化と官業払下げ』三六一頁。御料鉱山時代は佐渡より劣位に置かれ、岩村の縮小圧力に常にさらされていた生野が、払下げ後は却って佐渡の衰退と対照的に急成長した。

(359) 「御料鉱山の払下」（『東朝』明治二九年五月八日）。

補論　御料地事業拡大の法制度的根拠——明治二四年の「皇室会計法」制定

はじめに

第三章では、創業期の御料鉱山において、品川弥二郎と技術官僚らの主導で事業の大規模な拡張・改良が進められたこと、それに対して主に財政上の理由から宮内省内での反発が早くから醸成されていたことなどを示してきた。しかし、品川はなぜ創業時の御料鉱山において、技術官僚らの求めに応じるままに大規模な拡張・改良方針を実行に移すことができたのかという点は、十分論じきれなかった。また、それはいかにして、そしてなぜ宮内省で警戒の対象となっていくのかについても、もう少し踏み込んだ説明が必要であろう。そこで、本補論では、第三章で明らかにしたような品川御料局長時代になされた御料鉱山事業拡張・改良の法制度的根拠を検討することで、この課題に迫ることとする。

そのために、品川や「品川派」技術官僚らが御料鉱山運営を行っていた時代になされた大きな皇室関連法整備の一つである、明治二四（一八九一）年「皇室会計法」の制定過程を分析対象とする。

品川が御料局長官に就任した時期の皇室会計を規定した法規は、明治二一年三月九日制定の「帝室会計法」であった。これは、近代日本初の皇室財産に関する会計法規である。しかし同法は早くも翌二二年より改定準備が進められ、二四年三月二四日には、これに代わる新しい皇室会計法規として「皇室会計法」が制定される。

この二四年「皇室会計法」[1]に関しては、島善高氏や川田敬一氏によりその制定過程が詳細に明らかにされ、その内容に関しても深い考察が示されている[2]。しかし、いずれの研究においても旧法である「帝室会計法」改正の最大の論点が何であったのかを十分把捉していないように思われる。

右の問題を考えるにあたって本補論で注目するのは、御料部会計に関する章である。御料部とは、御料地経済に関する会計部局である[3]。二四年「皇室会計法」において、旧法からの最大の変更点はまさにこの「御料部会計ノ部」であった。制定の最終段階に与った皇室経済会議では、議決された草案の上部に、各項目が原案に対してどのように修正されたのかについて説明を付している。その中で、御料部会計を規定した第二章の冒頭には「第二章御料部会計ノ部ハ過般経済会議議定ノ趣意ニ基キ全章ヲ修正ス」[4]と示されている。「御料部会計ノ部」は実に全章が改められたのであり、二四年「皇室会計法」制定過程における中心的議題の少なくとも一つであったことは間違いないだろう。

そして、この全章修正の過程の中にこそ、品川御料局長時代の御料鉱山の積極主義を支えた根拠や、あるいはその後の品川や「品川派」技術官僚らが宮内省内で警戒されてゆく根拠の一つを見出すことができるのである。

川田氏は、この「御料部会計ノ部」の全章修正について、大面積の御料地編入・世伝御料勅定が「帝室会計法」制定後に行われたためとしている[5]が、その修正点の中には、これらの理由によるものとは考えにくいものも少なくない。たとえば、「御料部会計ノ部」の中に新たに基金会計が設置されたこと（一四～一七、二〇条）や、御資部から移入できる金員は御料の事業に関係ない土地の購入に限るとする規定（一八条）、さらには金銭借入・貸与ができないとする規定（二三条）などは、大面積の御料地編入や世伝御料の勅定によってなぜ設けられ、あるいは変更されねばならなかったのか、にわかには理解しがたい。実は、結論を先取りすることになるが、これらはむしろ大面積の御料地編入や世伝御料勅定ではなく、品川御料局長時代の御料鉱山を中心とした積極主義が宮内省内で警戒されてゆく流れとの関係で説明すべき問題だったのである。

本補論では、二四年「皇室会計法」制定過程の中でも特に「御料部会計ノ部」の全章修正に至る過程に着目し、その修正の趣旨を再検討するとともに、創業期の御料鉱山事業拡大・改良を可能とした資金的・法制度的根拠を明らかにすることを目的とする。その際、二四年「皇室会計法」制定過程の議論を検討し、草案・成案の条文と相互に関連付けながら論じていくこととする。

第一節 「帝室会計法」の修正

明治一八年の内閣制度創設により宮内大臣は内閣の構成員から外れ、政府から分離した独自の皇室財産が設定されることとなった。翌一九年には政府の会計を規定する「歳入歳出出納規則」にて、「帝室ノ出納ハ別段ノ規則ニ拠ルモノトス」と明記された[6]。そのため、会計法規もまた、皇室独自のものを制定する必要が生じた。そこで、二〇年五月には総理大臣伊藤博文の命で「帝室会計法」の調査が進められ、その翌年三月九日に「帝室会計法」が制定される[7]。

この「帝室会計法」は早くも二二年一〇月には改正に向けた審議が始められる[8]。同月二一日、内蔵頭杉孫七郎が行った建議が認められ、改正は同委員会の議に付された[9]。同委員にて修正を経た草案は、一二月に皇室会計法案として上呈され、臨時帝室制度取調局に諮詢された[10]。ところが同局では種々意見があったようだがまとまらず、当初期していた二三年度の施行が難しくなり審議が中止された[11]。しかしその後も経費定額取調委員において修正作業は続けられ、二三年一〇月九日宮内大臣土方久元に修正案が上呈される[12]。

この修正案は、同月一八日に土方宮相から「皇室経済参与」に「皇室会計法」草案として送付された[13]。この時土方は、同時に修正案審議のための会議開催についての調整も行っている。

ここで土方が言う会議とは、皇室経済会議を指す。皇室経済会議とは、二二年八月三日裁可の皇室経済会議規程によれば「皇室財政ヲ維持スル為メ経済ノ基礎方針規矩利害等緊要ノ事件ヲ商議スル」[14]機関であり、メンバーは「特ニ撰定セラレタル経済協議員幷宮内大臣宮内次官内蔵頭御料局長官」[15]であった。ここで「特ニ撰定セラレタル経済協議員」というのは、第三章でも触れた通り、二二年三月一一日に「皇室財政に関する諸般の商議に参与せしむ」[16]旨の御沙汰を賜った三条実美・伊藤博文・松方正義を指す。この御沙汰にある「参与」という文言をとって「皇室経済参与」

と称されることもあった。

皇室経済会議は勅命・宮内大臣の要求・協議員の建議によって開催でき、将来の利害・方針を定めるものについては宮内大臣が奏請し、裁可の上「将来財政執行上ノ標準トス」[17]るものであった。規定では、同会議に諮るべき事項として「皇室会計法及ヒ御料部会計規則御資部会計規則ヲ定メ又ハ之ヲ改正スル事」[18]が挙げられている。川田氏や島氏は土方宮相が皇室経済会議に皇室会計法草案の継続審議を委ねたのは、二三年一〇月二〇日に帝室制度取調局が廃止となるためであるという解釈をしている。[19]しかし、皇室経済会議にはもとより皇室会計法審議の機能が付与されていたのであり、同法草案審議の最終段階としてか、あるいは少なくともその過程の一つとして付託されたと考えるべきであろう。

第二節　「御料部会計ノ部」の変遷

ところで、「帝室会計法」、経費定額取調委員上呈案、そしてそれを修正した皇室経済会議での議決草案（これは全文が明治二四年三月制定の「皇室会計法」に採用される）では、それぞれどこがどのように修正されているのだろうか。

本補論では①「帝室会計法」、②経費定額取調委員上呈案、[20]③皇室経済会議議決草案＝二四年「皇室会計法」[21]の三法草案について、「御料部会計ノ部」に関する条項の変化を明らかにし、二四年「皇室会計法」制定過程において「御料部会計ノ部」の何が問題とされていたかを焙り出す。

①・②・③の条文は、次頁以降の表補に対比している。これを見ると、①→②→③へと修正が進む過程での主な変更点は、以下の五点にまとめることができる。

（1）①「帝室会計法」では、会計活動によって章立てがなされていたが、②経費定額取調委員上呈案以降は会計部局による章立てを採用している。

（2）②御資部よりの移入金条項は限定的→③御資部よりの移入金条項はさらに限定的になり、御料部の財本として

表補：「御料部会計ノ部」条文対照表

	①「帝室会計法」	②経費定額取調委員上呈草案	③皇室経済会議議決草案＝「皇室会計法」
章立て	第一章　総則 第二章　予算 第三章　出納 第四章　決算 第五章　雑則	第一章　総則 第二章　御料部会計 第三章　御資部会計 第四章　常用部会計	第一章　総則 第二章　御料部会計 第三章　御資部会計 第四章　常用部会計
財本	御料地の収入金・御資部よりの移入金＝不動産及び不動産経済に附随する動産（2）	第一種御料の財本＝「世伝御料ニ編入シタル不動産」 第二種御料の財本＝「世伝御料ニ編入セサル不動産」「動産」（10）	第一種御料の財本＝「世伝御料ニ編入シタル土地森林原野」 第二種御料の財本＝「世伝御料ニ編入セサル土地森林原野幷御料ノ事業ニ係ル営造物其他ノ物件」（11）
御料（産）部の性格	「御料地ノ収入金及御資部ヨリノ移入金ヲ以テ諸料地（即不動産及不動産経済ニ附随ノ動産）経済ニ属スル一切ノ経費ヲ支弁シ加殖ヲ謀ル」（2）	「財本ノ経済ヲ主トシ其財本及作業ヨリ生スル諸収入ヲ歳入トシ御料全体ニ係ル諸経費作業費等ヲ歳出トス」（11）	「財本ノ経済ヲ主トシ其財本及事業ヨリ生スル収入ヲ以テ歳入トシ御料ニ係ル経費ヲ以テ歳出トス」（14）
基金について			事業に要する運用金・歳入に先立つ歳出の仮用・新規起業及び拡張のときや歳入出相償わないときの補足に使用する（15）
会計区分		財本会計、作業会計、常用会計、雑部会計（12）	財本会計、**基金会計**、経常会計、作業会計、雑部会計（17）
土地利用について		土地の性質に応じて適当の事業を施すことができる。経済の便宜により貸付も可能（13）	土地の性質に応じて適当の事業を施すことができる、経済の便宜により貸付も可能（12）
土地・物件購入について			御料の事業に関して購入した土地・附属物件は直ちに御料部財本に加える。代金は歳出に立てる（19）
地種変換		第二種御料は可能（14）	
売却・譲与・除却について		第二種御料に属する土地物件は正当な事由があれば可能（15）	第二種御料に属する土地物件は正当な事由があれば可能、売却代金は**基金**に移入（13）
動産保有等について		可能（10）	**基金**は幾分を株券・公債証書・大蔵省証券に換置できる（16）
御資部からの移入金について		第二種財本に加える（16） 「歳入歳出相償ハサル年度ニ在テハ御資部ヨリ移入スル金円ヲ以テ其不足ヲ補弁スルヿヲ得」（17）	「御料ノ事業ニ関セサル土地及附属物件ノ購入ニ要スル金員ハ御資部ヨリ御料部財本ニ移入ス」（18）
御資部からの繰替借について	不可（16）	可能。 返戻は次年度に渉ることができない（20）	**基金**経済上の便宜によっては可能。返戻は次年度に渉ることができないが、用途によっては年期返戻は可能（20）
予備金について		予算外の支出にあてる（18）	不可避の予算の不足を補うためか、予算外に生じた支出にあてることができる（22）
金円の借入・貸出について		不可（19）	不可（23）

大蔵省・銀行への預金について	内蔵頭が専任して行う（32）	可能（21）	可能（24）
歳入・歳出の関係について	歳入をもって直ちに歳出にあてることはできない（17）	第一種・第二種御料の収入は全て第二種御料の歳入に立て、これをもって御料全体にかかる歳出を支弁する。残余は第二種御料の財本に加える。次年度歳入に繰り入れることも可能（17）	「歳入ヲ以テ歳出ヲ支弁シ其残余ハ**基金**ニ加殖ス。作業ニ属スル収入ハ直ニ支出ニ移用シ其純益ヲ以テ歳入トス」（14）
歳入の次年度繰入について		可能（17）	工事費の繰越使用は可（25）（26）
歳出の次年度繰越について	可能（42）		
歳入の仮納・歳出の仮出について	可能（41）	可能（20）	可能（21）
財本会計について		毎年度内実際に出納したものをもって年度末日に完結。累計額をもって順次後年度に繰り越す（22）	毎年度内実際に出納したものをもって年度末日に完結。累計額をもって順次後年度に繰り越す（27）

註：括弧内の数字は各法・草案の条数に対応している。

「動産」を明記していない。

（3）①では認められていなかった御資部よりの繰替借が、②・③では認められる。ただし、その規定がより厳格になる。

（4）③からは基金会計の創設に伴う条項が多数—一四～一七、二〇。

（5）①→②・③大蔵省・銀行への預金が可能になっている。

　これを見ると、「御料部会計ノ部」修正の骨子は、主に（2）～（5）の四点であるといえるだろう。（2）と（3）は密接に関連している。また、（2）と（5）は「動産管理」という点において密接に関連している。

　以上のことから、二四年「皇室会計法」制定過程における「御料部会計ノ部」の問題点を考える上では、「御資部よりの移入金・繰替借」、「基金会計」、「動産管理」の諸問題が鍵になると考えられる。

　大きな修正点の一つである「基金会計」の設置について、川田氏は、「基金を設置することにより、特別もしくは急な事情の支出に対処できるようになった」[22]と評価している。確かに帝室会計法には基金会計に類する規定はなく、「特別もしくは急な事情の支出」にどのように対処していたのかは不明である。しかし法文に規定がないことは、実際に「特別もしくは急な事情の支出」に対処する方法がなかったことを意味しない。「帝室会計法」の実際の運用過程や、修正過程の議論をより詳細に分析する必要があるだろう。

また、同氏が二点目の修正点として挙げている「御料の事業に関係のない土地・物件などを購入するための金銭は、御資部より御料部財本に移す。御料の事業のために購入した土地・物件などは、直ちに御料部財本に加え、その代金は歳出に立てる」[23]という点について「御料部会計の事業的性質を、制度上明らかにした」[24]ものだとしている。御料部の事業的性格が明確化されたこと自体は間違いないが、それ以上に、この部分でより重要な意味をもつのは、「御資部より御料部財本に移す」という部分である。「御料部会計ノ部」の大きな修正点の一つがここに表れているにもかかわらず、そのことへの言及が特になされていないのである。

そこで、以下では本節で焙り出された「御資部よりの移入金・繰替借」、「基金会計」、「動産管理」という三つの問題に焦点を絞り、二四年「皇室会計法」制定過程の議論や、「帝室会計法」時代の御料部会計の実際の運用例を検討する。

第三節　皇室経済会議における「皇室会計法」審議

本節では、経費定額取調委員上呈草案審議のために、明治二三年一一月二二日に開催された皇室経済会議について検討する。なぜなら、本補論の関心である「御料部会計ノ部」の全章修正に至る重要な論議が、この日の会議でなされているからである。この日の出席者は、経済協議員の三条・伊藤、土方宮相、宮内次官吉井友実、内蔵頭杉孫七郎、内事課長股野琢、調査課長山崎義胤、内蔵助飯田巽、御料局主事佐々木陽太郎という面々であった[25]。この日、伊藤は大要について質問した後、特に御料部会計の現状に対して「論難」[26]を浴びせた。当日御料局長の品川に代わって会議に出席していた主事の佐々木陽太郎が翌日品川に宛てた書簡によれば、その「論難」は次のようなものであった。

近来御資部より毎年三十万円之金額を御料局之要否如何を不問御料部へ移入する事に相成居候得共、此方法甚た不可なり、抑も御料局は御料地に関する造林、採鉱、農産其他之実業に従事し、若しくは其実業を管理すへき事業局とするを以て本旨とすへし、故に皇室会計法を改定する以上は、該局は他之寮局と同しく毎年度之初程に於て其年度に要する事業事務の経費予算を調理し、之を経済会議に付し同会に於て其得失を審議し、果して其事業事務を必要と認めたるときは其予算を可決する事にするを宜しとす、然るに現時之処は前陳之如く其経費之要否如何に不拘年々三拾万円を御資部より移入し、其残額は御料局にて銀行に預け入、又は鉄道株券を買入る、等、均しく動産之御財産を御料部、御資部両方に於て管理するか如きは如何にも不都合なり(27)

このように、伊藤は御料局を「御料地に関する造林、採鉱、農産其他之実業に従事し、若しくは其実業を管理すへき事業局とするを以て本旨」と考えていた。しかしながら、現状では用途に関わらず「年々三拾万円を御資部より移入」し、残額が出れば銀行に預け入れたり株券等に変換したりして、御料部が動産を管理している。伊藤はこうした点を問題としていたのである。このように、伊藤の問題意識には、前節でみた「御料部会計ノ部」に関する修正の眼目となっていた論点のうちの二つが明確に表れている。

「帝室会計法」の下では、皇室財産に関する会計主管は二人存在していた。同法では、御料地に関する会計部局である御料（産）部、動産会計を扱う御資部、国庫より移入される毎年の皇室費を扱う常用部、その他の収支に関する雑部の四つの会計部局に区分されており、不動産会計が中心となる御料産部会計は御料局長が、もっぱら動産の出納を行う御資部・常用部・雑部会計は内蔵頭（内蔵寮の長官）が主管者である。しかし伊藤の「論難」にもある通り、実際には御料（産）部も株券等の動産を扱っていた。

また、「帝室会計法」第二条では、「御料地ノ収入金及御資部ヨリノ移入金ヲ以テ諸料地（即不動産及不動産経済ニ附随ノ動産）経済ニ属スル一切ノ経費ヲ支弁シ加殖ヲ謀ルヲ御料産部トス（傍線引用者）(28)」と定められ、第一四条では「御料産部経営資ハ毎年其員額ヲ議定シ　御批ヲ仰テ御資部ヨリ移入スルモノトス(29)」と規定されていた。

「帝室会計法」に次いで二一年五月に制定された施行細則である「御料部会計規則」では、御料部収入のうち御資部よりの移入金額は、宮内大臣において「毎六ヶ年分ノ額ヲ定メ之ヲ六ヶ年ニ区分シ　御批ヲ仰テ御料局長官へ令達シ毎年度ノ員額ハ当該年度四月ニ現金ノ全額ヲ一時ニ移入」（第三条(30)）すると定められた。その一年分の移入金額が、二三年度には三〇万円であった[31]。
伊藤が言う「其経費之要否如何に不拘年々三拾万円を御資部より移入」とはこのことを指している。そして伊藤は、この条項があるために御料部では毎年度剰余金が生じ、かつ御料部の動産管理が制度的に保証されていたために毎年度の剰余金で株券等を買い入れているとして批判していたのである。このような剰余金での株券購入が可能だったのも、「帝室会計法」の規定によるところであった。しかも同法では、御料部の純益は御資部に納めなくてもよい規定になっていた（第三条）。

本書第三章では、表3-2で明治二三年度の御料局の決算を掲げたが、そこでは御料部収入のほぼ半分は御資部からの移入金であり、純粋な御料地事業から得られる収入だけでは支出を賄いきれなかったこと、そしてその最大の原因は、御料鉱山事業の出費にあったことを示した[32]。これだけを見れば、御料局財政は伊藤の言うように余裕があったとは思えないが、さらに同表を見てみると、御料局では伊藤の言うように一万五千円程度を株券購入に、約六万六千円を株券の払込みにあてていたことがわかる。つまり、当時の御料局は、御資部よりの移入金の存在を前提とした財政運営を行っていたと考えられる。

しかし、品川は三〇万円の移入金にもなお不足を感じていた。品川は二三年二月一九日に内蔵頭杉孫七郎にあてた書簡の中で、御資部よりの定額移入金につき、「三十萬円御定メノヿは勿論当分御内定ノヿと昨年末相心得居申候。増減ともニやじニ於テ異存ヲ申スヿハできず一文も遺る金ハ当年ナシト被存候ても一言争フヿハ御料局長ハできぬナリ[33]」と述べていた。

また品川は「コノ廻議面で見るト何カ額外之金ヲ御料局長ガ不絶申出後患ヲ予防之様ニ邪推セラれ申候。実事萬々一アリシヿアラバ一々御示しヲ奉願候。萬々一不都合ノ支出等有之シ廉ハトノ様ニも繰リ戻シ仕置度候[34]」とも述べているように、実際に品川が要求した移入金は三〇万円に止まらなかったことも示唆されている。

では、品川の度重なる追加資金要求はどのようにして実現されたのか。次節ではそのことを検討したい。

第四節　御資部よりの繰替借

前章で確認したように、御料部の財源は「御料地ノ収入金及御資部ヨリノ移入金」であった。しかし明治二三年度における御資部よりの移入金は年三〇万円の定額と定められていたにも関わらず、前掲表3－2を見ると約三四万円が移入されている。

ここで「御料部会計規則」を見てみると、「臨時事業拡張新規起業若クハ特別ニ地所其他買入等ノ事アリテ要スル所ノ費金ハ時ニ臨ミ宮内大臣其員額ヲ定メ御批ヲ仰キテ御資部ヨリ移入スルコトアルヘシ」（第五条）と、三〇万円の定額移入金とは別に規定が存在していることがわかる。

また、明治二二年四月に行われた「御料部会計規則」の一部改正増補では、「帝室会計法」で単に「御料産部元資」とされていたものの区分が明記された[35]。そこでは、御料部は皇室財産と確定した公債証書株券等の貯蓄元資、御料局の通常経費に供すべき資金で御資部より通常移入するところの金員及びその他の収入金である通常元資、そして御料局の臨時経費に供する目的で御資部より臨時に移入する金員である臨時元資の三種類の区分がなされた。このように、御資部からは通常元資、すなわち明治二三年度には三〇万円の定額移入金の他に、臨時の移入金が認められていたのである。品川はこれらの規定を活用して、主に鉱山における「臨時事業拡張新規起業」や新設御料地創設のための「特別ニ地所其他買入」費用として御資部より臨時の移入金を要求していたと考えることができる。

さらに、三月と四月に御料局は、それぞれ一〇万円の御資部繰替貸を請求している。内蔵助飯田巽の稟議には、以下のように理由が説明されている。

右者廿三年度御料産部へ移入金参拾万円ト定メラレ御達高之内へ本行金額（四月の一〇万円、三月の一〇万円）支出スベキ処御資部予算御裁可未済ニ有之、然ルニ帝室会計法第十六条之制限モ有之候得共、御料産部支出之都合ニテ請求ニ付、御資部有合金之内ヲ以テ繰替支出シ、追テ予算御裁可之上、御資部相当科目ヲ以テ支出可取計様

致度、此段特ニ稟議候也(36)

「帝室会計法」第一六条では「御料産部御資部ヘ対シテハ繰替貸ヲ為スヿヲ得ルモ繰替借ヲ為スヿヲ得サルモノトス」(37)と御料部が御資部より繰替借をすることは認められていなかった。このような制約があったにもかかわらず、右の稟議では「御料産部支出之都合ニテ請求」とあるから、品川が異例を承知で内蔵寮に請求したことがわかる。御料局は事業の都合上、繰替借という形で臨時に資金を調達せざるをえなかったのである。

これは、「廿三年度御料産部ヘ移入金参拾萬円ト定メラレ御達高之内ヘ本行金額支出スベキ処……御資部相当科目ヲ以テ支出可取計様致度」とあるように、その後御資部の予算が組まれた際に然るべき形で処理されたものと思われる。

以上のことから推察すれば、第三章でみてきたような御料鉱山に顕著な拡張・改良方針が可能であった背景には、品川御料局長による宮内省や皇室経済会議での御資部からの定額移入金死守や度重なる追加の移入や繰替借請求という努力と、それを可能とする制度と慣行があったと考えられる。小林延人氏が指摘している(38)ように、佐渡の御料鉱山内部の「興業費」会計と「営業費」会計の区分が佐渡の拡張・改良を支えた一因であることは間違いないが、毎年そこに潤沢な予算をつけることが可能であったことは右のような背景も勘案しなければならないだろう。

第五節　皇室経済会議後の攻防

伊藤が批判した御資部よりの定額移入金条項や御料部の動産管理に関する規定は、既に経費定額取調委員の修正案段階では大幅に限定された形でしか存在していなかった（表補参照）。同草案では、御資部よりの移入金は第一七条後段で「歳入歳出相償ハサル年度」に限って認められる程度であるように、用途の如何を問わず定額を移入するという内容は変更されていた。当時の宮内省においても、御資部よりの移入金に頼る御料部の体質を改める必要が認識されていたと考えられる。

したがって、伊藤の意見は皇室経済会議の構成員に十分受け入れられるものであった。伊藤の提起に対し、経済協議員の三条及び内蔵寮から出席していた飯田内蔵助は賛成を示していた。[39]もう一人の経済協議員である松方はこの日の会議には欠席していたが、土方宮相によれば「先刻伊藤伯之御料部、御資部会計に対する意見は、本と松方大臣之主論に付、同大臣に於ては異論無之筈[40]」と見做されていた。杉内蔵頭は御料局創設の際「長藩撫育金之方法云々」すなわち長州藩撫育方が援用され、[41]常用部会計と混在しないよう「引キ分ケ」て蓄財を図るべく御料部に動産組入や定額移入金を認めた経緯との兼ね合いをどうするかについて質問しており、伊藤の批判に若干の疑念を抱いていたと思われる。[42]しかし、伊藤はそれに対し「御料局創設の際此論ありたり、然れ共彼法たる封建の昔時に在ては明法なるへきも、斯は専制藩府之英主か特独に設定したるものにして、百余年後之今日殊に形勢之大に異なりたる今日に応用すへき方法に非す[43]」と反論しており、杉はそれ以上の質問はしていない。

出席者で態度を表明しなかったのは品川の代理で出席していた御料局主事の佐々木陽太郎のみであったが、それは品川の態度が不明であったためと思われる。[44]伊藤の意見が通り、御資部からの移入金が廃止されれば、それまで御資部よりの移入金で辛くも維持していた御料局財政が赤字となるのは必至であった。そうなれば、鉱山事業も立場が危うくなることが予想され、「御料局財産管理上将来一大変更を来し候義[45]」にもなると考え、佐々木は慎重にならざるをえなかった。伊藤の提議に対し品川がどのような態度を示したのかは不明だが、彼が鉱山規模の拡張や事業の資金繰りに奔走していたことを考えると、御資部からの柔軟な資金提供が可能な現行制度の変更は望ましくなかったと考えられる。

さて、この日の経済会議後、飯田内蔵助は「得々然として原案を再ひ修正[46]」し、山崎調査課長がチェックした後、二九日に佐々木の許に回付された。飯田は同案につき、一二月一日早朝に小会議を開きたい旨を佐々木に伝えた。佐々木はこれにつき、京都の別邸に滞在中の品川に以下のように指示を仰いだ。

右〔皇室経済会議後飯田により修正された案〕は彼の経済会議にて略定之主意に依り結局御料地より収入したる益金（収入支出を差引きたる純粋の益金なり）は御資部御財産として該部へ移入すへき事とし、御料局は将来事業上発達之資に箝掣を蒙らさる様即ち可成自由に資金を融通し得る丈けを主眼とし不敢取小生に於て議案を修正し該小会議に列席討議いたし可然哉、或は御帰京迄御待可申上哉[47]

これを見ると、飯田の修正案は、それまで全て御料地収入として御料部元資に入れることができていた御料地からの益金を、全て御資部へ移入することになっていたことがわかる。皇室経済会議では、飯田は伊藤の意見に賛成していたと思われ[48]、その伊藤の意見が通る形に修正できたことに対する飯田の得意げな表情が目に浮かぶようである。これを受けて佐々木は、自身の判断で御料部から御資部への移入を「御料局は将来事業上発達之資に箝掣を蒙らさる様即ち可成自由に資金を融通し得る丈けを主眼と」するよう議案を修正し小会議に出席してよいか、あるいは品川の帰京まで待つべきかの指示を仰いだのであった。

第六節　「皇室会計法」の制定

ところが結局、蓋を開けてみると、皇室経済会議の最終的な修正案では御料部収益を御資部に移入するという条項は消えていた。第二九条では、御資部の収入は財本より生じる収入であると規定されている。その「財本」とは、二八条で「現存ノ御貯蓄（即動産）」＋御資部歳出入の残余＋常用部の残余を移入したもの＋特殊の加挿金とされていた[49]。また第一四条では、御料部は「歳入ヲ以テ歳出ヲ支弁シ、其残余ハ基金ニ加殖ス」「作業ニ属スル収入ハ直ニ支出ニ移用シ、其純益ヲ以テ歳入トス[50]」と定められていた。つまり、御料部の収支残額は御資部の収入には入れない規定になっていることがわかる。第八条では「御料部会計ハ御料局長之ヲ経理ス[51]」と会計主管についての権限も残された。一二月一日の小会議での佐々木の修正案がどのようなものであったのかは史料からは知り得ないが、一時は大勢に傾きかけていた議論を引戻し、元の如く御料部の会計主管確保と御料地からの収益を御料部歳入とすることを認める条項が踏襲されていることをみれば、佐々木かもしくは品川の最終局面での踏ん張りが功を奏したものと思われる。

しかし、同修正案には伊藤の主張もかなりの程度反映されていた。まず、御資部よりの定額移入金条項はより限定的になり、「御料ノ事業ニ関セサル土地及ヒ附属物件ノ購入ニ要スル金員」(第一八条[52]) の移入に限定された。これにより、赤字を出した年度でも、御料地事業に関係のない土地物件の購入以外については御資部より金員を移入することはできなくなった。

その一方で、歳入出が相償わなかった場合や、歳入に先立つ支出が必要な場合などに備え、特に「基金」という形で動産を管理することができる規定が新たに設けられた(一四～一七、二〇条)。基金とは、「事業ニ要スル運用金」「歳入ニ先チ歳出ノ仮用」「事業ヲ興シ又拡張スルトキ若クハ歳入出相償ハサルトキノ補足」(第一五条[53]) のために備え置くものとされ、経済上の便宜によってはその幾分を株券・公債証書・大蔵省証券に換置することが認められた(第一六条)。また、基金経済上の便宜のために限り御資部より繰替借をすることも認められた(第二〇条[54])。

このように、基金の設置は既に見たような御料鉱山の拡張、あるいは改良によって生じた多額の支出という、品川が就任して以来の御料地経済が実際に直面した問題に密接に対応していることがわかる。基金の設置は、御料地の創業にかかる出費をある程度やむをえないものと認めながらも、御料局の体質を定額移入金に頼らないものにするための折衷的措置であったと考えられる。

この基金の性格については、後に書かれている史料においても明らかにされている。明治三〇年三月六日に帝室会計審査局長の花房義質が、土方宮相に提出した会計審査の報告書の中で、御料部基金について次のように述べている。

抑該基金ヲ設置セラレシ所以ノモノハ事業経営上特ニ運用資金ヲ要セシニ拠ルベシ。果シテ然ラハ事業ノ主要ナル各作業部ノ払下ヲ決行セラレタル今日ニ於テハ最早該基金存置ノ必要ナカルヘシ[55]

「事業ノ主要ナル各作業部ノ払下ヲ決行セラレタル今日」とは、本書第三章でみたように、明治二九年に御料鉱山各部局の払下げが決行されたことを指す。つまり、ここからは基金とは主に御料鉱山経営のために置かれていたということがわかるのである。このことは、これまでの論証を裏付ける重要な証言である。「帝室会計法」下での品川のあの手この手の資金獲得努力や、「皇室会計法」制定過程において「御料部会計ノ部」が全体として御料局の自由な資金の使用に歯止めをかける方向で修正がなされたこと、そしてここで見たように、最終局面で妥協的に登場した「基金」

の存在もまた御料鉱山事業を保証するためのものであったことを考え合わせれば、明治二四年になされた「帝室会計法」修正の最大の要点であった「御料部会計ノ部」の全章修正もまた、品川局長時代の御料鉱山運営が大きな要因であったということができる。

明治二四年三月二四日、「皇室会計法」が制定された。これは、皇室経済会議後の小会議を経てなされた修正がそのまま採用された形であった。

おわりに

以上、明治二四年「皇室会計法」の制定過程における「御料部会計ノ部」の全章修正は、品川御料局長による御料鉱山経営が招いた赤字体質改善の必要が、皇室経済会議・宮内省内で認識されていたことが大きな原因であったことを示してきた。品川と伊藤や宮内省幹部など皇室経済会議の他の構成員とは、御料部会計のあり方をめぐって異なる立場を示していた。この立場の違いは皇室所有地たる御料地はいかにあるべきかという問題についての認識の相違でもあった。以下ではこの問題に触れつつ本補論のまとめとしたい。

第三章でみたように、御料鉱山の技術官僚らは、御料鉱山はそれ自体の事業経営でもって、政府で行われていたような鉱工業政策及び財政政策を代替・補完することが可能であり、それこそが御料鉱山の使命であると考えることで一致していた。品川もまた殖産興業（政策）指導者として、彼らの意向を代表しているという自覚もあった。しかし、技術官僚らの意向を汲み取った御料鉱山運営を行うためには、創業期に潤沢な資金を投入しなければならず、そのような資金投入を可能にするためには御料地収入のみでは難しく、一時的な外部資金への依存もやむをえなかった。

これに対し、伊藤や宮内省幹部ら皇室経済会議構成員は、創業期といえども御料部が御料地収入だけで存立しうるようにすべきだと考えていた。もちろん、彼らも創業期ゆえの支出のやむなきは心得ていたが、御料部が御料地収入だけでは成り立たず、外部からの資金に頼る体質が固定化することは望ましくなかったと考えられる。

ここで注目しておきたいのは、伊藤がここで争点としたのは、あくまで皇室会計処理上の問題であったことである。すなわち、品川が皇室財産である御料地を政府同様の目的で運営していることの、徳義上、あるいは皇室の本質的な尊厳に関わる問題は争点化されていないことである。そこではもっぱら、品川の経営方針が招く皇室財政の悪化がやり玉に挙げられている。

もちろん、品川や技術官僚らの御料鉱山運営の目的を行き詰らせるために、彼らの泣き所である皇室財政の悪化という点が集中攻撃されたのかもしれない。しかし、その場合でも、同時にであれ副次的な理由としてであれ、徳義上の、あるいは皇室の本質的な尊厳の問題からなされる批判が見えないことは、看過できない重要な意味をもつと考えられる。なぜならこのことは、御料地創業期の明治二〇年代初頭においては、御料地を行政上の目的から利用することが政府の指導者において大きなタブーではなかったのではないかというひとつの仮設を導くからである。それはある意味で当然ともいえる。序章でも触れたように、当時の政府の指導者たちは多くの場合、「宮中・府中の別」を政府に対する宮中の不干渉という一方の意味においてのみ理解しており、宮中に対する政府の干渉は慣例的に行われていたからである。しかし、皇室財政上の問題が認識され始めると、その原因追及が始まる。そうすると、当初は財政上の観点からの批判のみであったのが、次第にその運営理念や目的の方にも目が向けられ始める可能性がある。そして、品川や技術官僚らの考えていた御料地の行政目的での利用もまた見直されることとなるだろうが、本補論の目的を越えるのでこの点はひとまず措くこととする。

さて、本補論でみた対立は、結局伊藤らと品川・御料局の痛み分けという形で局を結ぶ。それゆえこの問題は、その後の過程で度々浮上することとなる。

三一年四月、内蔵頭の渡辺千秋は、当時首相であった伊藤に「総提」以下六項目に及ぶ皇室財政制度改革に関する意見書を提出する。そこで渡辺は、皇室財産管理において御料部・御資部という二つの会計主管が存在し、両部ともに動産を保有していることの弊害を説き、内蔵頭に会計主管を統一することを主張する。注目すべきは、「皇室会計経済ノ事」の中で渡辺が以下のように述べていることである。

御資部ハ軍事公債買入或ハ株式払込ニ対シ他ヨリ負債ヲ起スモ、御料部ハ御資部ニ存有スル鉱山売却金其他ノ有価証券ヲ御料部基金ト唱ヘ、之ヲ管理シ其利子配当ハ御資部ニ納入セズシテ同部ノ歳入ニ加フルモノナレバ、却テ綽々余裕アルモノノ如ク、之ヲ換言スレバ御資部ハ年々御料部ヨリ収利ヲ蔵ムベキモノナルニ、却テ御料部ニ御資ヲ割譲スルノ事実ヲ生ゼリ(56)

これを見ると、基金会計は御料部の赤字体質を改善し、御料部単独で収支を賄う会計部局として機能したことは間違いないが、むしろそれ以上に御料部の動産囲い込みを促進する結果を招いてしまったことがわかる。二四年の皇室会計法改正過程で御料部に動産管理の余地を残してしまったことで、折角設置した基金会計も当初の思惑を超えた運用がなされていったのである。このように、二四年「皇室会計法」は法文上も実際の運用の中でも、御料部にかなりの程度妥協するものであった。第三章でみたように、御料鉱山経営をめぐって対立していた品川と岩村であったが、動産管理に関しては同様の行動をとっていたことがわかる。岩村は御料地経営において収益の拡大を優先していたことを考えると、品川とは異なり、その動産囲い込みも収益拡大策の一環であったということができるかもしれない。このことは、次章以降の論証でより明確に裏付けられるだろう。

(1)　本書で「(明治)二四年の」と断るのは、「皇室会計法」はその後少なくとも三回改正されているからである(御料局庶務課編『増訂　御料局處務要録』〈文玉舎、一九〇四年、大日本山林会林業文献センター所蔵〉五九四頁、及び前掲川田敬一『近代日本の国家形成と皇室財産』二六七〜二七三頁)。一回目は明治二六年、二回目は三一年、三回目は三二年である。

(2)　島善高「明治二十四年の皇室会計法について」(『早稲田人文自然科学研究』四六、一九九四年)、前掲川田敬一『近代日本の国家形成と皇室財産』第七章。両氏ともに未刊行の宮内庁書陵部図書寮文庫所蔵「皇室財政沿革記」を使用し、法文の紹介・解釈を行っている。

(3)　「帝室会計法」では当初「御料産部」の名称が使用されていたが、二一年五月制定の御料部会計規則以降、御料産部は御料部と改称された(『帝林』九五一、九五七頁)。

(4) 伊藤博文文書研究会監修、檜山幸夫総編集、梶田明宏編集・解題『伊藤博文文書　第八六巻　秘書類纂　帝室三』（ゆまに書房、二〇一三年）一一九頁。

(5) 前掲川田敬一『近代日本の国家形成と皇室財産』一六三頁。

(6) 「帝室会計法組織解説」（前掲『伊藤博文文書　第八七巻　秘書類纂　帝室四』二八〇～二八一頁）。

(7) 前掲島善高「明治二十四年の皇室会計法について」六頁。「帝室会計法」は、前掲「皇室財政沿革記」の第八巻に収録されている。「皇室財政沿革記」は、明治三一年五月に帝室会計審査官兼式部官の飯田巽が編纂したものである。このほか、同法は前掲島善高「明治二十四年の皇室会計法について」でも、六～一五頁に全文が翻刻されている。また、『帝林』九五二頁にも抜粋がある。

(8) 明治二三年一〇月九日付宮内大臣土方久元宛経費定額取調委員長杉孫七郎上申書（前掲「経済会議録　明治24年」）。

(9) 「内蔵頭建議皇室経済法ヲ経費定額取調委員ノ議ニ付スルノ件」（宮内庁書陵部宮内公文書館所蔵「会計雑録　明治22～39年」識別番号１２７６）、前掲明治二三年一〇月九日付宮内大臣土方久元宛経費定額取調委員長杉孫七郎上申書。

(10) 前掲明治二三年一〇月九日付宮内大臣土方久元宛経費定額取調委員長杉孫七郎上申書。臨時帝室制度取調局は二一年五月三一日宮内省内に設置された皇室制度全般の調査機関である（前掲『明治天皇紀　第七』七九～八一頁）。

(11) 川田敬一氏は「臨時帝室制度取調局（二十一年五月設置）に会計法を審議すべきとの命が下されたけれども、延期になり結局審議されなかったのである」（前掲川田敬一『近代日本の国家形成と皇室財産』一五六頁）としているが、経費定額取調委員長の杉孫七郎によれば「昨年十月皇室会計法改正按ヲ以テ経費定額取調委員ノ議ニ付セラレ候ニ付、審議修正ノ上十二月ニ至リ上呈仕候處、帝室制度取調局ニ諮詢セラレ候末、同局意見有之候為メニ廿三年度ヨリ施行ノ取運難相成中止相成居候」（前掲明治二三年一〇月九日付宮内大臣土方久元宛経費定額取調委員長杉孫七郎上申書）と、実質的な審議か否かは不明だが、意見の交換は行われていたようである。

(12) 前掲明治二三年一〇月九日付宮内大臣土方久元宛経費定額取調委員長杉孫七郎上申書。

(13) 明治二三年一〇月一八日付三条実美宛土方久元書簡（前掲「三条家文書」資料番号39‐36）。同書簡に添付されている草案は、前掲『伊藤博文文書　第八六巻　秘書類纂　帝室三』一四三～一六二頁の「皇室会計法」草案と同文である。

(14) 前掲『伊藤博文文書　第八七巻　秘書類纂　帝室四』九一頁。同規定は、全文が同上九一～九九頁にある。

(15) 同右。

(16) 前掲『明治天皇紀　第七』二四〇頁。

(17) 前掲『伊藤博文文書　第八七巻　秘書類纂　帝室四』九二頁。

(18) 同右、九三頁。

(19) 前掲島善高「明治二十四年の皇室会計法について」一六頁、前掲川田敬一『近代日本の国家形成と皇室財産』一五九～一六〇頁。
（20）経費定額取調委員上呈案の所収状況については、註13を参照。
（21）明治二三年の皇室経済会議決草案＝二四年皇室会計法について、筆者が確認した限りの所収情報を記しておく。まず、前掲『伊藤博文文書　第八六巻　秘書類纂　帝室三』一一三〜一四二頁に影印が収録されている。また、前掲「経済会議録　明治24年」、前掲「皇室財政沿革記」第三巻にも収録がある。前掲島善高「明治二十四年の皇室会計法について」一八〜二五頁には、「皇室財政沿革記」所収の同法翻刻がある。
（22）前掲川田敬一『近代日本の国家形成と皇室財産』一六一頁。
（23）同右、一六三頁。
（24）同右、一六四頁。
（25）明治（二三）年一一月二三日付品川弥二郎宛佐々木陽太郎書簡（『品川文書』四、二八〜三二頁）。
（26）同右。
（27）同右。
（28）前掲「皇室財政沿革記」第八巻。
（29）同右。
（30）『帝林』九五二頁。
（31）「御資部ヨリ御料部へ移入金額改定ノ儀達ノ件」（宮内庁書陵部宮内公文書館所蔵「御資会計録　明治23年」識別番号２３９２０）。
（32）同様のことは小林延人氏も明治二三年度について言及している（前掲小林延人「宮内省御料局財政と佐渡鉱山」八頁）。
（33）前掲明治（二三）年二月一九日付杉孫七郎宛品川弥二郎書簡。
（34）同右。
（35）『帝林』九五五頁。
（36）「御料産部へ繰替貸ノ件」（前掲「御資会計録　明治23年」）。
（37）前掲「皇室財政沿革記」第八巻。
（38）前掲小林延人「宮内省御料局財政と佐渡鉱山」。
（39）前掲明治（二三）年一一月二三日付品川弥二郎宛佐々木陽太郎書簡、明治（二三）年一二月一日付品川弥二郎宛佐々木陽太郎書簡（『品川文書』四、三一〜三三頁）。
（40）前掲明治（二三）年一一月二三日付品川弥二郎宛佐々木陽太郎書簡。

（41）　星原大輔氏は、御料局の設立・制度設計において長州藩の「撫育方」が参考にされたが、それは長州藩撫育方の「衆庶ヲ撫育スル」という目的が明治政府の考える皇室の役割と合致していたことによると論じた（前掲星原大輔「御料局と長州藩撫育方」）。しかし、星原氏が御料局に援用されたとする「衆庶ヲ撫育スル」という撫育方の目的に関しては、星原氏も使用した肥田濱五郎の意見書「御財産ノ儀ニ付上請書」（明治二〇年九月付、宮内大臣伊藤博文宛〈『山田文書』五、三〇九～三一七頁。宮内庁書陵部宮内公文書館所蔵「御料局長官肥田浜五郎建言書写　明治20年」〈識別番号61738〉所収のものは、『山田文書』五所収のうち「毛利家撫育方組織ニ付藩主直書付写」を除いたもの〉）中には全く明記されていない。この問題を考えるには、右「御財産ノ儀ニ付上請書」の中で長州藩撫育方のどのような点を御料局に援用しようとしていたかを厳密に考える必要がある。

　肥田は、右上請書中でまず撫育方の概略を示し、その上で現在の要用多端という宮内省の問題を述べ、それを解決するために撫育方をどのように活用するかを論じる。その撫育方の組織について述べた部分で、肥田は同書類末尾に添付した史料「毛利家撫育方組織ニ付藩主直書付写」（『山田文書』五、三一三～三一七頁）の内容を選択的に要約している。その選択に、肥田が御料局に撫育方の何を援用しようとしていたかが見て取れる。

　「毛利家撫育方組織ニ付藩主直書付写」は全一一条から成り、そのうち一、二、五、六、七条が所帯方引分の制についての心得を示した部分である。後段九、一〇、一一条は撫育方に携わる人材の登用方法、心得について記している。第三条は現在の藩収入について記し、将来を展望した部分である。残る八条であるが、この部分に星原氏が指摘する社会政策的な役割と思われる部分が記されている。それによると、撫育方は単に「所帯方補」のためでなく、「近年国中ノ窮巷只様民戸モ減シ、其外追損ト号シ物成高ノ減シタル事既ニ萬石ニ及フ、則国中ノ土地ヲ弊ルナリ」という状況を「捨置ヘカラサル」と見て、その問題意識のもとに編み出された財政再建策なのだという（同右、三一五～三一六頁）。「士農ノ衰弱ハ国ノ病因」（同右、三一四頁）という表現も見られ、士農の復興を一つの目的としていたことも示されている。

　しかし、肥田の示した撫育方の概略にはこの目的の部分がすっかり抜けている。まず肥田は①撫育方の成立年・組織形態について述べる。組織形態については「歳入ヲ引分ケ、備蓄ノ制ヲ定メ、撫育方ヲ置キ所帯方ト混セサラシメタリ、其引分ノ収入ハナキモノトシ、別途ニ積立テ之ヲ利用利倍」（同右、三〇九頁）すること、「仮令如何程所帯向困難ナルモ撫育金ニハ手ヲ掛ス、国ノ大事ニアラサレハ出サヽル旨」（同右）を強調する。次に②撫育方の資本として、「土地縄入レ、地押シ及ヒ起返リ等ノ収入」（同右）を財本とし、「所帯方ニテ管掌スル所ノ手置銀」「山銀」（同右、三一〇頁）を受け入れたという。③主管人・機密事項については、藩主と撫育方頭人以外、国家老でも知ることはできなかったことを記し、④出納に関しては藩主が直接に直目付に命じ、臨検させたことを挙げる。⑤利殖方法は金融・開墾・特産物栽培など殖産興業を行うことによることを記している（同右）。ここで特徴的なことは、肥田がこの方法の「歳入引分ケノ制」を何度も強調している点である。

　その上で、現在の宮内省をめぐる問題として支出が増加してきたことを挙げ、貯蓄の必要性を指摘し、「故ニ、前陳撫育方ノ組織ニ準拠シ、……本省定額ノ内可成十分分裂シ其金額ヲ年々内蔵寮ヨリ御料局へ受入ル、事トナシ、又鉄道銀行等ノ株券ヲモ御料局へ受入ル、事ニ定メラレ、財務ト御財産ト混同セサル様判然引分候ハ、最モ可然〔傍点引用者〕」（同右、三一一頁）と主張している。

このように、肥田が問題視していたのは長州藩における「所帯向」にあたる宮内省定額の不足であり、撫育方の中で着目していたのはその「歳入引分ケノ制」であった。つまり、肥田は定額金外に貯蓄、利殖する方法としての撫育方に関心があったのである。少なくともこの部分からは、社会政策的役割を援用しようという意図は読み取れない。肥田は撫育方の「歳入引分ケノ制」を紹介したくだりで、これにより長州藩の財政が「維新前マテ百余年間ヲ経、頗ル巨額ニ達シタル趣キ」（同右、三〇九頁）と強調している。これを見ても、肥田が撫育方の資産蓄積・増殖方法を重視していたことがうかがえる。そして前段落で引用した史料の傍点部分に着目すれば、本補論で問題としている御資部からの移入金は、肥田によって長州藩撫育方の発想から生み出されたことまでがわかるのである。

続く「局務取扱心得書」では、御料局長官の職責、御料地・御料局会計や資産の取扱についての注意事項がまとめられているが、その三つ目の一つ書きで、「御財産備ハルノ日ニ至リ、若シ本省会計不足ヲ告ケ、内蔵寮ニ於テハ大蔵省又ハ他ヨリ借入金ヲナス程ニ至ルトモ、御財産ノ内ニテハ確ク流用スル事ヲ得サルヤウ厳重ノ規則ヲ御定相成度」（同右、三一二頁）とし、五つ目の一つ書きで「此御準備金ハ非常ノ一大事ニアラサレハ支消スヘカラサル」（同右、三一三頁）ことを記している。ここにも「歳入引分ケノ制」が反映されている。

星原氏は御料局が撫育方の「衆庶ヲ撫育スル」（この表現は星原氏が論文註に示した頁には存在しない）という目的を倣ったとする根拠として、木戸孝允が皇室財産を慈善事業目的で使用する必要を主張していたことを挙げているが、これをもって御料地管理当局者らまでもが撫育方の目的の部分を準用しようとしたことの説明にはならない。御料局が撫育方に則って作り上げたのは、御資部すなわち主管部局の名称でいうと内蔵寮から毎年定額を移入することにより、御料局が動産の形で財本を蓄積するという仕組みであり、撫育方の制度でいうと、所帯方から撫育方へ「歳入引分ケ」をして財本を蓄積する「歳入引分ケノ制」であったということである。ここからは御料局が創設当初より社会政策的な役割を担うために撫育方を援用したことは読み取れない。

そもそも、長州藩の撫育方は、窮乏する藩財政を建て直す目的で宝暦一三年に設立されたものであり、「撫育」とは財政再建により結果的に士民の負担を軽減するとの意味があったこと、創設以来、家中や地下への「御恵」のみならず手伝普請を主な役割としており、新田開発や越荷方経営により増殖を図ったり、製蝋・製紙・製油・製鉄などの経営による産業振興、さらには萩城天守の修築や萩満願寺の祈禱料、藩主家族の行楽費などにも使用されていたことが明らかにされている（三坂圭治『萩藩の財政と撫育制度』〈マツノ書店、一九七七年、初版は一九四四年〉第四～七章、穴井綾香「萩藩撫育方の研究」〈瀬戸内海地域史研究会編『瀬戸内海地域史研究　第九輯』文献出版、二〇〇二年〉）。したがって、「撫育」の名称を現代におけるイメージで捉えて「民」への社会政策的な意味合いがあったとすることは正しくない。むしろ近世史の先行研究も明らかにしているような、「撫育方」の主目的、すなわち通常会計から分離することで逼迫した財政を立て直すための別途会計としての役割こそを御料局は継承したのだと考えるべきである。

(42) 前掲明治二三年一一月二三日付品川弥二郎宛佐々木陽太郎書簡。
(43) 同右。
(44) 同右。
(45) 同右。
(46) 前掲明治（二三）年一二月一日付品川弥二郎宛佐々木陽太郎書簡。
(47) 同右。
(48) 前掲明治（二三）年一一月二三日付品川弥二郎宛佐々木陽太郎書簡。
(49) 前掲『伊藤博文文書　第八六巻　秘書類纂　帝室三』一二八～一二九頁。
(50) 同右、一二一～一二二頁。
(51) 同右、一一七頁。
(52) 同右、一二四頁。
(53) 同右、一二二～一二三頁。
(54) 同右、一二五頁。ただし、その返戻は次年度に渉ることはできず、用途の性質によっては年期を定めて返戻することはできた。
(55) 「改良意見」（「各部局会計実況審査申報書」〈前掲「会計雑録　明治22～39年」〉）。
(56) 「皇室会計経済ノ事」（伊藤博文編『秘書類纂　雑纂二』原書房、一九七〇年）一八〇～一八一頁。

第四章　静岡支庁管下御料林「処分」をめぐる諸問題——御料林と製糸業奨励政策

はじめに

本章では、府県所在の御料林の処分計画を検討する。特に、本州中部に位置する静岡支庁管下の御料林を主たる対象とする。静岡支庁（図二序参照）は、明治二二（一八八九）年八月三一日付で設置された御料局の地方管理部局であり、静岡・神奈川・長野・山梨各県下所在の御料地を管理していた[1]。

本章で扱う事例は、実際に「処分」された御料地に関するものではなく、「処分」計画があったことを示すものに過ぎない。そして、それを論じるために、数多くの日常的な御料林管理のシーンを抽出して説明することになる。しかし、これまでの研究では知られてこなかった最初の大規模かつ計画的な不要存御料地処分以前に企図されていた御料地「処分」計画の存在を示すものであり、第三章で検討した御料鉱山払下げと同様の問題構造を有しており、宮中・府中関係を考える上で格好の事例でもある。

まず第一節で、管内各府県において御料林がいかに編入されたかを確認する。その上で、第二節以降では、静岡支庁管下の御料林をめぐって御料局内で起きていた問題を検討し、御料林処分計画につながる過程を詳述し、本書全体の問題関心に沿って考察を加えることとする。

第一節　府県官林の編入

まず、本節では皇室財産として山林が編入される過程を分析する。実際の山林編入過程の概要は、『帝林』により明らかにされている。後の研究も、全てこの記述に則って説明がなされている。しかし、『帝林』の説明には不十分な点も多い。それは、御料地として実際に選定された具体的な山林は、何を基準に、どのようにして選定されたのかという点である。先行研究は、皇室財産として御料地が必要とされた背景の一つとして「設定論」を挙げたにすぎず、それが具体的なそれぞれの山林の編入に結実した経緯については、ほとんど明らかにしていない。

本節では、この点を明らかにするために、井上馨が主導した官林官有地取調委員会の活動に焦点を当てる。これまで天皇・皇室を考える研究の中で御料地が扱われる場合、政治史においては御厨貴氏の業績によって夙に知られていた官林官有地取調委員会[2]との関係にはほとんど関心を払ってこなかった。一方御厨氏は、同委員会の政治史上の意義を明らかにはしているが、そこで示された政局が御料地編入にどのように影響を及ぼしたかという視点では語らなかった。ここでは、御厨氏が明らかにした同委員会の活動を、御料林の設置という観点から位置づけ直すこととする。

明治一八年一二月、来るべき御料地編入に向けて、宮内省内に御料局が置かれた。設置当初、既に五〇余カ所二万二〇〇〇余町歩の御料地があった。これらはほとんどが御料牧場や原野であったが、これらを管理するために、一九年三月に岩瀬・新冠・高堀の三出張所が置かれ、畜産・農耕が行われた[3]。

二〇年一〇月からは、御料局は農商務省山林局と協力して、官林中御料地に編入すべき部分の調査に取り掛かった[4]。二一年一月一三日には、宮内省内で編入箇所・反別が決定し[5]、五月四日には土方久元宮内大臣から山縣有朋内務大臣・榎本武揚農商務大臣宛に、京都府ほか一三府県の官林約二二七万四〇〇〇町歩の編入を照会する案が宮内省内で承認された[6]。これは、各府県官林の約三分の一にあたる面積であった[7]。「支障ナキ」と判断した山縣内相・榎本農相は、二五日に黒田首相に対し官林の編入を請議し、二八日閣議に諮られた[8]。内閣の意思決定に時間がかかったためか、六月一一日に土方宮相から再度照会がなされるも[9]、一三日に至り首相命で「農商務大臣調査提出アル」まで「指留ノ〽」とされた[10]。この指示を受けて、土方宮相は青森・秋田両県下の官林を除き、反別を約九〇万町歩に減らしたうえで、七月二〇日に黒田首相宛に照会した[11]。この照会に対し、二五日に閣議が開かれた[12]。

このように、既にある程度御料地編入のための調査・交渉が進んでいたところに、七月二五日に井上馨が黒田内閣に入閣、農商務大臣となり、御料地編入は新たな展開を迎えることとなる。井上は、兼ねてからの「官有林野払下構想」を実現するために、宮内省側の進めていた御料地編入と併せて検討することを求めた[13]。

この時期、来るべき議会の開設に向けて、藩閥政府の指導者たちは、各人各様の対策を練っていた。井上馨はその中で、伊藤博文の手になる憲法と、山縣有朋の地方自治制とを有機的に媒介させる方策を考えていた。すなわち、山縣の構想に欠けていた地方自治を裏付ける経済的手段を町村に提供し、それによって中等以上の地方人民を団結させ、町村から府県をへて国会にいたるという政治動員のパイプを作り上げることによって、伊藤の構想していた憲法体制の支柱としようとするものであった。その最も核となる、地方自治を裏付ける町村への経済的基礎提供の手段として井上が考案したのが、「官有林野払下」構想であった[14]。

官林約九〇万町歩の御料林編入が議題となった例の閣議は、まさに井上が入閣した日になされたものであった。この閣議において、井上が農相として示した意見がある。井上は、「本議成案ノ通ニテ可然[15]」としつつも、「民間ノ実況ヲ察スルニ、官林民林ノ区別ヲ厳制セシ以来、官林ノ民地ニ近接セシ〽僅ニ軒下ニ迫ル〽往々不少ハ事実ニ照ラシテ明ナリ[16]」として、「本按ノ如ク実施セラル、ニモ、民地近接ノ官林ハ細民ノ衣食ニ関スル程ノモノナレハ、此際特ニ人民へ下付スルカ、又ハ其貸与ヲ許可シ、更ニ其区域ヲ判然ナラシメ、将来ノ憂ナカラシムル〽緊要トス。否サレハ、帝室ハ細民ト利ヲ争フカ如キ嫌ナキニ非ラス。却テ帝室ノ尊厳ヲ損フ〽ナシトセス[17]」との考えを示した。このように、井上はもとより官林を町村に下付することを前提として議論していたことがわかる。そして、「帝室ニ編入セラルモ、将来法律判然ナル時ニ至リ、人民ノ所有権ト使用権トノ紛争ナキ様宜ク此区域ト権理ヲ予メ判然ナラシムルヲ要ス[18]」と主張した。このように、御料林編入を主目的とする宮内省と「人民」への下付を前提とする井上との間に微妙な思惑の差異はあったものの、御料林の編入自体は大筋で閣議の合意をみ、九月一八日に正式に認められた(12)。

さて、右の井上の提言を受けて、内務・農商務両省で協議がなされた結果、一〇月一九日には官林官有地取調委員会が設置される(19)。委員長は農商務大臣井上馨、委員は、宮内省から御料局長官肥田濱五郎・主事補の山本清十が、内務省から内務大臣秘書官の小松原英太郎・書記官大森鍾一が、農商務省から山林局長田辺輝実・東京農林学校教授中村弥六が選ばれた(20)。また、後にも一〇月二三日付で東京農林学校教授高橋琢也、一二月一三日付で内務省地理局長の櫻井勉がそれぞれ追加されている(21)。

井上馨は、そこでの調査方針について次のように考えていた。

一、山林局営轄官林之中、左の各項に属するものを除くの外、総て之を最寄町村に下附して共有財産の基本となさしむる事。

一、官林之中、其尤も良き場所凡そ八拾万町歩を限り、帝室財産となす事。

但し官林調査の際、民家簾下までも官林となしたる処の如きは、之を帝室財産となす場合に於ても、仍ほ其幾分を割て最寄町村に下附すること(22)。

井上が官林官有地調査事業を、独自の地方自治論を実現するための町村共有財産下付のためのものと位置付けていたことは、ここからも明らかである。したがって、宮内省の欲するままに御料地設定を認めてしまうわけにはいかなかった。井上の想定していた御料地反別が、「凡そ八拾万町歩」と、当時宮内省が求めていた反別を下回っていたのも、井上の構想が宮内省側の動きと別個に練り上げられていたことの表れであろう。

それでは、そこで決まった御料林の骨格とはいかなるものであったか。本章で御料林経営の目的を論じる前提条件として、まず確認しておきたい。

官林官有地取調委員における御料地選定方針をめぐっては、二つの立場の対立があった。一つは、「大ニ原野ヲ開墾シ農業ヲ経理ノ主体トナシ林業ヲ従トスルノ意見(23)」であり、これは肥田濱五郎の主張であった。もう一つは、「林業ヲ主体トナシ既墾ノ耕地及牧場ノ外一切農業ヲ廃棄スルノ意見(24)」であり、中村弥六が主張していた。

結果的には、中村の意見は容れられず、当面肥田の主張した方針で御料地選定を進めることとなった。宮内庁書陵部宮内公文書館所蔵「御財産設定に関する建議書　明治17~大正14年」に収録されている、塩澤健「帝室財産制定ノ嚆矢　林学博士中村弥六先生意見書　緒言」には次のような附箋が付されている。そこには、「本書謄本成ル、先ツ其ノ一本ヲ中村先生ニ贈ル。来書ニ曰ク、御料地トシテ耕地ノ不適当ナルハ、書中詳述スル如シ。之ニ関シテ肥田局長ニ幾度カ論議候モ卑見容ル、所トナラス云々」[25]とある。御料局長官の肥田と中村の議論は平行線を辿っていたことがわかる。

中村は、明治一七年七月に建議した「帝室御有ノ財産ヲ今日ニ制定ス可キノ意見書」の中でも御料地としては山林が最もふさわしいと述べており[26]、その立場はこの時まで一貫していた。中村は、田畑は耕作者と管理者との間で紛争の種となりやすいのに対して山林はそのようなおそれがないこと、山林は田畑に比べて天候に左右されにくいことに加えて、山林は「森林ハ河川ノ源ト為リ雲雨ノ本ト為リ土地ヲ潤シ豊穣ヲ助クルヿ挙ゲテ言フ可カラス」[27]という理由から皇室の威徳を増すという理由を掲げて、田畑よりも山林の方が御料地に相応しいと主張した。

これに対し肥田は、明治二〇年には官有地の第一・二・四種、及び道路、堤防、溝渠、池沢、湖沼、河海、官設鉄道用地などの公共の土地以外の官有地のうち、一〇〇町歩以上のものは選別のうえ御料地にすべきだと主張していた[28]が、その優先順位については明示していなかった。官林官有地取調委員での議論の中で、肥田の考える御料地としての優先順位が初めて明らかになったわけだが、その根拠について、後に御料局に林業技術官僚として入局する塩澤健は次のように記している。

これ森林の収益増進は之を多年の後に期せさるへからす、先つ原野を開拓して農地となさば、期年ならすして早く収益を獲へく是に由りて帝室の御経済上彼の増収を多年の後ニ期すへき森林の御有を補はむとの目的なりしといふ。此事は御料局初代の長官肥田濱五郎氏の意見たりし由、前同局技師竹内泰臣氏より聞く所なり[29]

このように、肥田は可耕地たる原野を優先的に経営することは、創業当初の林業に予想される収入不足を補うことが目的だと考えていたようである。原野の開墾も収益を上げるまでには時間がかかるが、林業の比ではない。中村も

「帝室御有ノ財産ヲ今日ニ制定ス可キノ意見書」の中で山林も大面積で経営すれば高い収益が見込めるとしていたからおそらく委員会でも同様の主張をしたと思われるが、衆議は肥田を支持した。

その結果、明治二二年から二三年にかけて、千葉・茨城・群馬・栃木・福島・宮城・岩手・青森・秋田の東北・関東諸県下の官有原野が編入され、随時貸下げ・開墾が進められることとなる。以上の経緯からは、御料地の編入に際しては創業当初にも安定的に収益が見込める原野が最優先されたことがわかる。

肥田の意見は御料局官僚らの輿望を担ったものでもあったと推察される。というのも、この時期は地価の騰貴による華族や政商・在官者らによる土地（特に可耕地）取得ブームが起きつつあり[30]、収益性の高い土地は希望者も殺到し、希望通りの御料地が入手できなくなるおそれがあったためである[31]。華族や在官者らによる原野などの土地集積の動きは宮内省官僚らを刺激し、却って御料地設定を急がせていた。長野県に対しては、御料地に編入する目的で、明治二一年四月一七日に県内一〇〇町歩以上の官有地調査が依頼された[32]。このとき、長野県宛の照会書の添付書類として、御料局長官の代理をしていた山本清十御料局主事が御料局属の大木真備、岡田俊之介にあてて記した書簡には以下のように記された。

官有地百町歩以上之一件至急御編入相成可然旨、書記官之一人極内々申聞候。右ハ追々東京之官吏ナリ重立候者より私家財産ニ備ヘン為注文有之趣御座候。当国ハ鉄道モ既ニ施設、其他之道路モ上田ヨリ松本迄凡三十万円ノ経費ヲ以テ開通之事〇県会ニ於テ議決シタル旨ニ有之。左スレハ四達八通之国ト相成、今日ハ不毛原野沢山ナルモ、見ル内ニ相開可申ト見込候ニ付、可成御料地ニ御編入ノ方可然ト存候[33]

これは御料局内で交わされた内部資料であり、長野県に通知する類のものではない。それだけに、御料局官僚らが建前抜きで官有地の編入についていかなる意図をもって臨んでいたかを知る重要な史料であると考える。長野県における一〇〇町歩以上の官有地に限ってみた結果ではあるが、その御料地編入は交通の便が開けた時の官吏や「重立候者」、すなわち政府の有力者らの原野取得熱の高まりへの予想がトリガーとなっていた。しかもその地価は、今後の交通整備によってより一層高騰すると考えられた。このように、御料地官僚たちには原野をいち早く編入しなければならな

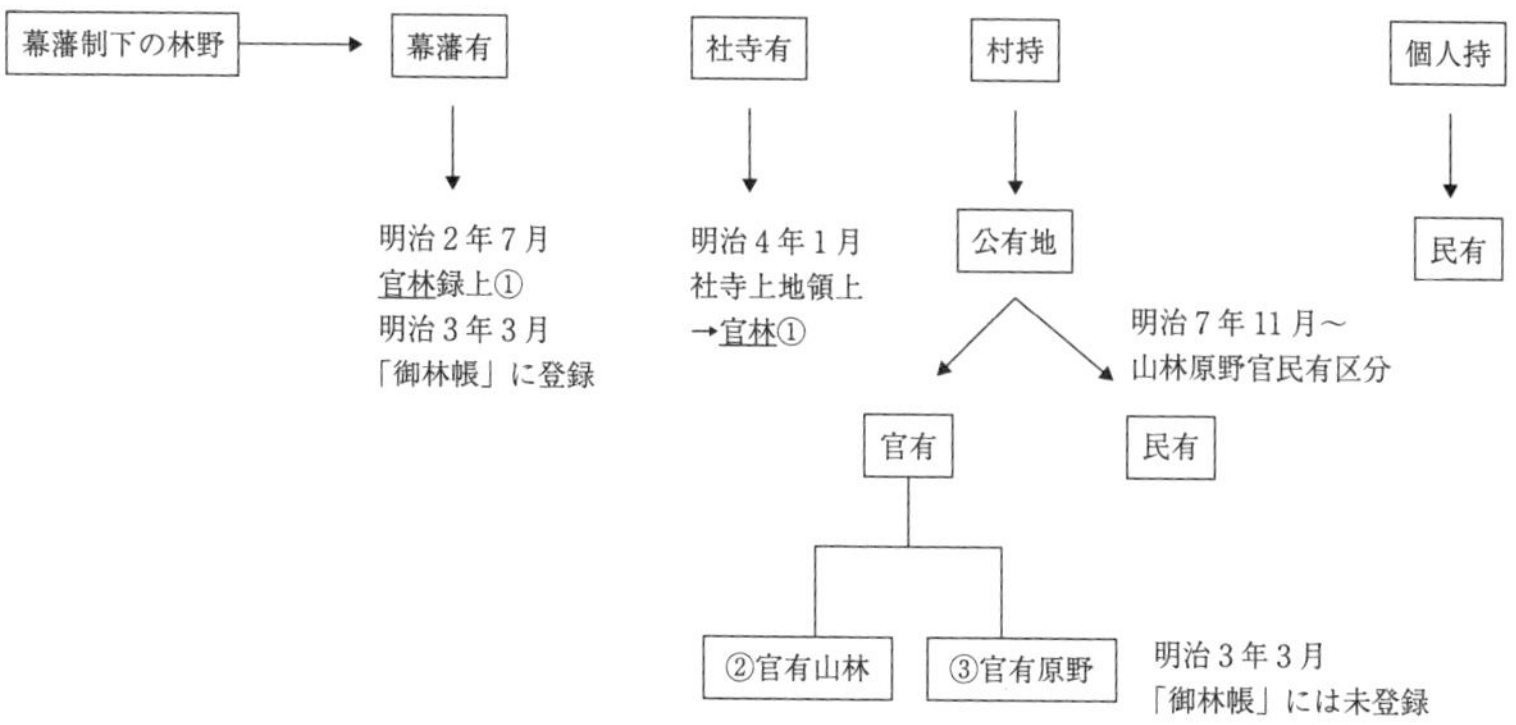

図 4-1：官林と官有山林原野

※国家的林野所有形態＝①官林＋②官有山林＋③官有原野
（立木度の違い）
→「官林・官有山林原野」、「官林・官有林野」とまとめ称される。

※萩野敏雄『官林・官有林野の研究―その国有林前史と30年―』（日本林業調査会、2008年）33頁、西尾隆『日本森林行政史の研究―環境保全の源流―』（東京大学出版会、1988年）32〜33頁より作成。

い切実な理由があった。

しかし、中村の意見も全く容れられなかったわけではなかった。肥田も当面は開墾による収益を優先していたものの、ゆくゆくは林業経営により収益を上げることも視野に入れていたことから、官林・官有林の編入も同時に行われた。その際、編入する区域は、大体にして木曽川、天竜川、富士川、相模川の流域とされたが(34)、これは中村の「木曽の美林と富士の名山とを中心」(35)にするという意見が反映したものとみることができる。これら四川流域を選定したことには、木材運搬の便という理由もあるだろうが、特に「木曽の美林」と「富士の名山」を強調しているところからは、最も良質な山林を編入することで将来的な収益の増加を期待したものと思われる。

このように、官林官有地取調委員会における議論の中で、中村と肥田の意見がそれぞれ部分的に採用される形で御料林・原野は選定された。それらはいずれも収益性を第一の評価基準として選定されたものであった。

これを受けて、明治二二年に入ると続々と実際の官林・官有山林原野(36)の授受が行われる。五月一三日には長野県西筑摩郡、同一六日には岐阜県恵那郡、八月三〇日には既に決定されていた全国官林約九〇万町歩のうち、東京府・京都府・大阪府・兵庫県・奈良県・埼玉県・熊本県・宮崎県（諸県三郡）・秋田県の官林を控除し、新たに愛知県・山梨県・岐阜県・長野県上下伊那・諏訪郡の官林と、御料地編入箇所を含む府県所在の風致・禁伐林・官有山林原野を追加した約八二万町歩の授受が行われた(37)。

ところで井上は、明治二二年二月に農商務省に復帰した前田正名や省内の前田派と合わず、省内をまとめることができなくなっていたことや(38)、黒田内閣に大同団結派のリーダーであった後藤象二郎を入閣させることに反発して六月頃から全てのリーダーシップを放棄したことにより、官林官有地取調委員は結局事実上自然消滅し、機能を停止したと考えられている(39)。そしてこれとほぼ同時に、大蔵省から「官有財産法」、「官有財産管理規則」が出され、官林・官有山林管理が大蔵省のものに帰するかに見えた。しかし、両法案は高橋琢也らの奔走により枢密院から引き下げられ、結局官林・官有山林は元の通り農商務省の管理下に委ねられることとなった。以上の経緯から明らかなように、実際に同委員会で具体的に実現したのは御料林の選定のみだったのである。

井上構想に基づく官林官有地取調委員会は、その目的があまりにも党派色の強いものであったこともあり、肝心の井上自身の構想を実現するものとはならなかったが、それ以前からある程度選定・交渉の進んでいた御料林に関しては、却って同委員会設置を奇貨として政策的により前進させる結果となった。

さて、この他には、二二年四月一日に佐渡・生野両鉱山が御料地として編入され(40)、二三年七月には北海道所在の官林約二〇〇万町歩の授受が完了し(41)、ここに山林・原野（のちに農地）・鉱山を大きな三つの支柱とする明治二〇年代の御料地の体制が整った(42)。その他、細々した編入はその都度行われるが、創業期御料地の大枠が固まったという意味で重要な編入は、以上述べてきた通りである。

しかし、御料林は編入とほとんど同時にその「処分」が検討されていた。宮内大臣の土方久元は、明治二三年五月一七日に松方正義蔵相、及び宮中顧問官の伊藤博文にあてて「御料林処分案」と題した書類を送っていた(43)。これが両者に送られたのは、両者が皇室経済協議員であったためであろう。その中で土方は、「経済上ニ、管理上ニ、将又、臣民御愛撫ノ点ニ就テモ、永ク皇室ノ御財産トシテ、御保存可相成モノニ無之様、被存候ニ付、貸付譲渡、又ハ、払下等、適当処分ノ方案、御定相成候様致度(44)」御料地として以下を挙げていた。

第一、用材林及薪炭林ノ内元二等官林元三等官林元員外官林及元官有山林ニシテ面積狭小又ハ地味磽确加フルニ其位置ハ他ノ御料地ト隔絶シテ合同ノ経理ヲ為ス能ハサルモノ或ハ其位置ハ隔絶セスト雖𪜈経理上困難ナルモノ……

第二、禁伐林ノ内神社仏閣ノ土地ニシテ面積狭小ニシテ風致等ニ関係ナキモノ……

第三、禁伐林ノ内水源涵養土砂扞止風潮除頽雪止等ノ名アリテ実ナク且面積狭小ナルモノ……〔以下略〕[43]

これらは、後に「不要存御料地」[45]として計画的処分の対象となる御料林の条件と見事に重なっている。明治二五年一一月二四日付で御料局長から名古屋・静岡両支庁、度会事務所へ達せられた「御料地実況調査心得」によると、第二条「永久存置」すべき御料地として「一、森林経済ニ基ツキ一所又ハ数所ノ林野ニ於テ施業区ヲ設ケ永久保続ノ林業ヲ施行スルニ足ルヘキモノ」「二、国土保安水源涵養防風防砂風致魚付目標等ノ如キ保存林トナルヘキモノ」「五、面積狭小ニシテ各所ニ点在シ又ハ民有地ト境界交互錯雑スルモ所産ノ物品ニ就キ著シキ利益ヲ収メ又ハ特殊ノ需用アリテ保護ヲ加フヘキモノ」[46]が挙げられている。これを裏返すと、二三年に土方が「処分」の対象としていた御料地の条件と同一であることに気づくだろう。二三年までの間に編入した御料林はいずれも収益性の観点から選定されたものであったが、宮内省はその後の十分な実測による正確な見通しが立つであろうことを前提として、さらなる収益性追求のためにすぐさま「処分」を画したのである。

しかし、右のように二五年に再度同様の条件で調査項目が下されていることからもわかるが、二三年の時点では土方の御料林「処分」構想は実現しなかった。ただし、体系的な御料地処分の準備が進められる一方で、個別の御料林の「処分」が各所で計画されていた。これをめぐって御料局内に対立が顕在化することとなるのだが、次節以降でその経緯について順を追ってみていきたい。

第二節　開明社立木特売一件

1　長野県上伊那郡横川山御料林と製糸業、開明社

御料林が編入された当時、すなわち明治二〇年代初頭の日本では最初の「産業革命」と称される産業・経済・社会の大きな変化が生じていた(47)。特に、その変化は製糸業において目覚ましかった。在来の技術を応用した座繰製糸の登場により既に生産過程の革新は起こりつつあったが、製品の斉一性・労働の効率性の面で飛躍的な進歩をもたらしたのが、器械製糸であった。特に長野県は、諏訪郡を中心として器械製糸業の最先進地域であり、その中で最も進んだ生産地が諏訪郡平野村であった(48)。

しかし製糸業の隆盛に伴い、深刻な問題も生じていた。その一つは、燃料不足であった。器械製糸初期には燃料は主に薪炭であったが、薪炭需要の激増と簡便な運搬法の採用につれ、平野村近傍の山林の薪炭伐採は激増し、「さしもに鬱蒼としてゐた同山［平野村近傍の澤山］の森林も忽ち伐り尽されて、二十年頃には殆んど余す所のない程になってしまつた(49)」というほど木材不足を来すようになった(50)。

この燃料難に対してとられた道は三つあった。一つは遠方に薪を求める道であり、二つ目は新しい燃料として石炭を使用する道である(51)。しかし交通の便や価格等様々な条件を勘案すれば、明治二〇年代段階では両者は依然主流とはならなかった(52)。そこで三つ目に考案されたのが、従来手つかずだった官林や御料林内の立木の払下げを請う道であった。

第三の途をとった諏訪製糸業者の一つに開明社があった。開明社は明治一二年頃設立された生糸の共同荷造・共同出荷販売・共同揚返し等を目的とする結社である(53)。

長野県の共同荷造・共同出荷販売結社は、個人経営の信用力不足解消、荷口の大量化のために明治一〇年代から広く見られた企業形態で、後には製品の品質斉一化のための共同揚返し機能も備えるようになる(54)。開明社は、製糸業の

表4-1：長野県諏訪郡平野村製糸場の比較

	明治24年7月			資本金（円）	明治24年12月			明治25年10月		
	職工数		釜数		職工数	蒸気機関数	水車数	職工数		釜数
	雇人	女工						男工	女工	
開明社	289	1500	1316	500,000	1700	27	7	300	1850	1560
改良社	72	662	669	55,000	790	17	15	105	840	798
平野社	30	360	399	100,000	399	8	4	70	616	601
金山社	15	123	149	12,500	175	8	6	35	250	186
矢島社	15	220	220	14,000	188	4	3	16	200	191
龍上館	157	700	744	50,000	890	15	2	110	930	833
明進社	31	245	428	42,000	438	9	10	36	462	470
信英社	67	364	407	32,960	450	21	10	85	502	502
西白鶴社	25	190	118	60,000	302	8	8	15	175	175

註：明治24年7月のデータは明治24年7月平野村調「製糸業取調表」、資本金及び明治24年12月のデータは明治24年12月31日長野県諏訪郡平野村調「工業諸会社及諸製造所」、明治25年10月のデータは明治25年10月末平野村調「生糸ニ関スル調査」（いずれも、岡谷蚕糸博物館所蔵「製糸関係書類六　自明治八年　至明治四十年」〈平野村役場、5-111〉による）。

最先進地域と言われる平野村の中でも資本金や職工数・釜数といった結社全体の規模、加盟各工場の規模のいずれにおいても抜きんでた最大規模の結社であった（表4－1）(55)。

二四年頃、開明社の三社長(56)は上伊那郡横川山御料林の豊富な薪材に着目し、同地の実地調査を行った。横川山（図4－2参照）は平野村西方に位置する山地である(57)。二五年一二月一五日、開明社は御料局に対し正式に製糸用薪材として同御料林の立木二〇万本、薪にして一〇万棚、一〇か年期で毎年一万棚ずつの年期特売を請願した(58)。

開明社は、請願書の中でまず「本郡ハ山間ノ一小地ニシテ耕田狭小ナルカ故ニ農業ノミヲ以テ自営スル能ハズ、両村ノ如キハ最モ其甚シキモノトス。故ニ商工業ヲ以テ生活ヲ為スモノ他村ニ比シ頗ル多シ(59)」と諏訪郡において製糸業者が多数存在するようになった背景を述べる。次いで、開国以来の製糸業の発展が燃料需要を急増させ、「目今郡中山林ノ実況ヲ顧レハ、既往弐拾余年間需用ノ一点ニ促サレ、四方ノ山林凡骨ヲ顕(60)」すというような深刻な燃料不足を招いたという。先に述べたような状況が陳述されている。そこで開明社は、「目下ノ急務ヲ補助シ、本業ヲ継続シ、本郡製糸ノ声価ヲ海外ニ博シ、一ハ以テ

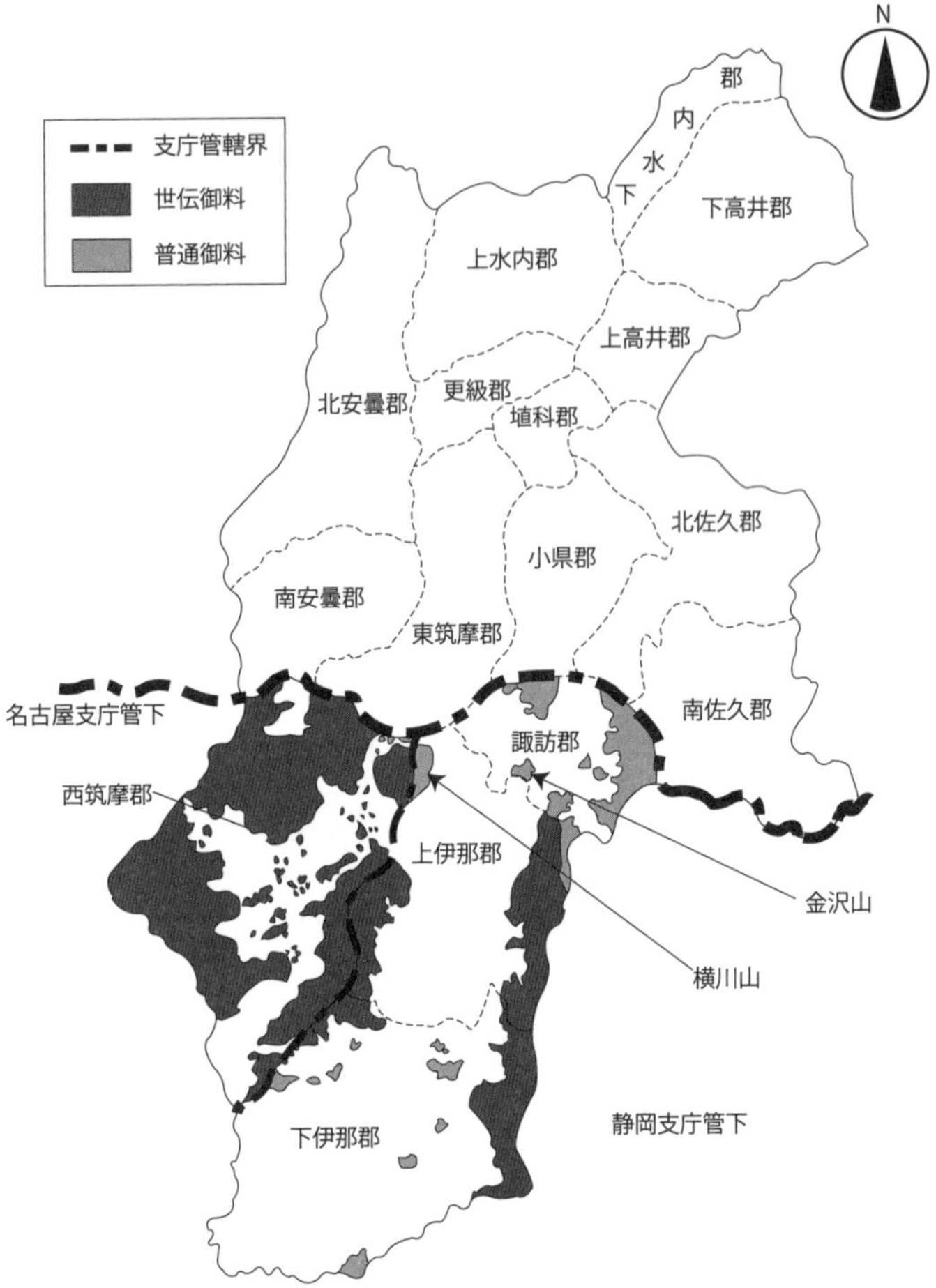

図4-2：長野県下御料地略図

註：①高木宏治編、清水靖夫・有山輝雄監修『新聞『日本』附録 明治中期分県地図─付・中国／朝鮮／露西亜─』（ゆまに書房、2009年）所載の40万分の１地図（明治34年２月21日調製）をベースとして、②宮内庁書陵部宮内公文書館所蔵「御料地図（静岡・名古屋両支庁各出張所・度会事務所管内御料地図）」（識別番号61767）、③同所蔵「御料局 御料地図 名古屋支庁・静岡支庁・度会事務所管内御料地位置図」（識別番号61784）により御料地境域を描き入れた。郡名は、明治12年郡区町村編制法施行から昭和17年地方事務所設置までの期間のものである（長野県編『長野県史 近代史料編 第二巻（二）政治・行政 郡制』長野県史刊行会、1982年）。②・③図の作成年代については、「名古屋支庁」の設置が明治25年であり、36年には信濃国一円を管轄する木曾支庁が置かれるため、明治25年から36年までのものと考えられる。明治36年までに第一回不要存御料地処分が実施されるが、本章で検討する御料地の異動はない。

国家ニ報ント欲シ」[61]、横川山御料林の年期特売を請願したというのである。

恒常的な財政難に苦しむ明治政府にとって、開国以来日本の主要な輸出産業の地位を守り続けていた製糸業は、外貨獲得の主要な手段として重視された。それゆえ、国家・国益への貢献という文言を自己の価値づけとして陳情・請願書などに用いるのは製糸業者の常套手段であり、それ以上の意味があったとは考えにくい。しかし、この「国益」産業としての製糸業の位置づけをめぐって、御料局内部で大きく方針が分かれることになることを思えば、看過すべからざる一節であった。

2 御料局の対応

開明社による特売申請は、御料局にとっては願ってもない好機であるはずだった。なぜなら、編入当初の御料林では林業らしい林業は未だ行えず、地元住民や府県郡村などの請願を待って都度行う立木特売が主な収入源であったからである。『帝室林野局五十年史』によれば、編入当初の御料林における林産物の利用は、「主として政府所管時代の方法を踏襲せざるを得なかつた」[62]という。「政府所管時代の方法」とは、主に地元住民に対する自家用燃材や建築材、府県郡村などへの公共用材の特売など、請願があればその都度応じて行うようなものであり、その収入は僅少で、毎年の収入額も予期することは難しかった[63]。

表4-2は、御料局の「事業録」[64]から判明する明治二三、二四年度に静岡支庁で行われていた事業を表にしたものである。データは月により残存状況にばらつきがあるが、おおよその傾向は摑めるだろう。この表をみると、地所貸下げを除いて御料林における林産物の売却は、ほとんど雑産物・損木などの払下げであり、官行伐木が行われていないことを裏付ける[65]。

このような状況であったのは、当時の木材価格がきわめて低廉であったことに加え、交通網も十分整備されていなかったためである[66]。そのような中で、御料林において実質的に最も多額の収益が見込める事業が、企業などへの大口の年期特売であった[67]。

表 4-2：御料局静岡支庁における明治23・24年度処分済事業件数

		明治23年				明治24年							
事業		5月	8月	9月	11月	2月	3月	5月	6月	8月	9月	10月	11月
地所貸下げ		42	83	100	566	75	106	109	85	81	66	135	142
主産物年期払下げ		0	1(※1)	1(※1)	0	0	5(※2)	0	0	0	0	0	1(※2)
雑産物払下げ	雑産物年期払下げ	37	171	155	59	35	107	277	209	114	66	133	110
	雑産物払下げ	48	26	223	22	18	47	77	20	18	18	34	27
立木竹払下げ		5	36	37	135	100	375	103	34	30	104	57	74
損木払下げ		63	180	417	285	81	168	76	105	29	87	74	209
枝条末木根株払下げ		7	8	14	33	29	42	13	6	1	2	7	10
盗・誤・檀伐木・竹・末木・造材・雑産物払下げ		8	11	5	33	3	25	18	23	6	19	23	23
造材払下げ		0	6	5	0	0	2	0	0	0	0	0	0
薪材無代下付		0	0	0	0	0	9	0	0	0	0	0	0
立木官収		0	0	0	0	0	0	0	3	2	0	0	1
計		210	522	957	1,133	341	886	673	485	281	362	463	597

註1：雑産物とは、下草・下柴・秣・石灰石・落ち葉などの木材以外の林産物である。「払下げ」には年期払下げとそれ以外の払い下げの両方を含んでいる。
註2：同一人物による同日付の申請でも、払下げ・貸下げ箇所・反別・樹種等が異なり、分けて表示されているものはそれぞれ別個のものとして扱った。また、取り消しは含めていない。
註3：「御料地貸下其他処分済報告」（宮内庁書陵部宮内公文書館所蔵「御料局事業録　3　明治24年」識別番号5725-3、「同　4　明治24年」識別番号5725-4、「同　5　明治24年」識別番号5725-5）より作成。
※1：薪材　※2：椎茸榾木

しかし、請願を受けた静岡支庁長の桑名茂三郎は、この好機をそのまま摑もうとはしなかった。彼はこの請願に、長野県下の製糸業の将来性を見、御料林の価値はますます高まるものと予想した。そして開明社への特売はいったん措き、この機に製糸業者全体への公売を企図したのである。

明治二六年一月二八日、桑名は岩村御料局長に伺書を提出した。開明社への払下げは、他より出願がない以上「特売」（随意契約）となる。しかし桑名は開明社の払下げ出願を機に、同御料林内立木の公売（一般入札）を計画する。右の伺は、公売計画の可否を予め御料局長に問うためのものであった。既に述べた通り、この時期の御料林において、林産物は主に特売により払い下げられており、公売に付することは本人が認めるように「異例」であった。それゆえ、あえて公売を試みることに十分な説明が必要と考えたのである。

桑名はまず同御料林の林産物の利用状況を説明する。

信濃国上伊那郡川島村横川字大滝沢ニ接続セル字唐沢外十一ヶ所御料林ハ（中略）連峰攅密之間ニ介立シ東西大約三里余南北七里余巨巌大石畳々相聯リ僅ニ獣蹊鳥路之通スルヲ見ルノミ。而シテ樅栂白檜雑木之四種蓊鬱稍々良林タリ。其樹齢ヲ測ルニ已ニ弐百年ニ垂ントスルヲ以テ小官ガ所管ニ属シ候以来百方払下之術ヲ講スルモ如何セン。前陳之如キ地勢ニ有之、其中間ヲ通スル河川之如キハ断崖数十丈之下ニ在リテ宛ラ井底之如ク瑞流敷石ヲ排シテ出ツルヲ以テ流伐ニ便ナラズ。故ヲ以テ従来幾回公売ヲ試ムト雖トモ一ノ望ミ人アルヲ見ズ。是レ斫伐之予算ニ編入セサル所以ナリ(68)

これを見ると、「連峰攅密ノ間ニ介立」する交通の不便性が、従来横川山御料林内の立木の払下げを妨げてきた要因であったことがわかる。桑名はこの後に続き、近年同御料林をめぐる状況が変化してきたことを述べる。

然ルニ頃歳同地方ハ製糸之業日一日ヨリ隆盛ヲ極メ、就中同国諏訪郡平野村ニ設立セル製糸場開明社之如キハ其製糸之釜数実ニ弐千有余ヲ有シ、随テ多数之人員輻輳候ヨリ其一ヶ年要スル処ノ薪材数万棚之多キニ達スルガ為メ近方之民林ハ業々既ニ伐採シ尽クサントス。由是薪材之欠乏ヲ告グル、猶餓莩之倉粟ニ於ケルカ如キ景況ニ有之、即チ此上ハ深山幽谷ナカラモ該山之立木ヲ需要スルニ非サレハ業ヲ継キ難キ旨ヲ以テ開明社ヨリ払下方ヲ出願セリ(69)

これは、先に見てきた長野県下の深刻な燃料不足と、それに対する開明社の対応を指している。そしてこのような状況に対し、御料局として同御料林内立木の売却が適当である理由を説明する。すなわち、①「百方払下ノ術ヲ講」じてきた御料局の「多年之目的ヲ達」すること、②「道路ニシテ払下区域ニ達スルトキハ沿道之前山ハ自ラ樹木ノ価格ヲ増スニ至ル」こと、③「製糸家ガ要スル處ノ薪材供給之路ヲ開ク」ことであった。特に③の点は「経済上宜シキヲ得ルハ勿論、推シテ国益之称首タル事業ヲ補フニ至ルハ必然之義ニ有之」として重視している。

このように、桑名は御料林内立木売却を通じて、「製糸業者の利益→木材需要の増加→御料林の価値向上」、「製糸業者の利益→国益への貢献」という二つの道へ通じる構想を抱いていた。今回の立木払下げは、これまでの御料林事業に一般的であった僅少な自家用燃材や公共物・寺社等への建材供給とは異なり、将来にわたる継続的な需要が期待できる点、そしてそれが製糸業発展による国益増進という価値をもつ点で、特別視されたのである。

しかし、「前顕之如キ地形ニ付払受人ハ新ニ林中ニ道路ヲ設クルニ非ルヨリハ他ニ運材之方法無之、已ニ之ヲ設クルトセハ僅カニ一ヶ年間供給之払下ヲ受クルモ其得失相償フ能ハサル(70)」ため、現在のままでは「到底払受其人ヲ得ル能ハサル(71)」状況である。

そこで、同御料地該当区域を一〇区に分けて一区ごとに予定価格を付し、一〇区分を同時に公売に付せば、「該郡製糸家ハ唯開明社ノミニ止マラズ其他数十社有之互ニ薪之欠乏ニ苦シミ居リ候折柄ニ付競テ入札ヲ為スハ疑ヲ容レズ(72)」という。桑名は、現時点で払下げを出願するものが開明社しかないだけで、製糸業の現状を顧みれば十分に潜在的需要はあり、条件さえ整えばこぞって手を挙げると考えていたことがわかる。少々わかりにくい論理ではあるが、桑名はあくまで一〇か年期での払下げを主張している点では開明社の請願と変わらない。重要な点は、開明社単独への「特売」ではなく、製糸業者全体への「公売」を主張している点である。そのために、「公売」に付するにあたって想定される障害を取り除くべく、一〇区に分けて一挙に公売するという方法を提起したのである。この理由については後述するが、先を見てみよう。

桑名はさらに、後年違約を生じる恐れもあることを考慮し、払下げ代価の一〇分の一を保証金として事前に徴収すること、毎年一区の代価を徴収する度に一区引渡し、その際に一区分の保証金を返すという方法をとることを付け加えた。

実はこの伺は、二五年一二月一五日に静岡支庁諏訪出張所長を務める技手補稲葉六郎が桑名に提出した伺及び参考書類がもとになっていると思われる(73)。

稲葉は伺の中で次のように言う。

然レ𪜈本件ノ如キハ全ク営利的ニアラスシテ斯業ノ原資ヲ永遠安固ナラシムルニ出テ民ニシテハ輸出品ノ増加ヲ望ムベク官ニシテハ無尽蔵戸ヲ開クノ鍵ヲ得ベク一挙両全ノ挙トモ被考候ニ付、充分願意ヲ貫徹セシメ度旁是迄幾例モ無之結局願人等ヘ特ニ御払下難相成義ニ候ヘハ地方工業上ノ起廃ニ関スル製造用蒸気燃料ノ義ナレハ別紙取調書方法十ヶ年間払下ベキ契約ニテ競争入札ヲ以テ払下方施行致度(74)

このように稲葉は、横川山御料林の立木払下げは、「全ク営利的ニアラスシテ」、「斯業」すなわち製糸業の発展に関わる問題であり、官民において利益が大きいとして、これまで先例はないが「競争入札」にて処分を行いたいと訴えた。ここに見られるように、「公売」はもともと稲葉のアイデアだったことがわかる。

さらに稲葉は、「競争入札」を施行する方法を考案して「樹木年期払下方取調書」を提出するとともに、「競争入札」をとることによる官民の利益を調査した「樹木年期払下施行ニ付官民ノ利益取調書」を添付している(75)。稲葉は、「樹木年期払下方取調書」の中で次のように述べる。

払下ノ契約保証金ハ払下代金惣額ノ拾分ノ一ヲ前納セシメヘキ事、但年々伐木代金上納済ノ上、其金額ニ対スル保証金（即チ上納金額十分一）ハ返却シ、最終壱ヶ年分ハ契約解除ノ節返却スベシ(76)

ここからは、桑名のいう払下げ方法もまた稲葉の調査に基づくものであったことがわかる。

また、「樹木年期払下施行ニ付官民ノ利益取調書」では、「官益」として、これまで無価値同様であった横川山御料林の価値を上昇させる効果があること、払下げに伴って道路等を整備することになれば、他所に建設を計画している林道と合わせれば全山を貫通する道路ができることになり、周囲の御料林の利用価値も広げることができること、そして林道の一部敷設費用を払受人に肩代わりしてもらえることを挙げる。「民益」としては、製糸業の発展に伴って予想される燃料不足による木材価格の暴騰を防ぐことができること、道路を敷設すれば木材搬出の費用も低減できることを挙げる。

稲葉はまた、「此払下ハ素ヨリ木材之払下ヲ以テ利益ヲ図ルノ目的ニ無之、唯タ地方製糸業者カ蒸気ノ燃料ノ需用供給ノ不平均予防セン為メノ出願ナレハ、願人ニ特売セラルレハ重畳」(77)とも認めながら、「或ハ十ヶ年期樹木払下ヲ公売ニ為スモ差支ナシ」(78)として「公売」の施行を求めた。

そして、「此払下事業ノ為メ御料地根付細民カ以前ニ十倍スル稼業ノ出来得レハ其幸福少小ナラサル義ト認定セラルレハ独払受事業者ノ利益ノミナラス一挙シテ多ク得益ヲ得ラルヘキ義ト存候」(79)と結んでいる。この稲葉の意見を見れば、それが桑名の採用するところとなり、静岡支庁の総意として本局に伺が出されたことがわかる。

これに対し、御料局主事種田邁は二月四日に桑名に以下のような照会書を送付した。

信濃国上伊那郡川島村横川字大滝沢御料林、本年季公売払下之義ニ付、客月廿八日第六八号ヲ以テ御伺出之處、其払下方拾ヶ年間之材価ヲ一時ニ予定相成ルモノナルニ付、将来物価之変動ニヨリ双方ニ著シキ損得ヲ生スヘキ恐レ有之、且ツ拾ヶ年分之保証金ヲ前以テ取立置候時ハ違約ヲ防ク之利ハ可有之モ、金利之損失ヨリ自ラ材価ヲ低廉ニ見込ムノ憂有之候様被存候条、寧ロ製糸家全体ヘ拾ヶ年間予約特売ヲ為シ、毎年時価ニ応シ材価ヲ定ムル事ト為ス方可然哉ト被考候得共、到底公売ニ付スル方得策タル事情モ有之候哉、詳細承知致度、此段及御照会候也(80)

種田は予定価格を設けて一〇区を一挙に公売すれば、将来物価の変動により御料局・払受け人ともに著しい損得が生じうること、一〇ヶ年分の保証金を前もって徴収する云々の方法は金利の損失を考えて自然と材価を低廉に見込む恐れがあることを理由とし、公売は不適であると考え、製糸業者「全体」への特売をすべきだと考えていた。その上で、なお公売を主張する理由を桑名に問い質している。

この御料局と静岡支庁との往復文書をみると、双方ともに御料局と払い受け人の利益が最大になる方策を模索している点で共通しているが、その方策をめぐって認識の相違があることがわかる。桑名は、将来にわたる需要の拡大を予測の上、公益的な観点から公売に踏み切ろうとしたのに対し、種田はこれまでの御料林経営の経験に則り、現時点での御料林経営状況に許される安全確実な売却方法をとるべきだと考えていた。御料林管理の当局者としてどちらが相応しいかの判断はここでは措くが、桑名はそこにさらに「製糸業の発展→国益」という価値を重視した点、および中小業者も含め幅広い需要に応えるべきだと想定していた点で、種田と方法上の相違が生じたものと思われることは特筆しておきたい。

さて、種田の照会を受けて、桑名は二月二二日付で回答書を提出した。少々長いが、以下に引用する。

同地方之如キ山密四塞之僻地ニ於ケル薪材之如キ単ニ其地方ニ対シテノミ若干ノ価格ヲ有スルモノニ至リテハ、他之物品即チ容積ノ小ニシテ価之貴ク地ヲ換ヘテ非常ニ価格ヲ増スモノトハ大ニ其性質ヲ異ニシ、過常物価ノ浮沈ヲ以テ見ルベカラサルハ勿論、樹齢ノ如キモ既ニ百歳以上之物ナレハ、伐期ヲ過キタル者ニシテ今後契約期間ニ増ス處ノ材積ハ実ニ僅々タル者ニ有之、且毎年一区域宛公売ニ付スルトセハ将来道路之開鑿成リ、交通之便ナル暁ニ至リ希望者多ク、競争ノ結果トシテ何人之手ニ落札スルヤモ図リ難ク当初之創業費即築道架橋費ノ如キモノヲシテ空シク水泡ニ属セシムルヤノ疑団ヲ抱キ逡巡ノ念ヲ起サシムルノ恐モ有之候義ニ付、寧ロ此際一時御払下相成方処置之宜シキヲ得タルモノトハ存候。後段拾ヶ年分之保証金ヲ一時ニ徴収之義ハ御見込之通リ金利之損失ヨリ多少材価ヲ低廉ニ見積ルヤノ嫌モ可有之候ヘ共、一時御払下相成候モノトセハ、規程之制裁上已ムヲ得サル二〔ママ〕義ニ有之候。凡何レノ事業ヲ問ハズ始アツテ終少キハ我国現時之通弊ニ有之候ヘハ、同業前途之運命ヲモ顧慮スル處ナカルベカラズ。概シテ本件之如キハ永年ヲ期シテ経画セル長期払下ノ之レガ創業ニ際シ、収支相償ハサルカ為メ、姑息之利害ニ拘泥シ、半途ニシテ素志ヲ廃スルハ往々免ルヘカラサル数ニ有之候得ハ、一方ニハ是等之弊ヲ防クノ一端ニモ可相成ト存候。将又之レヲ製糸家全体ニ特売候義ハ、会計条規中当該之正条無之モノニ付、勢ヒ公売ニ付シ候ヨリ外無詮方義ト存候。若者是等之者ヲ特売ニ付スルトセン乎、情実ノ備ヲ作ルノ恐レモ有之、将来涯隈之各村相競ツテ之ニ倣ハンヿヲ欲シ甲唱ヘ、乙和シ紛々擾々トシテ其極収拾スベカラサルニ至ルヤ炳焉トシテ明カナリ。右之次第ニ有之候条、伺之通御詮議相成候様致度此段及御回答候也[81]〔傍点引用者〕

ここで桑名は、①同地方のような山間僻地の薪材は、重量・体積の点からも同地方以外にはほとんど価値を有しないため過剰な物価の変動はないと考えられること、②樹齢が一〇〇年を越えており伐期が過ぎているため、今後の材価の上昇はほとんどないと考えられること、③毎年一区ずつ売却すれば、将来交通の便が向上した際に信用のおけない企業の手にわたる可能性があり、そうなればせっかく着工した林道工事も無駄になってしまうこと、というように、種田の照会に対し逐条回答した。特に、③の点に着目すれば、最初の伺で桑名がなぜ該当区域を一〇区に分けて一挙

表 4-3：明治20年代後半における御料林内立木売却価格・数量表

	年度	26	27	28	29
用材	材積（m^3）	196,584	186,084	165,336	182,167
	価額（円）	115,127	140,328	110,113	179,494
	1 m^3当り材価（円）	0.6	0.8	0.7	1.0
燃材	材積（m^3）	260,535	221,996	177,073	185,854
	価額（円）	67,491	49,185	54,576	52,850
	1 m^3当り材価（円）	0.3	0.2	0.3	0.3

註：『帝林』718頁より作成。「1 m^3当り材価」は小数第二位を四捨五入した。

表 4-4：民林の薪材価格（明治25年調）

名称	薪材消費額（貫）	薪材価格（円）	一貫当り薪材価格（円）	1 m^3当り価格（円）
開明社	1,545,240	17,170	0.01	0.74
改良社	467,120	5,190	0.01	0.74
龍上館	551,430	6,127	0.01	0.74
平野社	283,860	3,154	0.01	0.74
金山社	91,440	1,016	0.01	0.74
矢島社	163,440	1,816	0.01	0.74
明進社	224,640	2,496	0.01	0.74
信英社	285,120	3,168	0.01	0.74
西鶴社	169,200	1,880	0.01	0.74
合計	3,781,490	42,017	0.01	0.74

註：明治25年10月11日平野村より諏訪郡に提出された「薪材使用ニ関スル製造所工場及製造家調」（岡谷蚕糸博物館所蔵「製糸関係書類　十五」平野村役場、5-119）により作成。

註2：「一貫当り薪材価格」「1 m^3当り価格」は小数第三位を四捨五入している。

に公売することを求めたのかが説明されている。また、④一〇年分の保証金を最初に徴収してしまうと、金利の損失を考えて在価を多少低廉に見積もってしまうことは指摘の通りだが仕方ないとし、むしろそうした弊害を考慮してもなお「公売」に付するべきであるとの主張を貫いた。さらに、⑤「皇室会計条規」中該当する条項がないこと、⑥特売にすれば情実の弊を作ること、の二点を特売不可の理由として追加した。

この桑名の回答書において、種田の照会に対する直接の回答でない⑤・⑥の理由を見ると、桑名が公売を主張するさらなる理由が見えてくる。⑤の理由にある「会計条規」とは、二五年三月に制定された「皇室会計条規御料部」である。桑名は、同条規に該当する条項がないというが、第九一条には、「工事ノ請負又ハ土地物件ノ売買ニシテ左ニ掲クルモノハ競争ニ付セス随意ノ契約ニ依ルコトヲ得[82]」、つまり特売できる場合について規定があり、その一五項は「辺鄙ノ地方ニ於ケル工事ノ請負又ハ物品ノ売買ニシテ競争ニ付シ難キトキ[83]」とある。一見すると、当事例に該当するように思われるが、桑名は二月二二日の回答書で、製糸業界と木材需要の現状に鑑み公売に応じるだけの潜在的払い受け人は十分見込めると考えているため、九一条一五項の適用はできないと考えたのだと思われる。

また、⑥の理由にあるように、桑名が開明社への特売に「情実ノ備」を作るという懸念を抱いていた理由は、その特売価格にあった。当時御料林内立木の一㎥当りの価格は燃材が約〇・二〜〇・三円（表4-3）[84]、平野村内製糸業者が購入していた民間の燃材平均価格は一㎥当り材価が約〇・七四円（表4-4）であった[85]。これに対し、開明社は特売契約成立後の明治二六年一〇月二三日に、樹種を問わず六尺四方幅三尺を一棚とし、一棚当り三六銭での特売申請をしている[86]。一㎥当りに換算すると、代価が約〇・一二円となり、当時の燃材価格と比較した場合はいうに及ばず、御料林内の立木価格と比較しても破格の低廉さであった。このように、特売には払い受け人に便宜が与えられているように見える事態が起こりがちであることは桑名においても懸念されていた。

確かに従来の御料林経営の経験に則れば、成績の未知数な公売よりも特売にして確実かつスムーズに収益を挙げようとすることは無理のない自然な選択といえる。しかし、桑名があえて経験・蓄積の少ない公売に打って出る決断をしたことのより本質的な意味は、将来の収益性への期待もさることながら、特売に伴い御料林が一部の業者の利権となることへの懸念があった。しかも、このような立木特売が法的根拠のないまま行われている(と見なされた)ことも、そうした利権化を助長すると考えられた。

3　開明社特売一件のその後

さて、桑名が回答書を送った後、三月一日の三三六‐四甲号を以て横川山御料林内の立木を特売に付するとの達が下された[87]。桑名の意見は反映されず、全面的に二月四日の種田の照会書に見られる意見が採用された形であった。特売を可能とする根拠とされた規定は「皇室会計条規」第九一条一五項と説明された。

この決定について、種田が桑名に理由を示した書簡がある。それによれば、種田は「開明社ハ出願セシモ、未タ他ノ製糸家ハ出願セシ趣ハ相見ヘス、製糸家競争セントノ見込ハ支庁ノ想像ニ過キス[88]」として、「果シテ然レハ従来数回試験相成候遠鄙ノ地方ニシテ競争ニ付シ難キ該御料林ノ立木ニ対シ魁タル出願者有之ハ強テ制限公売ヲ行ハサルモ特売相成可然、又ハ伺書ノ如キ公売方法ハ穏当ナラストノ詮議ニ出タル事ニ御座候[89]」と説明している。種田は桑名ほどには製糸業者の潜在的需要を見込んでいなかったことがわかる。確実な需要が見込めなければ、あえて経験の蓄積もなく、物価の変動や金利面で危険性のある公売を取るという判断は下せない。種田や彼の意見を採用した本局の判断は、あくまで確実に需要がある開明社への売却を優先するものであった。

これをみると、桑名と種田の認識の最大の違いは、製糸業者の潜在的需要の評価にあったといえるだろう。桑名が製糸業者の潜在的需要を比較的高く評価していたことは、一月二八日の伺書にも明記されているのみならず、そもそも公売という方法を提案したことからも明白である。種田の主張する「毎年、時価に応じて特売」という方法には、なるほど利権性や資金回収上の不備などの問題はあろう。しかし、その代案として当時主流ではなかった公売に固執したのは、公売に付すだけの潜在的需要があると見込んでいたためであったことは間違いない。

しかし、桑名が期待するほどに、製糸業者の木材需要が実際の払下げ請願につながるものであったかどうかは疑わしい。実は、開明社は第一期(二七年度)分の立木払下げ出願許可の後、払下げ御料林の伐採事業を同じ平野村所在の信英社・龍上館・平野社・改良社・七曜星社・鷲湖社の同業六社との共同事業とし、一一月より伐採運搬に着手している。しかし実際には、「最初は洪水による流失、運送法の失敗等によりその薪材は所期に反して甚しく高価に当り、且水鉄砲による沿岸耕地の損害等により地元村民の反対をも受けて、経営頗る困難となり開明・信英の二社を除く外は皆脱退してしまった[90]」という。その後残った二社は二九年に「諏訪薪炭株式会社[91]」なる会社を設立し、同社を起点に伐採・運搬事業を続け、共同経営の各製糸家に薪材を供給した[92]。

この事実は、平野村最大の（したがって全国でも最大級の）製糸業者である開明社ですら、単独では伐採・運搬を行うことが難しかったことを意味する。横川山御料林への製糸業者の潜在的な需要は確かにあっただろうが、金銭的負担も含めて実質的な払い受け能力のある業者はほとんど皆無だったのである。結果から判断すると、桑名は製糸業者の需用を過大評価していたと言えるだろう。

明治二〇年代の製糸業の課題は、アメリカ市場向けの輸出増加に伴い、アメリカでの力織機を用いた絹織物生産に適合的な繊度の斉一な生糸の大量供給にあった[93]。開明社などの明治二〇年代に叢生した製糸結社は、この課題に応えるためのものであった。これら結社は、個別の製糸経営の寄せ集めであったから、それぞれの製糸工場間の生産条件が必ずしも均一ではなかった。そのため、明治二〇年代後半になると、開明社の中心となった有力業者の一つである片倉のように、結社から独立し大経営化を果たすものも現れる[94]。しかし、明治二六年頃は片倉の独立前でもあり、結社をよりどころとする中小経営が大半を占める時期であった。桑名の需要見込みはある意味では正しかったのだが、しかし需要に応えうるだけの資本の所在についての見通しを誤っていた。しかしここでは、彼らの産業発展に対する見通しの妥当性を問うことに主眼があるのではない。後世からみて誤った認識であれ、そこに御料林をめぐる特徴的な認識が表れていたという点を本章では強調したいのである。

さて、横川山御料林の立木特売を認める指令が種田より桑名へ回付された直後の四月二八日、桑名は静岡支庁長を免官となり、後任支庁長には種田が就任している[95]。

桑名の免官は、静岡支庁で御料林被害件数が多く管理不行届とされたためという報告がある。しかし、桑名解任後の二六年度以降には被害件数は急増したとの証言も残っている。これに対し、本局側は一転して管理者の巡視が周到であるため被害の発見が多くなったと答弁していた(96)。

実は、桑名の免官はきわめて政治的な措置であったことが次の史料からうかがえる。同時期御料局佐渡支庁長であった渡辺渡は、桑名の免官前に以下のように観ていた。

朝倉氏ト同時ニ静岡支庁長桑名モ非免〔ママ〕ノ由ヲ免レザルヿト存候。同人ハ品川氏ガ入レタル人ニテ種田主事ト合ハズ、種田ハ品川氏ガ救ヒ上ケタ人ナレ圧今ハ本局長ト結託シテ苦談楼〔九段の品川邸の呼称から、品川を指す〕ニ反対スル男ト成レリ。可悪〳〵(97)

これを見ると、桑名の免官の背景には桑名対種田、さらには品川弥二郎前御料局長対岩村通俊現御料局長の複合的対立関係があり、それぞれ後者が前者を排除した政治的結末であったと見られていたことがわかる。品川と岩村との対立は、本書第三章で明らかにしたように御料鉱山でも見られたものであった。渡辺の右の証言を見ると、この対立は御料林にも波及していたことがわかる。

桑名の免官に疑わしい点が少なくなかったことは、福島県在勤時代から桑名に目をかけ、内務省山林局に登用した経緯もある松方が察知し、岩村に不審の意を伝え寛大な処遇を頼み込んでいたことからもうかがえる(98)。これは、府中から宮中の人事への介入であるが、岩村はそれに対し頑として動かず桑名の免官を進めた。岩村は御料局長人事においては宮中の自律性を保ったといえる。

次節では、岩村らと桑名との御料林観の相違をより詳細に検討する。まずそのために使用する史料群の性格を確定し、次にその史料群から本章の主眼である御料林「処分」計画を取り上げて検討する。

第三節　静岡支庁管下御料林をめぐる諸問題と「品川派」技術官僚

1　「佐渡生野鉱山払下一件」

さて、桑名はこの人事への憤慨から、免官後品川の許へ岩村・種田などが絡む「不祥事」を逐一報告していたと思われる。それは、国立国会図書館憲政資料室所蔵「品川弥二郎関係文書（その1）書類の部」所収の、「佐渡生野鉱山払下一件」（表4－5参照。以下、「鉱山一件」と略し、本論及び註で同史料群中の史料を指定する際には、「4－5－〇－〇」〈〇は表4－5内の中小区分〉と表記する）と題する書類群からうかがえる。まず、表4－5からその内容を概観する。「鉱山一件」は大きく分けて四つのまとまりに分けることができる。一つ目は、前節で検討した開明社に対する横川山御料林の立木特売に関する一件であり、全部で六点ある。二つ目は、長野県諏訪郡金沢山御料林と静岡県千頭民有林の交換に関する一件と、利根川寄洲御料地の交換に関する一件で、これらはしばしば同時に触れられているため一つのまとまりとした。これは全部で一〇点ある。三つ目は、様々な内容の雑件類であるが、全て長野県・静岡県の御料地、及びそれらを管下に収める御料局静岡支庁に関する事件であり、一二点ある。残る一つが佐渡・生野御料鉱山に関する一件であり、点数は六点である。こうして見ると、タイトルにある「佐渡生野鉱山払下」に関する史料は、分量的には全体の四分の一にも満たないことがわかる。

作成年代を見てみると、明記されているものは明治二九年四～五月の時期がほとんどであるが、後述するように、その中で記載されている事件自体は二五～二九年に起こったものである。

しかし、本史料群で何より特徴的なのは、岩村御料局長・種田静岡支庁長、江崎政忠御料局技師（後述）、さらには土方久元宮相らにまで及ぶ御料林運営に関する批判・密告の多さである。表には記しきれなかったが、その内容をつぶさに見ていくと、彼らへの批判的文言で綴られている書類は、はっきりと内容がわかるもので一六点にも及ぶ。そして、そのほとんどが、桑名茂三郎の作成と明確に断定できるもの、あるいは情報源と認められるものである。

表 4-5：「佐渡生野鉱山払下一件」（「品川文書（1）書類」R56-1196）所収史料一覧

区分	年月日	タイトル	内容	備考
①開明社立木特売一件				
1	明治26年 1月28日	第六八号伺〔御料局長岩村通俊宛静岡支庁長桑名茂三郎伺〕	長野県上伊那郡川島村横川字大滝沢に接続する字唐澤ほか11箇所の御料地内の立木を公売に付すべき件につき	書類写、原稿用紙
2	明治26年 2月4日	第三三六-二号照会書〔静岡支庁長桑名茂三郎宛御料局主事種田邁照会書〕	横川山御料林内立木の特売が妥当である理由、なお公売を主張する根拠を照会	書類写、原稿用紙
3	明治26年 2月22日	〔御料局主事種田邁宛静岡支庁長桑名茂三郎回答〕	①-2に対する回答	書類写、原稿用紙
4	明治26年 3月1日	第三三六ノ四号甲〔達〕	長野県上伊那郡川島村横川字大滝沢に接続する字唐澤ほか11箇所の御料地を、皇室会計条規第91条15項に従って時価に応じ毎年特売する旨	書類写、原稿用紙、冒頭に「右之回答アルニ係ハラス、左ノ達アリタルナリ」と品川筆と思われる覚書有
5	明治26年 3月1日付	〔静岡支庁長桑名茂三郎宛御料局主事種田邁第三三六ノ四号乙達〕	達の理由、及び他の製糸業者よりの特売請願にも応じる構えがある旨	書類写、原稿用紙
6		参考	会計条規91条15項、及び開明社同様の条件の他の製糸業者よりの立木払下げ要求が認められなかった例、開明社がより有利な条件での払下げを認められている例	書類写、原稿用紙
②金沢山御料林・千頭民有林交換の件、利根川寄洲御料地の交換の件				
1		大珍事ノ一	利根川寄洲御料地と静岡県民有林交換の不当性	②-7添付資料
2		大珍事ノ二	諏訪金沢山御料林と千頭民有林交換につき	②-7添付資料
3	明治(29)年 4月23日	〔品川弥二郎宛岡縠書簡〕	羽田桂之進の紹介	岡は大日本蚕糸会幹事長、羽田は六工社社長
4		〔書簡断片〕	御料林立木は主に薪炭材、千頭民有林は千頭御料林に隣接し林相も同一なので交換は適当	前後欠
5	明治(29)年	〔宛先・差出人不明書簡断片〕	交換の大本「江印」、黒幕堀基について 出張への期待と転居への慨嘆 岩村局長、江崎技師を批判する狂歌	前後欠
6	明治29年 4月5日	〔宛先・差出人不明書簡断片〕	種田主事の出張に関する疑惑 諏訪金沢山御料林と千頭民有林交換の不当性	後欠、「廿九年四月五日附」と品川筆と思われる端書有
7	明治29年 4月4日	〔品川弥二郎宛桑名茂三郎書簡〕	利根川寄洲御料地の件 金澤山御料地と静岡民有林交換の件	末尾に「第一珍事ハ土ト岩トノ熱心、第二珍事ハ種ト江トノ大熱心、或ハ岩モ加ハル居ルナラン」と有

8	明治29年 5月1日	〔品川弥二郎宛羽田桂之進書簡〕	金沢山交換につき品川の注意の通り横浜在留の製糸業者に警告したこと、長野県の製糸業者にも伝える必要、長野県知事にも諮ること	
9		〔封筒〕		②-8の封筒
10		〔封筒〕		品川宛桑名書簡の封筒
③雑件				
1	(明治29年10月3日)	〔名前覚書〕	駿河国志太郡東川根村鈴木棟四郎、土方伯官邸内箕浦清四郎	「廿九年十月三日」と品川筆と思われる覚書有
2		〔宛先・差出人不明書簡断片〕	江崎技師に対する批判	前後欠、「本日愈事務引継ヲ了シ」とあるので、官職を辞す事になった何者かの作成と推定
3		〔覚書〕	御料地借地人川島滝蔵に関する疑惑 引佐郡瀧ノ沢御料林の枯損木掛り木特売に関する疑惑 土方久元の弟が旭亀太郎ほか二、三名と共に静岡支庁管内の10町歩以下の御料地全てと安倍郡井川村民有林交換を謀っている件 横川山御料林の開明社への払下げへの疑惑 人事の不当性・情実性 種田主事ら御料局官僚が割烹・妓楼に通っている件 出張費請求の不当性	原稿用紙
4		〔職員進退録〕		御料局静岡支庁用箋、「〇起業ノ㇆／油二石八斗〇」と書込有
5	〔明治27年度〕	(廿七年中江崎ノ管内巡回セル度数及月日)	出発日時、帰着日時、所要日数、巡回箇所を記載	原稿用紙
6	〔明治28年度〕	(廿八年度中江崎ノ管内巡回セル度数及ビ月日)	出発日時、帰着日時、所要日数、巡回箇所を記載 即日帰岡する回数が多いことを強調 出張の日がほとんど日曜日であること 10月27日の出張への数々の疑惑	原稿用紙
7	〔明治28年度〕	(廿八年度中種田来岡ノ度数及来岡中出張月日)	出発日時、帰着日時、所要日数、巡回箇所を記載 即日帰岡する回数が多いこと 出張回数に対する疑惑 出張先での滞在時間・執務時間に対する疑念	原稿用紙
8	明治26年度～28年度	御料地被害事件々数	桑名の解任につき公式理由の不当性	原稿用紙
9	〔明治27年度、28年度〕	夜勤料調	夜勤料の多さに対する批判 「事務多忙ナルヲ名トシ日曜日毎ニ出張ヲナシ徒ニ外面ヲ装フ處ノ全ク冗費」と批判	原稿用紙、文末に「此冗費ヲ以テ巡邏ヲ雇入ル、トセハ弐十一人ヲ雇入ル、ヲ得ルナリ。巡邏ノ俸給ハ一ヶ年僅カニ三円以上十五円以下ナルナリ」と品川筆と思われる覚書有

10	明治28年カ	雑件	種実購入をめぐる疑惑 静岡県三方出張所内冨幕北山御料地を川島滝蔵に追加貸下げ、及び同御料料地内立木を障害木として特売の件	江崎技師の世話で明治27年に江崎の部下となった作成者の知人の「静岡人」が江崎の不公平を訴えてきたことで発覚。川島が特売により入手した立木は高価なもので、経伺が必要であるにも関わらず、支庁が独断で特売にしたことを批判。最終頁に「開明社特売一件其外」「開明社へ特売一件其外」と品川筆と思われる覚書有
11		〔書簡断片〕	宮内省の日本郵船、日銀株の所有高を記載	前後欠
12	明治(29)年 5月6日	〔品川弥二郎宛桑名茂三郎書簡〕	土方宮相による縁故者への御料林払下げについて	
④佐渡生野両鉱山及大阪製錬所払下一件				
1	(明治29年 5月19日)	〔宛先・差出人不明書簡断片〕	「鉱山払下其他」について品川に協力して密かな抵抗を試みていたこと 「土人之魂胆」を暴く、土方・岩村批判諸件	後欠、「廿九年五月十九日附」と品川筆と思われる端書有
2	明治29年4月	〔品川弥二郎宛土方久元書簡封筒〕		裏面、「廿九年月日／静岡御料林ニ関スル義」と品川覚書有
3	明治29年 5月1日	〔「従二位公」(品川？) 宛不明書簡〕	午後二度にわたり土方宮相を訪問したが二度とも岩崎弥之助がいたため心ならずも退出したこと	
4	明治29年 7月18日	『日本』第三面	宮内省告示第七号の「佐渡生野両鉱山及大阪製錬所払下規定」「鉱物半製品授受手続」「佐渡生野へ下賜金に就いて」ほか	
5	明治29年 7月18日	『日本』第四面	「郵船会社重役宮内省へ出頭す」ほか	
6		〔品川弥二郎宛封筒〕		表面に「廿九年四月〇静岡御料林ニ関スル義/両鉱山大坂製煉場払下之内密会議アリシハ廿九、四、八、ノ⺇ナリ/四月廿七日朝、鉱山一件問質手書、土方へ遣ス/伊藤、田中へ書通/土方四月廿一日帰京」と品川筆と思われる覚書有、④-2の封筒表カ、宛名の肩書は「日本窯業協会々頭」

桑名茂三郎は天保五年三月一四日陸奥国（福島）に生まれる。明治六年より一三年まで福島県にて出仕、一三年二月二三日より内務省山林局在勤となり、同年一二月五日静岡山林局出張所長となると、以後主管が農商務省と変わっても長らく静岡県下の山林行政に携わり、一九年五月二四日には静岡大林区署長となる。品川とは内務・農商務省山林局時代の上官・下僚という関係であった。二二年八月三一日、御料局理事となり静岡支庁長に補せられる(99)。

桑名はその生年を見ても明らかなように、御料局の支庁長クラス官僚の中でも年齢は比較的高く（二六年時点では五五歳）、高等教育機関で系統的に林学を学んだ経歴もない。しかし、内務省・農商務省での林政に携わった経験、特に静岡県の山林に関する知識や経験が買われたものと思われる。

さて、品川の許に蓄積された「鉱山一件」は、ほとんどが二五年から二九年にかけての事例に関するものであったことに注目したい。第三章でみた通り、品川は二四年六月一日に内務大臣に転任するにあたって、御料局長を辞任せざるをえなかった。しかし、六月一〇日には皇室経済顧問に任命され、御料地経営に関する大まかな計画の決定過程にはかろうじて関与できることとなった。ところが二五年七月二五日に国民協会副会頭に就任すると、宮中の職を全て辞す必要から皇室経済顧問も辞さねばならず、それ以降は御料地管理に関与する職責はなくなった。とすれば、史料4－5の存在は品川が御料地管理に関与する職責を失った後も御料地管理に関わる、もしくはそれに近い立場の人物が御料局内部の情報を品川に提供し続けていたことを意味する。そしてその人物こそが、桑名茂三郎だったのではないかと本章では推定する。

桑名は、史料4－5－③－12の中で、後述する金沢山御料林と千頭民有林の交換などの「処分」を進める岩村・種田らに対し、「実ニ小生ヲ放逐シタル時ノ事件ヲ再演シタルナリ」と批判している。「小生ヲ放逐シタル時」とは、明治二六年四月の免官を指すと考えられる。書類上は依願免官であるが、桑名には「小生ヲ放逐シタル」と認識されていたことがわかり、前掲の松方や渡辺の記述に見られるように、客観的にも政治的追放であることは明らかであった。

桑名が品川に御料局内の情報を提供していたと思われる時期は、表4－5に含まれる史料の年代を見ると、桑名自身も免官後である。実は桑名は免官後、品川指導下の国民協会に入会し、第三回衆議院議員選挙に際しては郷里に帰り福島県第三区より出馬し、落選している。[100] 明治二〇年代の御料局技術官僚の中で、免官後畑違いの政界に乗り出してまで品川の下で働き続けた人物は桑名のみである。前節の御料鉱山技術官僚の例にみられるように、面倒見のよい品川のことであるから、免官後の桑名を慮って政治家への転身を勧めたのかもしれない。しかし、そうであっても桑名が実際にその道を選んだということは、国民協会が創立にあたって「山林改革」を綱領に掲げていた[101]こともさることながら、桑名が品川によほどシンパシーを感じていたということの表れでもあるだろう。

このような経歴ゆえに、桑名は品川と連絡を取り合う機会には比較的恵まれていたと思われるが、情報を入手するルートは限られている。しかし、表4－5に見られるように、御料局内部の者しか知り得ないような情報も残されていることを考えると、前節で開明社の特売請願を受けて公売を主張していた諏訪出張所の技手補稲葉六郎のように、自身に近い出張所員クラスの技術官僚らを使って情報を収集させていたと考えざるをえない。そのことは、史料4－5－③－6で「同出張員ノ報告ニヨル。其書状ハ手元ニ持テリ」と記され、史料4－5－③－7では「森出張所員ノ書状ニヨル」と記されていることからも推定できる。

このことは、本史料群所収の書簡に前欠や後欠が多いことからも推察できる。書簡の前欠や後欠が多いのは、情報をもたらした人物の名前や所属を秘匿する必要があったためだと考えられる。静岡支庁を退職後の桑名にとっては名前を隠さなければならない切実な必要性はなかったと考えられるが、現職の出張所員らからの情報提供であった場合、事が露呈すれば彼らの立場が危うくなる。危険を冒して情報提供に及んだ出張所員らの立場を守るため、品川、もしくは桑名が差出人の情報がわかる部分を切り取ったと推察できる。

以上のことからは、この書類群は自身の免官に納得がいかない桑名が、自身を免官に追い込んだ岩村御料局長や種田御料局主事らの御料林経営の非を訴える目的で、政界を中心に影響力のある品川の助力を頼って提供された書類が中心となって構成されており、[102] それらを品川が何らかの目的でまとめ、保管していたものと推定できる。

このように考えると、桑名の主張にいかに崇高な理念があったとしても、ほとんど全て彼の利権問題へと回収されてしまう。しかし、桑名の「利権」がどのようなものであったかを明らかにすることなく、単なる政治的敗退への失意と怨みからくるものと位置付けるならば、それもまた誤りである。桑名の固執した静岡支庁長というポストは、第三章でみた御料鉱山の場合と同じく、技術官僚としての自己実現に関わるものであった。そのことは次項以降で検討する事例でより明確になるだろう。

また、次項以降の論証にはもう一つの狙いもある。この史料群をまとめた品川の意図を明らかにすることである。それを明らかにする鍵は、「佐渡生野鉱山払下一件」という標題、及びその中に収められた書類の年代にある。次項からは、これらの問題を考えるために、表4－5－②にまとめた金沢山御料林と千頭民有林の交換一件について見ていくこととする。

2　金沢山御料林・千頭民有林交換一件

静岡支庁長を免職となった桑名は、前節で示したように自身を免職に追い込んだ岩村局長や、その配下の種田・江崎らに関する「不祥事」を事細かに品川に報告し始めた。しかし、その一つ一つの事例は微細で、声を上げてもほとんど事態を変えることは難しかったと思われる。それゆえ、桑名が免職となって以降も長らく何の追究もされずに時間が経過していった。

しかし、明治二九年に入ると、この御料林問題が再燃する。それと同時に、同問題が一挙に表面化するきっかけが訪れる。第三章でも検討した、御料鉱山払下げである。御料鉱山と御料林とは一見無関係であるが、実際品川はこの時期御料鉱山払下げ阻止運動を補強する目的で、諏訪金沢山御料林と静岡千頭民有林の交換一件を告発しようと考えていた形跡がある。そのことを説明するために、まずは同一件の経緯についてみていきたい。

金沢山御料林（図4－2）に関しては、明治二五年頃から民間の「土州人」がその払下げを求めて動いていた(103)。桑名の報告によれば明治二五年頃、「土州人」が岩村の添書を持参し、同御料林全部の払下げを請願したという。この時桑名は「該山ハ諏訪製糸ニ関スル重大ノモノナレハ、一時ニ払下ハ断然ナラズ。買度望ミナラバ、年々数ヲ限リ公売スルヲ以、其時ニ入札ス可キ(104)」として却下した。

右に見るように、桑名は製糸業者への立木売却方法として「年々数ヲ限リ公売」することを第一とし、「一時払下」は「断然ナラズ」と強く否定している。桑名はまた「実ニ此御料林ハ諏訪製糸ノ命脈ニ関スル要林ナルヲ以テ、払下上注意ニ〳〵細ク永ク払下ノ積リニアラザレハ製糸上大影響ヲ生スルノ恐レアリ」(105)とも述べている。桑名は諏訪の製糸業者への御料林の立木公売を永続的な事業として位置づけていたのであり、そのためには一時的に収益が見込めるとしても御料林そのものの売却はすべきでないと考えていた。ここには、開明社一件の際の桑名の言説に特徴的であった、製糸業者全体の保護の観点が見て取れる。桑名の御料林経営方針は、ある程度一貫していたものと察せられる。

桑名がこのように製糸業者への立木公売＝永続的燃料供与を重視していた理由は、その後の金沢山御料林をめぐる展開の中でより明確になる。先に「土州人」が持ち込んだ払下げ請願についてはその後大きな動きもなく、桑名の見込みの通り毎年数を限り払い下げていたが、木材価格が次第に騰貴すると、桑名の解任後の明治二九年に、東京麻布の澤田耕なる人物が静岡県千頭の民有林を買い付け、金沢山御料林との交換を出願した(106)。

桑名はこの一件を強く批判する。一つにはこの交換を主導していた岩村御料局長・種田主事らと澤田との情実的な関係を看取したからであった(107)。桑名は当時緊迫し、連日報道されて世上の耳目を引いていた朝鮮事件になぞらえて「実ニ朝鮮ニモ劣ル腐敗之極ト嘆息致シ候(108)」と、御料林が利権化する事態を強く懸念していた。

桑名の批判の論点は、もう一つあった。それは、金沢山が澤田というおそらくは非製糸業者の一個人の手にわたることは、製糸業者への継続的燃料供給の道が絶たれることにもなりかねず、輸出上の悪影響でもあるということであった。桑名は史料4-5-②-2で、この交換が成れば「将来輸出上大関係ヲ及ボスニ至リテハ、恐ル可キノ極」と懸念している。桑名は、製糸業の輸出産業としての価値を重視し、御料林経営においてもその保護・振興を図るべきだと考えていたことがわかる。

もちろん民間の一個人に売却したとしても、これまで同様製糸業者にも木材は行きわたるであろう。しかし、これまでとは異なり、御料局と製糸業者との間に一業者が介在することで、木材価格は暴騰することが考えられる。そうなれば、木材不足に悩む製糸業者がますます苦況に陥ることは容易に想像できる。桑名が御料林において製糸業者への立木売却を継続しなければならないと考えた理由は、如上のようなところにあったと考えられる。

このような問題意識は、御料林官僚というよりも政府の産業行政官僚に近い。しかし、輸出産業としての製糸業の保護・勧奨は、政府の産業行政においては明治初期から重視されてきた課題ではあったが、御料林に求められる役割とは見做されてこなかった。第一章で検討した明治一〇年代の「設定論」でも、このような役割を想定するものはなかった。桑名の御料林運営は、それまで必ずしも必要とされてきたわけではない製糸業保護という役割を御料林に付与するものであった。

桑名が製糸業保護という本来政府が行うべき行政活動を御料林で担うべきだと考えたのは、政府の蚕糸業行政が不十分だという認識があったためだと考えられる。桑名のこのような認識は、その後彼が所属することとなった国民協会の立場と一致する。国民協会の機関紙『中央新聞』で、明治二六年五月九日から五回にわたって続いた新井豪による「蚕糸業」と題する連載があるが、国民協会の蚕糸業行政に対する立場はこの連載記事に集約されていると考えられる。[109]そこで新井は、「蚕糸は実に我国の財源にして此業の伸縮は以て一国経済の消長に与かり立国の命脈たる関係を有する至重至要の輸出品なり」[110]として「国家の盛衰に大関係あるもの」[111]と、桑名と同様の蚕糸業観を表明している。しかし、「明治六七年頃は頗る誠意勧業に従事せしも十数年来却て冷淡に傾き議会も徒らに地租軽減三条例の改正に熱中し此富国の一大本源を顧みるに遑あらざるが如きの観ある」[112]として「長大息」している。議会が始まって以降は政治的争点が地租軽減と言論の自由拡大に集中し、蚕糸業行政が顧みられなくなったというのである。[113]

新井は蚕糸業奨励のためにまず解決すべき国内の状況を列挙する。すなわち、横浜港において外国人商館が生糸の品質を鑑定する特権を専有し価格決定権をもち、内国商人もこの外商の顔色をうかがっている状況、その一方で製糸家・蚕業家の多くは改良のための努力を怠っているという状況である。[114]このような状況では、フランス蚕糸業の発展に押され気味のイタリアが販路拡大のため、日本・清国の販路に進出してくるおそれがある中で、[115]日本は競争に勝ち残ることができない。目を海外に転じれば、製糸業先進国であるイタリアやフランスでは輸入生糸への課税、生糸輸出税全廃、国内産業奨励のための金員下付などの蚕糸業優遇策が講じられているし、日本の競争相手である清国でも技術者の派遣や最新機械の導入などに財源を投入している。蚕糸業新興国であるポルトガルやアメリカですら保護奨励政策がある中で、日本でも蚕糸業奨励政策を進めるべきことを主張する[116]。

確かに明治二〇年代には松方の主導・影響下に、産業育成に関わる財政支出を治水や交通網整備などに限定する緊縮財政がとられていた点[117]で、新井の言うように蚕糸行政は比較的優先順位の低い政策に堕していたといいうる。しかし、松方も国策産業の育成を軽視していたわけではなく、民間への資金供給は日本銀行を中心とする金融機関の整備で対応していた[118]。同時期には日銀・横浜正金銀行による国内民間金融により、横浜売込商を介した荷為替立替金供給や原資金供給などで製糸業者に大規模な政策的信用供与が行われるようになり、それが特に諏訪の製糸業者の大経営化を支えていたことが知られている[119]。このように、製糸業者に対する政策的保障は客観的にみて決して不十分なものではなかった。

しかし、こうした日銀・正金銀行による政策金融の恩恵を受けることができたのは、それらと結びついた大問屋と通じた開明社のような大資本のみであり、そのような大問屋とつながることのできない中小製糸業者は、ひとたび糸況不振に陥ればその影響が直撃する不安定な状態に置かれていた[120]。国民協会が政府の製糸業保護は十分行き届いていないと認識していたのは、まさに彼らが保護・勧奨の対象としていたものが製糸金融を容易に受けられるような一部の大製糸資本ではなく大多数の中小の製糸業者であったことを示している。こうして新井の場合は、議会から蚕糸業行政改良を訴えていくのだが、桑名の場合はより具体的に静岡支庁管下の御料林管理に対して非難の目を向けることとなるのである。

もちろん、金沢山御料林の交換によって打撃を受けると思われる諏訪郡の中小製糸業者は、全国的に見れば金融条件は恵まれていたと考えられる[121]が、明治二〇年代後半にはその諏訪郡内部でさえ製糸業者の淘汰が始まり、中小製糸業者は多くが破産したとされる[122]。諏訪郡内部でも特に製糸業の先進地域であった平野村においてさえも、中小規模の製糸業者は横浜の大問屋と安定的な取引関係を結ぶことができず、また取引関係にある場合でも貸付金額や負債処理方法において、開明社のような大製糸業者とは格差が設けられていた[123]。さらに、桑名が品川に情報提供をしていた明治二九年という年は、冒頭から歴史的な糸況不振により横浜に大量の在荷が滞っていた時期であった[124]。糸況の困難は、生糸を扱う横浜の中小売込問屋たちが蚕糸貿易商組合として大蔵・農商務両省、及び日銀・正金銀行に対し、四〇〇万円を無利息で六年間貸与してほしいと請願するほどであった[125]。桑名が彼ら中小製糸業者に対する政策的保護・勧奨の行き届いていないことを感じるには十分な条件があったのである。

こうした中で、諏訪郡に目を転じれば、同時期深刻な燃料不足という状況があった。そこで桑名は、中小製糸業者に対して、自身が持ちうる経験や資源でなしうることは、御料林の立木を優先的・永続的・安定的に払い下げることだと考えたと思われる。そして、金沢山御料林の交換阻止に行き着く。このように、政府の行政的措置に不十分なところがある（少なくともそう認識されていた）ことが、御料地の存在意義を浮上させたのであった。

桑名の御料林認識は、このようにきわめて産業行政官的な使命感に起因していた。これに加えて、明治一〇年代に林政に携わっていた林務官に特徴的な、民間私人に対する不信感も背景にあったと考えられる。明治一〇年代の山林行政の課題は、官林の直轄化と管理の強化であった[126]。林務官たちは、民間に任せていては市場の論理に任せて山を切り尽くしてしまうと考えた[127]。また、民情に流されやすい「牧民官」気質の強い地方官にも任せられないと考えていた。明治二〇年代の製糸業先進地域諏訪において実際に起こっていた山林の荒廃を見聞きしていた桑名にとっては、民間に山林を委ねることの脅威はより現実的なものであったと考えられる。御料林において桑名の監督下で毎年計画的に一定の量だけ伐採・売却することでこのような事態を防ぎ、山林そのものを永続的に保護することができる。彼があくまで民間への売却ではなく御料林としての保持に固執したのは、このような観点もあったと思われる。

ところが、御料局では桑名の意向に反して、金沢山御料林を手放そうとする試みが二度にわたってなされた。これは桑名の重視するような製糸業者への優先的・永続的・安定的払下げが、皇室財産当局者において第一義的課題ではなかったことを示す。交換対象となった民有林は、千頭御料林（図4－3）と隣接し、林相も同一であったとされている[128]。御料局はこの後も、隣接する同一林相の民有林を買い上げている[129]。また、この頃から御料地実況調査・測量事業を進め、三一年からは不要存とされた御料地の大規模な処分を断行するが[130]、それは合理的な御料林経営のためであっ

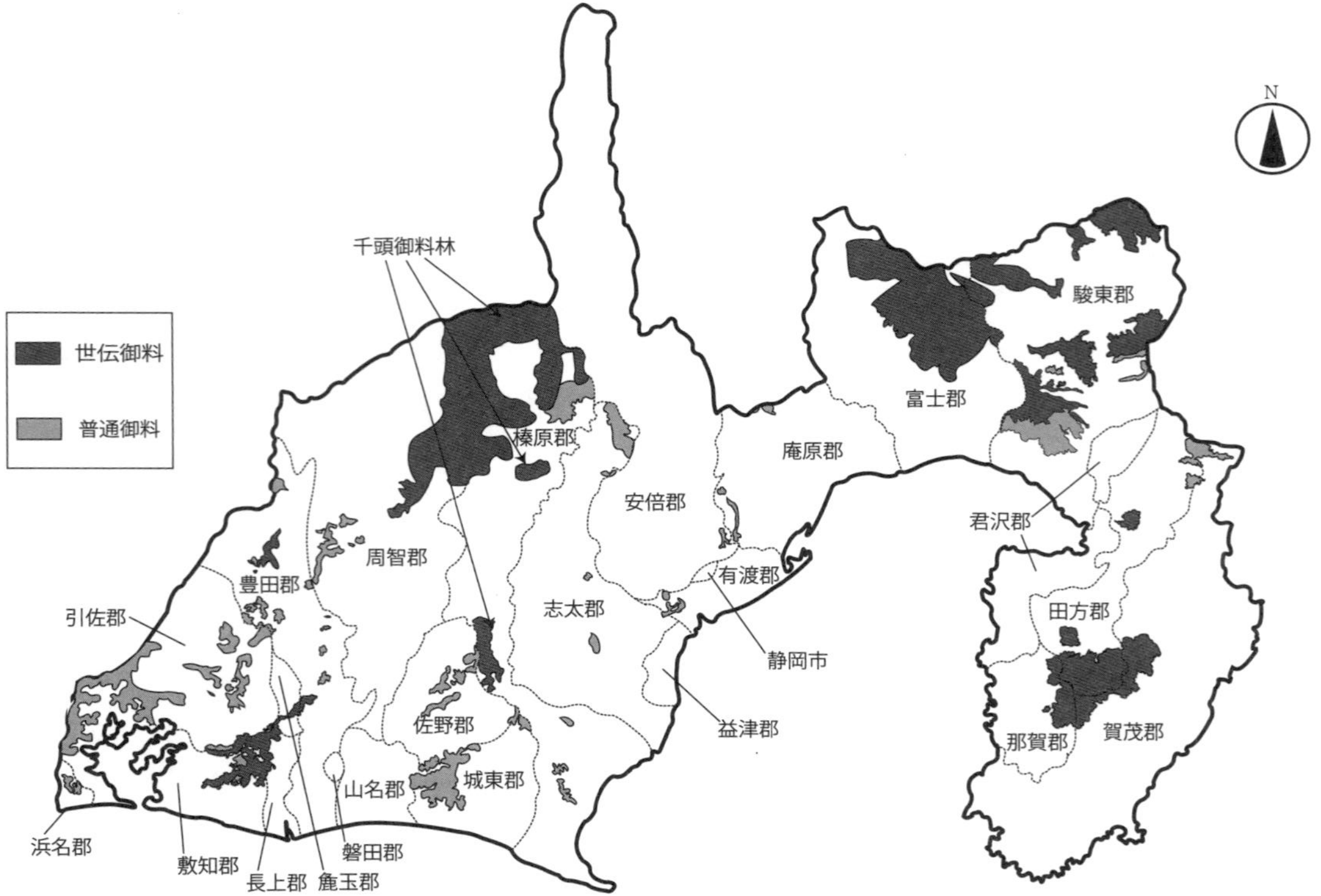

図 4-3：静岡県下御料地略図

註：①高木宏治編、清水靖夫・有山輝雄監修『新聞『日本』附録　明治中期分県地図一付・中国／朝鮮／露西亜一』（ゆまに書房、2009年）所収の30万分の１地図（明治34年12月25日調製）をベースとして、②静岡県編刊『静岡県史　別編３　図説静岡県史』（1998年）215頁所収の「1879～96年の郡市域」地図から郡域を、③宮内庁書陵部宮内公文書館所蔵「御料局　御料地図　名古屋支庁・静岡支庁・度会事務所管内御料地位置図」（識別番号61784）をトレースし、ゆがみや位置を補正して御料地域を描き入れた。③の図面は一部不鮮明な箇所もあるが、可能な限り正確を期して作成した。世伝・普通御料の別は、宮内庁書陵部宮内 … （識別番号61767）も参考にした。

たとされている。これらを踏まえると、岩村や種田が金沢山御料林と千頭民有林との交換を企てたのも、千頭御料林に隣接する同一林相の森林を編入し、合理的な合同施業を行うことを優先した結果であった可能性が高い。江崎は常に「御料局ハ経済局ナリ」[131]と口にしていたようである。これは、「我々御料林野を御預り致し居る者は、常に皇室御経済と云ふことを忘れてはならぬ。故に腰には、四時算盤を下げて居る心持で居らねばならぬ。如何なることでも、算盤のはじけぬことをしてはならぬ[132]」と局員を戒めていた岩村の受け売りであると考えられるが、岩村や江崎が御料地運営において何より皇室経済の観点を優先していたことがうかがえる。

3　品川弥二郎の交換阻止工作と「佐渡生野鉱山払下一件」

前節で、御料林で中小製糸業保護を担うべきだとする桑名の認識は、政府の製糸業政策を不十分と考える国民協会の立場と一致することを述べた。それでは、その国民協会を率いていた品川はこの問題にどう対応したのだろうか。結論から述べれば、品川は桑名と同様中小製糸業者に対する保護・勧奨を重視しており、御料林でもそのような役割を担うべきだという立場にあったと考えられるが、金沢山御料林・千頭民有林交換の一件を告発した意図は、告発の手段と時期に関して見る限り純粋な製糸業保護・勧奨のみに止まらなかったようである。

品川は桑名より金沢山御料林の一件に関する報告を受けてまもなく大日本蚕糸会幹事長の岡毅[133]に同内容を伝え、諏訪の製糸業者で在京している者を紹介し、自邸に招くよう依頼した[134]。それに対し、岡は四月二三日付の返書にて、諏訪の者で在京中のものはいないが、松代六工社社長の羽田桂之進[135]が在京中である旨を報告した。岡はこの後も諏訪の製糸業者が上京の度に報告することを伝えた。

岡の紹介を受けた羽田と品川はその後四月三〇日に会談を持った[136]。その際品川が金沢山御料林の件を説明し、製糸業者として御料林交換に注意するよう促したところ、翌日羽田は早速行動に移した旨を書簡で報告している。羽田は、横浜に滞在中の諏訪郡製糸業者二名と面談の機会を得、同件につき懇切注意をした。しかし、羽田は品川が「折角製糸業之為メ特ニ御懇配を蒙[137]」ったのだから、東京近傍滞在中の者だけでなく「該地有力の同業者ニ通知いたし候方可然」[138]と考え、羽田がちょうど出京中に聞きこんだことにし、諏訪郡の二、三の有力者にも同件を伝えたという。また、羽田は五月四日頃出立、帰国の予定であり、その後は自ら長野県知事高崎親章に事情を報告するとのことを申し述べた。羽田自身も金沢山御料林の交換については「実以本業上不容易之事」[139]と考えており、それゆえ「小生の届き候丈ハ充分運動可仕候」[140]と品川への全面的協力姿勢を示し、積極的に運動を行ったと見える。

品川はここで製糸業者を中心に注意を促していること、及び羽田の書きぶりから推察すると、この問題を単なる御料林の交換ではなく、製糸業の危機と捉えていたと思われる。金沢山御料林は製糸業者の生命線であり、特に中小業者を優遇する役割を担うべき存在だとする桑名の訴えは品川にも響いたものと考えられる。

ところでこの時期は、第三章で明らかにしたように、品川は御料鉱山払下げを阻止すべく有力者間を奔走していた。この時期的一致は、品川が「鉱山一件」をまとめた意図と無関係ではないと考えられる。実際、品川は「鉱山一件」を武器として、有力者に対し、自身が去った後の御料局運営全般の非を訴えようとしていたと思われる。品川は同年四月一八日伊藤博文に宛てた書簡で「其他御料林の事に付ては聞くべからざる事あれ共、やじの小言と相成候間不申上候」[141]と金沢山御料林の一件を示唆した。また、二九日に前内蔵頭の白根専一に宛てて認めた書簡には「山林の事に付ては種々の奇聞怪談証拠書類まで握て居れ共、やじがやきもちをやいて御料局長之復職でも希望する様に思はるゝ故に坐視傍観して居る」[142]とあった。これが単なるハッタリではないことは、「鉱山一件」の存在を見れば明らかである。

これらの書簡の主目的は、先に触れた御料鉱山の払下げ阻止を求める陳情であったことは、第三章で明らかにした通りである。したがって、そこでその存在が示唆されていた「鉱山一件」もまた、御料鉱山払下げ阻止運動を補強する目的でまとめられたものと推定できる。すなわち、岩村御料局長の御料地を預る当局者としての資格に疑問があることを御料鉱山のみならず御料林問題からも印象付ける狙いがあったものと考えられる。「鉱山一件」の標題が、その内実を反映していないように見えるのも、この史料群をまとめたと考えられる品川のこのような意図から説明ができるだろう[143]。

実は、「品川文書」には「鉱山一件」の他にも桑名から寄せられた岩村や種田、江崎らの御料林経営を非難する書簡が残っている。しかし、同様の内容・目的で作成されたと思われる史料であっても、「鉱山一件」に収められているものと収められていないものがある。このことも、右の推測をより確かなものへと近付ける。

「品川文書」に残るそのほかの桑名書簡は、①明治二三年九～一一月、②二四年三月三日、③二五年四月一六日、④明治二九年七月四日、⑤年不詳八月の史料である。[144] これらは、それぞれ①静岡に離宮を設けるべき旨の請願、②山梨県下の御料林において地元の慣行との関係に配慮を求める陳情に関する件、③天城山御料林の大火災について、であり、ここまでの史料には岩村や種田、江崎らへの批判は見られない。これに対し、④・⑤はそれぞれ種田や江崎の出張に関する疑惑と伊豆の水源禁伐御料林払下げに関する疑惑、⑤大倉組による天城山御料林払下げにおける木材価格に関する疑惑で、いずれも静岡支庁管下の御料林に関する江崎・種田らへの疑惑を報じたものである。同種の報告は、表4－5－③にもいくつか残っているにもかかわらず、右の二点はなぜ同じ史料群に収められなかったのだろうか。

ここで、明治二九年の品川の動きを再確認しておきたい。品川が御料鉱山払下げ阻止を求めて活動を活発化させたのは、二九年四月後半から五月一九日に払下げの裁可が下るまでのことであった。御料林問題で側面から当局を攻撃できるとしてもこの期間に限られてくる。桑名による同種の密告であっても六月以降の書簡が「鉱山一件」に含まれていないのは、もはや御料鉱山払下げの裁可が下ってしまった以上、御料林問題を利用する理由がなくなってしまったということが一つの理由であると考えられる。

もちろん品川は4－5－④にあるように、御料鉱山に関してはこの後の情報もいくつか収めているが、これは御料鉱山払下げ裁可後の動向が気になったためであろうと考えられる。また、⑤年代不明八月の桑名書簡の年代によっては別の理由も考えなければならないが、右の推察は理由の一つとして依然として妥当性を失わないだろう。

さて、品川は製糸業者への忠告、有力者間の奔走のみに止まらず、「鉱山一件」にまとめられた情報の一部を新聞にも流していたと思われる。国民協会の機関紙的存在で、御料鉱山払下げに関しても品川のリークが疑われる記事や、品川と符合するように激烈な払下げ反対論を掲げた『中央新聞』[145]では、金沢山御料林・千頭民有林の交換の一件もまた報道されていた。その記事の文面は、「鉱山一件」で桑名が品川に送った書簡と酷似しているので、左にその両者とともに掲げて対照してみたい。

（史料4－5－②－7抜粋）

一、諏訪金沢山ト千頭山ノ森林交換之件ハ内部ノ取調ハ稍熟シ、今明日上伺スルヿニ伝承セリ。上伺之上ハ自画自賛故、一朝ニ指令可相成、然ルトキハ諏訪将来ノ生産上如何ト深ク苦心致シ候。此交換ノ件ニ付テハ廿五年頃岩村ハ添書ヲ土州人ニ託シ、払下取調アル様ニト申来候事有之、其節ハ正々堂々弁ヲ為シ、該山ハ諏訪製糸ニ関スル重大ノモノナレハ、一時ニ払下ハ断然ナラズ。買度望ミナラバ、年々数ヲ限リ公売スルヲ以、其時ニ入札ス可キヲ答ヘタルニ、其者ハ其後音ナシニ相成リ候。其件ノ再燃今度ハ甘ク運ビノ付候事ニ相成リ、岩種江之得意ハ可知候得共、諏訪将来ヲ如何ト寝食ヲモ不安候。他ニ訴フル場モナシ。責テハ閣下ノ御耳ニモ入レ置キ度宜布御承知可被下候。実ニ朝鮮ニモ劣ル腐敗之極ト嘆息致シ候。佐々木御呼寄御聞相成候ハヽ、概略ハ相譯リ可申候。多分今日頃調査差出候様可相成ト存候。人ノ悪事ヲ露スル恥入候次第ニハ候得共、輸〔ママ〕入上大関係モ及ボシ候事ニ付、小事ヲ不顧申上候。彼等十露盤ハ如何ニ而モ夫レヲ嫉候訳ニハ決シテ無之候。宜布御承知可被下候。嗚呼〳〵

（史料4－5－②－2）

「大珍事之二」

信州諏訪郡金沢山東股御料林八百余町生木ノ儘遠州榛原郡千頭山民林ト交換ノヿ

諏訪郡ハ製糸ニ於テ全国ニ冠タリト雖薪木ニ乏シク、長野大林区部下ニ仰キ其不足ヲ金沢山払下ニテ補ヘリ。実ニ此御料林ハ諏訪製糸ノ命脈ニ関スル要林ナルヲ以テ、払下上注意ニ〳〵細ク永ク払下ノ積リニアラザレハ製糸上大影響ヲ生スルノ恐レアリ。廿五年頃土州人岩村ノ添書ヲ持参シテ該山ノ全部払下ヲ請求セシヿアリ。当時答フルニ該林ハ諏訪製糸ノ命脈ニ関スル大切ノ林ナレハ如何ナル良価ニテモ一時ニ払下ヲ為シ能ハス。年々数ヲ限リ公売スルノミト刎付ケタリ。其後モ最前之見込之通リ反別ヲ限リ年々払下ヲ為スニ、初メハ壱町歩ノ立木代三四拾円ナリシニ近時ハ六七十円ニモ上リシヤニ聞ク。日ニ騰貴ノ勢ナレハ、該山今日アル処ノ立木地ハ五百町モアルカ、其価ハ拾万円ニ下ラサル可シ。然ルニ今回東京麻布澤田耕ナルモノ、出願ニハ、遠州千頭ノ民林ヲ買ヒタルニ付、之ト交換セン〻ヲ請フニアリ。江崎ハ大熱心、種田モ大同意ニテ諏訪出張所森町出張所長ヘハ内命ヲ伝ヘ、注文之通リ交換見込ヲ出サシメタリト聞ク。或ハ今明日ニハ上伺ノ手順ニ可相成。然ルト上ハ自画自賛ハ種田ノ害処ナレハ旦夕ニ許可ノ指令ニナルハ不疑。
○金沢林ハ雑木中未曾有之良価ヲ占ムルノミナラス、諏訪地方命脈ニ関スル大要林也。
○千頭山ハ雑木ニシテ価アルヲ聞カス。其最上ノ場ハ之ヲ伐リ捨テ焼畑トスルノミ。其他知ル可キ也。
此ノ如キ交換ハ金ヲ以テ銘ニ換ユルモノ、如ク、彼レ等ハ自ラ為ニスル処タルヲ以テ如何ナル処分ヲモ為シ得可キモ、将来輸出上大関係ヲ及ボスニ至リテハ、恐ル可キノ極、又一言セザルヲ得サル也。嗚呼自画自賛モ甚タシキニアラズヤ。上下一致此事ヲ為ス之ヲ何ト云ハンヤ。

(「山林怪聞」〈『中央新聞』明治二九年五月一四日〉)

信州諏訪に金沢と云ふ処あり。其附近の御料林六百余町歩、製糸業者のため輪伐法を設け毎年払下を行ふ。製糸業者大に之れを便とす、遠州の山奥千頭と云ふ鳥も通はぬ処に数十町歩の民林あり。運輸不便森林殆んど無代価同様なり。一策士あり。千頭と金沢山とを交換せんとし岩村御料局長に悃願す。局長則ち添書し静岡御料林の当事者に紹介せり。当事者拒んで容れず。是に於てか忽ち免職となる。代りて当事者たるを江崎政忠氏とす。忽ち策士の乞ひを容れ製糸業者の便否と林価の有無とを算外に置き交換の議殆んど成る。諏訪人年々燃料に窮乏せるに今亦策士に金沢山を奪はれなば前後益々燃料の暴騰に泣くべしとなり。

右の『中央』の記事では、桑名が金沢山の一件が原因で免官となったと推測されている。その免官の原因は明確にはしがたいが、第一節でみた開明社の一件も含め、当時本局の意のままにならない人物が静岡支庁長の席にあることが不都合とされたためではないかと考えられる。このように、その記述には細かい点で異同があるにせよ、大まかな構成・内容は同じであり、何より表現の面でも類似点が多い。この問題は実際に現場に従事している者しか知り得ないような性質のものである以上、おそらく記者は現場に直接出向いたか、あるいは品川か桑名に聞き取りを行ったかのいずれかであると推察される。いずれにしても、御料林といった比較的地味な現場にスクープを求めて取材に出向くといったような勘は、何者かの示唆によらなければ働きがたいと考えられるので、品川かあるいは桑名が情報提供をした可能性があると考えてよいだろう(146)。

このように、品川が桑名からの内部告発を長きにわたって保管し続け、金沢山御料林の一件を契機として製糸業者への警告と同時に『中央』へのリークを行ったことには、同時期に品川が最も力を入れていた御料鉱山払下げ阻止を側面から補う目的があったと考えられる。

ちなみに、金沢山御料林と千頭民有林の交換は、結局実現しなかったようである。金沢山は横川山より早い時期から比較的開けていたこともあり、製糸業者の需要が継続的に見込めたためであるか、あるいは品川らの在野からの攻撃が功を奏したためであるかは史料からは十分判断しがたい。しかし、金沢山御料林はその後、第一次・第二次の不要存御料地処分を経て、確認できる限り昭和初期まで存続している(147)。

4 「品川派」技術官僚

以上みてきたように、桑名は御料局運営に携わる職責のなくなった品川に対し、御料局内部の情報を提供し続けていたが、このような行動パターンは、第三章でみた御料鉱山の技術官僚らと酷似していることに気づくだろう。行動パターンの類似に留まらず、実際彼らのように品川を慕い、品川の政治力や発言力を頼って彼が転任した後の御料局運営の非を訴える御料局技術官僚らは、互いに同じ一派としての仲間意識を醸成させていったと思われる。前節末尾で示した佐渡支庁長の渡辺渡の情勢展望では、「同人〔桑名〕ハ品川氏ガ入レタル人ニテ種田主事ト合ハズ、種田ハ品川氏ガ救ヒ上ケタ人ナレトモ今ハ本局長ト結託シテ苦談楼ニ反対スル男ト成レリ。可悪〱(148)」として、「本局長ト結託シテ苦談楼ニ反対スル男」となった種田について「可悪〱」と述べている。これは、岩村局長と種田主事を明確に品川と対立する存在と捉え、自身も彼らに対して敵対意識を抱いていることの表明に他ならない。この書簡が同じく御料鉱山の技術官僚である大島道太郎に送られたものであることを考えれば「仲間」どうしのやり取りなので、その認識はより直截的に表現されていると考えられる。そして、「種田主事ト合ハズ」免官となりそうな桑名に同情の視線が送られていることは確かであり、したがって桑名もまた渡辺らの中では同類視されていたことは間違いないだろう。

桑名もまた、御料鉱山の動向に少なからぬ関心を寄せていたと思われる。御料鉱山払下げ問題が新聞紙上で連日報道されていた明治二九年五月の品川宛書簡の中で、桑名は「御料之件新聞ニモ時々記載スル処驚キ入候」(149)と述べている。

このように、御料局技術官僚らの中には、その従事する御料地が鉱山であるか山林であるかを問わず、岩村御料局長による御料地運営に不満を抱き、品川を慕いかつ頼り、岩村局長らの非を訴える一派が存在していた。彼らはそれぞれが自らの与る領域の問題に関して品川と結びつくことがもっぱらであったが、他領域の問題に関しても少なからず関心を抱き、自派と同じような立場にある官僚に共感しさえした。このような行動パターンは、第五章で後述するように他の御料地でも見られたものであった。本書では、以下こうした御料局技術官僚の一派を「品川派」技術官僚と呼ぶ。

行動パターンは同様であったが、御料鉱山と静岡支庁管下の御料林とでは御料地経営理念において異なるところがあった。御料鉱山においては経営・技術の近代化とそのための資本投下が目指された。しかし、この立場は財政面で追及されうる脆弱性をもっていた。一方静岡支庁管下の御料林では、財政面での脆弱性を抱えていたわけではなかったが、民業奨励にこだわりすぎる点で木材の払下げ相手をめぐる対立を惹起しがちであった。しかしそうした相違を超えて、御料鉱山技術官僚らも静岡支庁の桑名もともに御料地を政府の行政を代替・補完する役割を担わせようとしていた点では共通していた。そしてこの点が、岩村らとの最大の違いであった。

これに対し、岩村御料局長のもとで不満を抱くことなく御料地運営に携わり、「品川派」技術官僚らと衝突することの多かった御料地官僚らもいた。それでは、彼らを「岩村派」官僚と呼ぶことはできるのだろうか。こうした「品川派」とは対立する側の御料地官僚については、江崎技師[150]が残した多くの回顧によりその認識の一端を知ることができる。回顧録という史料の性格上どうしても限界はあるが、御料局内の政治的対立構図については、「品川派」同様の認識であったことが示される。江崎は、岩村が「山縣さんと極く仲が悪かつた[151]」と見ており、それゆえ山縣を後ろ盾とする「品川さんも岩村さんのことは善くは言はない。品川さんから、岩村さんも酒を飲んだ時のやうな勢で居ると善い大臣だが、不断《(ママ)》はどうも優柔で、と聞かされた[152]」と回顧していたことや、江崎が「岩村さんには僕は非常に世話になつたし、今でも偉い人だと思つて居る[153]」と語っていたことは既に第三章でも見てきた通りである。また、後に大阪財界の重鎮となった江崎は、昭和八年に大阪の大江ビルヂングでの大阪談話会にて岩村を顕彰するための講演を行い、後日速記したものを『岩村通俊男の片鱗』という冊子にまとめている。これらのことを見れば、江崎は「岩村派」と見做してよいように思われる。

　しかし、このことは江崎が品川を完全に敵対視していたことを意味するものでもなかった。江崎は御料局入りして初めて品川と面会した際、品川から訓示を受け取ったのだが、「私は其時の訓示を、今に能く記憶して居り、猶ほ其時の局長の風貌はアリ〳〵目の前にある様な心持ちが致すのである」「私は御尤の訓示と、深く肝に銘じて今に忘れぬ次第である[154]」と回顧している。江崎は確かに岩村の下で忠勤し、個人的にも親しい関係を築いていたが、品川の推薦で御料局入りしたという事情もあり、品川の印象は決して悪いものばかりではなかったのである。

　ただ、江崎が品川及び「品川派」に必ずしも同調しなかった理由は、局内に煩わしい対立を持ち込んだ点にあると思われる。江崎は、岩村が御料局長に就任した際に主事として御料局に残った佐々木陽太郎、種田邁をそれぞれ「山縣さんの子分」、「品川さんの子分[155]」と認識していたようである。そして、両者が「品川さんに入れられて御料局に居つたのだから、品川さんと岩村さんの間に立つて随分弱つて居つた[156]」と回顧している点に注目したい。しかもこの主事二人の仲も良くなかったというので、江崎は「僕等も随分それで長いこと困らされたよ[157]」と言うのである。

　おそらく江崎は、技師としてただただ上官の岩村の指示に忠実に従っただけなのだろう。下僚として真面目に勤務しようと思えば、品川のように外から介入しようとする人物よりも、内部の上官の命に粛々と従っておくのが最良の選択となる。江崎のこの姿勢は、「品川派」技術官僚らには「岩村派」のように見えたのかもしれない。

主事の種田に関しては、一六歳のときに岐阜の大垣から上京し、英学を学んで大蔵省、次いで農商務省山林局勤務を経て御料局主事となったが、それ以上の情報はよくわからない。[158]しかし、江崎の証言や、先に示した鉱山技術官僚渡辺渡の書簡にあるように、品川寄りの佐々木主事と不仲であったということから、「品川派」の中では反「品川派」と目されていたものと思われる。したがって、以下ではこのような江崎・種田、本局の岩村なども含め、「品川派」官僚から敵対視されていた人々を、便宜的に反「品川派」と称する。

こうした反「品川派」の種田も江崎もまた政府官僚出身であった。経歴の面では桑名とほとんど変わらないにもかかわらず、江崎や種田は桑名と違って、御料林問題に政府の行政的課題を持ち込むことはしなかった。宮中の自律性を下支えしていたのは、彼らのように置かれた部局と立場に忠実な技術官僚だったのである。

おわりに

本章の検討からは、皇室と国益産業としての製糸業との関わりについて一つの発見があった。従来、皇室と製糸業との関わりというテーマで論じられる際、もっぱら皇后・皇太后親蚕[159]や、製糸場への行幸啓が産業奨励に果たした役割といった点[160]から論じられてきた。しかし、本章では、明治二〇年代の御料林においては、そのような象徴的な効果ではなく、御料林の木材売却という実利の提供によって製糸業者（特に中小の業者）を優遇することで、産業奨励を行うという方法がとられていたことを明らかにした。

御料林は皇室財産である以上、収益を出して維持していかねばならないことは論を俟たない。実際、静岡支庁管下の御料林・御料原野の選定に際しては収益性の観点が重要な評価基準であったし、編入後もより正確な収益性の見通しをつけることを前提にすぐさま「処分」が計画されていた。しかし、編入後の運営の中で収益性の問題はいかに表れてくるのか、御料局はいかなる事業を行っていたのかに関しては、これまでの研究ではほとんど不問に付されてきた。これに対し、本章は木材の売却で収益を出すのみならず、その売却方法の工夫によって製糸業者に利便を与えていたことを示し、右の問いに一つの答えを導き出した。

明治二六年まで御料局静岡支庁長であった桑名茂三郎は、横川山御料林の一件では、開明社単独への年期特売が当時御料局のほぼ唯一の大口の収入源となりうるにも関わらず、これを却下した。それは、開明社のように単独で立木払下げを行う資金力のない中小の製糸業者にも払下げの途を開くことを重視していたからであった。同様に、金沢山御料林・千頭民有林交換の一件でも、毎年数を限って公売していたことから、中小の製糸業者も含めた製糸業者全体の利益が念頭にあったものと思われる。これに加え、桑名は御料林として保持し続けることで、燃料価格を抑制し、製糸業者の経営を助けることも重視していた。

特に、後者の一件ではその認識が顕著に見られた。横川山御料林ではその利用者は開明社と他の製糸業者一般の問題であったが、金沢山御料林では、製糸業者と他業者が御料林内立木の利用をめぐって競合する関係にあった。桑名は、製糸業者と他業者であれば、前者の方に優先的に御料林の利用を促し、転売による木材価格暴騰の弊を防ごうとしていた。そして、桑名が信頼して依存し続けていた品川弥二郎もまた彼の問題意識に共感を示していた。

中小業者も含めた製糸業者の保護・勧奨を御料林で行うということは、本来政府において行うべき行政活動を御料局で部分的に肩代わりすることを意味する。御料林にこのような役割が期待されたのは、明治二〇年代という時代が、製糸業界再編の時期にあたっていたからであると考えられる。諏訪郡では、開明社のような突出した大資本が現れる一方で、依然として不安定な経営を続ける中小の資本家が存在していた。政府の産業政策は金融や交通機関整備などによる間接助成であり、それらは桑名や品川などのように中小産業家に力点を置いた産業界全体の底上げを目指す者たちにとっては施すべき余地を大いに残していると受け取られるものであった。御料林はその余地を埋めるべきものとして期待された。御料林がこのような形で政府に代わる「もう一つの行政」として期待されること自体、明治二〇年代という時代の特徴を表していると考えられる。このような考え方は極めて産業行政官的であるといえるが、品川はともかく桑名は政府で産業行政に携わった経歴があるわけではないので、あくまで彼の個人的な問題意識に基づくものであろう。

これに加えて、桑名の御料林認識にはもう一つ宮中官僚らしからぬ信念があった。それは、民間の私人への強い不信感である。彼は横川山の一件でも金沢山の一件でも、一貫して特定の民間の私人に御料林を預けることに強い不信感を示し、御料局の管理のもと毎年一定量の伐採を行うことにこだわっていた。彼のこのような認識は、明治一〇年代の官林における林務官に共通したパターナリズムともいえるものであり、特に御料林官僚に特有の観念であるとはいえない。

桑名において御料林とは、官林とともにこのような行政上の課題を負うべき重要な場所であると認識されていたと思われる。それゆえこのような理念を実現する足場を失ったことへの不満が、岩村や種田らへの個人的怨嗟を生み、免官後に異様なまでの執念で岩村らを告発し続けることにつながったのだと考えられる。このように、本章でみた静岡支庁における二つの事例は、御料林という場が政府の林務官出身技術官僚のキャリアと信念の正否を問う場になっていたことがわかる。

桑名のような考え方は、品川の殖産興業政策指導者としての構想にも通じる(161)。品川の農商務省時代以来の活動は、前田正名の「興業意見」へのフォローや、信用組合法案策定、地方の篤農家や報徳思想の実践者などとの交流・指導などに見られるように、中小農や中小実業家を保護することで国益を増進させるべきだという信念に根差したものであった。それゆえ桑名の訴えは品川をも動かしたものと思われる。しかし、それは当時の産業行政の中で決して主流とはいえなかった。

品川の静岡支庁管下御料林における影響力の行使は、岩村らの御料林運営への疑問を政府有力者らに示してみせることや、新聞紙にそれらをリークすること、地元産業家らに警告を与えることといったような具体的な行動もさることながら、そのような行動に表れない無形の力も見過ごすことはできない。御料局を去って御料地問題に関与する権限も失った品川に対し、桑名が引き続き内部の情報を送り続け、後任者への不満を訴え続けたことは、品川が桑名にとって他見を憚るような赤裸々な当局者批判を受容してくれるという信頼感を与える存在であったことを意味する。かつての農商務省「殖産興業グループ」と同様に、品川のこのような無形の精神的支柱としての役割は、静岡支庁管下の御料林においても無視しえないものであったといえるだろう。

品川が桑名を陰に陽に支えたのは、御料鉱山と同様に、明治一七、八年以来の問題関心を農商務省に返り咲くことではなく御料局を使って代替・補完的に実現することであったためであると見なすことができる。御料鉱山においても御料林においても、結果的にこのような品川の意図は果たされずに終わるのであるが、それに対して精一杯の抵抗を示したことは、御料局における活動が品川においていかに重要な意味を持っていたかを物語るものである。そしてそれは、明治一七、八年の「宿志」を介さずしては十分に説明がつかない。

もちろん、品川が御料林経営の問題の告発に踏み切った直接の契機が御料鉱山払下げの阻止にあったと考えられることは、史料の残存状況から推察した通りである。しかし、明治二六年以降の御料林問題をストックし続けていたということや、金沢山御料林の交換一件に関して実際に製糸業者らに忠告し、対策を促していたことなどから、品川もまた製糸業者に不利な影響を及ぼす御料林運営を問題視していたということはおそらく間違いないであろう。

桑名や品川が考えるような御料林の役割は、もとより御料林設置当初から想定されていたものではなかった。しかし、品川においても桑名においても、このような役割は何ら逸脱ではなく、それこそが御料林として相応しいあり方であると信じて疑わなかった。それゆえ桑名は、岩村らの御料林運営を製糸業者の利益を度外視していると告発できたのであるし、品川もそのことを有力者や新聞に訴えることができたのである。

本章におけるもう一つの発見は、御料林においても御料鉱山技術官僚と品川との関係によく似た関係性が見出されたことである。静岡支庁における桑名と御料鉱山の技術官僚との間には、「品川派」とも見なすべき仲間意識が形成されていた。(162) 桑名は品川に結びつき、品川が御料局を離れた後も、彼に御料局内部の情報を送り続けていた。しかし、桑名と御料鉱山の技術官僚たちとは、御料地において政府の行政的課題の解決を図ろうとする点では共通していたが、御料鉱山では技術革新・近代的経営が目指されたのに対し、御料林ではあくまで旧来的経営を継続していた。このことにより静岡支庁管下の御料林では御料鉱山とは異なり、収益面での争点は生まなかったものの、政府との関係をより先鋭に争点化せしめることとなった。

品川は、御料鉱山では高等教育を受けた技術官僚の学知・技術を最重視していた。しかし、御料林においては、近代的な計画的施業以上に、隣接する地域の在来産業従事者の利用に役立て、中小業者も含めた産業全体の底上げを狙うことの方に重点を置いていたように見える。

品川が桑名のような産業行政官的な、あるいは林務官的な人物を重用したことは、品川自身が御料局長として民間での林業奨励活動を行っていたことからも頷ける。明治三一年に御料局に入局した山林技術官僚の和田国次郎は、後の回顧の中で、次のように語っている。

品川子爵が御料局長時代に職務上当然かも知れませんが、山林の事を非常に方々に勧誘されて、只今の住友に御話になつた事も其時代ではないかと思ふのですが……矢張りさう云ふ風に子爵は各所をお歩きになる際に山林の効能を御示しになつたやうであります。[163]

ここで見られるように、品川は御料局に入っても、本来は政府における林政の目的たる民林奨励の方に関心があり、実際そのような活動をしていたことがわかる。宮内省御料局の官吏が農商務省と主管業務の重なる活動をしていることは、「私設農商務省」と呼ばれた前田正名の全国行脚のように越権行為と見なすこともできる。しかし、それに対して実際に政府から何かの懸念が示されたというようなことはなかったようである。興味深いのは、和田がこのような品川の活動を「職務上当然かもしれませんが」と語っていることである。和田は、品川時代の御料局を直接的には知らず岩村局政を絶賛することが多いのだが、この言説は彼が品川時代の活動にも一定の理解を示していたということを意味するからである。このように見ると、品川の御料林に対する向き合い方は、必ずしも特殊な立場でも、ましてや非難される性質のものでもなかったことがわかる。

これに対し岩村は、後世になると御料林において近代的な林業を開始した功労者として評価される。[164] しかし、品川も決して御料林経営の近代化に無関心であったわけではなかった。品川は、御料林でも技師以下の技術官僚には高等教育機関出身者を積極的に登用していた[165]。御料林における近代的林業開始の功が品川ではなく岩村に帰せられるのは、品川が創業期の御料林に短期間しか携われなかったことや、鉱山部門と山林部門での官吏養成機関の違いが大きかったためといわねばならない。鉱山では既に明治一〇年代から官界の上層部に学士保有者が進出していたのに対し、山林では東京山林学校設立が明治一五年、その後継となる東京農林学校から最初の卒業生が輩出するのは明治一九年であるから、官吏養成機関の発達が圧倒的に遅れていたのである。

政府が明治一〇年代にとっていた殖産興業政策のなかで生まれた、独特な政策構想を抱く一派＝品川と「品川派」技術官僚は、議会開設後の政府で十分行うことのできない、地方の産業家に対する個別の利益供与とそれによる産業保護を御料林において図ろうとしていた。御料林は御料鉱山における と同様に、産業行政上の政策課題を代替・補完する場として活用することが可能であった。それは鉱山と同じく、政府の産業行政と扱う対象を同じくしており、山林という形態自体が産業行政上の目的から利用されやすいという特徴をもっていたこと、創業当時は行政各部から技術官僚を補充するしかなかったということ、法制度的には何ら産業行政上の目的を付与することを妨げるものはなかったこと、品川らのような目的で御料地を運営することが一定程度の合意が得られる行為であったこと、財政制度上の「宮中・府中の別」という条件が重なったことなどが要因であろう。

品川や桑名が御料林に持ち込んだものは、政府の産業政策の理念と目的であった。制度上は分離された宮中・府中であったが、御料鉱山と同じく府県の御料林においてもまた、運営目的や慣行の面で宮中・府中の未分離な実態が明らかになった。これは、御料林設置当初から想定されていた事態では必ずしもなかったし、政府においてもコンセンサスがあったわけではなく、ひとえに品川と桑名の義憤からする独断であった。義憤の独断・暴走は孤独であり、悲劇である。そして、何よりこのような目的で御料林経営が行われることは、皇室財産を多方面から争点化しかねない危険性をもっていた。

一方、本章の事例からは岩村の考えは十分明確に見えてこないため、桑名の証言や客観的事実から再構成せざるをえない。しかし、桑名が「岩村派」とみなした種田主事や江崎の立場は比較的見えやすかった。そこから推察するに、岩村の御料林経営は、開明社一件では不安的な創業期の御料地に可能な範囲の安全で確実な方法を優先していて、金沢山御料林の一件では、御料林経営の集約化による合理的施業を最優先していたということができるだろう。明治二〇年代半ばからは、御料地踏査や境界調査、実況見分などを行い不要存御料地を選定し、三一年から一挙に計画的「処分」に着手することを併せ考えれば[166]、岩村はいずれは近代的・計画的林業の開始を念頭に置いていたものと考えられる。

もちろん、岩村らの御料林経営にも「情実」面での疑念がないわけではなかったが、それは品川にも言えることであった。農商務省時代の部下であった前田や武井らの所有する山林を御料局に買い上げてもらうよう動いていたことは第二章でみてきた通りであるし、人事面でも宮内省外から介入していた[167]。また、品川も時間さえあれば岩村のように近代的林業に着手できていたかもしれない。したがって、これらの点に関しては表層的な差異であると考えられるが、最も強調しておきたい点は、岩村が品川らのように政府の行政上の課題を御料林で解決しようとは考えなかったということである。つまり、「宮中・府中」関係に対する認識が両者を分ける最大の相違点であり、本章で見てきた事例は本質的には「宮中・府中」関係を映し出す事例であったということである。

ところで、品川や桑名のような考え方が依然として存在し、彼らの忠告を受け入れて行動した諏訪製糸業者がいたように、彼らのような考え方も依然として一定の支持を集めるものであった。このことは、当時の民間製糸業発展の段階から眺めてみると首肯できる。諏訪の製糸業では、明治二〇年代半ば頃から薪材の枯渇を背景として開明社、龍上館といった有力製糸業者を中心に燃料を石炭に転換しつつあったとされているが[168]、一方で薪炭や石炭の価格も高騰し、またボイラー事故も相次ぎ石炭への転用は容易には進まず、一般には長く続くと言われる「蒸気の時代」は諏訪製糸業においてはきわめて短期で終わり、早くも一八九〇年代末から水力発電による電力の利用が進んだと言われている[169]。製糸業者は、必ずしも薪炭に動力源を依存していなかったのである。開明社による横川山御料林の立木特売請願は、このような動力の端境期になされた。とはいえ、諏訪の各製糸業者が様々に動力源を模索していたこの時期、リスク分散の観点からも動力源を多角化する必要があり、完全に薪炭を捨て去るわけにもいかなかったのだろう。

品川が金沢山御料林と千頭民有林との交換を一部において表面化させた明治二九年は、製糸業も開明社のような大資本を中心に発展し、製糸業界を再編し始める時期にあたる。しかし、製糸業界は完全に大資本により再編されていたわけではなく、依然として御料林の立木払下げの恩恵に与らずしては経営が成り立たないような中小資本が存在した。これに加えて器械製糸の急成長による燃材需要の急増とそれによる木材不足、木材価格の高騰などの要因も絡み、中小製糸業者全体の経営を圧迫していた。品川や桑名はこうした状況に目を付けたのであり、それゆえ彼らの主張は一定の支持を得ることができたのだと考えられる。

最後に、本章では検討できなかったが、桑名は御料林にもう一つ重要な役割を求めていたことに触れておきたい。それは、政府による国土保全行政の肩代わりであった[170]。このような認識は主に農商務官僚らに特徴的であったのだが、実は静岡支庁に限らず御料林一般にも見られる認識であったようである。しかも、それはどういうわけか、「品川派」官僚と見なすことのできる人々により開陳される傾向があった。そのことの政治史的意義は、次章で北海道御料林を事例として検討する中で、より明らかにされるであろう。

（1）『帝林』一三四頁。
（2）前掲御厨貴『明治国家形成と地方経営』第二章第一節三、第二～四節。
（3）以上、本段落の記述は全て『帝林』三一～四頁による。
（4）「三府十一県下官林御料地ニ編入方ニ付内務農商務両大臣へ照会及内閣へ内申等ノ件」（宮内庁書陵部宮内公文書館所蔵「地籍録7　明治22年」帝室林野局、識別番号56004-6）。
（5）「全国官林ノ内御料地ニ編入スヘキ反別取調ニ付請議ノ件」（前掲「地籍録7　明治22年」）。
（6）前掲「三府十一県下官林御料地ニ編入方ニ付内務農商務両大臣へ照会及内閣へ内申等ノ件」。
（7）明治二一年六月一一日付内閣総理大臣黒田清隆宛宮内大臣土方久元内陳（前掲「公文類聚・第十二編・明治二十一年・第七

巻・宮廷・内廷・宮殿・雑載」)。
(8) 前掲「公文類聚・第十二編・明治二十一年・第七巻・宮廷・内廷・宮殿・雑載」。
(9) 前掲明治二一年六月一一日付内閣総理大臣黒田清隆宛宮内大臣土方久元内陳。
(10) 明治二一年五月二八日付閣議書類付箋(前掲「公文類聚・第十二編・明治二十一年・第七巻・宮廷・内廷・宮殿・雑載」)。
(11) 明治二一年七月二〇日付内閣総理大臣黒田清隆宛宮内大臣土方久元内陳(同右)。
(12) 明治二一年七月二五日付閣議書類(同右)。
(13) 前掲御厨貴『明治国家形成と地方経営』第二章第二節。
(14) 同右。
(15) 前掲明治二一年七月二五日付閣議書類中「井上農商務大臣意見」と題する付箋の貼付された文書による。
(16) 同右。
(17) 同右。
(18) 同右。
(19) 前掲御厨貴『明治国家形成と地方経営』一六六〜一六八頁。
(20) 「官林官有地区分取調委員設置ニ付内務農商務両大臣へ協議ノ件」(前掲「地籍録7　明治22年」)。
(21) 前掲御厨貴『明治国家形成と地方経営』一七六頁。
(22) 明治(二二)年(七)月付書類(『伊藤文書』一、二二七頁)。
(23) 「帝室御財産制定建議書献納願」(宮内庁書陵部宮内公文書館所蔵「御財産設定に関する建議書　明治17〜大正14年」識別番号61740)。
(24) 同右。
(25) 塩澤健「帝室財産制定ノ嚆矢　林学博士中村弥六先生意見書　緒言」(前掲「御財産設定に関する建議書　明治17〜大正14年」)。
(26) 中村弥六は、安政元年一二月八日信濃国に生まれる。明治三年開成学校に入学し、ドイツ語を学ぶ。同九年八月三〇日、ドイツ語教員として東京外国語学校に雇われる。一〇年五月一〇日には大阪師範学校教師となるなど、当初は教職の道を歩んでいたが、一一年一〇月五日に内務省地理局雇として山林課に勤務すると、以後は林務官としてのキャリアを積む。一二年五月から官制改正により山林局勤務となり、一三年三月三〇日からは大蔵省御用掛となってドイツに留学する。一五年六月二八日にドイツで森林学士を取得。帰朝後、一六年一〇月四日には農商務省権少書記官となり、二〇日には東京山林学校教授を兼任する。一九年七月二二日からは発展改組した東京農林学校にて教鞭をとる。二一年一〇月一九日には官林官有地取調委員を拝命する。二二年二月一日からは農商務省の林務官となり、二三年三月一一日に非職。以後は大隈重信との縁故から立憲改進党の政党政治家となり、二四年七月一日には郷里長野県第六区から衆議院議員に当選、山林・治水系議員として委員会・本会議で活動した（『復刻版　林業回顧録』〈大日本山林会、二〇一四年。原本は吉田義季編、大日本山林会より一九三〇年刊行〉一～八頁「履歴書」）。

中村弥六の建議「帝室御有ノ財産ヲ今日ニ制定ス可キノ意見書」は、前掲「御財産設定に関する建議書　明治17～大正14年」に三通残されており、『復刻版　林業回顧録』一一七～一三二頁にも収録されている。「御財産設定に関する建議書　明治17～大正14年」所収の三通のうち、一通は中村が明治一七年に提出した草稿の謄本と考えられる（後述）。二通目は、「帝室御財産制定建議書献納願」と題する書類に添付されており、後の写である。同書類は、昭和三年八月六日に当時の宮内大臣一木喜徳郎宛に出されている。この書類が昭和に入ってから編まれた経緯としては、次のようなことが考えられる。すなわち、御料地のうち農地の処分が既定路線となり、御料林に一本化されようとしていた大正後期以降の潮流に合致する意見書が、既に御料地設置前に出されていたことに注目が集まり、献納に至ったものと思われる。中村の意見書は、当時様々にあった「設定論」の一つであったにすぎず、しかも後に示すように、御料局長官肥田濱五郎の反対にあってその全ては採用されなかった。それにも関わらず、「先生か明治聖代の初めに於て此の如き意見を懐抱せられ、而も帝室の財産として一に森林を推され、農地を不可となしたるは、実に卓見なりと謂ふへし」（前掲塩沢健「帝室財産制定ノ嚆矢　林学博士中村弥六先生意見書　緒言」）と評価されていることは、右に示した推定を裏付けるものであろう。

三通目は、「帝室財産制定ノ嚆矢　林学博士中村弥六先生意見書」中に収められている。これは、表紙に「林野局誌係」とペン書があることから、大正一三年四月に御料局、帝室林野管理局の後身として誕生した帝室林野局の局誌編纂用に収集されたものと考えられる。これは、大正一四年二月一五日に札幌支局官舎内で塩澤健がまとめたものである。塩澤は、元治元年五月五日駿州富士郡に生まれる。明治二五年に帝国大学農科大学林学科卒業。卒業論文として「帝室山林論」を作成し、前編で帝室財産を汎論し、正編において山林を帝室の唯一の財産となすべきことを論じ、同年御料局に就職する。その後御料局、帝室林野管理局、帝室林野局に奉職し、昭和四年に退官する（前掲塩澤健「帝室財産制定ノ嚆矢　林学博士中村弥六先生意見書　緒言」、前掲『明治林業逸史続編』三六六～三六七頁）。現在宮内公文書館に複数の中村「設定論」が残っているのは、塩澤が大正一四年一月中旬から二月初旬に公務で上京した折に、一日の閑暇を得て中村の宅を訪れた際に、同書草稿を借用し、帰任後に数本の謄本を作ったとあるから（前掲塩澤健「帝室財産制定ノ嚆矢　林学博士中村弥六先生意見書　緒言」）、そのためであると思われる。ちなみに、塩澤は『明治林業逸史　続編』に「御料林に関する二三の事項」と題した文章を寄稿しているが、これは中村「設定論」の内容が根拠となっていると考えられる。

(27)　前掲「帝室御有ノ財産ヲ今日ニ制定ス可キノ意見書」。

(28)　「肥田浜五郎意見書草稿」、前掲「臨時置局ノ上官有地処分ノ建言」（表1－1参照）。

(29)　前掲塩沢健「帝室財産制定ノ嚆矢　林学博士中村弥六先生意見書　緒言」。

(30) 明治七年の地租改正により、地主が地租を金納するようになったこと、西南戦争後のインフレにより農作物価格も高騰し、地主は米価の値上がりと金納固定地租の差益を入手するようになったこと、明治一七年の地租条例により地価が定まり、地租が地価の二・五％に固定化されたことに加え、将来の土地生産力の増大と農産物価格上昇が見通されるようになったことなどによると言われている（旗手勲『日本における大農場の生成と展開』〈御茶の水書房、一九七八年〉六頁、二四～二五、三七～三八頁）。

(31) 中井弘は明治二〇年七月九日付の書簡の中で、山縣有朋に対し次のように説いている。

近来土地追々高価に赴き民間も是迄商工之株券にのみ競争罷在候処、例応土地之貴重なる事に感覚を来たし、土地之売買是より甚敷変動を起し可申と奉存候（『山縣文書』三、一一頁）

これを見ると、政府有力者の間で土地の有利性が認識され、投資熱が醸成されていたことがうかがえる。

(32) 明治二一年四月一六日付長野県知事宛御料局長官照会書（控）（前掲「地籍録8　明治22年」）。欄外に「四月十七日（朱書）「達済」（印）」と有。

(33) 明治（二一）年四月一三日付大木真備・岡田俊之介宛主事山本清十書簡（前掲「地籍録8　明治22年」）。

(34) 前掲塩澤健「帝室財産制定ノ嚆矢　林学博士中村弥六先生意見書　緒言」。

(35) 同右。

(36) 官林と官有山林原野の違いについては、図4－1参照。

(37) 以上、同段落の記述は前掲「地籍録7　明治22年」、「東京府外二府十県下官林及官有山林原野ノ内皇宮地附属地ニ編入ス」（国立公文書館所蔵「公文類聚・第十三編・明治二十二年・第六巻・族爵・種族・勲等、宮廷・宮殿・行……」請求番号：類００３９１１００）に基づく。

(38) ちなみに、御厨氏はこの両者の対立について「長派」と「薩派」の対立とみている（前掲御厨貴『明治国家形成と地方経営』二一八頁）が、井上と前田を、それぞれの出身藩によって色分けすることはできない。前田の庇護者は長州出身の品川弥二郎であり、品川は薩摩出身の西郷従道とも親しく、後には両者ともに国民協会創設に関わる。そして、林政に関しては、播州姫路出身の武井守正も「前田派」の一員であったとされている（前掲梅村又次「松方デフレ下の勧業政策」、前掲祖田修『前田正名』）。このように考えると、農商務省内の「前田派」は、単に出身藩閥ではなく、行政上の理念を共有する一派であると見なさなければならないだろう。

(39) 前掲御厨貴『明治国家形成と地方経営』第二章第四節。

(40) 本書第三章。

(41) 本書第五章。

(42) 明治一八年から順次編入された牧場は、二三年までに全て御料局の所管を離れ、主馬寮の所管に移っていた（『帝林』第六章第八節）。
(43)『松方文書』六、一三二～一三三頁、また『伊藤文書』六、四四九～四五〇頁。
(44)同右。
(45)『松方文書』翻刻では「上」となっているが、文脈上、及び原史料との照合の結果、「土」の誤りであると判断した。
(46)『帝林』五三四～五三五頁。
(47)日本の「産業革命」の定義や評価及びその変遷に関しては、石井寛治「第2巻　はしがき」（石井寛治・原朗・武田晴人編『日本経済史2　産業革命期』（東京大学出版会、二〇〇〇年）、中林真幸「新しい産業革命論の可能性」（社会経済史学会編『社会経済史学の課題と展望』有斐閣、二〇〇二年）、同『近代資本主義の組織　製糸業の発展における取引の統治と生産の構造』（東京大学出版会、二〇〇三年）四四～四六頁、中西聡編『日本経済の歴史　列島経済史入門』（名古屋大学出版会、二〇一三年）二〇三～二一一頁、中村尚史『地方からの産業革命』（名古屋大学出版会、二〇一〇年）一～三頁、同「日本の産業革命」（『岩波講座　日本歴史　第16巻　近現代2』（岩波書店、二〇一四年））、同「資本主義的な生産組織の形成―工業」（深尾京司・中村尚史・中林真幸編『岩波講座　日本経済の歴史　第3巻　近代1　19世紀後半から第一次世界大戦前（1913）』岩波書店、二〇一七年）、前掲沢井実・谷本雅之『日本経済史』第3章を参照した。
(48)以上、明治二〇年代における製糸業の展開については、古島敏雄『産業史　Ⅲ』（山川出版社、一九六六年）第二篇第三章第一節、北島正元『製糸業の展開と構造』（塙書房、一九七〇年）、石井寛治『日本蚕糸業史分析』（東京大学出版会、一九七二年）、長野県製糸業に関しては矢木明夫『日本近代製糸業の成立―長野県岡谷製糸業史研究―』（御茶の水書房、一九六〇年）、竹内壮一「近代製糸業への移行」（永原慶二、山口啓二編『講座・日本技術の社会史　第三巻　紡織』日本評論社、一九八三年）、前掲中林真幸『近代資本主義の組織』、武田安弘『長野県製糸業史研究序説』（信濃史学会、二〇〇五年）、前掲沢井実・谷本雅之『日本経済史』を参照した。
(49)長野県諏訪郡平野村役場編刊『平野村誌　下』（一九三二年）三八四頁。
(50)前掲『平野村誌　下』三八三～三八五頁、江口善次・日高八十七編『信濃蚕糸業史』下巻（信濃毎日新聞社、一九七五年。復刻原版は一九三七年）九六六～九六七頁。
(51)前掲『平野村誌　下』三八四～三八五頁。
(52)前掲『信濃蚕糸業史』下巻、九六八～九七〇頁。明治二六年には信越線が全通し、大屋から中山道・和田峠経由で諏訪への物資輸送が可能になったが、石炭は嵩高であり輸送コストが依然として高かった。篠ノ井線が塩尻まで開通するのは明治三五年、中央本線が岡谷まで開通するのは三八年であったため、明治二〇年代においては設備投資に余裕のない中小製糸業者にとって燃料の石炭への転換は困難であった（小口圭一「中央本線開業百周年　中央線全通にかけた製糸家たち―「国家経済を保つに最も必要なる線路たるを信ず」―」〈『岡谷蚕糸博物館紀要』一〇、二〇〇五年〉、杉山伸也「日本の産業化と動力・エネルギーの転換」〈『社会経済史学』八二-二、二〇一六年〉二六〜二八頁）。

(53) 明治一二年一月に結社申合せ完了、七月から事業を開始し、翌年県庁に正式に届け出た（前掲『信濃蚕糸業史』下巻、一〇三八〜一〇三九頁、片倉製糸紡績株式会社考査課編『片倉製糸紡績株式会社二十年誌』〈ゆまに書房、一九九八年、復刻原版は一九四一年〉二一頁、明治一六年「諏訪郡平野村開明社創立主意書幷工場取調書」、明治一七年五月「生糸製造開明社規則」〈ともに、長野県編『長野県史　近代史料編　第五巻（三）産業　蚕糸業』長野県史刊行会、一九八〇年〉四六九〜四七六頁、前掲『平野村誌　下』一八四〜一八五頁から総合的に推定）。開明社については、右文献のほか、山口和雄編著『日本産業金融史研究　製糸金融篇』（東京大学出版会、一九六六年）第二章第二節二、中林真幸「製糸資本の勃興―蚕糸業再編期の開明社―」（『土地制度史学』一三八-二、一九九六年）を参照。

(54) 長野県の製糸結社については、前掲山口和雄編著『日本産業金融史研究　製糸金融篇』第二章第二節、前掲矢木明夫『日本近代製糸業の成立』二三八〜二三九頁、前掲『信濃蚕糸業史』下巻、一〇二六〜一〇三〇頁、前掲『平野村誌　下』一七〇〜二一三頁、前掲『片倉製糸紡績株式会社二十年誌』二〇〜三二頁、前掲中林真幸『近代資本主義の組織』一六三〜一六四頁。

(55) 前掲山口和雄編著『日本産業金融史研究　製糸金融篇』一六五〜一六九頁では、明治二〇年代に諏訪郡平野村に存在した製糸結社を二種類に分類し、そのうち結社全体の規模が大きく、結社を構成する主体が大規模工場にあり、かつその後の諏訪製糸業の発展過程で主導的な地位を占める、平野村南部に立地する結社を第一類型とし、その中でも例外的に大規模で主導的な役割を果たした結社として開明社を位置づけている。

(56) 開明社の社長は結社申合せの中心となった片倉兼太郎、尾澤金左衛門、林倉太郎の三人が一年交代で担当した（前掲『片倉製糸紡績株式会社二十年誌』三二頁）。

(57) 辰野町誌編纂専門委員会編『辰野町誌　自然編』（辰野町誌刊行委員会、一八八九年）五〇〜五五、九二〜一〇一頁。

(58) 国立公文書館つくば分館所蔵「開明社予約払下書類　明治25年以降」（請求番号　平19農水16872100）。開明社の特売請願書は、岡谷蚕糸博物館所蔵「製糸関係書類　十五」（平野村役場、請求記号5-119）中にも収められているが、書類の日付は二五年一一月付で、平野村長井上十蔵の奥印がなく、宛先も記されていない。つくば分館所蔵の書類には、井上村長の印、宛先（御料局静岡支庁長御料局理事桑名茂三郎）も記されており、文面も改定・増補されている。つくば分館所蔵の林野庁旧長野営林局所蔵史料には、御料局に保管されていた文書も残されている（太田尚宏「「中部森林管理局所蔵史料調査報告」中部森林管理局所蔵史料調査の記録」〈『徳川林政史研究所研究紀要』四〇、二〇〇六年〉、徳川林政史研究所編「「調査研究活動報告」国有林史料の保存と活用にむけて―全国森林管理局所蔵史料調査の全記録―」〈『徳川林政史研究所研究紀要』四二、二〇〇八年〉）ことから、岡谷所蔵分は、平野村長段階で訂正・確認を求められ返却されたものの控と思われ、つくば所蔵分は実際に改定のうえ、御料局静岡支庁まで提出され、御料局に残された正式な請願書と推定できる。
(59) 前掲「開明社予約払下書類　明治25年以降」、及び前掲「製糸関係書類　十五」。
(60) 同右。
(61) 同右。
(62) 『帝林』七〇六頁。
(63) 同右、七〇五～七〇六頁。
(64) 前掲小林延人「宮内公文書館の佐渡鉱山関係史料から見る宮内省決裁」では、「事業録」の史料論的性格を明らかにしている。それによると、「事業録」は御料局所管各支庁・部局、及び委託御料地を管理する各府県が毎年本局に対して行った事業報告を取りまとめたものであり、予算書や決算書では捕捉しきれないより細かい事業内容を知ることができるという（同右、三一頁）。
(65) 「官行伐木」とは、中央の担当官庁が吏員を派遣して直接行う伐木のことである。内務省山林局時代においては、伐木には一等伐木、二等伐木、三等伐木の区別があり、このうち一等伐木・二等伐木が所謂官行伐木に当たる。二等伐木は、植樹掛が植樹事業の必要から一時的に行う、老樹洗伐や密林の手入れなどの伐木であり、伐期に達した林木を販売に供するために計画的に伐木する一等伐木とは区別される。三等伐木は、立木のまま払い下げて請願人に伐木させるもので、いわゆる「立木処分」である（前掲『日本林業発達史　上巻』六六頁）。
(66) 『帝林』七〇五頁。
(67) 同右、及び前掲旗手勲『日本における大農場の生成と展開』四三頁、前掲萩野敏雄『御料林経営の研究』五八～六二頁。
(68) 「第六八号　立木年季公売払下之義ニ付伺」（宮内庁書陵部宮内公文書館所蔵「事業録7　明治26年」帝室林野局、請求記号5727－7）。
(69) 同右。
(70) 同右。
(71) 同右。
(72) 同右。
(73) 「御料地立木年季特売払下願之義ニ付伺」（前掲「開明社予約払下書類　明治25年以降」）。
(74) 同右。
(75) 同右。
(76) 同右。
(77) 同右。

（78）同右。
（79）同右。
（80）「三三六ノ二号　立木年季公売払下之件」（前掲「事業録7　明治26年」、前掲「開明社予約払下書類　明治25年以降」）。
（81）甲第一一六号回答書（前掲「事業録7　明治26年」）。
（82）『帝林』九六七頁。
（83）同右、九六八頁。
（84）『帝林』七一八〜七二〇頁表中、明治二六年〜二九年のデータより算出。
（85）民林における薪材価格を知るために、明治二五年一〇月一一日調による諏訪郡平野村内の製糸業者における薪材使用量と価格に関する調査を使用した。この時期のデータを使用したのは、未だ開明社の御料林立木払下げ許可も出されておらず、『信濃蚕糸業史』下巻によれば官林使用の可能性も低いため、ほぼ純粋に民林のみの薪材価格が推定できると考えたためである。貫数表示を㎥表示に換算するに際しては、基本的な換算基準である一棚＝二一六貫（杉山伸也・山田泉「製糸業の発展と燃料問題―近代諏訪の環境経済史―」〈『社会経済史学』六五‐二、一九九九年〉一五頁）、及び明治二六年一〇月二三日付開明社三社長による横川山御料林内立木の第一期分特売請願書記載材積「一棚＝六尺四方巾三尺」（前掲「製糸関係書類　十五」。ただし、木種は樅、栂、槻、檜、雑木である）を参考にし、一尺≒〇・三ｍとして算出した。御料林内燃材価格が民有林の燃材価格と比べて安いのは、御料林が比較的奥山に位置し、交通の便が悪く需要が少なかったことによると思われる。御料林とはいえ、市場原理によって産物価格が決定されていたことがわかる一例である。
（86）「立木特売払下願」（前掲「開明社予約払下書類　明治25年以降」、前掲「製糸関係書類　十五」。前者の方が御料局に提出された正本、後者は平野村留の控である）。
（87）「第三三六‐四甲号達　立木年季公売払下之件」（前掲「事業録7　明治26年」）。
（88）明治（二六）年三月一日付桑名茂三郎宛種田邁書簡（前掲「開明社予約払下書類　明治25年以降」）。
（89）同右。もちろん、本件の審議に際しては、本局内部でも異論が多かった。前掲「三三六‐四号達　立木年季公売払下之件」には局員五名による反対意見を記した付箋が貼付されている。それによれば、桑名の意見にもかかわらず特売を強行することに「同意ヲ表スル能ハス」との意見が表明されている。
（90）前掲『平野村誌　下』三八五頁。
（91）二八年一一月七日設立認可、翌年三月一二日免許取得（前掲「製糸関係書類　十五」）。同社の払下げ木材伐採・運搬事業と地元村落との関係については、拙稿「明治中期の皇室と社会―長野県横川山御料林における天皇・皇室の「不在」」（高木博志編『近代天皇制と社会』思文閣出版、二〇一八年）で詳述している。

(92) 註(90)、(91)、及び前掲『片倉製糸紡績株式会社二十年誌』四七頁。
(93) 井川克彦「製糸業とアメリカ市場」(前掲高村直助編著『企業勃興』)。
(94) 前掲沢井実・谷本雅之『日本経済史』一五七頁。
(95) 明治二六年四月一三日免官の諭告を受け、一五日辞表提出、一九日に依願免官の上申がなされ、同時に種田主事が後任静岡支庁長を兼任することが上申された(宮内庁書陵部宮内公文書館所蔵「進退録1　明治26年」〈大臣官房秘書課、請求記号20830-1〉)。桑名の依願免官、種田の後任静岡支庁長就任が認可されたのは二八日である(宮内庁書陵部宮内公文書館所蔵「進退録明治23年~26年」〈帝室林野局、請求記号21635〉)。
(96) 以上の史料は、前掲「佐渡生野鉱山払下一件」所収(史料4-5-③-8：後述)。この史料の報告者は不明であるが、同史料群中の報告者のほとんどは桑名によるものであることが確認できるもの、あるいは他史料からそのように推定できるものであることより、この史料も桑名が知り得た情報を品川に報告したものである可能性が濃厚である。
(97) 明治(二六)年四月二日付大島道太郎宛渡辺渡書簡(「大島家文書」E-97)。「朝倉氏」とは生野支庁長(当時)であった朝倉盛明である(本書第三章)。
(98) 明治(二六)年四月五日付岩村通俊宛松方正義書簡(「岩村文書(三)」八七~八八頁)。松方は、「唐突之至に候得共、桑名茂三郎事近日之御模様に而は非職と歟何と歟に相成候御内状には無之候や」と、桑名の処遇に不審の意を抱いていたことがわかる。桑名は松方にとって「最初山林局え採用之節小生福島県え相談之上其運び相成候者」という事情もあり、「其後幾多之同局混雑も無通勤いたし実地随分御為節相計ひ相勤候者之趣に存罷在候付、今日に至り不都合之口上も有之候はゞ無致方次第に御座候得共、無其義御座候はゞ何卒寵顧垂られ被下候様御頼申上度」と頼み込んでいる(右は、「岩村文書(三)」の翻刻中判読不能とされている部分を東京大学社会科学研究所にてマイクロフィルムを確認し、翻刻したものである)。
(99) 前掲「進退録　明治23年~26年」、宮内庁書陵部宮内公文書館所蔵「進退録2　明治22年」(大臣官房秘書課、識別番号20825-2)。
(100) 「福島県の近勢」(『中央』明治二七年一月一七日)、「福島県第三区の改進党」(『中央』明治二七年一月一八日)、「奥羽の形勢福島県」(『中央』明治二七年二月二二日)、「衆議院議員一覧表」(『中央』明治二七年三月六日)。
(101) 前掲佐々木隆『藩閥政府と立憲政治』二六九頁。
(102) 桑名が意見の合わない人物を上部の人間に密告した事例は他にも存在する。桑名は農商務省山林局で静岡大林区署長を務めていた明治二〇年二月五日に、管内巡視のために出張していた石川大林区署長林務官の佐藤忠夫・和歌山大林区署長心得の井上雅彦と官林経営方針について対立し、二月二四日に彼らの非を自身の理解者と仰ぐ松方に訴えている。その中に、「両人ハ本月五日ヲ以テ我地方ニ来リ月之十九日ヲ以テ我地方ヲ去ル日数都テ十五日官林ヲ検スル凡十小林区署ヲ観ル五派出所ヲ覧ル弐」と書かれた添付書類がある（「林政ニ付意見書」〈色川大吉・我部政男監修、大日方純夫・安在邦夫編『明治建白書集成』第八巻〈筑摩書房、一九九九年〉三二五～三二六頁〉）。この史料からもまた、出張日数を細かく記して密告に付する行動パターンが見て取れ、表4-5-③-5～9の構成と類似している。これのみをもって、表4-5-③-5～9が桑名の作成にかかるものと断定することはできないが、桑名の行動パターンを理解する一つの傍証とはなるだろう。

(103) 史料4-5-②-2。

(104) 史料4-5-②-7。

(105) 史料4-5-②-2。

(106) 史料4-5-②-2、4-5-②-6、4-5-②-7。

(107) 本一件の澤田耕や、後述（註170）する山梨県の水源禁伐林貸下げを請求していた「土人」（地元民）古屋次郎・浜村半九郎のような人物について、桑名は「奸物」として退ける傾向があった。

(108) 史料4-5-②-7。

(109) 新井は米谷尚子氏の分析によれば国民協会「実業派」の一人であり（前掲米谷尚子「現行条約励行をめぐる国民協会の実業派と国権派」）、産業政策に対する国民協会のオピニオンリーダーであったと考えられる。

(110) 新井豪「蚕糸業（二）」（『中央』明治二六年五月一〇日）。

(111) 新井豪「蚕糸業（五）」（『中央』明治二六年五月一三日）。

(112) 新井豪「蚕糸業（四）」（『中央』明治二六年五月一二日）。

(113) 第三議会では、大成会所属の代議士らにより蚕業講究所の設置・生糸の検査・生糸直輸出の奨励を骨子とする蚕糸業奨励法案が提出されたが、同法案は衆議院で廃案となっている。議会では、短い会期の中で優先的に解決すべき課題であるとは認識されていなかったことがわかる（『帝国議会衆議院議事速記録4　明治25年　第三回議会』〈東京大学出版会、一九七九年〉六〇六～六一八頁）。

(114) 前掲新井豪「蚕糸業（五）」。

(115) 同右。

(116) 前掲新井豪「蚕糸業（四）」。

(117) 前掲神山恒雄『明治経済政策史の研究』第一章第三節3、前掲佐々木隆『藩閥政府と立憲政治』第二章第二節、第四節。

(118) 神山恒雄「財政政策と金融構造」（前掲石井寛治・原朗・武田晴人編『日本経済史2　産業革命期』）六八、一〇〇～一〇四頁。

(119) 製糸金融に関する研究は、前掲山口和雄編著『日本産業金融史研究　製糸金融篇』、靎見誠良『日本信用機構の確立―日本銀行と金融市場』（有斐閣、一九九一年）第Ⅲ・Ⅳ章、前掲石井寛治『日本蚕糸業史分析』第二章第三節、中林真幸「製糸資本勃興期の金融」（『史学雑誌』一〇三―四、一九九四年）、同「横浜正金銀行の製糸金融―「原資金」供給制度の形成―」（横浜近代史研究会・横浜開港資料館編『横浜の近代―都市の形成と展開―』日本経済評論社、一九九七年）、同前掲『近代資本主義の組織』第３部がある。

(120) 前掲石井寛治『日本蚕糸業史分析』第二章第三節二では、明治二九年の糸況不振で横浜の中小問屋が大きな打撃を蒙り、大蔵省・農商務省に政策的措置を請願した事例が検討されている。前掲中林真幸『近代資本主義の組織』（三四六～三五二頁）でも、力点の置き方は異なるが、売込問屋間に生じた階層性を指摘しており、そうした階層性がそれら売込問屋と結びつく製糸業者の階層性をも反映していたことが明らかにされている。

(121) 前掲山口和雄編著『日本産業金融史研究　製糸金融篇』一九四頁。

(122) 前掲山口和雄編著『日本産業金融史研究　製糸金融篇』第二章第二節一・二、前掲石井寛治『日本蚕糸業史分析』一九九頁、同『近代日本金融史序説』（東京大学出版会、一九九九年）四〇七頁。

(123) 前掲山口和雄編著『日本産業金融史研究　製糸金融篇』一八二～一八五頁。

(124) 前掲石井寛治『日本蚕糸業史分析』一七九～一八二頁。

(125) 同右。産業行政を主務とする農商務省が省議でこの請願を取り上げ閣議に上げることとなった。

(126) 前掲西尾隆『日本森林行政史の研究』第1章。

(127) 維新後の政府の林政においては、荒廃した山林を立て直すためには、政府の統一的管理によって国土保全と秩序維持を行わなければならないとする観念が一貫して存在していた。早いものでは、岩倉使節団に随行して欧州の整備された林政を実見した官員の認識にそれは確認される（前掲山室信一『法制官僚の時代』二四～二六頁）。その観念は帰国した使節のひとり、大久保利通によって林政担当部局の整備へと具体化された（大久保利通「本省事業ノ目的ヲ定ムルノ議」中、第二款「山林保存・樹木栽培」の別紙「山林ヲ保護スルハ国家経済ノ要旨タルノ議」〈早稲田大学社会科学研究所編刊『大隈文書　第五巻』一九六二年、一一五～一三四頁〉、同「解題」三七三～三七四頁）。これは直ちに実現されなかったが、その後内務省山林局、農商務省山林局と林政担当部局に変遷はあってもこの観念は林務官たちに受け継がれた。このような例は枚挙に遑がないが、いくつかの例を示せば、次頁表４―６の通りである。これらは品川が内務省山林局長心得となった折、事務引継と新規事業計画のため局員に対して品川が意見を求めたことにより寄せられたものであり、一六通のうち全てが右と同様の見解を示している。この問題に関しては稿を改めて詳細に論じることとしたい。

(128) 史料４―５―②―４。

(129) 『帝林』三〇八頁。

(130) 『帝林』第五章。

表 4-6：品川弥二郎宛林政関係意見書一覧

	原題	史料情報（編纂・作成者、作成年、所蔵館・出典など）	備考
1	山林一班	〔櫻井勉〕、明治12年、「品川文書（1）書類」R56-1206	『大隈文書』A3855と同一物、内務省用箋
2	山林ノ忽カセニス可カラザルヲ論ス	渡辺中、明治13年11月、「品川文書（1）書類」R51-1063	明治13年11月「官員録」中の内務省山林局の項に名前が見えない
3	山林所見書	山本清十（明治13年当時内務省山林局御用掛）、「品川文書（1）書類」R51-1064	
4	三與櫻井山林局長書	片山重範（前内務省山林局権少書記官、提出当時栃木県大書記官）、明治13年2月、「品川文書（1）書類」R51-1065、『明治建白書集成』第6巻282～284頁	片山重徳が櫻井勉（当時山林局長）に提出したもの、明治13年度予算書策定に際し、かつて片山が主張していた山林保護費が入っていないことを不満としてのち11月30日に再議
5	山林急務ノ鄙見	片山直人（提出当時内務省山林局三等属）、明治13年8月9日、「品川文書（1）書類」R51-1067、『明治建白書集成』第6巻109～110頁	表紙に「十三年八月九日やじ」と書込み有（品川の筆跡と思われる）
6	山林ノ処置ニ関スル覚書	片山直人、明治13年9月4日、「品川文書（1）書類」R51-1068	表紙に「十三年九月四日片山直人ゟ請取」と書込み有（品川の筆跡と思われる）、内務省用箋
7		片山重範（提出当時内務省御用掛）、「内務省山林関係書類」（「品川文書（1）書類」R57-1207）	表紙に「四月七日櫻井ゟ請取」と書込み有（品川の筆跡と思われる）、内務省用箋
8		杉山栄蔵（提出当時内務一等属、山林局出納課・計算課長心得兼会計局勤務）、明治13年4月13日、「内務省山林関係書類」（「品川文書（1）書類」R57-1207）	附「官林保護第二議」、「甲号　直轄地方出張局員ノ主管」、「乙号　中林区域ノ更正」、「丙号」、内務省用箋
9	官林ノ四大厄ニ遭遇セルヲ議ス	福永得三（提出当時内務一等属）、「内務省山林関係書類」（「品川文書（1）書類」R57-1207）	内務省用箋
10	山林現在ノ景況	種田邁（提出当時内務一等属）、明治13年3月、「内務省山林関係書類」（「品川文書（1）書類」R57-1207）	内務省用箋
11	林政意見概略	竹村尚義（提出当時内務三等属）、明治13年3月、「内務省山林関係書類」（「品川文書（1）書類」R57-1207）	内務省用箋
12		糟谷愼吉（提出当時山林局員）、明治13年4月21日、「内務省山林関係書類」（「品川文書（1）書類」R57-1207）	内務省用箋
13	意見書	深井寛（提出当時内務一等属第四大林区長）、明治13年4月1日、「内務省山林関係書類」（「品川文書（1）書類」R57-1207）	表紙に「十三年四月二日」と書込み有（品川の筆跡と思われる）、内務省用箋
14		宮島信吉（提出当時山林局事務取扱）、「内務省山林関係書類」（「品川文書（1）書類」R57-1207）	内務省用箋
15	山林一班　第二回	〔櫻井勉〕、「内務省山林関係書類」（「品川文書（1）書類」R57-1207）	内務省用箋
16	官林修理ノ網ヲ掲カク	〔緒方道平、明治13年3月30日〕、「内務省山林関係書類」（「品川文書（1）書類」R57-1207）	内務省用箋

註：『明治建白書集成』第6巻は、色川大吉・我部政男監修、鶴巻孝雄編『明治建白書集成』第6巻（筑摩書房、1987年）、『大隈文書』は早稲田大学社会科学研究所編刊『大隈文書』第五巻（1962年）。

(131)　史料４－５－③－６。
(132)　前掲『岩村通俊男の片鱗』二七〜二八頁。
(133)　岡毅は明治一七年農商務省入省、二〇年農商務省技師となり、二三年から農務局第二課長・蚕茶課長となり蚕糸業に関わる。二六年から大日本蚕糸会幹事長（副会頭をこの時改称）となり、三四年八月に退職するまで蚕糸業奨励に従事する（大日本蚕糸会編『大日本蚕糸会百年史』〈創造社、一九九二年〉一六頁〜一八頁）。
(134)　史料４－５－②－３。
(135)　六工社は、明治八年八月二五日に設立された製糸所をもととし、当初は特段の名称がなかったようだが、一一年頃には六工社を名乗っていたようである。二六年の商法実施に備えて、六工社所属の松代・西條の二工場がその組織を改め、両社独立した合資会社となり、西条工場を本六工社、松代工場を六工社と改称し、松代六工社社長に羽田桂之進が就任した（前掲『平野村誌　下』一四七〜一四八頁、前掲『信濃蚕糸業史』下巻、一七四〜一七五頁）。
(136)　史料４－５－②－８。
(137)　同右。
(138)　同右。
(139)　同右。
(140)　同右。
(141)　前掲明治（二九）年四月一八日付伊藤博文宛品川弥二郎書簡。
(142)　前掲明治（二九）年四月二九日付白根専一宛品川弥二郎書簡〔案〕ちなみに、この書簡は白根のもとに届かなかったと思われることは第三章で述べたが、白根もまた「山林の事に付ては種々の奇聞」と記しており（前掲明治（二九）年四月二九日付品川弥二郎宛白根専一書簡。翻刻では「山村」とあるが、原史料確認の上「山林」と訂正した）、同一件については白根も不信感を抱いていたことがわかる。
(143)　史料群の標題は、後の所蔵者が目録作成の際に付した可能性もあるが、国立国会図書館憲政資料室の目録では、原則的に括弧なしの史料は原題をとっている。また後の所蔵者であれば、内容の大部分を静岡支庁の御料林の史料が占める同書類群に、「佐渡生野鉱山払下一件」との題を付すことはまず考えにくい。このように考えれば、やはり同史料をまとめた人物にしか知り得ない一綴の理由があったと考えられ、それを知りうるのは本章で示した通り品川であったと考えるのが最も妥当である。
(144)　①明治二三年九月〜一二月書簡数点（Ｒ１５－３３１－３）、②明治二四年三月三日付（Ｒ１５－３３１－５）、③明治（二五）年四月一六日付（Ｒ１５－３３１－４）、④明治（二九）年七月四日付（Ｒ１５－３３１－２）、⑤年代不明八月一九日付（Ｒ１５－３３１－１）。

(145) 佐々木隆氏は、『中央』は第二次伊藤内閣期には伊藤に離反し国民協会の機関紙となったが、二八年夏には再び内務省系紙になっていたらしいと指摘している（佐々木隆「明治時代の政治的コミュニケーション（その3）」〈『東京大学新聞研究所紀要』三五、一九八六年〉一一一頁）。しかし、明治二九年の御料鉱山払下げ決定後において、連日品川や技術官僚らの情報に基づくと思われる詳細な報道がなされていたことや、彼らと見解を同じくして払下げに強烈に反対していたこと、そして激烈な宮内省・自由党攻撃を見れば、完全に伊藤内閣への批判的路線を修正したわけではないように思われる。前掲伊藤陽平「自―国連合路線の展開と政友会の成立」では、『中央』は日清戦争の勃発に伴い対外硬運動が争点を失うと、経済政策の重視を新方針として掲げはじめるとし、この論調は品川と共有されていたという。しかし、自―国連合を進める路線を協会内で支える中核であった大岡が主筆を務めていながら、自由党や伊藤内閣への強い批判を含んだ御料鉱山払下げ記事が連日報道されたことの意味は改めて考え直す必要があるだろう。本書ではこの問題に答える余裕がないので、後考に待つ。

(146) そのほか、『中央』は桑名に代わって江崎が静岡支庁の当局者となったとしているが、実際には種田が後任静岡支庁長に就任している。しかし、種田は主事との兼任でほとんど東京にいたため、実際に静岡支庁長の事務を代行したのは、静岡支庁詰技師の江崎であった（江崎政忠「林野局旧職員としての思ひ出」〈『御料林』一一五、一九三七年〉八八頁）ことから、『中央』は江崎が「当事者」と表記したものと思われる。ここには、人事書類のみでは知り得ない実態についての誤認があると考えられる。そして、そのような誤認は、おそらく現場の実態を熟知している者の語りを記事にする際に生じる可能性が高いことから、桑名か品川が『中央』の記者に「鉱山一件」をもとに語ったものが情報源であると考えられる。

(147) 宮内庁書陵部宮内公文書館所蔵「御料地台帳・信濃国諏訪郡」（帝室林野局、識別番号26019）には、少なくとも大正年間までの記録が残っている。「御料局」の用箋を使用していることから明治年間のものと思われる同所蔵「静岡支庁管内　不要存御料地調書」（帝室林野局、識別番号61693）でも、金沢山の記載はなく、大正八年から一四年まで、公告外では昭和七年までの記載がある「大正8年～昭和7年　不要存御料地処分経過表　帝室林野局」（帝室林野局、識別番号68153）にも金沢山の記載はない。その他、同所蔵「不要存御料地台帳・信濃国」（同右、識別番号26120）、同所蔵「不要存御料地台帳・信濃国諏訪郡、上伊那郡、下伊那郡」（同右、識別番号26121）、同所蔵「除籍台帳・信濃国1」、「同2」（識別番号26158－1、2）にも金沢山除籍の記録はない。

(148) 前掲明治（二六）年四月二日付大島道太郎宛渡辺渡書簡。

(149) 史料4－5－③－12。

(150) 江崎は慶應元年九月、信州松本に生まれる。明治一九年一〇月に東京農林学校（入学当初は東京山林学校）の第一期生として同校を首席で卒業し、二二年六月三日には農商務省林務官補として青森大林区署勤務となった。二四年四月、品川御料局長の推薦により御料局技師試補として採用された。岩村御料局長の信任も厚く、公私にわたって親しい関係にあった。二五年三月に本局山林課長となり、六月には静岡支庁詰の技師となる。四三年には高等官二等となるが、同年一一月には官界を去り、大阪鴻池銀行監事となって以降、川崎電球製作所取締役社長、越中絹織株式会社、株式会社昌栄堂印刷所監査役、大井川電力株式会社取締、三和銀行監査役を務めるなど、主に大阪の財界で活躍する（前掲『明治林業逸史　続篇』二八一頁、前掲江崎政忠「林野局旧職員としての思ひ出」、前掲『岩村通俊男の片鱗』、「江崎技師休職」〈『東朝』明治四三年一一月二二日〉、「〃金持・喧嘩せず〃鴻池家あつさり譲る」〈『東朝』昭和一二年一月九日〉、「三和銀行重役異動」〈『東朝』昭和一五年一月一三日〉）。

(151) 前掲『明治林業逸史　続篇』二〇三頁。

(152) 同右、二〇三～二〇四頁。

(153) 同右、二〇三頁。

(154) 前掲江崎政忠「林野局旧職員としての思ひ出」八四～八五頁。

(155) 前掲『明治林業逸史　続篇』二〇五頁。

(156) 同右。

(157) 同右。

(158) 鶴見祐輔『種田虎雄伝』（近畿日本鉄道株式会社、一九五八年）一八頁。種田の三男は大阪電気軌道（現近畿日本鉄道）第五代社長の種田虎雄である（同右、及び大阪府立大学観光産業戦略研究所、関西大学大阪都市遺産研究センター、大阪府、新なにわ塾叢書企画委員会編『熱き男たちの鉄道物語―関西の鉄道草創期にみる栄光と挫折―』〈株式会社ブレーンセンター、二〇一二年〉一七三頁）。

(159) 前掲山崎明子『近代日本の「手芸」とジェンダー』第2章、前掲真辺美佐「近代化のなかでの皇后」二七～二九頁。

(160) 前掲『信濃蚕糸業史』下巻、第九章「皇室と信州蚕糸業」。また、大日本蚕糸会では歴代総裁は皇族が務めてきた（前掲『大日本蚕糸会百年史』七八～七九頁）。

(161) 本書第二章参照。

(162) ただし、桑名を完全に品川と同意見であると考えるには慎重にならねばならない。品川は横川山の一件も即座に告発することはせず、他の「不祥事」と抱き合わせにして岩村局長批判を展開し、それによって最大の懸案であった御料鉱山払下げの阻止のための道具にしようとしていたからである。

(163) 前掲『明治林業逸史　続篇』一八～一九頁。第一回林業回顧座談会（昭和五年九月二六日）の席上での和田の回顧である。和田の経歴については、寺尾辰之助編『明治林業逸史』（大日本山林会、一九三一年）二九三頁を参照。ちなみに住友への林業の勧誘については、同じ座談会で村田重治も「広瀬宰平さんに品川さんが注意をされて、住友家に林業を勧められたと云ふ事を聞いて居る」（前掲『明治林業逸史　続篇』一四頁）と話しており、これは住友の伊庭貞剛の直話によるというから正確であると思われる。

伊庭と品川の関係については、第三章第三節3を参照。

(164) 前掲和田国次郎『明治大正御料事業誌』六〇～六七頁。

(165) 明治(二四)年三月三〇日付の品川弥二郎宛種田邁書簡では、品川が種田に旧東京農林学校本科林学部、及び農科大学林科甲部の卒業生人数と就職先を調査させていたことがわかる(『品川文書』八、五三五～五三八頁)。これは、御料局に登用する人材選考に活用しようとしていたものと思われる。

(166) 本書序章三二～三三頁。

(167) 桑名より一年以上早く、明治二四年一二月一四日に木曾支庁長であった小寺成蔵が依願免官となっている。小寺の後釜には、桑名の件と同様種田主事が就いた。これに対し、江崎は次のように回顧している。

小寺は品川系統の人で、岩村さんに睨まれて、震災の時に木を伐り出すのに反対した。小寺の言ふのは、木曽のやうな良い木を罹災民が使へるものではない。すると片方では、いや、宮内省から木をお下げになるならば人心が融和すると云ふやうな関係で、面白くなくなつて辞めてしまつた(前掲『明治林業逸史　続篇』二〇六頁)。

小寺は明治二四年に起った濃尾震災の際に、被災者に御料林の木材を低価で払い下げるべきだとする意見に反対し、またそれをきっかけに払下げを求める小崎知事との折合も悪くなり免官に至ったという事情があったということである(濃尾震災に際しての宮内省の活動については、宮城洋一郎「濃尾震災と恩賜金について」〈『皇學館論叢』四八－五、二〇一五年〉があるが、恩賜金の下賜に注目したものであり、御料林の木材伐り出しについては触れられていない。町田正三『木曽御料林事件』〈銀河書房、一九八二年〉をはじめとして、木曾御料林を対象とした研究は分厚い蓄積があるが、濃尾震災の際に御料林内の木材を伐り出す計画があったことについて考察したものはほとんどない。『帝林』第八章「下賜及び下付」、第三節「下賜、下付物件」中「物件下賜、下付年表其の二(木材、薪炭材等の部)」には、下賜・下付された建材・燃材の大まかなものが列挙されているが、その中にも濃尾震災時に御料林の伐り出しがあったことの記載はない。明治二六年の項に、その前年の山梨県での暴風雨罹災民救助のために御料林内の木材を下付したとの記述があることから、これ以上の甚大な被害があったと考えられる濃尾震災における記述が遺漏しているとは考えにくい。この問題については、考察すべき論点が多々あるが、本書の関心を離れるので、別の機会に論ずることとしたい)。

その小寺を形容するのに、江崎が「品川系統」としているのは正しい観測であったと思われる。実は、小寺が免官になる直前に、品川から岩村に小寺の経歴に傷がつかぬような配慮を求めた書簡が送られていた(明治(二四)年一一月二二日付岩村通俊宛品川弥二郎書簡〈「岩村文書(二)」七五頁〉)。品川は「本人之履歴上より申ば山林掛りの時代より林務に従事し、御料局に転任前後十七年間この男ほど厳重に規則を守りて林業に奉務した役人は一人もなきと申て可なり」(同右)と小寺の林政への貢献を挙げ、「小寺之失計りにも万々無之、知事も知事(これには色々実事をやじは承知して居れり)小寺も小寺と申外無之」(同右)と小寺を擁護し、「直ちに諭示免官は宮内省の所業には少しく不穏当と存候」(同右)として、松方・土方にも相談して「何とか御工夫被下ぬ哉と論究の末、二日でも三日でもよろしく本局の主事に転じさせ候上にて免ずる様に、名誉丈け之御賞与は無之候ては後来就任の人気にも支り可申哉と存候」（同右）と願い出ていた。当然「三日主事」は実現せず依願免官となっている。

このように、品川は御料局の人事に意図的な操作をしてまで、自らの信頼する技術官僚の出世の途を守ろうと躍起になっていたことがわかる。このような御料局に対する多少強引ともいえる介入を見れば、この前後に宮内省内に「アンチ品川」の気運が醸成されていたという江崎の証言も、あながちうがった見方とはいえないのではないかと察せられる（本書第三章第二節3参照）。

(168) 前掲中林真幸『近代資本主義の組織』五五頁。

(169) 前掲杉山伸也「日本の産業化と動力・エネルギーの転換」二六〜二八頁。

(170) 「佐渡生野鉱山払下一件」に収められている書簡ではないが、前掲明治（二九）年七月四日付品川弥二郎宛桑名茂三郎書簡にその認識が見られる。これは、伊豆田方郡所在の水源禁伐林に指定されている御料林をめぐる一件の報告である。これによると、明治二五年岩村は地元の「古屋次郎」なる人物に添書を持たせ、山梨県下の御料地を開拓のために貸下げ請願させていたという。しかし同御料地は「良林」であることや、地元住民の苦情が強かったために、当時静岡支庁長であった桑名は貸下げを拒否した。しかし古屋は、今度は田方郡の水源禁伐御料林の貸下げを請願した。桑名はこれも拒んだが、桑名免官後にこの貸下げは進展した。特に桑名が非難しているのは、水源禁伐林という国土保全に関する御料林を開拓のために利用しようとする動きに対してであったことに注目を促したい。

第五章　北海道御料林除却一件——御料地と国土保全政策

はじめに

本章では、「北海道御料林除却一件」について検討する。「北海道御料林除却一件」とは、本書で便宜上使用する名称である。これは、直接的には明治二三（一八九〇）年に設定された北海道所在の御料林約二〇〇万町歩が、わずか四年後の二七年にそのうちの約三分の二を除却され、北海道庁に下げ渡されることを指す。しかし、本章ではやや意味を広くとって、その除却をめぐって二六年頃から陰に陽に展開していた除却推進派・反対派の攻防をも含みこんだものとして用いる。そもそも当初の北海道御料林約二〇〇万町歩とは、全道山林面積の半分ともいわれる広大な面積であった（図５-１）[1]。その約三分の二が除却されたのだから、この一件は御料地史上でもきわめて大きな出来事である。

本章の目的を述べる前に、行論上度々用いる「除却」「下付」「下渡し」等の用語について、若干の補足をしておく必要があるだろう。「下付」と「下渡し」は史料上ほぼ同義で用いられ、皇室が行政機関や民間に御料地を無償で譲渡することを意味している。そこにはやや恩恵的に、という含意がある[2]。「除却」は「下付」や「下渡し」に比べ、恩恵的な含意はなく、単純に御料地をその地籍から外すという行為一般についていう用語である。ここには、無償譲渡の場合も売却や土地交換の場合も含まれている。本章で「北海道御料林下付一件」ではなく「北海道御料林除却一件」

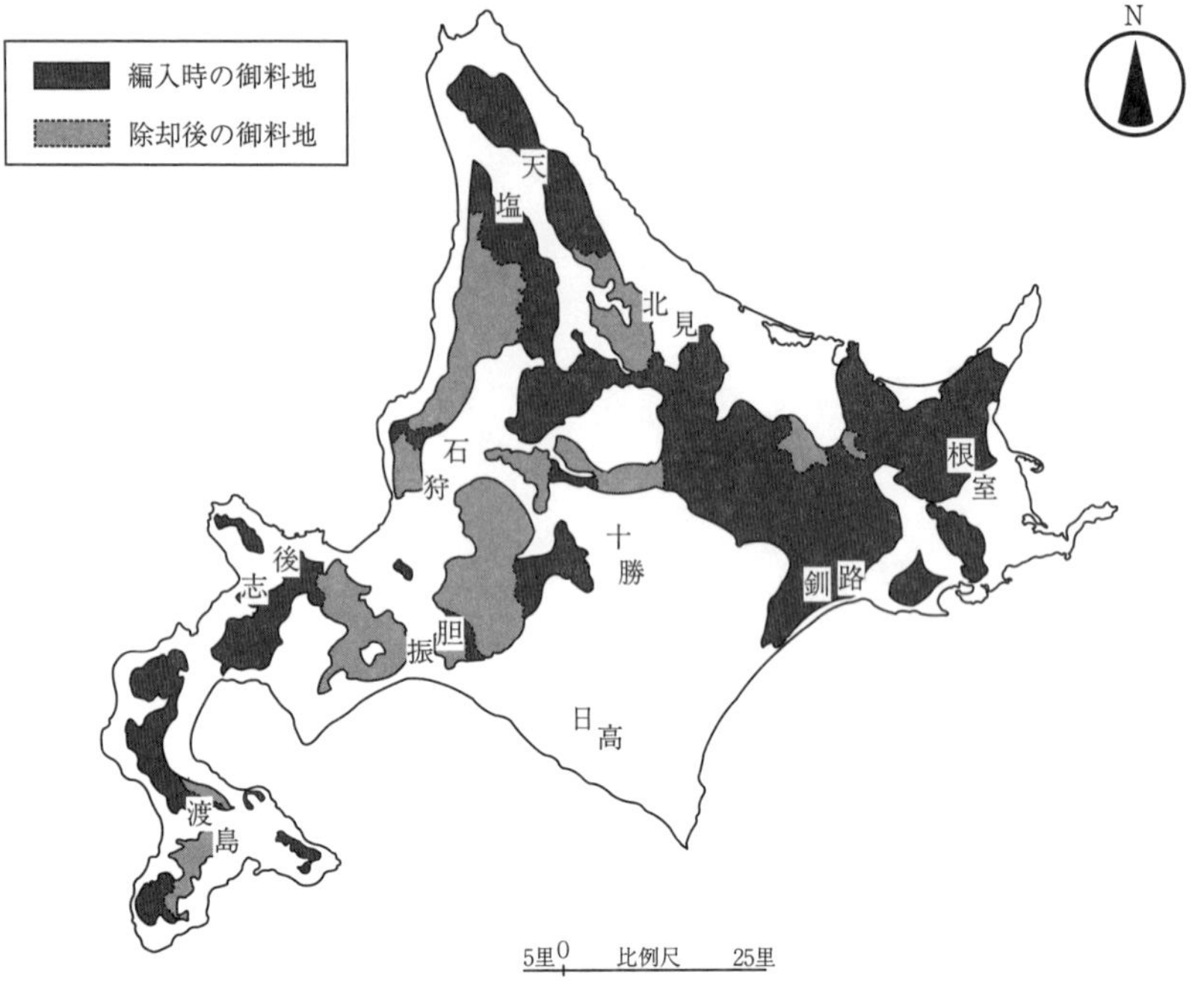

図 5-1：編入当初（明治23年）～除却直後（明治27年）の北海道御料地略図

註：①北海道編刊『新北海道史』第四巻、通説三〈1973年〉所収の「北海道庁郡区役所管轄図」、及び宮内庁書陵部宮内公文書館所蔵②「経済会議録　明治25～26年」（明治26年、識別番号21742）所収の地図、③「北海道御料地色分ケ図」（推定明治26年、識別番号67764）所収の図面をトレースし、必要に応じて地名等を記入した。②・③はともに未実測であり、相互にズレもあるが、可能な限り正確を期して描出した。

としたのは、今回主に検討する当局者らの攻防は、明治二七年の下付時のみに限ったものではなく、二六年に具体化する北海道御料林と青森県下官林の交換計画を発端としていたことをも含んでいるためである。

北海道所在の御料地については、上川離宮構想との関係で触れられることはあった[3]が、御料林についてはこれまでほとんど検討されてこなかった。わずかに長池敏弘氏が一連の研究で、北海道御料林の除却に至る過程を明らかにしている[4]が、それ以降は同研究が再検討されることも深められることもなく、明治期の北海道御料林に関する研究は停滞したままである[5]。したがって、北海道御料林を検討対象にする以上、まずはこのほぼ唯一の先行研究である長池氏の論稿について検討しておかねばならないだろう。

長池敏弘「北海道御料林下渡問題の

経緯とその影響（上）」、「同（下）」は、長年林業史の分野で執筆を続けてきた著者が、北海道庁の官僚であった田中壌《さかい》の残した日誌などの一次史料を駆使して執筆したものである。これにより、北海道御料林の除却を進めた政府側の思惑や動きは詳細にわたり明らかになったが、宮中側の動向はほとんどわからないままであった。史料的制約もありやむをえないことであったとはいえ、内務省・北海道庁側の史料のみから「御料林の下渡を成功に導いたのは、北垣長官の熱情と不屈の努力に負うところが大きかった」[6]、「北海道御料林下渡の成功は、北垣の熱情と不屈の努力と共に、井上内相の確約もあったことによるというべきか」[7]と評価することには疑問が残る。

また、除却に際して「宮内省の態度が極めて堅い」[8]と評価しているが、これは最初から宮内省が御料地を確保することを第一の目的としたという前提に基づくものと思われる。しかし、これまで本書で見てきたことに鑑みれば、このような前提も疑わねばならない。この前提には特に根拠が示されていないばかりか、長池氏は同時にこの前段階で、宮内省が「拓地殖民のため」に北海道御料林を下付（無償交付）していることも示している。長池氏のいうように、宮内省が最初から極めて堅い態度をとっていたとすれば、このような道庁側に極めて有利な条件を提示した理由はどのように説明するのだろうか。宮内省による下付の提示は「恩情」で、御料林の下付を成功に導いたのは、あくまで北垣長官の「熱情と不屈の努力」だと考えるのであれば、そのことを示す史料が示されなければならないが、そこまで踏み込んだ議論はなされていない。

しかしながら、長池氏の論稿では、結論として北海道御料林除却が明治三〇年三月二七日公布の「北海道国有未開地処分法」を準備することとなったというように、その国政史上の意義を指摘している点で、本書の問題関心にも通ずるものがある。ただ、その国政史上の意義は、北海道御料林が除却された後に生じたものであり、北海道御料林が存在している時点における政治史的意義を示すものではない。本書の関心が後者にあることは、序章で述べた通りである。

現在は、長池氏が右論稿を発表した当時に比べれば、宮内省側の史料へのアクセスも飛躍的に改善した。したがって、北海道御料林を考えるに当たっては、まず現在の史料状況から長池氏の評価を見直す必要があるだろう。本章では北海道御料林除却一件について宮内省側の史料も使用しながら、ほぼ唯一の先行研究である長池氏による論稿を再検討し、改めて明治二〇年代の宮中・府中関係について考察することを目指す。

第一節　北海道御料林の誕生

1　明治二二年までの北海道政策と御料地の設定

明治期の北海道政策をめぐっては、開拓使設置前には政情不安定な維新政府の地方支配という内政的意味合いも強かった(9)が、その後の経緯を辿ると大きく分けて三種類の評価がなされている。一つは、北方のロシア対策という軍事的要因からの評価（「北門の鎖鑰」論）であり、二つ目は、開拓と殖産による国力増進という経済的要因からの評価（「本邦天賦の富源」論）、そして三つ目が人口問題の解決という評価である(10)。「北門の鎖鑰」論は、幕末における対ロシア関係の緊張が生み出したものであったが、事実上の政治的緊張が緩んだのちにも長く命脈を保ったのに対し、北海道の経済的な側面に着目した「富源」論や人口論は、特に明治二〇年代に隆盛になると言われている(11)。

このような北海道政策において、皇室の役割を期待する言説が一定程度存在したことは、本書の目的に照らして強調しておくべき事実である。このような言説には、皇室を利用した北海道政策のより一層の推進を目指す狙い(12)があったと考えられる。開拓使時代以来北海道に政治経済的地位を扶植してきた黒田清隆は、明治一五年五月二六日に北海道に離宮を設置すべく建議を行った(13)。これは、同年二月に開拓使が廃止され、函館・根室・札幌の三県と北海道事業管理局が置かれて以降の北海道開発を憂えた黒田が、皇室を呼び寄せることで、象徴的な意味でも実質的な意味でも開発の進展を図ろうとしたものと思われる。北海道において広義の「御料地」設置が提起されたのは、管見の限りこの黒田建議が初めてである。

これは、あくまで「離宮」地であり、皇室の日常の用に供するための「第一類御料地」を想定したものであった(14)。ところが黒田はその後も何度も同様の建議を繰り返した。その中で黒田は、単なる離宮地に止まらない御料地の役割を想定していた。明治一六年一二月六日付の建議では、「北海道枢要ノ地ヲ撰ヒ離宮ヲ建設シ　皇上時ニ巡幸アラセラレ、皇族及華族ニ切諭ヲ賜ヒ若干ノ地所ヲ分配シテ之ヲ開拓セシメ、華族ハ其旧臣ヲ倡導シテ之ニ従事[15]」させれば、「国家拓地殖産ノ業ヲ輔ケ士族授産ノ道ニ於テ亦裨益スル所アルヘシ[16]」と、明確に士族授産・殖産興業のための開拓を御料地設置の目的に掲げている。一七年二月付の建白でも、「清隆ノ屢建議スルカ如ク速ニ離宮ヲ設ケラレ時々　巡幸アラセラレ以テ庶民移住ノ念ヲ誘発シ、且皇族ヨリ華族ニ至ルマテ各土地ヲ該道ニ有シテ世家ノ基業トスヘキヲ懇諭アランコトヲ[17]」と同様の主張を繰り返している。このように、黒田の北海道離宮設置論の主眼は、離宮設置を呼び水として華士族の移住を進め、士族授産・殖産興業という当時の政府の抱えていた二大課題の解決を図ることにあった。

黒田の主張はすぐには容れられなかったが、黒田の主張したような移住促進とそれによる経済発展という観点からの御料地設定案は、黒田以外からもしばしば建議された。明治一五年六月から七月にかけて、当時会計検査院長であった岩村通俊が開拓使より三県への会計事務引継ぎの調査のため巡回し、その結果をもとに一〇月に三条太政大臣に「奠北京《ほっきょう》於北海道上川議」を提出した[18]。そこで岩村は、上川に皇居・行宮の地を定め、市街を画し、東の首都東京、西の京都に次ぐ北の都を建設することを建議した[19]。また岩村は、開拓促進のため華士族の移住を求めた[20]。このように、皇室を北海道に招致することは、皇室自ら率先垂範して北辺開発に取り組んでいることを示す象徴的な事件になりうるのであり、それゆえ華士族の移住促進にもつながると考えられた。

注目すべきは、岩村が上川に皇居・行宮のみならず、「別ニ開墾地若干万坪ヲ択ヒ以テ御有地ニ供センコトヲ要ス[21]」として、もっぱら収益を上げるための事業用の御料地設定をも説いていたことである。その規模としては、後に実際に編入されたものに比べればはるかに小さいが、北海道に事業用の御料地設定を唱えたものとしては最も早い時期のものと推定される。特に、岩村が明確に「開墾」をその目的としていることに注目したい。この岩村の建議と同様、その後の北海道御料地の設定は、当初開墾を主たる事業として計画されていたと思われるからである。

岩村は、その後司法大輔として一八年八月に再来道し、二七日には初めて上川を視察した。その後、九月に三条太政大臣に「奠北京於北海道上川再議」[22]を提出している。このように北海道開拓に強い関心を持つ岩村は、一九年に初代道庁長官となって自らの北京構想の具体化を目指すこととなる。しかし、岩村はその実現を見ないまま、後任を永山武四郎に譲ることとなる。

薩摩出身の永山は屯田兵本部長も務める軍人であり、軍事的観点からの北海道政策を進めたとされているが、経済的見地から岩村の北京構想にも共鳴し、二二年一一月一四日に臨時首相の三条実美に「伏願クハ一日モ速ニ上川ニ北京ヲ定メラレンコトヲ」[23]求めた。岩村の構想は永山によって受け継がれたのである。

これは一二月二日、内閣書記官長小牧昌業から法制局長官井上毅に対し、法制局の調査に付すべく照会され、同局の調査を経て九日に閣議で議論された[24]。閣議では、「抑々国都ナルモノハ全国統治ノ首府ニシテ、永遠駐輦ノ所ニ限ルノ名ナリ。故ニ国都ハ必ヤ国家内外ノ事物之ニ輻輳スル所ニシテ、之ヲ国土ノ首脳ニ比スヘシ」[25]とした上で、「北京ノ名称ヲ定ムルトキハ、帝都タルノ事実之ニ随伴セサルヘカラス。立都ノ大事ヲシテ名実相反スル所アラシムルハ処置ノ宜キモノニ非ルナリ」[26]との判断を下した。つまり、上川は「都」としての実が未だないというのである。しかも、北京設置に伴う土木費には巨額を要する。この資金を用いることには、開拓の「当初予期ノ如クナルコトヲ得ル乎」との疑問を呈する。以上のような観点から、閣議は永山の建議を却下する[27]。

閣内では「北京」案は支持を十分得られなかったが、離宮設置には十分可能性があると見た土方宮相は、より現実的に、将来の離宮設置、北京開設を目指しての計画を進めるべく、二五日に山縣首相に対して申牒した。これは同日内閣で認められ、二八日付で永山道庁長官に達が下される[28]。こうして上川郡神楽村一万五五〇町余に離宮予定地が設定された[29]。

しかし、その後上川に岩村が計画したような上川離宮が設置されることはなかった。古田佑紀氏によると、明治二五年に札幌の大火の再建に時間・費用が嵩み、離宮建設が認められるような状態ではなかったためであるという[30]。

これに対し、北海道における「第二類御料地」の嚆矢は新冠御料牧場であった。同地は、明治一七年から一八年にかけて日高国新冠郡所在官有地約二万八〇〇町歩を御料牧場として編入したものである[31]。

しかし、政府・宮内省としては、事業用の御料地を牧場のみに止めるつもりはなかったものと思われる。先の岩村の意見書と同様、開墾を目的とした原野の編入を求める意見も現れ始めていた。三条は、二二年一〇月五日付で、御料局長就任早々の品川弥二郎に対して次のような書簡を送っている。

北海道地所之義は追々人民へ払下相成候趣に有之候。就而は貴官に御尋申度義は御料局に於ては北海道に御料地設置之計画は無之哉。小生等考に而は幾分歟最好地を御料地に成し御開拓相成候は丶将来之為と存候(32)

これを見ると三条は、北海道に「開拓」のための御料地を設定することを期待していたことがわかる。したがって候補地は必然的に原野など可耕地となるだろう。

三条は、関東鎮将府鎮将を務めていた明治元年九月に記した意見書の中で北海道開拓を主張しているように、かなり早い段階から北海道開発に関心を有していた(33)。また、北海道に離宮を設置する構想は明治一五年頃から持ち上がっていたが、そこには華士族の移住を進めることで開拓の促進剤にせんとする政府首脳部の思惑があったことは既にみてきた通りである(34)。特に三条は、自らも華族、特に旧公卿華族の代表格として、維新後無資産に近かった同族の基本財産を固め、来るべき上院開設に備えることを強く意識していたことから、右のような構想には大いに賛意を示したとされている(35)。主馬頭で天皇の信頼も厚い藤波言忠《ことただ》が、欧米での資本家的大農場経営に基づいて、旧公卿華族らをまず北海道に移住させ、輸入大農法によって一大模範農場を開設することを奨励した際にも、三条は強く賛同した(36)。そして、華族の中でも資力のある蜂須賀茂韶《もちあき》、比較的時間に余裕のあった菊亭脩季《ゆきすえ》と組んで、三条—華族組合農場を組織し、場所を雨竜に定めた(37)。

以上の経緯で特に注意を促しておきたいのは、明治二〇年頃までは御料地として山林を編入して林業経営を行うことはまだ最優先課題ではなかったということである。そして二二年になってもまだ北海道原野を御料地とすべきだとする案が持ち上がっていた。しかし、この後実際に編入された御料地は全て山林であった。その経緯を、以下で確認したい。

2　御料局札幌支庁開設と北海道御料林の編入

北海道に御料林を設ける議論は、初代御料局長官肥田濱五郎の代からの懸案であった(38)が、肥田長官の代ではまとまらず、同問題は品川御料局長に引き継がれた。道庁の山林技師であった山内徳三郎(39)は、二二年八月二〇日付の書簡で品川御料局長に「浅羽〔靖〕理事官（〔北海道庁〕第二部次長ニて職務／上小生之上官ニ御座候）とも協議(40)」し、「小生共協議之末提出仕候旨趣ハ全道之森林地籍を仮ニ四百萬町歩と算し之を折半し其一半ハ追次下付せらるべき町村林幷ニ沿岸等之保存林（禁伐林）等とし一半を御財産ニ編入するものと定メ(41)」、道庁との交渉を進めている旨を報告している。北海道御料林約二〇〇万町歩の構想は、山内─浅羽(42)ラインで具体化されたことがわかる。

しかし、道庁との北海道官林編入交渉は難航した。その最大の要因は、永山道庁長官の曖昧な態度(43)にあり、その背後には永山をも含む薩摩閥の大立者である黒田清隆の存在があった。黒田は、「森林を御財産ニと申たる所ガ左程御財産たるの実を得べくとも思はれす（利益なしとの意味にもや）(44)」と考えていたようである。ここに見られるように黒田は、北海道に御料林を持つことは収益性の観点から望ましくないと考えていたようである。

開拓使時代より北海道に大きな影響力を扶植し、開拓促進のための北海道離宮設置を繰り返し説いていた黒田のことであるから、北海道の可耕地やそれに付随する山林は全て道庁の管理のもと、開拓事業に使用すべきとの考えが背景にあったのかもしれない。永山長官も、岩村のあとを継いで北京構想の実現に努めた人物であったが、それはあくまで開拓推進のためであり、山林の御料地化にはさほど重きを置いていなかったと思われる。永山長官との交渉が行き詰まったことにより、山内は品川に対し直接黒田を説得するよう依頼した(45)。黒田さえ説き伏せれば、永山を説くのは容易との観測によるものであった。

その後、浅羽理事官の協力もあり、永山は一〇月中旬には官林の御料地編入に傾き始めた(46)。永山は、一〇月一一日肥田に代わって御料局長となった品川弥二郎に対し、「当庁ノ見込モ相立候条、全道森林中差支無之部分凡二百万町歩　御財産ニ編入相成候義、聊カ差支無之候(47)」と申し出た。これを受けて翌年三月二〇日には土方宮相から永山長官に対し、正式に「北海道森林……四百萬町歩(48)」の編入を求めて照会がなされた。翌日には永山から「豪モ差支無之ニ付、其旨内閣へ上請致候」[49]と回答がなされた。しかしこの宮相の提示する四〇〇万町歩という面積は、その後当初御料局長が提示していた二〇〇万町歩に修正され[50]、五月一六日に永山道庁長官から山縣首相に対し道内官林の御料地編入が請議、翌日の閣議にかけられた[51]。

品川は、この編入を求めて積極的に動いている。まず、土方宮相・吉井次官を説得し、彼らを通じて閣員の説得を試みた[52]。これにつき、閣僚の西郷従道（内相）・松方正義（蔵相）・山田顕義（法相）からは承諾を得るに至った[53]。逓信大臣の後藤象二郎は御料地に編入する位置に関して意見があったようだが[54]、品川は山林の場所についてはどこでもよい（！）と考えていたので[55]、土方宮相を通じて調整された[56]。また、農商務大臣の陸奥宗光へは品川より直接説得して承諾させている[57]。その結果、品川による直接・間接の説得の甲斐もあり、六月一一日には宮相の請議通り、北海道官林二〇〇万町歩の御料地編入が裁可される[58]。

二三年七月一〇日には、編入に先立って宮内大臣土方久元が官有地の主務省である内務省に対し、北海道所在の官林約二〇〇万町歩の引渡しを照会した[59]。八月二三日には内務・農商務両省より地種組替方が北海道庁に訓令され、九月一二日には約二〇〇万町歩が道庁から宮内省に引渡されるに至る[60]。

しかし、この間の経緯で外務大臣の青木周蔵のみは最後まで北海道官林の御料地編入自体に強く反対していた[61]。青木は、「三百萬円の外ニ御入用之節、イツデもイクラも皇室費ヲ増加スル事之出来ル様之論旨[62]」と見られていた。「三百萬円」とは、国庫より毎年皇室に歳費として支給されていた皇室費の定額を指す[63]。青木は、皇室費はこの定額を超える支出に対しても、必要な時に必要なだけ増加することができると楽観的に考えていたようである。

しかし、品川はそのようには考えなかった。品川は、「「ビスマルク」ガ腕前ナクテ、今日の内閣ニテ「ビス」の真似ヲして国会ヲ左右スル事ハ、萬々六ヶ敷事と存候[64]」と、議会を操縦する力量が現時点の日本の内閣にはないため、青木の言うように議会開設後簡単に皇室費を増額することは難しいと考えていた。

そして、北海道に二〇〇万町歩もの大面積の御料林を置く必要性について、品川は次のように語っていた。

尤三百萬円の皇室費ハ、両鉱山（佐渡生野）ト木曾、静岡等ノ百萬計リ之山林ノミニテ十分ト申事、閣議一決トノ事ナレバ致し方も無之候得ども、他日宮様方又ハ新旧華族え、原野又ハ山林幾分カ配賦セネバナラヌ時節も到来候半とも難申、北海道山林の外ニ今日御料ニ編入スル品物ハ無之候[65]

品川は、御料林についてはいずれ皇族や華族に割譲しなければならないものと見ていたようである。金銭の授受ではないものの、山林それ自体の下賜により皇族や華族を優遇し、彼らの基本財産を創設する構想がここに示されている。

これが実際の政策実施を念頭に置いたものか、それとも御料地拡大を実現するためのブラフか、あるいは将来的には政策実施するとしても現時点ではそこまでの現実感を持って語られていなかったのか、この史料だけを見る限りではわからない。しかしいずれにせよ、品川において御料地拡大の目的の一つとして皇族・華族の基本財産創設ということが念頭にあったことは特筆すべきであろう。もちろん、その過程で御料地拡大それ自体が目的化したり、御料地運営の中で政府の産業政策を代替・補完することが目的化したりしていたことは、本書でこれまで見てきた通りである。

さて、実際に編入された御料地は約二〇〇万町歩であったが、この二〇〇万町歩という数字はどこから割り出されたのであろうか。先に山内―浅羽の協議の中で具体化したことを示したが、当初御料局では「全道之森林地籍」は約六〇〇万町歩とされ、うち約四〇〇万町歩を御料地候補としていた。編入の過程で土方宮相が「四〇〇萬町歩」の数字を出していたことはこれに基づく。この数字は、当時唯一の林業の専門教育機関であった東京農林学校を卒業したての、実地測量の経験もほとんどない若者たちが一週間という速成調査により割り出した推計であった[66]。片山によれば、当初の四〇〇万町歩という反別では「北海道として面積が厖大過ぎる。或は又下らぬ所もあるだらう[67]」として約二〇〇万町歩に縮減されたという。

六月二六日には、編入後の直轄管理に備えて御料局に札幌支庁が置かれ、初代支庁長には御料林編入に貢献した道庁技師の山内が命じられた[68]。しかし、札幌支庁はまだ独立した庁舎を構えるには至らず、北海道庁第二部林務課の一室を間借りする形でのスタートとなった[69]。支庁の下に置かれた各出張所もまた、道庁第二部林務課各派出所内に置かれた[70]。このような間に合わせ的な措置が採られた背景には、北海道御料地を担うべき林業・農業の専門技術者の圧倒的な不足があった。山内は、主に炭砿関係の技術官僚として開拓使でキャリアをスタートさせた。しかし道庁では、「目下森林熱心家一人も無之」と山内が嘆くほどの技術者不足により、山内が畑違いの林務課長、さらには御料局札幌支庁長までも兼務しなければならなかった[72]。支庁長以下の技術官僚においても同様で、二〇年末に農商務省雇員として北海道に赴任した林業技術者である片山吉成の回顧によると、「〔御料局札幌〕支庁の出来る時には私共はやう〳〵北海道庁の技手兼御料局の技手と云ふやうな訳で、其職に当つて居るやうな都合[74]」であった。

[71]

[73]

3　編入前後の御料林認識

前節で見たように、北海道御料地の編入前には、その目的としては開拓が想定されることが多く、必然的にその形態は原野に限られることが予想された。しかし、実際に編入された御料地は全て山林であった。そしてそれは、収益性の観点から御料林は北海道に不要とする見解を押し切って実現したものであった。これにより、当局者内に御料林に対する二つの相対立する認識を残すこととなるが、その一方の認識について、札幌支庁で御料林経営を担った山内徳三郎の議論から検討したい。

山内は明治二〇年六月、北海道庁第二部地理課長事務取扱技師であった当時に、岩村通俊道庁長官（当時）に「森林事務改良拡張の儀」を上申した[75]。この中で山内が語るところによると、当時道庁の林政は、通常の事務は各郡役所に委任され、本課では主務省への報告や統計、禁・停伐林の管理のみを扱っていたという[76]。このような状況に対し、山内は林政を確立・整備する必要を説く。具体的には全道を五区に大別し、その下に一九の小区を置くというように、まず本州の大小林区制にならった制度を構想していた。そして、大区に長として林学士を一名置き、その下に技手・雇員・監守を置くこと、駒場農林学校から一名教授を招聘して議長とし、議員を区長とする林政討議機関を設けることなどの策を提案し、事業計画・予算書とともに提出した[77]。この建議がその後採納されたか否かは定かではないが、その後道庁第二部長の堀基も九月に林政拡張を建議し、二一年三月には林務課が独立することとなり、地方には一八箇所の「林務課員派出所」が新設されていることから見ると、山内の建議の一部は実現しているといえよう。しかし、山内建議の肝であった林区の新設は、結局諸般の事情から実現しなかった[78]。

山内はその後、「林務拡張に関する発議理由」を道庁に提出したが、その中では次のように述べていた。これは作成年代不明であるが、明治二二年の北海道御料林編入交渉が行われる前であると推定される。林務拡張の計画を特別会計で実行しようとしても、今後二〇年間年々増加する森林収入を全て林業にのみ支出することは議会が許さないだろうと考え、それならば、「全道の森林を折半し、その一半を、帝室の御財産に編入し、その一半は之を周岸治水等の保存林並に町村の共有林等として保存し、将た下付せらるるものとなす[79]」として、道庁での林務拡張が困難ならば、むしろ御料林に編入した方が森林管理上も、また薪炭需要に応ずる上でも得策であると考えていたことがわかる。全道山林を折半し、その半分を御料林にという計画は、道庁の浅羽理事官と山内との間で具体化されたことは前説で述べたが、その案は山内建議の中で既に明確化されていた。山内は、林政拡張を十分なしえなかった道庁での経験から、道庁に代わってそのような事業を担う存在として御料局に目をつけていくようになっていたことがわかる。

しかし、この時点では、その御料林で担うべき「林務」は、「保存林」や「町村の共有林」のように、国土保全・地方財源強化といったような役割とは明確に区別されていた。山内は、御料林ではむしろ北国ゆえに必要とされる自家用薪炭や、主要産業である漁業のための燃料供給といった民需への対応をすべきだと考えていた。このような御料林認識は、御料局札幌支庁長として御料林経営の現場に携わる中で徐々に変化し、御料林は当初想定していなかったような役割も担うべきだと考えられるようになっていく。そのことを、次に検討する利尻・礼文二島の官林の御料林編入可否に関する議論から検討する。

二島の官林を御料林に編入するという案は、北海道官林約二〇〇万町歩引き渡しの直前になされた天塩地方の郡長、及び道庁長官との談話に端を発する。そもそも同郡長と二島官林の問題について会談がなされたことの背景には、事務繁多・人員不足・財政難により林政にまで手が回らない道庁の苦しい事情があった。山内によれば、道庁は二三年の官制改革や財政上の理由から「到底道庁ニテハ現在派出所之事務ヲ継続スルガ一ぱいニ而、繁殖ハ元ヨリ調査スラ之ヲ御料局之事業トシテ託シ候程ノ始末[80]」であったという。郡長が両島官林の御料林編入を求めて建議を行った背景には、自覚的であれ無自覚的であれ、行政が事務上・財政上困難な事業を肩代わりする存在としての御料林という認識があったといえるだろう。

これに対し御料局では、「今回御料林撰定ニ当テハ蕞爾タル此等島地ニ御料林幾分ヲ存セシハ将来面倒之種ト可相成考慮候ヨリ一切離島之森林ハ編入セザルコトニ致置候」というように、当初御料林運営上の利便の観点から、離島の山林は御料林としない方針であった。ここには、御料林はあくまで収益性・利便性を優先して編入すべきという考えがあったことが見て取れる。

しかし一方で山内は「如斯ニシテ森林漸次消耗セハ、同島〔利尻・礼文〕今日之漁況ハ変遷之外有之間布」ということも認識していた。なぜならば、「同島ハ漁業専務之離島ニシテ一朝薪材欠乏之を他郡ニ仰クニ至ツテハ忽チ漁利ヲ失シ可申」というおそれがあるからであった。漁業者にとって必要な燃材が枯渇すれば、他郡の燃材を求めざるを得ない。それではコストの面で現在よりも不利な状況となり、主要産業である漁業の発展が阻害される。この答えに憂慮の色を見せた道庁長官に対し、山内は試みに御料林でなくとも共有林でもよいのではないかと言ってみたところ、道庁長官は「郡長之考ル所ニテモ、未タ土着心ニ乏布此等島民ニ共有林トシテ付与センハ林ヲ捨ルガ如クナルベシ」と大反対した。山内もこの意見に同意し、次のように答えた。

岩村長官ノ頃ヨリ専ラ共有林之説盛ナルニ付深クハ抗議セザリシガ、紀元ヨリ算スルモ弐千五百年以上土着民タル内地村落ニテスラ共有の山、私有林ハ概ね禿山タルノ有様ナリト聞ケハ、増シテ土着心ニ乏布当道民ニ共有林云々ノ説ハ実況ニ通セザルノ論タル明亮ニ可有之

岩村長官とは、初代道庁長官岩村通俊のことである。岩村が道庁長官であった最末期は、井上馨により地方自治を実質化するため町村への官有林野払下げが構想され始めた時期にあたる。山内は、井上が掲げたような「共有林之説」に対し、まさに「共有地の悲劇」ともいうべき事態が内地山林において起っていることを挙げて懸念を示していた。そして、道庁長官・郡長との会談の中でついに「今日森林之繁殖ヲ企図セハ御料林ニ入ル、ノ外無之」との結論を導くに至る。ここに見られるのは、官林・民有林（共有林）になしえない「森林之繁殖」という役割を担う存在として

御料林を位置づける観点である(81)。ここで山内がいう「森林之繁殖」とは、漁業者に永続的な燃材供給を行うために、山林を保護・育成していくというものであった。これは、本書第四章で見た桑名静岡支庁長の考えと同様に、御料林の所在する地方の主要産業への貢献を御料林で永続的に果たそうとするものであった。産業への貢献を御料地でなそうとする点においては、本書第三章で検討した御料鉱山における品川や技術官僚らの考え方とも相通ずる。

山内は当初、北海道御料林を預かる札幌支庁長として、御料局全体の方針に従い、管理にコストのかかる官林を編入しないことを御料林編入の第一の方針と見なしていたが、このやり取りの中で、御料林は収益性はなくとも政府や民間でなしえない困難な事業を肩代わりする責務があるとの考えに到達する。もともと山内は、道庁が担うことの難しい官林管理の一端を御料林で担うべきだと考えていたことを踏まえると、このような考えに立ち至る素地を持っていたと考えられる。このように、編入当時の北海道御料林では、空間的にも職務的にも人員の面でも相互に乗り入れる道庁との関係の中で、御料局内部にも、産業保護のための山林保全という収益性は少ないが公益に資する役割を担うべき唯一の存在として御料林を位置づける考えが萌し始めていた。

4　御料局長品川弥二郎の転任——北海道御料林除却への一階梯

明治二四年六月一日の品川御料局長の内相への転任が御料地運営の一つの転換点であったことは、これまで本書第三・四章で見てきた通りである。御料局長が品川から岩村通俊に交代したことにより、御料局は、御料地を国家行政としての産業政策の代替・補完を担う存在と位置づけ、皇室財政の健全化を犠牲にしてでも産業保護・育成（藩閥政府の側面支援）のために多額の資金を投入する方針から、皇室財政の健全化を第一とし、そのためには御料地の縮小もやむなしとする方針へと明確に舵を切った。品川は御料局を離れざるを得ないと知るや、那須に逃走して抗議の意を示した。「品川派」技術官僚らも品川の転任に衝撃を受け、品川に呼応して辞表を呈したり、後任の岩村局長の御料地運営に事ある毎に反発したりした。そして、このような状況は、御料鉱山、静岡支庁管下の御料林のみに見られた特殊事例ではなかった。北海道御料林においてもまた、この人事をめぐる技術官僚の動揺が確認できる。

山内札幌支庁長は、人事発表の当日に品川に宛てた書簡の中で、品川の内相転任を名誉としつつも、「御料局前途之為メニハ実ニ杞憂ニ堪難く小宮共ハ恰も赤子之俄頃孤独となりしニ均《(ママ)》布真ニ落胆を極め申候」[82]と御料局長退任を惜しんだ。その理由は、岩村局長への交代により、北海道御料林の運営方針そのものも様変わりすることが予想されたためであった。山内は同書簡の中で、「御後任ハ岩村顧問官御引受之趣ニ本日伝承仕候。同君之御方針ハ必らす閣下と其趣を一ニすべからす」[83]と、岩村の着任早々でもあるこの時期に、既に岩村が品川時代の御料局方針を転換させる可能性をみている。その予感が的中することは、第三、四章で見たごとく、他の御料地におけるその後の展開の中で明らかになるところである。

ただ、北海道には他府県の御料地にはない特色があった。山内は言う。「既ニ御料局を捨られたるも、当道庁ハ御本省之御配下ニも有之、全く縁故なきにしもあらす候間、此後共何卒御懇命御垂教被下置度千萬奉願候」[84]。品川の転任先は内務省なので道庁も管轄下となり[85]、今後も山内は職務上品川と連絡を取り合うことが可能であった。

このように、当面は品川が御料林運営方針を監視することが可能とはなったが、山内には危惧すべきことがあった。それは、「殖民論」の興りであった。ここで山内がいう「殖民論」とは、当時盛んになりつつあった大土地所有・開拓を求める動きのことであると思われる。同じ年道庁長官（当時）の渡辺千秋が行った施政方針演説や翌年衆議院において河野広中や工藤行幹が提出した質問書、同年の井上毅による「北海道意見」からは、明治二〇年代半ばの民間における北海道開拓論の流行がうかがえる[86]。井上毅は、二五年二月一五日に品川に宛てた書簡の中で「北海道土地払下規則」の改正を求めているが[87]、その主張の中にも当時の「殖民論」の隆盛が見て取れる。「北海道土地払下規則」は一九年六月に交付されたもので、それまでの「北海道土地売貸規則」による大土地所有に歯止めをかける目的で制定されたものであった。しかし、同規則には大土地所有への抜け道もあり、また大土地所有者への便宜を与える条項もあったため、その後これは乱用され北海道の大土地所有の隆盛につながったとされている[88]。

山内は、北海道に関して徐々に「殖民論」が勢力を増すにつれ、「林地渇望者此機ニ乗し湧出候姿」[89]となってきていることに強い懸念を示していた。近々御料局専任となる山内は、道庁の林政を憂えていた。前節でみた山内の考えに照らしてみると、「殖民論」の隆盛に押されて官林を民人に委ねれば、官林を保全し民業に永続的でかつ安価に燃料供給を行うことがかなわなくなると懸念したものと思われる。この懸念は、これ以降の北海道御料林に対する山内の立場の底流ともなる。

第二節　北海道御料林の除却

1　北海道御料林・青森県下官林交換計画から北海道御料林の下付へ

「明治政府末路之一戦」と言われた第四議会を政府が詔勅によって辛くも乗り切った明治二六年三月頃から、北海道御料林の除却に向けた交渉が秘密裡に行われていた。注目すべきは、この交渉は北海道庁や内務省の行政上の必要から生じたものではなく、北海道御料林を青森県下の官林と交換するという宮内省側の計画が発端となって進められていたということである。この計画は、岩村御料局長の発案にかかるものであった。北海道庁長官北垣国道は「官有地取扱規則」第八条で民有地と官有地との交換が認められていることを根拠に、御料林と官林の交換も可能であるとの解釈をし、品川に代わって内相となった井上馨も「至極賛成」である旨、農商務大臣後藤象二郎へも井上から熟談がなされるはずである旨を岩村御料局長に伝えた[90]。右の報告は明治二六年三月一五日付の書簡によるが、土方宮相は同日岩村に宛てた書簡で、同じ日の朝井上内相が来訪し、「北海道御料林云々異存無之、農商務大臣へも同氏より談候処是亦異存無之趣[91]」を述べたこと、この上は宮内省より農商務省へ打合せ次第交換を進めていく手順に話がまとまったこと等を伝えた。

これに対し、宮内省外にあった品川は、内務次官の渡辺千秋に対し、密かに探りを入れていた。

　北海道之事に付大臣当度は旅行あるとの事賀々。御料林も青森と交換との事何卒後日の大計真のそろばんをとられんことを窃に祈り申候。秘密の事奉存候間何もやじは意見不申上候[92]

渡辺千秋は第三代北海道庁長官でもあり北海道とも浅からぬ関係があったことから、千秋を経由して井上内相の真意を探りたい品川の意図が透けて見える(93)。この時期品川は、二五年三月一一日に内相を辞し、同年七月二五日には国民協会副会頭就任に伴って宮中の職を全て辞する必要から皇室経済顧問も辞している(94)。つまり、この書簡は御料地問題に関与する職責のなかった品川がやむにやまれず内偵したものであった。同時期品川は指導する国民協会の苦境に対処するに精一杯(95)で、北海道御料林の問題に対処する余裕を持たなかったと思われる。にもかかわらず、品川は同問題を放置せず、可能な範囲で情報を収集していたことが右の書簡からうかがえる。

品川が密かに外野から探りを入れていた矢先の四月八日、北垣道庁長官は井上内相・後藤農相に対し、北海道御料林と府県官林との交換を内請した。少々長いが、以下に引用する。引用中、傍線・波線を付した部分があるが、後の論証に必要と思われるため引用者が付したものである。

去ル明治廿三年中御料林ニ編入相成候本道森林凡弐百萬町歩ハ、其境域極メテ広ク、別紙略図ニ示ス如ク日高千島両国ヲ除キ、他ノ九ヶ国六十八郡ニ亙レリ。未タ実測ヲ遂ケサルニヨリ地積ノ実数ヲ詳カニスル能ハスト雖モ図上ノ観測ヲ以テスレハ寧ロ概定反別弐百萬町歩ニ倍蓰スル景状ナリ。加之、殖民至適ノ沃地モ御料境域内ニ孕在シ、又良好ノ樹木鬱蒼トシテ林相ノ善美ナルハ問ハスシテ御料林タルヲ識別スルニ至レリ。抑モ本道ノ面積凡七千方里、敢テ広カラサルニ非ス。官林概ネ四百萬町歩敢テ狭シト言フ可ラス。然リト雖、殖民ノ気運漸ク熟シ、年ニ日ニ移民ノ増殖スル趨勢ヲ察シ、現在当庁ニ於テ管理スル所ノ土地又ハ森林ノ内ヨリ真正ノ殖民適地ト善良ナル森林トヲ撰択スレハ、未タ以テ国家百年ノ鴻図ヲ完成スルニ十分ナリト断定スル能ハサルモノアリ。何ナレハ、移民ノ増加ト事業ノ発達トニ伴ヒ建築材薪炭材等ノ需用多キヲ加エルハ勿論、山野開墾ノ進歩スルト共ニ、立木ヲ伐採スルコト夥多ナリ。然ルニ御料林ハ、本道ノ要部ニ横ハリ、為メニ東西交通ヲ絶チ隣保相応スルノ便利モナキ有様ナリ。甚シキハ、民屋ニ接近シテ一歩ヲ隔ルノ余地ナキモノアリ。故ニ或ハ無智ノ人民之ヲ怨嗟シ、有力ナル志士モ事業ヲ施設スルニ苦ミ、直間接ニ拓地殖民ノ進運ヲ阻滞スルコト少ナシトセス。謹テ明治十九年第壱号布告ノ旨ヲ奉シ　皇化ヲシテ全土ニ普及セシメ、人民ヲシテ永ク　聖徳ヲ欽仰セシメントセハ、此ノ如キ不利不便ハ速ニ之ヲ除キ、移住者ヲシテ適良ノ土地ヲ与ヘ、開拓ノ実効ヲ挙ケシメ、且森林ヲ統一シテ本道ニ適切ナル林政ヲ施行セント期ス。就テハ、本道ノ御料林ハ悉皆官林ニ組替、之レニ代ユルニ、内地府県ノ官林ヲ以テ御料林ニ編入セラレ候様、特別ノ御詮議ヲ仰キ度候。依テ別紙図面相添、此段内請候也。(96)

北垣は、北海道における御料林は「日高千島両国ヲ除キ、他ノ九ヶ国六十八郡ニ亙」り、「未タ実測ヲ遂ケサルヨリ地積ノ実数ヲ詳カニスル能ハスト雖モ、図上ノ観測ヲ以テスレハ、寧ロ概定反別弐百萬町歩ニ倍蓰スル景状」だという。その中には「殖民至適ノ沃地モ御料境域内ニ孕在シ、又良好ノ樹木鬱蒼トシテ林相ノ善美ナルハ問ハスシテ御料林タルヲ識別スルニ至レリ」ともいう。一方、「殖民ノ気運漸ク熟シ、年ニ日ニ移民ノ増殖スル趨勢」を来し、また「移民ノ増加ト事業ノ発達トニ伴ヒ建築材薪炭材等ノ需要多キヲ加エルハ勿論、山林開墾ノ進歩スルト共ニ、立木ヲ伐採スルコト夥多」により、いかに「本道ノ面積モ七千方里、敢テ広カラサルニ非ス」といえども、「現在当道ニ於テ管理スル所ノ土地又ハ森林ノ内ヨリ真正ノ殖民適地ト善良ナル森林トヲ選択スレハ、未タ以テ国家百年ノ鴻図ヲ完成スルニ十分ナリト断定スル能ハサルモノアリ」という状況であった。しかし、御料林は「本道ノ要部ニ横ハリ、為メニ東西交通ヲ絶チ隣保相応スルノ便利モナキ有様」、「甚シキハ、民屋ニ接近シテ一歩ヲ隔ルノ余地ナキモノアリ」といった状態であり、このままでは「無智ノ人民之ヲ怨嗟シ、有力ナル志士モ事業ヲ施設スルニ苦ミ、直間接ニ拓地殖民ノ進運ヲ阻滞スルコト少ナシトセス」という事態に至りかねないとする。そこで北垣は、北海道御料林と内地官林の交換を内請したのであった。

このように、発案こそ御料局主導であったとはいえ、北垣が北海道御料林と内地官林との交換に同意し請議するに至った背景には、道庁の進める北海道拓殖のための土地を豊富に確保したいという狙いがあった。これはまさしく、前節で山内が恐れていた「殖民論」の顕現であった。北垣道庁長官時代は、それまで理念のレベルや漠然とした構想段階にとどまっていた北海道拓殖政策が大きく具体化し、現実的条件が整えられていったとされているが、(97)そのための準備として北垣道政の最初期に画策されていたのが御料林の官林編入であった。

注目すべきは、引用中波線を付した部分にあるように、北垣がここで「本道ノ御料林ハ悉皆官林ニ組替」ることを要求していることである。北垣は、北海道の御料林全てを道庁の管理下に置き、拓殖政策推進の障害を取り除こうとしていたのである。

この内請を契機としてその後の山内の挑戦が始まるのだが、ここではまず内請を受けての内務・農商務両省と宮内省の動きを見ていきたい。四月二四日、井上内相と後藤農相は連名で土方宮相に対し、北垣道庁長官の内請を受けて北海道御料林と青森県下官林の交換の可否を問う内牒を発した(98)。この内牒を受けて、五月三日に皇室経済会議が開かれた(99)。この時、次のような議決がなされている。

北海道管内所在帝室所有ノ山林ニシテ拓地殖民ノ為メニ必要ナル箇所ハ道庁ニ於テ実地調査ノ上、宮内省ニ請求スルニ従ヒ其時々宮内省ニ於テ経済会議ノ決議ヲ経上裁ヲ仰キ其裁可ヲ得ル者ハ之ヲ北海道庁ニ下ケ渡スベシ。但帝室所有ノ山林ニシテ将来ニ保存スル必要アル者ト看認ムルモノハ此限ニアラス(100)

ここで、引用者が付した傍線部に注目したい。この皇室経済会議は、四月八日の道庁長官内請、及び二四日の内相・農相内牒で示された具体的な御料地交換の要請を受けてのものであったが、決議文は一般的な「拓地殖民」のための北海道御料林の下付請求に対する手続きを示したものとなっており、また「下ケ渡ス」という表現のほか、代地や代金などの条件が付されていない。

この決議文が五月五日付で内相・農相に示されるや(101)、当然のことながら両相から五月八日に「右北海道庁ニ於テ拓地殖民ノ為メニ必要ナル箇所請求御下渡シノ節ハ全ク代地又ハ代金ヲ要セス国有ニ復セラレ候御意見ニ可有之哉(102)」との質問が返ってきた。

これに対し、土方宮相は一一日付で次のような回答を示した。

前ニ御回答ニ及ヒシハ現今北海道所在ノ御料林ハ殆ント同道山林全町歩ノ半ヲ占メ拓地殖民ノ長計上ニ於テ斯ク曠漠巨大ナル山林ヲ帝室ノ所有ニ保存スルハ不得策ニシテ、開拓ノ事業ニ妨碍ヲ与フルノ虞ナキニ非サルヲ以テ、其町歩ヲ減シ、将来ニ保存スルニ必要ナル部分ヲ除クノ外ハ其請求ニ従ヒ無代価ニテ交付シ拓地殖民ノ事業ヲ助成スルノ趣意ニ出タル義ニ有之候(103)

このように、宮相は引用者が傍線を付した部分を新たに明確化した。すなわち、宮内省は北海道御料林を無償で道庁に下げ渡すと言っているのである。それのみならず、右の引用部分の前半には、明確に「殖民論」から北海道御料林除却を正当化する立場が表れている。宮内省は皇室経済会議の合意も得て、省の総意として「殖民論」を掲げていたのである。

ただし下付は「将来ニ保存スルニ必要ナル部分ヲ除クノ外」という条件付きであった。当初、四月八日の内請で北垣は、北海道御料林「悉皆」の下付を求める代わりに内地官林との交換を要請していた。宮内省はこれに対し、五月一五日改めて道庁長官に宛てて、「総テ官林ニ組替ノ義ハ難及詮議」[104]と指令して、全ての北海道御料林を下付することは認めない代わりに、御料地経営上不要な箇所のみを無償で下げ渡すとしたのである。道庁への「下付」、すなわち無償譲渡という宮内省の大幅な譲歩にも見える対応は、除却区域に関して宮内省側の希望を飲ませることの代償であったと考えられる。

長池敏弘氏は、下付に際して宮内省の態度が堅かったとし、「下付」を認めなかったというように解釈している。[105]しかし、宮内省は実際には「全ての」御料林の除却を認めていなかったにすぎない。御料地運営に必要な箇所のみは死守したいと考える宮内省は、確かに「態度が堅」かったといえるかもしれない。しかし、絶対に下付を認めないという態度ではなかったことはここに強調しておきたい。

六月二六日、御料局長は「皇室ニ於テ将来保存上最モ必要ノ個所」を図に示し、道庁長官に通牒した。[106]その面積は北海道御料林約二〇〇万町歩中、約六三万町歩であった。[107]岩村局長は、これまでの章でも示した通り、御料地運営の合理化を図る傾向にはあったが、それは単なる御料地の縮減ではなく御料地の精選であったといえる。

これに対し、北垣道庁長官は井上内相と談義の上、「宮内大臣ハ元来小生之意見と同感ニ有之」[108]という見通しのもと、御料局長からの通牒とは別に独自に道庁で拓殖上必要な御料地を割り出し図を調整し、一〇月一二日井上内相・後藤農相に内請した。[109]北垣はそれのみならず「且ツ若シ必要ノ都度御下渡相成候テハ移民及森林整理上ニ不便尠カラス候ニ付、御料林ノ区域御決定之上、林籍解除可相成部分ハ一時ニ御下渡相成候様御詮議相成度[110]〔傍線引用者〕」として、内務・農商務両大臣を通じて宮相に詮議を依頼したのである。

ところで、右の請議で北垣は保存すべき御料林として、宮内省が提示してきた「皇室ニ於テ将来保存上最モ必要ノ個所」六三万町歩（仮にA案とする）か、もしくは別に道庁が選定した九〇万町歩（B案とする）かの二案を提示していた。しかし右内請に添付の「参考書」を見ると、道庁としては北海道拓殖に必要な土地は約一四七万町歩が不足しており、これを御料林から下付されたい意向であったことがわかる。このことから考えるに、六月二六日の通牒で御料局側の意向が示されたため、御料局側が下付可能とする面積を勘案してさらに拓殖に必要な箇所を選定して再提示したものと思われる。

ところが、一一月一三日に内務・農商務両大臣から土方宮相に対してなされた照会では道庁の当初案であるところの「参考書」を反映した約一五〇万町歩の下付を求めるものとなっていた。[111] ここに、北垣が表面上はB案九〇万町歩存置＝一一〇万町歩の道庁への下付を求めながら、あえて約一五〇万町歩の下付を必要とする「参考書」を付した理由もうかがえよう。すなわち北垣はやはり、当初案である約一五〇万町歩の下付を望んでいたのであり、これを内相・農相に示すことで大臣間の協議において実現を図ろうと考えていたものと思われるのである。

これに対し宮内省では一一月一八日に御料局起案の一つの書類が回覧されている。その中で、北垣の要求する箇所は内請書添付の「参考書」記載のものであり、「同長官内請書ニ御料局長ヨリ内牒之節添付ノ図面黄色ノ箇所（甲号図面参看）ニ止メラレ候カ、将タ図紫色（乙号図面参看）面積凡ソ九拾万町歩ノ箇所御料林ニ据置キ、其残余ノ部分御下付相成度トノ旨ニ有之[112]」として、一〇月一二日の内請書本文には一五〇万町歩下付などとはどこにもないと異議を唱えている。また、「過日御協議ノ際、同長官内請書ニ添付ノ図面黄色ノ箇所ヲ以テ将来保存スヘキ御料林ト御協議済ニ有之候得ハ今更変更スヘキ筈無之ト存候[113]」と記していることから、道庁と御料局は六月二六日の通牒後に協議がなされていて、そこで御料局側が要求する「図面黄色ノ部分」、すなわちA案六三万町歩を保存する旨で合意していたことがわかる。

その上で、B案は確かに存置御料林をA案よりも多く見積もるものではあるが、「位置地勢林相等将来ノ経済上ニハ却テ不利益ノ部分多ク到底見込無之[114]」として不可とし、A案を採用して「皇室ニ於テ将来保存上最モ必要」とした六三万町歩を除いた面積が下付されることとなった[115]（図5－1の「除却後の御料地」に該当）。以上の経緯からは、最終的に御料局が道庁や内務・農商務両省の意向を斥け北海道御料林下付を推進したこと、「拓地殖民」の観点からではなく御料地経営上の得失が下付する箇所・反別決定の判断材料となっていたことがわかる。

2　北海道御料林除却への挑戦者

御料局・宮内省と道庁・内務省・農商務省との交渉が進められている一方で、山内札幌支庁長はこの交渉に危機感を募らせていた。山内は、七月五日に品川に宛てた書簡の中で「今回長官ニ面談之次第ニよりいよ〳〵局長之政略的手段之真相も相分申候[116]」として、北海道御料林の除却は岩村の「政略的手段[117]」によるものだと訴えた。山内によると、北海道御料林の除却計画は、二五年に岩村が北海道を巡回した際、高橋琢也の進言により青森県の官林を御料地に編入する計画が浮上したことが発端であるという。

高橋琢也は、黒田内閣の農相井上馨の下では、官林官有地取調委員として官有林野払下げ構想に技術面から進言した人物である[118]。しかし、井上が肝煎りとなって設けた官林官有地取調委員も自然消滅した結果、政府も高橋のやり場に困って青森大林区署に転任させられている[119]。

それでも高橋は、青森で新たな使命を見つけ、鋭意林政に励んだ。その一つが、盗伐予防のための官行伐木拡大であった[120]。高橋赴任当時の青森県官林の主要な売込先は入会関係のある地元住民であり、二四年に東北本線が青森まで開通し、青森県のヒバ材が東京に紹介されるまでは大口の需要は見込めなかった[121]。このような状況に鑑みれば、後に北海道御料林との交換を岩村に入説したのも、当時の官林管理の難しさに直面し、その経営の一端を御料局に肩代わりしてもらう意図があったと考えられる。

しかし、北垣は「北海道之御料地を如此山奥ニ追込んとするから其様之ことなら内地と交換するの得策を主張せし訳なり云々との弁明ハ全く一之遁辞否ナ欺瞞手段ならん[122]」というように、北海道御料林の除却計画がまずあったのではない以上、青森県下官林取得の代地として必ずしも北海道御料林をもってする必然性はなかったと考えていた。

山内の報告にはさらに重要な情報が含まれていた。実はこの間山内と北垣は会談を持っており、そこで岩村のやり方に「大分北垣氏も憤り居られ候様子[123]」であったという。山内はこの状況を、「今日之所ニてハ申さは〔北垣北海道庁〕長官ハ一寸と〔岩村御料〕局長ニ売られたる姿[124]」と見ていた。

この部分の意味をより明確に理解する鍵は、六月一五日の御料局内会議にある。この日、皇室にて保存すべき御料林について議論され、ここで全道官林中六三万町歩という面積が初めて提示されたと思われる[125]。この日の会議では未決定に終わっているが、これが前項で確認した六月二六日付の道庁長官宛御料局長通牒につながる原案であったと考えられる。問題は、その際岩村より示されたとされる次の箇条である。

一、北海道御料林ハ九ヶ国六十八郡弐百万町歩ナルモ、図上ノ観測ニ由レハ倍蓰ノ感アリ云々
一、良美ノ耕適地其内ニ孕在ス
一、致ル所林相ノ善美ナル問ハスシテ御料林タルヲ知ルベシ云々
一、御料林ハ全道ノ要部ヲ占メ、東西ヲ遮ラレ隣保相助ル能ハス云々
一、民家ニ接近シ戸外一歩ノ余地ナキモノアリ云々
一、全道広カラザルニ非ルモ、耕地ト良林ヲ撰ントスレハ不足ノ感ナキ能ハス云々[126]

この部分の表現は、前節で引用した四月八日付内相・農相宛北垣道庁長官内請の傍線部分と極めて酷似していることに気づくだろう。実はこの背景には、右のような条項を組み入れて請願書を作成するよう、土方宮相から北垣に指示していたという事情があった。右の一つ書の前段に、品川の筆跡によると思われる書込みがある。そこには、「六月十五日の会議席ニテ土方大臣ゟ北垣長官へ如此々々認ムベシト指示シタル事公言せられタリ[127]」とあった。そしてこれは、六月一一日岩村から示されたものでもあった。右の書込みはおそらく、品川がその後得た情報をもとに同書簡に書き加えたものと思われる。ここからは、四月八日の北垣の内請は宮内省・御料局の意向がそのまま反映されたものであったことが明らかとなった。

北垣はもともと道内の御料林全ての下付を望んでいた。宮内省もまた、道内御料林の整理を目論んでいた。この点

において、宮相もまた「同感」であると北垣も安心していたからこそ、内請の文言まで宮内省の要望を容れたのだろう。にもかかわらず、結果的に道内全御料林の下付のみならず、道庁で最低限必要な部分の下付という要望すら認められず、全て宮内省側の思惑通りに下付が進められた。北垣が「御立腹」し、山内がそこに岩村局長の「政略的手段」を見たのは、この間の宮内省の方針変更には岩村が絡んでおり、北垣の拓殖への意向を利用して北海道御料林整理を進めたことによると思われるのである。

土方宮相は、おそらく北垣が当初感じていたように、北海道御料林全てを失うわけにはいかなかった。北垣と「同感」であったのかもしれない。しかし御料林を預かる岩村は、北垣の内請を「利用」(「売られたる姿」)したのだと考えられる。そこでこの機を捉えて、課題であった御料林整理も同時に果たすべく、北垣の内請を「利用」(「売られたる姿」)したのだと考えられる。六月二六日の岩村の道庁長官宛通牒以降、御料局と道庁がそれぞれ別個に下付すべき面積・箇所を取り調べ、さながら競争の様相を呈していたこと、一〇月一二日の北垣内請が、依然として下付すべき御料林について複数の案を提示し、その後内務・農商務両省から道庁の当初案での下付が照会されたことからは、北垣と岩村との間の主張の乖離に伴う両者の微妙なせめぎあいが浮かび上がってくる。

山内は北垣との会談の感触から、「長官ニ於てハ決而弐百万町歩之御料林を(既往ハ存せす今日之所ハ)邪魔物視なと致し居られざることニて、折角鞏固ニ確定せむことを望ミ居らるゝことゝ小生ハ信し居候」[128]としながらも、念を入れて品川には、近々来札の予定のある井上内相に対し「よし弐百万町歩ハ保ち難しとするも、可成減少高を少くし得べき」[129]よう説得を依頼した。七月二二日、井上は北海道巡視の命を受ける[130]。その三日後、山内は再度品川に書簡を送り、井上と直接面談を望んでいる旨を伝えた[131]。

ここで注目すべきは、山内が宮内省内部の情報を暴露し不満を漏らしている相手が、品川であるということである。既に述べたごとく、品川はこの時御料林問題に関与する職責はなく、内相ですらない。しかし、渡辺千秋内務次官に密かに探りを入れていたように、北海道御料林の交換に関しては少なからず懸念を示していたと思われる。山内も、「閣下ならでハ他ニ求むべき所無之と奉信候」[132]というように、宮内省・御料局では孤立無援の状況にあり、自身と同じく北海道御料林交換に不信感を抱き、かつ有力者に顔の利く品川に助力を求めたものと思われる。このように、御料地問題に関与する職責を失った品川に対し、岩村局長の御料地運営についてあらゆる情報をもたらし、その不満を訴えるという行動パターンは、同時期の他の御料地においても見られる「品川派」技術官僚の特徴であった。

本書第三・四章で検討してきた「品川派」技術官僚を想起すると、いずれも御料地を政府の行政活動としての産業政策を代替・補完する場と捉え、それこそが御料地にしかなしえない主要な役割だと考えていた。行動パターンの面では「品川派」技術官僚と見なしうる山内だが、御料地の役割に関する認識はどうであったか。次節ではこの問題について、山内の言説を分析することで迫っていく。

3　山内札幌支庁長の除却反対工作とその御料地認識

国立国会図書館憲政資料室所蔵「井上馨関係文書」[133]には、山内の手になる「御料林ハ北海道ニ必要ナル所以ヲ弁ス」と題する山内の意見書が残っている。二六年八月二七日付であることから、山内が井上の来札時に呈したものと思われる。山内はその添え状で、「呉々も御財産将来之御為メ不利ならざる様迅速御籌策被下候様悃願」[134]している。そのうえで山内は、御料地を拓殖のために道庁に下げ渡す計画があることに対して次のように注進する。

当道御料林ハ拓殖上妨害云々の説の如きハ極而無稽の言ニ付、不敢贅候。尤も御料林色分図之儘を以て確定のものとせす、元より差支のヶ所なきニ非るべきも、始より森林として保存すべき地積の外水脈ニ拠る境界、泉ニハ多少の平地を包含可仕もハ悉く選除せらるべき筈ニ付、右様差支を生すべき義ハ無之候[135]

山内によれば、御料林は設定当初から森林として保存すべき地所のみを選定したため、「拓殖上妨害」といった問題が起こりえないという。山内―浅羽ラインで編入が具体化する中で、御料地の形態が山林に特化されたことは既に見た通りである。その上で山内は、御料地を山林として保存することの意義を次のように言う。

蓋シ御料林ノ平時ニ於ケル元ヨリ御財産ノ一部分トシテ正当ノ収利ヲ謀ル者タルニ相違ナキモ、其営林ノ方針永世ニ劇変ナカルヘケレハ人民依テ以テ長ヘニ需用ノ源ヲ失フコトナク又之ヲ外ニシテハ季候ヲ調和シ乾潤其度ヲ

失ハシメサル等冥々裡ニ其徳澤ヲ地方ニ与フルコト誠ニ量知スヘカラサルモノアルヘキナリ(136)

このように、山内は御料林の意義を民需への供給と、気候・乾湿の調和などの地元の環境に及ぼす効果に求めていた。第一節3で見た二二年時点での山内の御料林認識のうち、民需への供給を重視する点は共通している。ここに気候や乾湿の調和を図るという国土保全林の機能が付け加えられている。山内はまた次のようにも言う。

林業ナルモノハ利益ヲ永遠ニ期シ其利率亦甚厚カラス。故ニ経営者ノ資力鞏固ニシテ一時ノ得喪ニ汲々タラサル者ニ非レハ百年ノ長計豈能ク貫徹シ得ヘケンヤ。官林誠ニ恃ムニ足ラス。民林亦区々執ルニ足ルヘキナシ所在営林等ノ現況ヲ以テ観ルヘシトセハ、森林ノ保存ヲ托スヘキ唯一ノ管理者ハ御料局ヲ措テ他ニ適当完備ノモノアルヲ観ス(137)

このように山内は、林業は収益性が高くはなく、長期を見据えて計画しなければならない事業であるからこそ、盤石な資力のあるものでないと十分に成功しえず、それは官林でも民林でも不可能であり、唯一御料林でのみなしうる事業なのだと言う。ここには、「品川派」技術官僚(138)の議論に特徴的な倒錯した御料地観が見られる。その目的こそ御料鉱山や府県の御料林とは微妙に異なるとはいえ、御料林でこそ人民への木材供給や国土保全という政府や民間の私人になしえない目的を担うべきなのだと考えていた点では相通ずる。山内の認識は、皇室を助けるための御料林ではなく、森林を保護するために皇室という管理主体を必要とするものであったということができるだろう。

実は、山内はこの建言書を井上に呈する前に品川にも供覧していた。山内は、二六年七月二六日付品川宛書簡で「別紙妨害云々の駁説ハ兼而札幌出発前取調置候もの(139)」と述べていたが、山内は井上に直接提出することを憚っていた。その理由は、「井上伯ニハ小生拝謁致候事ハ有之候得共、別段御話仕候と申義ニも無之、恐く御忘れ相成居候こと、可有之候。実ハ小生罷出拝顔相願申上度とハ相考候も、「〔ママ〕信せられすして云ふ云々の古諺も有之、御尽力奉願候次第ニ御座候が、自然御話之序札幌ニ参たらは此ものニ逢ツテヤツテ呉レト御一言御願置被下候ハヽ、難有仕合ニ可奉存候(140)」ということであった。一方、井上宛の書簡では次のように述べられていた。

北海道ニ於る御料林之事ニ関し、従来種々之謬説誣言行れ、加るに意外之障害ニより今日尚境界も確定致さゞる次第にて、日夜苦辛仕居候際、今般閣下親布実地ニ臨せられ候義ニ付、兼而ハ拝謁之上従来之事情逐一申述候上、

御指教を仰き度心算ニ候ひしも、復退て考るニ信せられすして云ふ其言聞れすとの古諺も有之〔傍線引用者〕(141)

このように、井上に直接建言するのを憚った理由も、「信せられすして云ふ云々の古諺」という表現も、先の品川宛書簡とほぼ一致する。したがって、品川宛書簡でいうところの「別紙妨害云々の駁説」とは、井上宛建言書、すなわち「御料林ハ北海道ニ必要ナル所以ヲ弁ス」と同一物と判断できる。したがって、七月二六日付品川宛書簡で山内が「別紙妨害云々の駁説」というのも、「拓殖上妨害」のことであるとわかる。

山内はさらに品川に対し、北海道御料林除却の不当性について、伊藤博文、山縣有朋など他の有力者筋への説得をも求めている(142)。伊藤・山縣はこの時皇室経済顧問であり、御料地問題に意見できる立場にあったためと考えられる。

もちろん、この建言書は、御料地は「拓殖上妨害」との理由で道庁に下付することへの反駁として書かれたものであるから、「人民」や地方に対する利益を強調するのも当然と考えられる。しかし、山内の御料林保存の論理はそのような理由だけで構成されたものではないことは、そのほかの論との関係から明らかとなる。

山内は七月二五日に、内蔵頭として皇室保有の動産を管理する白根専一とも同一件に関し意見を交換していた。しかし白根の意見は、山内とは正反対のものであった。白根は次のように言う。

我　帝室ハ御財産なキ共御用度ニ困らせらる丶様之義無之云々、足下〔山内〕之説ハ一般国家経済上ニ就而ハ尤なれ共、御財産としてハ決而国家云々を混同してハならぬ。詮するニ御財産ハ収利ニあり、其以外ニ義務的ニ御料を有せらる丶益なし(143)

白根はこのように、御料林の役割を民需供給や国土保全に求める山内の考えを、皇室財産を国家の目的と混同するものとして拒絶した。それらは、皇室財産でもある御料林であえて行うべきではないというのであった。そして、皇室財産たる御料林は、「収利」すなわち収益を上げて皇室財産を増殖することを第一の目的とすべきと考えていた。山内は、これを「青木子爵之御説ニ近く(144)」と評している。第一節で示したように、青木が皇室財産は政府から支給される皇室費だけで十分と考えていたことはよく知られた事実であったようである。

このような白根の見解に対し山内は次のように考えていた。

前段ハ元ゟ我々も如此なるべしと企望ハ仕候もの、果而安心し得るべきものなるや否。且聊の論旨を異ニする様ニ被存候。又後段ハ一応御尤ニ相考候が、　皇室ハ即ち国家なる我国なる可ニて御料として森林を管理するが森林其もの、安危も適当ニして不至ハ遂ニ荒廃ニ帰し国家ニとり甚た不利益なりとすれは強ち収利云々のミニ重きを置る、と申訳ニも参申間布カと相考候(145)

難解な構成であるが、内容から判断して「前段」とは白根の発言の「我　帝室ハ御財産なキ共御用度ニ困らせらる、様之義無之云々」までを指すと考えられる。御料地などなくとも皇室が用途に困ることがないのなら、それほど望ましいことはないが、実際はそのような考えでは十分安心できないと山内は考えたのである。そして「後段」、すなわち「足下〔山内〕之説ハ一般国家経済上ニ就而ハ尤なれ共、御財産としてハ決而国家云々を混同してハならぬ。詮するニ御財産ハ収利ニあり、其以外ニ義務的ニ御料を有せらる、益なし」との部分に対しては、「一応御尤」としつつも、「皇室ハ即チ国家なる我国」ゆえに、御料地としての山林そのものが荒廃して危機的な状態となれば、国家にとっても不利益となるので、収利のみに重きをなすことはできないとする。山内は、白根が掲げる「御財産としてハ決而国家云々を混同してハならぬ」という皇室観に対して、「皇室ハ即ち国家なる我国」という皇室観をもって対抗する。山内は、皇室も御料地として国土を分有する以上、国家行政としての国土政策・山林行政と同様の問題意識をもって森林管理に臨まなければならないと訴えたのである。

白根らが考えていたような皇室観は、立憲制創設に伴って導入された「宮中・府中の別」観念であるとみることができる。内蔵頭として皇室財政を預かっていた白根は、その観念を正しく内面化していたといえよう。それに対し、山内は、「皇室ハ即ち国家なる我国」という歴史的に共有されてきた根の深い皇室観を掲げて対抗した。このような皇室観は、御料地に対する立場こそ違え、御料地設定時にも元田永孚や岩倉具視、井上毅らが同様の見解を掲げたことはよく知られているし(146)、本書第一章でそれに止まらない広がりを示してきた。また、制度的に「宮中・府中の別」が確立された後も底流として根強く存在し、明治四〇年の皇室令に結実したことはこれまでにも指摘されてきた(147)。

山内は、前節3で示したように、御料林編入前後の時期においては、北海道の主要産業の一つであった漁業保護のための燃材払下げを行う目的で御料林を活用すべきだと考えていた。しかし、この頃になると、御料林に国土保全の役割を見出すようになっていたことがわかる。このような御料林観は、二四年頃には既に形を持ち始めていたようである。山内は二四年一〇月九日付品川宛書簡の中で、御料林経営の本旨について次のように述べていた。

　元来小官之主眼ハ弐百万町歩之御料林ハ単ニ　御財産たるのミ之目的ニ非すして、之を以而全道之需用も引受け官林民林ハ到底禿山となるものニして国土保安上、将タ厚生上共ニ、森林其もの、利用を十分ニ発達せしめ度本願ニ有之、如斯なれは御財産たる真成之目的ニも相叶可申と信し候[148]

ここには、北海道御料林除却に対する反駁に見られた論理が既に明確に示されている。山内は、御料林が単に皇室財産増殖のみを担うべきではなく、民需供給や国土保全という役割をも担うべきであり、それは官林でも民林でも不可能であり、御料林にしか十分に達成できないことであると考えていた。木材の民需供給・国土保全は本来国家行政の目的であり[149]、それを御料地で担うことは、白根らの言うように皇室と国家（政府）との混同なのであるが、あえてそれをせねばならなかったのは、国家（政府）がその本来の役割を十分果たしていないという認識があったからである。[150]

　しかしそれを御料林でも同様に担うべきかについては、必ずしも御料地創設以前からコンセンサスが取れていたわけではなかった。初代御料局長官の肥田濱五郎は、御料地設定方針を時の宮相伊藤博文に建議した「臨時置局ノ上官有地処分ノ建言」の中で、御料地として編入する官有地のうち、「水源涵養、土砂扞止、風防等ノ如キ国土保安ニ関スルモノハ之ヲ再ヒ地方庁ノ管理ニ付」すことを提起していた。[151]しかし、実際に編入された御料林の中には、少なからぬ国土保全林が含まれていた。[152]また、第四章で登場した元静岡支庁長の桑名茂三郎もまた、国土保全の観点から水源涵養林の払下げを非難していた。[153]さらに、従来皇室と民衆との「分断」面を強調する研究において好んで取り上げられた木曽御料林の民有下げ戻し運動に関しても、御料林側の下げ戻し拒否の理由として掲げられていたのは国土保全の観点であった。[154]これらの事例からは、御料局内でも国土保全を御料林の重要な役割とする考えが一定程度存在し、一つの系譜をなしていたことが見て取れる。

　もちろん、除却を進める側にいた北垣道庁長官は、必ずしも山内が危惧するように民需供給・国土保全という目的を軽視して、御料林の開墾・耕地化のみを想定していたのではなかったが、山内の言うようにこうした役割を官林では十分なし得ない、御料林にしかできない役割であるとは考えていなかった。北垣は、一〇月一二日の内請の中で、御料林を拓殖の用に供するということは、山林の開墾・耕地化のみならず、建築材や薪炭材等の需用に供することでもあると述べている。北垣は、「拓地殖民ニ要スルノ地ハ、単ニ田畑等開墾ニ適スルノ土地ニ止マラズシテ之ニ伴フヘキ森林ノ必要ナルハ言ヲ待タス」[155]として、建材・薪材・農耕漁業用材のためにも御料地の下付が望ましいと訴えた。また、以下のようにも述べて国土保全にも供しうることを主張した。

広野ヲ拓テ農耕ニ従事セシメンニハ防風ノ具ナケレハ人民住スル能ハス。海岸漁業地ノ森林常ニ鬱蒼タラサレハ魚族聚来セス。水源枯渇スレハ田畑耕ス能ハサルノミナラス、人民居住ス可ラス。河川護岸ノ森林ナケレハ、洪水氾濫シテ田畑人畜ヲ損害スルノ虞アル等国土保安上要スル所ノ防風林、拓魚林、水源涵養林、護岸林、土砂扞止林、頽雪支柱林、航海目標林等ノ森林ヲ設置シ、之ヲ保存スルノ方法ヲ設クルハ必要欠ク可ラサルノ件タリ[156]

このように北垣は、民需供給・国土保全という役割は、道庁に拓殖用として下付した後にも果たしうることを強調していた。既にみたように、北垣は岩村の所為に少なからぬ反発を感じてもいたが、あくまで国土保全・民需供給を御料林の役割とする山内との間にもまた埋めがたい溝があったのである。

それでは、北海道御料林除却を進めた中心人物である岩村御料局長は、いかなる御料林認識を有していたのだろうか。次にそのことを見ていきたい。

4　岩村御料局長の御料地認識

岩村と北海道との関わりは古く、明治二年開拓使判官として箱館に赴任して以来のことであった[157]。その後も開拓使の中で昇進を続けるが、同五年一〇月の札幌大会議で黒田開拓次官と衝突したことがきっかけとなって、六年一月に免官となる。このように、岩村は北海道に強い影響力を持つ黒田清隆にも臆せず物を言う人物であった[158]。その後も、岩村と北海道との関わりは途切れることがなく、一五年六月から七月には会計検査院長として北海道視察を命ぜられ、一〇月に「奠北京於北海道上川議」を提出し北京構想を掲げたことは既に述べた通りである。[159] そこでは、皇居などの皇室所要の地のみに止まらず、「別ニ開墾地若干万坪ヲ択ヒ以テ御有地ニ供センコトヲ要ス」[160] として、開墾のための御料地設定も主張していた。

この意見は実行には移されなかったようだが、その後一七年五月に司法大輔となると、翌年八月一〇日に北海道ならびに奥羽諸県の裁判所事務視察のため東京を発する。その際本務の他に「上川ニ赴キ能ク其土地ノ形勢如何ヲ察スヘシ」[161] との「内旨」を受ける。この時初めて上川の地を訪れた岩村は、九月に「奠北京於北海道上川再議」を三条太政大臣に提出し、再度北京構想の実現を政府に迫る。[162]

岩村はこの時の調査で、当時屯田兵本部長陸軍少将の永山武四郎らを伴って、上川原野を一望できる近文山に登頂し、国見を行った。そこには、「東西四里、南北七里許」の広大な上川原野に、石狩、忠別、美瑛、牛別川が悠然と蛇行し、「石狩嶽高ク東方ニ聳エ」ている雄大な光景が広がっていた。[163] この上川地方との出逢いに象徴されるように、岩村の中で北海道とは、情緒的にも特別なつながりをもった土地であった。

このように見てくると、岩村にとって北海道御料林は、明治一〇年代以来描き続けた「北京」構想の一部を具現化したものであり、それは自身が生みの親といっても過言ではない特別な思い入れのある場所であったと思われる。しかし、それゆえにこそ、編入に関与することができなかった現実の北海道御料林に対しては、その理想の姿に近づけるべく見直しの手を緩めなかったものと察せられる。

このような経歴をもつ岩村であるが、北海道御料林除却の当時に彼が残した発言は史料的にほとんど残っていない。しかし、三〇年五月一三日に管下の支庁長・事務所長及び技師らに対して行った演説筆記及び談話筆録[164]に、彼の御料地観や北海道御料林除却について語った箇所があるので、それらの中から推察してみたい。

まず岩村は、御料地運営の第一の目的を「御料地ヲ保管シ其ノ事業ヲ経理スルニハ必ス一定ノ主義無カルヘカラス。主義トハ他ニ非ス。帝室ノ為ニ其ノ富ヲ増殖スルノミ」と明確に述べている。それに対し、御料地事業に携わる者たち、即ち演説・談話を聴いていた技術官僚らに蔓延《はびこ》る御料地観の問題点を次のように指摘する。

今ノ御料事業ニ従事スル者動モスレハ国家国家ト曰フ。夫レ国家ノ大計ニ任スルハ政府ノ事ニシテ帝室官吏ノ之ニ関与スヘキ所ニ非サルナリ

これは山内や、あるいはこれまで検討してきた御料鉱山や静岡支庁管下の御料林事業に関わる「品川派」技術官僚、及び品川自身の御料地観の明確な否定である。岩村は、品川が二四年六月に御料局長を辞した後も、御料局に残った「品川派」技術官僚らの間に根強く存在した、御料地を使って政府の行政活動の代替・補完を行うべきだという認識に大きな問題点を感じていたことがわかる。と同時に、これは前節で見た白根内蔵頭の見解とも合致する。動不動産の差異はあっても、同じく皇室財産を扱う御料局長と内蔵頭は、共通の認識を有していたのである。

岩村は「御料山林ノ業務ニ従事スル者ハ大抵曽テ職ヲ農商務省ニ奉セシ者ナリ、其ノ国家ノ為ニ利害ヲ計較セシノ念沈淪シテ珉ヒス、故ヲ以テ常ニ国家ノ一辺ニ注意ス、是固ヨリ怪ムニ足ラス」として、そのような御料地観が生まれた必然性を認めてもいた。しかし岩村はまた、「帝室ノ特ニ御料地ヲ定メラレタル本意ニ就キテ一考セハ其ノ政府ト主義ヲ異ニスヘキ所以ノ者的然トシテ明白ナラン」とも言い、前言のような観念を一蹴する。

そして岩村はさらに進んで、そのような国家行政同様の価値観を御料地事業に持ち込む弊は、多く山林において起りやすいとする。それは、「山林局林区署ノ遺習ヲ存スル」ゆえであり、また「山林ノ事業ハ国家ニ関繫スル所最大ナリ、之ヲ繁殖保護シテ以テ国土ヲ保安シ水源ヲ涵養シ併セテ需要ト供給トノ平均ヲ得セシムル」必要があるからだとする。しかし、岩村は「是政府ノ職務ニシテ之ヲ其ノ官有山林ニ施スヘキ所ナリ。帝室ハ法律ニ遵由スルノ外政府ト同一ナル義務ヲ負フヘキ者ニ非ス」として、山林事業を主とする御料地の体制を転換する必要を説く。それでは、御料地は山林ではなく何を主とすべきだというのだろうか。岩村は次のように言う。

凡御料地ノ経済ハ其ノ地宜ヲ相シテ適当ノ事業ヲ施スヲ要シ、帰スル所ハ収穫利益ノ多キニ在リ。今農業ト林業トヲ比較セハハ《ママ》其ノ利益ノ多寡ハ言ヲ待タスシテ明ナリ。夫ノ林業ハ利ノ甚タ薄キ者ナルヲ以テ之ヲ耕作スヘキ土地ニ施スヘカラストハ蓋シ経済ノ常則ナリ

この部分の主張は、かつて山内が井上内相に呈した意見書の主張（本章第二節3）と好対照をなしていることに気づく

だろう。岩村は可耕地は現在山林であっても収益性の高い農地に積極的に転換していくべきだと考えていた。

その考えの延長線上に北海道御料林除却があったことは、彼自身が次のように述べていることから明らかである。少し事実を先取りすることになるが、北海道御料林除却後の発言であることを念頭に置いて検討したい。


余カ明治廿七年ニ於テ北海道ノ御料地百三十七萬町歩ヲ政府ニ還付セシカ如キハ同地山林ノ皆同地住民ノ共有タルノ性質ヲ帯ヒ御料局ニ於テ収ムル所ノ利益甚大ナラス。而シテ政府ハ治民上ニ於テ之ヲ官有トスルノ必要有リシニ因レルナリ

岩村がいうところによれば、僅々二〇年程度であっても道内に定住しつつあった拓殖者たちが「共有林」として利用していた山林が御料林内には少なからず含まれていたのだという。このような状況では、御料局にとっても利益が見込めなかったため、道庁の「治民上」の必要にも配慮して除却に踏み切ったことを明らかにしている。岩村にとっては、御料地は収益性の高い農地を主体とすべきであり、山林は成果が表れるまでに時間がかかるのみならず、その収益率も決して高くはないうえに、「治民上」からも政府が管理することが望ましいと考えていたことがわかる。このように、岩村もまた御料林としては農地が最適と考え、御料地でも拓殖を進めていこうとする意図があったことをみれば、北垣の示した下付希望地と宮内省側の保存希望地が部分的に重なり衝突してしまうことは避けられなかった。

しかし、岩村局長や宮内省が北海道御料林の除却を進めようとしていた理由は、農地の収益率の高さや山林管理の低収性、民政上の困難さに止まらなかったと思われる。「皇室ニ於テ将来保存上最モ必要」とされ残された御料地は、可耕地ばかりではなく良林地帯も含まれていたからである。岩村は、御料林を必ずしも軽視していたわけではなかった。この「皇室ニ於テ将来保存上最モ必要」という地域がどのような観点から選定されたかを考えるために図5-2をご覧いただきたい。

図5-2は、明治二七年編製の北海道全図に、二九年時点での諸情報を描き入れた御料局作成の図面をもとに作成したものである。その中には、二九年当時の「既成又ハ起工中ノ鉄道」、「明治二十九年法律ニ依リテ規定セル第一期線[165]」、「同上比較線」、「御料林地」、「御料農業地」、「殖民地」等が描き込まれている。

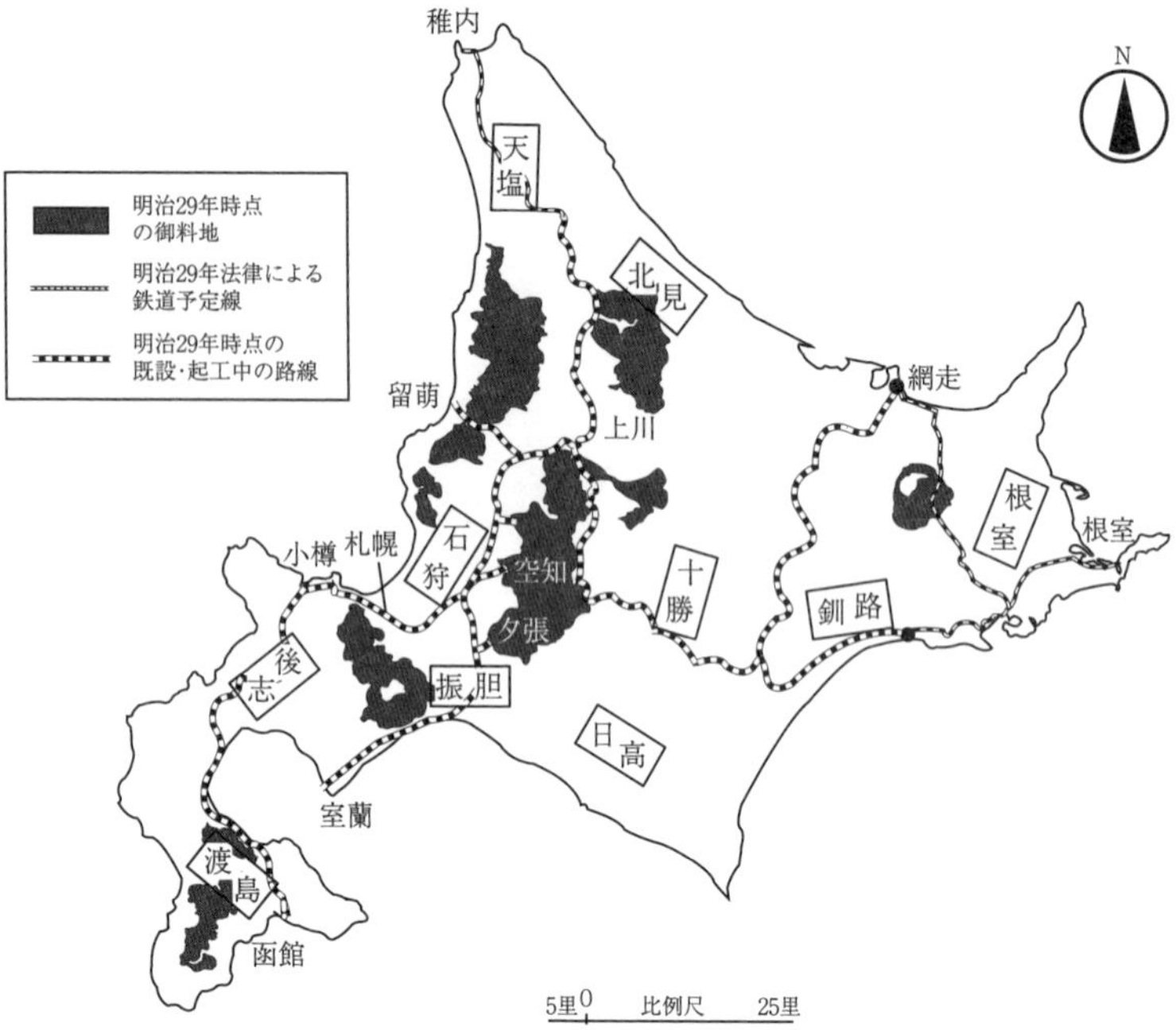

図 5-2：明治29年時点の北海道御料地と鉄道既設線・予定線

註：鉄道線は、宮内庁書陵部宮内公文書館所蔵「北海道鉄道予定線入地図」（「御料局　御料地図（北海道御料地関係図　改正北海道全図　北海道庁長官内請書付属北海道御料林区域図　北海道鉄道予定線入地図）」〈識別番号61774、推定明治29年作成〉）を参照した。

このうち、①空知—釧路間、②上川—天塩間、③上川—網走間、④空知—留萌間、⑤函館—小樽間の路線は、これまで見てきた宮内省と道庁の交渉段階ではまだ着工していない[166]。そのことを踏まえて図5-2を見てみると、鉄道は概ね札幌近郊の交通の便のよいところ（定山渓など）も含め、全て御料林を通っているか、あるいは通る計画になっていたことがわかるだろう。そして、除却対象として宮内省が指定していた中でも、最も大規模に除外されていた地域の一つである根室・釧路の広大な御料林（図5-1参照）付近の鉄道は、交渉当時は未設であった。

もちろん、そう遠くはない未来に①～⑤の方面にも鉄道が敷設せられることも予想はできたであろう。渡辺千秋が道庁長官時代に提出した意見書では、空知—網走・根室方面の鉄道敷設計画が表れていたし[167]、第三議会で衆議院が政府提出の「鉄道公債法案」、「私設鉄道買収法案」

と議員提出の三法案を折衷して起草された「鉄道敷設法案」の中でも、空知と網走、釧路、上川と釧路、雨龍と留萌、上川と稚内を結ぶ予定線が含まれていた(168)。しかし、岩村がこのような計画の具体化を信じていたとしても、特に釧路・根室方面の鉄道敷設状況はその面積の広大さに比し不十分の感が否めない。

このように見ると、御料局が、御料林産出の木材輸送の便を考慮して除却計画を立てていた可能性が浮かび上がってくる。岩村は元来、御料林経営は山林ではなく農地を主とすべきとの論者であったが、山林を全て除却しようとしたわけではなかった。鉄道が通り、港へと続くとき、木材輸送の観点から至便な地域の御料地は、山林であっても「皇室ニ於テ将来保存上最モ必要」として保存の対象となったのである。岩村は、同時代の他の御料地と同じく、北海道でも御料林経営においてはその収益性を最優先していたといえるだろう。

以上からは、御料地事業を担う部局の長である岩村と、現場の長である山内とは御料林認識において大きな隔たりがあったことが明らかになった。そして、既に見てきたように、土方宮相は岩村の見解を支持し、宮内省としては除却を積極的に進め、北海道庁もそれに引き入れられていった。一方、孤立無援の山内は前御料局長の品川に頼るほかなく、品川も同一件に関心を示し有力者に尋ねるなど尽力はしたが、結果から判断するに彼らの訴えは功を奏さなかったようである。

それでは、宮内省の交渉相手の内務・農商務両省はいかなる論理で除却を推進していたのだろうか。管見の限り、賛意を表したことがわかるのみで明確な発言が残されていない後藤農相に対し、井上内相はその省としての北海道政策論を明確にしており、そこからは彼の御料林に対する認識が垣間見える。次項では、井上内相の進める北海道政策と御料林との関係、及び彼の御料林に対する認識を見ていきたい。

5　井上内相の北海道政策と御料地認識

明治二〇年代中頃の北海道政策について永井秀夫氏は、初期道政の弱点が露呈し、議会での追究が集中した時期であったとしている(169)。そして、山内が建言書を提出するきっかけとなった二六年の井上内相の北海道巡視については、政府としては開拓政策に統一的な方針を持っていたというよりは、議会に押されてのものであったと説明する。[170] そして、二六年巡視後の井上による北海道政策に関する意見書については、一九年に井上が山縣と連名で提出した意見書と比較して、「鉄道建設を軸とする開拓の組織化の方向が強く押し出されている」[171]と評価している。

一方、前田亮介氏は、井上が内相として入閣する条件の一つとしたのは北海道改革の遂行であり、内相就任後の井上は北海道市町村制度の立案などを通じて内地化を進めていったことを明らかにした。[172] この点は、北海道御料林除却に際しての井上の立場を理解する上で重要である。特に、井上の北海道内地化という発想は、井上という人物の個性や政治家としての活動歴に着目すれば、たとえその契機が議会に押されてのものであったとしても、彼独特の一貫した構想があったことの証左であると考えるべきであろう。

このような観点から、本節では議会開設以前の井上の関心であった地方自治の実質化への関心を根元に置きつつ、その後の政治的・財政的状況に鑑みてその構想が換骨奪胎されていったことを確認し、それをもとに彼の御料林に対する認識を考えていく。[173]

井上は二一年春頃から、議会の開設を見据えて独自の地方政策論を展開していた。[174] 当時農商務大臣であった井上は、「中等以上財産家」の育成・糾合によって地方自治を根付かせることが来たるべき議会への布石になると考えており、町村基本財産強化による地方自治の実質化を図った。そのための具体策として提起されたのが官有林野払下構想であった。翻って、北海道に初めて衆議院議員選挙法が施行されるのが三三年（全道に施行されるのは三七年）、北海道に議会が設置されるのは明治三四年である。[175] この事実に鑑みると、二六年という時期に、右の如き経歴をもつ井上がいずれ来たるべき北海道への立憲制の導入に何の持論も示さなかったとするのは不自然である。

一方で、井上の北海道政策を理解するもう一つの鍵が、農業史などにおいて指摘されてきた「大農論」である。[176]「大農論」とは、旗手勲氏によると、一般に先進欧米諸国の農法・種畜や農業機械などを導入し、零細で分散的な日本農業を商品生産のための資本集約的な大農経営に転換しようという議論である。[177] 井上は、道庁における北海道政策の基調を形作ったと評される、明治一九年八月の北海道視察と、それに基づいた意見書「北海道漁業ニ関スル意見幷ニ開墾及ヒ運輸等ノ事」において、お雇い外国人マックス・フェスカの議論を取り入れた大農論を展開している[178]。明治二一年、井上が農相となると「大農論」はさらに勢いを増し[179]、井上の地方自治構想と結びついて論じられるようになった[180]。永井秀夫氏によれば、井上の「大農論」はフェスカのそれなどと比べると「皮相」的であると評される[181]が、それは彼の地方自治論と有機的に結びつくことによって独特の政策構想に昇華していったと考えられる。

その一方で、井上は御料地の拡大にはあまり優先順位を与えていなかったと思われる。既に本書第四章で確認したように、井上が農相時代に肝煎りで進めた官林官有地取調委員の活動も、当初から御料地選定を主目的として計画されたものではなかった。井上においては自説の官有林野払下げによる町村の財力強化と、それによる地方自治の実質化という問題関心から始められたものであり、御料地の選定は付随的なものであった。しかも、御料地として設定された山林であっても、後日最寄り町村に下付することがあるとされた。御料林そのものについても、実際に編入されたよりも少ない八〇万町歩程度しか想定されていなかった。

以上の前提を踏まえた上で、井上が北海道巡視後の二六年一一月に起草した「北海道ニ関スル意見書[182]」を検討したい。明治二六年、北垣長官の構想を受けて内務省は北海道への地方自治制度導入の検討を進めていた[183]。「北海道ニ関スル意見書」はその構想の概略を示すものであるが、ここで示されている井上の北海道政策構想の中から間接的に彼の北海道御料地に対する認識を読み取ることができる。

同意見書は、漁業、農業、道路及鉄道、港湾、地方制度、囚徒の六項目から成る。そのうち「地方制度」の項で井上は、鞏固な経済基盤をもつ自治村落が乏しいことから、未だ府県同様の地方制度を設けることは難しいとみている。しかし、「漸次其ノ進歩ヲ謀ラント欲ス」というように、北海道においてもいずれは自治村落を形成するようになることが望ましいと考えていたことがわかる。

「農業」の項からは、彼が北海道御料林除却に傾斜していった要因の一端が読み取れる。井上は、北海道村落の経済基盤強化の基本ともなる生業の一つ、農業の発達のためには「開拓上ノ障碍物ヲ除去」する必要があるとする。ここには、井上の年来の「大農論」者としての片鱗がうかがえる。その方法として井上は、「隣保相通シ運輸互ニ便ニスル」必要性を説く。四月八日の北垣の内請や、そのもととなった宮相の指示においては、北海道御料林除却の理由の一つとして「東西交通ヲ絶チ隣保相応スルノ便利モナキ」という認識があったが、このような状況では井上の構想する「隣保相通」する地方自治の最小単位すら形成しがたくなってくる。(184) 井上が「拓地殖民」のため御料林下付を求める道庁の意向に賛同したのは、これが彼の「大農論」に基づく北海道政策構想と合致していたためであると考えられる。

また、井上は次のようにも言う。

本道ハ従前無人ノ境タリシノ故ヲ以テ山林ノ如キモ其ノ民有ニ属スルモノ甚タ少シ、是レ自然ノ勢ヒナリ。然レトモ自今而後移民ヲシテ鞏固ナル村落ヲ構成セシムルカ為メニハ又タ相当ノ山林ヲ具有セシメ以テ其ノ薪炭建築及芻牧等ノ用ヲ欠クコトナカラシムル様ナスコトヲ要ス。因テ本道山林ノ制度ヲ設ケ官有林若クハ禁伐林トシテ維持保護ス可キモノ及ヒ町村共有林トシテ下付シ得ルモノ、別ヲ定メ移民ヲシテ其ノ発達ニ従ヒ、相当ノ山林ヲ共有スルコトヲ得セシムルノ方法ヲ設ク可キナリ。

ここで井上は、移民によって「鞏固ナル村落」を構成するための財源として、官有山林の下付を提唱している。ここには、彼の帝国議会開設前の地方自治論と同様の問題意識と方法が見られる。二六年時点での井上は、自身の年来の地方自治論の一環として道政論を展開していたと言えよう。このような考えに則れば、北海道官林は必要に応じて順次払い下げられるべきであり、したがってその官林は潤沢である必要がある。とすれば、払下げ可能な官林の増加を意味する御料林の下付は、彼の構想を実現する願ってもない好機であった。

以上のように見ると、北海道御料林除却を推進した側の構図が見えてくる。まず除却を強く推し進めたのは、拓殖をもって御料地経営の第一とし、それに加えて山林は輸送の便のよい地域のみに限定して御料林経営を合理化しようとする御料局（岩村局長）であった。御料局は、宮内省（土方宮相）の後ろ楯を得て、もともと拓殖のために全道の御料林下付を求めていた道庁（北垣長官）を動かすに至った。この御料局・宮内省の方針は、年来の地方自治論・大農論を、立憲政治導入を準備する北海道において適用しようとする井上内相の方針とも合致し、除却の大きな推進力となっていた。御料林経営の合理化のために収益性のあまり高くない御料林を除却したい宮内省―御料局と、御料林下付により拓殖の用に供するという目的を主に掲げる道庁、そして北海道の自治完成を念頭に置く井上内相という、その目的に微妙なずれのある三者が同床異夢の中で推進したのが、北海道御料林の除却であった。

したがって、「御料林の下渡を成功に導いたのは、北垣長官の熱情と不屈の努力に負うところが大きかった」[185]、「北海道御料林下渡の成功は、北垣の熱情と不屈の努力と共に、井上内相の確約もあったことによるというべきか」[186]という長池敏弘氏の評価は見直す必要があるだろう。長池氏は、議会の停会により除却交渉がいったん中断することを受けて、北垣が「粛然無一語」という状態であったことに、北垣の除却にかける熱い思いを見た[187]。北垣長官が開拓に熱情と努力を注いだことは間違いではないだろうが、北海道御料林除却の要因をそれのみに帰してしまうことはできない。

6　北海道御料林除却延期と議会

道庁―内務・農商務両省と宮内省―御料局とが、除却区域について交渉していた明治二六年一一月、山内はもはや約一三七万町歩の除却は動かぬ方針と諦め、品川に諦念を吐露し、「唯此上ハ将来百年之後、微臣等をして先見者たるの名をなさしむることなからむこと切望之至ニ奉存候」[188]と、除却が自らの意思に反することをあくまでも強調するしかなかった。そして、「好し減縮するも、尚六十余万町歩之御財産を北海ニ止め候をせめてものことゝ相慰候外無之、稍早計ニハ有之候も、北海百三十余万町歩ニ於る樹木と共ニ謹而閣下が数年之御厚庇ニ対し、拝謝し且訣別辞を呈する所ニ御座候」[189]と辞意を仄めかすに至っていた。

しかし、実際の除却はそのままスムーズには進まなかった。約一三七万町歩の除却が皇室経済会議で立案されたのは明治二六年一一月三〇日であったが、決裁に至ったのは翌年の六月一三日であった[190]。この年三月七日には北海道御料林問題に関して経済会議が開かれる予定であったが[191]、ここでも議決は見送られたものと思われる。その前日に岩倉具定[192]が皇室経済顧問の黒田に送った書簡では、「今日迄も取調ニ着手無之而ハ到底今回御発表六ヶ敷事カト存候」[193]と述べており、おそらく除却に関して最終局面でも紛糾していたことがうかがえる。

翌年にもなお取調が進まず、立案から半年ほど経って決議に至った背景には宮内省側の問題もあった。山内が「出所慥なる所より伝承[194]」した情報によると、この問題が民間への払下げや他の民有地との交換ではなく、道庁という行政機関への「下付」であったことに伴う障害があった。北海道御料林の下付を受ければ、道庁はその経営のためにまず境界調査に取り掛からなければならず、そのための追加予算を議会に提出しなければならなくなる[195]。それは、御料林の除却が明るみに出ることを意味し、そうなれば議会において追究されることも想定される。特に宮内省は「閣下の率らるゝ協会辺より手痛き質問并ニ之ニ次て異議にても起らんかとの掛念[196]」を抱いていたという。宮内省内でも御料局長を辞してなお外野から御料地事業を監視し続け、かつ議会に一定の議席を有する国民協会を指導する品川の存在は無視できないものであったと考えられる。山内は、「もと〳〵交換の手段ニ用たる拓殖上云々の口実が遂ニ一大材料と変化し長官の内請と相成たるニて本来精確なる調査も亦正当なる辞柄も理由も無之[197]」と考えていたから、議会での答弁に苦しむだろうと見ていた。また「長官より参考として添付せし理由書ニ掲たる計数上不都合なる事実の明亮[198]」となり、議会で追求を受けても答弁することができなくなることが予想されたため、「暫く時機を待て発せむがため差扣られたるものニ外ならす[199]」と、除却の延期を表明したということであった。

北海道御料林除却に関する宮内省と政府の交渉が行われていた時期は、国民協会が西郷従道・曾根荒助といった主要幹部を失って弱体化するとともに、野党化・対外硬化していく時期である[200]。政府がこのような協会に対して警戒感を強めていたであろうことは疑いなく、しかもその協会を率いるのが御料地とも因縁浅からぬ品川であることから、北海道御料林問題のために議会で足をすくわれぬよう、内閣から宮内省に話が持ちかけられたことは十分考えられる。

山内は、除却の延期を除却阻止の最後の機会と捉え、「不道理なる議の往々実際ニ行るゝハ人生之弱点万不得止ことニハ候得共、今ニして之を失せは永世取返しのならざる事件ニ付、偏ニ閣下之御尽力ニより此暗礁を乗越し安全港ニ投錨候様ニと日夜祈願仕居候[201]」と品川に助力を求めた。山内が北垣から聞き込んだ情報によると、「山縣伯ニも委細事情申述たる所、然る上ハ減少せらるゝ外あるべからすと被申候間、同伯ハ決而異議あるべき筈なし[202]」というように、山縣も除却に同意を示していたという。しかし、山内は「想ふニ同伯も詳細之義ハ御承知なく、単ニ長官の申述る所のミにつき同意を表せられたるニハ無之哉」と考え、「今日之所御料林減少之安危ハ一ニ同伯之賛否如何ニよるべきこと丶相考」[203]え、「閣下より御申込相成候後、同伯之御意見如何有之候哉、相叶候義ニも候ハ丶、御垂示被下度奉合掌候」[204]と、皇室経済顧問の山縣の説得を頼み込んでいた。

しかし、二七年三月一日に開票された第三回衆議院議員選挙の結果、国民協会は第五議会解散時の六九から三二へと議席を激減させる大惨敗となった。[205]先に述べたごとく、北海道御料地除却が皇室経済会議で決議されるのは第六議会解散後の六月一三日のことであった。政府・道庁及び宮内省にとっての国民協会の現実的脅威がほとんどなくなったことが、除却を進める客観的条件となったものと思われる。

一〇月七日、土方宮相は北海道御料地一三七万町歩を道庁に無償で一挙下付する旨の裁可を仰ぎ、同日勅裁が下った[206]（除却後の御料地は図5－1）。最も激しい非難を加えると見られていた国民協会の総選挙での惨敗もさることながら、この年八月一日には日清両国が戦争状態に入っていることを考えると、[207]政府・政党ともに御料林問題に目を向ける余力はなかったものと思われる。これらの御料林は一二月に道庁に仮引き渡しされ、[208]二八年一月以降、道庁にて境界調査完了のうえ授受されることとなった。協会の惨敗、開戦という好条件も整い、北海道御料林の除却はこうして順調に進められた。

除却に際しては、「当時の札幌支庁長たりし田町與三郎氏の尽力に負ふ所決して少なくないやうに考へらる丶」[209]という後の評価がある。実は除却が経済会議で議決された直後の二七年六月二〇日に山内は農商務省技師に転任となり、[210]七月三日に後任札幌支庁長心得として東京山林学校出身で将来を嘱望された田町與三郎が任じられている。[211]転任後山内は再び鉱山技師として、そして二九年には新設八幡製鉄所の技師として、本来の専門性を活かした職務に臨む。[212]本来鉱山技術者であった山内が御料林技術官僚を続けるより、山林学校の優等生であった田町が札幌支庁長を務める方が無理はない。あえて畑違いの山内を使い続ける利点も理由も、御料局側にはなかっただろう。しかしそれと同時に、除却の経緯において山内が一貫して反対を唱え続け、品川や井上とも接触していたことは少なからず宮内省幹部や御料局本局にも聞こえていたと考えられるから、除却という大きな意思決定のスムーズな進行を考えた場合、山内の存在は宮内省・御料局にとって悩ましいものであったと思われる。山内の転任が政治的な決着であるとまではいえないが、右のような状況の中で農商務省側が山内を求めたとすれば、宮内省にとってそれは渡りに舟であったに違いない。

除却後、北海道では道庁による開拓事業の進捗とともに、一方で御料農地を拡大する動きが進行する。二九年一二月二二日、宮内省は天塩国官林二万町歩の御料地編入の裁可を得ている[213]。このとき、調査課が調べて宮内省内で回覧に付した報告によれば、「国有財産タル土地ヲ無償ニテ御料地ニ編入スルニ就キ、法律上ノ疑義ハ暫ク措テ、単ニ実際ニ於テ[214]」、すなわち事実においてみれば、「内務省ハ輓近ニ至テモ当大臣ノ請求ニ応シ、無償ニテ宅地ノ編入ヲ為シタルモ、農商務大臣ハ数年前ヨリ森林原野ノ編入ニ関スル数回ノ請求ニ対シ、一モ応シタルコトナシ[215]」という状況にあったという。北海道御料林下付の過程ではほとんど主体性が見えなかった農商務省であったが、官林の無償編入という局面になると堅くこれを拒んでいたことがわかる。

この背景にあった政府の林政に関する立場は次の通りであった。

　窃ニ政府ノ議ト云フヲ聞クニ、宅地ノ如キハ已ムヲ得サルモ、収利ヲ目的トシ、財産トモナルヘキ森林原野ノ編入ノ請求ニハ応シ難シト。是レ素ヨリ法理論ヨリ来ルニアラス、行政ノ処分上ヨリ起リタル論ナルヘシ[216]。

このように、官林を政府の財源とみるところからは、大蔵省の意向もあったことが推察できる。このように、御料林の編入という局面では、宮内省・御料局の皇室財産経営の観点と政府の行政上の観点とが対立している。

しかしその上でなお、御料局としては右二万町歩の編入が必要であるとし、これを皇室経済会議に諮る理由を次のように述べる。

　蓋シ現在ノ北海道御料地タル、猶ホ整理中ニアルヘシ。農業地トシテノ開墾ニ着手シタルハ、僅ニ上川ノ一小部分ニ過キス。将来農業地トシテノ開墾ヲ拡張シテ整理ノ方針ト為サントセハ、経済会議規程第五項御料部事業大体ノ計画トアルニ依リ、予メ同会議ノ議決ヲ要スヘシ[217]

注目すべきは、ここに農業に重点を置いて御料地経営を進めていこうとする岩村の方針が如実に表れていることである。北海道御料林除却後の岩村による北海道御料地編入は農地開発が主たる目的であったことがわかる。

この後も、三〇年四月には官有地一万一〇〇〇町歩余が開墾目的で御料地に編入されている(218)。岩村が北海道御料林除却を推進した狙いが、単に御料林の縮減や道庁による開拓の促進のみにあったのではないことがこれらの事実により知られるであろう。岩村は、各支庁長・事務所長らに語った如く、御料地経営の大前提は皇室財産の増殖にあり、その目的に合致する不動産形態は山林よりもむしろ農地であると考えていた。そのため、まず手つかずの原野を道庁に下付し、それらも含めた原野をほとんど道庁の資金と労力で境界調査させた後、御料農地として収益性がありそうな場所を精選し再編入したのである。

三〇年一〇月、道内巡回を終えた岩村は、札幌から土方宮相に書簡を奉じている。その中で岩村が今後の北海道御料地経営についての計画を述べた次の一節は、彼の御料地経営方針を端的に示している。

林業農業上の調査ニ付、日夜庁員を督励致候得共、存外面倒ニ而只々日数相懸リ候。農業地も凡三萬町余有之、是を貸付小作料壹反ニ一円取候場合ニ至候ハヽ、三十萬円の収入を得候次第ニ付、十分骨折候甲斐は後年相見候事と相楽申居候。貸付規程も最早大略見込相立、且林業上経済の点も粗工夫相付候(219)。

除却後の北海道御料地において、岩村は農業を主に林業を従として、より合理的な経営を目指し計画を進めていた。明治三〇年代の北海道御料地は、岩村のもとで全く新しい段階に突入していたのである。

おわりに

最後に、本章で明らかにしたことを要約しながら、明治二〇年代における宮中・府中関係について若干の考察を行うこととする。

編入以前、政府においても宮内省においても、北海道の御料地として山林を優先させる考えは決して主流ではなかった。北海道御料地を拓殖のためのものとする立場も編入においては重要な役割を果たしていた。その場合、御料地の形態としては山林よりも原野の方が望ましい。しかし、道庁で土地授受の交渉を担当していた山内―浅羽ラインで北海道御料地は全て山林形態がとられることとなった。また、その編入過程で、御料地は官林に代わり、地元の産業に対する燃材供給の役割を担うべきだとする観念が萌芽的に現れてきた。

北海道御料林はその後明治二六年に入り除却が計画されるが、そもそもこれを計画したのは内務省でも北海道庁でもなく、岩村御料局長であった。その過程の中で、御料地は耕地化して開拓事業に充てるべきだとする御料局―宮内省、道庁―内務・農商務省と、森林として保存し、民需供給・国土保全を担うべきだとする山内札幌支庁長との相克が顕在化した。しかし前者は、実は「拓殖」の題目を掲げながら皇室財産増殖・経営合理化という真の目的をもつ御料局―宮内省が「拓殖」事業を本務とする道庁を利用した形であり、そこに拓殖そのもののみならず、山林で以て拓殖に附随する木材需要に供し、地方自治の基盤強化を目論む井上内相とそれに賛同する後藤農相が加わることで、除却の推進力となっていた。

このように、北海道御料林除却の実現は北海道庁の拓殖への熱情のみに帰せられる問題ではなく、宮内省・御料局・内務省などの多様な思惑が入り混じっていたことが示された。

さて、以上の過程において、藩閥指導者や政府出身官僚らの御料地進出が持つ政治的意義を考えるという本書の関心に照らして考えた場合、三つの立場を指摘しておかねばならない。一つは、御料地はあくまで皇室の経済基盤強化のためのものだとする立場である。その場合、維持すべき御料地の基準は収益性となる。これは、制度上の「宮中・府中の別」に厳密な運営を行おうとする立場と言い換えることができよう。極論すれば、収益がないとなれば皇室は土地を持つ必要がないことになる。これは、青木や白根、そして総体としての宮内省に見られた考え方であった。このような立場は、御料地を政府の行政目的から利用することを好まない。

一方、右の立場と同じく除却を推進する側であったが、御料地経営や皇室経済の観点からではなく、拓殖政策や地方自治基盤強化という政府の行政活動上の課題解決のために御料地を利用する立場があった。これは、本章で検討した事例では、道庁や内務省であった。しかし、拓殖や地方自治基盤強化といった目的は、御料地の除却後に実現することが想定されており、道庁や内務省などはそうした目的を御料地ではなく政府で担うべきだと考えた点が重要である。その意味においてこの立場は、宮中の役割と府中の役割とを区別し、それぞれにおいて徹底しようとするものであったということができる。

では、岩村御料局長はどうであったか。除却の目的に「拓地殖民」を掲げていたことから、一見すると、維新以来北海道開拓に並々ならぬ思いを有する岩村御料局長が、自身の年来の北海道開拓論の実現のために御料林の除却を進めたように見える。このように考えると、岩村もまた自身の行政上の構想のために御料地を利用したことになる。しかし、結果的に除却が北海道の拓殖を進めたことは事実であるが、最終的な除却の範囲を決める際には岩村は御料地経営上の観点に固執し譲らなかった。山内が「拓地殖民」を除却のための口実であるとみなしたことからも、岩村の本意が那辺にあったかを推察できる。このように考えると、岩村は御料地を自身の行政上の構想実現のために利用することには抑制的であったということができる。仮に、岩村が除却を推進した背景に、北海道開拓に対する年来の構想実現への野望があったとしても、それを御料林を手放すことによって果たそうとしていたことは特筆しておかなければならない。したがって、岩村御料局長は一つ目の立場に属するが、二つ目の立場とも共通する点をもつということができよう。

これらに対し、もう一つ、御料地を政府の行政活動上の目的から利用するという点では二つ目の立場と同様であるが、皇室は御料地をもつことによって民需供給や国土保全という役割を担うべきだとする点で、際立った特異性を持つ立場があった。具体的には、御料局札幌支庁長の山内徳三郎がこの立場に当る。このような考え方は、第一章でみたように、明治一〇年代から既に見られた御料地認識の一類型であった。それゆえ、山内はこのような立場を堂々と主張し、それに反する御料林運営を糾弾することもできたし、宮内省もこれを理由に山内を公然と非難することはなかった。

このような立場には、本書第三・四章において確認した御料地技術官僚や品川におけるものと類似の論理が見られる。すなわち、皇室財産でもって政府の行政活動の代替・補完が可能であり、むしろそのようにすべきだとする論理である。御料鉱山や静岡支庁管下の御料林においては、それは民間産業の保護・勧奨であった。北海道御料林でもこれと同様に、漁業のような道内の主要産業を保護する役割が期待されていたが、それのみに止まらず、国土保全の役割も求められるようになっていった。しかもそれは、本来国家行政（道庁）の職掌とされてきたはずであったが、現状は国家でさえもなしえない、皇室にしかなしえない役割であると訴えられた。このようにいうとき、もはや国家行政の代替・補完を超えて、皇室こそがその役割の主たる担い手と位置づけられることになる。[220]

当人たちにとってこのような考え方は何ら逸脱ではなかった。むしろ御料地は皇室財産の強化のためのものだとする御料地認識も、当時いくつかあった御料地認識の一つのバリエーションにすぎなかったことは、第三章以降で繰返し示してきた通りである。また、これは政府の側から求められて生まれてきた認識ではなかった点も特筆すべきだろう。本章で検討した事例でも、政府官僚出身の山内が、政府の行政活動と御料地事業を兼務する中で形成していった考えであった。

山内は、おそらく有能な行政官だったのだろう。本来鉱山技術者であったにもかかわらず、開拓使・道庁で培った経験と課題認識を持ち続け、御料林に職場を変えてもそれらをうまくリンクさせて実務に臨んだ。それゆえ、道庁では十分なしえず、拓殖政策の推進によって今後ますます難しくなると思われる山林保全という公益的役割を肩代わりする隠し部屋として御料林への期待を高めていったものと思われる。彼の御料林への執着は、たとえ一時的であっても道庁林務に携わった技術官僚としての問題意識や理念を賭けた戦いであった。しかし、彼はやはり鉱山技術者であった。御料林ではその信念を貫くことができなかったが、彼はこの後それ以上に彼本来の専門分野を活かせる八幡製鉄所という新たな職場に活路を見出してゆく。

ここで、今回の事例において、これまでに見てきた御料鉱山や府県御料林の問題とは明らかに異なる部分があることに気づくだろう。それは、品川の動きが十分見えてこないことである。本章でみてきた事例において品川は、元北海道庁長官で自身も推挙に関わった渡辺千秋を通じて御料林交換の事情を探る様子が見えるのみで、御料鉱山や長野県下の御料林のときのような積極的な関与が見られない。しかし、だからといって品川が山林を通じた国土保全事業に無関心であったわけでは決してなかった。第二章で明らかにしたように、品川は外交官時代からドイツ林政に関心を持っており、内務省・農商務省ではその日本への導入を目指した。明治一七、八年の政局の敗者となって再度ドイツに向かった後も、「失意と挫折」に任せることなくかの地で営々と林業視察を行い、帰国後は民間の富豪や篤志家を中心に民間から林業改良を進めた。木曾御料林の下げ戻しを拒否し続けた理由も、御料林として管理するのでなければ木曾の名林を保護できないという信念からであった。

品川が本件において、後の御料鉱山や静岡支庁管下御料林の一件に比べて目立った動きをしていないように見えることには、史料的限界もさることながら様々な要因があったと思われる。品川にとって明治二六年から二七年という時期は、国民協会にとって最大の試練の時期であったことが何より大きな要因であったと考えられる。山内宛の品川書簡が発見できなかったため断定はできない[221]が、山内からの頻繁かつ毎度長文にわたる来翰を見る限り、品川からも何らかの反応があったと考えるのが自然であろう。仮にそれがなかったとしても、品川が北海道御料林において山内に与えた支援は、少なくとも第二章でみてきた「殖産興業グループ」に対するものと同様の、無形の精神的支柱として絶大な効果を発揮していたといえるだろう。

静岡支庁管下の御料林一件では、品川は桑名から情報を入手してもすぐには動かず、御料鉱山払下げ反対工作の一環として摘発する際に初めて公表に及んだ。すなわち、自らが御料局に関わることができなくなった明治二五年以降、御料鉱山、北海道、内地の御料林をめぐって、技術官僚からの情報がもたらされるにつれ、品川は岩村御料局長の御料局運営全般に対する不信感を募らせてゆき、二九年に彼が在職時最も力を入れていたと思われる御料鉱山の払下げが現実的となるや、年来の不満が極度に達し、岩村局長の御料地運営の告発に至ったということではなかっただろうか。

その一方で本事例は、これをもって初めて品川と御料地技術官僚との関係を総括することを可能とする重要な事例でもあった。創業期の御料地における「品川派」技術官僚という一つの政治的な立場の形成をここで指摘することができるようになったからである。御料局における「品川派」技術官僚とは、御料鉱山・府県御料林の事例からは、御料地を用いて政府の産業行政の代替・補完をすべきだと考える立場であり、その目的が品川の明治一七、八年の「宿志」と合致したために、品川の支持を得ることに成功し、政治的にも活性化した。

ほぼ同時期に北海道御料林においても、地元産業の永続的保護のみならず、政府の国土保全行政の代替・補完を担うべきだとする立場が自然発生的に現れていた。品川自身は目立った行動を起こすことはなかったが、山内が長らく密かに情報提供をし続け、これまで見た御料地技術官僚のいずれにも引けを取らないほどに赤裸々な岩村局長批判を吐露することができる相手が品川であったということから判断すると、品川はたとえ実際に行動に移すことがなかろうとも、山内に何らかの共感や保証を与えていたことが推察できる。また、品川が「御料局一件」という形で、山内から届いた北海道御料林除却一件に関する書簡を、他の山内書簡と区別して特にまとめていたことは、第四章でみた「佐渡生野鉱山払下一件」の来歴と同じく、品川が北海道御料林除却についても後日何らかの目的で当局に決定的な打撃を加える目的でまとめる意図があった可能性を示唆している。そしてそのことこそが、山内の志向に品川が少なくとも消極的には支持を示していたということの表れであると考えられる。

以上のことから、御料局における「品川派」技術官僚について一つの試論を示すことができるだろう。御料局における「品川派」技術官僚とは、御料地をもつことによってその事業を通じて政府の行政活動を代替・補完すべきであるとする考えを共有し、それぞれ強弱はあるが品川のもとに「仲間意識」を形成した一群の技術官僚を指す。特に、その「政府の行政活動」が産業政策を指す場合、品川において明治一七、八年の「宿志」への思いが喚起され、その熱烈な共鳴を招き、政治的にも激烈で一蓮托生の動きを見せた。

御料局における「品川派」技術官僚たちは、品川自身が主導して技術官僚らをまとめたものというよりは、技術官僚らの側から品川に接近していったものである可能性が高い。ここまで明らかにしてきた顔ぶれをみると、確かに政府において品川の部下として勤めていた経歴をもつのは第三章に登場した鉱山技術官僚の和田維四郎と、第四章で登場した山林技術官僚の桑名茂三郎のみであったが、最も激烈に岩村に対峙した御料鉱山の技術官僚らの多くは、鉱山官有時代に品川から特に指導を受けたという形跡はない。山内もまた幕臣出身で、かつ明治初年には開拓使官僚であったことからもうかがえるように、特に品川と親しい関係であったとは考えがたい。しかしこれらの人物がひとたび御料局に会すると、まるで呼吸を合わせたかのように似たような行動パターンを示し始めた。

「品川派」技術官僚とは、品川が御料局長となり、技術官僚らが彼の下に個別に採用され、あるいは既に採用されていた場合もあるが、実際の御料地運営が始まり、彼らが様々な形で品川と職務上の接触をする中で、彼らの御料地に対する向き合い方の一致が確認され、そこに一種の信頼関係が生まれることで醸成され、自然的に類似の行動パターンをとるようになった集団と考えるべきであろう。彼らは決して明確な指示系統を持つまとまった一つの政治勢力とは言いがたいが、彼らの中には明確な派閥意識も確認できた。このような特徴をもつ技術官僚らを、彼らの結束・同一性の根拠である品川への信頼・依存・忠誠から「品川派」技術官僚として括ることは、明治二〇年代の御料地を理解する上では必要な操作であると考える。品川は、自身が「やじハ唯々正面攻撃之外ニ手段ナキ一兵卒」(222)と自虐的に表現するように、正直者で、策略や権謀を働かせた政治的駆け引きは苦手と自覚していた。それにもかかわらず、いやむしろそれゆえにか、下僚たちからは愛されていた。

さて、以上のように北海道御料林除却一件について考察してきたが、このことにより、御料地において一時期であっても宮中・府中を一体のものとして運営する慣行が見られた政治的背景について、もう一つ重要な点を指摘しておこう。それは、御料地は「もつ」ことによっても、「手放す」ことによっても、政府の、あるいは行政上の関心や目的から利用されうるものであったということである。むしろ、本事例では、御料地を純粋に皇室財政上の観点から捉える立場の方が少数派であった。これは、本章で検討した事例が、第三・四章で検討した、主に御料地と民間業者との関係が問題となっていた御料地処分とは明確に異なり、政府に対する処分であったために見えてきたものでもあるだろう。

御料地の明治二〇年代とは、これらの根強い御料地認識をはねのけて、比較的純粋に皇室財政上の観点を保持した宮内省・御料局が自らの意思を貫徹させていく過程であった。このような宮内省―御料局体制のもと、明治三〇年代以降の御料地はいかなる様相を帯びていくのだろうか。終章で若干の展望を示すこととしたい。

（1）図5－1のベースとなる編入時の御料地区域の描出に使用した②の図面は、明治二六年四月～五月の道庁・内務・農商務省との交渉書類をまとめた「北海道御料林ト青森県下官林ト交換ノ儀ニ付内務農商務両大臣ヨリノ内牒ニ対シ回答ノ件」（宮内庁書陵部宮内公文書館所蔵「経済会議録　明治25～26年」識別番号21742）に添付の図面で、当時の全道御料林区域を参照するためのものと考えられる。明治二三年の編入から二六年四・五月までの時期に新たに編入された北海道御料林はないので、これを編入時の御料林区域に合致するものと見做した。③の図面の黄色部分は、明治二六年六月二六日道庁と御料局との会談（後述）で岩村御料局長が御料地として保存希望の箇所として提示した範囲に該当し、これはそのまま除却後の御料林と重なる。

（2）加藤祐介氏は、宮内官の酒巻芳男の説明をもとに、与える側と受ける側の関係が互いに平等な「贈与」に対し、「賜与」とは与える側と受ける側の意思が平等ではなく、与える側の一方的な行為であると説明している（前掲加藤祐介「皇室財産課税問題の展開」一〇頁）。この説明を踏まえると、「下賜」は「賜」の字が使用されていることや、「下」という上下関係を示す文字があることから見ても、「上」にある与える側からの一方的な行為であるという含意があることがわかる。「下付」も、「下」の文字から右に準じた理解ができるであろう。

（3）前掲旗手勲『日本における大農場の生成と展開』九三、九七～一〇一頁、永井秀夫「北海道開拓政策の転換—道庁の設置を中心として—」（高倉新一郎監修、関秀志編『北海道の研究　第5巻　近・現代篇Ⅰ』〈清文堂出版、一九八三年〉四六頁）、古田佑紀「岩村通俊と北京構想・上川離宮」（『法曹』七五八、二〇一三年）。

（4）長池敏弘「北海道御料林下渡問題の経緯とその影響（上）」「同（下）」（『林業経済』二九－三・四、一九七六年）。

（5）第一次大戦後の北海道御料農地については、加藤祐介氏が上川御料地における小作争議の事例を検討している（前掲加藤祐介「大正デモクラシー状況への皇室の対応」）。

（6）前掲長池敏弘「北海道御料林下渡問題の経緯とその影響（下）」六頁。

（7）同右、一〇頁。

（8）同右、三頁。

（9）君尹彦「開拓使の設置について」（『史流』六、一九六五年）、同「開拓使設置の諸問題—岩倉具視をめぐる新制度構想—」（前掲『北海道の研究　第5巻　近・現代篇Ⅰ』）を参照した。

（10）明治前中期の北海道政策（北方政策）についての研究は、右記君尹彦氏の諸研究のほか、桑原真人『近代北海道史研究序説』

（北海道大学図書刊行会、一九八二年）、麓慎一「維新政府の北方政策」（『歴史学研究』七二五、一九九九年）、同「維新政府の東アジア政策―樺太問題と朝鮮問題の関連について―」（『環日本海研究年報』一三、二〇〇六年）、永井秀夫編『近代日本と北海道―「開拓」をめぐる虚像と実像―』（河出書房新社、一九九八年）序、同前掲「北海道開拓政策の転換」、同『日本の近代化と北海道』（北海道大学出版会、二〇〇七年）、榎本洋介『開拓使と北海道』（北海道出版企画センター、二〇〇九年）、塩出浩之「北海道・沖縄・小笠原諸島と近代日本―主権国家・属領統治・植民地主義―」（前掲『岩波講座　日本歴史　第15巻　近現代1』）、醍醐龍馬「榎本武揚と樺太千島交換条約（一）―大久保外交における「釣合フヘキ」条約の模索―」（『阪大法学』六五－二、二〇一五年）、同「同（二・完）」（『阪大法学』六五－三、二〇一五年）、前掲前田亮介『全国政治の始動』第一章を参照した。

(11) 同右。

(12) 黒田清隆の北海道政策構想に関しては、伊地知明「黒田清隆履歴書案にみる思想と行動」（『研究紀要（安田学園）』五、一九六一年）、同「黒田清隆の開拓次官就任経緯」（『研究紀要（安田学園）』七、一九六四年）を参照。

(13) 明治一五年五月二六日付太政大臣三条実美宛陸軍中将兼内閣顧問黒田清隆建白書（『黒田清隆関係文書』CD－ROM〈北泉社、一九九三年〉R4－八一－25）。前掲旗手勲『日本における大農場の生成と展開』九七頁にも紹介あり。

(14) 筆者は旧稿「近代皇室の土地所有に関する一考察―北海道御料地除却一件を事例として―」（『史学雑誌』一二五－九、二〇一六年）において、北海道における御料地の誕生を、二三年の狭義の「御料地」、それも「御料林」の誕生から説き始めたが、冒頭（五頁）で「本稿では、北海道地方の山林（のちに農地となる山野も含まれている）を〔事例として〕選定した」と宣言することをもって対象の限定をした。しかし、やや説明不足の感が否めなかったので、本章では検討の対象を「御料林」とより限定した表現に改め、それ以外の「御料地」についても、北海道において編入されたものについては触れることにした。

(15) 明治一六年一二月六日付太政大臣三条実美宛内閣顧問黒田清隆建白書（前掲『黒田清隆関係文書』R4－八一－26）。

(16) 同右。

(17) 明治一七年二月付太政大臣三条実美宛内閣顧問黒田清隆建白書（同右、R4－八一－27）。

(18) 前掲旗手勲『日本における大農場の生成と展開』九七頁、前掲古田佑紀「岩村通俊と北京構想・上川離宮」、原田一典「四　岩村通俊文書　解題」（旭川市史編集会議編『新旭川市史　第六巻　史料一』旭川市長坂東徹、一九九三年）。

(19) 「奠北京《ほつきよう》於北海道上川議」（前掲『新旭川市史　第六巻　史料一』一六五～一六九頁）。

(20) 同右。

(21) 「御有地撰定ノ意見」（「奠北京於北海道上川議」の添付書類〈前掲『新旭川市史　第六巻　史料一』一七〇頁〉）。

(22) 前掲『新旭川市史　第六巻　史料一』一九七～一九九頁。

(23) 「北海道石狩国上川郡ノ内ニ於テ一都府ヲ立テ離宮ヲ設ケラル、ニ付北海道庁ニ令シテ計画施設セシム」（国立公文書館所蔵

「公文類聚・第十四編・明治二十三年・第十三巻・宮廷一・内廷・皇親・宮殿」請求番号：類００４５９１００）。
(24) 同右。
(25) 同右。
(26) 同右。
(27) 同右。井上馨は品川に、まず離宮を置き天皇の巡幸を待ってから「北京」を設置しても遅くないとの考えを示していた（明治（二二）年一二月六日付品川弥二郎宛井上馨書簡（『品川文書』八、四五一～四五二頁））。ちなみに、翻刻では「北家」となっているが、原史料のマイクロフィルム、及び文脈から判断するに、「北京」の誤りではないかと思われる。ちなみに原史料マイクロフィルムは「品川文書（１）書簡」Ｒ３６－７３０－１６３、山縣有朋書簡中に含まれている。
(28) 前掲「北海道石狩国上川郡ノ内ニ於テ一都府ヲ立テ離宮ヲ設ケラル、ニ付北海道庁ニ令シテ計画施設セシム」。
(29) 前掲旗手勲『日本における大農場の生成と展開』九八頁、及び『帝林』二九九頁。
(30) 前掲古田佑紀「岩村通俊と北京構想・上川離宮」七頁。
(31) 『帝林』三三二頁。所管替え決定は一六年一二月である（北海道編刊『新北海道史　第四巻　通説三』〈一九七三年〉二八〇頁）。
(32) 明治（二二）年一〇月五日付品川弥二郎宛三条実美書簡（『品川文書』四、一七八頁）。
(33) 前掲君尹彦「開拓使設置の諸問題」一五頁、前掲刑部芳則『三条実美』一四八～一四九頁。
(34) 前掲旗手勲『日本における大農場の生成と展開』九三頁。
(35) 前掲旗手勲『日本における大農場の生成と展開』九三～九四頁。
(36) この計画には、三条らと親交のあった井上馨も、大農論（後述）の立場から支援していたという（同右）。
(37) 同右、九四～九五頁、及び前掲刑部芳則『三条実美』一四六～一五八頁。
(38) 明治二二年一月一四日には肥田御料局長官から永山道庁長官に宛て、北海道官林の御料地編入が照会された（「北海道森林ノ内皇室御財産ニ編入ス」〈国立公文書館所蔵「公文類聚・第十四編・明治二十三年・第十四巻・宮廷二・行幸行啓附・雑載」請求番号：類００４６０１００〉）。明治（二三）年五月一九日付品川弥二郎宛山内徳三郎書簡（「品川文書（１）書簡」Ｒ36－７４９－12、『品川文書』八、一八八～一八九頁にも載録。翻刻中の仮名遣いは原史料（マイクロフィルム）に従った。また、特に断らない限り、翻刻は原史料（マイクロフィルム）に拠ることとする。品川宛山内書簡については以下同様とする）にもその経緯が示されている。
(39) 以下、本書の重要な登場人物である山内に関して簡単な履歴を付す。山内は、弘化元年甲辰三月六日、京都東町奉行として京都に赴任していた山内豊城の息子として同地で生まれる。安政五年、兄作左衛門に従って北蝦夷に渡る。文久三年、長崎で医学を修める。明治四年三月に開拓使御用掛となって以来、北海道開拓に携わる。廃使後は工部省・農商務省・道庁にて技術官僚として務め、二三年七月五日に御料局理事を兼官、二四年八月六日に兼官を解き御料局専任となる。維新後の任官は、多くが榎本武揚の引きによると言われている。開拓大書記官、製鉄所長官などを務めた山内提雲は兄である（北海道立文書館所蔵「仮綴書類」簿書／10518、同所蔵「道庁高等官任免調　官報　附他官衙」Ｆ－１／901、佐々木享「初代製鉄所長官　山内提雲の生涯」〈『鉄鋼界』二〇－一二、一九七〇年〉）。

(40) 明治（二二）年八月二〇日付品川弥二郎宛山内徳三郎書簡（「品川文書（1）書簡」R36－749－3。『品川文書』八、一八五～一八七頁にも載録。筆者は旧稿「近代皇室の土地所有に関する一考察」で、これを明治二三年のものと推定したが、二二年の誤りである。ただし、これにより旧稿の趣旨を大きく変更するものではない）。

(41) 同右。

(42) 浅羽靖は大阪出身で、明治八年に大蔵省出仕、後に北海道に渡り、一九年二月一三日には北海道庁理事官となり部長となる。二〇年には札幌英語中学校（現北海学園）校長となる。この時期は札幌区長・札幌ほか八郡長を兼任していた。二二年一〇月には菊亭脩季、蜂須賀茂韶、三条実美らの経営する雨龍華族組合農場の事業監督を兼任し、農場の経営について三条らからたびたび相談を受けるなどしている。二四年四月に非職となる。退官後は札幌製糖会社社長ほか産業界で活躍し、政界に出て代議士にもなり、大正三年に六一歳で亡くなった（前掲旗手勲『日本における大農場の生成と展開』一〇一頁、前掲刑部芳則『三条実美』一五二頁、前掲「道庁高等官任免調　官報　附他官衙」、明治（二三）年七月一日付三条実美宛浅羽靖書簡〈『三条実美関係文書　書簡の部』（北泉社マイクロフィルム）R72－140－1〉、同（二四）年二月四日付三条宛浅羽書簡〈同右、R72－140－2〉、同（二三）年六月一日付三条宛浅羽書簡〈同右、R72－140－3〉、同（二二）年（七）月二八日付三条宛浅羽書簡〈同右、R72－140－4〉）。

(43) 永山は一月一七日に先に示した北海道官林を御料林に編入することへの可否をうかがう肥田の照会に対し、「当道森林ノヶ所反別収支計算書ハ目下取調中ニ付、御即答及兼候条、右御承知相成度」と回答している（前掲「北海道森林ノ内皇室御財産ニ編入ス」）。これに対し肥田は翌日再度照会に及んでいるが、二一日永山から返ってきた回答は全く同様のものであった。道庁技師の山内徳三郎に対しては、「急くニも及はす調査済之上ニても宜し」（前掲明治（二二）年八月二〇日付品川弥二郎宛山内徳三郎書簡）と煮え切らない態度であった。

(44) 前掲明治（二二）年八月二〇日付品川弥二郎宛山内徳三郎書簡。

(45) 同右。

(46) 明治（二二）年一〇月一四日付品川弥二郎宛山内徳三郎書簡（「品川文書（1）書簡」R36－749－11。『品川文書』八、一八八頁にも載録。筆者は旧稿「近代皇室の土地所有に関する一考察」で明治二三年の書簡と推定したが、二二年の誤りである。ただし、これにより旧稿の趣旨を大きく変更するものではない）。

(47) 前掲「北海道森林ノ内皇室御財産ニ編入ス」。

(48) 同右。
(49) 同右。
(50) 明治二三年五月一六日付宮内大臣土方久元宛北海道庁長官永山武四郎照会（同右）からは、品川御料局長から提案があり、編入反別が二〇〇万町歩に修正されたことがわかる。
(51) 前掲「北海道森林ノ内皇室御財産ニ編入ス」。
(52) 明治（二三）年六月六日付吉井友実宛品川弥二郎書簡（「吉井文書」R3-87-1）、及び明治（二三）年六月四日付吉井友実宛品川弥二郎書簡（同右、R3-87-2）。
(53) 前掲明治（二三）年六月四日付吉井友実宛品川弥二郎書簡。
(54) 同右。
(55) 前掲明治（二三）年六月四日・六月六日付吉井友実宛品川弥二郎書簡。
(56) 明治二三年六月二日付山田顕義宛品川弥二郎書簡（『山田文書』二、二〇八〜二〇九頁）。
(57) 同右。
(58) 前掲「北海道森林ノ内皇室御財産ニ編入ス」。
(59) 『帝林』一一九九頁。
(60) 同右。
(61) 前掲明治二三年六月二日付山田顕義宛品川弥二郎書簡、及び前掲明治（二三）年六月四日付吉井友実宛品川弥二郎書簡。
(62) 前掲明治二三年六月二日付山田顕義宛品川弥二郎書簡。
(63) 前掲黒田久太『天皇家の財産』三六頁。皇室典範第四七条には、「皇室諸般ノ経費ハ特ニ常額ヲ定メ国庫ヨリ支出セシム」と規定され、憲法第六六条にも、「皇室経費ハ現在ノ定額ニ依リ毎年国庫ヨリ之ヲ支出シ将来増額ヲ要スル場合ヲ除ク外帝国議会ノ協賛ヲ要セズ」と規定されている。その「現在ノ定額」が三〇〇万円であり、これは二四年度から四二年度まで変わらず毎年支出された。ちなみに、明治四三年度以降は、逆に当初皇室費に容喙することが懸念されていた議会において、定額を一五〇万円増額することが承認された（前掲櫻井良樹「宗秩寮の創設と日露戦後の貴族院」五三〜五七頁）。
(64) 前掲明治二三年六月二日付山田顕義宛品川弥二郎書簡。
(65) 同右。品川は同様の見解を前掲明治（二三）年六月四日付吉井友実宛品川弥二郎書簡でも示している。
(66) 道庁技手でのちに御料局技術官僚となる片山吉成は、「一週間で御料林の場所を選定せよと云ふのです。是には皆余程驚いた」と回顧している（前掲『明治林業逸史 続編』六四頁）。このような短期間での調査を命じられた彼らは、既にあった河川測量の図面をもとに林相を確認し、河川測量を行った技師の話を聞くなどして距離や面積を推測して図面に書き入れ、美林地帯とされる地域を御料地候補にするという方法をとるしかなかった（前掲『明治林業逸史　続編』六四〜六五頁）。つまり、北海道御料林はほとんど図面上で選定されたのであった。

（67）同右、六六頁。

（68）『帝林』七九、二二三頁。

（69）『帝林』七九頁、及び明治（二三）年八月一日付品川弥二郎宛山内徳三郎書簡（「品川文書（1）書簡の部」R36‐749‐1。『品川文書』八、一八九〜一九二頁にも載録）。「居候」状態が解消し、独立した庁舎を構えることができたのは、二四年一〇月二六日であった（「官報」明治二四年一一月一一日。「居候」という表現は明治（二四）年一〇月九日付品川弥二郎宛山内徳三郎書簡〈「品川文書（1）書簡」R36‐749‐7。『品川文書』八、一九五〜一九六頁にも載録〉より）。

（70）『帝林』七九頁。

（71）明治（二四）年七月三日付品川弥二郎宛山内徳三郎書簡（「品川文書1　書簡」R36‐749‐6。『品川文書』八、一九三〜一九四頁にも載録）。

（72）前掲『明治林業逸史　続編』六二頁。

（73）同右。

（74）前掲『明治林業逸史　続編』六六頁。この回顧は、昭和五年九月二六日に開催された第一回林業回顧座談会の席上での発言である。

（75）北海道編刊『北海道山林史』（一九五三年）四二〜四六頁。

（76）同右、四二頁。

（77）同右。

（78）同右、四六〜四七頁。

（79）同右、五二頁。

（80）前掲明治（二三）年八月一日付品川弥二郎宛山内徳三郎書簡。以下、特に断らない限り本節の引用は同史料によるものとする。

（81）山内はまた、「道庁は決而森林之保護繁殖を企望すべきに無之、幸に御料林編入之儀相整ひ其一半を救ひ得る事、永遠之利益実に巨大なること、大悦に不堪」（同右）とも明言している。西尾隆氏は、明治初期林政の最大の課題であった官民有区分について、「第一に民有林との対比において、合理的経営の貫徹すべき官林を確定し、第二にその官林から地元住民の入会利用を排除し、第三に経営主体である山林局の専門性と経験を、一般民衆が持ちあわせない能力として承認させることであった」と説明している（前掲西尾隆『日本森林行政史の研究』八一頁）。このように、官林経営の意義を民間にできない専門性と経験に求める考えは、本節でみた山内の立場にも見出すことができる。山内はさらに、御料林を官林よりも上位に位置づけ、官林ですら十分に成し得ない役割を担うべき存在として見なしていた。

(82) 明治（二四）年六月二日付品川弥二郎宛山内徳三郎書簡（「品川文書（1）書簡」R36-749-10。『品川文書』八、一九二〜一九三頁にも載録）。前掲明治（二四）年七月三日付品川宛書簡でも、山内は品川の退任を「慨嘆之至」と嘆いている。

(83) 前掲明治（二四）年六月二日付品川弥二郎宛山内徳三郎書簡。

(84) 同右。

(85) 明治二三年七月の官制改革により、北海道の管轄主体は内閣から内務省に移行した。

(86) 前掲『新北海道史　第四巻　通説三』二七五頁、井上毅伝記編纂委員会編『井上毅伝　史料篇第二』（國學院大學図書館、一九六八年）五三五〜五七〇頁。これらの主張の力点は、いずれも高位高官の人物や投機者流が便利で肥沃な大土地を占有し、真に移住開墾を望む人びとにいきわたらないことや、官吏の情実が絡んだ不正な土地処分が多いことの批判にあった。

(87) 明治（二五）年二月一五日付品川弥二郎宛井上毅書簡（『品川文書』二、三三一〜三三五頁）。

(88) 前掲『新北海道史　第四巻　通説三』二六二〜二六七頁。

(89) 前掲明治（二四）年七月三日付品川弥二郎宛山内徳三郎書簡。

(90) 明治（二六）年三月一五日付岩村通俊宛北垣国道書簡（「岩村文書（二）」六四頁）。

(91) 明治（二六）年三月一五日付岩村通俊宛土方久元書簡（「岩村文書（三）」七六頁）。

(92) 明治（二六）年三月二三日付渡辺千秋宛品川弥二郎書簡（尚友倶楽部・長井純市編『渡辺千秋関係文書』〈山川出版社、一九九四年〉一一〇〜一一一頁）。

(93) これに対する千秋の反応は不明である。しかし、その後の経緯を見ると、千秋が品川に何らかの協力をしたとは考えにくい。千秋は明治二四年六月一五日、永山武四郎の後を受けて北海道庁長官に就いた。これには、品川の推薦があったとされており、千秋は品川を賞讃し、北海道政策をめぐって「品川―渡辺体制」を内務省内に築くこととなったとされている（前掲前田亮介『全国政治の始動』第一章）。このように、千秋は自身の「栄達」の出発点を設定した品川には厚い信頼の念を抱いていたと思われ、品川もそれに期待して千秋から情報を探り出そうとしたものと思われる。

しかし、千秋が品川と協力して北海道の内務省からの「独立」を推進しようとしていた矢先の二五年三月三日、品川は突如として松方に辞意を漏らす。品川に頼ることができなくなった千秋は、焦って暴発し、薩摩出身で北海道炭鉱鉄道株式会社社長の堀基を解任し、北海道に依然として厚い人脈を築いていた黒田清隆を激怒させるなど、自らの立場を危うくさせてゆく。品川がその後北海道御料林除却問題に直面しても、千秋が積極的協力者とならなかったのは、この辺りの因縁がひとつの背景となっている可能性も指摘できる。

(94) 本書第三・四章で詳述。

(95) この時期の国民協会については、前掲佐々木隆『藩閥政府と立憲政治』第六章第一節。
(96) 「北海道御料林変換ノ儀ニ付内請」(前掲「経済会議録　明治25~26年」)、及び宮内庁書陵部宮内公文書館所蔵「北海道御料林ト青森県下官林ト交換之件」(識別番号50560)。
(97) 前掲『新北海道史　第四巻　通説三』第二章第一節。
(98) 「号外　北海道御料林ト青森県下官林ト交換之儀」(前掲「経済会議録　明治25~26年」)、及び前掲「北海道御料林ト青森県下官林ト交換之件」)。
(99) 前掲「経済会議録　明治25~26年」、前掲「北海道御料林ト青森県下官林ト交換之件」。
(100) 同右。
(101) 「復牒案」(前掲「経済会議録　明治25~26年」、前掲「北海道御料林ト青森県下官林ト交換之件」)。
(102) 宮内大臣土方久元宛農商務大臣後藤象二郎・内務大臣井上馨内牒(前掲「経済会議録　明治25~26年」)。
(103) 「回答案」(同右)。
(104) 「北海道御料林中下渡之義ニ付内請」(前掲「経済会議録　明治27~28年」)。
(105) 前掲長池敏弘「北海道御料林下渡問題の経緯とその影響(下)」三頁。
(106) 前掲「北海道御料林中下渡之義ニ付内請」。当該図面は図5-1註③所収の黄色で御料地が描出された図面である。
(107) 明治二六年一一月一八日立案「北海道御料林削除之件伺」(前掲「経済会議録　明治27~28年」)。
(108) 明治(二六)年一〇月九日付井上馨宛北垣国道書簡(「井上文書　書簡」372-4)。
(109) 前掲「北海道御料林中下渡之義ニ付内請」。当該図面は図5-1註の③所収の黄色と紫で御料地が描出された図面である。
(110) 同右。
(111) 秘乙第四三二号宮内大臣土方久元宛農商務大臣後藤象二郎・内務大臣井上馨照会書(前掲「経済会議録　明治27~28年」)。
(112) 前掲「北海道御料林削除之件伺」。
(113) 同右。
(114) 同右。
(115) 明治二七年六月二五日付内務・農商務両大臣宛宮内大臣回答案(前掲「経済会議録　明治27~28年」)。
(116) 明治(二六)年七月五日付品川弥二郎宛山内徳三郎書簡(「品川文書(1)書簡」R36-749-9。『品川文書』八、一九七~一九九頁にも載録)。
(117) 高橋琢也は、弘化四年丁未一二月一七日、安芸国牛田村に生まれる。三歳の時に父を失い、五歳で母が家を去り、祖母のもとで育てられる。その後わずかの路銀を持って大坂に出、苦学しながら蘭学・医学、後にドイツ語を学ぶ。明治三年一二月、ドイツ語力が認められ、大学出仕少得業生準席を申し付けられ、大学南校教授方となる。四年五月にはいったん大学を辞し、五年九月一八日、陸軍兵学寮一三等出仕となり翻訳舎に出勤、ドイツ兵制の翻訳調査に従事する。以後、陸軍省内の職を歴任するが、一八年一〇月二三日に農商務省一等属に任ぜられ、山林局勤務となると、以後は林務官・林学教師としての経歴を積む。高橋の経歴については、長池敏弘「高橋琢也の生涯とその事蹟（1）」「同（2）」（『林業経済』三二－七・八、一九七八年）を参照した。

(118) 前掲『明治林業逸史　続編』二〇二頁、二三八～二五八頁、前掲御厨貴『明治国家形成と地方経営』一七六、一九一～一九三頁。

(119) 前掲御厨貴『明治国家形成と地方経営』二一八頁。

(120) 高橋の青森大林区署での活動については、前掲長池敏弘「高橋琢也の生涯とその事蹟（2）」九～一一頁。高橋は同時に、当時としては珍しかった東京農林学校卒業者を多数抜擢するなど、林務官改革にも取り組んだ。ちなみに、この時採用された林務官補の中に、後に御料林技術官僚となる江崎政忠がいた。

(121) 前掲長池敏弘「高橋琢也の生涯とその事蹟（2）」一〇頁。

(122) 前掲明治（二六）年七月五日付品川弥二郎宛山内徳三郎書簡。

(123) 同右。

(124) 同右。

(125) （明治二六）年（六）月二四日付品川弥二郎宛山内徳三郎書簡（前掲「御料局一件」）。

(126) 同右。

(127) 同右。

(128) 前掲明治（二六）年七月五日付品川弥二郎宛山内徳三郎書簡。

(129) 同右。

(130) 『官報』明治二六年七月二四日。

(131) 明治（二六）年七月二五日付品川弥二郎宛山内徳三郎書簡（「品川文書（1）書簡」R36－749－8。『品川文書』八、一九九～二〇〇ページにも載録）。

(132) 前掲明治（二六）年七月五日付品川弥二郎宛山内徳三郎書簡。

(133) 「井上文書　書類」660－7。

(134) 明治二六年八月二七日付井上馨宛山内徳三郎書簡（同右）。

(135) 同右。

(136) 「御料林ハ北海道ニ必要ナル所以ヲ弁ス」（前掲「井上文書　書類」660－7）。

(137) 同右。
(138) 本書第三・四章。
(139) (明治二六)年(七)月二六日付品川弥二郎宛山内徳三郎書簡(前掲「御料局一件」)。年代推定の根拠は、本文中に「井上内務大臣ニハ……不日御出張ニも可被成由」とあることから。明治二六年の井上の北海道出張拝命は、七月二二日(前掲註130)。
(140) 同右。
(141) 前掲明治二六年八月二七日付井上馨宛山内徳三郎書簡。
(142) 前掲(明治二六)年(七)月二六日付品川弥二郎宛山内徳三郎書簡、前掲(明治二六)年(六)月二四日付品川弥二郎宛山内徳三郎書簡。
(143) 前掲(明治二六)年(七)月二六日付品川弥二郎宛山内徳三郎書簡。
(144) 同右。
(145) 同右。
(146) 前掲鈴木正幸「皇室財産論考(上)」「同(下)」、『皇室制度』八〇~九〇頁、『国民国家と天皇制』六九~七二頁。
(147) 前掲川田敬一『近代日本の国家形成と皇室財産』のほか、前掲瀧井一博「明治後期の国制改革」、前掲国分航士「明治立憲制と「宮中」」。
(148) 前掲明治(二四)年一〇月九日付品川弥二郎宛山内徳三郎書簡。
(149) 西尾隆氏によると、政府における林政の目的は大きく分けて、国家財政への寄与、様々な公共事業や国防のための用材確保をはかる「喬林事業」、治水・治山のための「国土保全」、体制維持、山村に近代的権利義務関係を根付かせることの五つがあり、そのどれを優先させるかについては合意が得られていなかったという(前掲西尾隆『日本森林行政史の研究』八六~八七頁)。民需供給はこのうち五つ目の理念追求の結果として間接的に果たされるものといえよう。
(150) このような認識は、本書第四章、二九一~二九三頁で見た桑名茂三郎の認識にも相通ずるところがある。
(151) 前掲「御料局長官肥田浜五郎建言書写　明治20年」。
(152) 第四章、二六五~二六六頁。
(153) 前掲明治二九年七月四日付品川弥二郎宛桑名茂三郎書簡。
(154) 明治二三年五月七日、長野県西筑摩郡の住民から選出された島崎広助ら委員三名が、宮相・御料局長に「木曽谷御料林保護ニ関スル意見」を提出し、御料林の管理を実質上地元住民に委ねることを求めた(前掲町田正三『木曾御料林事件』一四三~一四七頁)。これに対し、当時御料局長であった品川弥二郎は、次のように彼らの要求を退けた。
「君等ハ不服ナルヤモ計ラレスナレトモ、先ツヤメニスル方ヨキカト察ス、何トナレハ、アノ広大ナル外国ニモナキ程ノ森林ヲ木曽谷人民ヘ進退ヲマカストセハ、実ニ危険ニアラスヤ、……明治十年ノ頃ト覚ユ、木曽谷ニテ壱千余町歩ノ山地ニテ人民ヘ下付スヘキカ官有トナスヘキカノ疑念アルモノアリシ乇、小生ハ断シテ之ヲ人民ヘ下付スヘキヲ主張シ、若シ所置見当ヲ得ストノ議論モ起ラハ其責ニ任スヘキ旨ヲ公言シテ決行セシ事モアリシ、其後聞ク所ニヨレハ右ノ山林モ已ニ大概ハ五木ヲ売却シ尽シタリト云フニアラスヤ、加之山林会ナルモノヲ設ケテ御料林ノ総テヲ任セラレ度ト迄ニ請求スルニハ、予メ人民ニ夫レ丈ノ信用ナカル可カラス、木曽谷人民ニシテ百年ノ大計ヲ考ヘ、地ヲ画シテ毎年植樹ノ事ニ尽力シツヽアルモノアルカ」。品川は、このようにして彼らの要求を退けることを「帝室ノ為メ国家ノ為メ、取モナヲサス木曽谷人民ノ為メナレハナリ」と信じていた（同右、一四八頁）。

(155) 前掲「北海道御料林中下渡之義ニ付内請」。

(156) 同右。

(157) 以下、本段落の記述は特に断らない限り、前掲重松一義『明治内乱鎮撫記』、及び前掲古田佑紀「岩村通俊と北京構想・上川離宮」によるものとする。

(158) それだけに、開拓使は黒田と岩村の「両頭政治」と見なされていたし、岩村の免官後も黒田の浮沈と反比例するように岩村が現れては消えた。明治二五年、北炭問題で渡辺千秋と黒田が決定的対立に陥った際、苦慮した松方が岩村に助力を求めていたことも明らかにされている（前掲前田亮介『全国政治の始動』五二〜五三頁）。この事例は、岩村の北海道問題における特異な位置づけを示しているものといえよう。

(159) 本章第一節1。

(160) 前掲「御有地撰定ノ意見」。

(161) 前掲「奠北京於北海道上川再議」一九七頁。

(162) 同右、一九七〜一九九頁。

(163) 同右、一九七頁。

(164) 「御料地事業ニ関スル御料局長ノ演説幷雑話ノ筆録」（北海道立文書館所蔵「岩村通俊文書」B０-１０４／12-１）。筆録者は御料局属の荘原和である。以下、特に断らない限り、本節の引用は同史料に拠るものとする。

(165) 明治二九年五月一三日公布の「北海道鉄道敷設法」（『官報』、明治二九年五月一四日）に基づき、同月北海道庁に臨時北海道鉄道敷設部を新設し、第一に敷設法による第一期線・第二期線の区分、工費等の調査に着手した。その結果を受けて定められた第一期線は、旭川網走間（十勝太、厚岸経由）であった（帝国鉄道大観編纂局編『帝国鉄道大観―明治・大正鉄道発達史』〈原書房、一九八四年。復刻原本は一九二七年〉一二一〜一二二頁）。ただし、この第一期線の選定は、日露戦争を控えるこの時期、千島―オホーツク海方面からのロシア軍の攻撃に対処するための防衛前線として重視された網走と、旭川の第七師団を連絡するという目的からなされたものであり、御料林とは無関係になされている（横平弘「旧鉄道路線・湧別線の路線計画と比較線の建設効果」〈『土木史研究』一八、一九九八年〉四三一頁)。図5－2の作成には、前掲中村尚史『日本鉄道業の形成』一九六頁も参照した。

(166)「北海道炭礦鉄道略記」(野田正穂・原田勝正・青木栄一編『明治期鉄道史資料〈第2集〉地方鉄道史　第4巻　社史(4)』(日本経済評論社、一九八〇年)。

(167)「北海道官設鉄道沿革概要」(前掲『明治期鉄道史資料〈第2集〉地方鉄道史　第4巻　社史(4)』四九～五〇頁。

(168)前掲『帝国議会衆議院議事速記録4　明治25年　第三回議会』四一四頁。ただし同議会では、薬袋義一により北海道線を削除する修正案が提出され、結局第二読会で北海道の予定線全線が削除されている(同右、四二〇～四二一頁)。

(169)前掲永井秀夫『日本の近代化と北海道』七七～七八頁、九二頁。

(170)同右、九二頁。

(171)同右、九四頁。

(172)前掲前田亮介『全国政治の始動』五〇、二四六頁。

(173)清水昭典「北海道における地方制度の成立と変遷」(前掲『北海道の研究　第5巻　近・現代篇Ⅰ』)では、井上の北海道政策を彼の地方自治制論との関係から評価している。

(174)議会開設前後の井上の地方政策論については、前掲御厨貴『明治国家形成と地方経営』第2章第二～四節、前掲大澤博明「明治前期井上馨の政治構想」七四～七七頁。以下、同段落の記述は右文献によるものとする。

(175)北海道が立憲政治の導入へと向かう過程については塩出浩之「明治立憲制の形成と「殖民地」北海道」(『史学雑誌』一一一－三、二〇〇二年)を参照した。

(176)前掲旗手勲『日本における大農場の生成と展開』第一篇第三章第一節、前掲勝部眞人『明治農政と技術革新』四九～五四頁、友田清彦・勝部眞人「欧米農業との邂逅と農業政策官僚のネットワーク」(明治維新史学会編『講座　明治維新8　明治維新の経済過程』有志舎、二〇一三年)一二一～一二六頁。井上の「大農論」を政治史的に検討したものとしては、前掲坂野潤治『明治憲法体制の確立』が早い。坂野氏は、井上の自治党構想と山縣の地方有力者掌握策との相違を論じる文脈で井上の「大農論」を検討している(同右、一七頁)。

(177)前掲旗手勲『日本における大農場の生成と展開』五八頁。

(178)同右、六一頁及び前掲永井秀夫「北海道開拓政策の転換」五七～五八頁。この北海道視察は山縣と共同で行ったもので、意見書も両者の連名で出されている。

(179)前掲旗手勲『日本における大農場の生成と展開』五八、六一頁。

(180)前掲坂野潤治『明治憲法体制の確立』一七頁。

(181)前掲永井秀夫「北海道開拓政策の転換」五八頁。

(182)「井上文書　書類」660-8。以下、本節の引用は特に断らない限り同史料によるものとする。
(183)鈴江英一「北海道区制、一・二級町村制の成立過程―一八九〇年代の諸提議と構想を中心に―」（前掲永井秀夫編『近代日本と北海道』）。
(184)井上の「大農論」は、いたずらに欧米農法の「規模」の模倣を主張するものではなかったことは勝部眞人氏が指摘している（前掲勝部眞人『明治農政と技術革新』四九〜五四頁）。勝部氏によると、井上の主眼とするところは、欧米流に時間の価値を知り、効率的な労働投下・管理を行って経済性を確保することにあり、少なくとも六〜七反以上の経営規模があれば十分と考えていたとする。しかし、北海道のような広大な土地利用が可能な場所では、むしろ規模の面でもより欧米に近い大農経営が可能となることから、井上は開拓地の分散を望ましくないと考えたのだと思われる。
(185)前掲長池敏弘「北海道御料林下渡問題の経緯とその影響（下）」六頁。
(186)同右、一〇頁。
(187)同右、五頁。
(188)明治（二六）年一一月一五日付品川弥二郎宛山内徳三郎書簡（「品川文書（1）書簡」R36-749-4。『品川文書』八、二〇〇〜二〇一頁にも載録）。
(189)同右。
(190)「内務農商務両大臣照会ニ対シ北海道御料林中北海道庁へ下付ノ件」（前掲「経済会議録　明治27〜28年」）。
(191)明治二七年三月六日付黒田清隆宛岩倉具定書簡（前掲『黒田清隆関係文書』R1-一〇-1）。
(192)当時、宮内省爵位局長である。
(193)前掲明治二七年三月六日付黒田清隆宛岩倉具定書簡。
(194)明治（二七）年一月九日付品川弥二郎宛山内徳三郎書簡（「品川文書（1）書簡」R36-749-5。『品川文書』八、二〇一〜二〇三頁にも載録）。
(195)明治二三年四月に会計法が施行されると、道庁経費を特別会計とする「北海道庁経費特別規定」が廃止され、北海道事業費は全て帝国議会の審議対象となった（前掲前田亮介『全国政治の始動』二六頁）。
(196)前掲明治（二七）年一月九日付品川弥二郎宛山内徳三郎書簡。
(197)同右。
(198)同右。
(199)同右。
(200)前掲佐々木隆『藩閥政府と立憲政治』第六章第一、二節。

(201) 前掲明治（二七）年一月九日付品川弥二郎宛山内徳三郎書簡。
(202) 同右。
(203) 同右。
(204) 同右。
(205) 前掲佐々木隆『藩閥政府と立憲政治』三六一頁。
(206) 前掲「経済会議録　明治27～28年」。
(207) 原田敬一氏は、七月二三日戦争をもって開戦と見なす考えを示している（原田敬一『日清・日露戦争』岩波書店、二〇一〇年、初版は二〇〇七年）。
(208) 『帝林』三〇〇頁。
(209) 前掲和田国次郎『明治大正御料事業誌』六〇頁。
(210) 『官報』明治二七年六月二二日。
(211) 『帝林』二二四頁。ただし、明治二七年七月五日の『官報』には「札幌支庁在勤」とある。それまで田町は技師の資格で名古屋支庁在勤であったため、理事の身分がなければ支庁長に命ずることはできなかったことに関わる措置であると思われる。実際、除却後の二八年七月には、除却に際しての功労を賞すという意味もあったのか、田町は理事に昇進して正式に札幌支庁長に任命されている（『帝林』二二四頁）。山内免官から田町の札幌支庁長心得就任までの間は、齋藤伝五郎技師試補が札幌支庁長心得として就任している（同右）。
(212) 「叙任辞令」（『東朝』明治二九年六月一七日）。この人事は品川ではなく、兄の堤雲がかつて維新前から親交があり、当時主務省の農商務省において大臣であった榎本武揚の推薦である可能性が高い。ちなみに、堤雲は榎本により製鉄所長に推薦されたことが報じられている（「製鉄所長」〈『東朝』明治二九年五月一七日〉）。
(213) 「北海道ニ於テ御料地編入ノ件」（宮内庁書陵部宮内公文書館所蔵「経済会議録　明治29年」識別番号21744）、『帝林』三三三頁。
(214) 前掲「北海道ニ於テ御料地編入ノ件」。
(215) 同右。
(216) 同右。
(217) 同右。
(218) 前掲『新北海道史　第四巻　通説三』二八二頁。
(219) 明治三〇年一〇月三日付土方久元宛岩村通俊書簡（宮内庁書陵部宮内公文書館所蔵「土方久元関係文書」識別番号3651

6）。

(220) 松澤裕作氏は、明治前期の政府が官林管理に必要な財源も人員も十分備えていなかったことを指摘している（松澤裕作「森林と村落の明治維新」（ダニエル・V・ボツマン、塚田孝、吉田伸之編『「明治一五〇年」で考える』山川出版社、二〇一八年））。

(221) 山内のもとに残った書簡の発見については今後の課題としたい。

(222) 明治（二四）年一一月一七日付井上馨宛品川弥二郎書簡（「井上文書　書簡」517-4）。

終章　明治立憲制の中の皇室財産

御料地における「もう一つの行政」

御料林は収益を目的とするは〔ママ〕財産であり、国有林とは聊趣を異にするのであるが一面又余りに収益主義に流れては御尊厳を傷け世の非難を招くの虞なしとせざるのである。営利的な考は持たずとも理法に従ひ正しき経営をすれば収益は自然に来るのである。皇室の御料事業である以上苟もして利益をあげる如きは良くないのである。……又山林の公共性に鑑み国土保安水源涵養風致の維持等は勿論卒先的に善く注意し或は国民保健の途に貢献する事も必要であり、植伐の事業を行ふ事も山村民間の為となる様に注意するとか、国家的必要に応じて御料林の経営を運行せねばならぬのである。山林の公共性を忘れて個人の山の様な営利的経営を為すことは絶対に不可であり此点に於ては国有林同等以上に考慮を加ふべきである[1]。

全御料林は国家の模範林たるべき事である。公刊の誌上に斯様な広言を吐くは不謹慎の様であるが苟も宮内省が皇室の尊厳の下に大山林を経営する以上は単に収益を挙ぐるに止るべきに非ず、其反射作用として我国林業の模範となり、又発明工夫したる事は他にも裨益し、山林国たる我国の山野を国の資源として国の栄えを来さしむることを、我等は内心の誓ひとして事に当らねばならぬと思ふ。国有林は大であり資力もある。然し又他の色々の事情もあり眞に合理的経営に邁進し得ざる事情は御料林よりも多いかも知れぬ、公有林私有林は固より不如意の

事が多いのであるからそれらの山林と同じ歩調で低い理想で御料林の経営をする訳には行かぬのである。(2)

右は、御料局の後身である帝室林野局に、大正一五（一九二六）年九月二七日より長官として就任した三矢宮松が、御料局設置から数えて五〇周年に当たる昭和一二年に雑誌『御料林』の特集号に寄稿した文章の一部である。本書の読者であれば、これが明治二〇年代の文章だと言われても不思議には思わないかもしれない。それほどまでに、ここには明治二〇年代の御料地経営に見られたいくつかの特徴的な考え方が表れている。御料林は収益のみを事とすべきではなく、国土保全のような国家的・公共的役割を担う使命も負っているという点。そして、公有林・私有林はもちろん、国有林においても種々の事情に妨げられてなしえない理想的な経営を御料林でこそ行い、全国に模範を示すべきだという点。これらは、明治二〇年代において品川弥二郎御料局長や「品川派」技術官僚らが目指したところでもあった。

しかし三矢はこうも言う。その御料林で行うべき理想的な経営とは、「眞に合理的経営」なのだと。ここにはいささかであるが、品川や「品川派」技術官僚らと対立していた岩村通俊御料局長の抱いていたような御料地認識も見られる。明治二〇年代の御料局では、その後の御料地運営理念の原型となるいくつかの考えが叢生していたといえるかもしれない。

本書では、明治二〇年代の御料地「処分」を横断的に分析した。その中で、明治二〇年代の御料地には、本来政府が行うべき（したがってそれは、本来国庫予算に計上して行うべき）行政活動の代替・補完を担う役割があると考える立場の人物が、現場の管理職（支庁長クラス技術官僚）を占めていたことを明らかにした。その役割とは、一つには産業財政政策の代替・補完であった。御料鉱山においては、設定にあたっては正貨増殖、運営の中では全国鉱業の模範や中小鉱業者に対する保護、正貨流失阻止という国家的課題の解決といった、政府が鉱業政策・財政政策において行ってきた役割が担われていた。長野県下の御料林では、日本の主要輸出品である生糸の産出拡大による外貨獲得という国策を側面から補うべく、諏訪の器械製糸業者に対する保護・勧奨に重点を置いた御料林運営がなされていた。北海道御料林においても、その設定にあたっては早くから拓殖による殖産興業や士族授産が想定されていたし、設定後も漁業などの道内の主要産業に対する保護策としての木材払下げが求められていた。

もう一つは、国土保全政策の代替・補完であった。本州中部においても北海道においても共通して、御料林には収益性はなくとも国土保全という公益に資する役割を担う責務があると考える立場が存在し、実際に御料林には少なからぬ国土保安林が編入されてもいた。これらの役割は全て、政府が現状では十分なしえていないという認識を前提としており、それゆえ皇室財産である御料地においてしか担うことができないものと考えられていた。

このように、御料地はもはや「皇室財政基盤強化」という統一的な方針のもと計画的に設定・運用されたとはいいがたいことがわかってきた。むしろ、個々の御料地でその時々の政治的課題に合わせた役割が付与されていたというべきだろう。

御料地をこのように位置づけることは、宮中を府中の課題解決のために利用するものということができる。これは、明治立憲制創設後の歴代内閣において、皇室財産の一部を政治資金として流用していたことと本質において相通ずる。しかし、当時御料地に関わった人びとはこの問題に十分自覚的ではなかった。明治期の皇室においては、政治・行政諸活動の源泉としての資金のみならず、御料地という物件そのものが存在したがゆえに多様な行政活動の代替・補完の可能性を存していた。

これに関連して、天皇制慈恵に関して研究を進めてきた遠藤興一氏が次のような注目すべき指摘をしている。遠藤氏もまた、「代替」「補充」というキーワードを用いて、皇室による慈善事業（「天皇制慈恵」）は国家による救済政策・制度を「補充」するものか、「代替」するものかという論点を提示し、考察している[3]。遠藤氏は、その「民間性」（民間篤志家による慈善事業との類似性）に評価を置く場合、「補充」ということができ、その「公的責任」に評価を置くなら、行政と並立するもう一つの公的救済になるから、「代替」ということができるとした。そして、「天皇制慈恵主義」は「公」的側面と「私」的側面とを自己同一的にその身に抱え込むこととなったと言う[4]。

この指摘を参照し本書で得られた知見を交えて改めて整理するならば、御料地については次のように言うことができる。御料林において行われていたような製糸業保護や国土保全のように、政府においても同時期行われていたものの十分成果が出ていないと考えられていた活動に関しては、行政の「補完（充）」と見なすことができる。一方で、御料鉱山で行われていたような模範官営や中央製錬所のように、政府が既に放棄した、あるいは全く行ってこなかった（にもかかわらず、必要だと考えられてきた）活動に関しては、政府の行政を「代替」する「もう一つの行政」活動と見なすことができる。

もちろん、御料地という物件そのものが存在することによりなしえた行政活動の代替・補完としては、既に遠藤氏も社会事業目的での御料地の下賜の事例を紹介している。しかし、それはあくまで御料地を「手放す」ことにより実現されるものであり、御料地を保持し続けることにより恒常的に行うものではない。本書で見てきたような、御料地を持ち続けることにより行政活動を代替・補完するような運営実態は、これまで全く知られてこなかった。

このような「もう一つの行政」は、御料地運営の現場に携わる技術官僚らによって計画され、彼らを統括する御料局長の品川弥二郎によってお墨付きを与えられ、推進された。品川は御料局長時代、政府の産業政策や国土保全政策上の問題意識から御料地を運営しようとする技術官僚らを全面的に支援していた。そして、御料局を離れてからも彼らの訴えに耳を傾け、彼らの主張を実現させるためにあらゆる方面から運動した。

御料地は、それ自体が「もう一つの行政」として品川の明治一七、八年の「宿志」実現の手段ともなっていたのみならず、御料地という場、そして御料局長というポストもまた政治・行政的課題を解決する手段として利用されるものであった。

品川は、御料局員の進退に関する権限をもつ御料局長としての地位を利用し、自派の人物の御料局登用を図ってもいた。さらに、御料局を離れて以後のことになるが、自身が支援する前田正名の窮乏を救う目的で、彼の所有する山林を御料局に買い上げてもらうことを画策してもいた。品川が重用する人物は、かつて農商務省でともに勤め明治一七、八年の「宿志」を共有する者たちであった。このことからは、品川が御料地という場や官員を進退する御料局長の権限を利用し、かつて農商務省でなしえなかった産業行政の再興への足掛かりをつかもうともしていたことがうかがえる。これもまた、御料地で国家行政を補完するという意味においては「もう一つの行政」といいうるが、その手段としては、御料地という「モノ」自体で産業行政、国土行政を代替・補完するのとは異なり、御料地という場や御料局長というポストを利用した「もう一つの行政」であった。

以上のように、本書では明治立憲制創設後の宮中への府中の進出の意義が従来指摘されてきたよりも多様なものであったこと、宮中の政治資源としての利用価値が従来考えられてきたよりもかなり広範にわたっていたことを明らかにした。このことは、さらに近代日本の官僚制論や藩閥理解をも深化させるものとなるだろう。以下、論点ごとに整理しながら一つ一つ説明していこう。

技術官僚の専門性

既に説明してきたように、本来国庫予算に計上して行うべき活動まで国庫から分離された皇室財産が担っていたという点が、明治二〇年代の御料地から導き出された一つの特徴であった。では、なぜこのような政府の行政活動——産業政策や国土保全政策など——を、政府各省それぞれで一本化せず御料地で行う必要があったのか。それは、一つには明治二〇年代初頭の行政が不完全・未整備だという認識があったためだと考えられることは、既に述べた通りである。鉱業行政やそれと密接な関係のある財政政策、林政や農政といった明治初期から行われてきた諸政策が未だに不十分であるという認識が、藩閥政府の指導者たちをして御料地を「もう一つの行政」とする抜け道を採らしめたと考えられる。

しかし、行政とはそもそも常に国内の様々な問題を政策課題として認識し、具体的な政策として実現していく活動であるから、完全に整備された行政などというものは存在しない。仮に完全に「整備された」状態というものが想定されていたとしても、事は行政の問題である以上、まず政治・行政の中で解消すべき問題である。実際、農商務省などは常に政府内部でこれらの問題の解決を求めて政策立案に励んだし、政党は議会から行政上の課題解決を求め続けた。当初は政府の課題を解決するために御料地編入に深く関わっていた藩閥政府指導者たちの中で、明治二〇年代後半には徐々に御料地政策への強い関与が認められなくなることも、彼らが政府内部の問題を御料地ではなくあくまで政府で解決することを選んだ証左であるといえよう(5)。

ところが、最も長く深く御料地と向き合ってきた技術官僚たちは、行政のみに頼っていられるわけではなかった。彼らにとっては、あくまで御料地による「もう一つの行政」にこだわり続ける切実な必要があったと考えられる。それは、彼らの専門性に基づく利権と自己実現欲求であった。

柏原宏紀氏は、技術官僚について「特定の政治勢力と結びつかず、比較的中立的な立場でひたすら事業推進を図(6)」る特徴があると指摘した。しかし、本書で見てきた御料局の技術官僚たちは「ひたすら事業運営を図」り、「自らの目的達成のみを目指(7)」すために、政治指導者との強力な結びつきを必要としていた(8)。本書で検討した事例は、技術官僚の専門性と同時に政治性をも示す事例であった。御料局の技術官僚らがこのような行動を示した理由は、彼らが置かれた環境の特殊性と、彼らの行動様式の一般性から説明できるだろう。

明治初年、大久保利通は、政府自らが事業を行い民間に模範を示したり、一部の民間産業家に資金を供与するような保護・育成に重点を置いた大規模な殖産興業政策を主導した。しかし、西南戦争後の明治政府は、極度の財政難にもかかわらず、限られた財源の中で立憲制導入に向けた国家機構の整備・法制調査や対外的自立のための軍事費などを賄っていかなければならなくなった。そのような中で、次第に大久保が志向したような総花的な殖産興業政策を行うことは難しくなり、民間産業に対する政策は産業活動を容易にするような法整備やインフラ整備など、間接的な奨励政策に軸足を移していくようになる。議会が始まってからは、政府側の掲げる国策は国防と産業政策であり、そのための事業費は逓信事業費以外は聖域化され、議会での争点とはならなかった(9)。しかし、ここでいう産業政策とは、特に治水や水源涵養・土砂扞止・鉄道・興業銀行関係など、公共資本整備や金融政策などの間接的助成であった。そして、聖域外に置かれた産業振興策は、農商務省や内務省、産業政策に関心の深い議員がいかに政策立案したとしても、議会内で多数の理解を得ることは難しかった。また、民党側から絶えず行政整理の圧力がかかる中では、技術官僚らにとって政府は十分安泰な場所ではなかった。実際、第四議会での和協の詔勅後の行政整理では、農商務省において属官、林区署員の減員が、逓信省でも技術員の減員がなされ、各省においても試補が全廃された。[10] このような中で、特に「二流官庁」視されていた農商務省において、技術官僚らの不安は一入であったことだろう。

一方で明治政府においては、当初から科学技術の担い手は当面の事業に必要な数を越えて養成されていたという事情もあり、技術者はその新たな応用分野を常に探し求めていた。[11] そのような中で、帝国大学設置後は工・農科大学卒業生は明治年間を通じて、官庁技術官になる者が民間企業の技術者となる者を上回っていたということが明らかにされている。[12] 民間企業の発展途上であった明治二〇年代前半においては、この傾向はいっそう著しかった。近代的国家体制確立期の、社会基盤整備や工業化が国家的課題として進められた時代には、省庁によっては技術官僚は不可欠の人材だったのである。[13] 日清・日露戦争を経て、産業化・帝国化の進展とともに技術者の受け皿が地方、そして植民地に広がっていくが、[14] このような受け皿がまだ十分に形成されていなかった明治二〇年代前半には、技術者が職を得ようと思えば、ほとんど政府諸官庁に頼るしかなかったのである。[15]

このような中、御料局は政府から分離された自律的な会計制度をもち、品川御料局長の理解もあったため財源の面においても経営の自由度の面においても、技術者たちにとって恵まれた環境であったと考えられる。明治一三年以降官業部門が漸次削減される中で、御料局は技術者らにとってキャリア形成においても安定性の面でも得がたい組織であったことは疑いのないところである。

技術や経験を武器に宮中と府中とを越境する技術官僚たちは、産業・財政政策や国土政策などの行政各部においてなされていた活動や、そこで浸透していた理念を御料地運営の現場にも混入させた。草創期の御料局には、政府では自らの理念を実現したり、その学知を十分に活用したりすることができないと考えた学者や技術者たちが流れ込んでいた。彼らの新天地としての御料局では、制度上の「宮中・府中の別」と国庫から分離された皇室会計制度という構造的な要因により、自らの学術的信念や技術を実践に移し、その有用性を証明するための、十分な自由が保障されていた。

同じ内容の活動であっても、単に政府が行うのと、皇室財産で行うのとではその意味するところが全く異なることは一般に想定しやすいだろう。皇室財産でもって行う「もう一つの行政」には、皇室財産という特徴をまとうことにより本来の活動をより強化・増進させる狙いがあったという指摘がある。たとえば、社会政策を皇室が行うことで、「慈悲深い君主」イメージを植え付け、国家に対する不信感を和らげる統治技術としての意味があったという指摘などがそれである。しかし、御料地に関しては権威性や民衆統治といった次元ではなく、もっと即物的な利害欲求と密接に結びついていた。技術官僚らはもっぱら自らの理念や学知を、政府から自律した財源により実現することができるという学者・技術者・経験豊富な専門家的利害の観点から捉えていたのである。

御料地の技術官僚は、官僚であると同時に学者・技術者・専門家でもあった。学者や技術者、専門家は、自らの学識や技能・経験に自負を抱く者ならば、それが実地に移され成果を顕すことこそを第一の利益と考える。それゆえ、自らの恃むところの技能や学識・経験が存分に発揮できる場に活路を見出すし、そのような場が失われようとしているものなら全身全霊をかけて抵抗し、あるいは大いに落胆する。(16) そして、自然科学・理工学系の技術者や専門家にほとんど全てを依存する御料地は、その成立から既に彼らの利害と不可分な関係にあったのである。

本書の検討は、技術官僚らにとってその専門性が何よりの政治資源であったことを示す一つの重要な事例でもあった。技術官僚は専門性を武器とするがゆえに、彼らの御料地運営が経営的にはいかに利益を生まないものになっていたとしても、宮内省・御料局は彼らを軽々に切り捨てることができなかった。宮内省・御料局は、その「処分」を主導できるという点においてかろうじて技術官僚らに優越性を示すことができた。しかし「処分」の局面においてもなお、技術官僚らは彼らの専門性を武器に抵抗し続けた。

もちろん彼らの専門性に基づく利益追求は「皇室のため」という大前提に背くものであってはならなかったが、それは事の本質ではなかった。その証拠に、明治二〇年代になされたいくつかの御料地「処分」では、反対派・推進派の双方がともに我こそが皇室に益するものだと様々な修辞で主張し合った。このことは、「皇室のため」という点は真の争点ではなく、その裏に隠された「皇室のため」に何をなすかという部分こそが争われていたことを意味する。

品川弥二郎の国家構想

御料局長時代の品川については、これまで正当に評価されてきたとは言いがたい。品川は、長州出身の政治指導者である。佐々木隆氏が品川を「藩閥一・五世代」の「子爵級実力者」に分類して、その一般的特徴を「元勲級指導者と同じく国政全体・藩閥全体の利益に重きを置く一方、権力への上昇が遅れている以上、特定の省庁を基盤として頼らざるを得ないという、一・五世代としての子爵級実力者の二重性」[17]に見出したのは慧眼であろう。しかし、品川の時に狂気的にも見える農商務行政や御料局への執着からは、必ずしも右の一般論に回収されえない面が見えてきた。明治二四年六月二日、品川が内相拝命という政治的上昇へのビッグ・チャンスを自ら蹴って那須に遁走したことはその象徴である。

佐々木氏はこの椿事について、御料局長兼任を希望して容れられなかったためだと指摘した[18]。この点に関しては前田亮介氏も同様の評価で、「六月二日、天職と信じる御料局長との兼任がかなわなかった品川は、悲しみのあまり辞表を残して那須に消えた」[19]としている。その理由については前田氏は明確にしていないが、佐々木氏は「勤皇家を以て任ずる品川の強烈な使命感」[20]と、「激情型の個性」[21]に帰している。

確かに、品川は彼と幕末以来の付き合いでその人柄をよく知る伊藤博文が「平素之精神家一旦思込候事は胸宇凝結容易解釈難仕性質」[22]と観察するような強烈な個性の持ち主であったことは間違いない。しかし、本書の検討を終えたいま、品川がこれほどまでに御料局長に固執した理由を、観念的な「勤皇家」という理解や、「激情型の個性」のみに帰すのでは不十分である。品川の御料局への執着は、もっと具体的な実利に基づくものであったからである。すなわちそれは、明治一七、八年の農商務省での挫折経験を強烈に胸に刻み付け、その挽回を目指す殖産興業（政策）指導者としての使命感に根差すものであった。

殖産興業（政策）指導者品川にとっては、明治一七、八年に農商務省において挫折した経験が大きな遺恨となり、その後は「農工商」全体の「殖産」を目指して与えられた資源をフルに動員するようになる[23]。旧農商務省の「殖産興業グループ」の面々とは、明治一七、八年以降も様々な面で連携していたし、内務省においても平田東助とともに信用組合法案策定に尽力するなど、年来の中小農・実業家保護の信念を貫き通した。また、品川が指導した国民協会は、創立の大きな柱の一つに「実業発展」を置いており、協会内部でも大岡育造、新井豪などの「実業派」と称されるグループが一定の勢力となっていた。

そして品川にとっては御料地もまた、決して単に「尊皇家」としての名誉を満たすに止まらず、鉱業において大規模官業を起すと同時に、中小農・産業家の底上げによって「富国」に至るという国家構想の実現をかけた重要な場の一つであった。また、そのために手足となって働いてくれる、自らの見込んだ技術官僚に対する責任をかけた場でもあった。

品川が彼ら技術官僚らに及ぼした影響は、個々の政策の保証や地位の保全に対する尽力といった具体的な支援に止まらなかった。技術官僚らの品川に対する接し方を見ると、品川が彼らの無形の精神的支柱となって存在していた姿が浮かび上がってくる。そしてそれは、かつての農商務省「殖産興業グループ」においても同様であった。

伊藤之雄氏は品川を「山県系官僚」とした上で、その御料局長就任については「大臣に就任したりしてまもなく宮中のポストを去っており……山県系官僚が宮中に一定の基盤を築いていたとは考えられない(24)」としているが、この点については、次のように考え直すべきであろう。品川の御料局長としての在任期間は確かに短期間であったが、明治二〇年代末のいくつかの御料地「処分」に対する最大の抵抗勢力となった「品川派」技術官僚を形成し、彼らは御料地運営において無視することのできない存在となっていた。

本書では十分触れられなかったが、品川は明治二〇年代に「処分」されるもの以外の御料地においても、御料鉱山のように拡張・改良を推し進めようとしていたことがわかっている。たとえば内務省から明治一二年に移管された新宿植物御苑では、品川が登用した福羽逸人により、同御苑を拡張し皇室の御用に供するとともに民間の「模範園」とする計画が立てられ、品川は福羽の意見を容れて両者の主導で計画が進められていったことが明らかにされている(25)。また、御料牧場でも牧場官僚の藤波言忠と品川との関係には、御料牧場の改良計画立案・遂行とそれによる一時的経営悪化による本局からの圧力強化、その苦境を品川に報告し助言を仰ぐといったような、本書で検討した「品川派」

技術官僚らと品川との関係と同様のパターンが見出せる。[26] 品川は、少なくとも明治二〇年代を通して御料局に一定の基盤を築いていたことは疑いない。

以上のことからは、「品川派」とは旧農商務省「殖産興業グループ」を始めとして、御料局、内務省など多様な省庁にまたがる、「殖産」に対する理念を共有する人々が、それぞれ品川に引き付けられて存在する衛星のようなものだと言うことができるかもしれない（次頁図終）。ここに在野で活動する全国各地の産業指導者らを加えると、おそらくより広範にわたるネットワークが描けるだろう。

そのように考えると、本書で何度も検討してきた次の一節の意図するところがより明瞭に見えてくる。

やじハ謹テ念仏庵中ニテ、　皇室御料之仕事を念仏唱ひツ、拝見仕、十八年農商務ヲ去リシ時ノ宿志を遂け度（ソレハ農工商の故人、即チ有効ノ幽霊ト、殖産上ノ談論シテ、病を養ひ、コノ世ヲ過ゴス決心ナリ）候[27]

ここに表されているのは、品川の御料地事業と農商務省事業への抜きがたい未練である。本書では、このふたつの未練は、それぞれが別個の関心から言及されているのではなく、ともに密接に結びついていたのではないかとの見解を示した。

品川は、念仏庵で殖産に力を尽して亡くなった人々を弔いつつ、御料地事業についても注視し続けることを宣言する。この部分だけを読むと、それ以上の意味はもたないように思われる。しかし、品川が御料地を使って、政府においてかつて行われ、そして放棄された、あるいは細々と形を変えつつ続けられてきた殖産興業政策を代替・補完しようとしていたことを考えるとどうだろうか。あるいは、品川において御料地が、その「モノ」自体でもって産業育成という一つの国策を遂行する存在と位置付けられたことを考えるとどうだろうか。品川の中では、農商務省で果たそうとしたことも、民間で老農たちを督励してなそうとしてきたことも、内務省での信用組合法案成立に向けた努力も、国民協会の指導も、全て「殖産」によって国富をはかるという一点に収斂する。念仏を唱えつつ、「皇室御料之仕事を」「拝見」する。両者は時系列的に並べられているのではなく、同時に行われるのである。品川における「念仏」[28] とは、「農工商の故人、即チ有効ノ幽霊ト、殖産上ノ談論」して交信することであった。そこに、「皇室御料之仕事を」

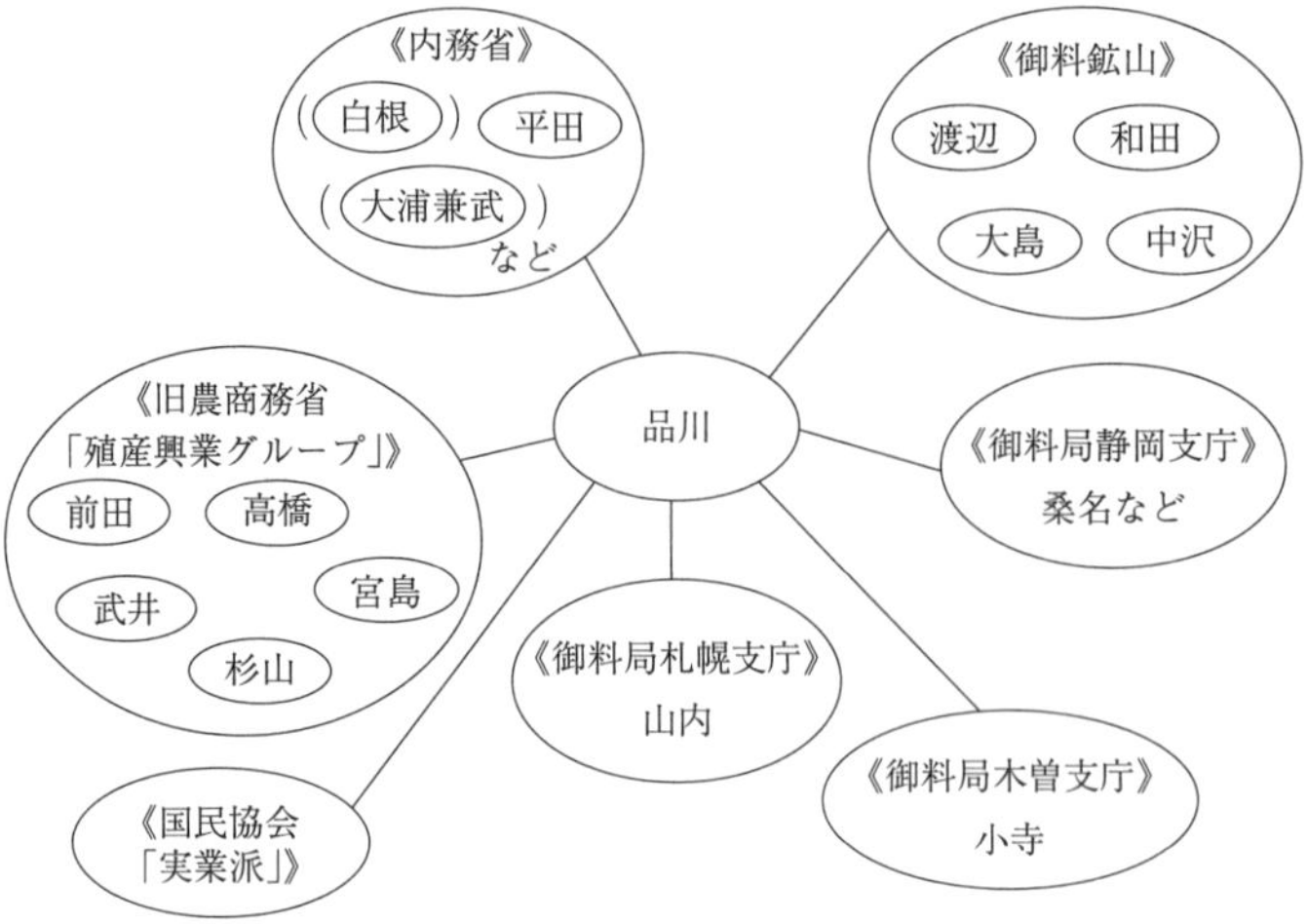

図終：「品川派」

「拝見」するという行為が挟まる。これは、御料地問題を「殖産」上の問題として「農工商の故人」たちと注視していくという意思の表明なのである。

御料地運営は、品川のこのような「殖産立国構想」とでも呼ぶべき国家構想の一環であり、かつそれらは一つの輪となって互に密接に結びついていた。したがって、品川にとっての御料地運営は、設定時の目的が政府において代替可能になったところで容易に放棄できるものではなかった。いやむしろ、他の方法も全て失意と挫折続きであったからだろうか、御料地問題が彼の中で相対的な重要性を増してゆかざるを得なかったと思われる。品川にとって、御料地とは明治一七、八年の挫折経験を糧に、「殖産」のリベンジをかけた場として認識されていた。品川は林業のみならず、「農工商」全般の殖産に価値を置いていたのであり、そのために御料地を利用していたのであった。

もちろん、品川は御料局長在任中も政府内部の問題に深く介入し、自ら周旋の労をとったりもしていた。また、藩閥政府を助ける目的で自ら創意工夫して御料地や御料局長という地位を存分に利用してもいた。品川は、御料地の編入・除却を提起する権限を利用し、藩閥政府の政敵である大隈―改進党の政治資金源となりうる物件を御料地に編入することで、藩閥政府を間接的に助けることを画策していた。管見の限りでは、御料地をこのような目的から利用した政治指導者は、明治二〇年代に関する限り品川をおいてほかにない。品川による御料地の政治利用は、その着眼点・発想においてきわめて独創的であり、限られた資源の限りを尽くし、知恵を絞って自身の政治構想の実現を図らんとする精神の凄まじさがあった。このように見ると、品川において御料地は「もう一つの行政」であり、「もう一つの政府」でもあったといいうるだろう。

このように、品川にとって御料地は、政治資金としてではなく御料地という「モノ」それ自体が、そして御料地という場、御料局長というポストこそが政治的・行政的課題を解決するための利用の対象であった。品川が御料局長というポストに固執したのも、政治的・行政的課題を様々な手段から解決できる可能性を、御料地が秘めていたからであったと考えられる。このような行動には、品川の藩閥指導者の一角を担い、運命をともにするという自負と責任感が見て取れる。

しかし、品川のこのような藩閥指導者としての自己認識は、必ずしも殖産興業（政策）指導者としての自己認識より優先するものではなかった。品川のアンビバレントな「二重性」を指摘した佐々木氏の観察はある面では正しかったが、それは藩閥全体の利害を共有しながら個人として権力への上昇をも志向する「藩閥一・五世代」の「子爵級実力者」としての「二重性」ではなく、むしろ藩閥政府の指導者であり殖産興業（政策）指導者でもある者としての二重性ではなかったろうか。

明治政府の指導者たちは、国家の独立と発展を究極の目標としつつも、当面はそれを成し遂げられるのは藩閥政府をおいてほかにないと考え、程度の差こそあれ藩閥政府の利益を守るということは概ね共有される課題であった。しかし、そのためにどのような手段をとるかというところに個々の藩閥指導者に固有の関心が表れるのであり、それが藩閥指導者の個性であった。

品川は、藩閥全体の利害を理解し共有する者として、元勲級指導者らの求めに応じた政治的周旋に従事することを使命と感じていた。また、誰に頼まれるでもなく、藩閥政府の利益を先回って忖度し、「義憤による独断」にはしることもあった。しかし同時に、彼は殖産興業政策に関して独自の政策構想を持っており、その実現によって藩閥政府に貢献することをも使命と感じていた。ふたつの自己認識は、藩閥全体の利益を守るという目的においては一致するが、その方法や方向性において相矛盾することもあった。その場合、品川は後者を選ぶこともあった。この点こそが、品川の行動を理解する上で重要な点であると考える。

技術官僚らは、自らの学知・技能・経験の貴重な実践場に固執した。品川は、藩閥の一員として政府に貢献することもでき、かつ明治一七、八年の「宿志」実現にもつながる御料局という場を手放したくなかった。彼らの思惑は微妙に異なっていたが、しかし大枠のところで親和性があったために互いに結びつき、明治二〇年代の御料地が「もう一つの行政」として運営される事態を招来した。議会からも政府からも離れた「もう一つの行政」。これこそが、品川や政府出身の技術官僚らが創り出した御料地であった。彼らの関係は、品川が御料局を離れた後も、「品川派」技術官僚らが腕を振るってきた御料地が「処分」されるまで続いた。

そして、このような品川・技術官僚らによる御料地運営は、明治二〇年代の産業発展に取り残されつつある中小の産業家たちにとっては頼みの綱であった。しかも、このような中小の産業家たちが依然として広範に存在していたことが、品川らの御料地運営に正当性を与えていた。

御料地の政治性、ふたたび

ところで、本書で明らかにしてきたことの意味を考える上で重要な先駆的業績をここに挙げておかねばならないであろう。官林・国有林について行政学的に検討を行った西尾隆氏は、山林局の組織哲学として機能した「保続」の原理に着目し、それが山林技術官僚たちの統合のシンボルとなったことを指摘している(29)。西尾氏は、そのことを象徴的に次のようにまとめている。

官林（国有林）がその管理・経営のために山林局や林業技術者という手段を必要としたのではなく、山林局と技術者の方が官林という対象を必要とした(30)。

また、官林における技術官僚集団について、次のように指摘している。

彼ら〔官林技術者集団〕にとっての関心事は修得した林学知識の応用だった。いうなれば、彼らは専門能力を有する官林の主人ではあっても、「官民共利」政策の従僕となるわけにはゆかなかった。また、森林政策が彼らを必要としたのではなく、彼らがドイツ式官林経営を要求したのであった[31]。

この指摘をみると、官林・国有林における林業技術者集団の行動と組織の理念には、御料地においてみてきたものと同様の倒錯があることがわかる。御料地は、その管理・運営のために技術官僚たちを必要とした。それは、御料地形成史における一つの真実である。しかし、実態としては、技術官僚たちの方が御料地というアジールを必要としていたのである。御料地を存続せしめたものの一つは、確かに技術官僚たちの利権と保身であった。

西尾氏は、山林局の組織哲学であった「保続」原理を「制度を作る「精神」」、「神話」とたとえて次のように言う。

組織の中には人力・財力・知的能力といった実質的な資源が含まれているが、これを一定の方向に統合するのが神話の最も重要な機能である／神話は組織を内的に結束・統合させる一方、その価値を広く社会に制度化（浸透）させるシンボルである。神話の創造は幹部による自覚的な戦略である場合もあれば、自然発生的な場合もある[32]。

この観察は、御料地における「品川派」の結合を説明する上でも有益である。「品川派」も御料地を「もう一つの行政」とみなし、自らがそれを担う使命を帯びているとする「神話」により結合されていたということができるからである。

しかし、西尾氏の御料地に関する評価だけはここに修正しておかなければならない[33]。西尾氏は、御料林について「創設当初から文字どおりわが国の伝統的な神話に支えられていた[34]」とした上で、「御料林ではなぜ、全国の優良林をあれほどの規模で編入し得たのか、どうして地元住民対策の負担が軽く、また政治に左右されず森林経営の技術的合理性をより貫徹できたのか。こうした疑問の多くは、国民レベルでの神話との関係で説明し得るように思われる[35]」と述べている。しかし、少なくとも明治二〇年代の御料地をみれば、全く逆のことが起っていた。御料地の自由な経営（技術者にとってのアジール）を生み出していた「神話」は、西尾氏が言うような「国民レベルの」、すなわち単純化された大衆操作的な「神話」ではなく、むしろ西尾氏が国有林技術者集団の一体感を高めたと指摘している組織哲学ときわめて似通っていた。

その意味で、「御料林（帝室御料局）[36]はいわば既存の価値体系に寄りかかる形で神話を活用したに過ぎず、国有林（山林局）が組織の自律化と承認のために模索し続けたような、神話の創設・維持・伝播といった業務とは縁遠かった[37]」という指摘も当らない。御料地は、おそらく西尾氏が想定していると思われる「天皇制イデオロギー」のような「既存の価値体系」に「寄りかかる」ことで民衆の同意を得ようとしたのでもなかった[38]し、それによって技術者集団のアジールが形成されたのでもなかった。むしろそこではまるで逆で、国有林や国家行政において模索されたと同じ国家的観点からの「神話」の創設・維持・伝播が見られた。おそらく西尾氏の議論には国家と皇室との関係の伝統的な曖昧さの問題や、皇室の公私の問題という、これまで「天皇制」研究において蓄積されてきた知見が捨象されているように思われる。

また、「御料林の創設は、明治一五〜二〇年にかけて、天皇の財政的基盤を確立するため、西欧の王室の例にならって森林経営を行うべきだという議論が朝野にわきおこったことに端を発する。……御料林経営の場合、当初から収益主義がとられたことは、木曾をはじめ全国の主要美林を中心に編成されたことからも明らかであり、ドイツ林業技術はまさにこの目的に仕えるべき道具であったといいうる[39]」という評価も、本書でみてきた明治二〇年代の御料地に照らしてみると当たらない。

西尾氏は「御料林は経営学的な関心は引いても、国有林ほど行政学的な関心は引かない[40]」ことの理由として、「行政学（public administration）は常に多元的な価値環境の中での、組織と社会との政治的な妥協過程により注目するから[41]」だとしている。学問上の関心の傾きはいかんともしがたいものであるが、御料地についての実証を欠いたまま御料地にこれらの条件がないと断ずることはできない。明治二〇年代の政治史では、宮中はきわめて政治的雑味のまじりあった環境であったことは明らかであるし、御料地もまた品川の影響のもと、国家行政の観点が深く入り込んだ場であった。その意味では、西尾氏の指摘する官林経営理念はむしろ一部御料林にも浸食していたというべきであろう。

皇室自律主義の徹底

ところで、御料地では種田邁や江崎政忠のように、必ずしも「品川派」には与しない者もいた。先に筆者は、技術官僚は学知と技能・経験の実践を至上の利益と考えると指摘したが、このことはどのように考えればよいのだろうか。結論から述べると、種田や江崎のような事例もやはり学者・技術者・専門家の行動パターンで説明できると考えられる。以下、そのことをそれぞれ確認していきたい。

「鉱山の分らぬ」「山林の分らぬ」ということは品川の口癖であった。品川は、自身がその道の専門家と考える人物に全幅の信頼を置き、彼らが力を振るえる環境を整備してやることを自らの使命と考えていたが、「専門家」と認めない人物には狭量なところもあった。では、品川が鉱山や山林が「分る」と認める人物とは、どのような特徴をもった人物であったのか。

御料鉱山に関していえば、それは近代的地質学・鉱物学・工学などを修め、採鉱・冶金両面において西洋で実践されていた最新の技術を実践することのできる技術者であり、当時その専門性がきわめて貴重であった学卒官僚や留学経験者であった[42]。品川は、御料林技術官僚にも鉱山同様近代的経営の推進を求め、そのための学卒官僚の登用を目指していた。品川は、林業に関しては明治初年に自らドイツで目にし、そして自派の武井守正らが修得してきたような、施業案を編成して計画的に行う近代的林業の重要性を認識していた。しかし創業期の御料林においては、農商務省山林局などにおいて経験を積んだ技術官僚を採用した。支庁長クラスに置かれた桑名や山内らは、非学士であった。その運営方針も、鉱山のように大規模な資金投下により最新の技術や学識を存分に応用するというよりは、求めに応じた木材払下げにより当面の経営資金を確保しながら、地元の産業発展に貢献することに重きを置いていたように思われる。

しかし品川は、山林技師の江崎がその回顧録の中で品川に見出されて御料局入りしたことを語っているように、御料林でも技師以下の技術官僚には高等教育機関出身者を積極的に登用していた[43]。品川は、将来的に御料林経営を担っていくことになる人材の発掘に全く無関心ではなかったのである。御料林と御料鉱山における「品川派」技術官僚の経歴の違いは、鉱山部門と山林部門での官吏養成機関の違いや、品川自身の在任期間の短さの然らしむるところであり、致し方のない部分でもあった。鉱山では既に明治一〇年代から官界の上層部に学士保有者が進出していたのに対し、山林では東京山林学校設立が明治一五年、その後継となる東京農林学校から最初の卒業生が輩出するのは明治二三年であるから、官吏養成機関の発達が圧倒的に遅れていたのである。

したがって、品川の後に御料局長となった岩村が、品川が御料鉱山に求めたような人材を品川とは異なり御料林に求める傾向があったのも右の理由により説明できる。「品川派」とはならず、岩村局長の下で御料林において重用された人物たちは、いずれも林学のエリート中のエリートであった。江崎政忠は最初こそ品川に見込まれて入局するが「品川派」とはならず、その後留学して林業調査を行い、岩村の重要な懐刀となる。山内徳三郎の後を承けて札幌支庁長となり、北海道御料林の除却を進めた田町與三郎もまた、江崎と同期の秀才であった。中村弥六の回顧では、彼が農商務省入りした当時、省内は「新知識の理解力更にな」く、「学校出身者を重用せぬ」といった状況であった。しかも、「重用せぬのはまだしも、生中学問した者は強情で使ひ悪くいなどと厄介物扱をする」ところがあったという。そのような中、たまたま採用されることがあっても月給は二〇円程度が相場で、「静岡事務所に採用された田町與三郎が、並外づれと云ふのでタツタ二十二円の待遇とは哀れである」と嘆いていた。これは、当時の山林学校卒業生に対する官僚機構の冷遇を示す事例として語られたものだが、逆に田町の実力が同じ学卒者の中でも「並外づれ」て評価されていたということを示してもいる。

御料林において学者・技術者に活躍の場を与えたのは岩村通俊であった。御料局が技術官僚にとって自らの学知や技能を実践できる限られた場であることは、その内実こそ変われども岩村時代においても変わらなかったといえよう。反「品川派」の山林技術官僚たちも、自らの経験の実践場を必要とする点では「品川派」官僚たちと同様であった。岩村は、彼らを正当に評価して登用したことで、御料局は彼らが存分に腕を振るえる場となり、彼らは岩村の忠実な下僚となっていった。これに加えて、岩村が重用した林学分野での学卒官僚たちは、品川が重視した林業技術官僚とは異なり、比較的若く、政府での経験は浅かったことから、政府の行政官僚における常識的通念から比較的自由で、

「品川派」となりにくい条件があったと考えられる。このように、御料林において技術官僚の学識や技能を重視する流れの延長線上に、冒頭で引用した三矢の回顧のような御料林認識が生まれると考えられる。

岩村は、このように御料林官僚に林学エリートを採用した一方で、御料地経営全体として見ると山林より農地の方がより望ましいと考えていた。このような御料地観は、明治三〇年代以降岩村が北海道御料原野の農地化を推進していくことや、原野の多かった府県委託御料地を直轄化することなどを見ても一貫していたことがわかる。しかし岩村は決して林業をおろそかにしていたわけではない。彼は林業部門に高等教育機関で学んだエリートを配置して林業の近代化を図ることにも注力しながら、農業を主力部門にすべく原野の開発を進めていたのである。山林・原野二元体制の明治三〇年代における御料地では、岩村の主導のもとに農主林従の運営が行われていったというべきであろう。

一方で岩村の御料地経営は、これまた品川とは対照的なことに、御料地の縮小を積極的に断行するという特徴があった。本書で明らかにした通り、明治二六年には北海道御料林反別約一三七万町歩を北海道庁に下付し、二九年には佐渡生野御料鉱山、大阪製錬所を三菱合資会社に払い下げた。本書で対象とした時期から外れるので検討しなかったが、明治三五年六月三〇日には西南地域唯一の御料林である宮崎県所在の諸県御料林を宮崎県に下付した(48)。そして明治三〇年代には計画的な不要存御料地処分、民有下げ戻し事業を進めた(49)。

さて、このように同じ政府の指導者出身でありながら、岩村と品川がかくも対照的な立場をとったことはどのように理解すればよいだろうか。本書ではこれを、宮中・府中関係に関する認識上の相違に基づくものと理解している。岩村は品川とは異なり、自らの政策構想を御料地で果たすべきだとは考えなかったと思われる。御料地の「処分」は、それによって下付なり払下げなりを受けた側が、何らかの民業発展や国土保全などに資する働きをなすことはあるが、御料地として保持し続けることでそのような役割を担うこととはわけが違う。品川は、紛れもなく御料地でそのような役割を担うことに意味を見出していた。これは、当時政府の運営を担った藩閥指導者らにおいても決して特殊な立場というわけではなかった。これに対し、土佐出身で藩閥指導者たちと同世代以上に属し、彼らにも対等の立場で発言することのできた岩村は、藩閥指導者の理念や行動規範に必ずしも追従しなかった。それゆえ、御料局に入った後は「宮中」利害を優先し、あくまで皇室財政上の観点から御料地運営を進めていたと思われる。

岩村は、維新以来北海道と縁の深い人物であった。彼の北海道開拓に関する熱情は、既に明治二年には芽生えていたもので、その後職を転々とするも一貫してこの熱情を抱き続け、それは政策構想の形にまで昇華され、度々上層部に意見書を提出するまでになった。そして、その熱情と構想は認められ、初代北海道庁長官に就任するに至った。そのような岩村であってみれば、北海道の山林の約半分を占める御料林を抱える御料局への奉職は、宮中でも引き続き自身の北海道開拓構想を実現するには申し分ない環境であったといえる。しかし、岩村は北海道御料林でかつて抱いていた政策構想を代替・補完しようなどとは考えず、除却に際しても北海道庁・内務省の要求を拒み、あくまで御料地運営上の論理を押し通した。もちろん、除却の公式理由は「拓地殖民」のためであったが、それは御料地を「持つこと」によって果たされるのではなく、あくまで除却した後に道庁がなすべきことであった。御料地が行政の代替・補完物として使われるか否かはかなり属人的なところがあったのである。

このように、岩村の御料地運営は、林業部門での学士官僚の起用と、徹底した合理化、農主林従の運営方針によって、宮中の自律的領域として御料地を守った。品川と岩村との争点が御料地経営面にあったように見えるのは表層であり、より本質的には「官」あるいは「府中」に対する向き合い方の対立だったのである。(50)

皇室自律主義を支えたもの

このような岩村流の自律した御料地運営を支えていたものは、一つには宮内省幹部の支持であった。土方宮相や田中次官は、御料鉱山においても北海道御料林においても、ともに「処分」推進派を形成し、品川流の政治的介入に対抗した。(51)御料地「処分」のような重大な意思決定においては、制度上皇室経済顧問（協議員）という形で藩閥指導者の関与が認められていたが、土方宮相は彼らを「身内御相談」程度の存在と位置づけ、最終的な決定権はあくまで宮中の側にあると藩閥指導者らを牽制していた。政府との交渉においても、あくまで宮中側の論理を譲らず、自らに有利に事を進める政治的手腕も持ち合わせていた。

ここで、序章で示した内閣機密金下賜の問題との関係を考えてみたい。宮内省は、明治二三年以来東宮御所建築予備金の利子一二万五千円を内閣機密金として毎年政府に下賜していた。これは内閣によって若干の差異はあるが、議会対策やメディア対策などに使用されていた。宮内省が完全に自律的であるならば、このような政治的目的での皇室財産使用をも拒絶してしかるべきなのではないかという疑問も生じるだろう。確かに、序章で示した岩倉具定のように、内閣機密金の選対費への使用に対する疑問の声もあった。

しかし、岩倉の懸念はそれが慣例を破る額の支出を求めるものであり、かつその目的が一方の党派を有利に導く性質のものであったことに由来するのではないだろうか。内閣機密金は、下賜である。下賜である以上、宮中の側に主体性がある。したがって、慣例化していようが、それが政党やメディア対策に使われていようが、宮中側に主体性がある限りは「宮中・府中の別」の名分上問題がないのである。しかし、第一次松方内閣時のように、政党対策と明らかにわかる目的で一時に異例の増額を求める声に都度応じているようでは、宮中の主体性という点で問題があったと考えるべきではなかろうか。

この点は些細な問題のように思われるかもしれないが、皇室を守り支える宮中にとっては、そのような名分が死活的な問題となりうることがある。皇室経済顧問を単なる「身内御相談」と捉える土方宮相の認識もまた、宮中側が主体性を持っている限りにおいては皇室財産問題への参与も許容範囲内であると捉えることができる。しかし、品川の御料地経営の行政的な偏向や、宮中を離れてからの様々な介入は、皇室財産問題に関する宮中の主体性を脅かすものであるから認められなかったと考えられる。

同時に、品川と品川以外の藩閥指導者の御料地問題への向き合い方に温度差があったこともまた見過ごせない。皇室経済顧問（協議員）として制度的には宮中の財政問題への関与が可能であった藩閥指導者の中には、伊藤、松方、山縣など、自身も宮中への影響力強化を図り、宮中を政治利用していた人物が含まれていた。実際、彼らは宮中に在る品川を使って政界の紛糾を解決しようとすることもしばしばであった。しかしそれは、品川が必ずしも宮中に職を有していなくとも可能な活動であったし、ましてや宮中の中でも特に御料局である必要性はないに等しいものであった。

また、彼らは時に品川と同様の認識から、御料地を行政上の課題を解決するために利用しようとすることもあったが、その課題が行政の内部で解決可能となると、必ずしも御料地に執着しなかった。

品川と彼以外の藩閥指導者らとの違いは、宮中の政治的利用価値を何と見るかの相違に由来すると考えられる。伊藤や松方、山縣らは、議会政治が始まって以降の不安定な政権を重要な局面において助ける目的で天皇との関係を築き[52]、宮中との関係を円滑化して政治資金の引き出しを図った。これは、宮中を政権運営のための手段として利用する立場であると見ることができる。確かに彼らもまた、明治一〇年代には御料地の設定を求める提起をしていたし、特に伊藤は自ら宮内大臣として御料局設置を実現した。松方は、御料鉱山や御資の増殖に重要な役割を果たしたし、その後も御料地運営に関与し続け、時には意見することもあった。しかし、彼らは御料地という「モノ」や御料局というポストにはあまり大きな意味を見出していなかったように思われる。これまでの政治史が様々な事例から明らかにしてきた彼らの宮中との関わりと、本書で見てきた御料地自体に対する彼らの関与からは、御料地も含めた皇室財産こそが彼らの関心事であり、政治的に意味あるものであったと考えられる。

これに対して、藩閥指導者の中でも品川は彼らとは明確に異なる視線で御料地を見ていた。もちろん品川もまた藩閥指導者の一角にある者として藩閥政府の利害を共有し、そのもとで独自に、あるいは他から求められる形で藩閥政府の利益のために行動していた。しかし、品川の御料地との関わりに目を転じると、藩閥政府の政権運営よりも個別の行政活動の推進に主眼があり、そのために御料地を利用している様子が浮かび上がってくる。そのことももちろん究極的には政権を握る伊藤や山縣らを助けるという意図に基づくものであると思われるが、それを御料地運営により成し遂げられると考えたところに品川の独自性があり、それはあくまで彼一流の「義憤による独断」なのであった。

品川は、藩閥政府の「瓦撫《ゴム》」となって藩閥内部を穏やかにまとめるという重要な役目を果たすこともあったが、しばしば「義憤による独断」で藩閥政府の意図を超えて暴走することもあった。農商務省では、共同運輸への支援に政治生命を賭して臨んだが、特定企業に直接資金援助を行うような政策方針を放棄しつつあった農商務省設置以降の政府においては限界があった。その後品川は、「温和派」「実業派」を糾合して政府を議会から支えることを目的として国民協会を創立し指導にあたるが、もとより超然主義を理念に掲げる藩閥政府には受け入れられなかった。このように、品川の政治的行動にはしばしば類似のパターンが見いだせる。そして本書で検討したような御料局における行動もまた、このパターンの一つとして理解することができる。

このように考えると、品川と政治的に近い立場にあったとされている山縣が、御料地問題においては品川を助けた跡が見られないことも説明できる。品川の御料局入りは、「山県系官僚閥」の宮中進出ではなく、御料局という事業運営部門を設けるにあたって経験者を求めた宮内省の要請によるものだったし、品川自身もまた御料地における林業・鉱業経営に対する独自の構想を抱いて入局した。山縣としては、品川という便利なカードが中央のどこかにあることが第一に重要な関心事であって、それは必ずしも御料局である必要はなかったと思われる。そして品川が内相拝命を拒んだ際に、山縣らが提案した御用掛就任案は、あくまで彼を内相に就かせるためのカードにすぎず、山縣が品川の御料局との関わりを「宮中支配」の一環として重視していたとは考えにくい。御料局における品川の基盤は決して些少なものではなかったことは既に指摘した通りであるが、それはまた決して「山県系官僚閥」の宮中支配という性格のものでもなかったのである。

本書の中では、品川や「品川派」官僚たちは歴史の敗者であり、岩村や宮内省幹部は確かに勝者であった。伊藤や松方、山縣ら藩閥指導者らは、自身の政権運営を有利にする限りにおいてのみ宮中に政治的価値を置いた。そして、そうした藩閥指導者や彼らと衝突しつつも時に提携する議会を中心として政治は動いていた。しかし、品川たちが残した失敗は決して歴史的に無意味だったわけではない。彼らの失敗の痕跡は、明治立憲制下の隠し扉の先にある「もう一つの行政」、「もう一つの政府」の存在や、政治資金に限らない多様でユニークな御料地の政治利用の可能性、そして宮中の主体性という建前の限りではあるが、そのような御料地の政治上・行政上の利用を許容しうる極めて弾力的な「宮中」の存在を浮かび上がらせた。品川たちのうごめきは、明治二〇年代という時代の宮中と府中との関係をあざやかに映し出すものであった。

「もう一つの行政」が必要とされたのは、明治二〇年代の国家行政が十分な実効性を持っていないという認識が存在していたことも一つの背景であると述べた。国家機構が整備されると、真に宮中・府中は相互に「自律的」な運営ができるようになる。高等教育機関で学んだ学士官僚たちが輩出するようになると、政府から経験ある官僚を引き抜いてくる必要もなくなるであろう。このような条件に加えて、岩村という自律志向の人格がちょうど重なったのが、明治三〇年代であった。明治三〇年代という時代は、岩村のような人材には最も適した時代だったのであり、明治二〇年代に彼に対する強い反発があちこちで見られたことは、彼が活躍する条件がまだ整っていなかったことを意味する。最後に、岩村が御料地運営を主導した明治三〇年代以降を概観し、今後の課題を展望したい。

今後の展望

明治二〇年代から三〇年代への転換期は、政治社会上の大きな変化の中で国家内部の様々な制度が本格的に整備され、より洗練されてゆく時期であった[53]。法制度に目を向ければ、憲法・皇室典範を国の根幹をなす二大法典とする明治典憲体制が見直される時期であった[54]。それは、制度の上での皇室・国家の関係が見直されることでもあった。政治の世界では、立憲政治の運用に一つの決着がもたらされ、藩閥と政党との妥協・提携という慣行が形成された[55]。日清戦後経営期のもと鉄道・製鉄といった大規模な国家プロジェクトが始動する一方、民間経済は中小資本を残しながらも大きな産業構造の転換を経験し、資本主義化が進む時期でもあった[56]。

そして本書で検討してきた御料地においても、明治二〇年代から三〇年代にかけては大きな変化の時期であった。それは、右のような政治や社会、経済の動きに促されたものではなく御料地をめぐる政治的状況が先行したものであったが、結果的に外部の変化が御料地をめぐる政治的状況の変化を後押ししたともいえる。

日清日露戦間期にあたり、政府の財政規模は膨張し、行政活動もこれまでとは様変わりした[57]ことや、産業構造全体も大きく変化したことは、政府において品川や「品川派」が目論むような「慈父」的な中小産業家を中心とした選択的保護政策の優先順位を低下させることとなる。「河川法」(明治二九年)・「森林法」・「砂防法」(明治三〇年)といういわゆる「治水三法」が、また「北海道国有未開地処分法」(明治三〇年)・「国有林野法」・「国有土地森林原野下戻法」

（ともに明治三二年）が成立し、国有地系統の法整備が進んだことは、それまで政府の国土管理が未整備であったがゆえに意味をなしていた「もうひとつの行政」としての御料地の意義を相対的に縮小せしめることとなる。

一方で、行政の整備と産業構造の変化は「慈父」的に保護を加えるべき新たな領域も生み出した。明治三〇年代以降、地方「名望家」たちは独自の地域経済建設を前提とした民力休養をあきらめ、地方利益誘導に方向転換するとされている。[58] このことは、同時期企業の地方への分散がピークに達し、地域経済構造が分散から集中へ転換することによる名望家的投資の限界と、その結果としての地域経済の分化があったためだと説明される。[59] この地方利益誘導のベクトルは通常政党に向かうものと考えられているが、[60] 筆者は御料地を介した経路も同時に模索されていたのではないかと考えている。

たとえば、愛知県下では、明治三〇年代以降町村基本財産創設のため御料林の払下げを求める請願が数多く確認できる。[61] いくつかの断片的な事例ではあるが、このような事例が同時期あまねくみられるものであるならば、御料地を手放して地方財政強化のために活用するという、井上馨が構想していたような御料地の活用もありえた。それはひいては、日露戦後の政府の課題であるところの町村基本財産強化[62]にもつながるから、単なる地方問題に止まらない。このように考えると、品川の立場とはやや異なるが、政府の課題解決のための御料地運営は依然として意味をもつことになる。しかし、実際にはこのような観点からの御料地運営は岩村局長のもとでは行われなかった。[63] これはなぜであるのか。やはり鍵になるのは岩村局長の動向ではないかと考えている。

ところで、岩村が御料局長として本格的に独自色を打ち出してゆく明治三〇年代という時期は、帝室制度調査局を主な舞台として、皇室典範運用の中で必ずしも明確でないことが判明した皇室・国家（宮中と府中）の境界を法制度的に確定することが大きな政策課題でもあった。[64] 明治三〇年代は、中央と地方、官と民での大きな再編の流れの中で、宮中と府中、皇室と国家との関係性があらゆる分野において再検討され始める時期だったのである。

現象面のみを追うと、宮内省も御料局（後に帝室林野管理局、帝室林野局）もこの問題に関しては、御料地運営の便宜に従って弾力的な法運用を行った。「森林法」に対しては、宮内省の公式見解は皇室令制定後にようやく表明された。

昭和期に「森林法」と御料林との関係を論じた帝室林野局管理課の岩瀬圭一によれば、皇室財産令制定後も宮内省は法令の独自解釈によって国家法を御料地に準用してきたという。その根拠となったのは、明治四四年一二月二七日の六四六六－三号各支庁長・京都出張所長宛御料局主事通牒にある次のような文言であった。

一　皇室財産令施行後ハ森林法ヲ除クノ外砂防法、河川法、鉱業法、砂鉱法及狩猟法等ハ御料ニ対シ適用ナシト雖、当分ノ内ハ従来ノ例ニ依リ御取扱相成可然候(65)〔傍線引用者〕

この通牒からは、皇室令施行後も原則的に国家法は御料地に適用されないことになっていたが、帝室林野管理局は例外的に森林法のみには適用できるとの解釈をとっていたことがわかる。しかも、当分は従来の例によって処理されるとの文言が付け加えられているから、森林法に止まらず他の国家法の適用もあったものと思われる。御料地は宮内省の中でも数少ない現業官庁であり、その運営上の便宜により部分的に国家法が適用されていたことがわかる。

御料地内を流れる河川の帰属問題の決着もまた、明治三〇年代特有の現象であった。「河川法」制定前から、内務省・宮内省間では数回の往復がなされていた。その発端は、「官有土地水面公私有ノ区別ニ就テハ……其公用ニ供シタルモノヲ公有トシ、其他ヲ私有トシテ取扱フヘシ(66)」という明治二六年一二月二〇日の内務大臣から庁府県への訓令第六九四号であった。これに対し、北海道庁長官から、御料地内に位置する公用の通船のある河川について、その帰属を問う伺が出された(67)ことにより、数度の書面の往復がなされた。

その中で、御料局札幌支庁長は御料地内河川については公用にされている部分のみ公有とし、水源までも全て公有とするという道庁の見解は「極端的(68)」で、内務省の見解とは少々異なるのではないかと伺を立てていた。その後数回の往復を経て協議は整い、その結果が明治三四年四月一七日林第八四〇号札幌支庁上申に示された。それによると、まず第一項で「水源ノ御料地内ニアル河川ハ、御料地内ニ包有セル流域ヲ限リ、当分ノ内私有水面ト仮定シ、御料局札幌支庁ニ於テ取扱フコト、但シ後日公用ニ供シタル事実発見シタルモノ、若クハ公用ニ供スル必要アリト認メタルモノハ、御料局札幌支庁ト北海道ト妥協之上公用水面トシテ北海道庁ニ於テ取扱フコト(69)」と規定され、第二項以下で北海道庁と協議のうえ執り行う工事等について特別に規定された。御料局は、御料地運営上の便宜から北海道庁・内務省と個別に協議し、御料地内河川の帰属・取扱について双方の関係を確定させていったことがわかる。

このように、明治三〇年以降の御料地における新時代を担った岩村は、御料地運営上の便宜にしたがって国家法に従ったり政府と調整したりしていたように見える。そのうえで、岩村は計画的な不要存御料地処分を断行し、御料地経営の合理化を進めていった。また、あくまで御料地は農業を主体として営むべきだと考えながら、優先順位ではそれに次ぐ林業部門にもエリート林学者を配置し、近代的「林業」の開始も並行的に行った。今後の学問的要請としては、このような岩村独自の御料地認識が、宮中・府中の領域確定、法制度整備の流れの中でどのようなな力学で実現しえたのかを実証的に検討することが求められるだろう。

しかし一方で、本書はあくまで、明治二〇年代の御料地「処分」を横断的に検討したにすぎないのであって、これをもってしても明治二〇年代という変化に富んだ時代の横断面を全て明らかにしえたわけではない。「処分」の対象とならなかった御料地に関しては、本書では十分検討できなかった。その中には、今回扱った御料地とは管理系統を異にする主馬寮所管の御料牧場や、地元住民による長年の下戻し運動があったことで戦後歴史学の関心を集めてきた木曾御料林のように、管理機構・形態・内容のどの面においても独特で、検討に値する論点を含むものも少なくない。それらを分析し、明治二〇年代の横断面の全てを明らかにすることは一人の非力な人間の到底なしうるところでないにしても、この日本史上においても世界史上においても極めて興味深い一時期を、より深く、太く掘り起こしてみることは無意味ではないだろう。今後の研究がどちらの方向で進むとしても、品川や技術官僚らのように、置かれた環境の中で可能な限りの働きをするほかないと考え、ひとまずここで擱筆する。

（1）三矢宮松「五十年記念に当りて」（『御料林』一一五、昭和一二年一二月）五頁。
（2）同右、六頁。
（3）「代替」「補完」というワードは、遠藤氏の研究から示唆を受けた（前掲遠藤興一『天皇制慈恵主義の成立』一一九頁）。

（4） 同右。イングランド王室においても、王領地は収入源であると同時に「恩顧資源」でもあったという指摘がある（前掲酒井重喜「17世紀イギリスにおける王領地改革と恩顧制度」）。君主財産の公私や宮中・府中関係の問題は君主制国家に普遍的な問題であることがわかるが、この論点についてここでは深く立ち入る紙幅がないので、後の課題としたい。

（5） したがって、「なぜ官業（政府の事業）・官有地ではいけなかったのか」という問いは、それ自体問いとして成り立たない。そもそも、当時においても正攻法としてはあくまで行政にその解決策を求めることであったからである。品川もまた内務省に入り、あるいは国民協会の指導を通じて行政自体の改革も求めていた。しかし同時に、御料地による「もう一つの行政」の必要も認めていたのである。「政府か御料地か」という二択ではなく、「政府も御料地も」どちらの方向性も捨てない立場が存在していたということをここで強調しておきたい。

（6） 前掲柏原宏紀『工部省の研究』一六六頁。

（7） 同右、三〇〇頁。

（8） 柏原氏はその後前掲『明治の技術官僚』にて、技術官僚も政策を実施していくうえで、政治家に依存せざるをえなかったとしている。

（9） 前掲坂野潤治『明治憲法体制の確立』、伊藤之雄『立憲国家の確立と伊藤博文―内政と外交　一八八九～一八九八―』吉川弘文館、一九九九年）、前掲佐々木隆『藩閥政府と立憲政治』。

（10） 前掲佐々木隆『藩閥政府と立憲政治』三三七頁。

（11） 前掲鈴木淳「官僚制と軍隊」二二三～二三二頁。

（12） 前掲大淀昇一『技術官僚の政治参画』二五頁。山林技術者に限ってみると、明治二四年三月三〇日調によるところの、旧東京農林学校本科林学部、及び農科大学林科甲部卒業生とその就職先を見てみると、第一期生一三人中病死の一人を除いて全て農商務省か北海道庁、第二期生一一人は全て農商務省か北海道庁、第三期生一四人中病死が一人、御料局が一人、残りは全て農商務省か農科大学、第四期生一八人中農科大学一人、洋行一人を除くと残りは全て農商務省であった（前掲明治（二四）年三月三〇日付品川弥二郎宛種田邁書簡）。明治二三年七月農科大学を卒業した佐藤鉦五郎が同校卒業生で初めての民林への就職者であった（前掲『明治林業逸史　続篇』四八～四九頁）という回顧からも、明治二〇年代において民林への就職がいかに珍しいケースであったかがうかがえる。ちなみにこの佐藤は卒業後は東京大林区署に勤めていたことに鑑みると、新卒での民林への就職はさらに希少であると考えられる。鉱山技術者に関しては、比較的民間に受け皿があったが、潤沢な資金で規模の経済性を発揮できる大鉱山は少なかった。非鉄金属鉱山となると、旧官営の一群しか残らなくなる（前掲松本徳太郎編『日本帝国興業要覧：一名・実業家成績録』）。

（13） 前掲大淀昇一『技術官僚の政治参画』第一章、前掲鈴木淳「官僚制と軍隊」二二三～二三二頁、新藤宗幸『技術官僚―その権力と病理―』（岩波書店、二〇〇二年）第2章1。

(14) 飯塚一幸『日本近代の歴史3　日清・日露戦争と帝国日本』(吉川弘文館、二〇一六年) 第五章-3。
(15) 鉄道業や土木建設業においては企業勃興の影響もあり、明治一〇年代から学卒技術者の民間就職や技術官僚の民間移籍が見られる(前掲中村尚史『日本鉄道業の形成』一四九〜一五四、一七四〜一七五頁)。
(16) このような技術官僚の行動原理については、佐佐木高行工部卿のもと官営鉱山が次々と払い下げられていた明治一七年頃の工部省内で、官業推進派を張った技術官僚らにも見られた(西川誠「佐佐木高行と工部省」〈前掲鈴木淳編『工部省とその時代』二四六〜二四七頁〉)。また、「鉄道敷設法」成立にいたる経緯にみる鉄道庁長官井上勝の行動なども同様である(前掲中村尚史『日本鉄道業の形成』第四章、松下孝昭『近代日本の鉄道政策—1890〜1922年』〈日本経済評論社、二〇〇四年〉第一章)。
(17) 前掲佐々木隆『藩閥政府と立憲政治』一六五頁。
(18) 同右、一五一〜一五二頁。
(19) 前掲前田亮介『全国政治の始動』二七頁。
(20) 前掲佐々木隆『藩閥政府と立憲政治』一五二頁。
(21) 同右。
(22) 明治(二四)年六月七日付山縣有朋宛伊藤博文書簡(『山縣文書』一、一一七頁)。
(23) 第二章で触れたいくつかの事例のほか、品川の明治二六年の懐中日記によれば、品川はこの年四月から関西地方を巡歴しているが、その帰路五月五日には静岡にて桑名茂三郎の宅に投宿している。ちなみにこの時桑名は静岡支庁長を免職後である。その翌日には桑名を同行し、その年焼失した静岡支庁跡地を巡視している。この後武井守正も同行していることから、「品川派」の御料局を超えた繋がりが見て取れる(以上は前掲「明治廿六年懐中日記」による)。
(24) 前掲伊藤之雄「山県系官僚閥と天皇・元老・宮中」六四頁。
(25) 前掲辻岡健志「福羽逸人と新宿御苑」一〇六頁。
(26) (明治二四)年(七)月一六日付品川弥二郎宛藤波言忠書簡(『品川文書』六、二九一〜二九二頁)、明治(二六)年六月一〇日付品川弥二郎宛藤波言忠書簡(同右、二七八〜二八一頁)、明治(二七)年一月二九日付品川弥二郎宛藤波言忠書簡(同右、二八一〜二八二頁)、明治(二七)年七月二〇日付品川弥二郎宛藤波言忠書簡(同右、二八二〜二八四頁)。藤波自身も「品川君は小生の父兄とも可申平素懇親を辱し居候間柄」(明治(二七)年一一月一四日付平田東助宛藤波言忠書簡〈同右、九八〜九九頁〉)と言うような昵懇の間柄であった。藤波が御料牧場経営理念においても本書で見てきたような「品川派」技術官僚と同様であったことは、辻岡健志「御料牧場・御猟場・鴨場—明治期における皇室と千葉県の関係史—」(『千葉県の文書館』二二、二〇一七年)。
(27) 前掲明治(二四)年六月二日付山縣有朋宛品川弥二郎書簡。
(28) 品川が「念仏」のように仏教的な用語を好んで用いるのは、彼が浄土真宗本願寺派の熱心な門徒であり「居士仏教」の実践者であったことによる。品川と仏教勢力、特に本願寺派との関係もまた、品川を考える上では重要な論点であり、ここにもまた品川の殖産への「宿志」との抜きがたい関係が絡んでいるのだが、これについては別の機会に論じることとしたい。先行研究としては、串山まゆら「初期議会期における品川弥二郎と本願寺派役僧」（『日本宗教文化史研究』七－一、二〇〇三年）、深見泰孝「仏教系生命保険会社の生成について―真宗信徒生命を中心に―」（『保健学雑誌』六〇二、二〇〇八年）を挙げておきたい。

(29) 前掲西尾隆『日本森林行政史の研究』。西尾氏は、明治林政が範としたドイツでは、平地林に人工的な施業ができる点、入会慣行のない点などで日本とは悉く条件を異にしているとした上で、「この異質性こそ、一方では技術の制度化にとっての困難を予感させるものでありながら、他方では山林局技術者の士気を高め技術者精神を鼓舞する契機となったのである」としている（前掲西尾隆「報告1　国有林の神話と組織」四七頁）。

(30) 西尾隆「報告1　国有林の神話と組織」四七頁。

(31) 西尾隆『日本森林行政史の研究』八七頁。

(32) 西尾隆「報告1　国有林の神話と組織」四九～五〇頁。

(33) 西尾氏の研究に対しては林業経済史からの批判もあるが、それを専門的に検討することは難しいので、ここではそれを掲げておくに止める（鈴木尚夫「コメント1「神話と組織」についてのコメント」〈『林業経済研究』一一六、一九八九年〉、山田達夫「書評　西尾隆著『日本森林行政史の研究―環境保全の源流―』」〈『日本史研究』三三六、一九八九年〉）。

(34) 前掲西尾隆「報告1　国有林の神話と組織」五〇頁。

(35) 同右、五〇～五一頁。

(36) 御料局、もしくは帝室林野局は存在するが、「帝室御料局」という名称の機関は存在しなかった。

(37) 前掲西尾隆「報告1　国有林の神話と組織」五一頁。

(38) このことは前掲拙稿「明治中期の皇室と社会」でもやや詳しく検討した。

(39) 前掲西尾隆『日本森林行政史の研究』三二三頁。

(40) 前掲西尾隆「報告1　国有林の神話と組織」五一頁。

(41) 同右。

(42) 前掲柏原宏紀『明治の技術官僚』。留学経験者については秦郁彦『官僚の研究　不滅のパワー・1868―1983』（講談社、一九八三年）七三～七六頁、前掲内田星美「初期留学技術者と欧米の工学教育機関」。

(43) 本書第四章。

(44) 江崎がいかに林学のエリート技術者であったかは、東京山林学校出身の同窓生たちの回顧によってうかがえる。第一回林業回顧座談会での有田正盛の回顧によれば、「同君〔江崎〕は我々のクラスの優等生で、田町與三郎、中川鉚二郎君を併せて此三人が官費生であった」(前掲『明治林業逸史　続編』四頁)という(江崎の回顧によれば秋山謙造も加えた四名であったという〈同右、二八四頁〉)。ここで山内徳三郎の後を継いで札幌支庁長となり、北海道御料林除却を進めた田町與三郎の名前が挙がっていることにも注目したい。ちなみに、有田は東京農林学校林学科卒業後、農商務省技師となり広島、青森など各地の大林区署長を歴任した林務官である。明治二九年四月に台湾に渡り、総督府民政局の技師となり、殖産部林務課長を務めるなど植民地の林政に深く携わっている(同右、二九一頁)。同じく同窓生の片山吉成は「学校へ這入つた四十八人の中どの人も山林の学問を知つて居ると云ふやうな人はない。当時江崎君だけが山林学はこんなものだと云ふことを知つて居つて、時々山林学とか、樹林学の話を聞かして呉れたことはありますが、我々は山林と云ふものはどんなものか皆目分らず盲滅法で入学し……」(同右、一〇頁)と回顧している。新設後間もない東京山林学校は、当時徴兵検査を避けるための、あるいは官立学校に落ちたものが入るためのところなどとされる(前掲『林業回顧録』九六頁の中村弥六の回顧など。このほかにも、『明治林業逸史　続篇』にはこのことを裏付ける回顧が多く存在する)中で、江崎が珍しく林学に志を持った優秀な学生であったことがうかがえる。官費生でもあり林学の予備知識も豊富な江崎が、同窓生に得意げに自らの知識を披露する若さ溢れる姿が垣間見えるエピソードである。

(45)　前掲『復刻版　林業回顧録』一一二頁。

(46)　同右。

(47)　同右、一一三頁。ちなみに、第一期東京山林学校入学者が世に出る明治一九年の官員月給について、明治一九年六月三日公布の「大小林区署判任官官等俸給令」を参考までに示したい。中村の回顧には、東京山林学校卒の林務官は月給が二〇円～二二円であったとあるが、これは同令によれば判任七、八等にあたる(国立公文書館所蔵「公文類聚・第十編・明治十九年・第四巻・官職三・官等俸給」請求番号:類00250100)。

(48)　公式の下付理由としては、面積も一六〇〇余町歩に過ぎず、濶葉樹林であったためにほとんど収支が償わず、遠隔地でもあったため管理経営ともに不便であったためとされている(前掲和田国次郎『明治大正御料事業誌』六四～六五頁)。

(49)　新宿植物御苑も、岩村御料局長のもとで御料局から内匠寮へと移管される(明治三一年一月一日)。これは、品川―福羽体制で進められていた御苑の営利を目的としない園芸事業が御料局の方針に矛盾するとされたためであることが明らかにされている(前掲辻岡健志「福羽逸人と新宿御苑」一〇七頁)。これは、御料局が営利を目的とする御料地を扱うということを明確に宣言したことを示している。逆に言えば、これ以前の御料局では御苑は必ずしも営利を目的としなくてもよかったことを意味する。

(50)　勧業と営利のジレンマは官営事業を考える際には必ず見出される論点であり、それによる対立・収拾の力学は政治史上のテーマでもある。したがって、第二章で言及した諸研究のように、政府による殖産興業政策の縮小や官業払下げに関する研究では必ずこの問題が検討されてきた。しかし、御料地の場合、ここに「皇室財産であること」の特殊性が考慮されねばならない。各理念がどのような形で現れたかを見ていく中に、その時期の皇室・宮中のあり方が見えてくると考えられるからである。

(51) 宮中における主要ポストには土佐出身者が多いという特徴がある。政治史では、彼らは「伊藤系」であったり「山縣系」であったりと、薩長の有力者の系統において捉えられてきた。これに対し、維新の顕彰問題における彼らの連携から、彼らを「宮中土佐派」と見なす髙田祐介氏の一連の研究が注目される（髙田祐介「維新の記憶と「勤王志士」の創出―田中光顕の顕彰活動を中心に―」〈『ヒストリア』二〇四、二〇〇七年〉、同「明治維新「志士」像の形成と歴史意識―明治二五・二六年靖国合祀・贈位・叙位遺漏者問題をめぐって―」〈佛教大学『歴史学部論集』二、二〇一二年〉、同「堺事件「殉難者」顕彰と靖国合祀」〈佛教大学『歴史学部論集』六、二〇一六年〉）。御料地経営のような宮内省運営においてもこの概念が適用できるかどうか、さらなる検討が必要であろう。

(52) 前掲坂本一登『伊藤博文と明治国家形成』、前掲佐々木隆『藩閥政府と立憲政治』、前掲伊藤之雄「山県系官僚閥と天皇・元老・宮中」、同前掲『明治天皇』のほか、伊藤之雄『伊藤博文　近代日本を創った男』（講談社、二〇〇九年）、同『山県有朋―愚直な権力者の生涯―』（文芸春秋、二〇〇九年）、同『元老―近代日本の真の指導者たち』（中央公論新社、二〇一六年）など。

(53) 明治の三〇年という元号をベースとした人為的な区切りが実態的な意味をもち、同時代においてもそのように認識されていたことについては御厨貴「「平成」が終わる時を迎えて―「研究者」と「決定者」の相剋から何が見えるか」（前掲御厨貴編著『天皇の近代』三三五〜三三六頁）でも示されている。元号に関しては、鈴木洋仁氏の一連の研究から示唆を受けた（鈴木洋仁『「平成」論』〈青土社、二〇一四年〉、同『「元号」と戦後日本』〈青土社、二〇一七年〉）。

(54) 明治三〇年代以降に進められた明治典憲体制の見直しについては、高久嶺之介「大正期皇室法令をめぐる紛争（上）―皇室裁判令案・王公家軌範案・皇室典範増補―」（同志社大学『社会科学』三二、一九八三年）、同「一九〇七年公式令の制定意図について」（『キリスト教社会問題研究』三七、一九八九年）、前掲川田敬一『近代日本の国家形成と皇室財産』、前掲瀧井一博「明治後期の国制改革」、前掲国分航士「大正六年の請願令制定と明治立憲制の再編」、同前掲「明治立憲制と「宮中」」、同前掲「大正期皇室制度改革と「会議」」。

(55) 前掲坂野潤治『明治憲法体制の確立』、前掲有泉貞夫『明治政治史の基礎過程』、前掲松下孝昭『近代日本の鉄道政策』、大石一男『条約改正交渉史―1887〜1894―』（思文閣出版、二〇〇八年）、鳥海靖「初期議会期における自由党の構造と機能」（『歴史学研究』二五五、一九六一年）、大日方純夫『自由民権運動と立憲改進党』（早稲田大学出版部、一九九一年）、前掲佐々木隆『藩閥政府と立憲政治』、前掲伊藤之雄『立憲国家の確立と伊藤博文』、五百旗頭薫『大隈重信と政党政治　複数政党制の起源　明治十四年―大正三年』（東京大学出版会、二〇〇三年）、同「藩閥と政党」（前掲『岩波講座日本歴史　第16巻　近現代2』）、村瀬信一『明治立憲制と内閣』（吉川弘文館、二〇一一年、初版は二〇〇三年）、前掲前田亮介『全国政治の始動』。

(56) 前掲中村尚史『日本鉄道業の形成』、同前掲『地方からの産業革命』、高村直助編著『明治の産業発展と社会資本』（ミネルヴァ書房、一九九七年）、武田晴人編『地域の社会経済史：産業化と地域社会のダイナミズム』（有斐閣、二〇〇三年）、齋藤康彦『地方

財閥の近代―甲州財閥の興亡―』（岩田書院、二〇〇九年）、坂根嘉弘『日本伝統社会と経済発展』（農山漁村文化協会、二〇一一年）、中林真幸編著『日本経済の長い近代化―統治と市場、そして組織　1600―1970』（名古屋大学出版会、二〇一三年）序章。

(57) 前掲飯塚一幸『日清・日露戦争と帝国日本』、宮地正人『日露戦後政治史の研究―帝国主義形成期の都市と農村―』（東京大学出版会、一九七三年）。

(58) 寺西重郎『日本の経済システム』（岩波書店、二〇〇三年）一二三頁。

(59) 前掲中村尚史『地方からの産業革命』三二七頁。

(60) 前掲有泉貞夫『明治政治史の基礎過程』、前掲松下孝昭『近代日本の鉄道政策』。

(61) このような事例は新修豊田市編さん専門委員会編『新修豊田市史　資料編　近代Ⅲ』（二〇一九年刊行予定）にて言及する予定である。

(62) 前掲宮地正人『日露戦後政治史の研究』。

(63) 註61参照。また、この時期においても依然として明治初年の「山林原野官民有区分」の見直しを求める民有下戻し請願は行われていた。御料林の民有下戻し請願は有力な産業のない地域における財源確立のためになされる。しかし、三河地方に関する限りではあるが、明治三一年五月の「御料地民有引戻願取扱手続」、同三三年五月「御料地及立木竹下付規定」に基づいて処理された民有下戻し請願のうち、許可されたものは一件であり、これを除くほかは全て不許可であった（七九件、約一万二五七町歩余。以上『帝林』五九〇～五九五頁）。

(64) 帝室制度調査局での皇室制度改革・皇室令制定過程については、註54及び前掲西川誠『明治天皇の大日本帝国』三一一～三一七頁、前田修輔「明治後期の皇室喪礼法制化と帝室制度調査局」（『日本史研究』六五九、二〇一七年）。

(65) 岩瀬圭一「御料林に対する森林法の効力に就て」（『御料林』九四、昭和一一年三月）二二頁。

(66) 前掲『増訂　御料局處務要録』一七二頁。

(67) 明治二七年八月一五日第八三五八号内務大臣宛北海道庁長官伺（同右、一七一頁）。

(68) 明治二八年三月二五日林第三六五号御料局長宛札幌支庁伺（同右、一七四頁）。

(69) 明治三四年四月一七日林第八四〇号御料局長宛札幌支庁上申（同右）。

あとがき

大学に入って、研究らしいことを始めてから一〇年近くが経つ。その間ずっと、頭の中に去来して消えない一つのイメージがある。

天井の高い洋式の執務室で、一人の男が椅子に腰かけて壁を眺めている。壁には歴代の御料局長の写真が掲げられている。男の焦点は、さきほどからずっと二枚の写真の間を入ったり来たりしている。その二枚の写真、左側には第五代御料局長の品川弥二郎、右側には第六代御料局長の岩村通俊が映っている。男を御料局に導いた最初の上官と、男を御料局官僚として育てた次の上官であり、彼にとって忘れ得ぬふたりであった。

男はこの椅子に座って、御料局主事としてふたりの上官のもとで過ごした日々を思い起こしていた。あまり愉快な思い出ばかりではない。情は深いが激しやすい品川に振り回され、品川をあまり良く思わない岩村の下では気苦労ばかりしていた。

男の名は、佐々木陽太郎。御料局の生え抜きでこの局長の椅子に座ったのは、彼が初めてである。

私はこのようなイメージに導かれて、ここまで研究を続けてきてしまった。このイメージがなければ、ここまでたどり着くこともできなかった（※あくまでイメージに基づく記述であり、御料局長の執務室に歴代御料局長の肖像画があったかどうかは不明である）。

本書の構想は、二〇〇八年、私が学部二年の時に出来ていた。それから形にするまでにここまでの時間がかかってしまったのは、ひとえに私の非力ゆえである。

学部二年の夏、「大臣局長夢中問答」という史料に出会った。当時、宮中に「土佐派」なる政治的グループが見出せるはずだと漠然と思っていた私は、宮中の要職に在った土佐人の史料を貪るように読んでいた。その中で、「岩村通俊関係文書」に収められていたその書類に出会った。作成者も作成年代も不明で、到底研究に使えるとは思えなかったが、少し読んだだけで雷に打たれたような衝撃を受けたことを今でも憶えている。直感的に、「何かすごそうなことが書いてある」と思った。しかしそれは、非力で虚弱であった私にとって手に余るほどの好史料であり、そこに書かかれていたことから閃いた直感を形にするのに思いのほか時間がかかってしまった。

雷に打たれたわりには、この史料、本書ではほとんど参照していない。本書が出来上がるまでにいろいろな史料でそこに書いてあることを裏付けることはできたが、この間ついにその史料的性格を解明することができなかった。大切な課題である。

本書のもととなったのは、二〇一七年一二月に京都大学大学院文学研究科に提出した博士学位請求論文「皇室財産の政治社会史―「明治二〇年代の変動」と御料地「処分」」である。刊行に際し、まず課題設定を見直し、史料の補充や事実関係の修正、そのほか大幅な加筆修正を施した。増改築を繰り返した結果、原形からはかなり異なるものとなったが、各章の構成や論証上重要な鍵となる部分にはほとんど手を加えていない。以下、各章の初出を示す。

序章　書き下ろし

第一章　二〇一八年度大阪歴史学会大会準備会（二〇一八年六月二四日）にて報告した内容に大幅な加筆修正を施したものである（大会当日の報告は『ヒストリア』二七一（二〇一八年一〇月）に掲載されているが、これとは論旨の異なるものである)。

第二章　書き下ろし

第三章　明治二〇年代における皇室財産運営の特徴及びその変容―御料鉱山を素材として

『史林』九七‐五、二〇一四年九月

補論　明治二四年の皇室会計法制定―「御料部会計ノ部」の全章修正

『日本歴史』八一六、二〇一六年五月

第四章　品川弥二郎と御料地―長野県下の御料林をめぐる諸問題を中心に

『信濃』六七‐七、二〇一五年七月

第五章　近代皇室の土地所有に関する一考察―北海道御料地除却一件を事例として

『史学雑誌』一二五‐九、二〇一六年九月

終章　書き下ろし

博士論文の審査の労をとってくださったのは、日本史学専修の谷川穣先生、吉川真司先生、人文科学研究所の高木博志先生である。多くの学生を抱え、業務に研究に教育にご多忙な中、決して少なくない分量の拙稿を審査いただいたことに、感謝を申し上げます。勢いに流れがちな拙稿の欠点を鋭くご指摘いただき、多くのアドバイスをいただきました。それらのアドバイスは、本書をまとめるにあたりたいへん重要な指針となりました。また、博士論文の一部のもととなった学部卒業論文、修士学位請求論文執筆に際しては、谷川先生、吉川先生のほか、藤井讓治先生、勝山清次先生、横田冬彦先生、上島享先生のご指導を賜りました。ここに厚く御礼申し上げます。

本書が出来上がるまでに、多くの方々にご迷惑をお掛けした。しかし、それと同時に多くの方々が本書を待ち望んでくれた。この本は、この本を待ち望んでくださり、私の我儘を聴き、許してくださった多くの方々のことを想って作られた。お世話になった方ひとりひとりの顔を思い浮かべながら書き上げた。この本の中には、ひとりひとりに贈りたい言葉がそれぞれ必ず一節はあると思う。

私にとって、本書を世に出すことが「宿志」であった。しかしここまでの道のりは、「失意と諦念」の連続であった。学部の四年間、修士の二年間、そして博士後期課程の二年目から日本学術振興会特別研究員に採用されて給与生活者となるまでのつごう七年間、阪急京都線・同神戸線と京都市バス、尼崎市バスが私の研究室であったといっても過言ではないだろう。奨学金で授業料と研究費を支弁し、アルバイトで生活費を工面していた私にとって、通学時間といくつかの空きコマ、そしてたまにある土日の休みは大切な勉強時間であった。しかし、睡眠時間を削っての勉学・アルバイト・通学を続けていたためか、電車の心地よい揺れは睡魔を催し、読んでいた論文や本の内容が十分頭に入ってはいなかったことと思う。谷川先生の演習では、私は不良学生であり、不良院生であった。端的にいえば、エゴイストであった。貧乏学生にとっては、限られた時間の中で研究をまとめるために致し方のないことでもあったのだが、もっと時間を忘れて同期と研究の話をしたり、後輩の研究に耳を傾けたりする院生生活を送ることができればよかったと思う。今、学部生に授業をする立場になって、改めて勉強し直すとともに、その頃できなかったことを少しずつ取り返している。

谷川先生は、不良学生であった私を決して見捨てず、研究者としての道を静かに示してくださった。学部二年の夏に緊急手術・入院となりレポートの提出が困難になった時も、また学部四年、修士一年の冬、ともに進路を見定める重要な時期に家庭の経済状況が急変し、研究を続けることが難しくなった時も、私は荒れていた。静かに荒れることができない性分だったので、先生にはたくさんご迷惑をお掛けした。しかしその折々にも、適度な距離感で、決して強く指示したり命令したりするようなことはなく、私の心の中に既にある答えを見つけ出し、先を照らしてくださった谷川先生には、心の底から感謝している。教育者として、かくありたいと強く思う。

院生時代、研究室になかなか出向くことができなかった私は、自然と研究者コミュニティから足が遠のいていた。

そのような私に最初の一歩を踏み出させてくださったのも、谷川先生であった。谷川先生に設定していただいた出会いは、いずれも私の研究人生にとって重要な財産となった。

まず、修士課程に進学し、佛教大学の原田敬一先生が主催される凡鳥会という研究会を紹介していただいた。原田先生とはその後も人文科学研究所の研究班、日本史研究会などでお世話になり、窮地を救っていただいたこともある。また、京都大学大学文書館でのOAの仕事を紹介していただいたことで、西山伸氏、福家崇洋氏、冨永望氏、平良聡弘氏といった近現代史研究者と知り合う機会を得た。ミスも少なくなく、残念ながらアーキビストとしての適性はないと確信することとなったが、諸氏から業務上のことのみならず、研究のことについても多くのご助言を賜ったことは重要な経験であった。文書館での勤務の経験は、河西秀哉氏との出会いもたらしてくれた。これも全て、内にこもりがちであった私のために出会いの場やきっかけを設定してくださった谷川先生のお蔭である。

河西秀哉氏との出会いは、私の研究人生を大きく変えた。時代こそ違え、同じく天皇・皇室を研究対象とし、多くの研究を発表してこられた河西氏のお蔭で、私の世界は大きく拡がった。まず、河西氏が主催される象徴天皇制研究会に参加をお認めいただいたことにより、関東で研究する同じ分野の若手〜中堅の研究者と面識を得た。ここで出会った森暢平氏、瀬畑源氏、舟橋正真氏、小山亮氏、茂木謙之介氏、加藤祐介氏からは多くのことをご教示いただいた。また、河西氏には、日本史研究会、名古屋大学の近現代史研究会など多くの場で様々な出会いをセッティングしてくださった。若手に活躍の場を与えんとする河西氏のお心遣いに私は何度も救われた。ご多忙にもかかわらず様々な相談に乗ってくださった氏に深く御礼申し上げたい。

私が学んだ京都大学大学院文学研究科では、近現代史を研究する院生の数は各時代の中で最も少なかった。その結果、大学院演習の報告はすさまじい頻度で回ってきた。そのような中で、中川未来、辻岡健志の両先輩は、いつも一本の論文が書けるレベルの報告を準備していたことに衝撃を受けたものである。細部や体裁が疎かになりがちであった私は、中川氏から見た目も中身も丁寧に研究をまとめることの大切さを教わった。宮内庁書陵部に就職された辻岡氏は、本書の最終稿に目を通していただき、宮内省の公文書を扱う立場からの貴重なご助言を賜った。お二人を先輩にもったことが、私の幸運であった。

大学院に入って同期となった山田佳美氏、社本沙也香氏からは研究会や大学院演習での議論を通じて様々な面で刺激を受けた。あまり研究室に行かなかった私に比べ、二人はいつも研究室の中心にいて、いつも私の先を行っていた。修士課程の頃の私は、二人を見て羨ましくて、追いつきたくて、がむしゃらにもがいていた。その二人は、今ではかけがえのない友人であり、良き研究仲間である。

私が学外の世界に本格的に目を向けるきっかけとなったのは、二〇一一年のクリスマスの日、日本史研究会・大阪歴史学会・大阪歴史科学協議会合同で開催された卒業論文報告会であった。通常夏に開催される卒論報告会だが、研究室にほとんど顔を出さなかった私にはまず声すらかからなかった。同期の二人が報告することを知り、悔しくなって京都女子大学の早島大祐氏を通じて、日本史研究会の研究委員に猛烈な売り込みをかけた。その時、若干引きつつも異例の冬の卒論報告を認めてくださった本井優太郎氏、前田結城氏、そして仲介の労をとってくださった早島氏にはいくら感謝しても足りないほどである。

その後、私は博士後期課程に進み、やはりパッとしない院生生活を送っていたが、再び前田結城氏のお蔭で外の世界に飛び込むきっかけを手にすることができた。前田氏は、二〇一三年七月一四日、明治維新史学会・日本史研究会共催による『講座　明治維新』合評会の評者として、当時大した実績もなかった私を抜擢してくださった。今から思えば、ここが私の研究者としての実質的なデビューであったと思う。前田氏のお蔭で私は研究者として自分をアピールすることができ、多くの人と出会うことができ、そしてこの本が上梓された。いつかこんなことを直接お伝えできればと思い研究に励んできたが、それも永遠に叶わなくなってしまった。せめてこの本を、前田氏に捧げたい。

その後私は、本井氏や前田氏に導いていただいた関西の学界で長くお世話になった。人的資源に乏しく、さほど外交的でもなかった私がどうにかこうにか研究者として歩んでいくことができるようになったのは、「若手育成は学界全体で担うもの」という関西の学風のお蔭である。特に、日本史研究会、大阪歴史学会で多くの同世代の仲間と議論する機会を得たことは私の視野を大きく拡げてくれた。

博士後期課程二年の頃から、大阪大学大学院文学研究科の飯塚一幸先生にお願いし、ゼミに参加させていただく機会を得たことも貴重な経験であった。飯塚先生からは、近代日本政治史研究の基本的な作法をご指南いただいた。先生には、私が不勉強なままに偉そうなことを言っていたことも全て見抜かれていたことと思う。今から考えても顔から火が出るような思いであるが、それでも私を見捨てることなく温かく見守ってくださった先生には感謝の気持ちでいっぱいである。また、同ゼミに参加していた久野洋、東野将伸、醍醐龍馬、寺西厚史、高岡萌、蒲谷和敏、濱田恭幸の諸氏からは、議論の中で研究の視点やアイデアの組み立て方など様々なことを学んだ。今でも大切な仲間である。

また、本書の構想は、神戸大学大学院人文学研究科の奥村弘先生のゼミで報告する機会をいただいた。本書を支える重要な用語の厳密な定義や、主張の鍵となる部分の見せ方など、先生から賜った重要なご指摘は、本書の中に活きている。粗い報告ではあったが、先生には本書のアイデアをたいそう面白がっていただいたように記憶しており、それが何よりの自信になった。

私は、飯塚先生から政治史の基礎と論の組み立てを、奥村先生から豊かな発想とそれを形にする術を学んだ。関西の明治史を支えるふたりの先生に教えを乞うことができたことは、私にとって幸運であった。

博士後期課程に進学してからは、谷川先生のご紹介で、京都大学人文科学研究所における高木博志先生主催の研究班「近代天皇制と社会」に参加させていただく機会を得た。研究班では高久嶺之介氏、原田敬一氏、小林丈広氏、遠藤俊六氏、尾谷雅比古氏、本康宏史氏、ジョン・ブリーン氏、幡鎌一弘氏、市川秀之氏、岩城卓二氏、能川泰治氏、田中智子氏、黒岩康博氏、福家崇洋氏、河西秀哉氏ら先学から様々な研究の視点を学んだ。また、この研究班で平山昇氏、廣木尚氏、日向伸介氏、中野慎之氏ら同世代の研究者と議論したことも楽しい思い出である。このような機会をいただけ、高木先生に教えを乞うことができたのも、高木先生のお計らいによるものである。感謝申し上げたい。

その高木先生と同じ職場に勤務する幸運に恵まれたのは、二〇一六年春のことであった。人文科学研究所の助教として採用され、恵まれた研究環境のもと博士論文、本書の執筆に取り組むことができたことは幸せであった。高木先生、岩城先生には特にご配慮いただき、本書の執筆には十分な時間をいただいた。途中、私自身の非力により弱音を吐いたこともあったが、先生方には常に私を信じ、見守ってくださった。本書を通じて少しでも先生方のご学恩に報いることができればと願うばかりである。本当にありがとうございました。

また、人文研では大浦康介氏を班長とする研究班「環世界の人文学」にも参加し、専門の異なる多くの研究者と議論する機会を得た。研究班では、時には思いもよらない方向から膠着していた視界が開け、解決策が見つかることを何度も経験した。「教養」の真の意味と有用性を知った。藤原辰史氏、森本淳生氏、石井美保氏、王寺賢太氏、瀬戸口明久氏、立木康介氏、田中祐理子氏、ホルカ・イリナ氏からは、研究班の中で多くのことを学んだ。特に、私の新任時の研究発表の場で立木康介氏からいただいたご質問は、その後もずっと頭の中にあり、その質問に答えるべくあれこれ考えたことが、本書終章の一部に結実している。また、研究以外の場でも、所内の同僚から受けた様々な刺激が、研究を進める上でのモチベーションにもなり、また研究者として人生を歩んでいくということについて様々に考えるきっかけをも与えていただいた。皆さんと話し、皆さんの背中を見て過ごした経験は、私の今の価値観の重要な部分を形作っています。ありがとうございました。

人文研で開催された国際シンポジウムでは、東京大学の鈴木淳先生、池田真歩氏にお会いし、お話をする機会に恵まれた。お二人を通じて東京大学の院生諸氏をご紹介いただき、また鈴木先生の主催される鹿児島研究会に参加させていただくことができた。同研究会では、本書の構想についてご報告いただく機会もいただき、農商務行政・産業技術史の専門的見地から貴重なご意見を賜った。東京大学の皆さんからは、洗練された研究手法や鋭い視点など、様々なことを学んだ。

また、名古屋大学で教鞭をとっておられた羽賀祥二先生に教えを乞うことができたことも貴重な経験であった。羽賀先生を通じて名古屋大学近現代史研究会をご紹介いただき、何度か参加し、例会で報告する機会もいただいた。名古屋で研究する同世代の研究者と様々に議論を重ねる中で、見聞を拡げることができた。羽賀先生には豊田市史の調査にもお声がけいただき、自治体史編さんの現場で貴重な御料地関係史料に出会うことができたことも、本書の執筆に活かされている。

人文研に所属して二年目からは、京都大学全学共通科目で「日本史Ⅰ」を、三年目からはこのほかに同学文学部で「日本史講読」を、甲南大学文学部で「歴史文化特殊講義Ⅲ」の授業を担当することとなった。授業の準備を進める中で、本書の執筆に還流するものがたいへん多かった。学生諸君からの鋭い質問にいつもハッとさせられ、そのいくつかは本書の論証にも活かされている。彼らにも感謝の意を申し述べたい。


本書に関わる調査に際しては、様々な史料所蔵機関にご協力いただいた。第三章のもととなる論文作成にあたっては、特に釜石市立鉄の歴史館の方々に非常にお世話になった。二〇一一年、三・一一の復興も緒に就いたばかりの大変な時期に調査に訪れた私に、丁寧な解説とともに貴重な史料の閲覧に応じていただいた。まだ敷地内に仮設住宅の立ち並ぶ釜石の高台に立つ時、「非常時」を強く感じたものだが、史料を閲覧するために案内された一室の大きな窓から見える穏やかで真っ青な美しい釜石の海を目にした時には、一日も早い復興をと強く願った。

第四章のもととなる論文作成にあたっては、特に岡谷蚕糸博物館の方々に非常にお世話になった。同館は移転前のお忙しい時期であったにもかかわらず史料の閲覧を許可いただき、いろいろな面でご協力いただけたことに深く感謝している。第五章のもととなる論文作成にあたっては、特に北海道立文書館の方々にお世話になった。第五章にまとめ直す際には、岩村通俊のご令孫、岩村和俊氏にお会いする機会を得た。岩村氏からは貴重な資料の数々をご提供いただき、また通俊について様々なお話を聞かせていただくことができた。お時間を割いて貴重なお話をいただいた岩村さま、及び仲介の労をとってくださった旭川市総務部総務課の皆様と平野友彦氏にも御礼申し上げます。

このほか、全編にわたって宮内庁書陵部宮内公文書館、同図書寮文庫、国立国会図書館憲政資料室、国立公文書館、同つくば分館、大日本山林会林業文献センター、宮津市立前尾記念文庫、資源・素材学会、首都大学東京図書館、東京大学社会科学研究所、その他多くの大学図書館の方々にお世話になった。本書はこれら多くの史料所蔵機関のご協力によって成り立っています。

また、史料所蔵機関以外では杉徳昌氏とお手紙やメールのやり取りをする機会に恵まれたことについても一言しておかねばならない。杉氏には、本書の論証の重要な部分に使用した「杉孫七郎関係文書」の品川弥二郎書簡を複写させていただく際に連絡をとったことをきっかけとして、尚友倶楽部の活動のことや品川弥二郎と杉孫七郎とのことなど様々にご教示をいただきました。深く御礼申し上げます。

このほかにも、お名前を挙げきれぬほど多くの方々のご協力と励ましがありました。本書はそのようなご縁とご恩の賜物です。私をここまで導いてくださった皆様、本当にありがとうございました。

本書は、様々な研究助成の存在なくしては成り立たなかった。本書を構成する各論文の作成にあたっては、平成二六年度日本学術振興会の特別研究員（DC2）として採用され、特別研究員奨励費の助成を受けることができた（JSPS科研費JP14J03858）。また、平成二八年度には同会研究活動スタート支援（JSPS科研費JP16H06879）、及び平成二八年度京都大学若手研究者スタートアップ研究費の助成を受けた。また、本書の出版にあたっても、平成三〇年度京都大学総長裁量経費「若手研究者による人文科学諸分野の優れた研究成果の刊行助成事業」の助成を得ることができた。同事業への応募にあたっては、自信がなく二の足を踏んでいた私に高木博志先生、岡田暁生先生が背中を押してくださった。両先生には、厚く御礼申し上げます。

また、厳しい出版事情の中、単著執筆経験のない私に出版の機会を与えてくださった人文書院編集部の松岡隆浩さんには厚く御礼申し上げます。松岡さんには、私が企画・運営と司会を務めた日本史研究会例会「大衆消費と天皇・皇室―大正・昭和戦前期を事例として」（二〇一七年一一月一九日、於京都大学人文科学研究所本館）に足を運んでいただいたことがきっかけとなり、お声がけいただきました。松岡さんが私を見出してくださったことは、当日コメンテーターとしてご登壇いただいた河西秀哉氏のご尽力によるものと信じて疑いません。松岡さんには、タイトなスケジュールの中、分厚い原稿を端から端まで丁寧にチェックしていただき、少なくないミスにも的確なコメントをいただきました。弱気になりがちな私を激励してくださる松岡さんがいなければ、私はここまでくることができませんでした。本当にありがとうございました。
最後に、私事を申し述べることをお許しいただきたい。私がここまで生きて来られたのは、女手一つで私を育ててくれた母のお蔭である。着るものも、自分の楽しみも全て犠牲にして、母は私に投資してくれた。新卒で地元に就職するものとばかり考えて大学に入ったにもかかわらず、研究という棘の道に進んでしまったのは、私が嬉々として品川や宮中の土佐人士たちの話をするのを見る時が一番楽しいと言う母の言葉を信じたからである。新しい史料に出会うたびに母に語ることを、私はたぶんこれからもやめられない。ありがとう。

平成三一年一月九日

綿雪の舞う初春の洛北にて
池田　さなえ

図表一覧

明治27年	1894		5月 「御料地測量規程」制定、10.7 北海道御料地約137万町歩を北海道庁へ下付	3.1 第三回臨時総選挙、5.15 第六特別議会開会、5.26「綿糸輸出海関税免除法」公布、5.31 衆議院、内閣弾劾上奏案可決、6.2 閣議、清国の朝鮮への出兵に対して混成一個旅団派兵を決定、衆議院解散、6.5 大本営を設置、6.16 陸奥宗光外相、東学党反乱の共同討伐及び朝鮮内政の共同改革を清国に提議、6.22 清国、陸奥外相の提議拒否、7.16 日英通商航海条約調印、7.20 清国に最後通牒通告、7.23 日本軍、漢城の王宮占領、7.25 豊島沖海戦、7.30 日本軍、牙山を占領、8.1 清国に宣戦布告、9.1 第四回臨時総選挙、9.15 平壌総攻撃、9.17 黄海海戦、10.18 第七臨時議会、広島にて開会、11.21 旅順港占領、11.22 日米通商航海条約調印、12.1 大日本農会による第一回全国農事大会開催、12.24 第八通常議会開会
明治28年	1895		12.24 佐渡鉱山独立会計化、12.26 王子製造所廃止	2.1 日清両国講和全権会談、3.20 下関春帆楼にて第一回講和会談、3.24 李鴻章襲撃され負傷、4.17 日清講和条約（下関条約）調印、4.23 フランス・ドイツ・ロシア三カ国公使、清国への遼東半島還付を勧告、5.4 閣議、遼東半島還付を決定、5.25 台湾島民の反乱、台湾民主国樹立、5.29 日本軍台湾島北部に上陸、6.8 日露通商航海条約調印、8.6「台湾総督府条例」公布（軍政開始）、9.7 三菱合資会社銀行部設立、9.18 住友銀行設立、10.8 閔妃殺害事件、11.8 遼東半島還付条約調印、11.22 自由党、伊藤内閣との提携を宣言、12.28 第九通常議会開会
明治29年	1896	3.22 平田東助と共著で『信用組合提要』を出版	1月 「府県委託御料地境界踏査心得」制定、4.30 皇室経済会議にて御料鉱山払下げの決定、5.19 御料鉱山払下げ裁可、9.16 三菱合資会社が佐渡・生野両鉱山及び大阪製錬所を落札	1.1 北海道のうち渡島・後志・石狩・胆振での徴兵令施行、2.11 朝鮮国王ロシア公使館へ移り親露政権樹立、3.1 進歩党結成、3.15 日本郵船、欧州定期航路開設、3.24「航海奨励法」、「造船奨励法」公布、3.30「製鉄所官制」公布、3.31「台湾総督府条例」公布、「拓殖務省官制」公布、4.8「河川法」公布、4.14 自由党総理板垣退助内相に任命、4.20「日本勧業銀行法」・「農工銀行法」等公布、6.9 山縣・ロバノフ協定、7.21 日清通商航海条約調印、8.28 伊藤博文辞表提出、8.31 黒田清隆枢密院議長が首相を臨時兼任、9.18 第二次松方内閣成立、10.19 第一回農商工高等会議開催、12.25 第一〇通常議会開会

明治23年	1890		1.16 諸県事務所設置、2.28 王子製造所の編入、3.14 青森県下官有山林原野の編入決定、3.27 岩手県下官有山林原野の編入決定、3月 宮崎県下東西諸県郡官林の編入、6.16 度会事務所設置、6.28 札幌支庁設置、7.31 岩瀬事務所廃止、7月 栃木県下官有山林原野の編入、三重県下官林・官有山林原野の編入、佐渡鉱山備林の設置、9.12 北海道官林約200町歩の編入、12月 生野鉱山備林設置	1.21 自由党再興、2.7「備荒貯蓄法」、2.8「裁判所構成法」、2.12「水道条例」、3.26～第三回内国勧業博覧会、4.21 民法中財産編等公布、4.26 商法公布、5.15 庚寅倶楽部結成、5.16 第一次山縣内閣改造、5.17 府県制・郡制公布、7.1 第一回衆議院議員選挙、7.10 第一回貴族院伯子男爵議員互選選挙実施、7.25 集会および政社法公布、8.20 大成会結成、9.15 立憲自由党結成、9.25「鉱業条例」制定、10.30 教育勅語下賜、11.29 第一議会開会
明治24年	1891	6.1 内務大臣拝命、6.2 那須に遁走、6.10 皇室経済顧問（49歳）	2.3 皇室経済会議規定改定、3.24 皇室会計法制定、6.2 岩村通俊御料局長拝命、7月 皇室経済会議規定改定、8.1 生野支庁附属大阪製錬所開設	1.20 帝国議会議事堂全焼、2.20 衆議院、大成会議員提出の憲法67条に基づく歳出について政府の同意を求める動議を自由党土佐派らの賛成で可決、2.24 立憲自由党分裂、3.7 第一議会閉会、5.6 第一次松方内閣成立、5.11 大津事件、7～9月頃 政務部設置問題で政府が分裂、9～10月頃 「覆牒」変更問題で政府が分裂、10.28 濃尾震災、11.9 臨時閣議で「覆牒」護持の方針決定、11.17 自由・改進の民党連合成立、11.26 第二通常議会開会、12.25 衆議院解散、12. 27 松方首相と品川内相から地方長官にあて選挙に関する内諭
明治25年	1892	3.11 内務大臣免官、6.22 国民協会副会頭、6.30 枢密顧問官辞任、7.25 皇室経済顧問辞任（50歳）	2.1 木曾支庁を名古屋支庁と改称、3月 皇室会計条規御料部制定、5月 王子硫酸製造所を王子製造所と改称、12月 「本局直轄及府県委託御料地実況調査心得」制定、静岡支庁火災で類焼	1.22 伊藤博文、大成会を中心とした新党組織計画を上奏、2.15 第二回衆議院議員選挙、この頃「温和派」再建の動き、2.28 大日本蚕糸会設立、4.24 中央交渉会結成、5.2 第三特別議会召集、5月中旬 非民党系政党結成の動き、6.21 鉄道敷設法公布、6.22 国民協会発足、7.30 松方首相辞表提出、8.8 第二次伊藤内閣成立、11.24 民法及び商法施行延期法公布、11.29 第四通常議会開会、11.30 軍艦千島、愛媛県沖でイギリス船ラヴェンナと衝突し沈没（千島艦事件）
明治26年	1893		1月 「御料地境界踏査内規」制定	1.23 衆議院、内閣弾劾上奏案を上程、15日間停会、2.7 衆議院、内閣弾劾条草案可決、2.10 和協の詔勅出される、2.22 衆議院、予算案修正可決、4.11 農商務省、東京西ヶ原に農事試験場設置、4.22 農商務省、臨時鉄事調査委員会設置、6.29 福島安正陸軍中佐、シベリア横断を終え帰国、9.10 三井、富岡製糸所を払い受け、10.1 大日本協会設立、10.31「文官任用令」・「文官試験規則」各公布、11.7 日本郵船会社、ボンベイ航路開始、11.28 第五通常議会開会、12.1 衆議院、星亨議長への不信任上奏案動議を可決、12.19 衆議院、現行条約励行決議案上程、10日間停会、12.25 三菱社、三菱合資会社に改称、12.29 大日本協会に解散命令降る

明治19年	1886		2.4 「宮内省官制」制定	1.26 函館・根室・札幌三県・北海道事業管理局廃止、北海道庁設置、2.26 公文式公布、2.27 各省官制公布、3.1「帝国大学令」公布、4.29「華族世襲財産法」公布、5.1 井上馨外相、各国公使と第1回条約改正会議を開き、正式に改正条約案を提出、6.25「北海道土地払下規則」公布、10.23 ロエスレル、町村制についての意見書を山縣有朋内相に提出、11.1 伊藤博文ら憲法起草に着手
明治20年	1887	3.1 帰朝、6.6 宮中顧問官（45歳）	2～3月　日光御料地設置、4月　箱根御料地設置、5月　蘆ノ湖の養魚事業を農商務省より引き受ける、6月～9月　関東東北各県知事に対し100町歩以上の官有地調書提出を求める、10.21 技師・技手の技術官僚を置く、10月～官林中御料地に編入すべき箇所調査開始	1.22 電灯営業始まる、5.18「私設鉄道条例」公布、6.1 伊藤博文、金子堅太郎、伊東巳代治ら夏島で憲法草案の検討開始、6.7 三菱、長崎造船所払い受け、7.6 川崎正蔵、兵庫造船所を払い受け、7.25「文官試験試補及見習規則」公布、8月　条約改正に反対する各地の有志上京、9.17 井上外相辞任、10.3 後藤象二郎、「丁亥倶楽部」を設置し大同団結運動開始、12.25「保安条例」施行、翌日570人に3日以内の皇居外3里への退去を命じる
明治21年	1888	4.30 枢密顧問官、12.12 宮中顧問官（46歳）	3.8 肥田濱五郎御料局長官免官、堤正誼御料局長官拝命、3.9「帝室会計法」制定、5月　「御料部会計規則」・「御料部会計順序」制定、5.4 京都府外13府県下227万町歩官林の御料地編入を内務・農商務両大臣に照会、9.18 官林約90万町歩の御料地編入閣議決定、9.29 技手補を置く、10.11 肥田濱五郎御料局長官拝命	2.1 大隈重信外相に任じる、4.25 市制・町村制公布、4.30 枢密院官制公布、黒田清隆内閣成立、6.18 枢密院で憲法草案の審議開始、初夏　井上馨が自治党構想を示す、10.5 野村靖らが自治制研究会を発足、11.26 大隈外相、新条約改正案をドイツ代理公使に手交、領事裁判権撤廃・大審院の外国人判事任用など、12.2 山縣内相、地方制度調査のため渡欧
明治22年	1889	5.13 御料局長官（47歳）	4.1 佐渡・生野・木曾・岩瀬支庁設置、4.27 肥田御料局長官卒去、品川弥二郎御料局長官拝命、7.23 宮内省官制改定、8.3 皇室経済会議規定、10.12 神奈川・静岡・山梨・長野県下の官林・官有山林原野の編入、10.23 岐阜県官林の編入、11.2 愛知県下官林・官有山林原野の編入、11.6 長野県西筑摩郡風致禁伐官林・官有山林原野の編入、12.25 岐阜県官有山林原野の編入、12.26 群馬県下官有山林原野の編入、12月　宮城県下官有山林原野の編入、三重県神路山官林の編入	1.22 改正徴兵令、国民皆兵主義の実現、2.11 大日本帝国憲法発布・皇室典範制定、2.12 黒田清隆首相の超然主義演説、3.22 後藤象二郎入閣（逓信大臣）、4.19「ロンドン・タイムス」が大隈条約改正案を論評、世論の批判激化、7.1 東海道線全通、7.31 「土地収用法」公布、10.18 大隈外相襲撃され重傷を負う、10.24 黒田首相以下各大臣辞表提出、10.25 内大臣三条実美首相兼任となる、11.1 黒田清隆、伊藤博文に元勲優遇の詔書、11.18 北海道炭礦鉄道会社設立、12.10 閣議、条約改正交渉の延期を決定、12.19 愛国公党結成、12.24 第一次山縣内閣成立、「内閣官制」公布、この年、日本最初の恐慌

本書に関わる略年表

元号	西暦	品川弥二郎関係事項	御料地関係事項	一般事項
明治13年	1880	2.28 内務少輔、3.4 勧農局長兼任、3.5 山林局長心得兼任（38歳）		2.28 横浜正金銀行開業、内閣・各省分離、3.15 愛国社第四回大会大阪で開催、3.17 国会期成同盟結成、4.5「集会条例」制定、5.1 大隈重信外債五千万円募集を閣議提出、7.6 外相井上馨、条約改正案をアメリカ・清公使を除く各国公使に公布、7.17 刑法・治罪法布告、11.5「工場払下概則」布達、12.28「教育令」改正
明治14年	1881	4.7 農商務少輔（39歳）		1月　参議伊藤博文・井上馨・大隈重信ら熱海会談、3.11 内務省勧農局、農談会を東京浅草本願寺で開催、3月　参議大隈重信、国会開設の意見書を左大臣有栖川宮熾仁親王に提出、4.5 大日本農会設立、4.7 農商務省設置、4.25 交詢社、「私擬憲法案」を発表、5月　立志社、「日本憲法見込案」を起草、7.5 右大臣岩倉具視、憲法意見書を太政大臣・左大臣に提出、7.21 黒田清隆、開拓使官有物払下げを太政大臣に申請、7.26 開拓使官有物払下げに関して世論の批判高まる、7.30 天皇、東北・北海道巡幸に出発、8月　植木枝盛、「日本国国憲案」起草、10.1 自由党結成、10.11 御前会議で立憲政体に関する方針、開拓使官有物払下げ中止、大隈重信の参議罷免など決定（明治14年政変）、10.12 国会開設の勅諭、10.21 参事院設置、11.11 日本鉄道会社設立
明治15年	1882	6.13 農商務大輔（40歳）		1.25 条約改正に関する第1回各国連合予議会、2.8 開拓使廃止、札幌・函館・根室の三県設置、3.14 伊藤博文ら立憲制調査のため欧州へ出発、3.18 立憲帝政党結成、4.6 板垣退助襲撃、4.16 立憲改進党結成、5.3 大阪紡績会社設立、6.3 集会条例改正、7.23 漢城で朝鮮兵反乱、日本公使館を襲撃（壬午事変）、11.11 板垣退助、後藤象二郎渡欧、12.1 福島事件
明治16年	1883			1.1 共同運輸会社開業、4.16「新聞紙条例」改正、7.20 岩倉具視死去、8.3 伊藤博文ら帰国
明治17年	1884			3.15「地租条例」制定、3.17 宮中に制度取調局設置、5.26 兌換銀行条例制定、7.7 華族令制定、9.23 加波山事件、10.29 自由党解党、10.31 秩父事件、12.4 朝鮮漢城で開化派のクーデタ、竹添公使日本兵とともに王宮に入る、12.6 清軍王宮に進み日本兵敗退（甲申事変）、12.27 太政官、前田正名の「興業意見」裁可
明治18年	1885	9.26 特命全権公使としてドイツ勤務拝命、農商務省御用掛（43歳）	12.23 御料局設置、肥田濱五郎を御料局長官とする、植物御苑及び渋谷・代々木・塔が島・熱海・岩瀬・札幌御用地・新冠牧場・下総種畜場を御料局所管とする	1.9 漢城条約調印、4.18 天津条約調印、9.29 日本郵船会社設立、11.23 大阪事件、12.22 太政官制を廃止、内閣制度創設、第一次伊藤内閣成立、12.23 法制局設置

著者略歴

池田さなえ（いけだ・さなえ）
1988年生。京都大学大学院文学研究科博士後期課程修了。京都大学博士（文学）。現在、京都大学人文科学研究所助教。本書所収の初出論文のほかに「明治中期の皇室と社会―長野県横川山御料林における天皇・皇室の「不在」」（高木博志編『近代天皇制と社会』思文閣出版、2018年）、「「皇室財産設定論」再考」（『ヒストリア』271号、2018年）など。

ISBN978-4-409-52076-5 C3021

皇室財産の政治史
――明治二〇年代の御料地「処分」と宮中・府中

二〇一九年三月二〇日　初版第一刷印刷
二〇一九年三月三〇日　初版第一刷発行

著者　池田さなえ
発行者　渡辺博史
発行所　人文書院
〒六一二-八四四七
京都市伏見区竹田西内畑町九
電話〇七五・六〇三・一三四四
振替〇一〇〇〇-八-一一〇三

印刷　創栄図書印刷株式会社
装丁　上野かおる

落丁・乱丁本は送料小社負担にてお取替えいたします

河西秀哉著

天皇制と民主主義の昭和史

四六判　2500 円

象徴天皇制の成立とその展開に迫る決定的論考。昭和天皇は何度も訪れた退位の危機をいかにして乗り越え、「象徴」となったのか。敗戦から青年皇太子の誕生まで、戦後民主主義の中で揺れる天皇制とその実態を描き出した力作。

町田明広著

薩長同盟論　幕末史の再構築

四六判　2200 円

敵対していた薩摩と長州が手を組み討幕への道をひらいたとされる薩長同盟。しかし、そこに至る経緯を詳細にたどると、薩長の思惑のずれが見えてくる。それは明確な「軍事同盟」ではなく小松帯刀と木戸孝允との「覚書」と呼ぶべきものだったのではないか。文久二年から慶応二年までの四年間、目まぐるしく変化した情勢を整理し、同時代の一次史料から幕末史の再構築を試みる意欲作。

知野文哉著

「坂本龍馬」の誕生　船中八策と坂崎紫瀾

四六判　2600 円

船中八策は後世に作られたフィクションである！　龍馬研究に画期をなす精緻を極めた実証的研究にして、一級の歴史エンタテイメント。第 24 回高知出版学術賞受賞。

家近良樹著

老いと病でみる幕末維新

四六判　2600 円

日本史上もっとも波瀾に満ちた幕末維新の日々を、人びとはどう生き、何を考え行動し、老い、病み、死んでいったのか。徳川慶喜、孝明天皇などの権力者をはじめ、九州小倉の無名の庄屋・中村平左衛門まで、その人生を、老いと病の視点から捉え直し、存在の奥底にまで迫る歴史学の新たな試み。大病を患った著者自身の経験があったからこそなしえた、ベテラン研究者による円熟の成果。

木下光生著

貧困と自己責任の近世日本史

四六判　3800 円

奈良田原村に残る片岡家文書、その中に近世農村の家計をきわめて詳細にしるした記録が存在する。本書ではその世界史的にも貴重なデータを初めて精緻に分析し公開。そこから導かれる数々の発見は、これまでの近世観を根底から覆し、世界水準の研究とも連携した歴史学の新たな出発ともなるだろう。なぜ日本人は貧困についてかくも冷淡で、自己責任をよしとするのか。日本史像の刷新を試み、現代の問題意識に貫かれた渾身の歴史学。

表示価格（税抜）は 2019 年 3 月現在